清末民国法律史料丛刊·朝阳法科讲义

主编 李秀清 陈颐

朝阳法科讲义

第一卷

法学通论 夏勤 郁嶷 合述 王选 疏

中国法制史 郁嶷 述 张佐辰 李佐璜 合疏

罗马法 朱深 述 李良 疏

张卓明 点校

上海人民出版社

国家出版基金项目
NATIONAL PUBLICATION FOUNDATION

清末民国法律史料丛刊·朝阳法科讲义

朝阳法科讲义

第一卷

法学通论

中国法制史

罗马法

《法学通论·法院编制法·中国法制史·监狱学·国际私法》精装本书脊

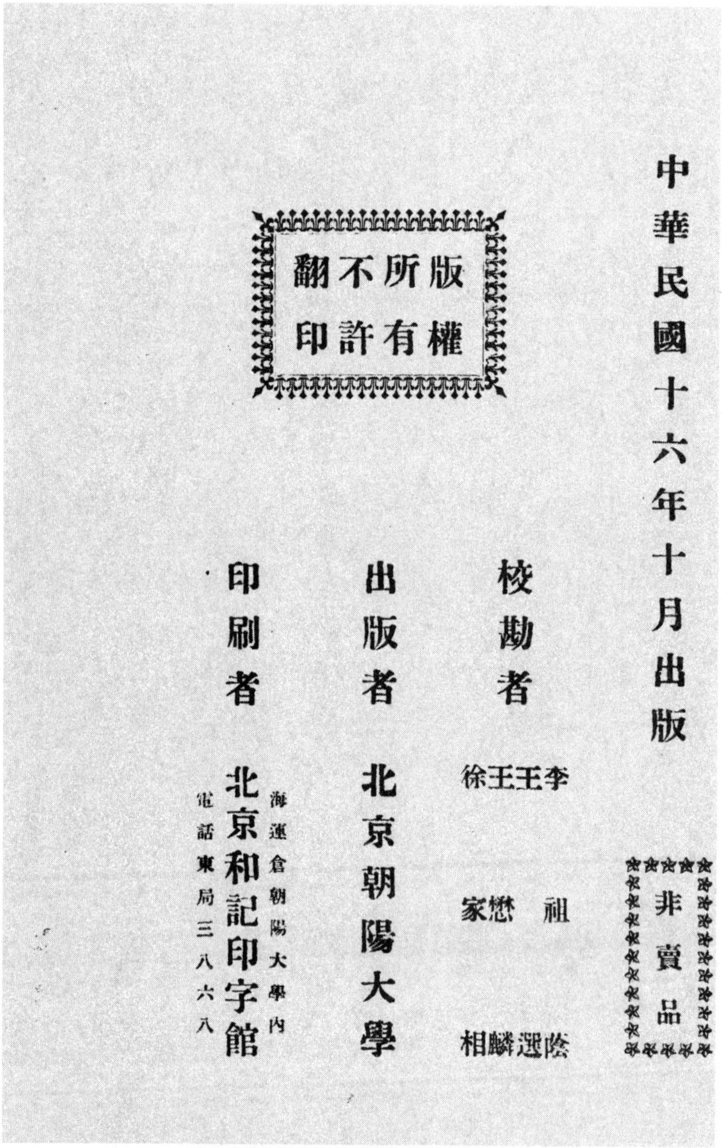

中華民國十六年十月出版

非賣品

校勘者 李祖蔭 王選 王懋麟 徐家相

出版者 北京朝陽大學

印刷者 北京和記印字館 海運倉朝陽大學內 電話東局三八六八

《法学通论·法院编制法·中国法制史·监狱学·国际私法》精装本版权页

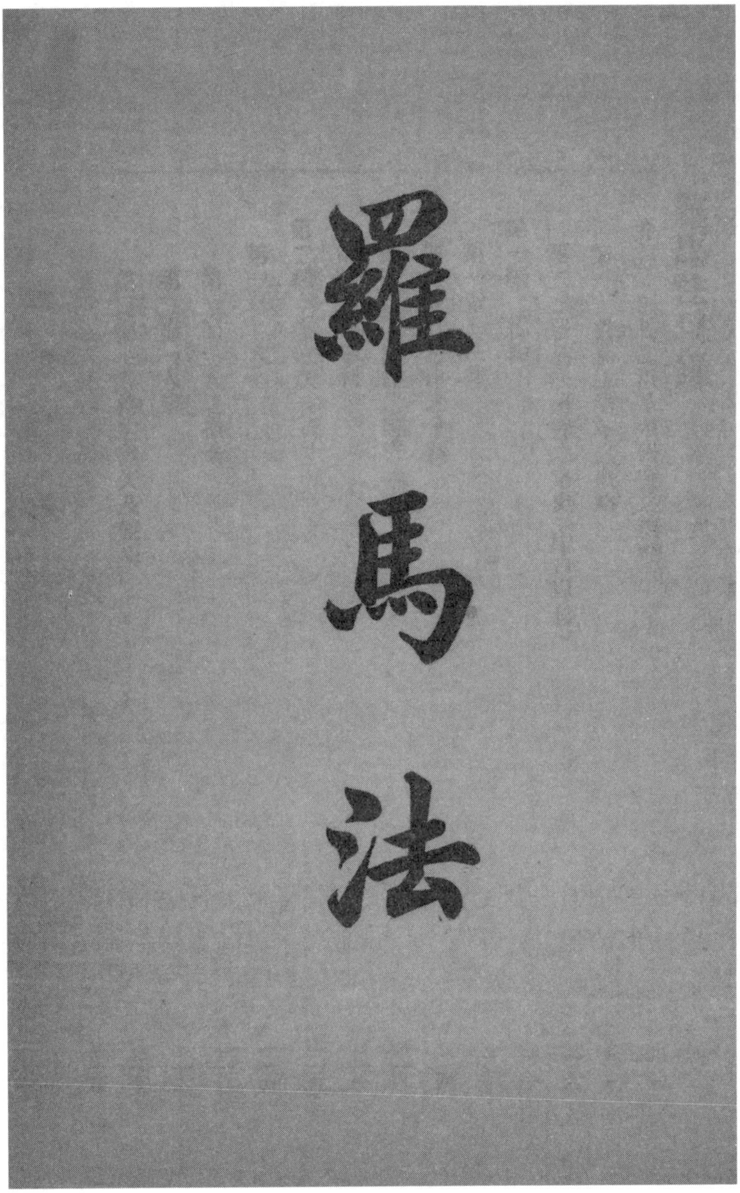
羅馬法

《罗马法》书名页

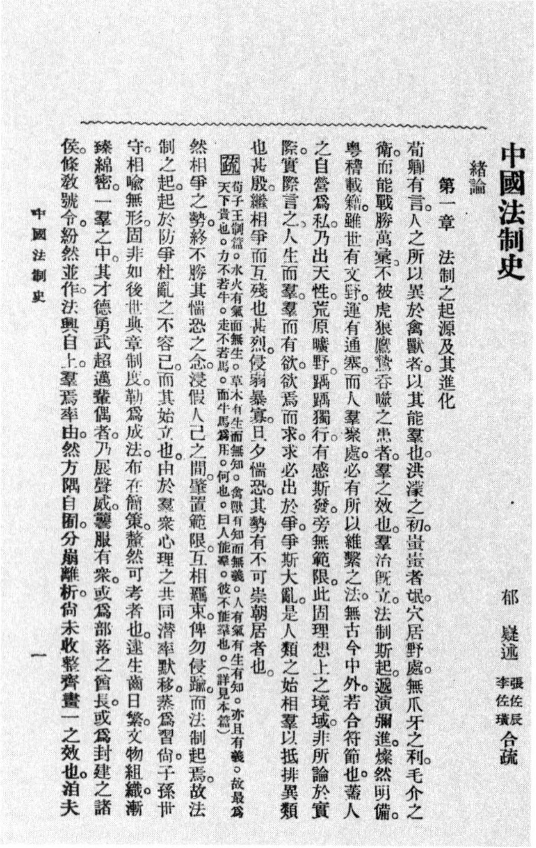

中國法制史

郁嶷 述　張佐長 李佐璜 合疏

緒論

第一章　法制之起源及其進化

荀卿有言。人之所以異於禽獸者。以其能羣也。洪濛之初。蚩蚩者氓。穴居野處。無爪牙之利。毛介之衛。而能戰勝萬彙。不被虎狼鷹鷙吞噬之患者。羣之效也。羣治既立。法制斯起。遞演彌進。燦然明備。粤稽載籍。雖世有文野。運有通塞。而人羣聚處。必有所以維繫之法。無古今中外。若合符節也。蓋人之自營爲私。乃出天性。荒原曠野。踽踽獨行。有感斯發。旁無範限。此固理想上之境域。非所論於實際。實際言之。人生而羣。羣而有欲。欲爲而求。求必出於爭。爭斯大亂。是人類之始相羣以抵排異類也甚殷。繼相爭而互殘也甚烈。侵弱暴寡。旦夕惴恐。其勢有不可崇朝居者也。

疏 荀子王制篇。水火有氣而無生。草木有生而無知。禽獸有知而無義。人有氣有生有知。亦且有義。故最爲天下貴也。力不若牛。走不若馬。而牛馬爲用。何也。曰人能羣。彼不能羣也。(詳見本篇)

然相爭之勢。終不勝其惴恐之念。浸假人己之間。壁置範限。互相羈束。俾勿侵踰。而法制起焉。故法制之起。起於防爭杜亂之不容已。而其始立也。由於羣衆心理之共同。潛率默移。蒸爲習尚。子孫世守。相喻無形。固非如後世典章制度。勒爲成法。布在簡策。釐然可考者也。逮生齒日繁。文物組織。漸臻綿密。一羣之中。其才德勇武超邁輩偶者。乃展聲威。讋服有衆。或爲部落之酋長。或爲封建之諸侯。條教號令。紛然並作。法興自上。羣焉率由。然方隅自囿。分崩離析。尚未收整齊畫一之效也。洎夫

中國法制史　一

《法学通论・法院编制法・中国法制史・监狱学・国际私法》，《中国法制史》首页

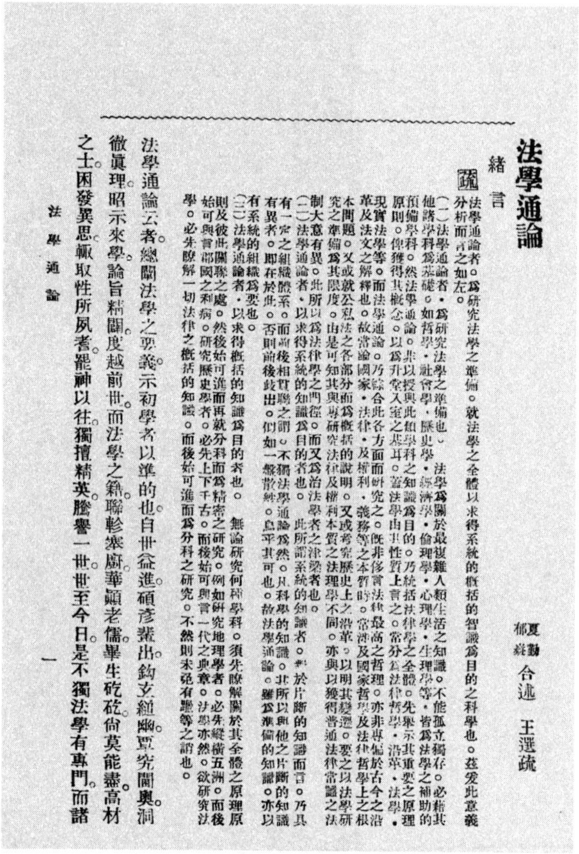

法學通論

夏勤 郁嶷 合述　王選 疏

緒言

疏 法學通論者。爲研究法學之準備。就法學之全體以求得系統的概括的智識爲目的之科學也。茲爰此意義分析而言之如左。

(一)法學通論者・爲研究法學之準備也・法學爲關於最複雜・人類生活之知識。不能孤立獨存。必藉其他諸學科爲基礎。如哲學・社會學・歷史學・經濟學・倫理學・心理學・生理學等・皆爲法學之補助的預備學科。然法學通論。非以授與此相學科之知識爲目的。乃統括法律學之全體。先舉示其重要之原理原則。俾得其概念。以爲升堂入室之基耳。蓋法學由其性質上言之。常分公法私法・法律哲學・沿革法學・現實法學等。而法學通論。乃綜合此各方面而研究之。既非侈言法律最高之哲理。亦非專偏於古今之沿革及法文之解釋也。故常論國家・法律・及權利・義務等之本質時。常涉及國家哲學及法律哲學上之根本問題。又或就公私法之各部分而爲概括的說明。又或考究歷史上之沿革。以明其變遷。要之以法學研究之準備爲其限度。由是可知其與專研究法律及權利本質之法理學不同。亦與以獲得普通法律常識之法制大意有異。此所以爲法律學之門徑。而又爲治法學者之津梁者也。

(二)法學通論者・以求得系統的知識爲目的者也。　此所謂系統的知識者。對於片斷的知識而言。乃具有一定之組織體系。而前後相貫聯之謂。不獨法學通論爲然。凡科學的知識。其所以與他之片斷的知識有異者。即在於此。否則前後歧出。例如一盤散紗。烏乎其可也。故法學通論。雖爲準備的知識。亦以有系統的組織爲要也。

(三)法學通論者・以求得概括的知識爲目的者也。　無論研究何種學科。須先瞭解關於其全體之原理原則及彼此關聯之處。然後始可進而再就分科而爲精密之研究。例如研究地理學者。必先縱橫五洲。而後始可與言郡國之利病。研究歷史學者。必先上下千古。而後始可與言一代之典章。法學亦然。欲研究法學。必先瞭解一切法律之概括的知識。而後始可進而爲分科之研究。不然則未免有躐等之譏也。

法學通論云者。總闡法學之要義。示初學者以準的也。自世益進。碩彥蜚出。鉤玄纚幽。覃究閫奧。洞徹眞理。昭示來學。論旨精闢。度越前世。而法學之籍。聯軫塞廚。華顛老儒。畢生矻矻。尚莫能盡。高材之士。困發異思。輒取性所夙耆。罷神以往。獨擅精英。騰譽一世。世至今日。是不獨法學有專門。而諸

法學通論　一

《法学通论・法院编制法・中国法制史・监狱学・国际私法》，《法学通论》首页

朝阳法科讲义总目

第一卷

法学通论　夏勤、郁嶷合述　王选疏

中国法制史　郁嶷述　张佐辰、李佐璜合疏

罗马法　朱深述　李良疏

第二卷

宪法讲义大纲　钟庚言述

比较宪法　程树德述　胡长清疏

第三卷

行政法(第一编)总论　钟庚言述

行政法(第二编)各论　苏驭群编

法院编制法　何超述　李祖荫疏

第四卷

民法总则　余棨昌讲述

民法债权总则　何基鸿编述

债权各论　吴炳枞讲

民律物权编　朱学曾讲述

民法亲属编　陈滋镐述　王选疏

民法继承编　翁敬堂述　王选疏

第五卷

商人通例 李浦述

商行为 著者不详

公司条例 李浦述

票据法 戴修瓒述 李祖荫疏

海船法 李浦述

破产律 陈滋镐述 崔学礼疏

第六卷

刑法总则 曹寿麟述 王选疏

刑法分则 夏勤述 胡长清疏

第七卷

民事诉讼法(上) 李怀亮述 章一之疏

民事诉讼法(中) 邵勋述 袁家城、李良疏

民事诉讼法(下) 邵勋述 王懋麟、李良疏

刑事诉讼法 夏勤述 王材固疏

强制执行法 曹祖蕃讲述

监狱学 王元增述

第八卷

平时国际公法 金保康述 沈康疏

战时国际公法 宁协万述 夏咸彪疏

国际私法 程树德述 郑锡庆疏

总　　序

探究近代法律文明的根源与脉络，已成为我们理解并提升自身价值的借镜，为此我们一直努力着。近十年来，我们已陆续点校出版“中国近代法学译丛”、“华东政法学院珍藏民国法律名著丛书”、“大清新法令”、“新译日本法规大全”等诸多清末民国时期的著作，这些点校作品大多以当时的法学译著、专著及法典为主，而包括清末民国时期法律讲义、辞书等在内的基本法律史料则因分布较为分散、查阅难度较大，以及数量庞大等原因而迟迟未能着手整理。因着机缘际会，华东政法大学外国法与比较法研究院于 2011 年仲夏从私人收藏者手中购得两千余册藏书，其中以民国时期出版的法律书籍为主，这使我们有机会将此类法律基本史料较为完整地展现在读者面前。

“清末民国法律史料丛刊”包含京师法律学堂笔记、朝阳大学讲义等清末民国时期的“法律讲义”，以及“法律辞书”与“汉译六法”三大系列。

大学的法律讲义是近代法律学科发展的重要基石。在中国法律近代化的过程中，众多学者孜孜以求，为法学之发展付出大量的心血和精力。清末民初，随着留学生的派出与西方学术的引进，法律教育也为之耳目一新。这些讲义中所探讨的许多基本学术问题，并未因时光流逝而丧失其价值。相反，这些问题对于当代法学教育工作者而言，仍然意义重大，具有不可替代的参考作用。

法律辞书的编纂汇集了民国时期法律学者的群体智慧和力量，选入本丛刊的民国二十三年三月由大东书局出版的《法律大辞典》即为汪翰章、罗文干、戴修瓒、郑天锡、张映南、张志让、陈瑾昆、翁敬堂等十余位著名法学家的倾心合力之作。该辞书收录了中外重要的法律名词、中外法学家与立法者的生平简介、各种法律制度及相关重要事件，并对通用术语附有英文、德文、法文、意文、拉丁文等 5 种语言，成就了西方规范化学术成功嫁接到中国传统法律资源的典范。

清王朝的迅速灭亡以及随后十余年中国政局的动荡大大延缓了中国建设近代国家法制框架的进程。至南京国民政府成立，国内政局大体得以稳定。南京国民政府在详细参酌中外立法的基础上，短短数年间，建立了中国近代法的完整体系。“汉译六法”的出版对这一体系的形成功不可没。其所述者，或可激活我们对现代外国法学研究核心问题的深思凝虑。

清末及民国时期大学法律教育的基础讲义、法律辞书以及“汉译六法”奠定了中国近代在接受西方法律传统的同时构建自身法学知识谱系及其价值内涵的文本基础。本丛刊遴选出的书卷各本受制于一己之认识，偏颇难免，然我们秉承开放心态，尽可能纳入诸种重要作品，力求达至开放性及代表性之旨意。

囿于出版年代久远及书籍保管不善，这些法律史料已不便直接翻阅，藏有这些史料的图书馆也多将其作为特藏书,给借阅者加以诸种限制。如本丛刊的出版能为广大读者带来查阅、研习之便利,那将是对我们精心整理这些文献的最大回馈。

是为序。

何勤华

华东政法大学外国法与比较法研究院

2013 年 12 月 1 日

品读朝阳(代序)

一

1912年,民国初建,共和肇始。政制改,社会改,法律改,教育也改。1912年10月,教育部颁布《大学令》,明令"大学以教授高深学术、养成硕学闳材、应国家需要为宗旨",并对学科及其门类的设置作了原则性规定。具体而言,取消经学科,大学分为七科,即文科、理科、法科、商科、医科、农科、工科,其中,法科又分为法律学、政治学和经济学三门。大学分为七科的规定,具有重大的变革意义,标志着中国传统"四部之学"知识系统在形式上完成了向近代学术分科性质的"七科之学"知识系统的转变。①

1912年11月,《法政专门学校规程》出台,其首条就明确规定:"法政专门学校,以养成法政专门人才为宗旨。"1913年初,又公布了《大学规程》和《私立大学规程》。②其中,《大学规程》第9条规定,法律学门的科目包括:宪法,行政法,刑法,民法,商法,破产法,刑事诉讼法,民事诉讼法,国际公法,国际私法,罗马法,法制史,法理学,经济学,英吉利法、德意志法、法兰西法(选择一种),比较法制史,刑事政策,国法学,财政学。

在此教育改制的浪潮下,法政学校风靡一时,各类大学也纷纷创设法科,法学教育迎来了勃兴期甚或可说是泛滥期。③中国近代法学教育成就之标杆——"北朝阳,南东吴",就是在此情形下,先后分别创设于京沪两地,迄今似仍无法超越的朝阳大学法科和东吴法学院之辉煌一直为学界津津乐道。

就朝阳大学创建时的细节,有若干不同的说法,置于《朝阳大学概览》(民国18年)之首页的"概况"当最为确凿:

"本校由前任校长汪子健先生暨现任校长江翊云先生纠合同志,捐资创立,于民国二

---

① 左玉河:《从四部之学到七科之学——学术分科与近代中国知识系统之创建》,上海书店出版社2004年版,第197—199页。

② 此三项规程,均收于《中国近代教育史料汇编(民国卷)》(7),全国图书馆文献缩微复制中心,2006年印刷,依次见该书第383—387页,第317—357页,及第357—360页。

③ 民国初期法政专门学校大有泛滥之势,致产生"群趋于法政之一途"(语出自黄炎培《教育前途危险之现象》)之忧,教育部不得不连续发布《通咨各省私立法政专门学校酌量停办或改为讲习科》(1913年11月22日)和《咨行各省声明本部对于法政教育方针》(1914年9月18日)。前者列举了私立法政专门学校的种种乱象,明文下令:"所有省外私立法政专门学校,非属繁盛商埠、经费充裕、办理合法、不滋流弊者,应请贵民政长酌量情形,饬令停办或改为法政讲习所可也。"后者进一步明确了教育部对于法政教育的方针:"……本部对于公私法政专门学校向取二义:一监督从严,一待遇平等。就第一义言之,国民之所以需政法常识与时势之所要求者,端在有善良之学风、优美之知识,足以出为世用。与其博宽大之名而近于泛滥,不若留良汰莠,勿失法政教育之精神。"参见《中国近代教育史资料汇编(高等教育)》,上海教育出版社2007年版,第486—488页。

年七月成立,八月举行入学试验,九月开学。翌年五月,经北平前教育部第六号布告正式认可。[①]是年九月,复组织校董会议定组织大纲。依组织大纲第六条规定,先设法学院(法律学系、政治学系、经济学系、政治经济学系)、文学院(中国文学系、哲学系、西洋文学系)、商学院(银行学系、交通管理学系)。嗣后,则拟增设理学院、工学院及医农各学院。去夏,统一告成。首都南移,为便利党务工作失学人员补习起见,特在京设立法政讲习所,并著手筹设分校。”

其中,所指“前任校长”汪子健(即汪有龄)与“现任校长”江翊云(即江庸),皆为1910年成立、并邀沈家本任会长的北京法学会的创立者,“设立大学或法政专门学校”是法学会成立时即已有之的计划。一定意义上说,私立朝阳大学的创设并“先设法学院”,培养法律人才,是以沈家本为引领的清末一代法律改革家的宿愿,也是汪有龄、江庸等为代表的民初一辈法治践行者的顺势之举。

朝阳大学自创建之日起,就明确树立“创设专门法科大学,养成法律专门人才”的基本宗旨和培养目标。尽管最初几年,朝阳大学的招生规模、师资力量与其他若干大学相比尚有较大差距,[②]但它最初招生的是法科,毕业人数最多的也是法科学生。据统计,至1929年,朝阳大学共毕业35个班,毕业生共计2 078人。其中,法学院法律学系5个班、188人,专门部法律科14个班、1 613人,专门部法律别科3个班、55人,分别占毕业总班数与总人数各约63%和89%,这还不包括同属于法科的法学院经济学系5个班、50人。而且,最初五年毕业(1916年至1919年)的仅仅只是专门部法律科4个班、140人,及专门部法律别科3个班、55人。[③]1929年夏,因教育部改革大学制度,其颁布的《大学组织法》第5条规定:“凡具备三个学院以上者,始得称为大学。不合上项条件者,成为独立学院。”正因朝阳大学至此几乎是纯粹的法科大学,所以改称为“朝阳学院”,此称呼延续至1949年被华北人民政府接管,不过,期间仍沿用“朝阳大学”的校印。[④]

二

朝阳大学自创建始,发展稳健,尤其是北京政府时期,在学校管理、人才培养、师资延聘等

① 朝阳大学于1913年成立时,原名“民国大学”,1915年才改为现名,对此,《中国近代教育史料汇编(民国卷)》(9)之第410页有所记载。所以,1914年5月19日教育部颁布的第6号布告——“准予北京各私立大学正式立案布告”,内称“民国大学”而非“朝阳大学”:“……据查得,私立民国大学校学生入学资格甄拔较严,教授、管理均属合法,各科试验成绩亦大致可观”。该布告载《中国近代教育史料汇编(民国卷)》(2),全国图书馆文献缩微复制中心,2006年印刷,第7页。

② 据《民国元年至民国五年(1912—1916年)各年大学概况比较表》,民国5年(1916年)时,全国共有10所大学,其中,公立大学3所,私立大学7所。另据《全国大学统计表(1915年8月至1916年7月)》,该统计年度中,国立北京大学学生总数1 333人(其中,法科298人),教员总数115人(其中,法科30人);京师私立朝阳大学学生总数189人(其中,预科21人,专门部法科168人),教员21人;直隶北洋大学学生总数349人(其中,法科71人),教员26人;山西大学学生总数131人(其中,法科50人),教员31人;京师私立中国公学学生总数1 273人(其中,专门部法科970人),教员64人(其中,法科15人);私立北京中华大学学生总数756人(其中,专门部法科455人),教员67人(其中,法科29人)。此两个统计表,载《中国近代教育史资料汇编(高等教育)》,上海教育出版社2007年版,第465—467页。

③ 参见《历年各科系毕业班数一览表》和《历年各科系毕业人数一览表》,载《朝阳大学概览》,民国18年。

④ 关于朝阳大学的校史简要,参见薛君度、熊先觉、徐葵主编:《法学摇篮朝阳大学》,东方出版社2001年版,第1—20页;徐葵:《朝阳大学1911—2011年百年大事记》,收于《朝阳百年——近代中国法学教育与法律文化学术研讨会论文集》,中国人民大学,2012年11月28日。

方面,均得到社会认可,屡获殊荣,享有盛誉。举其要者,有如下各项:

民国5年(1916年),也就是有首届毕业生的这一年,在教育部举行的全国专门以上学校成绩展览会上,获得特别褒奖状;①

民国7年3月,教育部第106号训令:"据视学冯承钧等报告,私立朝阳大学各科教授认真,管理合法,足征该校整理有方,深堪嘉许,应予传知褒奖";

民国7年3月30日,司法部第2928号指令:"谓此届法官考试,该校毕业各员取录较多,且占甲等前列者尤不乏人。足征该校教授、管理均臻优美,故能成绩昭著,可谓私立各法校之模范,并拨给一次补助费一千九百余元";

民国10年12月10日,司法部第155批示,许为"课士程功,历久不渝";

民国11年6月17日,教育部第302号批示,许为"办学认真,教授有方";

民国13年2月10日,司法部第34号批示,谓"增设英德文法律学科,及资遣学生出洋留学,具征课程邃密,造就益宏";

民国16年2月4日,教育部第42号批示,谓"查该校毕业生应本届司法官考试,取录多名且获首选,具见该校办理认真,成效卓著";

民国16年2月11日,司法部第99号批示,谓"本部历届考试,法官取录在前者,多属该校学生。此次录取39名,就中王材固一名,又以第一人及格。该校成绩优异,弥足征信"。

所获上述官方嘉奖,自当记录于校史之中,以作为学校发展所取得成绩的凭证和谋求其后进一步发展的底气。况且,这些嘉奖还有其他一些实实在在的具体数据作为佐证和支撑。

就拿司法考试来说,自民国成立至1929年,国家正式举行的司法官考试,共有5次,其中,"第一次、第三次、第四次、第五次及东北同泽新民储才馆司法班考试",均系朝阳毕业学生"占列首魁"。尤以1926年底举行的王材固获得第1名的这次司法考试为例,全部及格者共135名,其中,朝阳毕业生达39名,除获得甲等第1名的王材固外,胡长清获甲等第3名,彭时获甲等第10名,郭浚哲获甲等第13名。

其他如县长考试等,朝阳学生的表现也相当不俗。譬如:"河北省县长考试,举行不过两次,而本校毕业学生,取录最多";1929年夏,"察哈尔县长考试,全榜仅录取二十六名,本校学生竟占八名"。②因此,确实可言"本校作育人才蔚为党国效用之旨渐次实现,殊堪引以自慰也"。要知道,民国时期的司法官考试和其他文官考试,尽管并非尽善尽美,相关的制度和法令前后也有所变化和调适,但其严格性、公正性及对于职业共同体之养成的价值,仍得到时人的

① 同年的"教育部视察朝阳大学报告",较具体描述了创建3年时的朝阳大学教学和管理状况。教员"讲解尚属清晰"、"释义甚精"、"讲解甚有条理"、"讲解详明"、"惟口语略欠流利"(如民事诉讼法的石志泉);学生听课时,"多能笔记大要"、"尚能注意",尽管部分课程存在缺课情况;"调阅预科招考卷,均尚平顺"。所以,综合评价不错,即"综观该校管理尚属认真,教授亦颇合法,学生对于课业,亦多知注意"。这种评价与此年朝阳大学所获得的"特别褒奖状"该是大致相对应的,它也较教育部对于同时视察的中华大学的评价要好许多。参见《教育部视察朝阳大学报告》(1916年12月)和《教育部视察中华大学报告》(1916年12月),载《中国近代教育史资料汇编》(高等教育),第463—465页。

② 参见《毕业生应历届考试之盛况》、《毕业生考取第四届司法官姓名略历一览表》及《毕业生考取察哈尔县长姓名略历一览表》,载《朝阳大学概览》,民国18年。

肯定,即使在当今学界,也不乏赞誉之声。①

经过十四五年的稳健发展,至 1927 年"首都南移"时,朝阳法科已在中国的法学教育领域中引领风骚,印证了选校址于朝阳门内海运仓而最终定名为"朝阳大学",以寓意"一代青年如旭日东升的朝气"。"无朝不成院"、与"南东吴"对应的"北朝阳"等名声已经鹊起。此外,于 1923 年创办的校刊《法律评论》也是朝阳大学的一张名片,因其较高的学术水平及较广泛的影响力,而被誉为东方的"法学明珠"。

同时,朝阳大学师资雄厚,延聘有方:"关于师材之选择,各科均系延聘东西洋留学归国及现在法院或经济界服务,负有相当学识与经验者"。据刊于《朝阳大学概览》(民国 18 年)的"各科系教员姓名略历一览表",专兼职教员共有 130 余位。其中,仅讲授"民法各编"者就有 18 位,不乏学界翘楚和法界名流。现制成简表如下:

姓名	别号	毕业院校及任职
余棨昌	戟门	日本东京帝国大学毕业,前大理院院长
翁敬棠	剑洲	日本东京法政大学毕业,前总检察厅检察官
何基鸿	海秋	日本东京帝国大学毕业,北京大学法律系主任,前大理院庭长
陈瑾昆	克生	日本东京帝国大学毕业,前大理院庭长
刘志扬	抱愿	日本东京帝国大学毕业,前大理院推事
孙觐圻	补笙	日本中央大学法学士,前大理院推事
黄右昌	黼馨	日本东京法政大学毕业,北京大学教授
梁敬錞	和钧	英国伦敦大学法律硕士,前修订法律馆总纂
林志钧	宰平	日本东京法政大学毕业,前司法部司长
叶在均	乃崇	前大理院推事
刘鸿渐	鼎三	日本京都帝国大学法学士,前司法部参事,法学院讲师
王　侃	辅宜	日本帝国大学毕业
刘　震	亨斋	日本明治大学毕业
李怀亮	特成	日本东京中央大学毕业,前大理院庭长
刘远驹	默存	前法政大学教授,司法行政部司长
郁　嶷	宪章	中国大学专任教授,前湖南代理财政厅长,江宁地方审判厅庭长
包荣第	舒甲	北平地方法院推事
陶惟能	坚中	日本明治大学法学士

还有,学校还重视师资的储备和培养:"关于师材之预备,本校自十一年后,每年就毕业各生成绩较优者,选择数名,资派赴美、德、法、日各国留学,指定学科,令其专攻,以备他日讲师之

① 参见冷霞:《近代中国的司法考试制度》,载何勤华主编:《20 世纪外国司法制度的变革》,法律出版社 2003 年版,第 345—363 页。此外,网络上还可浏览到相关文章,如董跃的《民国政府完善司法考试制度的经验及其现实意义》和张建伟的《民国怎样进行司法考试》等。

选。"出台《资派留学生简章》,其第 1 条规定:"凡本校各科系毕业学生,毕业成绩平均在八十五分以上者,得由校长指定地点及专攻学科,资助全费或半费,派赴国外留学,以资深造。"《朝阳大学概览》(民国 18 年)含有一"资派留学生一览表",该表详细列出了所资派出国留学的学生姓名、别号、籍贯、毕业学科及班次、留学国名及校名、专攻学科、出洋留学时期、资助银数、开始补助时期、每次汇款时期等项,为简明起见,摘其要者,制成下表:

姓名	毕业学科及班次	留学国名及校名	专攻学科	出洋留学时期
陈中孚	专门部法律科第七班	日本明治大学	民法	十一年十月
杨　鹏	专门部法律科第二班	德国柏林大学本科	民法	十三年九月
胡长清	专门部法律科第九班	日本明治大学研究科	刑法	十三年十月
万钟庆	法学院经济学系	美国意利诺大学本科	银行学、货币学	十四年九月
陶惟能	专门部法律科第十班	日本明治大学研究科	民法	十四年十月
刘竞渡	专门部法律科第十班	日本明治大学研究科	民法	十四年十月
林　超	专门部法律科第十班	日本明治大学研究科	宪法	十四年十月
张显之	专门部预科第十三班	日本高等师范学校		十四年十二月
吴振源	专门部法律科第九班	日本明治大学研究科	民法	十五年三月
吴学义	同上	日本西京帝国大学选科	民事诉讼法	十五年五月
符致达	专门部经济科第二班	美国意利诺大学本科	经济学	十五年十二月
王材固	专门部法律科第十一班	日本明治大学研究科	商法	同上
谢定亮	专门部法律科第九班	同上	商法	同上
陈振鹭	法学院经济学系第二班	法国巴黎大学本科	经济学、国际公法	十六年四月
曾志时	专门部法律科第九班	日本明治大学研究科	民法、商法	十六年九月
李祖荫	法学院法律学系第三班	日本明治大学研究科	民事诉讼法	十七年九月

有确切资料可查的是,胡长清、万钟庆、陶惟能、吴振源、曾志时和李祖荫在留学回来后,都曾任教于朝阳大学。其中,曾志时从日本学成回国后,于 1930 年回母校任教,据学生回忆:他上课不带任何讲稿,但对于民法的立法原则、法理以致具体条文均熟悉,而且能够围绕教材举出一些经过精选的案例,借以加深学生的理解。其学者风范和深厚的学术功底无不受到学生的钦佩。①1935 年,曾志时就被学生们公认为朝大的"台柱"。②因其教学成绩突出,名闻校内外,还得到教育部认可,被聘为部聘教授。

朝阳法科不仅在北京、在国内享有美誉,而且还在国际上获得了肯定。1929 年世界法学会在海牙召开会议,特邀朝阳大学作为会员,江庸作为代表出席了会议,据称,各国代表肯定并

① 韦庆远:《怀念好师长曾志时教授》,载薛君度、熊先觉、徐葵主编:《法学摇篮朝阳大学》,东方出版社 2001 年版,第 211 页。

② 《曾志时的速写》,载《朝阳》第 2 卷第 1 期,1935 年。转引自邱志红:《朝阳大学法律教育初探——兼论民国时期北京律师的养成》,载《史林》2008 年第 2 期。

称赞朝阳大学为“中国最优法校”。

应该说,在朝阳前后37年的历史中,“朝阳大学”时期(即1913年至1929年)依据相对稳定的外部环境,借助地处于皇城根下的地利人和,管理有方,师资雄厚,毕业生优秀,办校成就逐步卓著是有目共睹。其后的“朝阳学院”时期,就是承继了这坚实的基础,历经动荡不安的政局,几经校址迁移(北京—沙市—成都—巴县—北京),校政跌宕,但是,师有所教,生有所学,校脉不绝,为社会培养了大批人才,①直至1949年华北人民政府将其接管。

三

现在,转而再来看看朝阳培养人才的重要环节,那就是教学活动的特色。

为了保证课堂教学的有序和有效,朝阳大学规定了较为严格的“讲堂规则”。其中有些条款,使见惯了当下大学课堂情形但仍有师尊虚荣心的我,甚感羡慕,颇为感慨。比如:学生上课下课,须依照预定时间,先教员入,后教员出;教员讲解,务宜静听,不得私相谈话,并不得支头、抱膝及表示其他倦容;讲堂内不得有吸烟、饮茶、挥扇、戴帽及其他失仪行为,等等。诸种“不得”的列举固然琐碎同时也显刻板,但严格的课堂规范和良好的教学秩序对于保障教学效果、提高学生听课质量无疑是极有裨益的。此外,请假和考试制度等也都较为严格。

关于课程的设置,原则是,“除遵照大学规程规定各项学科配置外,并随时参照东西洋各国最新学科,酌量添设,以期适应社会之需要。”据《朝阳大学学则》(民国18年),法学院法律系的课程如下:②

宪法,行政法,刑法总则,刑法分则,民法总则,民法债编,民法物权编,民法亲属编,民法继承编,商人通例,公司法,票据法,海商法,保险法,法院编制法,刑事诉讼法,民事诉讼法,破产法,强制执行法,平时国际公法,战时国际公法,国际私法,劳工法,政治学,经济学,社会学,刑事政策,监狱学,刑事判例,民事判例,刑事法庭实习,民事法庭实习,英德日文法学原书,英文,德文或日文,罗马法,中国法制史,外国法制史,法理学,法医学。其中,最后五门为选修课。

此外,法学院的其他系别,包括政治学系、经济学系、政治经济学系都讲授数量不等的法学课程,商学院银行学系也开设有破产法、国际公法及国际私法。

朝阳大学的课程在不同时期有所增损。进入朝阳学院时期后,从“法科法律学系课程指导书”可以看出,主干课程依旧,但很显眼的是,必修科目的第一门课,即是2学时的“党义”,并被安排于第一学年。这是南京国民政府力推党义教育的结果,即使是私立的朝阳大学也概莫能

---

① 截至1949年,民国时期法政专门学校与大学毕业的法律学系学生,总数约40 000人,而1919—1949年间,自朝阳一校毕业而于教育部登记有案的法律科系学生,即有6 230人。参见刘恒妏:《清末法吏到民国法官——以“无朝不成院”的北京朝阳大学为例》,载《中研院法学期刊》第8期,2011年3月,第192页。这个数字要远多于东吴法学院。据载于《东吴法学院年刊》(1946年)之“东吴大学法学院历届毕业同学”可知,自创办至1946年,共培养法学士计1 110人(包括入读会计系但获得的仍为“法学士”学位的90人),其中,最多的是第16届(1933年毕业)共有87人,最少的是第2届只有2人;另有法学硕士14人、法学博士3人(实际是名誉法学博士,1923年的罗炳吉,1924年的董康、王宠惠)。

② 现在手头上有单行的《朝阳大学学则》(民国18年)及包含在《朝阳大学概览》(民国18年)之内的“学则”。它们皆称为“此系暂行学则”。对照两者的规定,发现存在细微的差别。此处引用,依据前一版本。后一版本尽管主要科目相同,但“公司法”称为“公司条例”、“海商法”称为“海船法”,也不含刑事判例、民事判例、刑事法庭实习、民事法庭实习等课程。大致推断,包含在《朝阳大学概览》(民国18年)的此则“学则”的出台时间可能要早一些。

外。课程设置因学制及其他方面原因前后发生变化，这完全可以理解，不仅在朝阳，而且在其他法学院也有类似情形。①当然，课程变迁或添设，只要能"适应社会之需要"就好，而且也绝非开设的课程越多越好，法科是如此，其他学科也同样。②

依据课程设置、课堂规则及校友的回忆可知，朝阳大学效法的是大陆法系国家(尤其是日本)的法律教育模式，③课堂上通常以教师讲授为主，讲解时重视理论研究，同时也注重理论与实践的结合。在此，摘录两则校友的回忆。

一则是校友王承斌的回忆：

> 朝大成立后，很多法学名家自愿云集朝阳，他们既重视教学质量的提高，又重视法学理论建设的深入发展。他们各自在所属的研究领域中，发挥在学术上取得精湛造诣的优势，自编教材，统一由朝大印制，形成朝大各学科完整的高质量的法学讲义，十分珍贵。在法学界，特别在当时故都各大学中，以获得《朝大讲义》为荣。研究法学的人在案头上一般都有这套讲义。参加法官考试或文官考试的人，更把《朝大讲义》作为必读的资料。④

另一则是校友韩培基的回忆：

> 朝阳大学的教授，在授课前，学生到教务组领取讲义。讲义是由授课教授编撰，由朝阳大学印刷的铅印散页，收集齐了装订起来，就是一部完整的书。讲义内容的学术价值，自然高出那些刻板而教条的教科书。讲义能及时反映国内外在学术争论的聚焦问题上，引导学生开展自由讨论。⑤

对于母校的回忆免不了会带有不少感情色彩，此乃人之常情，但朝阳大学的讲义给学子们留下的深刻印象从中仍可见一斑，这至少也是讲义较具学术价值及在当时颇受欢迎的一个侧面辅证。

---

① 比如，盛振为曾就东吴法学院成立19年以来的学制与课程沿革进行过总结：前期以英美法及中国法为主科，以大陆法为副科；后期则改以中国法为主体，以英美及大陆法为比较之研究。参见盛振为：《十九年来之东吴法律教育》，载孙晓楼著：《法律教育》，王健编校，中国政法大学出版社1998年版，第199—211页。

② 对此，早在60多年前，美国法学家和教育家庞德针对法律学校开设课程存在的"要想把一个学法律的人所应知道的一切都包罗进去"的"通病"，就曾提出过告诫：学科的深入比广泛更为重要，最好的学校并不是开设课程最多的学校。参见[美]庞德讲：《从欧美法律教育的经验谈到中国法律教育》，杨兆龙译，载杨兆龙：《杨兆龙法学文集》，艾永明、陆锦璧编，法律出版社2005年版，第533—543页。

③ 查同时期的日本早稻田大学法学系、东京帝国大学法学部的课程设置，可以发现，朝阳大学的法科课程与它们是大同小异。而倘若将其与东吴法学院的课程相比，则后者在课程范围广、选修课门类多、重视比较法学课程等方面的特征显而易见。参见孙晓楼著：《法律教育》，王健编校，第99—103页、第128—132页；《东吴大学法律科章程》(1926年9月至1927年8月)，上海昆山路11号甲。

④ 王承斌：《朝阳大学的六条办学特点》，载薛君度、熊先觉、徐葵主编：《法学摇篮朝阳大学》，东方出版社2001年版，第82页。

⑤ 韩培基：《回忆朝阳大学的办学精神和教学特色》，载薛君度、熊先觉、徐葵主编：《法学摇篮朝阳大学》，东方出版社2001年版，第70页。

四

朝阳大学法科讲义的编写、印刷及其种类的具体情况如何？有必要做进一步的说明。

由于种种原因致使资料散失，现在已难以准确说出朝阳法科讲义的所有版本及各科讲义的数量。但是，据多方查找所得，“朝阳大学”时期讲义的情形倒可勾勒出个大概。

关于版本数，至民国16年(1927年)，朝阳法科讲义已印制了6版：

第一版，民国6年版：封面为“朝阳大学讲义”(江庸题)，内未见有“例言”，封三版权页标有“非卖品”、“不准翻印”及“朝阳大学校出版”、“公记印刷局印刷”。该版并未特别注明是“法科讲义”，合理的解释应该是，此时朝阳大学仅有法律科，尚没有其他的科别。

第二版，民国9年版：封面为“朝阳大学法律科讲义”，内未见有“例言”，封三版权页标有“非卖品”、“不准翻印”及“朝阳大学校出版”、“和济印刷局印刷”。

第三版，民国11年版：封面同第二版，有的含有“例言”和“序”，封三所标识的，仅印刷单位有变，为“京师游民习艺所印刷”。

第四版，民国12年版：封面和封三标识基本同第三版，仅出版单位改为“北京朝阳大学出版”。

第五版，民国14年版：与第四版相比，封三标识有所变化，即新增“校阅者”一栏(3位校阅者为陶德骏①、王选②和李良)，出版和印刷单位表述也更为规范，分别是“出版者　北京朝阳大学”与“印刷者　北京和记印字馆”。

第六版，民国16年版：与第五版相比，封三标识中的“不准翻印”改为了“版权所有不许翻印”，“校阅者”改为“校勘者”，共有4位，即李祖荫、王选、王懋麟③、徐家相④。

关于编写讲义的缘由和方法，从置于讲义中的“序”及“例言”可得以了解。

1917年，时长朝阳大学的汪有龄为第一版讲义所撰的“初版序”如下：

> 朝阳同学蒋铁珍等一百二十九人，既毕业，乃裒集三年来之讲义及闻诸诸先生之日授者，以为讲义录。既成，问序于余。余维综核学说，研求法理，此学法者之事也。依据法条，平亭狱讼，此用法者之事也。用法学法，虽分为二事，而其本则一。诸君既已毕业，是学法之事已终，而用法之事将始。虽然用法之难也，非公则私，非平则偏。吾国自改革以来，虽朝野昌言法治，然民商无适切之规程，判断以意思为法律；或罪本相同，而处刑则异；或身蒙大戾，而问责无从。有法而不能用，与用之不得其法，固有盲从之舆论与武断之政治左右于其间，抑与其学法之初心固大相刺谬矣。诸君学法既成，他日用法，吾愿斤斤于“公平”二字也，此则余今日之不能已于言者。是为序。

---

① 陶德骏，字亚昆，四川奉节人，法学院法律学系第二班毕业生，民国15年6月毕业。参见《已毕业同学姓名通讯处一览表》，载《朝阳学院大学部毕业同学录》，民国20年，第3页。

② 王选，字仲文，江苏泰兴人，专门部法律科第十二班毕业生，民国16年6月毕业。参见《已毕业同学姓名通讯处一览表》，第46页。

③ 王懋麟，字仲书，贵州都匀人，专门部法律科第十二班毕业生，民国16年6月毕业。参见《已毕业同学姓名通讯处一览表》，第46页。

④ 徐家相，字魁卿，江苏铜山人，法学院法律学系第三班毕业生，民国16年6月毕业。参见《已毕业同学姓名通讯处一览表》，第3页。

1920年,时任朝阳大学教务长的夏勤,为第二版讲义撰写了“再版序”[①]:

> 庚申季夏,朝阳大学法律科毕业诸君拟裒集历年讲义,分任校雠,由校付诸剞劂。余主讲是校,五稔于兹,近复承乏教务,与诸君相处既久,与是校关系尤切,谊不能无一言以弁简首。……

浏览上述二则序言,有两个方面应该令人印象深刻。

一方面,讲义的编写源自毕业学生的“裒集”并“分任校雠”。其中,有的讲义还由学生疏注。有的讲义在书首设有“例言”,对此也有明确说明:本书系由本校各班历年所授法学讲义,辑集而成,故颜曰“朝阳大学法律科讲义”;本书于讲义正文外,并将听讲笔记及由参考而得之材料,编为疏注,俾易了解;本书所有校勘疏注,系本校同学所担任。[②]而且,第五版和第六版分别在封三标明了该版讲义的“校阅者”和“校勘者”。第五版“例言”就是由校阅者之一陶德骏所撰。

由学生自愿发起进行裒集、校勘并疏注,使得朝阳的讲义原汁原味,真正具有“讲义”的性质。尤其是疏注,往往是学生在听课的基础上,依据老师所讲,再将所查相关资料进行补充。有的几乎逐条注释,篇幅甚至有超过正文者,既有赞同也有商榷,观点纷呈,内容包含当时学者论述、中国旧制及各国的相关理论和法条规定,兼有历史法学与比较法学的意义。这不仅使讲义更具学术性,而且于疏注者言,则进一步提高了其理解和研究能力。事实上,参与校勘、疏注的学生往往学习优异,而且这种学术训练无疑对他们日后的进一步发展也极有裨益。比如:

汪有龄校长在“初版序”中提到的蒋铁珍,“字贡梁,直隶博野县人。民国六年,在本校专门部法律本科第二班以甲等第一名毕业,第一届司法官考试,取列甲等第一名”,他后任司法部刑事司第一科科长及北平特别市市政府参事等职。

前已提及的民国16年2月11日司法部第99号批示特别提到的第四届司法官考试甲等第一名的王材固,就是夏勤的《刑事诉讼法》(民国16年版)的疏注者,“字幹生,福建永定县人。民国十五年六月,在本校专门部法律科第十一班以甲等第一名毕业,由校资派赴日留学。正拟首途,适逢举行第四届司法官考试,遂留平应试,竟获首选。”王材固回国后,历任闽侯地方法院推事、福建法政专门学校教员等职。

为程树德的《比较宪法》(民国14年版)和夏勤的《刑法分则》(民国14年版)做疏注的胡长清,“字次威,四川万县人,民国十三年六月,在本校专门部法律科第九班以甲等第一名毕业,由校资派赴日留学,在明治大学法律研究科专攻刑事学。著述极多。返国应第四届司法官考试,考列甲等第三名。”1927年起,先后担任朝阳大学、中央大学、中央政治学校大学部、燕京大学、华西大学等校教授,讲授民法和刑法,并任《法律评论》主编。后历任南京国民政府法制局二科科长、中央研究院社会科学研究所研究员、立法院民法起草委员会编纂等职。胡氏的论著,至今仍惠泽学界。

---

① 所引的“初版序”和“再版序”,载夏勤、郁嶷合述:《法学通论》,王选疏,民国16年版。

② 参见陶德骏所撰的“例言”,载曹寿麟述:《刑法总则》,王选疏,民国14年版。

第五版讲义的校阅者之一、朱深的《罗马法》(民国 14 年版)的疏注者李良,“字次升,云南黎山县人。民国十五年六月,在本校法学院法律学系第二班毕业,第四届司法官再试①,考列甲等第一名。”他后任北平地方法院推事、上海特区法院推事等职。

还有,何超述《法院编制法》(民国 16 年)和戴修瓒述《票据法》(民国 14 年)的疏注者、第六版校勘者之一李祖荫,于民国 16 年 6 月,在法学院法律学系第三班以优异成绩毕业。后受学校资派,赴日本明治大学研究科专攻民事诉讼法。未及毕业,即应北京燕京大学之聘,于 1930 年回国,历任该校讲师、副教授。同时兼任朝阳大学教授、名誉教授及《法律评论》总编。后任北大专任教授等职。至今,其论著仍常被参引。

上述疏注者的名字和简历,多保留在了朝阳大学的校史上。

当然,在后来的朝阳学院时期,法科讲义因为有了多年的积累并已自成体系,教师自己编写教材可能已渐普及,前述两则校友回忆所描述的“讲义是由授课教授编撰”该是实情。

另一方面,讲义既讲求学术性,重视法律原理的阐述,同时又紧密关注现行立法及其变化,也就是,拟真正达致理论联系实际。如果说汪有龄在“初版序”中就讲义本身的内容和特色并没有多少涉及,而更多的是作为一校之长,借此对于“学法之事已终,而用法之事将始”的毕业生们所作的“愿斤斤于‘公平’二字”的官方寄语的话,那夏勤在“再版序”中,接着对于讲义编写的理念和追求则有了较为详细的阐述:

> 夫学术盛衰,国运系也。而名喆硕儒,潜讨幽缒,鸿编巨制,层出不穷,则学术隆盛之表征也。……吾华文名夙居彼上,乃近古以还,风气固陋,学术榛芜。……即以法学一科言之,海通以后,承学之士,习此綦众,然走徧书肆,欲求一说理精善之著述,不可得也。有识君子,宁不引为深忧乎?本校自创办以来,教科首重法学。凡主讲斯学者,皆当代名流。所授讲义,类网罗欧美鸿喆著述,而撷其菁英,参酌吾国现行法令,以评其得失。学者由此研求,既事半而功倍。政家资为考镜,亦驾轻而就熟。所以嘉惠士林,开拓学圃者,为效尤巨。爰刊以饷世,藉广流布,而国运其盛,其或造端于此乎?尤余所厚望也。

其中,所谓“类网罗欧美鸿喆著述,而撷其菁英,参酌吾国现行法令,以评其得失”,应属编写教材的极高境界,虽然并不一定完全做得到,但取乎其上,仅有此立意,就该值得赞赏。而第五版和第六版的“例言”也均特别明确,“本书编纂方法,多根据于现行有效之法令。如无现行有效之法令,则根据草案。至草案已经改订而行将公布者,则以改订之草案,附列于后,藉便参考”。特别强调讲义“多根据于现行有效之法令”的编纂特色,既是对于讲义特色的客观描述,而且也因为,撰写“例言”的校勘者站在学生的角度,可能觉得这种声明因具实用性而更有吸引力,况且还有一个客观的时代背景,即此时恰逢立法、修法最为频繁的法制变革期。

① 这里所谓“司法官再试”,即是指李良以乙等成绩通过第四届司法官考试之后,入司法储才馆,毕业再考时,考列甲等第一名。参见《毕业生在司法储才馆毕业姓名略历一览表》,载《朝阳大学概览》,民国 18 年。关于司法储才馆的设立、性质和解散,详见俞江:《司法储才馆初考》,收于氏著:《近代中国的法律与学术》,北京大学出版社 2008 年版。

关于各版讲义的种类,有“例言”者,才可以确定。

比如,第五版也即民国 14 年版的讲义种类,在其“例言”中就有说明:

本书计分:法学通论,中国法制史,宪法,比较宪法,行政法,民法总则,债权总论,债权各论,民法物权,民法亲属编(两种),民法继承编(两种),刑法总则,刑法分则,商人通例,商法商行为编,公司条例,票据法,海船法,民事诉讼法,强制执行法,破产法,刑事诉讼法,监狱学,平时国际公法,战时国际公法,国际私法,法院编制法,罗马法三十种。

第六版也即民国 16 年版,“例言”中也有说明。与第五版相比,唯一变化的是,“民法继承编”由两种减为一种,所以讲义由“三十种”降为“二十九种”。

但是,所谓“三十种”或“二十九种”,是否就意味着只有 30 部或 29 部的讲义?也就是说,在一版之中,每门课是否均各只有一种讲义?因为在朝阳大学,同一时期,主要课程,比如宪法、民法、刑法、诉讼法等,往往有多名教师。尤其是 1920 年代后,学生数增多,法律专业一个年级就有上百乃至二百余人,应该有多位老师同时讲授同样的课程,是否各有讲义由听过该课程的学生们裒集、校勘而成?限于资料,现还不敢确定,姑且存疑。

五

朝阳法科讲义对于朝阳学子在校学习,及毕业后参加司法官考试和其他文官考试来说,肯定是最重要的研习资料,尽管另还有相关的“部颁”教材和“大学用书”作为课外的参考读物。这从如此多毕业生自发并积极参与讲义的搜集、校勘和注疏,还有众多校友的回忆都可得到验证。至出第三版时,它可能已成为朝阳大学的一张名片,正如夏勤在“三版序”中所云,朝阳大学“足以示人者”寥寥,但其中之一就是讲义。[①]从他为其后三版讲义所作的序也可看出,夏勤对于本校讲义的自诩和期许颇高。在“六版序”中,他言道:“诸家论列,与时革新,学士疏注,不囿师说。际此法学凋敝,弥望荒凉,固不敢诩为馈贫之粮,而要于寥落沉寂之出版界中,少纾耿光,庶使好学敏求之彦,感奋兴起。其于提倡法治,或不无小补欤!”

《朝大校刊》的一则名为“法人 Escarra 到校参观并索阅讲义多种”[②]的报道表明,朝阳法科讲义甚至还引起了时任国民政府法律顾问、法国巴黎大学教授爱斯嘉拉(Jean Escarra,1885—1955)[③]的兴趣:

法国巴黎大学教授、国府法律顾问爱斯嘉拉 Escarra,曾于民国十八年出席海牙会议,

① 夏勤之“三版序”:本讲义锓行,凡三次矣。每次付刊,其种类颇有增损,内容亦多有删修。盖法律为时代之产物,时代递嬗,法律不能不与为变迁。法理为学者之结晶,学说更新,法理尤不能不随之转移也。本校创立,讫今十稔,举其成绩,足以示人者,寥寥若此,不可谓非鲜也。然语其功效,则颇巨大,不独本校毕业诸君有声法界者,皆直接受其影响,即四方学子,闻风慕望者,亦间接沐其余沐。鹖冠云:中流失舟,一壶千斤。际此沧海横流、学术晦盲之秋,本讲义印行,容能为一壶之助乎?庶几毋负校雠诸君寒灯握椠之辛劬也已。载夏勤、郁嶷合述:《法学通论》,王选疏,民国 16 年版。

② 载《朝大校刊》22 年度第 3 期,民国 22 年 9 月 30 日,第 1 版。

③ 亦译为“约翰·艾斯卡拉”,关于其生平及对中国法的贡献,参见李鉮澂:《一代汉学家与中国法巨擘:约翰·艾斯卡拉 Jean Escarra(1885—1955)》,载台湾《法制史研究》(创刊号),2000 年 12 月。

在各国代表报告各国法律调查之议会上，以本校为中国最优法校报告于各代表。本校校誉，从此遂斐声欧美，国际上咸称道之。日昨爱氏奉命来平，特又到校参观，详阅各种成绩，更赞许不已。濒行并索阅讲义教科书数十种。闻拟供作某种专著之参考资料，并藉以公布中国法校成绩于世界云。

自身的期许和外部的评价，无论多么花好稻好，都应基于讲义本身的完备。而了解其“庐山真面目”的唯一途径，当然就是直接翻阅。而令人遗憾的是，因为遗忘和散失，加上少数保存有部分讲义的图书馆对此管理又常常严格过度，使得读者不便也不易借阅。因此，至今，学界对于朝阳法科讲义，多数是只闻其声，却未见其书，不能不说是一大遗憾。

鉴于此，值此朝阳百年之际，借助于华东政法大学法律史研究中心前年出资从民间购得的一批清末民国珍贵藏书(其中就包括130余种朝阳大学的讲义)，从中再进行甄别、比较，最终选定了29种法科讲义，并进行点校出版。这29种讲义课目名称，与前述第五版“例言”所确定的几乎完全一致，只是其中的“民法亲属编”和“民法继承编”仅各选了一种，行政法细分为总论与各论。版本选择以民国16年版为基础，不足的，从与民国16年最相近的年份中选择补充，并以含有“疏”的讲义为首选，没有“疏”的，则综合讲义水准和作者知名度再行选定。

在点校过程中，我们依据现在法学学科的分类，共将上述讲义分8卷出版。第一卷，包括法学通论、中国法制史、罗马法；第二卷，包括宪法、比较宪法；第三卷，包括行政法(总论和分论)及法院编制法；第四卷，包括民法总则、债权总论、债权各论、民法物权编、民法亲属编、民法继承编；第五卷，包括刑法总则、刑法分则；第六卷，包括商人通例、商行为、公司条例、票据法、海船法、破产法；第七卷，包括民事诉讼法、刑事诉讼法、强制执行法、监狱学；第八卷，包括平时国际公法、战时国际公法和国际私法。详参附录。

六

参与上述8卷点校工作的是8位学术同道，他(她)们皆为具有良好的法史素养或富有历史研究视野的专业学者，依次是张卓明(华东政法大学法理教研室)、苏亦工(清华大学法学院)、赵晶(中国政法大学法律古籍整理研究所)、吴一鸣(华东政法大学民法教研室)、陈新宇(清华大学法学院)、王帅一(中国社会科学院法学所)、洪冬英(华东政法大学民事诉讼法教研室)及王婧(华东政法大学科学研究院)。点校费心劳神，但在当下学术成果评价体系中它却普遍不被青睐的情形下，各位老师受邀欣然参与此项工作，我深信，这是基于大家对于点校出版朝阳法科讲义至少有以下方面的共识：

一是，朝阳法科讲义是记录民国时期法制变迁的一个载体，其编纂方法之一即是“多根据于现行有效之法令”，因此，将其与清末的“京师法律学堂笔记”等进行纵向的比较，对于我们理解始自清末延续至民国的近代法制的具体变革轨迹及学界的反应和评价极有裨益；

二是，朝阳法科讲义是品读朝阳大学的一扇窗户，唯有具体翻阅其体系和内容，并将其与日本相关论(译)著进行对照,才能真正感受朝阳法科重视大陆法系(尤其是日本模式)的特征。若将其与东吴法学院的课程、教材进行对照,才可进一步比较两者的办学特色,厘清彼此有所冲突的若干描述和评判。①

三是,朝阳法科讲义是民国时期众多讲义中之一系,将其与同时期相关"部颁"教材和"大学用书"进行比较,有助于了解民国时期法律教育的多元性与统一性;

四是,朝阳法科讲义是民国众多法学论著的组成部分,对于我们了解从传统律学到近代法学转变过程中的学术水准及研究方法,它无疑是重要的参照系;

五是,朝阳法科讲义是窥见民国法律从业者群体法律知识体系和知识储备的重要途径,从而也有助于从侧面了解转型期法律知识的传播脉络和社会法律观念的状况;

六是,朝阳法科讲义是朝阳大学教学相长的重要见证,教师讲述,学生校勘、注疏,相得益彰,既提高了讲义的学术水准,又培养了学生的研习能力,实为难得。这种模式令人羡慕,也值得追忆和思考。

阅者应该看得出来,以上共识多是基于积极品读朝阳所致。朝阳百年之际,纪念性的文章难免会多一些赞誉抑或想象,这是一种习惯性的思维。但是,品读朝阳,香醇中似乎还有丝丝苦涩。通过翻阅其法科讲义、朝阳校史等资料,不禁也会引起我们另一些方面的思忖。比如,朝阳大学重大陆法教育模式,师资选聘侧重日系,②重视法条、强调实用的条文主义,③看重教育部或司法部的官方嘉许,以聘得多少政界、司法界等要人任校董为荣,④特别看重并鼓励学生专攻司法官考试、极以毕业生在司法官及文官考试中取得优异成绩为傲,所资派留学生多以

① 朝阳校友及相关的研究者惯称"北朝阳,南东吴",赞《法律评论》是东方的"法学明珠"、"是我国当时唯一法律期刊"、"可谓民国时代创刊最早也最富盛名的正规法律杂志",而东吴校友及相关的研究者却多言"南东吴,北朝阳",称东吴大学是"第一所开设法学专业的大学",东吴法学院的《法学季刊》是"全国最早出版的法学刊物"、"近代中国最早的大学法学学术期刊之一,也是民国时期最著名的法学权威刊物之一"。两厢对照,彼此的矛盾显然,读来令人寻味。相关资料,参见冯玉军、郭萍:《"浚哲文明"的尝试:朝阳大学的理念与实践》,邵明、张鹏、赵璐:《后之来者,刮目而视——朝阳〈法律评论〉有关民事诉讼问题研讨和刊发之述评》(以上两篇,均收于《朝阳百年——近代中国法学教育与法律文化学术研讨会论文集》,中国人民大学,2012 年 11 月 28 日);东吴大学上海校友会、苏州大学上海校友会编:《东吴春秋:东吴大学建校百十周年纪念》,"序一"(江涌)、"序二"(顾念祖),苏州大学出版社 2010 年版;王国平编著:《博习天赐庄——东吴大学》,河北教育出版社 2003 年版,第 68 页;孙伟:《吴经熊与东吴大学》,载《华东政法大学学报》2008 年第 1 期;孙伟:《吴经熊与近代中国法制》,中国法制出版社 2010 年版,及艾永明为《东吴法学先贤文丛》所作的总序——"中国法学的骄傲";等等。

② 据《各科系教员姓名略历一览表》(载《朝阳大学概览》,民国 18 年),60 余位法科教员中,有留日学习经历者 30 余位,这比留英美、欧陆等国的总和多了一倍。而前后聘用的少数几位外籍法学教员,也多来自日本,包括冈田朝太郎、巽来次郎、岩谷孙藏等。另,本文前列的讲授"民法各编"的 18 位教员中,有留日学习经历者多达 13 位。

③ 据朝阳大学毕业生回忆,法科学生一人学报到,学校就要求人手一本《六法全书》,犹如《圣经》一样,随身携带,随时阅读,不仅要明了条文释义,还要背诵记住。参见王镕:《朝阳学院连升湾分校》,参见薛君度、熊先觉、徐葵主编:《法学摇篮朝阳大学》(增订版),东方出版社 2001 年版,第 113 页。

④ 《朝阳大学概览》(民国 18 年)刊有所有校董照片,他们是:王宠惠,司法院院长;江庸,校长,前司法总长、修订法律馆总裁;汪有龄,前校长,前司法次长、法律编纂会副会长;李煜瀛,中央委员、北平研究院院长、北平大学校长;周作民,金城银行总理;夏勤,副校长,最高法院刑庭庭长;商震,山西省政府主席;卢学溥,交通银行董事长;薛笃弼,卫生部长;谢瀛洲,司法行政部常任次长、法官训练所所长;严志怡,河北省政府委员、训政学院院长。另据朝阳学院"1948 年 7 月毕业同学录"所列的校董名单,董事长为国民政府司法院院长居正,其他 14 位董事,除了江庸此时的身份是"律师"外,其余 13 位中,4 位是"国民党中央委员",另外 9 位皆任要职于国民政府。参见薛君度、熊先觉、徐葵主编:《法学摇篮朝阳大学》,东方出版社 2001 年版,第 29—30 页。

赴日本深造为重，且数量、层次有限，①等等。这些说明，朝阳大学的开放性、灵活性、学术性、独立性、国际视野及国际影响力等方面都尚有提升的空间，这同时可能还意味着，朝阳大学在教学、人才培养乃至学风、学校品格的塑造上，都需要进一步的审视和反思。对于负有"中国最优法校"之誉的北朝阳是如此，对于同样显赫的南东吴，还有同时期其他法科大学、法政学校，我们在追忆和纪念时，也同样应该力求审慎。怀旧热潮中，无论如何，都不能脱离历史的底色。"朝阳法科讲义"的点校出版，应该能为追忆朝阳，进而回顾和反思近代以来中国法律教育之得失提供一定的历史底色。

李秀清

写于"朝阳法科讲义"点校出版之际

① 参见王伟:《中国近代留洋法学博士考(1905—1950)》,上海人民出版社 2011 年版,第九章第五节"近代留洋法学博士在华高校分布"。据其中的"近代留洋法学博士在华高校分布表"可知,朝阳学院毕业生留洋取得博士学位的仅有 1 人,这不仅与位居前列的属于教会大学的东吴法学院(81 人)、震旦大学(37 人)相差甚远,而且与同样处于北京的国立的北京大学(36 人)、清华大学(20 人)、北洋大学(12 人)也不能比,而在私立大学中,它比北平中法大学(8 人)、上海法学院(5 人)、上海法政学院(5 人)、南开大学(2 人)都要少。作者还在该书第 374—375 页,对"北朝阳"、"南东吴"的留洋法学博士为何有如此大的差异进行了分析,认为这与两校的不同性质、不同的法学教育特色及语言和课程设置、经济上的关系等方面有关,入情入理,较为透彻。

例　言

一、本书系由本校各班历年所授法学讲义，辑集而成，故颜曰“朝阳大学法律科讲义”。

二、本书于讲义正文外，并将听讲笔记及由参考而得之材料，编为疏注，俾易了解。

三、本书编纂方法，多根据于现行有效之法令，如无现行有效之法令，则根据草案，至草案已经改订而行将公布者，则以改订之草案，附列于后，藉便参考。

四、本书计分《法学通论》、《法院编制法》、《宪法》、《比较宪法》、《行政法》、《民法总则》、《债权总论》、《债权各论》、《民法物权》、《民法亲属编》（两种）、《民法继承编》、《刑法总则》、《刑法分则》、《商人通例》、《商行为编》、《公司条例》、《票据法》、《海船法》、《民事诉讼法》、《强制执行法》、《破产法》、《刑事诉讼法》、《平时国际公法》、《战时国际公法》、《国际私法》、《监狱学》、《中国法制史》、《罗马法》二十九种。

五、本书所有校勘疏注，均系本校同学所担任。

六、本书虽经担任诸君竭力校勘疏注，然以出版过于促迫，讹漏仍恐不免，尚祈阅者予以匡正。

校勘者附识

初 版 序

朝阳同学蒋铁珍等一百二十九人，既毕业，乃裒集三年来之讲义及闻诸诸先生之口授者，以为《讲义录》。既成，问序于余。余维综核学说，研求法理，此学法者之事也。依据法条，平亭狱讼，此用法者之事也。用法学法，虽分为二事，而其本则一。诸君今既毕业，是学法之事已终而用法之事将始。虽然，用法之难也，非公则私，非平则偏。吾国自改革以来，虽朝野昌言法治，然民商无适切之规程，判断以意思为法律，或罪本相同，而处刑则异，或身蒙大戾，而问责无从。有法而不能用，与用之不得其法，固由盲从之舆论与武断之政治左右于其间，抑与其学法之初心固大相剌谬矣。诸君学法既成，他日用法，吾愿斤斤于公平二字也，此则余今日之不能已于言者。是为序。

中华民国六年[1917 年]十二月

汪有龄撰

再版序

庚申①季夏，朝阳大学法律科毕业诸君拟裒集历年讲义，分任校雠，由校付诸剞劂。余主讲是校，五稔于兹，近复承乏教务，与诸君相处既久，与是校关系尤切，谊不能无一言以弁简首。夫学术盛衰，国运系焉，而名哲硕儒，潜讨幽赜，鸿编巨制，层出不穷，则学术隆盛之表征也。余曩者负笈东瀛，见彼邦人士修业之勤，进德之猛，著述浩瀚，日新月异，心窃慕之，以为其国运蒸腾，度越等夷者，有自来也。吾华文明夙居彼上，乃近古以还，风气固陋，学术榛芜，芸芸者众，相率于颓波靡俗之中，既酣嬉而不返。而二三操觚之士有志谍述者，又往往摭拾剩义，自欣拱璧，灾祸黎枣，贻讥大雅。他勿具论，即以法学一科言之，海通以后，承学之士，习此綦众，然试走遍书肆，欲求一说理精善之著述，不可得也。有识君子，宁不引为深忧乎？本校自创办以来，教科首重法学，凡主讲斯学者，皆当代名流，所授讲义，类网罗欧美鸿哲著述，而撷其菁英，参酌吾国现行法令，以评其得失。学者由此研求，既事半而功倍，政家资为考镜，亦驾轻而就熟，所以嘉惠士林，开拓学圃者，为效尤巨。爰刊以饷世，藉广流布，而国运之盛，其或造端于此乎，尤余所厚望也。

中华民国九年[1920 年]十二月

夏勤序

① 系为 1920 年。

五 版 序

法贵适时，而因应蜕变，张皇补苴于不敝者，学术为之也。故瞻人国者，考其学术之盛衰，而法制良窳可验矣。海通以来，国人竞言兴学，顾通都大邑，黉舍林立，而髦士论著，斐然成章，足资研讨者，阒焉无闻。私窃深忧，以为士习儇薄，学殖荒落，至于此极，欲期法制之革新，是却行而求前也，宁有幸乎？朝大立校，垂十余稔。法科讲义，刊行四次，世论推许，颇负令誉。虽不敢诩为名篇巨制，足以润色鸿业，而精义谛解，要可潜发幽光。《鹖冠》云："中流失舟，一壶千金"。撰述诸公，穷探广搜，嘉惠士林，风雨如晦，鸡鸣不已，其庶几一壶之献乎！兹值五版，特弁数言。异日学术之兴，渊源有自，则法制改革，于焉攸赖矣。

中华民国十五年[1926 年]一月

夏勤序

六　版　序

《韩非》曰："国有常法，虽危不亡"。明乎法者，国之纪纲，缉暴锄慝，风行草偃，所以安堵民生，宁谧闾阎者。此物此志也，欧美列强，揭橥法治，政绩裴然，彪炳人环，古贤今哲，后先辉映，东西同揆，良足尚矣！改革以还，国人竞言法学，远搜旧闻，旁撷欧化，浸淫鼓荡，垂十余稔，而徒腾口说，著述阙然，将何以验进修之臧否，资来学以考镜乎？本校法科讲义，历年锓行，今凡六版矣。诸家论列，与时革新，学士疏注，不囿师说。际此法学凋敝，弥望荒凉，固不敢诩为馈贫之粮，而要于寥落沉寂之出版界中，少纾耿光，庶使好学敏求之彦，感奋兴起，其于提倡法治，或不无小补欤！

中华民国十六年[1927 年]孟秋

夏勤序

朝阳法科讲义(第一卷)目录

朝阳法科讲义总目……1
总序　何勤华……1
品读朝阳(代序)　李秀清……1

例言……1
初版序　汪有龄……1
再版序　夏　勤……1
五版序　夏　勤……1
六版序　夏　勤……1

点校凡例……1
点校前言　张卓明……1
法学通论　夏勤、郁嶷合述　王选疏……1
中国法制史　郁嶷述　张佐辰、李佐璜合疏……109
罗马法　朱深述　李良疏……223
附录:朝阳大学法科讲义选用版本说明……365

点 校 凡 例

一、本丛书为“清末民国法律史料丛刊”之“朝阳法科讲义”。原朝阳法科讲义共计28种，现合并为8卷整理出版。

二、原书为竖排，现改为横排。原文中“如左”、“如右”之类用语，相应改为“如下”、“如上”等。

三、原书所用繁体字，现统改为简体字。为不损原意，异体字不做改动。

四、原文无标点符号或标点符号使用不规范者，一律以现今通行之标点符号代之。

五、原书中之误字，以“(　)”将正字标注于该字之后；若有脱文，则在“〔　〕”内补入；若有衍文，则用“[——]”标示删除。

六、原书无段落划分或段落划分不清者，在点校、勘校时做适合划分。

七、原书所引之事实、数字及其他相关资料确有错误者，为保持原作品全貌，亦不做改动，仅出注说明。

八、原书的翻译不符合现今通用译法者，为保证原翻译作品的全貌，亦不做改动，在原书译文后加“(　)”注明现代通用译法。如某词在书中多次出现，则在该词第一次出现的地方标注，并注明“下同”。例如“奥大利(奥地利，下同)”。

九、外文未译成中文者，在“〔　〕”内补译中文。

十、原文中“疏”的部分，仍在段落开头以“疏”字样标示，并调整字体以便与上下文相区分。

十一、为保持原作品原貌，原书随文注一仍其旧，不再另行挪入脚注。

十二、所有脚注皆为点校者所加，每页重新编号，不另标明“——点校者注”等字样。

点校前言

张卓明*

本书由朝阳大学的三本法科讲义，即《法学通论》、《中国法制史》和《罗马法》组成。从学科归类上，它们都属于理论法学，与应用法学相对，因此，收集在一起点校出版。朝阳大学是民国时期法律教育的重镇。①透过这些讲义，我们能一窥民国时期理论法学教育的概貌，同时，也是我们了解当时理论法学发展水平和学术传承状况的重要史料。

这些讲义，一度"洛阳纸贵"，出版多次，为当时法律人才的培养，做出了不可磨灭的贡献。②讲义的作者，国学功底深厚，又富有西学素养，在法政实务界，也不乏他们的身影。最近几年，我们的出版界和教育界，逐渐重视民国时期的教科书，比如出版了民国时期中小学乃至幼稚园的教科书。拂去其中夹杂的怀旧情感，以及由历史距离产生的美感之外，这些教科书中，最值得珍视的，可能是学术的纯粹性以及教育的纯正性。本书三本法科讲义，很大程度上，也体现了这些品格。

一、作为法理学教材的《法学通论》

今天以"法学通论"命名的教材，③大都等同于以"法学概论"或"法律基础"为名的教材，④属于非法学专业本科生学习"法律基础"这门公共科目⑤的用书；体例上通常包括"法的一般理论"或"法的基本原理"，以及介绍各个部门法基础知识的法学各论。民国时期以"法学通论"命名的教材，则有两种体例，一种跟现今的"法学通论"教材一样，分为总论和各论，分别讲述法学原理和各部门法制度；⑥另一种则只有总论，而没有分论，也即只讲法学原理，不具体讲各部门法制度。本书中的《法学通论》属于后一种，包括"国家论"、"法律论"、"权利论（附义务）"、"法

---

* 华东政法大学法律学院副教授。

① 位于北京的朝阳大学，与位于上海的东吴大学，均属民国时期有名的私立法科学校，被时人称为"北朝阳，南东吴"。前者承袭大陆法系法学教育模式，其所培养的学生大量进入司法机关，成为司法审判人员，以致当时有"无朝不成院"一说；后者属英美法系教会学校，注重外国法、英文授课和案例教学，培养了大批律师，以致有"东吴出律师"一语。参见刘恒奴：《清末法吏到民国法官——以"无朝不成院"的北京朝阳大学为例》，载《"中研院"法学期刊》第8期（2011年3月）。

② 讲义的一大特色，就是由本校学生疏注，这被认为是提高朝阳大学教学质量的方式之一。

③ 比如汤琳俊主编：《新编法学通论》，北京大学出版社2005年版。

④ 比如张文显主编：《法学概论》，高等教育出版社2010年版；高其才主编：《法律基础》，清华大学出版社2011年版。

⑤ 按照华东政法大学最新的课程设置，此公共科目全称为"思想道德修养与法律基础（下）"。

⑥ 比如欧阳谿著的《法学通论》，1931年由上海法学编译社初版，其总论部分包括"法学"、"法律"、"国家"和"权利及义务"四编；各论部分包括"宪法"、"行政法"、"刑法"、"民法"、"商法"、"民事诉讼法"与"刑事诉讼法"七编。该书已由陈颐勘校出版（中国方正出版社2004年版）。

学论”四编,因此,从内容上讲,更接近于我们现今的法理学教材。①

不过,在当时,即便另一种体例的“法学通论”,也往往被看作是法理学方面的著作。②日本法学者织万田著的《法学通论》,就属另一种体例的“法学通论”,且是在中国传播的开创性作品,其“绪言”说:“夫法学通论者何哉?曰以欲网罗关于法律一切之现象而得其原理之概念也。”③此定义与时人所理解的法理学概念,并无不同。④日本法学家冈田朝太郎在京师法律学堂(该学堂于1906年开学)讲授“法学通论”时,即指“法理学(法律哲学),以研究国法之最高原理为目的者。”⑤

我国“法学通论”著作的源头,始于清末留日学生的译介。比如,1902年,王国维翻译出版了矶谷幸次郎著的《法学通论》;⑥1905年,张知本编译出版奥田义人等著的《法学通论》;⑦1907年,刘崇佑翻译出版了织万田著的《法学通论》。清末民初的这些译著以及后来国人自己编撰的“法学通论”,一方面是当时法科学生的入门教科书,另一方面也是中国近代“法理学”或“法学理论”学科的重要知识来源。有学者甚至断言:“《法学通论》教科书是中国(近代)法理学最重要的一种编纂形式。”⑧

目前通说认为,“法理学”一词,源于1881年东京帝国大学穗积陈重的创造。穗积陈重由于受当时经验主义、实证主义法思想的影响,避免使用日本大学原有诸如“性法”、“自然法”、“法论”等课程名称,也不径直采用“法律哲学”的名称,而是创造“法理学”一词,用以讲授法根本问题的课程。⑨只讲总论的“法学通论”,当然与法理学内容直接相关,而包含部门法各论的颇具实用性的“法学通论”著作,也与当时偏向于法律实证主义的“法理学”观念相一致。这或许是清末民初“法学通论”著作被视为法理学著作的一个重要原因。不过,这也造成近代中国法理学研究与教学的一个重要缺陷,即实用主义倾向很严重。据何勤华先生统计,民国时期保留下来的法学通论作品中,有近七分之一的著作是由各种警官学校、陆军军官学校、警察训练所、国民党干部训练团等组织编写的讲义。⑩程燎原先生经考察也得出结论说:近代中国的“法理学”(“法律哲学”)学科内容常常表现为“法学通论”,且多为法的实证理论与知识。⑪

---

① 这部分的分析只就笔者熟悉的大陆地区法理学教材状况而言。台湾法律学者管欧先生初版于20世纪50年代原名为《法学绪论》的著作,最近在大陆地区出版。此书在1994年已经出到“修订第七十版”。饶有趣味的是,此书篇章结构与本书的《法学通论》颇为相似,分成“法学”、“国家”、“法律”、“权利与义务”四编。参见管欧:《推开法律之门》,中国政法大学出版社2011年版。

② 从清末至1949年,法理学方面的著作,除了以“法学通论”命名的著作外,还有直接以“法理学”命名或以“法律哲学”命名的著作。在数量上,前者远多于后二者。此外,也包括以“法学概论”、“法学绪论”、“法律学”等命名的著作。参见何勤华:《中国法学史》(第3卷),法律出版社2006年版,第128—132页。

③ [日]织万田:《法学通论》,刘崇佑译,上海商务印书馆1907年版,第1页。

④ 何勤华:《中国法学史》(第3卷),法律出版社2006年版,第146页。

⑤ 程燎原:《中国近代“法理学”、“法律哲学”名词考述》,载《现代法学》2008年第2期。

⑥ 本书只有总论,而无介绍各部门法的分论,初由上海商务印书馆出版,目前已由何佳馨点校重新出版(中国政法大学出版社2005年版)。

⑦ 此书由湖北法政编辑社出版。参见程波:《中国近代法理学:1895—1949》,商务印书馆2012年版,第17页。

⑧ 程波:《中国近代法理学:1895—1949》,商务印书馆2012年版,第11页。

⑨ 洪逊欣:《法理学》,台湾三民书局1998年版,第4—5页。

⑩ 何勤华:《中国法学史》(第3卷),法律出版社2006年版,第169页。

⑪ 程燎原:《中国近代“法理学”、“法律哲学”名词考述》,载《现代法学》2008年第2期。

目前高校的法理学教材，常常针对不同年级的法科学生，区分成“法理学导论”与“法理学专题”两种。[①]就此而言，本书的《法学通论》比较接近“法理学导论”性质的教材，主要是一本当时法科学生的入门书。诚如作者所言：“法学通论者，总阐法学要义，示初学者以准的也。”疏注者解释曰：“法学通论者，为研究法学之准备，就法学之全体以求得系统的、概括的智识为目的之科学也。”不过，作者又言：“法学通论，一方为学者进攻专门之阶梯，一方又为普通人类所应具之常识。”在当时，“法学通论”的功能，的确不只是法科学生的入门教科书，同时也是现代法学观念和知识的重要载体，以及向民众传播现代公民所应有的常识的重要工具。

史学大家孟森也曾留学日本，专攻法律，其于1911年编撰出版的《新编法学通论》，是当时中国学者自己编撰的具有中国问题意识的早期作品。此书只有总论，其在“绪言”中提到，之所以不讲各论，是因为当时“六法无一颁布，仅有行政法范围内单行之数种章程，无从析为各论”，而当时具体介绍各法的课目名称为“现行法制大意”。在孟森看来，“法学通论”除有益于专修法学者外，还有益于“普通学科”和“普通国民”，在后者意义上，到六法体系建成之时，“法制大意”，即“法学通论”之变名。[②]可见，最初的“法学通论”科目，承担着双重功能，具有双重性质，它既属法学专业的基础科目，又属通识科目。

而随着法制逐渐完备，法学学科趋于细化和成熟，也有学者试图将“法学通论”区别于“法理学”和“法制大意”。如本书《法学通论》的疏注者王选对“法学通论”的认识，就与作者的认识已有所不同。在“绪言”中，疏注者明确指出：法学通论“与专研究法律及权利本质之法理学不同，亦与以获得普通法律常识之法制大意有异”。这一方面反映了作者在“六版序”所说的“诸家论列，与时革新，学士疏注，不囿师说”之特色；另一方面，也体现了“法学通论”在中国法学近代化过程中扮演角色的重要性与复杂性。由上可知，对“法学通论”作精确完整的历史定位，不是一件轻而易举的事情，特别是不应笼统地骤下结论。尽管如此，可以断言，“法学通论”作为“治法学者之津梁”，乃是时人的共识。

本书《法学通论》，由夏勤和郁嶷合作编述而成。据系统研究过民国时期《法学通论》著作的程波教授考证，该讲义正式发行于1919年，1920年再版，至1927年已出至第六版。[③]时任朝阳大学校长汪有龄为该讲义作“初版序”，其落款时间为“中华民国六年十二月”，由此推算，讲义正文内容在1917年可能就已经成型。时人评价《法学通论》，说其“详明要约，辞旨雅训，教科善本”；[④]今人程波则说其是“一部真正意义上的中国学人编撰的法理学教科书”。[⑤]

的确，本书的《法学通论》，已有较多自己的见解与思考，作者和疏注者试图结合中国实际，

① 比如华东政法大学的教材，参见徐永康主编：《法理学导论》，北京大学出版社2006年版；徐永康主编：《法理学专论》，北京大学出版社2008年版。与此相对应，华政的法理学课目名称分别为“法学基础”与“法理学”。西南政法大学的法理学教材也类似。参见付子堂主编：《法理学初阶》，法律出版社2009年版；付子堂主编：《法理学进阶》，法律出版社2010年版。

② 参见孙家红编：《孟森政法著译辑刊》(中)，中华书局2008年版，第382—384页。孟森的《新编法学通论》，最初由上海商务印书馆出版。

③ 程波：《中国近代法理学：1895—1949》，商务印书馆2012年版，第177页脚注4。

④ 万宗乾：《序》，载于1919年版的《法学通论》。转引自程波：《中国近代法理学：1895—1949》，第178页。

⑤ 程波：《中国近代法理学：1895—1949》，商务印书馆2012年版，第178页。

融会各种学说，阐明法律思想，从而呈现出一定的时代感。20世纪之初，正是法律实证主义在西方甚嚣尘上的时期，当时的中国法学深受影响。①这种影响，可以说延续至整个民国时期。本书《法学通论》亦不能置身度外。作者批判了天赋人权学说："各人之权利自由依法律始得存在，无法律即无权利无自由。彼倡天赋人权说者，谓人类权利，与生俱来，无关法律，在今日无一顾之价值"。②作者甚至断言："关于程序的法律，但以规定办事之次第，无所谓正义不正义者"。③疏注者附和曰："欧西格言：'恶法亦法'。良以法律既颁布后，即应认为有效，其善恶非所当问。彼审判衙门为司法之机关，而非议法之机关，纵或法律不善，应设法以改革之，不可谓非法律也。"④

在尚未真正吸收和消化西方源远流长的自然法思想时，就迎来西方法律实证主义思想的高潮，并投之怀抱，不能不说是一个遗憾。这就为以后中国超实证法的人权思想迟迟不见发达，以及保障人权的宪法审查机制迟迟难以落实，埋下了一个伏笔。不过，其中所蕴含的形式法治思想，对于我们今天也有重要借鉴意义。比如，关于国体与政体，作者更重视政体，而非国体。这与其规范论的视角有重要关系，也即其强调从法律角度，而非政治角度研究国家。因为在其看来，政治乃实质，法律乃形式。前者无形易变，后者确定有形。国体即"主权之所在"(政权归属)，无形易变；政体即"主权之作用"(政权组织形式)，确定有形。⑤疏注者更是明确说："政治根据法律而发生，有法律而后始有政治"。⑥其规范主义思想和形式法治观念，显而易见。

在讲到"国家之目的"时，作者反对道德说和幸福说，认为全能国家包揽经济等诸事，干预私人领域过多，将会产生滥用权力、侵害自由之莫大祸害，但也不认可以权利保护为唯一目的之说，认为此说有极端个人主义之危险，而试图在二者之间取平衡，认可强有力之政府及其积极有为。⑦

作者相当重视国家实力，认为权力为国家最重要的目的，"国家权力之消长，即其国运之兴替"，而权力之实质为兵力，并批判性地指出："今日之所谓和平者，武装和平也；所谓平等者，权力平等也。"⑧疏注者亦基于现实指出："欧美亚之列强，其殖民与商船所及之地，即其兵力所及之地，是以其人民之能享有权利者，实祖国兵力之有以致之。……今日国际间无所谓和平，亦无所谓平等，即有所谓和平者，亦不过武装之和平，所谓平等者，亦不过口头上之平等，岂真心爱和平、平等而共期世界于大同者乎?"⑨这些观点虽可能坠入国家主义和实力主义的陷阱，而需予以必要的警惕，却也真实地反映了当时知识分子基于国家弱小、受欺凌的现实，而希冀国家强大和政府有力的真切情感。

作者甚至因为基于国体之国家分类跟国家之兴衰无本质联系，基于政体之国家分类与国家之兴衰则有联系，而推论基于政体之国家分类更为重要："瞻人国者，不于其君主、民主之国体而卜

---

① 参见林来梵：《从宪法规范到规范宪法》，法律出版社2001年版，第20页；俞江：《"法律"：语词一元化与概念无意义》，载《政法论坛》2009年第5期。

② 夏勤、郁嶷合述：《法学通论》，北京和记印字馆1927年版，第49页。

③④ 夏勤、郁嶷合述：《法学通论》，北京和记印字馆1927年版，第29页。

⑤ 夏勤、郁嶷合述：《法学通论》，北京和记印字馆1927年版，第21、48页。

⑥ 夏勤、郁嶷合述：《法学通论》，北京和记印字馆1927年版，第48页。

⑦ 夏勤、郁嶷合述：《法学通论》，北京和记印字馆1927年版，第15—17页。

⑧ 夏勤、郁嶷合述：《法学通论》，北京和记印字馆1927年版，第18页。

⑨ 夏勤、郁嶷合述：《法学通论》，北京和记印字馆1927年版，第19页。

盛衰,端于其专制、立宪之政体而课兴危。其国之国体虽君主,而政体倘立宪也,必盛且兴,反是则衰且危,史乘所昭,历有明征也。”①可见作者对国家兴盛之期盼,展现了士人忧国忧民的情怀。

二、一部向现代法学话语体系过渡中的《中国法制史》

本书的《中国法制史》,由郁嶷编述,分绪论和本论两部分。在绪论“中国法制史之意义”一章中,作者明确将中国法制史界定为“自中国法制方面叙述历史事实以考察其发达进化”。②尽管以历史事实的描述,而非理论阐释为目的,但作者在叙述过程中,有时也会禁不住评论一番,表明自己的价值立场。

比如,在论述秦汉中央与地方关系之法制时,其不再作纯粹描述,而是痛陈古代中国封建之地方分权,如同中央集权,都是官治,而非民治:“吾国自来所谓地方分权者,非分于地方之平民,使自为治,乃操于方隅之悍将,势成割据”。其指出:古之学者因地方割据造成民生窘苦,而视分权为洪水猛兽,却使君主专制益甚,顾此失彼,皆因只知官治,不知民治之故。其进而联系现实,申论今世之地方分权“乃授权于民,使其自治”,此乃广土众民之国,实行立宪政治的必由之路。作者还具体讲了分权自治一般而言的五点好处和对中国而言的三点特别好处,概括言之,即民治较之于官治,将更为有效、更为勤俭,是结束专制、达致治平的不二法门。作者也点出了共和国家的实质在于“民自为治”,“自治为共和政治之根本”。这些论述表明作者对立宪、共和等现代法律价值的理解和信奉,其救世济民之心切,溢于言表。

即便是对历史事实的描述,也有一个用何种知识体系来架构,用何种话语体系来表达的问题。较之于现今通行的教材,本书《中国法制史》的一大特色便是,尚未完全用一套来自西方的现代法学知识体系和话语体系来架构和叙述中国古代法制史。尽管从中可看出在朝着这个方向发展,但是尚未完成,而留有一些传统中国的学术元素。故笔者称之为“一部向现代法学话语体系过渡中的《中国法制史》”。③

就以张晋藩所著的《中国法制史》作比较,其叙述中国历史上各个朝代法制的基本架构主要有立法、法律构成和司法制度三部分,通常细分为:立法指导思想、主要立法活动;行政法律、民事法律、经济法律和刑事法律;司法机关、诉讼和审判。④此一架构明显反映了现代法学知识体系和概念体系:立法权与司法权之分,以及由部门法构成的法律体系观念。而本书《中国法制史》区分绪论和本论,颇有特色,绪论部分讨论“法制之起源及其进化”、“中国法制史研究之重要”、“中国法制史研究之困难”、“中国法制进步迟缓之原因”、“中西法制之差异”等法制史研究方法论或者法学理论问题。本论部分依次对中国各个朝代法制作了叙述,基本架构有:经济制度、王制、阶级制度、官职制度、兵制、法律公布制度、法典编纂制度、刑制、学制、救恤制度和

① 夏勤、郁嶷合述:《法学通论》,北京和记印字馆1927年版,第22页。

② 郁嶷述:《中国法制史》,北京和记印字馆1927年版,第3页。

③ 此乃较之于今日大陆地区的中国法制史教材而言。当时其他种类的中国法制史著作,在体例和内容上,也留有较多的中国传统元素,比如陈顾远先生于1934年由商务印书馆出版的《中国法制史》,由“总论”、“政治制度”、“狱讼制度”、“经济制度”四编构成,“政治制度”中有“中国法制中之选试法”一章,“狱讼制度”中有“刑名”一章,“经济制度”中有“田制税制中之经济立法”一章。参见陈顾远:《中国法制史》,中国书店1988年影印版。

④ 参见张晋藩:《中国法制史》,商务印书馆2010年版,目录。本书乃“中国大学法学教科书”之一,因此具有代表性。

交通制度,其中经济制度又细分为田制、税制和币制。这些条目中,属于现代知识体系和概念体系的主要有:经济制度、阶级制度、法律公布制度、法典编撰制度;而深受传统中国知识体系和概念体系影响的有:王制、官职制度、兵制、刑制、学制、救恤制度和交通制度,以及田制、税制和币制的分类。后者诸条目,其实在《礼记》、《通典》、《文献通考》等中国古代文献中,都能找到相应的渊源。即便这里的救恤制度和交通制度属于现代概念,但之所以作为条目单列出来,也是受传统中国史书中的知识体系影响。

随着西学东渐,法律和国家现代化的进程,用源于西方的现代话语和概念体系叙述古代中国法制,是时势所然,难以抗拒。在讲述唐朝法制时,作者便运用立法、行政与司法三分的现代话语和概念分析道:立法由君主掌握,而行政与司法往往混同,即行政官兼司法事务,故与西方三权分立,截然不同。但作者同时从官制角度提出,我国有特殊的三权分立,即所谓文、武、纠察三官。"文官则今之行政兼司法官也;武官则掌军事;纠察官监督文官而弹劾其非法行为"。[①]这或许反映出叙述者在使用中西两套话语和概念体系时的某种纠结心态,同时也展现了作者叙述古代中国法制所用知识框架和话语体系的一种过渡状态。

今天,用来自西方的现代法学知识体系和概念体系叙述古代中国法制,诚属难免,但我们至少应该警惕:在用西方话语格式化古代中国法制的过程中,可能遮蔽中国古代真实而又复杂的法律史。对此深有体悟的金敏先生感叹道:"我们今天对中国传统法的认识不仅经过了时间的中介,更经过了空间的中介,经历了这等时空中介的传统法的面目与其本来面目不知相去多远,不知有多少'原初记忆'已经丧失。"[②]而从今天来看,本书的《中国法制史》,恰恰是处在这个中介活动或转换过程中的文本,较之于现今的大多数教科书,它或许更多展现了古代中国法制的"原初面目",或许能唤起我们的某些"原初记忆"。比如,它的体例使得其所追踪的描述对象,在某些方面超越了现今通行的"法律"范畴内的事实,甚至将那些今日看来并不起眼的学制、救恤制度和交通制度也包括在内。[③]此外,其本身就具有史料的价值,从中我们或许可以看到,现代法学话语是如何逐渐取代中国传统话语的,以及这个过程中可能伴随的"原初面目"之模糊和"原初记忆"之丧失。

最后,值得一提的是,作者在其第四版的《中国法制史》例言中提到未论及清代法制的缘由:"本书仅编至明代,逊清一朝,则未之及。盖吾国法制,自古迄今,其根本的变动,仅秦清两朝。而逊清以异族入主中国,创制立法,多存猜忌。且华夏数千年法制,于焉终局,自应特加纪述。拟另成清代法制史一书,以资衔接,故本书遂付阙如。"[④]其实,本书《中国法制史》也未论

---

① 郁嶷述:《中国法制史》,北京和记印字馆 1927 年版,第 100—101 页。

② 郭建、金敏等:《中国法制史》,浙江大学出版社 2011 年版,第 11 页。

③ "历史研究中事实描述的方式往往与学科的现有划分即学科专业有紧密联系。法律史作为一门专史,其所追踪的描述对象被限定为历史上法律范畴内的事实。但历史上的法律现象、法律人物绝非封闭的个例,它们与同一时空中社会的其他方面有着千丝万缕的联系。"参见王志强:《中国法律史学研究取向的回顾与前瞻》,载《中西法律传统》(第 2 卷),中国政法大学出版社 2002 年版。

④ 该第四版《中国法制史》"例言"由作者写于东京,时间为 1931 年 8 月 20 日。在作为"朝阳大学法律讲义"的 1927 年版本中,未见含有此内容的例言。在该"例言"中,作者还提到:"本书原系供朝阳大学讲义之用。自民国九年至十二年曾经三版行世。十二年以后,因朝阳大学出版之法律讲义,将本书列入,遂未单独印行。现在朝大法律讲义,出版尚需时日,而购者频来函促,迫不及待。特重印四版,以应急需。"可见,此书在当时颇受欢迎。另,该版内容不含有"疏"。

及元朝法制，不过没有具体说明理由，或许部分原因也在于作者的民族情感。

三、一部原汁原味的《罗马法》

本书的《罗马法》，由朱深编述，首先讲述“罗马法沿革及研究之概略”，然后分“总论”、“人之法”、“财产法”、“诉讼”四编讲述，其中“财产法”又细分为“物权”、“债权”和“继承”三部分。用“财产法”这一术语来概括物权（制度）、债权（制度）和继承（制度），可以说是本书《罗马法》的一个特色，其他同类著作往往用“物法”这一概念，比如民国时期黄右昌著的《罗马法与现代》，①丘汉平著的《罗马法》，②以及周枏著的《罗马法提要》，③无不如此。

总体而言，本书《罗马法》持客观主义的立场，试图将罗马法的原初面目展示给我们，而较少作评论和阐发。关键概念往往由一种乃至数种外文括注。尽管，没有引证文献资料，以及外文拼写上有若干差错，但这或许是讲义的形式使然，印刷技术和时代局限使然，瑕不掩瑜，它不失为一部原汁原味的《罗马法》，为西方法律文明的传播，近代中国民法的发展作出了贡献。

西方法律文明的源头在于古希腊和古罗马。由于古罗马不仅传承和发扬了古希腊的自然法思想，而且还发展出一套前所未有的相对齐全的私法体系，产生了法学和法学家阶层，其地位相对来说更加重要。罗马法不仅成为大陆法系国家近代私法的源头，其复兴还为近代西方法治文明奠定了基础。④罗马法学中有关公法与私法等法律分类，有关所有权和占有、法人（团体）、民事责任、侵权赔偿等制度，有关“诉”、“法律行为”、“定金”、“契约”、“无因管理”、“先占”、“特留份”等概念，对后世法学都产生了深远的影响。⑤

正是因为罗马法在西方法律文明中的重要地位，以及清末法制改革中经由日本对大陆法的认同，我国近代法律教育之初，罗马法便是一门重要课程。1906 年创立的“京师法律学堂”是近代中国第一所官办法律学堂，据《法律学堂章程》，“罗马法”是学生第一学年学习的科目。按照民国初年教育部公布的《大学令》(1912 年)和《大学规程令》(1913 年)，“罗马法”是法科大学法律学专业的必修课。⑥据徐国栋教授统计，新中国成立前，燕京大学、清华大学、朝阳大学、东吴大学、厦门大学、武汉大学和湖南大学等 50 所大学的法律系都一直把罗马法列为必修课程。⑦可见，民国时期罗马法教育之兴盛。

早在 1905 年，就有日本学者著的《罗马法》译本出版，⑧其后，据何勤华先生统计，大约有二十本《罗马法》教材或著作出版，产生了诸如黄右昌、陈允、应时、黄俊、丘汉平、王去非、陈朝

① 黄右昌：《罗马法与现代》，何佳馨点校，中国方正出版社 2006 年版，“目录”。该书初版于 1915 年。

② 丘汉平：《罗马法》，朱俊勘校，中国方正出版社 2004 年版，“目录”。该书初版于 1933 年。

③ 周枏：《罗马法提要》，北京大学出版社 2008 年版，“目录”。此书原为改革开放之初作者使用的讲义。

④ 汪太贤：《论罗马法复兴对近代西方法治理念的奠定》，载《现代法学》2000 年第 6 期。

⑤ 何勤华：《西方法学史》，中国政法大学出版社 2000 年版，第 56 页。

⑥ 王石磊：《民国时期法律教育课程设置研究》，首都师范大学 2006 年硕士学位论文，第 3、10 页。

⑦ 徐国栋：《中国的罗马法教育》，载 http://test.civillaw.com.cn/wqf/weizhang.asp?id=29285，2013 年 1 月 6 日。

⑧ 如[日]户水宽人、[日]田中逊、[日]冈本芳次郎：《罗马法》，樊树勋译，湖北法政编辑社 1905 年版。参见俞江：《近代中国的法律与学术》，北京大学出版社 2008 年版，第 333 页。

壁等一大批罗马法学者。[①]此外,在何勤华先生的统计表中,有一本作为朝阳大学法科讲义的《罗马法》,由应时述,林鸿勋疏,出版于1927年,其与本书的《罗马法》(出版于1925年),[②]有何渊源关系,还有待考证。

在学科归类上,我们或许可以将罗马法归为民法学的一部分,因为它与现代民法有渊源关系,是现代民法的基础,但它必然是辅助性的,即以理解现行有效的民法规范为目的,而不可能成为主流的内容,因为部门法学,必然是以现行有效的实定法为基础。我们更可以将罗马法归属于外国法制史学科,这不仅因为罗马法是历史上存在过的法律,应该成为外国法制史研究的一部分,目前我们的外国法制史教材也都有专章论述罗马法,而且还因为罗马法本身经历了漫长的时间,经历了演变的历史,所以有"罗马法史"这样的断代法史。即便重心不在史论,而在制度上,就如本书《罗马法》,也往往会介绍一下罗马法的历史演变,并且在讲具体制度时,仍会论及其演变。此外,我们还可以将罗马法归属于比较法这门学科,通说认为,即便纯粹地介绍罗马法,也属于比较法的范围,尽管属于比较法的第一个层次,即叙述的比较法——外国法研究。[③]更何况,在研究罗马法的过程中,难以避免运用比较方法,比较乃至评价不同法律制度的异同,从而触及比较法的核心。外国法制史和比较法,都可看作是理论法学的分支学科。本书的三本讲义内容,可以说基本涵盖了"理论法学"的各个学科。

四、余　　言

一年多前,本人自告奋勇,向李秀清老师请缨点校《法学通论》,想借此了解民国时期通行的法理学教科书。感谢李老师的信任,即刻答应此事。后来,由于需要三本合成一本出,在解锟编辑的盛情邀请之下,尽管自感功力不够,但终也抱着学习的态度,点校了另外两本。因此,也付出了更多的时间和精力。出于某种完美主义的情结,在点校中经历了多次"纠结"。这是我第一次真正从事文献点校工作,初次体味了点校过程中的苦味和乐趣。

感谢点校过程中曾提供过帮助和指点的老师、同事和学友们,特别是金可可教授、贺栩栩博士和王沛博士、张群博士,他们分别对《罗马法》和《中国法制史》的勘校,提供了较多帮助。感谢解锟博士,没有她的邀请和耐心,本书也不可能顺利成形。最后,由于笔者能力有限,想必会有不少错漏之处,还请方家不吝指正。

张卓明

2013年6月于上海

---

① 何勤华:《中国法学史》(第3卷),法律出版社2006年版,第176—177页。

② 作为朝阳大学法科讲义的《罗马法》教材,笔者在华东政法大学法律史研究中心资料室见到三个版本。一个出版于1920年,共156页,附有一个"勘误表";另一个出版于1922年,同样156页,无勘误表。这两个版本都无撰述者和疏注者署名;第三个就是本书的《罗马法》,出版于1925年,共220页,系与《监狱学》教材的合订本。

③ 朱景文:《比较法总论》,中国人民大学出版社2008年版,第6页。

附:本书讲义述者小传

1. 夏勤(1892—1950),原名夏惟勤,字敬民,又字竞民,江苏泰州人。1908年,考入国立京师法政大学。在校成绩优异,深得总教习江庸、教习汪有龄、大理院院长余棨昌的赏识。1912年毕业,赴日本留学,入东京中央大学。毕业后,又在东京帝国大学法科研究室专政刑法。1917年毕业回国,历任京师地方检察厅检察官,京师高等审判厅庭长,大理院推事。1924年,署大理院总检察厅检察官,后任首席检察官,并先后兼任国立北京大学教授、私立朝阳大学教务长,国立北京政法大学教授。

1927年南京国民政府成立后,历任国民政府法制局编审,最高法院刑庭庭长,法官惩戒委员会委员,最高法院推事,司法行政部常务次长等职。1945年,任最高法院院长兼刑庭庭长。并任1945年司法人员考试典试委员长。又先后兼任朝阳学院副院长,中央大学法律系教授、陆军大学将官班法律学教官、司法院法官训练所教师。1948年当选为行宪国民大会代表,同年7月被免去最高法院院长。1949年,任司法院大法官。同年去香港九龙。1950年1月病逝。

主要著作有:《法学通论》、《宪法中的司法制度》、《刑法总论》、《刑法各论》、《刑事诉讼法要论》、《刑事诉讼法释疑》、《指纹学》。①

2. 郁嶷(1890—?),又名祖述,字宪章,湖南省澧县津市人。早年就读于湖南法政学堂,1907年入天津北洋法政学堂(1911年改称北洋法政专门学校),1913年毕业。后去日本留学,早稻田大学法科毕业。归国后,历任江宁地方审判厅厅长,湖南财政厅厅长,国民政府法制局编审,奉天省立法政专门学校教授,国立京师大学校法科讲师,朝阳大学、中国大学及保定河北大学教授,国立北平大学法学院讲师。1934年,任河北省立商学院法律系主任兼教授。后任北京大学教授。其主要著作有《法学通论》、《中国法制史》、《比较宪法》、《亲属法要论》、《继承法要论》、《郁嶷论文集》。②

① 参见徐友春主编:《民国人物大辞典》,河北人民出版社1991年版,第657页;何勤华:《中国法学史》(第3卷),法律出版社2006年版,第672页;程波:《"法学津梁"——法学家夏勤与朝阳大学》,载《朝阳法律评论》2009年第2期。

② 参见徐友春主编:《民国人物大辞典》,河北人民出版社1991年版,第595页;俞江:《近代中国的法律与学术》,北京大学出版社2008年版,第394页;董宝瑞:《李大钊与郁嶷》,载《天津市政法管理干部学院学报》2000年第1期。

3. 朱深(1879—1943),字博渊,河北水清人。1903年,作为京师大学堂派遣的第一批留学生,留学日本;1907年,由东京第一高等学校升入东京帝国大学法科法律学专业,兼修德国法,1912年毕业。曾任京师地方检察厅检察长、大理院总检察厅检察官。1918年任段祺瑞内阁司法总长。1919年任靳云鹏内阁司法总长。1925年任京师警察总监,兼京师市政督办。抗日战争爆发后,投靠日伪政府,任法制部总长等职。1943年7月病逝。留日期间,曾在《学海(甲编)》上发表《权利论》、《电气与法律》等论文。[①]虽尚无直接证据,但笔者从已有资料推断,此朱深也就是曾在朝阳大学任教,即本书《罗马法》述者的朱深。

① 参见徐友春主编:《民国人物大辞典》,河北人民出版社1991年版,第183页;冯立昇、牛亚华:《京师大学堂派遣首批留学生考》,载《历史档案》2007年第3期;张晓芳:《北大留日学生创办的〈学海〉杂志研究》,载《北京大学学报(哲学社会科学版)》2009年第6期。

法 学 通 论

夏勤　郁嶷　合述　王选　疏

法学通论目录

绪言……5

第一编 国家论

第一章 国家之意义……9
第二章 国家之发达……12
第三章 国家之目的……14
第四章 国家之分类……20

第二编 法律论

第一章 法律之意义……27
第二章 法律之统系……35
第三章 法律之特性……39
第四章 法律之目的……41
第五章 法律之分类……42
第六章 法律之成立……47
第七章 法律之改废……49
第八章 法律之解释……50
第一节 解释法律之必要……50
第二节 解释法律之种类……50
第三节 解释法律之通则……53
第九章 法律之渊源……54
第十章 法律之适用……59
第一节 司法官适用法律之原则……59
第二节 行政官适用法律之原则……60
第十一章 法律之制裁……61
第一节 行政制裁……61
第二节 刑事制裁……62
第三节 民事制裁……63

第十二章　法律之效力 …… 66
第一节　法律关于人之效力 …… 66
第二节　法律关于地之效力 …… 68
第三节　法律关于时之效力 …… 70

第三编　权利论(附义务)

第一章　权利之意义 …… 75
第二章　权利之分类 …… 78
第一节　公权　私权 …… 78
第一款　公权、私权之区别 …… 78
第二款　公权之分类 …… 78
第三款　私权之分类 …… 83
第二节　第一权　第二权 …… 84
第三节　主权利　从权利 …… 85
第四节　得移转之权利　不得移转之权利 …… 85
第五节　绝对权　相对权 …… 85
第三章　权利之主体 …… 86
第四章　权利之客体 …… 88
第五章　权利之取得 …… 90
第六章　权利之行使 …… 91
第七章　权利之变丧 …… 92
第八章　义务之意义 …… 93
第九章　义务之分类 …… 94

第四编　法学论

第一章　法学之概念 …… 99
第二章　法学之发达 …… 100
第三章　法学之分科 …… 102
第四章　法学之派别 …… 106

绪　言

疏 法学通论者，为研究法学之准备，就法学之全体以求得系统的、概括的智识为目的之科学也。兹爰此意义分析而言之如下。

（一）法学通论者，为研究法学之准备也。法学为关于最复杂人类生活之知识，不能孤立独存，必藉其他诸学科为基础，如哲学、社会学、历史学、经济学、伦理学、心理学、生理学等，皆为法学之补助的预备学科。然法学通论，非以授与此类学科之知识为目的，乃统括法律学之全体，先举示其重要之原理原则，俾获得其概念，以为升堂入室之基耳。盖法学由其性质上言之，常分为法律哲学、沿革法学、现实法学等，而法学通论，乃综合此各方面而研究之，既非侈言法律最高之哲理，亦非专偏于古今之沿革及法文之解释也。故当论国家、法律及权利、义务等之本质时，常涉及国家哲学及法律哲学上之根本问题，又或就公私法之各部分而为概括的说明，又或考究历史上之沿革，以明其变迁，要之以法学研究之准备为其限度。由是可知其与专研究法律及权利本质之法理学不同，亦与以获得普通法律常识之法制大意有异，此所以为法律学之门径，而又为治法学者之津梁者也。

（二）法学通论者，以求得系统的知识为目的者也。此所谓系统的知识者，对于片断的知识而言，乃具有一定之组织体系，而前后相贯联之谓。不独法学通论为然，凡科学的知识，其所以与他之片断的知识有异者，即在于此。否则前后歧出，似如一盘散纱，乌乎其可也！故法学通论，虽为准备的知识，亦以有系统的组织为要也。

（三）法学通论者，以求得概括的知识为目的者也。无论研究何种学科，须先了解关于其全体之原理原则及彼此关联之处，然后始可进而再就分科而为精密之研究。例如研究地理学者，必先纵横五洲，而后始可与言郡国之利病；研究历史学者，必先上下千古，而后始可与言一代之典章。法学亦然。欲研究法学，必先了解一切法律之概括的知识，而后始可进而为分科之研究，不然则未免有躐等之诮也。

法学通论云者，总阐法学之要义，示初学者以准的也。自世益进，硕彦辈出。钩玄缒幽，覃究阃奥；洞彻真理，昭示来学；论旨精辟，度越前世。而法学之籍，联轸塞厨；华颠老儒，毕生矻矻，尚莫能尽。高材之士，困发异思，辄取性所夙耆；罢神以往，独擅精英，腾誉一世。世至今日，是不独法学有专门，而诸法之中，类别业分，亦各驰思于所欲焉以自为方。然其始也，非粗识大体，则无由进研邃密。此钩元纂要，为法学要旨之诠释，有不能不资乎法学通论也。盖登必自梯，行必由径，去梯背径，断港绝潢，穷老莫举。初习法学者之于法学通论，亦犹是耳。

日儒梅谦次郎曰："法律者，人类为社会一分子，所不可不由之道也。"西谚云："吾人生于法律，死于法律，动作于法律。"管子曰："仁义礼乐，皆出于法。"是法律者，与吾身为缘，为吾人日用伦常所不可缺者。凡属横目方趾，岿然以灵秀号于万汇者，胥不可不考厥旨要，以周旋社会，而无忝所生也审矣。由是言之，法学通论，一方为学者进攻专门之阶梯，一方又为普通人类所应具之常识，其宜群稽肄习也，灼灼然矣。

积人类而成社会,由社会而演国家,国家既立,法制斯起,政治以生。芸芸者众,既不能离国家而独立,则生斯国也。苟于国家之义何居,尚尔茫然,其去榛狉未化之民也,几希。故本书编纂次第,首论国家。

继国家而起者,是曰法律。法律者,所以范制吾人外部之行动,齐其不齐,一其不一,抑强横,扶羸弱,以维持国家社会之秩序也。国有常刑,犯者必惩。朝莫跬步,举有法律绳其后。国俗境禁,遨游所抵,且需闻问,乌有长蛰斯土,而于法律之谓何,瞢然茫然,能以遂其生存者乎?故次述法律。

法律所保护者,是曰权利。人自呱呱堕地,即具人格,为权利义务之主体。洎夫渐长,权利之欲望盛,而藉法律为保障之涂[1]益广。然而权利之观念不明,斯行使之方术多窳。故法律意义既明之后,次论权利。

近世国家,号称法治,法所由兴。类缘于学,学术榛芜,则法律终古无进步之望矣。故总览古今,殿以法学。

从来编纂法学通论者,其详略次第,虽各不同,然吾人拟就上举四端,粗发其要,而法学通论之大体,庸或粗具。若夫探深研几,穷涉浩瀚,是在学者之锲而不舍矣。

① 同"途"。

第一编　国家论

第一章　国家之意义

国家者，于主权者之下，以一定土地为基础，而为共同生活之人类团体也。兹分析阐明其意义如次。

（一）国家者，为共同生活之人类团体也。

国家以人类之团体，为其成立之要素，固无容疑。然但示团体，将与社会同其义。而社会之为物，不独人类有之，彼下等动物如蚁蜂者，亦往往能团结为一社会。故必冠以人类二字，始有以示其别耳。惟既因人类之团结而形成国家，则其人数之多寡，在所不计。法儒卢梭谓一国之人民，最少须在一万人以上者，非确论也。特以今日之世界，列强环伺，竞争迭起，苟非团集多数之人民，不足组织强大之国家，捍御外侮，以自遂其生存耳。但此人类之团体，其集合也若如飘萍游絮之偶相遭值，则不足以成立国家。必其团体共同生活于一定目的之下，其个人目的以外，别有团体之目的。而个人为其分子，故又以能为共同之生活为要件也。

疏 社会与国家之区别有四，兹分而述之。（一）社会以人民、土地为要素，其组织力甚弱；国家以人民、土地、主权为要素，其组织力甚强。（二）社会之组织员，无国籍之限制，如学校或公司，可由本国人与外国人合办；国家之组织员，限于本国之人民。（三）社会之成立不必占据一定之土地，如华侨商会可设在外国；国家则必占据一定之土地，如犹太人虽遍居世界，而不能自成一国。（四）社会之范围广，国家之范围狭；以血统关系相结合之社会曰家族，以宗教关系相结合之社会曰教会，以经济关系相结合之社会曰协会或城市，以政治相结合之社会曰国家。

（二）国家者，以一定土地为基础者也。

国家之构成，以土地为其要素，近世始然，古代殊不尔也。兹略说明土地与国家之关系，以考见其发达之沿革，兹别为三时期述说之。

（甲）第一时期。此时期仅认人民及主权为要素，而轻视土地。此其故，盖以古代地广人稀，凡土地之取得，至为易易，其价值亦远逊今日之昂贵，且当时足称为国家之完全团体绝少，尤非如今日国际竞争，夺城侵地，据险设防，视土地为拱璧。其不以土地为国家之要素，固其所也。

（乙）第二时期。此时期认土地与主权为要素，而轻视人民。盖自世运进步，由游牧而转为农业，耕耘盛行，土地之需用日急，甚且视为生产唯一之要素，而经济上之价格，遂以日高。又此时代，群雄割据，互争霸长，各据土地，为其领土，视占地之广狭，定国力之强弱，致一变向日轻视土地之思想，而认土地即国家焉，彼人民者，则若不足轻重，一似国家唯一之要素，但有土地耳。考此时期，即学者所称公法、私法混合时代。大君主与大地主，靡所区别，普天之下，莫非王土，人民之耕种土地也，视为自君主所租借者，其视天下为一家之私产，与吾国秦以后之家天下，实罔以异耳。夫近世之国家思想，固亦视土地为要素，然与此时期则异其意。盖国家之领土，不过由公法之关系为主权行使之范围，非如此时期，视之为财产，有私法上所有权之关系也。

疏　领土权与土地所有权之区别有六,分述之如下:(一)领土权由公法上之关系而生,土地所有权由私法上之关系而生。(二)领土权为国家对于土地之权利,土地所有权为人民对于土地之权利。(三)领土权无直接支配及使用土地之权利,土地所有权则有之。(四)领土权一国仅有一个,土地所有权则不然。(五)领土权不能买卖让与,土地所有权则能之。(六)领土权依国祚而存在,土地所有权,当共产时代不能复存。

(丙) 第三时期。此时期认土地、人民、主权三者为要素,三者之间无所偏重。虽以土地为国家之要素,然仅以之为主权行使之范围,凡在一国领土之内者,不问内国人、外国人,均宜服从其国权,而毫不羼以私法上之观念,视之为所有物也。然近世此思想之变化,亦大有故在,其一为经济上之变动,其他则因法理学上之进步。所谓经济上之变动者,即因近世科学之进步,促各种之发明,器械工业,一时鼎盛,土地之外,复认资本劳力为生产之要素,且因亚美利加大陆之新发见,[①]土地供给,一时大增,土地之物格,又敻逊昔日也。所谓法理学上之进步者,即公法、私法之观念大明,一国之统治权与地主之土地所有权不同,君主非最大土地之所有者,遂以豁然。土地、主权、人民三者,共为国家之要素,乃为近世学者间之定论矣。

疏　欧洲当十八世纪中叶以前为手工工业,故当时仅有小资本家,人民大都以工业为副业,而从事于土地劳力。至十八世纪之工业革命以后,乃由手工工业一变而为机械工业,人民乃始以工业为要素,集中资本以图垄断利权。故当工业未革命以前,生产要素为土地主义;革命以后之生产要素,为资本主义;至今日之生产要素,则又为劳力主义焉。

德人 List[②] 分世界经济发达之阶级为五:(一)渔猎时代;(二)牧畜时代;(三)农业时代;(四)农工时代;(五)农工商时代。

(三) 国家者,以主权为要素也。

有人类与土地,尚不足以构成国家,盖彼社会者亦会具人类、土地二要素,苟国家仅以具此二要素为满足,则奚以别于社会,故必益以主权。美儒柏哲士[③]曰:"主权者,对于人民或人民之团体绝对、无制限之权力也。"日儒笕克彦[④]曰:"国家之主权,因有国家而存在,而国家者又因有此主权而存在者也。"盖人类之由社会演为国家也,皆怵于外界之侵迫,个人自由之太伸,不足以久安而长治,乃相与组织国家,制为条教号令,以钤束各个人外部之行动。而主权以生,国家以立,人类安宁,遂以益固,使去主权,则条教号令罔所出,而个人之自由,破籓决篱,将靡所制,浸且返于人类原始社会之状态,而国家以裂矣。此主权与国家之关系,所以尤为密切也。

或有于以上所举之三要素外,复于人类团体之上,加以继续存在之限制者。此其主张之理由,则以人类之性质最灵,苟一旦惯于国家之生活,后此必益图继续之。虽世态万变,兴替不恒,国[⑤]家间有倏遭灭亡者,然不浸久,国家状态,必仍回复,且以今世国际竞争之剧烈,自斯以往,

---

① 即美洲新大陆之发现。

② 弗里德里希·李斯特(Friedrich List, 1789—1846),德国经济学家,贸易保护论倡导者,其经济发展五阶段说是其贸易保护论的一个主要依据,其代表著为《政治经济学的国民体系》。

③ 约翰·伯吉斯(John Burgess, 1844—1931),美国政治学家,著有《政治学与比较宪法》(1890)等书。

④ 笕克彦(1872—1961),日本近代法学家,曾任日本法政大学"清国留学生法政速成科"兼职教授,其《国法学》一书早在1907年由上海商务印书馆出版,1913年已出第5版,且有多个译本。

⑤ "国",原作"团",今据上下文改。

凡号称为国家者，脱非绳绳继续，尤不足以安内治而攘外患也。虽然横瞩古今东西之历史，凡国家之存在，其能永远继续者，邈焉无俦，盖国家之盛衰兴亡，至靡恒常。彼历史之所以语吾人者，既昭然可考，则将来之迹，夫亦可以类推矣。然则彼以继续存在为国家成立之要素者，又何其与历史大相剌谬耶！

疏 欧洲当十五世纪以前为封建时代，一国元首，上受罗马教皇之支配，下受自由都府及庄园之牵肘，故当时之元首犹如傀儡，而毫无独立之主权，至十五世纪以后，始中央集权而脱离此弊矣。

主权之分[①]类有三：（一）虚名的主权与实质的主权；（二）法律的主权与政治的主权；（三）合法的主权与事实的主权。

或又谓凡国家当其成立时，其目的必期久远，非如彼私法上之公司，自其始创时，即以二十年或五十年为存续之期限者。盖国家未有不希冀其能永久继续者，即其性质上，亦不能预定时期，唯以历史上之事实，偶然反其当初之预期，致来灭亡之惨耳。循兹以谈，是国家与彼私法上之公司不同，应以含有继续存在之性质为至当也。此其说，固不无一面之理，然国家成立之要素，宜根据历史上之事实。今览历史上之事实，既无永久继续存在之国家，则不得视为国家之要素也审矣。夫国家之目的与其希望，固皆以能永久继续为美满，然所谓目的希望者，不过一驰空之理想，何当实际，且果如论者所云，则今世之国家，鲜能具此要素者，皆将不得谓之国家耶。

① “分”，原作“种”，今据上下文改。

第二章　国家之发达

庄周曰:“作始也简,将毕也巨。”社会演进之理,本隐之显,由单趋复,蝉蜕以往,错综万绪,而原其始终,未尝无本末之可寻。执微概著,稽厥变迁,诚研学者之所有事。本章阐述国家之发达,亦若是已。总考国家发达之迹,得析为四期,聊叙其略,陈于后方。

第一期　孤立时代

洪濛之初,人文未启,群居野处,家各孤立。一家之间,各戴家长,督率群从,母权父权,于以产生,家族但服从其家长权。而各家之间,散沙游徙,绝无关联,亦不统一,各自本其天禀之能,恣放无纪,竞不虚生。盖太古荒陬之氓,醉生梦死,穷老不相往来,而社会酬酢周旋之仪无闻焉,故曰孤立时代。

疏　按:此时期在经济学上为自然经济时代,即自己生产,自己消费,除自行供给一己之家族外,不与他族往来,故当时无交易之可言,亦遂无冲突之可发生矣。

关[①]于人类社会起源之学说有二:(一)父权中心说。此说系希哲 Aristotle[②] 所倡,谓人类社会,始于夫妇,由夫妇而成家,由家而为村落,由村落而为国家。(二)母权中心说。此自社会学、历史学发达后,知古代宗法社会之前,尚有所谓蛮夷。斯时之民,只知有母,而不知有父。此殆班孟坚[③]所谓上古之时,未有三纲六纪,人民但知其母不知其父之说欤!(《白虎通》:君臣、父子、夫妇为三纲,诸父、兄弟、族人、诸舅、师长、朋友为六纪。)

第二期　部落时代

世运稍进,生齿日繁,延蔓大地,邻家之村,闾里之族,彼此距离,浸以日促,而向日之各伸天禀,行动自由,无礼法以为之范限者,至是势常相倾,天赋自由,畴为人屈,冲轧既烈,放纵横恣之行,乃不胜其危栗惴恐之念,遂各捐小忿,比家相亲,以生以养,互联社团,各相扶助,以共图生活之安全。团体以内,其才德勇武,趋越辈侪者,复群焉推戴,受其号令,而部落以成,酋长以立,主治被治之关系,亦以始焉。

第三期　封建时代

部落者,一少数人民之集团也。其势脆,其力微,未足以久安而长存。浸假彼此部落之间,相争益甚,戈刃之余,优胜劣败。其部落之强有力者,或以黥吞,或以蚕食,遂以沦灭其劣者焉。由[④]是部落之数渐减,部落之团体日大,而文物制度亦浸以进步。其优胜之酋长,乃进而为诸侯矣。其最优胜者,更本其强力,为诸侯之盟主,独擅霸权,号令天下,而封建之势以成。

---

① “关”,原作“对”,今据上下文改。

② 亚里士多德(前 384—前 322 年),古希腊哲学家,著有《政治学》等。

③ 班固(32—92 年),字孟坚,东汉时人,史学家、文学家,撰有《汉书》、《白虎通》。

④ “由”,原作“甲”,今据上下文改。

第四期　国家统一时代

封建之时，各争雄长，专尚武力。其弊也，战乱相寻，民生涂炭。骚变之极，弱者先亡，强者独存，其尤强者，乃统一宇内，收剪灭扫除之功，而完全统一之国家生焉。凡此发达之迹，总览各国史乘，按次以索，罔或爽者。若夫国家后此进化之迹，止于何境，大同世界；何时能达，则姑以俟诸千百岁后。总考国家之原变者，居乎今世，诚未易一二臆断也。

疏 欧洲在①十五世纪以前为封建时代，十五世纪以后始为统一时代，吾国秦以前为封建时代，至秦即废封建而实行中央集权，故吾国国家之发达，较欧洲为早，然现反远逊诸国之下，则诚属可耻焉。

经济之发达，缘世时之进化而异，有以农业发展者，有以工业发展者，有以商业发展者。考古代人民大都藉农业以谋经济之发展，近代人民大都藉工商以谋经济之发展，盖自国内交通便利，河山无阻，则国民不难本其资本、劳力、技术，奔走经营，以各自谋其经济之发展。矧近世海禁大开，交通发达，大地万国，势若比邻，国民果具有才力者，俱可远涉重洋，以争谋经济之扩张，惟因国性不能统一，致国家间之界限难以打破。使经济之发达，至于极限，则内外之往来愈繁，可使各国之国性相和于无形，则世界大同，不难一现矣。

① “在”，原作“当”，今据上下文改。

第三章　国家之目的

国家究否有目的，自来学者之议论，颇不一致。彼主张国家有机体说之学者，以国家绝无所谓目的，其言曰：凡目的者，惟对于无机体有之，如设房屋、制器具，有目的者也。房屋以供人之居住为目的，器具以供人之使用为目的。若夫有机体，自有生活力，但本其自能生长发育之特质以存在，其自身以外，无何等之目的。国家者，一有机体也。故国家无其目的。

此其说，虽若甚辨，然凡有机体，其自身以外无何等之目的，固属不谬，而其自身之内，则未尝无目的也。国家固不得于其自身外求目的，然由其内部所生之各种意思表示，与各种行动，使无一定之目的，将皆为无意识之行为，而国民可无服从之义务矣。

虽然，国家自身之外无目的，亦为近世之国家而言耳。若夫欧洲中世纪之国家，处宗教盛行之世，罗马法王之权力，横霸无俦，各国帝王蜷伏肘下，屏息听命，教会地位，驾国家而上之，国家乃因教会而存在，供教会之使役，教会欲如何斯如何耳，自身以外有目的，其自身反无目的，若无机体然。洎后教权浸衰，除联邦国外，国家之上，遂无复有最高之物以驱策之者，而国家乃独自有其目的矣。

疏　欧洲当中世纪之时，教权最盛，致比之为日球，政权最弱，致比之为月球，以月必受日光而后始能发光，则可知当时政权受教权之支配矣。

首提倡国家为有机体者为希腊哲学家 Plato① 氏，其最极端者，若浦恩齐利(Bluntchli)②，全然视国家为与动植物相同之一种自然的有机体物，于是谓国家为有生活之有机体，国民为组织之细胞，政府其头脑，军队其手，劳动者其足，农工商若口胃之消化机关，财政若心脏之血液作用，一部分有损伤，全部必受其影响，似若人之疾病然，是曰自然的有机体说。厥后以此说全为一种比喻之辞，缺法理上真正之价值③，于是乃有所谓社会的有机体说，起而代之。非以国家为自然的有机体，不过由心理的作用，认为社会上之一种有机体而已。是说之代表者，近世当推稽尔克(Otto Gierke)④及温德(Wundt)⑤。稽尔克曰：人类无论在何时代，必有为个人与团体之一员之二重资格，此人类之团体，与个人同，为实在之单一体，即与个人同，为单一之人格者也，是曰团体人，而国家即其一也。团体人有独立之意思，其意思表现之形式，依组织之机关，其任务在为其以自觉为目的之行为，其发生基于人类之天性，其本质，在于组织各员之生命

---

① 柏拉图(约前 427 年—前 347 年)，古希腊哲学家，著有《理想国》、《法律篇》等。

② 今通译为布隆奇利(Johann Kaspar Bluntchli，1808—1881)，瑞士法学家和政治学家，著有《国家论》等。梁启超将其名译为“伯伦知理”，并撰有《政治学大家伯伦知理之学说》(1903 年)一文，见《梁启超法学文集》，范忠信选编，中国政法大学出版社 2004 年版，第 46 页以下。

③ “价值”，原作“值价”，今据上下文改。

④ Otto Von Gierke(1841—1921)，今通译为基尔克，德国法学家，著有《德意志团体法论》、《德意志私法论》等。其名也被译为祁克，其生平和思想可见何勤华：《西方法学史》，中国政法大学出版社 2000 年版，第 212 页以下。另，Otto 在原文为 Olto，似排版错误。

⑤ Wilheim Wundt(1832—1920)，今通译为威廉·冯特，德国心理学家、哲学家，著有《民族心理学》等。

外，而为有独立生命之生活体。此等思想，原极正当，似无非难之余地，惟有机体之思想，不外以国家为团体之思想，由后述之统治团体说，足以表明其意义而有余，不必假自然科学上之观念，而用所谓有机体之名称，况自然界之有机体，与所谓社会的有机体①，其关于意思之组织（前者自然具备，后者依法而始成立）及其发达之法则（前者依生殖作用而发达，必不免于死亡，后者非依生殖作用不能断定必然死亡），则尤有差异之点存乎其间也。

国家有机体说之优点有二：（一）足以摧残宗教专制之淫威；（二）足以使国家之团体坚固，虽其比国家如人类，有拟于不伦之讥，然其所以足促近世国家之发达者，实即此也。

夫国家之有目的，如上所述，既章章然矣，然其目的，果何在乎，自来学者之论究，樊然杂然，莫衷一是。兹撮举其要，纵论如次。

第一　道德说

此说以国家之目的在道德，在昔希腊之哲学大家柏拉图即主张之，以为人类之目的，在期道德之完全，国家之目的亦然。近世德国名儒黑格儿②继柏氏之说，益阐发之，以道德为人类及国家之目的，故凡可以发达社会上各个人之道德者，宜由国家助长之。此说之用意，诚尽善美，但以之为国家之目的，则未免视斯民过高，而终于不可能耳。日儒筧克彦批驳此说之缺点有二，论颇精辟，特摘录于下。

（一）道德者，发于个人心理内部之随意，非由于命令强制而生者，且亦不能为命令，不能为强制，即或命令而强制之，亦只能责之于形式，不能责之于隐微。国家者，以外部之命令强制为作用者也。以命令强制为作用之国家，而乃执一不能命令强制者以为之目的，势必不能征之于实行。此其缺点一。

（二）道德者，感化作用也。故道德只可由感化而生，例如一人有道德，则社会中可因此感化而同兴。然国家者，无精灵，无感觉者也。国家之自体，既无精灵，无感觉，何由有感化社会各个人之道德乎？此其缺点二。

观此，则道德之不足为国家之目的，无俟复赘矣。

疏　人类之所以异于禽兽者，以有物质的生活，而又有精神的生活，而精神的生活实含有道德之一部，人类一念之萌，俱受道德之指挥。故法律所不及之地，而道德能济其穷，良以法律只能治人于有形，而道德则能治人于无形，如腹诽之念，在法律上虽无从科之，而绳诸道德，则在所勿许也。

第二　神意说

此说以国家之目的，在实行神意，而国家之君主，乃由神之命令，以支配其臣民者。在中世纪，宗教盛行，此说极为当世宗教家所主张，而专制之国，君主即假其说以自便。然宇内万物究否有神，神之性质，究属何若，太空虚杳，鲜克论断。是神之为物，尚不可知，更何有于其物之能发号施令，以命令吾人耶？盖在今世，神权衰颓，科学大明之日，此说之无价值，不待烦论也。

疏　神道设教，亦所以补法律之所不足。然此不仅为吾国为然，即在欧洲中世纪，其神权之说，亦为最盛，谓一切事业皆有神造作于冥冥之中，故当时之世，谓之创世记。然稽诸吾

① “有机体”，原作“有体”，似有阙漏，故加“机”。
② 今通译为黑格尔（Hegel，1770—1831），德国哲学家，著有《法哲学原理》等。

国载籍,亦有谓以君治民,以天统君,其意谓君奉天承运以治国安民,又有谓天听民听,天视民视,亦即谓君权神授,人民不可侵犯,犯君权,即犯神权,①此历代君主所以得肆其淫威,视人民为奴隶者也。

当欧洲中世纪之时,倡二元论,谓宇宙间除物质外,还有精神,其所谓物质,即肉体,所谓精神,即灵魂,此即所谓有神论也。近世欧洲倡一元论,谓天地间由物质造成,除物质外,别无一有,此即所谓无神论,而又谓唯物论也。当十九世纪之时,唯物论大兴,故谓科学为万能。近时欧洲物质文明之发达,亦以一元论之提倡有以致之。惟欧洲科学最发达之国,莫若德国,而其君威廉二世②思以科学并吞全球,故其人民俱竞谋现世之(肉体上)幸福,而无安慰精神上之方法,迄至欧战失败,科学万能之说遂破,人民颇多怀疑,思有以谋精神之安乐,而又提倡二元论,故德人现研究东方学会,而思学宗孔老,则可知事理循环,有非人力所能为也。故吾人所不可思议者,俱为吾人之知识有未到之处,此所以有神无神之说,至今尚未解决也。

第三　幸福说

此说以国家之目的,在发达社会各个人之幸福。希腊哲学大家亚里士多德实为主张此说之鼻祖,其言曰:国家之目的,与人类之目的,同在得幸福,国家之目的非仅使人类维持其生存,尤在使其得善良之生存也。其后英国有实利学派③者,根据④斯说,更益阐发,以求最大多数之最大幸福为标帜,而国家之目的,不外与最多量之幸福于最多数之国民。其说之倡导⑤者,为英儒边沁⑥,而十七八世纪之学者,翕然宗之。

此说与道德说同属一失。人类道德,国家之力,固不能及,而增进人类之幸福,亦非国家之力所可达也。夫人类之幸福,莫有急于衣食住者,然衣食住乃各人由其勤劳而得之者,非国家直接所能与。倘以国家之力,干涉吾人之衣食住,而握生产分配之权,其弊害将有不可胜言。彼社会主义之不能实行者,正坐是故耳。其他如生存、娱乐、友谊、情爱,于人类之幸福,亦有至大之关系,然亦仅能由各个人自为而自谋之,非国家所能与,尤非国家之力所能干涉也。夫国家固非可置人民幸福于不顾,但由间接以图之则可,若如主张国家万能主义者,欲举一国经济整理指导之职务,如农工商交通诸事业,悉由国家任之,浸假必养成政府专横之弊,滥用权力,侵害个人之自由,是欲增进人民幸福之效果未见,而剥夺人民幸福之事实,反接踵而兴矣。

第四　权利保护说

此说以国家之目的,仅在保护个人之权利。彼发达个人之道德,增进个人之幸福,非国家宜为之政务,国家唯以维持法律之秩序,保全社会之公安,用以保护人民之权利为唯一之目的。斯说之所由生,盖起于道德、幸福二说之反动。剥极必复,穷则变生,有自来矣。考当时之状况,政府惑于前二说之影响,施政专尚干涉,以得道德、幸福之发达进步为归墟。然所谓道德、幸福者,其范围最广漠,解释无定说,诪张作幻,恣为臆断,政府往往图便己私,终至侵害个人之自由,泯杀社会之幸福。

---

① “天听民听,天视民视”,今人通常视之为民本思想。

② Wilhelm II von Deutschland(1859—1941),末代德意志皇帝和普鲁士国王,1888 年至 1918 年在位。

③ 现今一般称之为功利主义学派。

④ “据”,原作“本”,今据上下文改。

⑤ “导”,原作“道”,今据上下文改。

⑥ 杰里米·边沁(Jeremy Bentham,1748—1832),英国法理学家、功利主义哲学家,著有《政府片论》等。

学者颇颔虐政，蹙蹙靡骋，乃起而倡权利保护说以反抗之，以为国家对于个人之权利，但宜维持而保护之，不应妄加干涉，灭其自由。盖道德及幸福说为政治上之国家主义，而权利保护说，则政治上之个人主义也。前者以国家活动之范围为无限制之扩张，后者则欲以个人权利自由之保护，为国家之目的，以钤束其行动。

陆克[1]、康德、斯宾塞尔[2]等，俱主张权利保护说之巨子也。陆克曰："国家之目的以保护个人之生命、自由、财产为原则，其以强制法规限制个人，乃例外也。"康德曰："国家之目的，在实现人类之权利，为政者，当本其仁爱之心，以治国家，不可专擅独断，摧残人民之权利，凌夺其自由也。"斯宾塞尔则根据生物学，倡政治上之个人主义，以为各种生物，其活动胥自由，而善恶无不因自己行为之结果以得之者，并不假外力以为代谋，故繁荣滋长，棋布世界。虽社会上之动物，亦由此原则所支配。人类为社会上动物之一种，其祸福殃庆自宜任彼自为经营，理甚章明。然人类以渺小之躯，处万物之间，将欲以捍外患，御内敌，其势诚不能无资乎国家之保护。但其保护之限度，苟趋于极端之干涉，如以国家之职权，经营教育、卫生、货币、邮政、电信、铁路与其他农工商业等，是越其应有之目的，非所宜取也。

疏 欧洲当十七、十八两世纪之中为极端专制时代，君主任其所欲而为之，对于人民之利害未之顾及，即凡可以利己者，虽侵害人民之权利，亦所不恤，于是人民乃倡权利保护之说以抗之，而竞谋生存之幸福也。

国家主义与个人主义，乃相因相成，不可趋于极端，盖个人主义是一种离心力，国家主义是一种向心力，如月球及地球所以能循一定之轨道而运行各不相冲突者，乃离心力与向心力平均之所致耳。故国家欲日见富强，必政治与人民之意见相容洽，不可偏重一面而致生弊窦也。

总览权利保护说之主张，其于救时立论、补偏济颇之苦心，良足嘉尚，惟不足为国家目的之说明。夫政治上之国家主义趋走极端，固足以蹂躏个人之权利，然政治上之个人主义，徒以减杀国家活动之范围，使国家为个人供其牺牲，则又因噎废食，不足以保国家之独立，谋国家之发达。且处今世国际竞争剧烈之日，人方磨刀霍霍，抵巇而图，我苟无强有力之政府，大刀阔斧对于人民之精神上、身体上及经济上，积极的为各种之设施，而一听主张权利保护学者之说，举是等之经营，悉以放任于私人或私人之团体，是岂忠于谋国者之所忍为耶？

以上诸说，既俱欠完善，则国家之目的，果何在乎？德儒贺而根脱而夫[3]于其政治原论中阐发理蕴，至可循诵，兹译举其要。

疏 近世国家对于经济之施设，原则上采自由主义。惟因公益或财政上之事业发生，则有由国家干涉，如货币、交通、盐、烟、酒等是也。兹述其理由如下。

物价之涨落，俱视货币之涨落为转移，故货币之价格必归一致，其轻重必有一定之分量，使其流通于社会之中，否则恶货币充斥于社会，价格无定，以致金融紊乱，使物价昂贵，其贻害人民，实非浅鲜，此货币必由政府之干涉者此也。

设火车、轮船为私人所有，而无政府之干涉，则狡猾之商人与资本家，得任意增加火车、轮船之费，而使行旅匆便，其有害于商业者固大，而交通一方亦将永无发达之希望，且对于公益二

① John Locke(1632—1704)，今通译为约翰·洛克，英国哲学家和启蒙思想家，著有《政府论》等。
② Herbert Spencer(1820—1903)，今通译为赫伯特·斯宾塞，英国哲学家和社会学家，著有《社会静力学》等。
③ Franz Von Holtzendorff(1829—1889)，今通译为霍尔岑多夫，德国法学家，著有《政治学原理》等。

字亦难云维持矣，此交通方面之事业必须政府之干涉者此也。

吾国财政上视盐、烟、酒三项为收入大宗，设此等事业之经营权为人民所有，而无政府之管辖，则人民得私行贩卖，弊卖丛生，扰乱之现象，必因此而起，甚至藉外人为护符，而任意出口，其有害于社会之利益甚大，此等事业必须政府之干涉者此也。

英人 Adam smith① 倡经济个人主义，谓国家之任务有三种：(一)国防之任务，如防御敌国侵略之事；(二)保安之任务，即保护个人之生命、财产与自由，(三)增进公益之任务，如教育、卫生、治水等是也。

第一　权力

国家之目的，其最重要者，权力是也。而权力之实质，则为兵力。夫国家能伸张其权力，内以号令其人民，外以捍御夫列强，惟其言而莫予违者，一恃兵力为其后盾耳。故国家权力之消长，即其国运之兴替，国家之所以屹然岸然继续发达，而遂其生存者，固资权力以为保障，即当国家创立之始，尤非藉权力为唯一之目的，不足以芟荆棘而睹良畴。盖人类之初由社会演为国家也，情暌势涣，一有骚变，瓦裂斯虞。又彼其时，国际往还，强并弱，众暴寡，其间惟握有强权者，独擅横霸，并非若近时，因国际法之发达，国际间一以平等为的者也，则国际间苟无兵力以行使其权力，其国将傀焉不可终日存矣。

晚近②以来，人民生息国家之下，修养有素，团结爱护之念，日以巩固，而国际间平等之义，亦以大明，权力之必要，似可减轻。然今日之所谓和平者，武装和平也；所谓平等者，权力平等也。观各国近世军事费之预算，占其岁出之大部，足以明矣。矧国家之组织，自来具有强制之性质，无权力以为之保障，分崩离析，可立而待也。

疏 纵览欧美亚之列强，其殖民与商船所及之地，即其兵力所及之地，是以其人民之能享有权利者，实祖国兵力之有以致之。吾国侨民虽以勤俭耐劳著，然其足迹所至，俱几见弃于人，是诚吾国兵力不振之原因也。德相俾斯麦倡铁血主义，谓有强权而无公理。故今日各国阳虽开种种会议，倡言和平，而阴则扩张军备，几日日为战争之建设，如甲国扩张军备，乙国亦必随之而扩张，以期势均力敌。故今日国际间无所谓和平，亦无所谓平等，即有所谓和平者，亦不过武装之和平，所谓平等者，亦不过口头上之平等，岂真心爱和平、平等而共期世界于大同者乎！

第二　法律

国家之目的，继权力而起者，是惟法律。权力者，所以防特别非常于临时，以维持国家之生存，而法律则补苴经营于平时，以保国家之秩序也。无法律，则秩序紊，而国以不国。太古洪濛之民，生事简单，其资以为维持秩序之法律，固不如今世之复杂，然缺之斯乱。盖法律者，组织国家各个人行为之标准，而又规定国家机关之组织及其作用者也。法律之内容，虽古今递变，东西异辙，然所以维持国家之秩序，保护社会之安宁不可不资乎法律，则一也。法律之效用，其主要固以对内，而直接于外国之侵击，诚无所关；然当平和之时，赖法律以维持国家之秩序，而整理庶政，使日臻隆治，一朝际乎大乱，方有所恃而无恐，是其间接上所影响于外交者，殊非鲜少③也。古代之国家，习惯法盛行一世，固不若今日国家法律，各具成典，布在简册，昭然秩然，

① 即亚当·斯密(1723—1790)，英国苏格兰哲学家和经济学家，著有《国富论》等。

② “晚近”，原作“挽近”，已改之，下同。

③ “少”，原作“尠”，今据上下文改。

有可考稽，然习惯法亦一法律也。是古代之国家，尚不可无法律，矧在今世耶！

疏 古代法律大都保护少数人之利益，今代法律大都保护多数人之利益；东洋法律以义务为本位，西洋法律以权利为本位。此为古今东西法律观念不同之点也。

第三 个人自由

权力、法律二者，于国家之生存，固为必要，然尚未足以俾国家之发达，益臻完备也。故权力既树，法律既理之后，而于所以保障个人自由，又为国家应有之目的。横览东西各国之宪法，无不首以保障个人自由为急者，既经明定条规，妥为保障之后，虽以国家之权力，至尊无上，亦罔得而侵害之。个人自由之范围，随文化之进步，日益扩充，盖个人自由为近代文化发达之源泉，国家不可不奖励个人自由，以期其组织分子之完全发达，因以自卫其生存。彼谓人类因共同生活之发达，个人活动之范围因以缩减，而其自由，遂致大受制限者，非确论也。

疏 个人之自由约有四端，兹分而述之。(一)政治上之自由。当十八世纪时，政体极端专制，及十九世纪，乃推倒专制，而达政治上之自由。(二)宗教上之自由。欧洲中世纪人民信教颇不自由，及十九世纪人民有参政权，乃改为信教自由。(三)民族上之自由。欧洲大战后，美总统威尔逊提倡民族自决主义，不许他人之干涉，而为民族的国家。(四)经济上之自由。现欧洲有农商保护法使人民之经济得以自由，并提高劳动者之地位，而使资本家不得施以压制之手段也。

第四 一般安宁幸福

国家于保护个人之自由外，又宜以保持一般社会之安宁，增进一般人民之幸福为目的。夫保护个人自由，与保持一般社会之安宁，其活动乃消极的，而增进一般人民之幸福，其活动则为积极的。往时学者鉴于国家之干涉，趋走极端，弊害丛生，人民颠顿其下，蒙毒实甚，矫枉过正，遂倡为国家之目的，惟限于消极作用，以拯其失。殊不知处今兹竞争之时，国家之目的，尤贵能积极增进一般人民之幸福，如以职权经营教育、卫生及其他各种经济上设施是也。彼消极作用，则不过达此目的之一手段耳。

第四章　国家之分类

疏 从地理上分国家之种类，在古代学者之说有三：(一)世界帝国、(二)民族国家、(三)城市国家。又有从经济上分国家为三种者：(一)农业国家、(二)工业国家、(三)商业国家。

国家分类之标准以亚里士多德之说为可采，氏以主权之所在分国家为三种，即主权在一人者曰君主国，主权在少数人者曰贵族国，主权在多数人者曰民主国。至德人伯伦智里①则于此三种外加入神政国，即主权在神者是也，而神政国又分为二种：(一)直接神政国，如古代之埃及、波斯、犹太是；(二)间接神政国，如中世之回教国是。但在今日，贵族国与神政国已不存在矣。

第一　君主国与民主国

主权在君主之国家，曰君主国。主权在人民之国家，曰民主国。如英、如日，即君主国；如美、如法，即民主国。我国未革命前系君主国，革命以后一变而为民主国矣。

君主国中又有世袭君主国与选定君主国之分。君主地位由继承而取得者，曰世袭君主国；其由选举取得者，则曰选定君主国。今之君主国家皆系世袭君主国，惟昔之波兰则为选定君主国。

第二　专制国与立宪国

一人独立行使主权，不受其他机关之限制者，曰专制国。主权虽总于一，而其作用则析为三，以立法作用付之国会，以行政作用操之元首，以司法作用付之法院，由宪法上明定其权限，不相侵害者，曰立宪国。

君主国与民主国之分类，由主权之所在而分，学者称为国体之分类。专制国与立宪国之分类，由主权之作用而分，学者称为政体之分类。此二种之分类，以后者为重要。故瞻人国者，不于其君主、民主之国体而卜盛衰，端于其专制、立宪之政体而课兴危。其国之国体虽君主，而政体倘立宪也，必盛且兴，反是则衰且危，史乘所昭，历有明征也。

第三　完全主权国与限制主权国

主权之作用不受他国限制者，曰完全主权国；其受他国限制者，曰限制主权国。如英、如法，系完全主权国；如缅甸、如安南，系限制主权国。盖缅甸之于英，安南之于法，皆曾结有条约，其主权作用，恒受英、法之限制也。

疏 限制主权国，一称保护国，凡强国欲并吞弱国，又恐第三国之反对及土人之暴动，乃与其地之君主或酋长结保护条约，仅握其政治的实权，而不改其从来之政治的形式以为调和之法，故曰名义上虽号曰国家，而事实上则与殖民地无异也。

或谓完全主权国，有完全主权，限制主权国之主权，则为他国夺去其一部。斯说也，骤观之，似亦有理；不知国家之主权，乃单一不可分者。苟受剥夺，即无主权，无主权则不成国家。故限制主权国之主权，与完全主权国无以异，特其主权之作用受有限制耳。

---

①　即伯伦知理，今通译为布隆奇利(Bluntchi)。

自原则上言之，既号国家，其主权必完全独立，不受他国侵害。若伣伣伈伈，寄人篱下，苟安旦夕，其国之不亡者几希。如朝鲜之主权，始受日本之限制，继为日本所吞并，即其著例也。

第四　单纯国与复合国

由唯一国家而构成，成分中别无他国者，曰单纯国。如西班牙、如葡萄牙是也。由多数国家结合而成，成分中之各国，仍各具国家之性质者，曰复合国。如美、如德是也。但复合国又可细分为四。

疏 单纯国与联邦国之区别有七：(一)单纯国是单宪法(只有国宪)，而联邦国是二重宪法(国宪外尚有邦宪)；(二)单纯国最高行政区划，称地方团体，而联邦国最高行政区划称邦；(三)单纯国称地方团体之权为国家所赋与，而联邦国之邦权系固有的；(四)单纯国国家事权采概括主义，地方事权采列举主义，而联邦国国家事权采列举①主义，邦之事权采概括主义；(五)单纯国地方团体仅有行政权，而联邦国邦权有立法、行政、司法三权；(六)单纯国地方团体仅为一行政区域，而联邦俨然具有国家之性质；(七)单纯国以人民为组织之单位，而联邦国以邦为组织之单位。

(一) 君合国。多数国家共同拥戴同一君主者，曰君合国。如一千九百〇七年前比利时与孔哥②共一君主，一千八百九十年前荷兰与卢克森堡③亦然。故一千九百〇七年前之比利时与孔哥，一千八百九十年前之荷兰与卢克森堡，皆君合国也。

君合国之特点，在数国共一君主。至其国内法及国际法上之关系，彼此各自独立。极端言之，虽彼此开始战争，亦无不可。惟既共一君主，而又互相战争，未必能成事实耳。

疏 此惟君主国始有之，即二以上之独立君主国共同戴一君主之谓，其情形有二：(一)君主之共同，非由于法律之规定，乃由于偶然之事故者，是曰一时的君合国；(二)君主之共同，由于法律之规定者，是曰法律的君合国。

考一时的君合国，非真正之国家结合。盖以君主之共同，非法律上之所定，不过基于偶然之事故而已。由法律上言之，两国全为无关系之国家，仅立于君主地位之人，为两国之君主而已。除此而外，无论内政外交，各立于独立地位。是以政治上全然分离，两国各有其宪法，即一国为君主专制政体，一国为君主立宪政体可也。且两国各为国际法上之主体，故分别派遣公使，缔结条约亦可也。又开战之际，两国无须为一致之行动，即一国开战，一国严守中立亦可也。推之于两国之间，彼此互起战争，由法理上言之，亦无不可。良以此种结合，多起于偶然。大抵因一国之君位继承法，他国之君主，得以继承本国之君位而生。盖欧洲各国之皇室，常彼此互结婚姻，故各国皇室之间，多有亲属之关系。如英、荷等国虽女系之所出，亦有君位继承之资格，假使男系断绝，自生求继嗣于他国，以便继承君位之事。例如英国自佐治④一世以后直至维多利廉⑤女王即位(一八三七年)以前，与汉罗巴⑥国戴同一之君主；荷兰自维尔波鲁米那⑦女王即

---

① “举”为点校者所加，疑为阙漏。
② 即刚果(Congo)。
③ 即卢森堡(Luxembourg)。
④ 即乔治(George)。
⑤ 即维多利亚(Victoria)。
⑥ 即汉诺威(Hannover)。
⑦ 即威廉明娜(Wilhelmina)。

位(一八九〇年)以前,与卢克森堡戴同一之君主;又如澳大利①之与西班牙,于一五一九年加罗五世为二国共同之君主者皆是也。然亦有非因王位继承而成为君合国者。如一八八五年比利时与孔哥之结合是。此盖由孔哥国选出比利时国王为本国国王之故也。此种结合,既由于偶然之关系,故亦易于破裂。何则关于王位继承之法规?二国若互相参差之时,如一国许女子继承王位,一国则否,假使一国所继承者为女王,则二国之结合,必因之而破裂。荷兰之与卢克森堡,英国之与汉罗巴,因英、荷女子即王位,依②卢克森堡与汉罗巴之皇位继承法,女子不能继承王位,遂分离独立。比利时与孔哥之关系,于一九〇八年③因孔哥正式与比利时合并而消灭。故现在已无一时的君合国之存在者也。

法律的君合国者,乃依二国或数国间之协约,共同拥戴同一君主者也。如一八一五年至一九〇五年瑞典与挪威之关系,一八六七年至一九一八年澳大利与匈牙利之关系是也。以同一之人,为二国或数国之君主,与一时的君合国相同。所异者即一则基于偶然之事实,一则基于当事国之意思。即一时的君合国,二国各有独立之皇位继承法,不过皇位继承法之结果,偶然以同一之人为二国之君主而已;法律的君合国为自己之意思,缔结条约,且修正宪法,而以同一之人为二国之君主也。故前者彼此之间,无甚关系,各能独立的变更皇位继承法,依其变更,其关系当然解除;后者彼此之间拥戴同一之君主,为相互间条约上之义务,法律上之义务,欲行分立,则不可不先改正宪法撤废条约,决不能由一方面单独而变更之也。

又法律的君合国,于君主共同之外,凡对外关系,法律上全视为一国家之行动。且当其关系继续之中,并负有不为战争之义务,且设有共同之外交机关。惟关于内政,彼此完全独立,故立法、司法、行政,皆分别各自处理而已。是以派遣公使,须数国共择一人;其开战也,必须共相援助,不可一国中立。要之国家之形体虽属多数,然自国际法上之主体观之,则一而已。学者因之谓此种国家,不能仅以君合国名之,而名之曰实合国,抑有由也。又此种君合国,其当事之各国,既各为独立之国家,故与后述之联邦国不同,非有中央权力立于各国之上,而使各国服从之。故其结合,非国法上之结合,乃国际法上之结合也。

(二)政合国。多数国家,其内部各有独立之主权,各有运用主权之机关,惟为对外起见,彼此联为一国者,曰政合国。如大战前之奥地利、匈加利④国是也。一千九百〇五年前之瑞典、挪威国亦然。

(三)邦联国。多数国家互相连结,于对内、对外关系上,往往采同一行动,而联合中各邦之主权,彼此独立,不相侵犯,诸邦之上并无其他主权可以统率各邦者,曰邦联国。如一千七百七十六年至一千七百八十七年之美国,一千八百十五年至一千八百六十六年之德国是也。今之国际联盟,亦类似之。

疏 邦联与联邦之区别有二:(一)邦联之结合以条约,而联邦之结合以法律;(二)邦联之组织涣散,而联邦之组织坚固。又按:邦联常为进于联邦之过渡,而联邦则多为邦联之结果,如德国即由邦联而进于联邦也。

(四)联邦国。独立诸邦,互相连结,对内则各自独立,对外则合为一国,各邦主权之外,又

① 即奥地利。
② 原文无"依",据上下文加之。
③ "年"为点校者所加,疑为厥漏。
④ 即匈牙利(Hungary)。

有独立主权，对内统率各邦对外代表全国者，曰联邦国。如美、如瑞士是也。

十九世纪中叶以还，国家主义，光焰熊熊，不可向迩。各国政府，务张其势，浸走极端。假国际亲善之名，行鲸吞蚕食之实。权力集中，异族屏息。除以同一国性之民族结合而为复合国外，单纯国家，滔滔皆是。大战告终，国家主义，于焉衰颓。国际主义，应运挺生。今次国际联盟之组织，即其见端。由此益进，他日或合世界万国为一大复合国未可知也。

疏 欧洲自一八七一年以还，至欧洲大战之时，是为各国国家主义最盛时代。加以各国内部之组织完备，以致向外扩张势力，只知有本国之幸福及利益，而不知有他人之利害，致时起冲突于各国之间，而演成千古未有之大战争。迄自一九一四年至一九一八年始倡和平主义，以互让精神以谋国际之利益与永久之和平，故美哈定[①]总统首倡太平洋会议[②]以保持世界之和平也。

第五　普通国与永久中立国

国家之地位独立，且可任意与他国宣告战争者，曰普通国。国家之独立，以诸大强国之国际条约保证之，除受人攻击外，不得与外国宣告战争，且于牵涉战争之条约不得加入者，曰永久中立国。如瑞士、比利时[③]皆是也。

国家为国力发展计，应有自由宣战之权，理甚章明。今永久中立国因受条约之拘束，不能自由宣战，其足以妨害国力之发展者甚矣。然弱小之国，得此保证，当列强纷争之秋，独超然事件，获享宁谧，亦不可谓非幸也。惟暴德之于比利时，蔑视条约，妄肆攻击，则不可以常理论也。

疏 永久中立国亦可谓之缓冲国，如瑞士、比利时是。此二国皆介于列强之间，而为永久局外中立国。考比利时在一八三〇年前属荷兰，至是年始宣布独立，于一八三一年会议于伦敦，即结《伦敦条约》，规定比利时为永久局外中立国，在国际间不得协助任何国之战争，除受他国攻击，不得与他国宣战。英国前次加入欧洲大战，即根据一八三一年《伦敦条约》，谓德国蔑视条约之故。至瑞士之被认为永久局外中立国，则在一八三五年维也纳之会议也。

---

① 沃伦·哈定(Warren Harding，1865—1923)，美国第29位总统(1921—1923年)。

② 今一般称为“华盛顿会议”(1921年11月—1922年2月)，参会国有九国：美国、英国、日本、法国、意大利、荷兰、比利时、葡萄牙和中国。

③ 比利时现已不是国际社会承认的永久中立国。

第二编　法律论

第一章　法律之意义

《尚书》:“作五虐之刑曰法”。法之名起于是,然非成文也。郑之刑书,晋之刑鼎,略具成文,而不以法称。成文而称法者,始自魏文侯师李悝之《法经》。汉高祖约法三章,仍称法,至萧何作《九章律》,始改称律。自是晋、隋、唐、宋、明、清编纂成一代法者,皆称律(惟元称典章)。然《法经》所网罗不外刑罚法,而所谓律者大抵亦刑罚法耳。惟《周礼》以八法治官府,其法之所包者甚广。故汉以后称狭义之刑罚法曰律,盖欲别于《周礼》之大法典。然曰法,曰律,字训固大略同也。

疏 刑书为郑子产所著,在昭公六年。刑鼎为晋范宣子所铸,在昭公三十九年。《法经》共分六篇:(一)盗法,(二)贼法,(三)囚法,(四)捕法,(五)杂法,(六)具法。三章为杀人者死,伤人及盗者抵罪。九章律即于《法经》六篇外,增户、兴、厩三篇,而户即《唐律》之《户婚律》,兴即《擅兴律》,厩即《厩库律》也。

八法:一曰官属,以举邦治;二曰官职,以辨[①]邦治;三曰官联,以会官治;四曰官常,以听官治;[②]五曰官成,以经邦治;六曰官法,以正邦治,七曰官刑,以纠邦治;八曰官计,以弊邦治(弊,断也)。

《释名》曰:“法,逼也。莫不欲从其志,逼正使有所限。”“律,累也。累人心,使不得放肆也。”《释诂》:法,常也。律,法也,常也。彼此互训,又足觇其义训之大同。曰逼,曰累,曰常,皆规则、整齐之义。规则、整齐,固法律所由始也。

泰西学者说明法律之意义,议论庞杂,罔有统纪。兹请列举其尤要者,一纵论之。

第一　神意说

此说谓宇内万法,悉由神意直接或间接以创作之者。直接由于神意者,谓法律直接受神之命令而始成立。间接由于神意者,谓法律者,所以间接表章神意者也。昔摩罕默德[③]匿景山中,自称由神使赐以法律,名曰《科兰经》[④],来加尔加[⑤]自称由神授以法律,名曰《来加尔加法典》。自余若犹太之《摩西法典》,印度之《马尼法典》,[⑥]希腊之《美内法典》,[⑦]无不直接假托于神意,以荧惑一世之人民。原此种观念之所由起,盖当草昧之际,宗教与法律相混,蚩蚩之氓,迷信天神地祇,崇拜顶礼,祷祈福利,宗教之外非法律之强力所得羁。主治者知斯民可使由不可使知也,乃假托神意以为恫服威骇之具。迨世运渐进,文化日启,直接神意说,浸失其势,而

---

① “辨”,原作“办”,今据《周礼》改。
② “以会官治”、“以听官治”原作“以会邦治”、“以听邦治”,今据《周礼》改。
③ 今通译为默罕默德,伊斯兰教创始人。
④ 即《古兰经》。
⑤ 即斯巴达立法者来库古。
⑥ 即《摩奴法典》。
⑦ 即《米诺斯法典》,米诺斯(Minos)传说是古希腊第一位立法者,他从宙斯那里得到了他的律法。

间接神意说遂起而代之。其说不第宗教家假之以为传教之资,即学者诠释法学,亦多采其义。古代如希腊学者苏格拉第[①],其释明法律之意义曰:“成文法虽为国家之法律,然仅具有限制之拘束力,不若不文法出自神意,具有无限制之拘束力也。”近世如义国之马士特[②],法国之波拿耳[③],乃主张斯说之最著者。惟神之存在及其性质,吾人既无由窥见,则此说不足说明法律之意义,章章然矣。

疏 古代人民,野蛮成性,皆不畏死,圣王不得已乃假托神意以恫吓之,谓人生为善,则死后可升天堂,作恶则死后入地狱。人民乃以生时作恶,虽可幸逃法网,而死后之苦,则莫之能免,故相率稍自修行,而相安于无事也。

《科兰经》为摩罕默德自创,乃假托为神使所赐,而自号天使,以惑愚民,因明言为自己所创,则人民必起反对,而莫之信。此亦古代治民之一术也。

第二　正义说

此说有以法律与正义视为一体者,有以法律为正义之一部者,虽其持说之范围有广狭,而其以正义为法律之基础则一也。昔希腊反塔克[④]曰:“法律即正义也。”克利斯普[⑤]曰:“法律者,正不正之标准也。”由是知希腊古代,其正义与法律并无区别,至于罗马塞尔智[⑥]曰:“法律者,公平及善良之术也。”降逮中世,英之布拉克士顿[⑦]亦以法律与正义同解。柯克[⑧]亦谓“法律不外正义”。而考德文法律二字之 Recht,作形容词用时,即正义、合理之意。彼言语学者谓法语之 Droit,意语[⑨]之 Deritt[⑩],与德语之 Recht,均由拉丁语之 Derictum 变化而来,含有事物之道理、正直之源泉诸义,足征古代人民多视法律即正义也。夫法律既以正义为基础,则凡法律之不合正义者,自无存立之理,但征之实际,不合正义之法律,往往有存立者。欧西格言有云:“恶法亦法”。可知审判官虽对于不正义之法律,亦有适用之正义也。又如国家欲保护自国之贸易,而为禁止外货输入之法律,或为维持自国之民食起见,制为禁米出口之法律,虽皆于正义不合,然其法律之存在自若也。又若关于程序之法律,但以规定办事之次第,无所谓正义不正义者。矧正义之范围若何,何人有解释正义之权,尤不能得其正鹄乎!

疏 按:此说即以正义为法律之根据,发源于希腊之纯理哲学派,有主观主义与客观主义之分。客观主义,主张有为正当行为之客观的标准存在;主观主义,主张无客观的标准,惟依人之选择而定,故谓人为万物之尺度。前说以毕萨哥拉斯[⑪]为代表,后说以海纳古利德[⑫]为代表。总之其认正义之观念则一也。皮塔克曰:“法律即正义也。”克利斯普曰:“法律者,正不

---

① 即苏格拉底(前469年—前399年),古希腊哲学家。

② 今通译为迈斯特(Joseph De Maistre, 1753—1821),生于法国,死于意大利,保守主义思想家,著有《论法国》等。“义国”指意大利。不过,当时他是皮埃蒙特-萨丁王国(Kingdom of Piedmont-Sadinia)臣民。

③ 今通译为博纳德(Louis de Bonald, 1754—1840),法国哲学家,著有《社会秩序的自然法则分析》等。

④ 今通译为皮塔库斯(Pittacus),古希腊七贤之一。

⑤ 今通译为克吕西波(Chrysippus),古希腊斯多噶学派哲学家。

⑥ 今通译为塞尔苏斯(Celsus),古罗马百科全书式的学者。

⑦ 即布莱克斯通(Blackstone, 1723—1780),著有《英国法释义》等。

⑧ 即柯克(Edward Coke, 1552—1634)大法官,其与英王詹姆斯一世的一段争执为今人所称颂。

⑨ “语”,原作“说”,今据上下文改。

⑩ 疑应为 Diritto。

⑪ 今通译为毕达哥拉斯(Pythagoras),古希腊哲学家、数学家。

⑫ 今通译为赫拉克利特(Heraclitus),古希腊哲学家,著有《论自然》。

正之标准也。"可知希腊古代，皆以正义与法律，视同一体。降至后世，英之布拉克士顿亦谓"法律不外正理"，荷兰之古乐修①则谓"法律为强制人类归于正道之道德的规则也"。

我国古代，皆以法律在补道德之所不及，亦即此意。虽然，国家之法律，固不可与正义及道德相背驰，然不能谓正义及道德即为法律。因二者之作用不同故也，且法律之规定，有与正义及道德两者无关者，如宪法、行政法、诉讼法等，自不能入于道德及正义之范围也。

欧西格言："恶法亦法"。良以法律既颁布后，即应认为有效，其善恶非所当问。彼审判衙门为司法之机关，而非议法之机关，纵或法律不善，应设法以改革之，不可谓非法律也。

第三　道德说

此说有谓法律与道德同其实质者，有谓为道德之一部者。辜乐修曰："法律者，强制人类归于正道之道德的规则也。"卓母②曰："法律者，假外界一定之权力而为社会人类之道德的规则也。"二说均以法律与道德有同一之实质。其以法律为道德之一部者曰：道德与法律虽共为行为之标准，然其范围有广狭。道德主心，以由内制外为目的；法律主行，以由外制内为归据。主心者其范围广，主行者其范围狭。吾人日所驰思，溥被六合，其能躬体实践者，百无一二也。故法律规则应为道德规则之一部。虽然，果如斯说，则凡法律之内容，不当有违反道德者，而征之实际，法律之违反道德者，比比皆是。如国家制定法律，禁止原料品之输出，及精制品之输入，皆于道德有违反也。且如诉讼法、宪法、行政法等所包含道德之观念甚鲜，皆将不得为法律耶？

疏　法律之违反道德者，比比皆是，兹举一例以明之。如《刑律》③第十五条为紧急避难行为，法律上谓为放任行为，除加过当之损害，则不为罪。如日本地震时，屋内有甲乙二人见屋将倾，乃俱起而奔逃，甲强乙弱，甲因争欲先出，而将乙撞倒，致被压死，则甲之行为为损人利己之行为，与道德甚为背驰，然在法律上则认为放任行为，而不为罪也。

第四　自然法说

此说谓法律为自然法之一部分。其说曰：法也者，非神圣之所制，乃自然存在之现象也。宇宙万物，皆受自然法之支配，日月星辰之运行，春夏秋冬之循环，皆有自然法则支配其间。社会为自然界现象之一，人类为自然界之一物，故社会人物间莫不有自然之法则。所谓法律，即此自然法则之一部。凡所以范围人事之自然法，皆法律也。孟德斯鸠曰："法也者，以广义言之，乃基于事物之本性所生必然之关系也。万物有法，天地有法，禽兽有法，草木有法，人类亦有法。"是孟氏之以法律为自然法，昭然可见。但自然法散布宇内，广被动植，而云烟杳蔼，荡漾飞扇，应撷取何端为吾人之法律，主张自然法学者既无详明之解答，是使人徘徊歧路，益滋其迷离耳。

疏　此派学者大抵主张本自己之理想，以求出此万古不易之大法则。申言之，其研究法理也，在依主观的确信，不依客观的认识方法，而盛行于十七八世纪之交。欧洲之社会制度，如奴隶解放、自由运动、民权思想等，俱受此说之赐也。惟此种学派之此种理想法，可以之为作成法律之材料，或以之为批详④现实人定法之标准，以图法律之进化。若径以之为法律，则不免陷于

① 今通译为格老秀斯(Hugo Grotius, 1583—1645)，荷兰法学家，古典自然法学派代表人物之一，近代国际法奠基人，著有《战争与和平法》等。

② 今通译为索姆(Rudolph Sohm, 1841—1917)，德国法学家，著有《罗马法原理》等。

③ 指1912年颁行的《暂行新刑律》。

④ 此处"详"为审查之意。

谬误矣。

古时有物有则,故自然法之范围广,而法律之范围狭。惟自然法为法律上之一部分,而为抽象的,非具体的表明,故无详细之解释。

第五　秩序关系说

此说与前说相似。其说曰:法律者,一定之秩序关系,即法则也。法则云者,由事物之因果关系定一定之顺序者也。特定之事实,必生特定之效果。英之物理学者哈克士列①曰:“法之本质,秩序也,有一定之原因②,即有一定之结果。”可谓主张此说之代表者。夫此说之解释法律,失之广漠,与前说同,即应以如何性质之秩序关系,属于法律,靡从考核也。

疏　此说系由事物因果之关系而定,如杀人放火者之受刑罚,尚公益者之受褒奖是也。惟此说亦为抽象的,而不能为详细之解说。

第六　自由规律说

此说谓法律者,定各人自由行动之范围也。一方限制各人本来之自由,一方保持各人之自由。康德曰:“法律者,从自由之通则,调和各人之专恣者也。”沙比尼③曰:“法律者,示自由范围之无形界限者也。”但此说用以说明一部之法律则可,用以说明全部之法律,乃征其陋。盖法律中有保障个人自由者,有保障一人之自由而限制他人自由者,又有限制一切人皆不得自由者。其以保障个人自由之法律,揆诸此说,虽尚可通,而他则不可说也。

疏　法律者,限制各个人自由于范围以外,而保持各个人自由于范围以内。而人类之所以能相安于无事者,亦即以此故也。

限制一切人,皆不得自由者,如货币、军火等,除国家能制造外,他人皆不得擅行制造者是。不然,则金融紊乱,纷争必起,社会之秩序,不堪问矣。

第七　民约说

此说谓国家由人民相约而成,法律由人民之自由意思而定。易词言之,法律者,人民当约同建设国家之际,所结之公约也。此说之萌芽,远在希腊之古代,如当时柏拉图于其著书《共和国》④中,即认原始契约之存在。其他罗马之学者,亦多抱此思想。而后世如霍布士⑤、斯比洛查⑥、陆克⑦亦均主张斯说。至法儒卢梭乃集其大成,甚至酿成法国之革命,则此说于近世纪以前,所影响于政治界者,殊非浅也。卢氏之言曰:“凡个人皆有自由,无自由者不得谓之为人。然则各个人之所以甘受自由之制限,而服从国权者,实自己以自己之自由意思,而自为束缚之者耳。申言之,各个人准自己之自由意思结为社会契约(按:此契约即法律之起源)。因此结果,遂各服从此自己自由意思所结成之总意。此总意既由各人自己之自由意思所结成,则服从总意,即是服从自己,决非毁损自己之自由也。”据此观之,卢氏以法律成于人民之契约章章可考矣。

---

① 今通译为赫胥黎(Huxley, 1825—1895),英国生物学家,著有《进化论与伦理学》等,严复曾译述其部分著作,名曰《天演论》。

② “因”,原作“则”,今据上下文改。

③ 今通译为萨维尼(Savigny, 1779—1861),德国法学家,历史法学派代表人物,著有《当代罗马法体系》等。

④ 又译为《理想国》。

⑤ 今通译为霍布斯(Hobbes, 1588—1679),英国政治哲学家,著有《利维坦》等。

⑥ 今通译为斯宾诺莎(Spinoza, 1632—1677),荷兰哲学家,著有《伦理学》等。

⑦ 今通译为洛克(Locke, 1632—1704),英国哲学家,启蒙思想家,著有《政府论》等。

但此说虽盛行一世，而自今日观之，纠缪实甚。盖民约说，求之历史之事实，绝无根据。夫从来生息于国家团体下之人民，相约与母国分离，另自组织一国家，制为各种法律，如美利坚脱英属而独立及德意志联邦之统一，固皆历史上之事实，而其法律或可谓为由其人民之契约而成者。然此等现象，近代始然。在古代，草昧未开之人民，求之历史上，固绝无以自由之意思，相互于一定契约之下，组织国家制定法律者。况契约之为物，以信用为基础，以希望将来能履行为目的。然原始时代之人民，以腕力决是非，以满足现在之欲望为归墟，而将来之利益幸福，非所预计，是契约于古代不能存在之确据也。兹姑假定当时能有契约之存在，然其时既无主权者，亦无法律，倘有不遵守契约者，则强制为契约之履行者，谁与？盖契约之发达，在人智进步之后。彼民约说者驰空想于理论，而抹杀事实，在今日殊无可采之价值，又况其以祖先之契约而羁束子孙，尤无理由乎。

疏 民约说一称契约说，其派别有二：一为政府契约说，谓主治者与被治者结为契约，以组织政府。中古之契约说属之，如 Plato① 者即其代表。一为社会契约说，谓社会中之各个人相互结为契约，以维持社会。十七八世纪之契约说属之，英人 Hobbes② 于一六五一年著 Leviathan③ 一书，首倡此说，至法人 Rousseau④ 集其大成。此说之优点，在将国家建筑于民意之上。近世之国家组织及法律观念，均受其影响。法国固无论矣，即美国之《独立宣言》及各州宪法中之权利法典，皆以契约说为根据。但其立论，徒凭理想，不合历史事实。故自十九世纪历史学、社会学发达后，其焰大息。如英人 Maine⑤、Bentham⑥ 德人 Bluntschli⑦ 咸反对之。

Maine 曰古代社会受习惯之拘束，近代始为契约自由的社会，故此说只能说明近世共和国家之成立，而原始国家之起源不若是也。

第八　民意说

此说谓法律者，发表当时人民全体之意思也。赫格曰："法律者，民意之发表于无形者也。"沙比尼曰：法律者，非人所创作，发达于自然者也；非主权者所制定，由人民之行为反复酿成者也。故习惯法为最良之法律。立法者之制定法律，非创造也，不过对于人民之习惯行为与以法律之形式而已，其实间接发表人民之意思也。但循此说，则凡法律之违反民意者，皆不得为法律，而征之实际，殊不尔也。且所谓民意者，茫无定形，以何方法而表章之，尤难索解乎。

疏 此说非特共和国所当主张，即君主国亦须遵从。惟暴君代作，所颁布之法令，大都损人利己，而民意一层，莫之关心，甚至虽恶法亦法，而民莫敢勿从也。

民意为抽⑧象的，其所藉以表示之方法有二：(一)关于实行者，如群众运动之类；(二)关于言论者，如报纸之类。

第九　命令说

此说谓法律为主权者之命令。首倡者为罗马之康弼，集其成者为英国之霍布士。霍氏之

---

① 即柏拉图。
② 即霍布斯。
③ 即《利维坦》。
④ 即卢梭。
⑤ 即梅因。
⑥ 即边沁。原文为 Benthan，疑为排版错误，故改之。
⑦ 即布隆奇利，也曾被译为伯伦知理。
⑧ "抽"，原作"拙"，疑为误排，今据上下文改。

言曰:“法律者,治人者命令被治者为某事或不为某事之言语也。”其后奥士丁[①]复祖述其义曰:“法律者,乃政治上之优者(即主权者)对于政治上劣者(即人民)之行为所下之命令也。”他如英之边沁、阿谟士[②],法之颇他利,德之布伦士,皆本命令之观念以诠释法律。但循此说,则宪法及行政法之一部,不得谓为法律。盖宪法及行政法多规定国家自体之行为,对于己身而曰命令,无是理也。又若国际公法规定国家团体间之权利义务,国家团体以上无最高之权力者,将何人以命令之,是国际公法亦非法律也。且习惯法不过经主权者之承认,并非主权者所命令,将亦不可为法律耶!又凡法律既由于主权者之命令,则人民对于主权者仅有服从之义务,无权利之可言。然现今文明各国之法律均以保护人民权利为归宿,非仅服从义务已也。其他若私法之内容,多采取人民之习惯以为规定,主权者但循其习惯以认许之,非有命令行于其间,是命令之观念,又不足为私法之说明也,审矣。

第十　强行规则说

此说谓法律者,依外形之裁制而强行之规则也,无强制力者非法律。妥马旧士曰:“法律与道德之别,在于裁制之有无。”其弟子龚妥林曰:“法律者,以外形上之苦痛,罚其侵犯者之规则也。”伊耶林[③]曰:“强行力不但为实行法律之手段,且为法律之要素,无强行力之法律,非法律也。”他若英之边沁、奥士丁,德之来布尼、康德,皆根本是说,以裁制为法律之要素。然英之迈因[④]有言:法律有五元素,力、秩序、正义、划[⑤]一、威权是也。此五者非必通各时代之法律,皆宜具备者。盖可因时变通,虽具备其中之一二元素,而他之二三元素不具备,亦未尝不可。例如不知畏惧之时代,则以正义为要素,使人知贵重正义,而服从法律。故当此时代,不得以力为法律之要素也。是无裁制之法律,亦得曰法律也。况如宪法、行政法之一部,乃主权者自限制其行为之法律,绝无裁制之性质,岂得曰非法律耶?

第十一　共同生活要件说

此说以法律为人类共同生活之要件。匈牙利之巴志克曰:“法律者,社会生存之要件,因国家始得履行之规则也。”英之颇洛克[⑥]曰:“法律者,指示人类共同生活之要件也。”虽然,法律固因人类之共同生活而发生,但不得直以人类共同生活之要件为法律。盖凡法律之违反共同生活之要件者,仅得谓之为恶法,力谋其改良可耳,仍不得不谓之法律也。

第十二　行为说

此说以法律为行为之规则。英之和朗[⑦]曰:“法律者,因政治上最高权力强制人类外部行为之规则也。”法之叶修霸曰:“法律者,人类外部行为之规则也。”此说较为完善,但学者亦有驳之者,以为其行为之规则说若当,则凡法律之中有关乎意思之规定者,将不得为法律耶。不知法律而以干涉人之意思为要素者,乃古代之法律思想,如彼道德说认道德为法律者,未尝不以法律能干涉人之意思。但征诸今日一般之法律思想,则殊不然。即或法律之内容,间有涉及人

① 今通译为奥斯丁(John Austin, 1790—1859),英国法理学家,分析法学派代表人物,著有《法理学的范围》等。

② 今通译为阿莫斯(Sheldon Amos, 1835—1886),英国法学家,著有《法律科学》等。

③ 今通译为耶林(Jhering, 1818—1892),德国法学家,著有《为权利而斗争》等。

④ 即梅因(Maine)。

⑤ “划”,原作“画”,今据上下文改。

⑥ 今通译为波洛克(Pollock, 1845—1937),英国法学家,著有《法理学初步》等。

⑦ 今通译为霍兰德(Holland, 1835—1926),英国法学家,著有《法理学要义》等。

之意思者，亦不过连带及之，并非以干涉意思为目的也。又有学者持宪法及行政法中关于国家机关组织之部分为非行为之规则之说，以驳此说者。但关于国家机关组织之规则，诚非行为之规则，然其目的固所以辅助行为规则之活动，非于行为规则外独立而显其用，是亦不足以难行为规则说也。

疏 古代法律未臻完善，视法律道德为一致，故有时以法律干涉人之内部之意思，如腹谤之诛，即其例也。近代法律进步，较前为完善，不以法律干涉人内部之意思为标准，但间有按犯罪者之犯罪动机之善恶，审判官得自由裁量其罪之大小。如一则激于义愤而杀人，一则因强盗而杀人，二者虽同为杀人罪，而审判官对于前者得略迹原心稍轻其刑也。

总览各说，既以行为说较为完善，故近世一般学者，乃根据其义，为法律之定义曰：法律者人类行为之规则，由国家所制定或经国家承认者也。

兹本此定义，分诠其义如次。

（甲）法律者，规则也。

规则云者，事物之顺序，一定必由之道之谓也。宇内万化，有物有则，则即规则也。吾人所欲研究法律之观念，即此规则中之一种。规则虽非尽属法律，而法律未有不为规则者。规则之所以为事物之顺序，一定必由之道者，盖宇宙万物有一定之原因，必生一定之结果。为善者兴，作恶者亡，宗教、道德之规则也。罪人斯罚，有犯必惩，法律之规则也。法律对于一定之原因，与以一定之结果，虽如前述，然与对于特定之事实使发生特定之结果者不同。盖法律乃假定一定之事实，而预告以事实发生时即予以一定之结果，与彼①裁判之宣告，对于特定之事实使发生特定之结果者，大异其趣也。

疏 《刑律》第三一一条：杀人者处死刑、无期徒刑或一等有期徒刑。按：此即本讲义所谓法律乃假定一定之事实，而预告以事实发生时，即予以一定之结果之一例也。

（乙）法律者，人类行为之规则也。

法律者，非自然界之规则，而人类行为之规则也，即人类外部行为之规则也。法律非自然界之规则，故非物理、化学之规则。法律为外部行为之规则，故与宗教、道德之规则异。虽古代之法律往往关于人之内心，加以干涉，然至近代，法律与宗教、道德截然分离，但以人类外部之行为为其规定之范围，即间有涉及人之意思者，亦非以限制人之意思为目的也。

疏 所谓法律上之行为者，须有二种要素方能成立：(一)主观的要素(内部之意思为犯意，属因之一方面)；(二)客观的要素(外部之举动为事实，属果之一方面)。

（丙）法律者，因国家而存在者也。

法律与国家，二者不可须臾离也。太古之民，穴居野处，无国家之观念，亦不知共同组织国家，故亦无法律之存在。盖法律者，藉国家之强权以存，无国家则无强权，无强权则无法律。由此观之，则法律之所以异于道德、宗教者亦可洞明。盖道德以良心为基础，宗教以信仰为基础。人类当未有国家之时，苟能以良心为矱范，以信仰自崇尚，而道德、宗教即可行其间，法律则不能也。

（丁）法律者，国家所制定或经国家承认者也。

---

① “彼”，原作“被”，疑为误排，今据上下文改。

法律有二种:一为成文法,一为不文法。国家所制定者成文法也,国家所承认者不文法也(按:不文法即习惯法)。所谓法律,非仅用文字表示之法律命令,即彼无文字表示之习惯法,亦包括之。惟世运渐进,文明各国之法律,多用文字表示,勒为成典,昭示天下,而不文法之存者日少矣。

以上系从广义以解释法律之意义[1]。若自狭义言之,则凡法律,必经国会之议决。苟不经国会议决,事实上虽具法律之性质,形式上只能称为命令,非法律也。专制时代,法律与命令,并无区别。近世立宪国家,皆有国会以操立法权,故此种区别,最为重要,凡命令牴触法律,命令皆失其效力。

狭义之法律,得分为法典与单行法二种。法典者,搜集多数可视为同一性质,同一种类事项之规则,而为一法律书之谓也,如《民法》、《刑法》、《商法》是。单行法者,惟就某种类之事项而设之法律也,如《户籍法》、《不动产登记法》、《破产法》是也。

疏 法律编纂之方法有二:(一)法典派,(二)非法典派(单行法派)。按:法典派乃将各法律搜而集之,使成系统,以便学者得以考究,且有整齐划一之效,惟以其全部串成,致不易改良,而使其得归完善,是其缺点耳。至非法典派之法律,犹如零珠碎玉,毫无系统,欲加考究,颇费时间,惟欲改良一部分时,则无牵及全体之弊,是其所长也。

此外尚有称法律为法规者,盖包括狭义之法律与命令而言,如行政法规,乃总合行政法律与行政命令二者而言,即其例也。

① "意义",原作"义意",今据上下文改。

第二章　法律之统系

国家之体制不同，民族所认定之法，亦自不能无异。法以族分，谓之法系。世界法系，大别之为五，中国法系、印度法系、回教法系、罗马法系、日耳曼法系是也。此五大法系，概言之，又得分为宗教法与非宗教法之二派。印度、回教法系，以教经为法典，所谓宗教法也。其发达不著，非宗教法发达较著。而罗马、日耳曼两法系，尤为今日文明诸国法律之母，爰略述其沿革于兹。

疏 国家之法律，为表示民族之特性，故各国之民族不同，而各国之法律，亦因之而异。此所以有五大法系之由来也。

宗教法以教经为法典，人民仅能就教经注释，而发挥其一切，不能批评其良否，几认此经典为天经地义，与日月并存而不可更易。此其法律之所以不进步也。

一　罗马法系

罗马法律，即希腊拉丁族法律也。希腊人造其端，而罗马人大成之。和马[①]集中，已散见法律之文。斯巴达之兴也，有立克尔古氏[②]之法则。雅典之盛也，有柏拉图氏之法律论及达来公氏[③]之严法。立克尔古氏之法则与柏拉图氏之法律论，自一方言之，教育法也。迨后希腊有沙龙氏[④]者，游历各邦，调查法律制度，归而执政，施行贫民救济法，制定贫富阶级制，改定家政刑法，奖励实业教育，调剂教育法与严法。而近世所谓民法者产焉，罗马法滥觞于是矣。

疏 罗马人富于法学思想，希腊人富于哲学思想，故自罗马征服希腊后，以希腊哲学之士而用其思想于法律，致罗马法律之进步较前为更甚。此今日所以有法律哲学之说也。历史家言罗马人以武力征服希腊，而希腊人反以文事征服罗马，则可知罗马之法律，不加以希腊人哲学之思想，未必能如今日之盛行于世界也。

罗马法之沿革，得略分为三期。自建国之初，迄于十二铜表[⑤]之制定，为第一期，谓之不文法时代。自是而后，迄于共和政之末路，为第二期，谓之成文法时代。帝政初期迄于幼斯提利安[⑥]帝时，为第三期，谓之法典编纂时代。幼斯提利安帝之法典，合三种法典而构成。其一编纂集其皇帝之命令而成者，谓之《勅令汇纂》；其二编纂罗马三十九大法曹之论说而成者，谓之《学说汇纂》；其三则为《法学纲要》，此罗马法之三编也。而编纂期间内幼斯提利安帝所发三十年来之命令附焉。由此三法典而成最后之罗马法。[⑦]罗马之亡也，法典一时与之俱废，及文艺

---

① 今通译为荷马，古希腊盲诗人，著有《伊利亚特》和《奥德赛》。

② 即来库古(Lycurgus)，又译为吕库古，斯巴达立法者。

③ 即德拉古(Draco)，古希腊雅典立法者。

④ 即梭伦(Solon)，古希腊七贤之一，曾任雅典城邦执政官，其立法改革影响深远。

⑤ 后又称为《十二表法》，是罗马第一部成文法，大约制定于公元前451—前450年。

⑥ 今译为优士丁尼(Justinian)，又译为查士丁尼。

⑦ 今通常称之为《国法大全》或《民法大全》，即《查士丁尼法典》、《法学汇编》、《法学阶梯》、《新律》四部法典汇编的统称。

复兴,罗马法学亦以再兴,至十世纪顷,侵入欧洲诸国,今日且将弥漫世界矣。盖以民间相与之法,所谓私法者,罗马法实已综厥大成,而亦惟罗马法发达独著也。

疏 考十二铜表之制定在梭格拉底斯(Socrates)①之童年,其时立法极为幼稚,惟以后之法律均以此为渊源也。又此法即以文字刻之于铜表,数凡十二,悬之法院,故得此名。此将十二铜表之法文列之于后,以供参考。

第一铜表　提传 Tabula Ⅰ. De in jus vocando

第二铜表　审问 Tabula Ⅱ. De judicialis

第三铜表　责偿 Tabula Ⅲ. De acer confessio rebusque jure judicialis

第四铜表　家长权 Tabula Ⅳ. De jure Patria

第五铜表　遗产继承及监护 Tabula Ⅴ. De haereditatibus et tutelis

第六铜表　所有权及占有 Tabula Ⅵ. De dominium et Possessio

第七铜表　家屋及土地 Tabula Ⅶ. De jure aedis et agrarius

第八铜表　私犯法 Tabula Ⅷ. De delictum

第九铜表　公法 Tabula Ⅸ. De jure Pulico

第十铜表　宗教法 Tabula Ⅹ. De jure Sacro

第十一铜表　最初之五铜表追补 Tabula Ⅺ. Supplementum Ⅴ. Priorum tabularium

第十二铜表　终尾之五铜表追补 Tabula Ⅻ. Supplementum Ⅴ. Posteriorum tabularium②

由以上所列铜表而观之,则可知自第一铜表至第十铜表之规定,平民权利,非常伸张,第十一铜表内容,禁止贵族与平民结婚。因法典编纂委员十人中,平民占大多数,自第十铜表制定,相率辞职,内有 Appius③ 者,为罗马豪族,以寡不敌众,举全力周旋平民,以博民望,迨为新委员长,则顿改面目,隐复贵族权利,故有相互结婚之禁,十一及十二铜表,即其手定也。

按法典编纂之次序,大都先实体后程序,而罗马法何以反此原则,揆其原因,则以罗马十二铜表之制定,即因贵族专擅过甚,肆意拘捕平民而起,故先定程序法,限制贵族之妄为,因迩时法官,多系贵族充任。

二　日耳曼法系

继罗马法而起者为日耳曼族之法律,然大抵为日耳曼族之习惯法,非如罗马法有浩瀚之法典也。今之欧洲人,大抵日耳曼民族之所发达者,不然亦即希腊拉丁之子孙也。故中世以后,罗马法虽为欧洲一般所继受,然其所继受者,民法及宗教法部分耳。其固有之习惯法制,则未尝废。宪法及其他公法上之规定,类渊源于日耳曼之习惯法也。

日耳曼法之沿革,亦得分之为三期。自日耳曼民族接近罗马人,至法兰克王国建设为第一期,是为日耳曼法发生时代。自法兰克王国分裂,迄于十五世纪顷,法兰克王国之制度派分,一为德意志制,一为英法二国制,是为第二期,为日耳曼法发展时代。尔后如公法上为固有之发达,以至与近世宪法史相联属,是为第三期,为日耳曼法完成时代。

三　近世欧美诸国法之由来

法系之异,起于自然习惯之差,而兴废之不同,则大抵人事为之。罗马法之成,成于个人主

---

① 今通译为苏格拉底。

② "Ⅴ. Posteriorum tabularium"疑为阙漏,为点校者所加。

③ 即阿比乌斯·克劳狄(Appius Claudius),公元前451年当选为罗马执政官,也是负责立法的十人委员会的领导者。

义之发达，与阶级之倾轧，故持平之私法独著。日耳曼民族自昔有所谓国民会议者，自由民之带武器者皆得与会，庶政公诸舆论，故宪法及公法上之规定，尤推日耳曼法系为翘楚。

疏 欧洲中世纪之阶级制度：(一)贵族(僧侣)，享权利不尽义务；(二)自由民(公民)，权利义务平等；(三)奴隶，尽义务不享权利。

近世欧美法律，类为罗马法系与日耳曼法系相混合之法律。然欧洲大陆诸国，混合法中，罗马法犹居其多数。比较上适用纯粹日耳曼法系者，英美二国及大陆之俄国耳。就中[①]英国之法理，渊源于日耳曼法者犹多。日耳曼法既化身为英国法，故今日欧美诸国之法律，质言之，其精粹不外乎罗马法与英国法之二种。罗马法所以为大陆诸国法之基础而传播其原理于世界者，一以其为整然之成文法，二为其适于法理，三为其平允也。然秉是诸长，而有固执之短处。随时势为推移之公法，罗马法之理论往往不适于用，故其垂统于各国者，大抵不过私法之部分，而属于公法者盖寡。

疏 英国虽称为世界之模范立宪国，然实为日耳曼之所赐，以其法系由日耳曼法系所化出也。英国之私法，如契约原则、遗嘱制度、信托规则三者，皆袭罗马法而成，除此而外，则与罗马法系无关也。

日本法学博士奥田义人所著《法学通论》中，有谓"罗马法与欧美诸国之关系"一节，兹录之以供参考。其略曰：英国法之势力，存于公法；罗马法之势力，存于私法。而罗马法[②]及于欧洲之强弱，可分四类：(一)罗马法势力所及之最强者，为西班牙、葡萄牙，及南美诸国。西、葡两国，私法全部，殆由罗马法而成，而南美诸国则又继受西、葡之私法也。(二)罗马法所及之次强者，德、法、意、瑞、比、荷等国，其私法由罗马法、蛮民法、寺院法及固有之习惯法而成。(三)罗马法势力所及之稍弱者，为瑞典、挪威、丹麦、俄罗斯诸国，私法专由习惯法而成，故带罗马法之原素甚少，然亦非全无也。(四)罗马法势力所及之最弱者，英国法、回回法是也。此虽出于罗马法系以外，然亦间有罗马法痕迹之存在也。

英国之私法颇能自立，然不成于制法家之手，乃由实际审判之经验发达而成者。虽有制定之成文法，盖不过变更补充之一部耳。以是体裁不整，规则模棱，为英国法之弊，而同时有临机应变适于实用之利。然既由经验而成，则所谓适于实用者，往往见阻于人种。除英人移殖之北美及澳洲外，欲移殖其私法，颇非易易。故今日惟商法之海商、公司、保险等法，为诸国之模范，此外殆无继受其私法者。至于公法，错杂模棱之弊，虽亦所不免，然其原理，颇具世界之性质。欧洲诸国宪法、行政法等，殆无不采取英国法之原理，其宪法尤为诸国所奉为圭臬者。自孟德斯鸠品题以来，其征服世界之势力，几与罗马法之私法齐矣。晚近德意志学者更解释英国之制度而体会之，假以改良德国行政法、诉讼法者亦复不少。盖撒逊[③]之遗民，向重个人之权利及自由，个人对于国家之关系，认识极明，个人相与间之权利义务，分别极严，公法之发达，有自来矣。

四 中国法系及其由来

中国法系，则独立而特异。推其法源曰刑与名，而名出于礼官，故广言之，则惟刑与礼已也。《吕刑》曰："惟作五虐之刑曰法"。刑即法也。礼官之所守，周礼之所载，又即法也。刑假

---

① "就中"，即其中。

② "法"，疑为阙漏，由点校者所加。

③ 今通译为撒克逊，又译为萨克森。

国家之威权,以纠绳天下。儒者病其务末,作礼以为之则,专以人道为权威。人道有时而穷,不得不假天道以为助。然儒家所持以齐民者,在人不在天,天道之用,不过惩用法者之过,使无倚法以削而已。孔子重正名,孙卿为《正名篇》,皆贯礼乐刑罚为一事。至春秋末世,礼衰道微,儒家之典谟扫地,名之中惟刑名为用,邓析传之魏文侯师李悝,因作《法经》六篇,此成文法之始也。然揆其大体犹解法为道德上之命令,至商鞅改法为律,始纯然为刑罚之条文。萧何九章之律,杜预六百二十条之《晋名例》,亦皆刑罚法条文也。其后隋、唐、明、清继受之而为一代法者,虽大同小异,然其大旨皆不外乎是。故概言之,吾国之法源,为刑与名二者,而所发展者,则刑法而已。

疏 吾国之名家者流,出于礼官,一切教育、大典等事为王官所掌。当孔子周游列国时,官失其守,而平民教育,始由此出焉。

太史公曰:"礼不下庶人,刑不上大夫",则可知当时将社会阶级分之为二,而礼教、刑法各异其用耳。

第三章　法律之特性

法律之意义[①]，既如上述。然法律在[②]古代，往往与他种社会现象，杂糅混同，疆界不别。晚近以来，既离他种社会现象而独立，则其界限有不可不辨者。兹分为法律与道德、法律与宗教、法律与政治之三端论之，以明法律之特性。

第一　法律与道德之区别

自来学者为法律与道德区别之学说者，议论繁委，兹略举其要。

(1) 法律为道德之一部，法律之范围狭，道德之范围广，故法律之所命令禁止，道德亦必命令禁止之，而道德之所命令禁止，法律不必命令禁止也。此说虽足以释明法律与道德范围之广狭，然其以法律为道德之一部则不足采也。

(2) 道德为吾人之本分，其所以为本分者三，即对己之本分，对人之本分，对天之本分是也。对人之本分更可别为恩惠之本分、正义之本分。恩惠之本分者，利人之谓。正义之本分者，不害人之谓。诸本分中，法律所规定者，仅不害人之正义本分也。如恤难教贫之恩惠本分，则属之道德，而不属法律，负债必偿之正义本分，则应归法律之范围，是即法律与道德之区别也。然考法律中如亲属互相负担扶养之义务，乃恩惠本分，是法律所规定仅正义本分之说，不足据也。又如与友人约往某处而背之，于道德为失信，有背正义之本分，然法律不之罪也，是正义之本分，亦有不为法律所规定者矣。

(3) 法律者，人群所赖以生活而必要不可缺之规则也。一群之中，苟去法律之羁勒，将其群溃裂涣散，泯焉以抵于亡。而道德不然也。一群之内，人人而皆具道德，固属可喜，即有不遵守道德者，亦无与于其群之存亡。是法律，乃人群之必要不可缺者，而道德则非必要不可缺者，斯即法律与道德之区别也。此说以法律为人群必要不可缺之物，诚中肯綮，而以道德为非必要不可缺，则太谬矣。夫一国之立，其民众品类各殊，固必藉法律有以齐一之，然使无道德默移潜化于无形，则法律之用有时而穷。盖使人类皆以贼盗为善，而共效之，杀人淫掠，行之泰然，不以一毫怍其衷，虽执武健严酷之刑法以督其后，盗风亦罔得而息也。又使人类非有必守契约之道德，虽有精审详瞻之民法，又乌从施耶。至若举国之人，皆习于寡廉鲜耻之风，贪污卑鄙之行，好谲险诈，品彝横决，虽有根本尊严之宪法，与谨饬官规之行政法，尤无以显厥用。孔子所谓"齐之以刑，民免而无耻"者，足征"徒法不足以自行"，而法之后必赖道德隐维于不敝，始有以全其用而相得益彰也。

(4) 法律与道德之差异有三：(一)法律主拘束人身外界之行为，道德主拘束人心内界之精神；(二)法律为国家的规则，有国权为其后盾，道德为社会的规则，其行也以感化，不假权力；

---

① "意义"，原作"义意"，今据上下文改。

② "在"，原作"当"，今据上下文改。

(三)违反法律受外部之制裁,违反道德受良心之督责。此即法律与道德之区别也。循览诸说,宜以此说为可采,即近世治法学者,亦多数赞同焉。

第二 法律与宗教之区别

法律与宗教,在古代并无区别。宗教之精神,往往以法律之形体表彰之。如罗马之神法与法律,日耳曼古代之宗教与法律,彼此参互错综,鲜有界说。至于巴比伦之《加母那比法典》①,印度之《摩拿法典》②,与其宗教,均有不可分离之势。晚近以来,人智日启,教权浸衰,而宗教与法律之界限,亦渐厘然。如民法中亲属、继承之规定,诉讼法中宣誓之制度,亦参杂宗教之观念,而循览欧洲往古宗教与法律离合之沿革,即其国家主义与法王③主义两者权力消长之历史也。盖宗教以迷信为本,而怵人以未来之祸福,以维社会之秩序,其教之行也以感化,俾斯民本其畏神崇教之心,而不致蹈非礼逾范之行,即作恶也,亦仅知受处罚于死后,有以警惕其心,非有外部之强制,能现在加以肉体之痛苦也。法律不然,去迷信,绝教义,犯者斯惩,无待未来,持权力以盾其后,强人以必从,无所用其感化,此其大别也。且宗教行于古代草昧浑噩之世,而法律则肇于文明灿烂之日,以今日之法律治古代之社会,固无以显其用,以古代之宗教施之今日之国家,尤不足以利推行。审此,则宗教与法律二者之界别,可得而明矣。

第三 法律与政治之区别

法律,形式也,政治,实质也。有国家必有政治,而政治之行也,必藉法律以为运用之准则。故法律者,欲达国家政治目的之手段也。法律可比之国家之骨骼,而政治则国家之精神也。无骨骼,精神固罔所附丽,无精神,而骨骼尤无以独存。盖法律与政治二者,有辅助之势,不可或缺者也。又,法律有定形,而政治无定形。任取一国,自其法律上观之,为君主耶,抑民主耶,了然可见,而自其政治上求之,则时而君主,时而民主,罔克推求。即其国之法律若规定为君主国者,则其法律未更改以前,其君主之制可长存也,然其政治则与时推移,日常万变,其主权之所在,或为一人,或为数人,变动不居,难有定形也。美儒柏哲士④曰:专制之国有共和之精神焉,共和之国亦有专制之精神焉。故近世学者谓研究国家者,不当于精神上求之,当于形式上求之。所谓精神者,政治也,所谓形式者,法律也。精神无定形,形式有定形。无定形者,飘荡飞扇,不可捉摸,靡克了然,测其始终,有定形者不然。故研究国家者,欲自其法律上区别其为何种国体易,而欲自其政治上言之,乃大难也。盖法律属于形式,勒诸成典,开卷了然,而政治则为实际,太空游踪,倏忽飘异,虽藉法律以行,而非常与法律密合也。

疏 研究政治之现象为政治学,研究法律之现象为法律学。政治根据法律而发生,有法律而后始有政治,法律规定之后,不易变更,而政治则随时而异。故谓法律为静态科学,政治为动态科学者,此也。

---

① 今通译为《汉穆拉比法典》。

② 今通译为《摩奴法典》。

③ “王”,原作“律”,今据上下文,且参考郁嶷编述作为“河北省地方行政人员训练所讲义”的《法学通论》后,将之改为“王”。法王,原为对佛的尊称,此处泛指宗教领袖。

④ 今通译为伯吉斯(Burgess)。

第四章　法律之目的

自来学者说明法律之目的，可分积极、消极二派述之。其积极主张法律之目的者，谓法律乃欲创设人民之权利并维持之，且使增长其幸福者也。而消极说则曰：法律者，欲限制各人之自由，且使各人互相调和其所欲之自由也。

主张消极说者，以霍布士①、康德、沙比尼②等为最。霍氏曰："国家之制定法律，盖欲限制各人天赋之自由，而其必限制之者，则因各人欲相维相系以防御紊乱社会秩序之公敌耳。故法律非禁止不可为某行为，仅举示其所为之适法者耳，非命令为某行为，仅防御其妨害某行为者耳。"沙比尼曰："法律之目的，不外示各人行动以无形之范围耳。"康德曰："法律之目的，在使适合自由之大原则，限制各人固有之自由，以与他人之自由互不抵触，俾得两立也。"以上诸说，皆从消极方面以论自由，对于各人之权利自由，绝不参以积极保护创设之意。故和朗③尝批评其说，以为其范围颇失狭隘，若强从其说，必至各人安坐无为，一事不作，始足以达法律完全之目的，倘有所作为，反有以失法律之目的也。

其主张积极论者，如库那则、阿连斯、陆克④、边沁等，则异是。阿连斯库、那则等，以为法律之目的，在使人类得最大之幸福，故法律对于国家百般事务所规定，不可不积极进行。陆克谓法律之真意，与其视为限制各人之自由，毋宁谓其增进一般之公益，而法律之目的亦不能出于增进保护各人自由之外也。边沁所论，其旨趣与诸家所说大致相同。夫国家之目的，固非仅以保护各人之权利，而法律之目的亦然，即以创设各人之权利及自由，或保护其权利自由为最得其要。盖各人之权利自由依法律始得存在，无法律即无权利无自由。彼倡天赋人权说者，谓人类权利，与生俱来，无关法律，在今日实无一顾之价值也。

---

① 今通译为霍布斯。
② 今通译为萨维尼。
③ 今通译为霍兰德。
④ 今通译为洛克。

第五章　法律之分类

法律因其所据标准之不同，得为种种之分类，今举其重要者如下。

第一　成文法及不文法

成文法者，国家以文书制定颁布之法律也。如以官报或其他文书公布之法律命令皆是。我国临时政府期内颁布之《临时约法》，及《暂行新刑法》，皆成文法也。不文法者，经国家认定得有法律之效力者也。如习惯、判决例、学说等，经国家认定，则生法律之效力，而当其效力发生之时，并非以文书制定而发布之，故与成文法迥不相同。

疏　成文法之要素有二：(一)内部之要素，即须有国家之意思；(二)外部之要素，即须依一定之形式。至不文法之要素亦有二：(一)内部之要素，即须国家有付与法律效力之意思；(二)外部之要素，即须为国民多数之良善的习惯，如一人之习惯，则仅可谓为癖好，不能成为不文法之要素，但不必为全体国民之习惯，如商事习惯，仅行于商人间，并不害其为不文法之要素也。

有谓成文法为国家颁布之法律，不文法由习惯而成之法律者，但不文法非经国家认定，不得成为法律，且不文法之内容，由习惯而成者固居多数，由判决、学说而成者，亦往往而有。谓不文法由习惯而成，乃知一不知二之论也。

凡一国之成文法，有由他国采用，而变为不文法者，又有因革命而变为不文法者。如英国采用古来之罗马法，非视为成文法而行之，或由人民以之为习惯，或由法院参酌其理论，而为判决书，其习惯及判决书，苟国家付与法律之效力，即成为不文法以行于世。又如美国独立以前，凡英国所发布之成文法，因美国之独立，英国失其主权，而其成文法之效力亦随之以失，仅为不文法，为美人所采用耳。

疏　比较成文法与不文法之优劣，各有短长。主张不文法者曰：人之智力有限，对于复杂之社会关系，一一以法律定之，势所难能。且社会之变迁尤非人智所能预测，往往立法者所定成文法，不能与社会相适应。况成文法之规定既严，司法不免有受文字拘束之苦，是宜扩张不文法之范围以救济之。此历史法学派与近日之自由法学派所主张之理由也。主张成文法者曰：不文法固可应时势之变迁，假使审判官得其人，固未尝不可收良好之效果，然一有不慎，则不免滥用法律，罪及无辜。若成文法确实不易，权利义务之所在，俱有明文可援，审判官即有私曲之见，亦难枉法以济其私。况不文法多，法律欠确实性与安固性，则诉讼必因而增加，故不若成文法主义之为优。此英美法学派所主张之理由也。按：此二说各含真理，然今日之趋势，大抵认不文法之效力，对于成文法，仅有补充之效力而已。

第二　公法及私法

公法与私法之区别，法学上之大问题也。学者之议论，亦极繁委。如奥士丁①、伊耶林②

① 今通译为奥斯丁。

② 今通译为耶林。

等，则不认有此区别，或以此种区别，不过本诸沿革上之理由，无正当之学理。诸说纠纷，莫衷一是。然多数学者则皆认此区别，兹节录其说于下。

疏 公法、私法分别之学说有二：(一)无差别说。谓法律本质，唯一无二，无公法、私法之别也。又谓凡法皆公法或凡法皆私法者。德人 Schein 谓凡法皆为国法，即不外国家施政之法律耳，别无所谓私法也。自十八世纪中叶至十九世纪之初，个人主义盛行，当世学者谓法律皆以保护个人之利益，所谓公法者不过私法之助法耳。此说当法国革命时大为盛行，其民法之制定，即受其影响，以民法为一切之法律根据，除私法之规定外，即公法之规定亦包含之。(二)差别说。即法律应有公法、私法之区别也。此说为罗马之法学家 Ulpianus① 所首倡，近世学者多宗之。

第一说　由法律之目的以区别公法、私法

此说之要旨曰："公法者，关于公益之法律也；私法者，关于私益之法律也。此说之始倡者为罗马之法律家乌尔比安，中世纪以来之学者，大抵承用其说。但法律之所规定，由一方观之，虽系关于公益，而自他方观之，则又系关乎私益，如刑法其为关于公益之法律，固属无疑，然由一个人之地位以观，则实所以巩固个人生命、身体、自由、名誉。财产之法规，是又属关于私益者。故此说不足为公法、私法区别之标准也。或又曰：国家所保护之利益，以何者为重，即据以为区别之标准，重公益者为公法，重私益者为私法。然利益轻重乃程度问题，非性质问题，变本加厉，愈见其不能得当而已。

第二说　由法律关系以区别公法、私法

此说之要旨曰：公法者，规定权力关系之法律也；私法者，规定权利义务关系之法律也。如宪法、行政法为公法，民法、商法则为私法。盖吾人在社会上，有二种地位，即一方为独立自主之主体，一方为国家团体之分子。在其团体分子之地位时，则生命令服从之关系，限制其自由，即所谓权力关系是也，其规定此权力关系者公法也。反之，为独立自主之主体时，其相互之关系，乃属平等，故生权利义务之关系，而规定此权利义务之关系者，即私法也。此说近来德国学者多主张之，但详考社会之现状，人民与人民之间，有老幼智愚之不同，贫富之悬殊，遂致生不平等之关系(即权力之关系)。如雇佣关系，其主仆间未必平等，亲之于子，夫之于妻，法律上认其亲权、夫权之存在。既有权力关系，何故规定于私法(民法)之中，此吾人百思而不得其解者也。

第三说　由关系者之资格以区别公法、私法

此说之要旨曰：公法者，规定国家与国家，或国家与个人之法律也；私法者，规定人民相互间关系之法律也。如国际公法、宪法、行政法、刑法、民刑诉讼法为公法，民法、商法为私法。此说法国学者采用之，英德学者间亦附和其说。详细考之，此说深得理论之正鹄也。盖国家与国家，或国家与个人之法律关系，原则上必须适用公法，至国家与人民缔结契约或其他债权债务之关系，有时虽依私法之原则判断之，然国家与私人缔结契约，或为其他民事上之行为时，非以国家之资格为之，乃以私人之资格为之，不可不察也。

第三　主法及助法(即实体法与程序法)

此区别倡自英儒边沁，而奥士丁及德国学者，均附和之。总其大要，则主法者，确定权利义

① 今通译为乌尔比安，古罗马五大法学家之一。

务之法律也,助法者,运用主法之法律也。如宪法、行政法、民法、刑法,主法也,民事诉讼法、刑事诉讼法乃民法、刑法之助法也。盖法律以创设保护权利义务为目的,故主法者法律之本体也。虽然,苟欲实行权利履行义务,非有运用之法,无以全法律之用。故主法,体也,助法,用也,必体用兼备,而后始能达法律之目的焉。

疏 主法,体也,助法,用也。换言之,即主法必藉助法以运行,方能显其效力也。例如宪法中规定人民有参政权(宪法即为主法),而人民如何能达其参政权之目的,须经种种之程序而后可,于是选举法因以产生焉(选举法即为助法)。他如民、刑法,主法也,民事、刑事诉讼法则为助法。要之,主法与助法之例甚多,以上所述,不过略示一二耳。

第四　强行法及听许法

强行法与听许法之分,视其遵守法律能否听许人民私意以为断。强行法中,苟命令或禁止为某行为,其去就取舍,绝不许人民之私意有所左右于其间,即不问人民之志望如何,绝对不可不遵守之。反之,如听许法,人民得以自己之私意左右之。如宪法、刑法上之规定,皆强行法也,民法、商法中多数之规定,使人民有自由取舍之余地,则听许法也。

疏 强行法者,无论人民对于此法是否愿意服从,而国家必强令其服从,如宪法中之规定人民有当兵纳税之义务,则人民无论如何不能生反抗之势力。至听许法,则法律上虽如此规定,而人民之遵守与否,可自行采择,例如履行债务,虽为法律上之所规定,惟债主自愿抛弃债权,不深追究,则法律亦听之而已。此即强行法与听许法之区别也。

虽然,宪法、行政法、诉讼法等之公法规定,虽大部分属于强行法,民商等之私法规定,虽大部分属于听许法,然究不能因此即谓公法概为强行法,私法概为听许法也。须就法典中之各条文,查其为关于公益之规定与否而决之耳。如民法固为私法,然其关于法定结婚年龄之规定,人格不许抛弃之规定,则为强行法规。如民事诉讼法固为公法,然其中关于审判管辖之规定,则许由当事人之合意变更之,则为听许法规。法律中有明示或者为强行法或者为任意法者,然不明示者为多,其未明示者,自须审察其规条是否关于公益而决定之。

强行法又可分为命令法规与禁止法规。命令法规者,命令当事人为某事之法也,如命令纳税,命令扶养亲属,命令夫妇同居之类是。禁止法规者,禁止当事人为某事之法也,如禁止杀人,禁止盗物,禁止携带凶器之类是。故前者为积极的命其为某种行为,后者为消极的命其不为某种行为,统名之曰命令法规可也。惟无论违反命令法规或禁止法规,其当负法律上之责任,则彼此相同也。

听许法,又可分为补充法规与解释法规。补充法规者,当事人无与法律规定相异之意思表示时,始可补充适用之法规也。如民草第二六四条追认无特别订定者,溯及法律行为时生效力是。可知此种规定,为补充当事人意思之规定,是为补充法规。凡法文中有无别段之规定时云云者,皆为补充规定也。解释法规者,当事人之意思不明确时,而始适用之法规也。如民草第一〇四三条各共有人之应有部分未分明者,推定其为均一是。可知此种规定,为解释当事人意思之规定,是为解释法规。凡法文中有可疑时或不分明时云云者,皆为解释规定也。

第五　普通法与特别法

普通法与特别法因法律效力所及之范围而区别之。但其中有以地为分类之标准者,有以人为分类之标准者,兹列举如下。

(甲)因地而分之普通法及特别法。此分类法,以国境为基础,即在国中一般通行之法律为普通法,仅施行于国中之某部分者为特别法。如美国之宪法及德国之民、刑、商法于联邦各国皆能通行，故为普通法，反之如纽约诉讼法、普鲁士民法，仅能行之于纽约、普鲁士，不能行于美德之全国，即特别法也。

（乙）因人而分之普通法及特别法。此分类法，以服从之人民为基础，凡行于国民全体之法律普通法也，行于国民一部分之法律特别法也。如刑法对于一般国民均得适用，故为普通法，如陆海军刑法仅对于陆海军人适用之，则为特别法。

疏 此外尚有以事项为标准，而为二者之区别者，即关于一般的范围较广事项之法律，曰普通法，关于特殊的范围较狭事项之法律，曰特别法。但此种区别，非绝对的，乃相对的，即甲法对于乙法为普通法，而乙法对于丙法又为普通法者有之。如民法乃规定私法之通则者，对于仅规定私法关系中之商事之商法为普通法，而商法对于仅规定商事中之银行或交易所之法又为普通法也。

且此二者之区别，不惟法令相互间之区别而已，即同一法令中之规定，亦有普通法与特别法之区别。如民草一九四条向非对话人之意思表示，自通知到达相对人时生效力，然从民草第二〇八条观之，则可知非对话人间之契约，自为有效之承诺时成立，（参该条理由书）前者为关于一切意思表示之规定，是为普通法规，后者为关于意思表示中承诺之规定，是为特别法规也。

至二者区别之实益，在特别法优于普通法之原则，即特别法与普通法相抵触时，特别法先普通法而适用。如对于军人先适用陆海军刑法，有①补充的始适用普通刑法；又如商事先适用商法，有②补充的始适用民法也。但特别法无废止普通法之效力，特别法废止，当然受普通法之支配也。

第六　固有法及继受法

此分类法，系由法律成立之历史上而发生者。本其所固有之风土人情、礼俗习惯而成之法律，为固有法；采用他国之法律，模范其制度而成之法律，为继受法。凡野蛮未开之民族，与外国绝少往还，亦鲜克采考他国之文化，其法律大抵固有法也。晚近交通便利，国际往还日繁，借石他山，参酌外制，往往而有，继受法遂以盛行于各文明国间。如我国各种法律草案，多撷取他国之成规，即其例也。

第七　母法及子法

此分类法，原于法律之统系而发生者。一国家与外国交通往还，既日繁频，当其新定法律之时，参酌外国成法以为规定者极多，其所参酌之外国法与本国新造之法律，遂生母子之关系。故称其所参酌之外国法为母法，自国制定之新法为子法。如日本之大宝律令，其内容多原自我国隋唐律，是故大宝律子法也，隋唐律母法也。又我国近来所编民商法草案，多采用日本法，则日本法母法也，我民商之草案子法也。此项分类，凡研究沿革法学者，尤见其要。盖欲知各国法律性质之如何，不可不先知其法律之统系，而溯考法律规定之所从出耳。

第八　国内法及国际法

国内法者，依一国主权而行之法律也。国际法者，行于一主权与他主权间之法律也。国内法中不问成文法与习惯法，均行于一个主权之下，藉主权之强制力而羁束人民。国际法则不然，各国家团体间，各拥独立无上之主权，不受他国主权之羁束。故国内法上强制力不能施之于国际法。因是学者中遂有指国际法非法律，而谓之为国际礼让，或谓之为不完全之法律者。

---

①② “有”，原作“由”，今据上下文改。

凡以国际法非法律者,其根据有三:第一谓国际法无强行力,第二谓国际法无立法者,第三谓国际法无裁判所是也。但诸说均欠完善,不足采也。其主张第一说者,为英之奥士丁及德之伊耶林等,伊氏于其所著之《权利竞争论》中,曾详论之。据伊氏言,法律之强行力,不但为实行法律之手段,且为法律成立之要素,故无①强行力之国际法,非法律也。虽然,以余辈观之,无强行力者,殊不妨其为法律。盖国内法亦有无强行力者,如民商法中之规定,多属听许法,即可知矣。况法律之要素有五,而强行力仅居其一,随时代之变迁,无强行力之法律,有时亦得为法律也。第二说以国际法无立法者,故非法律,然观国际法之成立,大都经过各国之会议,各国之会议,即国际法之立法机关也。第三说以国际法无裁判所,故非法律,然如海牙平和会议往往判断国际间之纷争,今之国际联盟,其判断是非之权,比诸海牙平和会议尤大,谓其无裁判所之性质不可得也。

疏 昔日海牙和平会中所规定之条约,无强制列国必从之权力,故其对于世界和平之关系甚鲜。至近世之国际联盟所规定之条约,有反背之者,则兴师责问,而迫其必从也。

① "无",原作"为",今据上下文改。

第六章　法律之成立

法律者，由一国主权者所制定者也。至主权者之为何人，则视其国体而判定之，各国不一其途。如我国其主权在国会，如日本其主权则在天皇。

总览各国法律成立之程序，其首要者，起草是也。既经起草妥适，则以提出国会，请求议决。经国会议决之后，在君主国，尚须经君主之裁可，裁可后始为公布。在民主国，则大总统无裁可权，惟对于法律之内容，有不满意者，得缮具理由书，于一定期间内，提交国会复议。如复议结果，国会仍持前议，大总统虽对于该法律，有若何不满意，亦不可不公布之。至法律之所以必须公布者，不外使一般国民普知法律之内容，有所遵守也。既经公布后，人民即生绝对服从之义务，不得藉口于不知法律而宽解其罪。

疏 法律成立之程序为起草、议决、公布，而起草由内阁或国会，议决由国会，公布由内阁。惟美国严行孟德斯鸠三权分立主义，故其宪法中规定法律起草无内阁，以为内阁参入起草，则干涉立法而使国会失独立自尊之威信。其实所起之草不经国会议决，则法律亦不能发生效力。是起草与议决为两件事，何得谓起草即干涉立法？且国会起草徒凭思想，对于施行上，难免无违反民意之弊，故起草时参入内阁，则内阁可本其平日行政之经验，而参以民情风俗，使法律施行后，对于人民无干格之病。惟美国现知其弊，故国会中设立委员会，起草时使内阁得以加入其中，而参加政见，以免闭户造车、南辕而北辙也。

公布法律，其方法有数种，兹列举如次。

(1) 朗诵法。此方法于古昔人文未启时行之。或于人民多数集会之所朗诵，或于寺院说教之后朗诵之。

(2) 公簿登录法。即登录法律于公簿，以备人民浏览之法也。此方法发达于人智渐开之后，于法院、寺院等处，备公簿以登录之。

(3) 揭示法。揭示法律于人民辐辏之地，以使人民周知。如罗马之十二铜表，及吾国前此所行之告示是也。

(4) 传观法。将法律用活版印刷或誊写多张辗转传达，使人民观览之。

(5) 官报公布法。用政府公报登载之，各国现在所行者即是也。

疏 法律必经公布，为近世法治国之通则。然公布之时，非必即为全国周知之时。是以公布之后，常设一定期间，待其期间届至而后实施之，是曰施行期间。自公布之日以至实施之日，是曰周知期间，或曰犹预期间。定施行期间之方法有三：(一)自公布之日，全国一律施行；(二)自公布之日起，经过一定期间，全国一律施行；(二)因去公布距离之远近，各自其公报到达之日，分别施行。第一法全无犹预期间，甚为不当。第二法在水陆交通便利并疆土狭小之国，可以采用。若在疆土辽阔交通未便之国，则自以采第三法为当焉。

考我国法律施行之期间，据《政府公报条例》第一条，政府公报为公布法律命令之机关；第五条，凡法令除专条别定施行期限外，京师自刊登政府公报之日起，各省以政府公报递到该省最高行政官署之日起,即生一体遵守之效力;其第六条并详定公报到达于各地方最高行政官署之日期;第七条定各省行政官厅,将自省城至各属之公报到达日限,分别配定列表,报告于国务总理。是可知采用第三法也,是曰通常施行期限。但得以专条别定施行期限,是曰特别施行期限。其特别施行期限,或较通常施行期限为短,或较通常施行期限为长,均无不可。但我国新颁布之各种法令,往往于末条赘以本法或本令自公布日施行之明文,甚不当也。

第七章　法律之改废

（即法律之变更及废止）

法律之改废，即绝弃法律全体之效力（如废止）或绝弃其一部分效力（如变更）之谓也。至其改废之方法，则有种种，兹列举如下。

第一　凡法律中定有一定有效期限者，于其期限满了时，失其效力。如当发布法律之时，定其有效期限为十年，自法律公布之日起，十年以内有效，经过十年后，当然失其效力。

第二　凡法律所规定之事物，全体消灭时，则法律亦失其效力。如于战争之时，发布戒严或局外中立之法律，至战争终局，回复平和时，则失其效力。

第三　凡法律为过渡法者，至其新法律完全实行时，失其效力。所谓过渡法，即当新法律发布之前，由旧法至新法之过渡时代中，另制一法，以谋调和新旧两法者也。

第四　凡旧法律为新法律所改废者，旧法律失其效力，但新法改废旧法有明示、默示二种。凡于新发布之法律内，记明改废旧法律之文者，谓之明示改废。其于新发布之法律中，未曾记明有改废旧法律之文，然新旧二法律，相互抵触时，旧法自归消灭，谓之默示改废，即法律格言中所谓新法废止旧法者是也。但默示改废，仅限于抵触矛盾之部分，而他部分仍自存在。故新法主义全然与旧法主义反对者，旧法全体，固应全归无用，若仅其一部分相反，则只失此一部分之效力。

法律改废之情形，各国互不相同，其通例如下。

（一）凡法律得以新颁之法律改废之。

（二）凡法律不得以命令改废之。

（三）凡法律不得以判决例、学说或习惯改废之。

第八章　法律之解释

第一节　解释法律之必要

解释法律者，探考法律真意之法也。凡一法律之制定，无论如何详审周密，条分缕悉，以规定之，然欲网罗万有，至精且详，当其适用之时，毫无疑窦，其谁征信。此解释法律所以不容已也。罗马幼斯提利安[①]帝编纂法典，禁止解释，终不奏效。法帝拿破仑于民法制定之后，见解释书籍，接踵而出，深为叹息，而卒无如之何。是法律不能不有待于解释者，势使然也。

疏　关于法律解释之派别有二：(一)旧派，即主观派，谓法律之解释，系探讨立法者之真意；(二)新派，即客观派，谓法律之解释，系探讨法律之真意，盖立法者之意思包藏内部，无从窥测，仅能就发表于法律者以解释之耳。

说明法律之疑义者，法律解释之目的也。法律之疑义有二种：一为明显疑义，一为隐匿疑义。明显疑义者，仅其法律之字义不明是也。隐匿疑义者，法文之字义虽甚明了，而其所规定之事物不明是也。如财产之文字，含有形财产、无形财产两种意义。又如日本《官吏恩给令》所用官吏之文字，包含名誉领事、学校教员在内是也。盖其文字之自身，虽一见了然，而其所指之范围有疑义者，即隐匿疑义也。又隐匿疑义有由时代之变迁而生者，如当制定法律时，仅有手推车，而人力车、自行车、汽车，尚未发明，自后发明时，往日法律中所称之车，应否包括人力车、自行车、汽车在内，亦不可不待解释也。

第二节　解释法律之种类

解释法律之种类，大别为公式解释及学理解释二种。

第一　公式解释

公式解释者，其所解释之意义，即视为法律之真正意义，有一定之效力，对于人民及法律之执行者，能发生强制效力之谓也。细别之，有立法解释、司法解释、行政解释三种，兹分述如次。

(甲) 立法解释。立法解释者，立法者以法文所下之解释也。其方法有种种。

(1) 将解释文列入法律中者。此方法各国均采用之，如我暂行新刑法即采此法。何谓官员，何谓议会，何谓尊亲属，新刑法中一一诠释之。此种解释方法，为一切解释方法中之最有力者，苟与他种解释方法冲突时，宜以此种解释为正当。

疏　除本讲义所举之例，此外如民草第一六六条称物者，谓有体物，又第一七〇条称不动产，谓土地及房屋之类是。

---

① 今通译为优士丁尼或查士丁尼。

(2) 因欲解释一法律而新发布他种法律者，即以新法解释旧法之方法也。如日本因欲解释其宪法第六十七条，而发布会计法补则是也。

疏 新法一称解释法，旧法一称被解释法。解释法为确定被解释法意义之法律，故其性质有溯及既往之效力，即自旧法实施后，所生一切之法律关系，均受新法之支配，但经过确定判决之法律不在此限，此又不可不知也。

(3) 立法部颁发文件以解释法律者。此方法为从来各国所采用，如日本当发布新刑法时，关于其法文之疑义，立法部颁发解释文件甚夥①，即用此方法也。

(4) 于法律中列入比例者。此方法即加诠释于法文之下，且备举足以说明其条文之比例，以附其后。近世如印度编纂之印度契约法及印度刑法，即用此方法也。

(5) 由法律编纂委员或立法部颁发法律理由书而解释之者。如我国暂行新刑法条文后附有理由，即用此方法也。

疏 按：前二者为以法律解释法律，故其解释条文，即为法律之自身。至后三者所谓颁发文件、列入比例、颁发理由书，虽可由是以推知立法之精神，然不过为解释法律之资料，而非法律之自身，故其拘束之效力不及前二者之大矣。

以上五种解释方法中，其第四、第五两种，学者归于立法解释中，颇欠稳当。盖其解释之理由，仅足供参考，不能有法律上强制之效力，与前列三种方法大不相同。兹姑从向来之惯例，排列于此，以供参考。

(乙) 司法解释。司法解释者，审判官当适用法律时所下之解释也。此方法虽亦能生强制之效力，然颇有限制。凡法院皆能自为解释，不但无服从他法院解释之必要，即同一法院所下解释，其后亦无遵守之责。但大理院以判决解释时，对于本案有拘束下级法院之力，与其他司法解释不同。

(丙) 行政解释。行政解释者，行政官当执行法令时所为之解释也。此解释于执行法令时为之，执行以外不生效力。

疏 此种解释之效力，亦有限制，惟拘束其下级官厅而已，仅对于下级官厅可以发解释法律之训令或指令，若下级官厅不遵从，可本行政监督权之作用以矫正之。

第二　学理解释

学理解释者，学者当论定法文时所下之解释也。此解释往往为立法者或审判官下公式解释时之根据。细别之，有文理解释及论理解释二种。

(甲) 文理解释。文理解释者，诠释法律之文字使知法律之意义也。其应遵守之原则有三。

(1) 解释法律不可不先着手于文理解释。盖法律之文章用语，即立法者意思之符号，欲知法律之真意，不可不先从文理解释，乃当然之理也。

(2) 法律之用语，宜以平易通常之意义解释之。盖法律乃使一般人民遵守者，故立法者编订法律之时，大都用平易可解之文字，其解释之也，自宜用该文字普通应有之意义，不可用其特别意义为解释法律之标准，但有非用特别意义解释不可者，不在此限，如学艺技术或商业上之

① "夥"，即"多"。

用语,各有其学问上固有之意义,则不能以普通意义解释之。

疏 法律非对于法律家而制定,亦非对于专门之医学家、理学家而制定,乃对于一般国民而制定也。故除有特别理由,可用专门的意义①解释之外,必用平易通常之意义以解释之。如一粒之粟,一勺之水,由物理学者言之,固为独立之有体物,然由法律上解释之,无为所有权目的物之价值,故在法律上不能解之为物。又如电气果为有体物与否,尚有待于电气学者之研究,然由一般人之观念言之,当解为无体物,只能视为有体物,适用关于有体物之法律耳。又如《老子》中之"亭之毒之"之句,其固有之意义,即为化育之意义,若以普通之意义解释之,则失其固有之意义矣。

(3) 法律中之语辞,宜从其发布法律时代之用例解释之。

疏 例如无电车之时代,所谓车辆之语辞,不包含电车在内,无轮船之时代,所谓船舶之语辞,不包含轮船在内。此原则也。然亦有例外焉,即法之自身,有命其随社会之变迁而下解释者。如民法规定违反公共秩序或善良风俗之行为无效,而所谓善良风俗,则因时势之变迁,其标准线,常有向上之趋势,自因时而异其解释也。惟现今主张自由法说之学者,则对于此原则,而加以否认也。

(乙) 论理解释。论理解释者,斟酌制定法律之理由,及其他一切情事,用以发见②法律真意之谓也。此种解释,又别为补正解释、扩充解释及限制解释三种。

疏 此所谓一切之情事者,即考查社会之情况,法律制定之目的,及法律制定时之情况,如法律草案之理由书及国会通过法律之议事录等,均为解释法律之材料也。

(1) 补正解释。补正解释者,因立法者之不熟练或不注意,当制定法律时,致发生违其真意之法文,乃变更其文面上之意思,使合于立法者真意之法也。此种解释法,极危险,甚或陷于曲解,故③非立法者之错误极明了时,不能用之也。

疏 此即因法律上之规定,其文字互相抵触者,宜从补正解释。例如民草第二百七十四条定时效溯及起算日,发生取得权利或消灭权利之效力,而第二百七十六条又定依时效之审判,审判衙门,不得因职权为之,是前后两相矛盾,自应从补正解释,解为并非当然发生取得或消灭之效力,必待当事人之援用,始能发生效力耳。但此种解释常有附会牵强陷于曲解之弊,不可不慎也。

(2) 扩充解释。扩充解释者法律中所规定之文字,失之狭隘,或不能发表立法者之真意时,乃扩张其意义,使合于立法者意思之法也。

疏 法律中所规定文字之意义,失之于狭隘,则不足以包括法律之真意,故必使之扩充以期符合于立法者之意思也。例如养子之文字,通俗解为男子,然日本民法上之养子,则包含男女而言,是宜由理论上之原则,参酌其情形而定之也。

(3) 限制解释。限制解释者,法律中规定文字之意义,失之泛博,致超越立法者之意思时,乃限制之使其合于立法者真意之法也。

疏 例如"人民有服兵役之义务"一语,按此人民二字之解释,系专指男子而言,与通常之含男女两性者不同,此不可不知也。

---

① "意义",原作"义意",今据上下文改。

② 即发现。

③ "故",原作"固",疑为误排,今据上下文改。

以上三种解释法，皆因法律之文字用语，不能符合立法者之真意，而变更或伸缩其意义之法也。其变更、伸缩之标准，不可不推究立法者制定法律之用意何在而论定之。

第三节　解释法律之通则

第一　论理解释之结果与文理解释之结果相冲突时，宜从论理解释。

此两种解释之结果相冲突，关于其解决之学说，分二派。其主张从文理解释之学者曰：法文者，立法者意思之符号也。故解释法律不可不从其文理，乃自然之势也。且人民之所依据者，即法律文面上所表示之文章用语，若采论理解释，则人民之行为，将有据文字之表面为合法，而其理论反为不合法者，不使其迷所适从耶？反之，主张从论理解释学者之说曰：法律之所贵乎解释者，盖由法律之不明不悉而起，而论理解释，比之文理解释，较能使法律明且悉也。况一法律大都因用文理解释时，不能明悉，始用论理解释，以济其穷，则二者之结果有冲突时，其不可不采用论理解释也明矣。彼第一派之所主张，徒重文字，不务立法者制定法律之真意，未为得也。两说虽各有理由，然比较观之，究以第二说为当。

第二　对于法律中所用用语之范围有疑义时，宁从其广泛者解释之。

如法文云："中国人有船舶所有权"，法文中所谓中国人不可不解为包括男女老幼一切中国人而言。

第三　变则宜从严正解释。

变则者，谓有特别理由，不能适用通则所设之变例也。变则之范围扩张，则通则之范围必因之缩小，是以此种变则，不能不严为解释。如日本之租税法："凡官厅学校所用之地不课租税"，何谓官厅，何谓学校，宜严为解释之。此种解释曰严正解释，乃罗马以来之所承认者。

第四　凡关于特权之规则，宜严正解释。

特权者，一般人民所无之权利，因主权者之特许或法律之规定，仅限于特定之人民，始能享有之权利也。如出版权、著作权、专卖特许权，皆宜严正解释之。

第五　加惩罚或使负义务、负责任之法律，宜从严正解释。

加惩罚或使负义务、负责任之法律，如刑法、官吏惩戒法、租税法，是也。凡遇此等法律，必须严正解释。苟宽其解释，必致义务负担不公，驯至不犯罪而受惩罚，无义务而任负担之责，非所以保护人民权利之道也。

第九章　法律之渊源

法律渊源之用语，从来学者所用，各有命意。第一，用以表明法律权力之渊源，如云法律出于神意，或基于君主之意，又或发生于人民之总意者是也。第二，用以表明法律知识之渊源，如指法典、判决例及学者之著书，为法律之渊源者是也。第三，谓法律成立之原因为法律之渊源。本章所称法律之渊源。即此第三种之意义也。凡得为法律之渊源者，有下之七种。

第一　学说

采用古来学说以为法律之渊源者甚夥，但有以之为法律直接之渊源者，有以之为间接之渊源者。以学说为法律直接之渊源，即采用学者之著书，与以法律效力之谓也。如罗马俄加斯大斯①帝选拔当时之法律学者，予以解释法律之权。又如罗马编纂三十九家法律学者之学说而成大伊择士脱法律②，又如罗马之职多下士③帝对于巴利岸、加阿士、孟特惕士，乌耳比安、波耳五大法律家之学说，与以法律之效力，倘此五大法律家之学说不一致时，则以乌耳比安之学说为据。④凡此均系以学说为法律直接之渊源者也。其以学说为法律间接之渊源者，如英国政府参照柯恩及黑耳之学说以制定法律，法国政府模仿波疾叶之学说编制法典，又如德国以乌因特下特之学说为民法编纂之材料皆是也。夫直接以学说为法律，事虽危险，然学者之解释法律或批评法律，实足为将来制定法律之材料。苟立法者不先参考各家有名之学说，而贸焉握桨，必不能制定完美之法律也。但立法者有甄采之权，学者之学说，果能为法律之渊源否，立法者宜甄采以定之耳。

疏　学说者，学者之意见也，当无法律之效力。然就英国法系诸国观之，法官当下判决之时，常采硕儒之学说为根据，律师当为辩论之际，恒取名家之议论为准绳，是学说亦有时生法律上之效力也。且学说进步，始足以促立法之进步，试观今日文明各国之法律，畴非得力于学说。盖法律进步每后于社会之进步，必赖学者之学说，以为立法之指导也。从本讲义而观之，可知学说为法律渊源之方法有四，兹列述于下。

（一）与学说以法律之效力。如本讲义所谓罗马之职多下士帝（Theodotius）对于巴利岸、加阿士等五大法律家之学说，与以法律之效力是也。此外如西班牙之伊萨伯拉（Isabella）⑤王，以一四六九年之王命，采巴德尔（Paldol）及巴德（Bald）之学说，付与法律之效力是也。

（二）编纂学说而为法律。如本讲义所谓罗马编纂三十九家法律学者之学说而为法律

---

①　今通译为奥古斯都（Auqustus）。

②　即法律会典（Digesta），今又译之为《学说汇纂》。

③　今通译为狄奥多西（Theodosius）。

④　古罗马五大法学家今通译为帕比尼安（Papinianus）、盖尤斯（Gaius）、莫迪斯蒂努斯（Modestinus）、乌尔比安（Ulpianus）、保罗（Paulus）。另，五大法学家的意见不一致时，以帕比尼安的意见为准。故文中有误。参见何勤华、李秀清主编：《外国法制史》，复旦大学出版社2002年版，第42页。

⑤　“Isabella”，原作“Lsabella”，疑似误排，故改之。今通译为“伊莎贝拉”。

是也。

（三）与学者以法律解释权。如本讲义所谓罗马俄加斯大斯帝选拔当时之法律学者与以解释法律之权也。

（四）制定法律时参照学者之学说。如本讲义所谓英、法、德三国参照学者之学说以制定法律，或编制法典，或为编纂法律之材料者是也。

虽然，近时之趋势，学说仅为立法或裁判时之参考，并未有如罗马时代之直接付与法律之效力也。

第二　条理

条理者，自然道理之谓，又曰正义，或曰正道。学者所称自然法者，亦系指此，即吾人普通所具应有之理性，对于一事，识其当然宜如此者，即条理也。法律之格言曰："恶法亦法"。故如秦始皇焚书坑儒之法律，及马麦兹脱（斯巴达人）慕其养子之妻使之离婚，以为己妻，而发布养子与养子之妻，在法律上无亲属关系之法律，揆诸条理，虽甚不合，而其为法律自若也。盖古代人民视条理为法律，不知条理与法律之区别，洎至后世，知法律之范围较狭于条理，遂生此种格言。然自原则言之，凡法律不可不合于条理，微第古代为然，即近代法律，亦宜以是为原则也。日本明治八年，公布之裁判事务心得书有曰：凡民事诉讼裁判官宜依法律，无法律时宜依习惯，无习惯时宜从条理。在英国有衡平法，衡平法即基于条理所制定者。又如奥国民法第四条云：无明文及习惯法时，依自然法之规定。又如罗马法之鸠斯旧母法，亦基于条理所制定者。由是观之，条理为法律之渊源，可了然矣。

疏　裁判官关于民事上之事①件，法律既无规定，而又无习惯可依，则可比附援引，或类推解释，以昭公平。惟关于刑事上之事件，则裁判官无此权限也。

第三　条约

条约非法律可比，粗知法律者皆能言之。盖一国家与他国家所缔结之条约，其国人民无服从之义务，仅有条约缔结之形式，不生法律之效力，必以其所结之条约，再由适法之方式公布之，始生法律之效力也。条约变为法律，则条约即系法律之渊源。

疏　条约由适法之方式公布之，固生法律之效力。然苟宪法上规定条约与法律有同一之效力，则其效力自及于人民，如北美合众国是。

第四　宗教

斯巴达之来伊司加司法、莫择司及马麦兹脱法，均以法律出自神意，是殆以宗教上之教规为法律者。而当政教混合时代，宗教之为法律渊源者甚多。故在往古，不但以宗教为法律之渊源，且以宗教之自体为法律，盖教即法，法即教也。至近世虽无以宗教之自体为法律者，而以之为法律之渊源者殊不少。如法国禁止离婚之法律，谓宗教以婚姻由于神之所命，故吾人不得自由离婚，遂制定此项法律以禁止之。又如家长继承法由宗教上有吾人宜继续祖先祭祀之思想而生，即其例也。

第五　习惯

习惯能为法律之渊源否，近世学者议论不一。自来学说，虽有以之为法源者，然多数学者

---

① "事"，原作"条"，今据上下文改。

以为仅能于私法范围内,以习惯为法源,而公法之范围内则否。

习惯者,人民所永久遵据之行为标准也。此与习惯法亦自有其区别。习惯未成法律以前,不过为单纯之习惯,既成法律以后,即为习惯法。故习惯为法律之渊源,习惯法则非法律之渊源,而为法律之本体也。习惯之种类如下:

(甲)全部习惯,局部习惯。此以习惯所行之土地为准。全部习惯,行于全国之习惯也。局部习惯,行于某地方之习惯也。

(乙)普通习惯,特别习惯。此以习惯之人为准。普通习惯,人人通行之习惯也。特别习惯,则因人之身分地位所行之习惯也。

(丙)记载习惯,不文习惯。此以是否被文书记载为准。记载习惯,即被记载于文书,而不文习惯则否。

习惯非法律,既如前说,然习惯果于何时成为习惯法乎,则有种种之学说,试举其重要者,列于下方。

(子)人民确信说。此说以人民于从来所行之习惯,信为法律而遵守之,斯时即为习惯法。此盖随国民总意说为消长者,果法律不出于国民之总意,则此说即当破坏。而况确信之性质、确信之时期、确信之变更,凡此诸点皆难与以明白之解说乎!

(丑)主权者认定说。此说谓习惯成为习惯法,在主权者默示的认为法律之时起。故主权者明示的承认,即为成文法,而不为习惯法。然默示之时期不明,则默认之习惯与不默认之习惯,有何区别之可言乎?

(寅)永续惯行说。此说以习惯于永续行之之时起,终为习惯法。夫永续行之,为不定之事实,且又无一定之时期,而习惯于何时始为习惯法,又无著明之限界,故此说亦决非正确。

(卯)审判衙门认定说。此说谓就某种习惯而当事者间有诉讼之提起,审判衙门认定此习惯为法律,则习惯法于是成立。果如此说,则予审判官以立法权,固嫌不称,而又恐审判官取非习惯之行为,而强认为法律,则又法律之忧也。

疏 审判官无立法之权,仅有采用法律之权。若审判官得认习惯而为法律,则是以司法之审判官,而又兼立法权矣,揆诸共和国三权分立之说,则显有背驰。且审判官因受外界之贿赂运动,而认非习惯为法律者,亦属意中之事,其贻害为何如乎!此所以此说之不足取也。

(辰)条件具备说。此说则以法律预定一定之条件,习惯具此条件者,即成为法律,不然者则否。而其条件则亦有宽严之不同,其在英国则以(一)自古行之,(二)继续行之,(三)无争无疑而行之,(四)确定者,(五)有强制力之习惯者,(六)适于条理者,(七)不背驰于法律及其他之习惯者为条件。德国则以(一)须为同一行为,(二)不可不为多年之习惯,(三)不可不为法律上之习惯,(四)其习惯不问为人民个人之习惯,为人民团体之习惯,(五)不反于善良之风俗、完全之理性为条件。此种解说,大体似当,然此种条件,果何人认之,以人民全体认之乎,抑以司法官认之乎?此在他国,或则遵据判例,或则定之法律,而要以定之法律者为正确也。

疏 于此尚有附言者,即习惯法之效力也。考习惯法与成文法之效力之优劣,历经变迁。当罗马共和时代,以法为源于人民之意思,故人民意思直接表现之习惯法,有改废成文法之力。及罗马帝政时代,以法为君主之意思,故认由主权发动而成之成文法,有改废习惯法之力。至历史学派兴,习惯法之势力复张。迩来国家主义发达,以习惯法有妨法律之统一,其势力又渐趋衰颓。然由各国之法制上、学说上观之,约分三种主义焉。兹分述之。

(一) 绝对无效主义。此主义绝对不认习惯法之存在,如索逊民法第二十八条是,巴丁国法第六条,法国学者,亦多此见解。

(二) 绝对有效主义。此主义认习惯法与成文法有同一之效力,且后出之习惯法,由后法优于前法之原则,可以变更、废止前出之成文法,为德国之历史学派所倡。而德国民法施行法第二条定有明文(民法典所谓法律者指一切法而言),巴威伦、威丁堡、汉堡等国亦然。

(三) 相对有效主义。此主义虽认习惯法之效力,然不认有变更、废止成文法之效力,乃认成文法变更、废止习惯法之效力,如普、澳、法、荷兰、日本等国之民法是,英美之分析法学派及法之叶修霸比之那庙(Namur)主张是说。

此就以上三种主义而平情论之。当国家制定成文法之时,往往不足以尽社会之事变,不能不有习惯法,以济成文法之穷,故第一主义自不足以副社今日之实况。然使习惯法有变更、废止成文法之力,则习惯法之性质,常不确定,不但有害法律之统一,且使诉讼增加,故第二主义,又有背乎近世成文法主义之观念。故比较言之,自以第三主义为优也。

第六 外国法

凡法律应以其国固有之人情、风俗、地势、气候、习惯而制定之。彼外国之法律,虽如何完备,终有不适自国国情者,以故直采外国之法律以为自国之法律不可也。但立法事业,至繁且赜,成功匪易,欲以一朝夕之日月,网罗社会万种之情状,详赡靡贻,绝不可望。是以当立法之际,参考外国之经验,采集其法律以补自国法律之不备,或创设其所未有,实为事之不容已者。苟采集而得其当,所利实多,如我国近年编订各种之法律草案,往往以外国法为其渊源,其明证也。

疏 由此可知外国法为法律渊源之方法有二:

(一) 直采外国之法律以为自国之法律,是曰直接继受。如十三四世纪德意志之继受罗马法,近世南德意志各邦之采用拿破仑法典是也。

(二) 以外国之法律为材料而制定自国之法律,是曰间接继受。当自国制定法律之际,或采取外国之体裁,或采取外国法之精神是,如法国以罗马法为材料而制定拿破仑法典,日本从前以隋唐律为模范而制定大宝令,以清律为模范而制定新律纲领之类是也。

第七 判决例

古代法律未备,司法官兼有立法权,其所下之判决,即与法律无异。所谓审定法,乃集此判例而成。马印[①]曰:法律非由原则而生,乃积各事件之判例而成原则者也。其以判例为法律之渊源可知。近世法制完备,司法权与立法权划分,立法者固无依据判例之义务,但其判例足以补法律之不备,则立法者当制定法律时,对于已发布之法律,据其所说明,废止之,或变更之,以求法律之内容臻于完美,无不可也。盖社会之变迁,白云苍狗,至无穷极。当法律制定之时,对于社会之情状,虽足网罗靡贻,而浸久事物渐复,情势大更,新出事物,有不能为法律所包含者。惟有判例,能随时势而为变更。英美诸国,采用判例以为法律之渊源,征诸事理,盖至当也。

---

① 即梅因(Maine)。

疏 考英美主义之法制认判例有法律之效力,所谓判例法者是也,与成文法有同一之效力,援引判例,无异援引法律上之条文,前之判例,可以拘束后之审判官也。至罗马主义之法制,谓判例无法律之效力,审判官不必受判例之拘束,惟于民众之间,有认识判例为社会生活规范之客观化时,为习惯成立之原因,由是而生习惯法,欧洲大陆诸国及日本采之。

据现在实际上之现象,在英美法,亦生限制判决例仅有既判力之倾向,在大陆诸国及日本,亦渐生尊重判决例之现象,故两者现已有渐相接近之势也。

第十章　法律之适用

法律之适用者，有权限之官府，实行法律之谓也。即能适用法律之机关，于其权限内适用法规之谓也。考适用法律之机关有二种，一为行政官，一为司法官，兹揭其普通所行之原则如次。

第一节　司法官适用法律之原则

第一　审判官不受请求，不得为审判。

此为审判上之一大原则，无论民事刑事，苟不起诉，审判官不能自进而为审判。

疏　刑事诉讼之方式有二：(一)弹劾式，即诉追者与审判者各为一人，此法易期审判之公平；(二)纠问式，即诉追与审判均归一人，此法难期审判之公平，因诉追者当搜查犯罪之情形时，自信甚深，故从事审判时，易为主见所中，而不利于被告人，故现今各国所采用者弹劾式也。

第二　审判官不得以法文之不明不备为理由，拒绝审判。

苟使审判官得以法文不明不备为理由而拒绝审判，则处今日变动不居之社会，欲制定完全适合社会进步之法律，殆属不可能之事，是凡诉讼皆可藉口法律之不明备，以卸审判之责任，甚非所以保人民之权利，维国家之威信也。

疏　国家之所以设置司法官，为判决人民之诉讼也。若以法律之不明不备为理由而拒绝裁判，不但无以副国家设立司法官之初意，且人民将以自力保权利，以私斗决是非，弱肉强食，社会秩序，无从维持之矣。虽然，法律为人所制定，其有不明不备，为事实上所不能免，若果有不明不备之时，应将如何？曰：此当分别论之。若其规定不明时，当从解释之原则，确定其真意而适用之。若其规定不备时，则因民事与刑事而异。如系民事，若法律无明文，先行法律之补充方法，以求其可适用之法律，若尚无可据，乃从近世之通则，从习惯法，无习惯法，则依条理，或曰自然法(法、奥民法)，或曰衡平法(比民法)，而其精神则一也。如系刑事，若法律无明文，则宣告无罪，此亦为近世各国法制之通则，不能比附援引，故入人罪也。

第三　审判官不得以法律为不正，而拒其适用。

即不得藉口法律违反道德或不合团体共存之要件而拒其适用也。盖法律非必合于正义者，又非必合于团体共存之要件者，前于法律之意义中曾详论之。故凡法律不问其善恶，审判官均有适用之义务，若以恶法之故而不适用，是以司法官而侵立法者之权，大反近世主权作用分配之原则也。

兹宜注意者，审判官得以法律违反宪法之故，拒其适用否耶？对此问题，众说纷歧，兹举其重要者于下。

疏 宪法因国而殊,大别之,可分为以下之种类:(一)成文宪法、不文宪法。(二)钦定宪法、协定宪法。而协定宪法又可分为二:(A)民定宪法,(B)国定宪法。(三)固定宪法、可动宪法。

(1) 法律之实质违宪时,得拒其适用。

(2) 法律之实质或形式违宪时,得拒其适用。

(3) 法律之形式违宪时,得拒其适用。

据第一说,法律之实质违反宪法者,如宪法中规定信教之自由,而以法律限制之,是违宪也。违宪之法律应无效,审判官无适用无效法律之义务也。第二说则曰:凡法律之实质上违宪者,固勿论,即其实质上不违宪,而形式上违宪者,亦无适用之义务。如根据宪法上人民有纳税义务之规定,而制定租税法,其实质虽未违宪,然当公布时,并无阁员之副署,即属形式违宪也。第三说曰:仅法律之形式违反宪法者,得拒其适用,其实质违宪与否,非审判官所宜定,乃属立法者之权限也。审判官无审查法律是非之权限,但于形式上违宪时,则得拒其适用,何则?法律必具备形式,始有执行之效力,形式违宪之法律,无由知其为法律也。三说中宜以此说为最有力,近世学者多主张之。

疏 民国十二年宪法第九十五条:国务员赞襄大总统,对于众议院负责任,大总统所发命令及其他关系国务之文书,非经国务员之副署不生效力。按此规定即所谓责任内阁制,元首对于政治上不负何等之责任也。此外尚有所谓大权内阁制,元首对于政治方面,负完全责任,与国务员无涉,如欧战以前之德国是也。

第二节　行政官适用法律之原则

第一　行政官虽无请求,不可不适用法律。

此与审判官之原则[①]不同,凡行政官苟受法律适用之委任,必宜执行之,即行政官不拘人民之冀望如何,宜以职权适用法律。

第二　行政官不得拒否法律之执行。

上级行政官命令下级行政官执行法律,下级行政官不得拒否之。盖上级官之命令是否违宪及背反其监督官府之命令,下级官厅无审查之权能也。

第三　行政官厅执行法律得发命令。

法律仅定法规大纲,故欲执行法律,必定其细则,以是行政官厅得发命令,规定执行之细则。

① “则”,原作“因”,疑似误排,今据上下文改。

第十一章 法律之制裁

制裁者，破坏规则者所受之恶报也。制裁之用途有种种。凡不守社会交际之习惯者，必受社会之摈斥，是为社会之制裁。违背道德者，受良心之激刺，是为道德之制裁。违宗教之教则者，开其为信徒之教籍，是为宗教之制裁。而本节所述者，则法律之制裁也。即主权者依据法律使违法者所蒙之恶报也。法律之所以有强制力者，以有此制裁故耳。夫人情趋快乐而忌痛苦，将欲使蚩蚩者向善就矩，不履非义，以维国家之安宁，诱之以快乐，使自致之，曷若威之以苦痛，使凛然生其畏葸，遵勿敢犯之为愈乎。故迫斯民以守法，而持苦痛以怵其后者，乃法律制裁之所由立也。

法律上制裁之实质，为一种恶报。虽如上述，然英人边沁则谓善报亦为制裁之一。盖以人之性情，常避苦而趋乐，欲使人遵守法律，宜利用此性情，故制裁不必限于恶报，使之感受痛苦，并可以善报为诱致人心之具，如设褒赏之典，以奖励守法之人，谓为法律之制裁，亦无不可，但褒赏对于国民无强制力，若其人不好褒赏，则虽不守法律，亦无如之何，况守法为吾人之本分，倘以此而获赏，将有赏不胜赏者矣。

疏 守法为吾人应分之事，故不足以奖励。惟奖励善者，实为维持社会善良风俗之一法。现有褒奖条例，对于青年守节或孝子义妇等，本地县长俱得呈请内务部给予褒奖以资奖励云云。

法律之制裁，学者有种种之分类，兹仿普通学者之例，分为行政制裁、刑事制裁及民事制裁述之。

第一节 行政制裁

疏 大陆派行政裁判所与司法裁判所划然分立，而英美派行政裁判所与司法[①]裁判所混而为一，故大陆派设平政院为行政裁判所，而英美派则归之于司法裁判所。司法裁判所之推事犹平政院之评事，惟推事能富有法理即足矣，惟评事除富有法理又必兼富政治上之行政经验。倡大陆主义者，谓司法官无政治之经验，对于行政官所犯之罪，判决恐不能十分恰当，且行政上认为犯罪，司法上可以不认为犯罪，司法上认为犯罪，而行政上亦可不认为犯罪者。此其所以主张行政与司法各自设立裁判所也。英美派实行平民政治，谓凡属同一国籍，俱一视平等，故视行政官之犯罪与平民之犯罪一也。此其所以主张行政与司法同一裁判所也。我国十二年所颁布之宪法，仍从英美派，惟法院编制法，尚未修改，故平政院仍然为一时之存在也。

行政制裁者，对于违反行政法规及行政处分者，国家所予之制裁也。其种类有二，一为对

① 原文无“法”，点校者加之。

行政官吏之制裁,一为对私人之制裁。

一、对行政官吏之制裁

行政官吏如违背法规,忝厥职守,或对其行为加以制裁,如监督官厅取消其违法命令,又如平政院取消或变更其违法处分是也;或对官吏之本身加以制裁,即惩戒处分是也。至惩戒处分之种类,各国所通行者如下。

疏 行政官之处分违法或失当,侵害人民之权利或利益者,其救济之方法,得用诉愿(失当)或行政诉讼以纠正之(违法)。

我国之惩戒处分,规定于《惩戒条例》第五条,分为褫职、降等、减俸、记过、申诫五项。后又经文官高等惩戒委员会,呈请以褫职、降等两项轻重相悬过甚,改为褫职(永不叙用)、免职(非经一年不得任用)、停职(三月以上半年以下期满仍复原职),余为降等、减俸、记过、申诫,共为七项。

甲　训饬

乙　减俸

丙　转职

丁　停职

戊　免官

二、对私人之制裁

此系私人违反行政法规或行政处分时所加之制裁也。其中有行政罚及强制手段二种。

(一) 行政罚。行政罚中,最著者为警察罚,即对于违反警察法者,警察官署所科之罚也。

疏 警察罚[①]包含司法罚与行政罚二种。关于行政罚,警察厅能自行判决,科以相当之罚。惟关于司法罚(如杀人放火等罪),则警察于逮捕而后,必送之于检察厅。又如关于烟犯,警察本无科以罪名之权,乃现今之警察机关对于此等犯人,则私行处罚以饱私囊,实属违反法律也。

(二) 强制手段。国家当行政之际,对于私人,强制其履行积极行为或消极行为,曰强制手段。其中又分为二:

(甲) 对人之强制手段。对人之强制手段,概别为三:(一)为代执行,即义务者不肯履行义务时,行政官厅自为义务者之行为,或使第三者为之,而后向义务者征收其费用。(二)为执行罚,即预告义务者使其履行义务,如经过一定日期尚未履行,或履行而不完全,则处以预告之罚。(三)为直接强制,凡因事情急迫或其他原因不能用代执行或执行罚之方法,强制其履行义务时,则直接强制义务者之身体,使其履行义务。

(乙) 对物之强制手段。义务者不肯履行财产上之义务,则强制而征收之。例如人民不肯纳税,行政官厅得扣押其财产而拍卖之是也。

第二节　刑事制裁

刑事制裁者,对于违反刑法或其他刑罚法之规则者,国家予以相当责罚之谓也。通常请求之

① 原文无"罚",点校者加之。

方法，谓之刑事诉讼或公诉。凡有违反刑法或其他刑罚法者，国家使检察官提起公诉于法院，法院乃据之课以刑罚。

刑罚通例，在剥夺犯法者之生命、身体、自由、财产、名誉为主旨，统称之曰五刑，即生命刑、身体刑、自由刑、财产刑、名誉刑是也。但身体刑（如笞杖），近世文明各国多废止之，我国新刑法亦废弃此刑，盖所以重人道、保廉耻也。

疏 身体刑，即肉刑。此刑在专制时代用以考察犯罪者之真相，惟时有因逼打难受，虽不犯罪，而亦不得不承认之，故含冤莫伸，饮恨终身之徒，比比皆是。现时军界中，尚有身体刑者，至其他则行之者鲜矣，此实人民之幸福也。现审判官对于犯罪者，非特停止刑讯，且对于犯人讲话时，须平心静气，否则犯刑律第一百四十四条之罪也。

第一　生命刑

生命刑者，剥夺犯者生命之刑，即死刑也。死刑为刑罚之最重者，必犯大恶之首要，始予以此刑，如斩首、绞首、枪毙皆是也。

第二　自由刑

自由刑者，限制犯人自由之刑也。我国刑法所定，有无期徒刑、一等有期徒刑、二等有期徒刑、三等有期徒刑、四等有期徒刑、五等有期徒刑及拘役之七种。凡处此刑者，既需监禁于一定之牢狱，且需执一定之劳役，不外予以苦痛而已。

第三　财产刑

财产刑者，剥夺或没收犯罪者资产之刑也。财产为人类生息上所不可缺者，剥夺、没收之，所以使犯人感其苦痛也。如罚金、没收是。

第四　名誉刑

名誉刑者，剥夺或中止犯人名誉之刑也。如剥夺官位、勋位等及其他有名誉之事业是也。剥夺名誉，又称褫夺公权，其仅中止者，则曰停止公权。

第三节　民事制裁

民事制裁者，对于侵害他人权利，放怠自己义务者，国家所予之制裁也。其请求之方法曰民事诉讼，或曰民诉。

刑事制裁及民事制裁，两者之性质大异。一以用之科罚犯罪者，一以施之于侵害他人权利，放怠自己义务者。但违反法律之行为，往往有一方为犯罪行为，他方为侵害他人权利行为，而致生民事、刑事两种之制裁者。如窃盗在刑法上为犯罪行为，在民法上窃盗他人之物，乃系侵害他人之权利，宜赔偿其损害。刑事制裁，由检察官之公诉而生。民事制裁，由被害者之民诉而生。当公诉提起之时，被害者可连带提起民诉，学者称之曰附带民诉。

民事制裁通常分为下之五种：

第一　偿金

第二　禁令

第三　回复权利

第四　履行义务

第五　无效及取消

一、偿金

偿金者，由法院判决，使加害者赔偿被害者之损失，所出之金钱也。在古代赔偿损害，虽有用金钱以外之物品者，自货币发明以来，因其核算之便利，皆用金钱计算之。但偿金之种类不一，兹分述于下。

(甲) 定额偿金及不定额偿金。定额偿金者，加害者赔偿被害者定额金钱之谓也。此种损害多生于违反契约及破损财物之时，如不还借金于贷主时，得以其原本及利息并因违反契约所生之损害，合算而定其赔偿之额。又当财物破损时，由其财物之市价及其修缮费等定其金额，皆定额偿金也。不定额偿金者，因毁损名誉而生之偿金也。加害者对于被害者所赔之偿金，难于确定，必经法院判决始能定之。

定额偿金与不定额偿金，所以必需区别者，因定额偿金之诉讼，审判官不能变更原告之请求额，而不定额偿金之诉讼，因其金额无确定之标准，应由审判官酌量拟定，原告请求额，审判官可减少之，但原告之请求额，大都从其极满足者以拟定，故审判官对其请求额，不得更增加之。

(乙) 实额偿金及名义偿金。实额偿金者，实际上被害者有金钱之损失，对其损失予以偿金之谓也。名义偿金者，但侵被①害者之权利，实际上并无金钱之损失，而使加害者对其侵害权利行为，予以偿金之谓也。据法国主义，凡无金钱上之损失者，不得提起诉讼，故不认有名义偿金。英国主义则反是，虽无实际之损失，苟其权利受侵害时，亦得提起诉讼，请求赔偿金。

(丙) 惩罚偿金。惩罚偿金者，于被害者，所蒙金钱上损失之金额外，更酌加偿金，以为惩罚也。凡不定额偿金，以无金额确定之标准，其侵害权利之行为，若由于加害者之恶意时，审判官得定偿金之额超过其实际上损害之金额以惩罚之，此种偿金即惩罚偿金也。

疏 关于善意之犯罪，审判官得原其情而酌减之。如偿还债务，本思至期履行，惟因种种环境之阻碍而不得如愿者是也。

二、禁令

禁令者，对于违背法律、侵害权利或放怠义务之行为，方在预备中，或已实行而尚继续进行之时，由关系者请求，审判官因欲禁止其行为，所发之命令也。如甲欲毁坏其邻居乙之房屋，而将于其屋旁凿掘，经乙诉之法院，法院对于甲发一命令，禁止其凿掘，即禁令也。禁令有本禁令及假禁令二种。

(甲) 假禁令。假禁令者，于原告、被告之权利义务确定以前，姑且停止被告人行为之谓也。如前述之例，甲凿掘之行为，果属侵害乙之权利否，必俟审判后，始能确定，然必俟审判后始停止甲之行为，则彼时乙之权利，已被蹂躏，不可回复，故法院为保护乙之权利起见，于乙起诉之初，即发命令，无论甲之行为是否合法，姑且禁止其行为。

(乙) 本禁令。本禁令者，于原告、被告之权利义务确定时，禁止其行为之命令也。如前例判定甲之行为不当，则改假禁令为本禁令，对于甲凿掘之行为，永远禁止之。

三、回复权利

回复权利者，为他人所侵害之权利，经法院判决，回复其权利之谓也。如己之财产为他人

---

① “侵被”，原作“被侵”，今据上下文改。

所窃取，经法院判决使窃取者返还其财产是也。

四、履行义务

履行义务者，对于放怠义务之人，经法院判决，强迫其履行所负义务行为之谓也。夫违反契约之人，虽得使其出相当之偿金，但鉴于实际上之情形，亦得命其遵照原约所定之义务而履行之。譬如北京之甲与奉天之乙结契约，由乙运皮衣若干至京，而乙背之，此时虽得令乙赔偿金钱，然因北京一时需皮衣甚急，无处可得，法院亦可命乙，仍照契约所定，运送皮衣至北京。

五、无效及取消

无效者，对于违反法律行为之消极制裁，使其行为全然不生法律上之效果者也。凡害公安及违反安宁秩序之契约，在法律上无效，如甲与乙相约，若杀丙，则与以千元，其契约之目的，既违法律，纵令乙如约将丙杀毙，倘甲不予乙千元，乙不得起诉，要求甲给以千元。

取消与无效异，其行为非全然不生法律上之效力，唯因其不备条件，由其有取消权者，以取消之。既经取消后，其结果虽与无效同，然于未取消前，则固得为法律上之行为，而保有效力也。如未成年者，与人结某种负义务之契约，后经其父兄察知，得取消其契约，当其未经取消前，契约依然存在，不能视为无效。

兹有宜注意者，凡对于违反法规者，所加之制裁，原则上虽由国家之机关行之，然当事机急迫之时，即私人亦得自行防卫，与侵害权利者以制裁。盖当事机紧迫，对于他人违法之侵害，若待国家机关之制裁，其受侵之权利，有时必不能回复，国家许私人自行保护其权利，对于加侵害者，自行其制裁，无非为便利计也。如刑法上之正当防卫，当强盗持刀临项下时，此时若不自加防卫，对于加害者之强盗加以制裁，而静俟国家机关之制裁，实万有不及，且其身已死，其所受之损失，终无由回复也。故当此时，法律上许被害者用自力抵抗，即或将强盗杀毙，亦不为犯罪之行为。又如在民法上自己之财产为他人损害时，得以自力排除之，亦不外使私人操其制裁权而已。但此制裁权之行使，限于法律中以明文许可者，而其行之，亦必具备各种条件，即(一)不可不用适当之方法，(二)需无暇求法律之保护，(三)其制裁无复仇之性质。

第十二章　法律之效力

法律之效力云者，法律于何时、对何人及在何地得适用之之谓也。兹分为三节述之如下。

第一节　法律关于人之效力

一国法律，对于其疆土及其国民，应保有完全绝对之效力。然考各国之历史，人类当孤立部落时代，逐水草而居，猎禽兽以食，无一定之土地，其时法律，专以羁束自国人民，而不及效力于外国人民，如古代之亚剌比亚、犹太、土耳其、罗马，及中世纪之法国皆是。当其时仅有亚剌比亚人、犹太人、土耳其人、罗马人之法律，而无亚剌比亚国法、犹太国法、土耳其国法、罗马国法也。学者称之曰属人主义。迨至封建时代，各地诸侯各据土地，互争雄长，遂由属人主义一变而为属地主义，其所属领土以内，无论内外人民，均应受法律之羁束，如近世之英美，尚采此主义也。此两种主义，自趋极端，弊害环生，于是复有折中主义者，起而拯其失，即以属地主义为根据，于自国领土内之人民不问其国籍如何，除有特别原因外，一律适用自国之法律，而对于在自国领土外之内国人或外国人，苟其行为于自国安宁秩序有妨害者，自国法律之效力，亦能及之。兹以次说明于下。

疏　属人主义一旦趋于极端，则地球之上，凡属我国侨民，须依我国法律之支配。此在事实上固有鞭长莫及之患，即手续上亦不胜其忙繁，若判决未见平允，则上诉须至本国，远涉重洋，困苦难言。至属地主义趋于极端，则虽外国之元首、摄政以及公使等，一旦游历我国，而有违我国之国法，亦必科之以刑，则有伤国际之感情，而开战争之端也。

第一　一般国民不可不遵守法律。

此即法律效力关于人之一大原则也。盖一国法律，其国之人民不可不遵从之。

第二　旅居外国之国民，宜从其旅居国之法律。

一般国民不可不遵守本国法律，虽如前项所述，然当旅居外国时，则不可不遵守该国之法律，而本国法律，反有所不及。此盖属地主义发达之结果，当然宜如此也。但亦有下之例外。

（一）国民宪法上之义务，虽旅居外国时，仍从本国法。所谓宪法上之义务，如当兵、纳税及从事其他公务之义务是也。此类义务，旅居外国之国民，亦不能免。

（二）关于身分能力之事项，虽在外国，仍从本国法。凡关于身分能力之法律，皆与其国之气候、风俗、人情有密切之关系，凡属国民，虽在外国，仍应遵守之，此近世各国之所认也。如本国法律，以十六岁为结婚年龄，苟其人旅居之外国，法律上以十二岁为结婚年龄，则其人宜从本国法律，至十六岁时，始能授室，不能从旅居国之法律，仅十二岁便授室也。

（三）在外国得有领事裁判权时，其人民虽在外国，仍从本国法律。领事裁判权者，因国际间之条约，一国人民虽在外国领土内，仍不受外国法律之羁束，所有诉讼事件由本国驻在该国之领事裁判之之谓也。考领事裁判分为二种：一为单纯事件，即其案件之两造均为一国人时，由其国之领事裁判之；一为混合事件，即其案件之两造为数国人时，则依被告主义定其管辖，以被告所属国之领事裁判之。此与属人主义之观念，殆相吻合。欧洲中世盛行属人主义，其有此种裁判权，无足异也。今日之国家，既群以属地主义为根据，而一国之内，犹有此种裁判权之存在，实为有国者之奇辱。原西人所以说明设立领事裁判之理由，实藉口于东西文明与法理思想之歧异。此在土耳其非不可以自圆其说，盖土国混政教而一之，以僧正为法官，据摩罕默德之《科兰经》①以解决法律关系，西人以为其生命财产，不能托庇于裁判权之下，乃设为此种制度，以保护自国人民之生命财产。而土国之主权，所以受侵害者实甚，外国人虽在土国领土内犯罪，土国司法官不能审问之，此其羞辱为何如耶？

虽然，土国所以如此者，亦有所以自取之道，无足深论，不图西人当初通东亚时，亦以其待土国者待东亚诸国。日本往岁，亦曾酷受此制度之荼毒，顾其人民，群凛深辱，百方谋所以去之。当千八百八十六年，日外相井上起，与各国公使开交涉于东京，拟翌年设特别法庭，裁判混合事件，日本裁判官之外，另以过半数之西人组织，欲以隐销外人独操裁判之权，旋为日民所反对，井上去职，事遂中止。千八百八十九年，大限继其任，欲用分次解决之法，先与一国议妥，而后渐及其他。首与英交涉，其提出之案，初惟限于六个通商大埠暂存此制，至五年后，一并撤去，他一面则许西人为上级法官，以为代价。此等办法较之前案，不无进步，然以外人为法官，仍一大缺点也，益招日人之反对，群集矢于大限致炸其一足以去。而青木乃继为外相，撤回外人为法官一案，改为“日本法典编成一年之后，能运用如意，则外人即应撤去裁判权”。洎千八百九十四年七月十六日，依此条约之结果，遂一洗累年外人在日本保有领事裁判权之垢污，而日本今日之国内，乃无外国裁判权行使之余地矣。

还顾我国，广土众民，并拥有五千余年灿烂崔巍之文明，延逮今日，反不敌蕞尔弹丸之日本。神宇金瓯，固犹是中国之领土也，乃外人之旅居吾国者，暴虐横行，强霸相凌，虽摧残吾国人之权利，扰害吾国家之治安，我国法律，不能问焉。美人莫尔斯曰：“债务者不能自清还其债务时，其父兄伯叔当代偿之，债务者若逃亡，必锢其家属于狱。英国炮手误实弹于礼炮中，致华人于死，中国即捕之，而处以惨死之刑。英美水手冲突，误伤华人，中国官府声言不交犯人，当处舟子全部以刑。不问刑法上之犯意如何，以财偿财，以目偿目，伤及生命者，偿命，若有加害于皇帝及官吏者，则没收其财产并拿戮之，是乃华人之法律思想也，岂吾人所忍受乎！”此其言，虽足以洞明中西法律之不同，而彼西人习于彼国之法律，诚不能骤受中国法律之羁束，而得行其领事裁判权于中国矣，然中国人民之旅居外国者，又曷不能以保有领事裁判权，凡有犯罪，必俯首钤束于彼国法律下耶？以是知领事裁判权，乃强国挟以凌弱国者，所谓强者之权利也。现今若土耳其、埃及、波斯，皆存斯制，此诸国皆极弱之国也。以中国之大，文物之盛，乃侪乎诸弱国之间，同受外人之鄙夷，耻孰甚焉？又稽之英人国外裁判法，其法文有曰“皇帝行使领事裁判权，与对于割让而得或征服所得之领土同”。此其侮辱，实非吾人所能忍受矣。虽近者太平洋会议议决，列强允将在中国之领事裁判权撤销，然须派员调查中国司法制度，能否保护外人之生命财产为断，则将来撤销与否，实在吾国人之好自为之耳。

① 即穆罕默德之《古兰经》。

疏 日本今井嘉幸著《中国国际论》中，对于中国之领事裁判权，论颇详尽，分为三种：一为无权时代，二为得权时代，三为竞权时代。兹略解释之。所谓无权时代者，即当《南京条约》以前之时是也。所谓得权时代者，即《南京条约》成立之时也。所谓竞权时代者，即英国在我国有领事裁判权，于是各大强国亦因此而生野心，俱群起要求，以图利益均沾之时者是也。

考领事裁判权足以侵害义务国之主权固矣，然于权利国亦不见有利，兹举其不利之点而述之。(一)上诉困难。盖外人来华或数千里或数万里，重洋远涉，风涛饱受，一旦在华犯罪，因判决之不服，欲行上诉，则川资既巨，而跋涉又艰，欲不上诉，则又含冤莫伸，饮恨以终。此其弊一。(二)司法与行政混合，违反近世宪政之原理。夫司法不兼行政，行政不兼司法，此为近世立宪各国之所公认也。今领事官为商务之行政官，而又使之兼司法之权，则违宪政矣。此其弊二。(三)领事系商务官，缺乏法律知识，则裁判不易得当。盖法官既需学识，又需经验，领事官职居商务，对于法律之学识经验，俱难言矣，则对于民刑案件，能无判决不当之事乎？此其弊三。(四)无检察官之制度，诉追与审判，难期公允。现时刑事诉讼之方式，大都采用弹劾式，诉追者与审判者，各为一人，以期审判之公平。今领事裁判权无检察官之制度，则诉追时若自信过深，则审判时亦即因自信而有所偏，使被告人多蒙不利。此其弊四。有此四弊，故列强亦希吾国将司法彻底整顿，而收回领事裁判权也。故一九〇二年《中英条约》第一二条云：中国深欲整顿律例，期与各国改同一律，英国允愿尽力协助以成此举，一俟查悉中国律例情形及其断案办法及一切相关事实，皆臻妥善，即愿允弃其领事裁判权。又往年太平洋会议，列强亦允许撤销此权，惟尚须列强至吾国调查司法之成绩如何为断，故此事之能否得完全之希望，尚属不可知之数也。

第三　法律之效力，不及于其国之元首。

元首居一国统治之地位，法律上应有以保护其尊严，如在君主国，其君主神圣不可侵犯，固非刑法之效力所可及，即在民主国，其大总统除叛逆罪外，不负刑法上之责任。至若摄政，亦以居于统治者地位之故，与君主有同一之尊严，不受法律之制裁。

第四　法律之效力，有时不及于其国国会之议员。

宪法上通例，凡议员在议院内所发之言论，及其表决，于院外不负责任。故议员在院内对于政府之行动，虽为非理之批驳，不能构成刑法上侮辱官吏罪。但议员以其在院内发表之言论，刊为书册，公布于世时，不在此限，其有违反刑法者，仍应受法律之制裁。又若在院内为普通犯罪行为，如杀人、放火、伤害及其他暴动之行为者，亦应受法律之制裁。

第二节　法律关于地之效力

第一　法律以通行全国领土为原则。

如前节所述，古代各国之法律均采属人主义。其国之民，无论迁徙何所，皆不可不服从其法律。而外国人之旅居国内者，自国法律之效力，反不及之。如罗马之法律，羁束罗马人之法律也。罗马人纵使侨寓外国，亦受罗马法律之羁束。然中古以来，渐倾于属地主义。凡法律在其国境内，以绝对通行为原则。虽外国人入其国内，亦受其国法律之羁束。但亦有下之例外。

第二　凡有国际公法上治外法权者，虽在外国之领土内，仍从本国之法律。

治外法权与领事裁判权同，虽在外国领土之上，不受其法律之羁束。然治外法权乃由国际上之礼让而发生，且为普通各国所同有，仅限于有特别身分之外国人享有之。至领事裁判，则由特别条约而发生，出于他国之强制，非普通各国所同有，且一般之外国人皆享有之也。近世法学家，往往混二者为一谈，失其义矣。在国际公法上能享有治外法权者有下列数种。

疏 领事裁判权与治外法权，二者虽有相同之点，然亦有显著之区别，乃世人不察，往往混二者为一谈，殊失其义，兹特揭出其异同如下。

领事裁判权与治外法权之同点，即二者均为在外国领土内不受其法律支配之权利。至其异点则有三种：(一)领事裁判权由条约而生，治外法权由礼让而生；(二)领事裁判权为一国所特负之义务，治外法权为各国相互之关系；(三)领事裁判权为普通之外国人所享有，治外法权为限于外国人之有特殊之地位者始能享有之。

(一) 外国君主、摄政、大总统，及其家族或随伴者。外国君主、大总统依国际惯例，与自国之君主或大总统有同等之尊严，不受自国法律之制裁。至其家族或随伴者，因国际修交上之礼让，亦不受刑法之制裁(但其随伴为自国之人民，则不在此限)。摄政亦然。

(二) 外国之使节或其随伴者。使节虽有全权大使、全权公使、驻在公使、代理公使、大公使馆书记官、书记生、大公使馆武官之别，然其不受驻在国法律之制裁则一也。其理由有二：

(甲) 使节者，代表一国国家者也。尊重外国国家，故亦尊重其使节。

(乙) 外交最尚秘密，凡使节驻在外国处理一切外交事务，若适用驻在国之法律，苟有犯罪，任驻在国之警察官吏侵入使馆，逮捕搜查，必将暴露其外交之秘密，殊非所以维持国际间平和之道。故近时国际惯例，一国法律，不能及外国之使节也。至其随伴(其随伴者为驻在国之人民者不在此例)者，不受法律制裁之故，与外国君主、摄政、大总统之随伴者不受法律制裁之理由相同。

(三) 外国之领事。领事虽不如使节，然其主管之事务，亦尝有影响于外交，应保其秘密者。故近时国际惯例，于一定范围内，亦使领事不受驻在国法律之制裁。

(四) 在内国之外国军队及其国船。对于外国军队，苟许其通过或驻屯于内国，则对其军队不能施以法律之制裁。苟其军队有犯罪行为，但能由其军队之本国处以相当之刑。此亦近世国际上之惯例也，对于外国之国船亦然。

兹宜注意者，如第一项所述，凡一国之法律，当然通行其领土之全部，但其法规限有特别之区域或一定之人者，则因法规中有特别规定之效果，仅对于特别区域或一定之人而适用之。

除以上所述例外外，尚有下列诸事项，虽在一国领土内亦不适用其法律者。

(一) 关于债权事项，有契约者，从契约地之法。

关于契约行为之法律，多属听许法，故虽在一国领土内，缔结债权契约时，当事者得以明文表示其适用外国之法律。如甲乙二人，在丙国订立契约，言明从丁国之法律，苟生诉讼时，审判官应从丁国法律处断之。但当事者意思不明之时，则有主张从履行契约地之法律者，有主张从债务人住所地之法律者，日本法例从行为地之法律，然其行为地倘在未属于何国之土地或二国以上共有之土地时，则从何国之法律耶？是日立法例亦有未当也。

疏 债权契约未经明文规定，诉讼发生时应依据之法律者，各国对之有三种主义。(一)履行地法主义。此说德国采之。谓契约终局之目的，在债权之履行，故当然推定当事人有依据履行地法之意思。然其缺点有三：(a)契约之履行，往往有发生于当事人所不预期之地者，何能推定当事人有依据履行地法之意思耶?(b)履行地有数处时,则难适用。(c)契约之履行,必俟契约成立之后始知之,今以契约是否有效而决之履行地法,未免本末倒置。(二)债务人住所地法主义。此说中古以来行之,近世德人亦多主张之。盖以债权之规定多为债务人之利益而设,依据债务人[1]住所地法,实为正当,但以双务契约或连带契约,债务者有数人以上,而各异其住所时,或全无住所时,则难适用。(三)行为地法主义。此说自古行之,近世日、比、法、奥亦采之。谓在何地所结之契约,应以何地之法决断之。但此主义亦有缺点。

(二)关于继承及遗赠事项,从被继承人及遗[2]赠者之本国法。继承事项,从被继承人之本国法,今日学者殆归一致。日本法例,亦采此主义,吾国亦然。盖继承关系,由亲属及家族之关系而生,被继承人必希望从本国法,若适用财产所在地之法律,则当遗产散在各国时,其法律关系既多复杂之虞,且大失被继承者之所望,甚不可也。关于遗赠亦然。如法国人在中国死亡,不问其财产存留何国,仍从分配继承法,按继承者之人数而分配之,至其财产所在地法律,虽有长子继承之规定,不能从之。

疏 南美诸国关于继承财产,视在何地为准则,而不依本国之法规。如其殖民在英国,则依英国继承法,在他国亦然。此法手续繁忙,不适现世之用,且足使继承者失其初望也。

第三节　法律关于时之效力

法律关于时之效力者,法律应在何时始能适用之谓也。兹分述其原则如次。

第一　法律公布后经一定之施行期限,始生实施之效力。

法律自公布时虽生拘束力,然使人民生遵守之义务者,通常有一定之期限,是谓法律之施行期限。而其施行期限之规定,各国制度不一,兹约举其要:(一)自公布之日起,需经过一定之期限后,始通行全国者;(二)自立法部所在地起,依距离之远近,而各地异其施行期限者。日本采第一法,即自其公布之日起算,经二十日后,全国同时施行之。凡交通发达之国,多用此法。至土地广宽而交通不便者,则用第二法。又各国对于殖民地,亦有用第二法者。如日本对于朝鲜、台湾,以法律到达其地官厅之翌日起,经七日后而施行之是也。

以上二种方法外,尚有不设法律之施行期限,自公布之日起即通行全国者。惟现今各国绝少采用,即采用之,亦须以明文规定于公布法律之中。

第二　法律无溯及既往之效力。

此原则自罗马之《柯德兹克土法典》第一编揭载以来,法、奥、意、普等近世诸国之法律,皆以之揭诸其首,至视为法律关于时之效力中,确固不刊之原则。盖法律之所命令,或禁止,若对于既往之事物,而有溯及之效力,是凡国民当法律未制定之先,即有遵守之义务,乌有此理耶?且吾人之行事也,但计现在抵触法条与否,而于未来则所不预计,亦不能预计也。若使将来之法律,能溯及现在之行为,将一举手一投足,皆有背法破矩之虞。今日视为正大光明之所为,明日或以为踰[3]法邪诡之行踪。昨日视为正当应得之权利,今日或以为违法而剥夺之。人人自

① 原文无“人”,今据上下文加。

② “遗”,原作“遣”,今据上下文改。

③ 同“逾”。

危，各怀疑惧，斯岂所以维持国家安宁之道哉？故夫新颁之法律，其效力仅自其施行之日起而发生，对于既往之事物不能羁束也。虽然，以此原则适用于实际时，疑义滋多，莫审所底，今略述如次。

（甲）法律不溯及既往之原则，非立法上之原则，而法律适用上之原则也。晚近学者虽皆赞同斯义，然各国法制往往有视之为立法上之原则者。如北美合众国之宪法，实认此为立法上原则之嚆矢，其宪法法律中，所谓不得制定事后之法律者是也。次如法国共和第三年之宪法，及挪威国之宪法，亦有法律不溯既往之规定。而当时学者之持论，其认此为立法上之原则者，亦复不鲜。就中如法国著名之宪法学者般加墨昆斯但等，均以法律而有溯及力，是使法律为虐，甚不可也。但此等学者以不溯及既往为法律之原则，殊非笃论。盖使立法者不能制定溯及既往之法律，将法律永无改良之望，而向日社会之弊端，亦无由实行其改革，且国民于既往恶法下被征收之苛税，更不能减轻之，斯又岂国家之幸哉？故近世学者，均以之为法律适用之原则，即适用法律时，原则上不得溯及既往，但法律定有明文，可以溯及既往者，仍得溯及之。

疏 法自一七九一年至一八七五年，凡八十四年间，宪法之改正凡经九次，而法之现行宪法则为一八七五年所成立也。

（乙）法律虽可溯及既往，但不得侵害既得权。夫旧法之所以废者，以其不适社会之情状也。新法之所以立者，以其适合社会之情状也。由是言之，则新法善于旧法明矣。然人民依旧法既得之权利（即既得权），若竟从新法剥夺之，必因一人身体财产之不安，而酿社会之扰乱，亦非得计。故新法之效力，对于人民既得之权利，不得溯及之。

据上所述，新法不能剥夺人民之既得权，但人民之希望非既得权可比，故新法得为不利益之规定，以阻绝其希望。如有继承之资格者，知其父死后而有继承其财产之希望，国家得定一新法，规定父之财产，死后不归其子，应归其妻，以断其希望也。惟当新法未颁以前，其子已依旧法享有其财产者，则成为既得权，新法不能剥夺之。兹详述既得权之义如次。

（甲）既得权不可不由正当之权源得之。

所谓由正当之权源以得之者，如由买卖、赠与、继承诸原因而取得之财产，及由契约而得之债权，皆因法律所认之行为而取得之权利也。

（乙）既得权须系[①]特定人之权利。

一般国民或一部分国民所有之权利，非既得权可比，如得为官吏之权，得通行道路之权，不得称为既得权。故新法得限制为官吏之资格，或禁止通行某道路也。又如选举、被选举权，以非属于特定人之权利，因选举法之改正，虽失其选举权、被选举权，不得谓其有害既得权。

（丙）凡身分、能力、资格，不得称既得权。

如以新法废止贵族之身分，则所有之贵族，应因此失其身分。又如旧法以二十岁为成年，后有改为二十五岁为成年之新法出，纵令于旧法时代达二十岁以上者，苟未满二十五岁，仍不可不依新法视为未成年者。

① “系”，原作“采”，今据上下文改。

第三编　权利论（附义务）

第一章　权利之意义

当法学观念以正义为中心之时，各人尊重正义之结果，惟知有义务观念，无所谓权利观念者在也。然自德意志学者唱“法律为权利之学”以来，法学观念之以正义为中心者，一变而以权利为中心，各人之权利思想，因以发达。而昔日法律之以义务为本位者，遂仅于今日以权利为本位矣。

疏　权利义务，本为对待之名词，有相依相成之关联。乃古代法律以义务为本位，而略去权利，一若人生天地间，经营旁午，俱为人而不为己也。吾国往昔以礼让为治国之本，让畔让路之说，传为美谈。惟其以礼相让，则甘弃大权大利，而莫之争，致毫无物竞天择、优胜劣败之观念。故吾国人所以至今仍无竞争权利之心者，亦礼让二字有以致之也。董仲舒谓：“正其谊，不谋其利，明其道，不计其功。”夫谊也道也，即义务之谓，利也功也，即权利之谓，则可知吾国古代学者，以尽义务为高尚，而鄙权利为不足道。考吾国古籍中权利二字，殊属罕见。惟汉时桓宽《盐铁论》杂论篇曰：“余睹盐铁之义，观乎公卿、文学、贤良之论，意旨各殊，各有所出，或上仁义，或务权利。”此即权利二字之见于吾国古籍者也。然后世引用之者实寡。故世人亦莫知权利二字之真义确意。近代吾国法律亦以权利为本位，惟此所谓权利，系从日本而来，而日本则又得诸于德国。观日本须田博士《西洋公法》中，译Recht为权力利益，而略称之为权利，故权利二字为权力利益之略词。近世中国人民之所谓权利者，即出诸于此也。

德人Thering① 著《权利争斗论》，首倡权利本位之说，其开章明义，即曰：“权利之目的，在平和；权利之手段，有争斗。故争斗者，权利之生命也；世界一切之权利，皆争斗之结果也。”其主张权利之激烈可想见矣。又欧西格言谓：“无权利思想之国民，不能了解宪法政治。”此亦为主张权利之一例也。

权利之意义，究属何若，东西学者之主张，极不一致，聚讼盈庭，至今尚无定论也。兹略举其说如次。

第一　意思说

此说以为权利者，法律付与于意思之势力或主宰力也。但循此说，则如彼白痴、疯癫及未成年人均无意思，皆将不能为权利之主体，其所有财产任人拾取，不得置问，有是理耶？

第二　自由说

此说以为权利之本质，乃法律对于各人所认许之自由。易词明之，各人元来②有天赋自由之权利，然此天赋之自由，因社会进化，人类滋繁，彼此之间遂多冲突，法律乃界别各人应有自由之范围，俾各不相侵，而于其自由范围内，即得主张自己之权利也。但此说以自由即权利，殊欠完

---

① 今通译为耶林。

② “元来”，即“原来”。

善,盖权利非必即能为自由,如有亲权者,对其子负教养、监护之责,乃反不能自由也。

疏 荷兰法学家 Grotius① 著人权论,谓权利超乎国家之上,无待法律之规定,而自然可以存在。又荷兰哲学家 Spinoza② 亦谓权利本于天赋,而为人生于世之必需权利,如鱼之游于水中,出于自然。二氏皆为主张自由说之巨子,故有此论也。惟二氏之说不宜于今世,良以权利为法律所赋与,法律所规定之权利,人民得享而有之,否则俱不能认为权利也。

以上二说,均不足采。然则权利者究为何物乎?曰:

权利者,由法律创定、保护,吾人所受之利益也。

上之定义,兹分析说明如次。

第一　权利者,利益也。

兹所谓利益非仅指金钱上之利益,乃含有满足之意义也。如行使所有权,则使用其物或处分其物以满足自己之利益,又如行使债权,则使他人给付金钱、物品或使他人为某行为以满足自己之利益,皆是也。且其利益,虽非直接满足之利益,而由间接以满足之者,亦不失为权利,如代理权是也。奥士丁③曰:“权利者,无损害于自己者也。”伊耶林④曰:“权利者,由法律所保护之利益也。”均不外此意。

第二　权利者,吾人所有之利益也。

人为权利之主体,禽兽、物件则不能有权利。然人有自然人及法人之分,以后当详论之。(见权利之主体)

第三　权利者,法律所创定也。

权利因法律之创定始有耶?抑自然存在,法律唯尽其保护之责耶?自来学者,议论纷纭,各是所见。至近世学者则群以权利,因有法律始能存在。彼所谓天赋自由之权,虽一时为自然法学者及政治家所主张,然词既不根,范限亦甚漠然,不得为法律上之权利也。法律上之权利者,法律所明认之利益也。苟法律而不认之,吾人虽有若何利益不能行使,故不得视为权利。

第四　权利者,因法律之保护而存在也。

权利不仅为法律所创定,且因法律之保护而存在。无法律之保护者,不得云权利。如对有侵害他人所有权之人,法律不保护其侵害而得之所有权,故侵害他人取得之所有权,虚有其名而无其实,纵为第三者侵犯,法律亦不之顾,是以谓权利因法律之保护始能存在也。此说为奥士丁、米耳⑤、伊耶林诸氏所主张,实能说明权利之本质,近世学者故多采之。

以上说明之意义外,日本近来法学家,多有自出见解,独树新义者。但其陈说,虽复持之有故,言之成理,然亦未可骤视为的当,且其理蕴艰僻,又最不便初攻法学者,故不采之。兹聊列其大要于此,以供参考。

(1) 梅谦博士曰:“权利者,据法律得使他人认自己之行为为正当之力也。”

(2) 仁保博士曰:“权利者,适法行为之基础,法律上之可能力也。”

---

① 今通译为格老秀斯。
② 今通译为斯宾诺莎。
③ 今通译为奥斯丁。
④ 今通译为耶林。
⑤ 今通译为密尔。

(3) 织田博士曰:“权利者,依法律之容许,对于他人所有行为之限界也。”

(4) 鹈泽博士曰:“权利者,以人格为主体,经主权者认许之自由也。”

(5) 上杉博士曰:“权利者,属于人格之利益,以法规为依据者也。”

总览众说,其纷歧凌乱,漫无伦类也。如此其甚,欲下精确之批评,定其取舍,非谫陋所敢任。故胪列于斯,俾读者错综互参,比类而自会其通,当于权利之大旨,有所明耳。

第二章　权利之分类

权利分类之标准，自来学者之议论，殊不一致。兹举其最普通之分类法，述之如次。

第一节　公权　私权

第一款　公权、私权之区别

公权、私权区别之困难，一如公法、私法，学者议论歧出。有依权利之主体以区别者，有依权利之起源以区别者，有依主张权利者之关系以区别者。而英国学者中，有以权利所连系之两者为私人或国家以为区别之标准，其两者均属私人者，其权利私权也，两者之中有一方为国家者，其权利公权也。但据余见观之，所谓公权，即国家对于人民或人民对于国家所有之权利。所谓私权，即私人相互间所有之权利也。如为官吏之权、议员选举被选举权，皆公权也。物权、债权、出版权、特许权，皆私权也。

凡私权通常不问内外人民，均得享有之，公权则不许外人完全享有，各国法制，大抵一致，宜注意焉。

疏　公权为本国人所独享，私权内外人可共享之。世界各国对于外国人所得享有之私权，大都采法律相互主义，即外国待遇吾国人享如何之私权，则吾国待遇外国人亦享如何之私权。惟近世世界各国中则间有采内外平等主义者，即不论外国使吾国人在彼国享如何私权，而吾国则使彼国人享有如吾国人之私权，以示对内对外毫无轩轾也。慨吾国自前清末年，国势不振，辱国之事，相继而来，致吾国公权至今尚有使外人得以享有者，殊为列国所罕有之先例。如吾国邮务管理总监、江海关之监督以及盐务等机关，俱有外人充任要职。夫邮务也，江海关也，盐务也，皆财政收入重要之机关也，今俱受外人之监督，讵不大可耻乎？

第二款　公权之分类

公权分二大部，国家对于人民者，为国家之公权，人民对于国家者，为国民之公权。国家之公权，又分为立法权、行政权、司法权，及其他之命令权四种。国民之公权，又分为行为请求权、自由权、参政权三种。行为请求权更别为审判请求权、请愿权。自由权更别为居住移转之自由、身体安全之自由、住所安全之自由、书信秘密之自由、集会及结社之自由、思想发表之自由、所有之自由、信教之自由八种。参政权更别为选举权、被选举权、为官吏之权三种。

有学者主张国民之公权，不能存在者。其言曰："私人对于国家，而曰有权利，实非笃论。盖权利不可不藉法律之保护，而国家实操制定法律之权，其对于国民之权利，保护与否，一随其意，故国民不得反国家之意思，对于国家主张权利。假令国民对于国家而能有权利，何以国家得任意由立法权以废弃之耶？彼法院虽具如何威权，对于国家已废弃之权利，即有国民之请求，亦无由保护之。是国家对于国民之要求，应许与否，乃国家之自由，国民不得主张于其间，乌能名之曰权利耶?”但循此说，国民对于国家，既无所谓权利，则凡财产不能保有之。纵使国家侵害自己之权利、不能求之司法者之保护，有是理耶?夫权利固必于法律范围内始能存在，因法律之废弃，自归消灭，然此不独公权为然，即彼私人与私人间之私权亦然，即因法律之废弃，私人间之权利亦失其存在，将谓私权亦非权利耶?且权利既为法律所保护，苟其法律未废以前，国家即有如何权力，万无违法剥夺之理。是国民依法律所定之范围内，对于国家，固得主张权利也。

国民之公权，既得存在矣，则请略述公权之性质如次。

(一) 行为请求权

行为请求权者，国民对于国家要求为某种行为之权利也。如甲之财产被乙侵害时，得请求于国家之司法机关，要求其对乙加以偿金之裁制，以保护其权利。但行为请求权又可细分为审判请求权、请愿权两种，兹分述如下。

甲　审判请求权

审判请求权分为下之二种

(一) 行政行为请求权，即国家当行政之际，因私人之要求，而为某行为者是也。如私人对于国家之行政官厅请求登记、公证、或特许其使用营造物，及对于行政官厅违法之处分，自己权利受有侵害时，得向其上级官厅或平政院，请求废止或变更其处分，以保护其权利是也。

(二) 司法行为请求权，即一私人之权利被侵害时，请求国家之司法机关，予以审判以保护其权利之谓也。各国宪法上类皆规定凡国民有请求国家为审判之权，简单言之，即诉权也。有谓民事诉权非公权者，然民事诉权，亦系一私人对于国家请求为某行为而生者，究以列入公权中为宜。

乙　请愿权

请愿权者，国民为自己或社会全体利益计，对于既往、现在或将来之事项，陈述其意见于国家，请求其实行之谓也。纵览世界文明各国之宪法，无不认国民有请愿之权者，盖所以集思广益，俾下情能上达，而去国家与人民之隔阂也。兹分述请愿之要件如次。

(一) 请愿事实，不问关于私益或公益。所谓请愿，即人民对于国家陈述本人之意见，其所陈述之事件，无论私益公益，皆所不禁。盖国家之行动，虽以公益为主旨，苟其请求之私益，不妨害公益者，国家亦不得歧视之。

(二) 请愿事件，不问关于既往、现在或将来。如请求取消或变更既往之处分，以保护自己之权利，或请求改良现在之制度，以谋社会之福利，或对于将来而请求其为某种处分，行某种制度，均无不可。但因行政上之不当处分，致侵害其利益者，则其请求取消或变更此处分之程叙[①]，近世文明各国，多别设诉愿法以规定之。惟英美两国，行政官违法，侵害人民之权利时，被害者得直诉之于普通司法机关求其救助。至其他文明各国则另设平政院以管辖之，我国《临时约法》所规定之平政院，亦属此类。

(三) 请愿应对于国家而为之。请愿之法，有时对于国会为之，有时对于官厅为之，有时对于自治团体为之，然国会、官厅乃国家之机关，而自治团体亦受国家机关之监督，故谓请愿需对

① “叙”，在此同“序”。

国家而为之。

(四)请愿者,请愿人陈述意见,请求国家为某行为者也。国民对于国家陈述其意见,盖甚冀国家能采其意见,措诸事实。故凡国家之机关,受国民之请求时,苟其事项不越乎其权限者,即应受理而审查之,惟其采择与否,国家之机关有自由权耳。

(二)自由权

纵览欧美各国之历史,杀人盈野,流血成渠,其民不惜断脰决踵,冒万死以争者,自由而已。美之脱英属而独立也,以自由故。法之三次大革命,再接再厉,几坠其国命也,亦不外自由。即吾国辛亥革命,环区称兵,武汉之滨,秣陵之野,皑皑白骨,累累山积者,又何尝非为自由。盖专制之君所以锢其民也至矣,无东西古今,民之蜷伏于专制政体之下也,钳口缄唇,跬步荆棘,偶语弃市,一字成狱,钩党株连,闾里为墟,姑弗远征,试近览晚明东林复社之祸,亡清康乾两朝文字之狱,读史者有余痛焉。然民情之不能久郁而弗宣也,故伺间乘隙,少有变乱,奋然即起,揭竿陇亩,辍耕从戎,不自由,毋宁死,众怒所萃,君权以摧,终恃其最后之胜利,与政府区划个人行动之范围,垂为法条,严厥保障,而个人对于国家所享有之自由权乃确立矣。美儒百哲士曰:"个人自由之全部,即个人理想上之领地,凡个人在此领地内,得依自己之自由意思与行动,政府不惟不加侵害,又从而保护之,并使他人不得加侵害焉。"故夫自由权者,乃个人与政府共讲其应守之范围,于其范围内,政府苟有侵夺,得恃国家之法律予以制裁也。兹举各国宪法上所保障个人之各种自由权,粗述其义如次。

疏 欧美人之有自由权,始于英国一六八九年之法典之第一条,其后一七八七年之美国之《独立宣言》,亦仿效之。惟法人谓权利为天赋,无待法律之承认而始有,故其宪法中无自由权之规定。然多数国家皆从英制而有规定,吾国亦然。

第一 居住移转之自由

居住移转之自由,欧洲古代,限制甚严。凡为奴隶者,生老病死于其主人威权之下,其无居住移转之自由,固不待论,即彼自由民,欲转移其居住,需得长官之许可,或课以不当之重税,如来住者,课以来住税,退去者,课以退去税是也。逮第十八世纪中叶,此制渐弛,而近世各国乃悉以之规定于宪法,作人民自由之保障,但因警察必要,以法律稍加限制,如妓馆必萃居一处,不能随意移转,与良民杂居,即其例也。

所谓居住之自由者,凡为一国之民,即为其国组织之一分子,虽或荡检踰闲,不轨于正,国家应有纠正制裁之义务,不能因其有害社会之安宁,如古时之国家,以为不屑教而放逐其民于外国,摈不与齐民齿也。即使行踪诡僻,为外国所放逐,亦当收留国内,徐施感化,不能剥夺其居住国内之权利也。

所谓移转之自由者,分析言之,出籍之自由其一也。往时各国法律,有不许其民脱离国籍者,至近世则皆认人民有脱离国籍之自由,特其条件与程叙有一定之限制耳。如我国国籍法所载,凡无未结之刑民诉讼案件,兵役之义务,应纳未缴之租税,及官阶出身者,始准其出籍,既出籍后,所有中国人在内地特有之利益,一律不得享受;又凡妇人有夫者,不得独自呈请出籍,其照中国法律尚未成年及其余无能力者,亦不准自行呈请出籍,即合于出籍之条件,尤必经官厅批准后始为有效,即其限制也。英国法律,虽有既为英国之国民者,必永久为英国国民之规定,然其人民若欲出籍,英国亦不能禁止之,惟生一人同时具有二国国籍之结果耳。外国居住之自由其二也。国民既有脱离本国国籍而入外国国籍之自由，其有不脱离本国国籍，而居住于外国者，自为国法所不禁，但因犯罪逃避外国者，则国家可请求外国政府逮捕而交还之。国内移转之自由其三也。国民既有移居国外之自由，其在国内得由此地移住他地，更不待言矣。

疏 当欧洲未革命以前，其农奴大都供大地主之使役，居住不得自由。即吾国前清时代，世禄富豪之家，亦往往购买贫民为家奴，使服其劳役，其赏罚之权，大都视一己之喜怒为转移，而家奴无可如何。今幸此种恶习，日渐绝迹，诚一大幸事也。

第二　身体安全之自由

身体安全之自由者，凡国民非依法律，国家不得滥行逮捕、监禁、审问、处罚之谓也。现今文明各国皆认人民身体自由之权利，不得妄用国权拘束之。如有犯罪行为必依据法律一定之程叙，始能限制之。凡逮捕及其他强制手段，有为刑事诉讼之方法，因犯罪之处罚及犯罪之嫌疑而行之者，有为警察手段，因保持公共之安宁秩序及善良风俗而行之者，故人民可以逮捕、监禁、审问、处罚者，以刑事诉讼法及警察法中所载之原因为限。

疏 人民或因嫌疑或无故被捕，则人民自己或亲属于二十四小时内申明理由于司法机关，请求详细讯究是否有罪，如无罪可请求出庭或保护释放。（英有出庭状及保护状）

第三　住所安全之自由

英国古谚云："我家者，我之城郭也。"英国著名之政治家比脱曰："吾人之家宅，即使破乱溃裂，不足以蔽风雨，然决不许他人无故之侵入，虽以帝王之尊，亦不能强入之。"盖吾人之住所，为吾人日常托命之所，若使人能随意侵入，必不足以保其安宁也审矣。

疏 民国十二年宪法第七条云："中华民国人民之住居，非依法律不受侵入或搜索。"此即住所安全之自由之规定也。

第四　书信秘密之自由

凡书信之内容，无论亲属之秘密，爱情之秘密，及利益之秘密，均以属于自己一身之事，故他人决无发露之权。但其书信之内容，于诉讼案件有为证之必要者，则审判官依法有检阅之权利。

疏 民国十二年宪法第八条云："中华民国人民通信之秘密，非依法律不受侵犯。"此即书信秘密之自由之规定。刑律第三百六十二条亦然。

第五　集会及结社之自由

集会者，多数人因共同目的，一时集合之谓也。结社者，多数人因其合意为达共同目的，以组织永续团体之谓也。亡清鉴于前代党祸之恶流，人民集会结社，悬为厉禁。民国成立，党会林立，演说集会之场，遍于海隅，惟秘密集会结社者，法律仍禁止之。

疏 民国十二年宪法第十条云："中华民国人民，有集会结社之自由，非依法律不受制限。"考此所谓依法律者，即呈请警察批准，但关于政治集会结社，女子军人不得加入。夫军人不得加入，犹有可说，惟女子不得加入，则有碍男女平等之说。然法律既然规定，则又不得不按照实行也。

吾国古代本有党会之说，及至明代之东林党，清议国政，致与在位之士大夫仇视日深，终使明社以屋，故清代有鉴于此，而严禁人民之私行结社也。

第六　思想发表之自由

专制之朝，悬一的以桎梏天下士。宏敏之彦，沉思渺虑，有所创获，但能托物讽怀，著之幽玄,倘有彰明较著,慷慨陈词者,辄罹文网,屠僇之祸,不旋而踵。亡清文字之狱,豪魁硕儒,摧残瘐[1]死,前后相望,其特征矣。即欧洲往时,其印行物之法制,皆采检阅主义,少有违戾,辄抑不行。此士之兢兢焉抱残守缺,胶墨师说,而文明所由不进步也与!近顷各国,一涤斯弊,书报杂志之籍,充栋汗牛,风靡一世,治化遂因以日新,披览吾国近状,足征一二矣。

疏 思想之发表,本足以表人民之意向如何。惟人民思想之发达,成为学术,著之于书,流行于世,足以移风易俗,鼓荡人民之志气,对于君主,颇为不利。故君主因此施以阴谋而大兴文字之狱。如前清吕晚村戴南山之因文字得祸者,其显著者也。是以使学者奉古代圣贤之说为天经地义,万世无弊,可加考据,而不可加批评,致使思想囿于一隅。故吾国科学之不发达,实基于此。唐甄著书谓历代帝王出于盗贼,诚属千古之快论。惟处专制时代,一经出版行世,则戮身之祸,随之而来,故只成为一种潜书,而不能公诸于世。然此不独吾国古代如此,即欧洲当歌白尼[2]发明地球为行星,日为恒星之说,教主视为异教,捕而禁之,非宣誓其说之谬,不能见释,则可见其时之人民思想,亦不自由也。

思想发表之方法有三:以言语发表者曰言论,以文书图画发表者曰著作,印行之者曰出版。现今各国对于言论著作,均无限制,惟出版不然,其限制出版之法有二:(一)检阅主义。凡著作须经行政官署许可后,始能印行,但近世各国宪法,均禁止制定检阅法。(二)禁止主义。即于印行后认为有害治安者,禁止其发卖,现今各国大都均采此法。

第七　所有之自由

欧洲往时,君主专制,以天下为私产,对于人民之所有权,横加侵夺。革命之后,惩其流弊,遂于宪法上认人民所有之自由。但关于公益之必要处分,如刑法所定之罚金、没收,或为公益行政所定之征收及公用征收,则不得藉口所有之自由,拒其处分。

疏 民国十二年宪法第十三条云:“中华民国人民之财产所有权,不受侵犯,但公益之处分,依法律之所定。”此即所有之自由之规定也。

第八　信教之自由

欧洲往时,政府对于人民信教之限制甚严,有禁止信一定之宗教者,有以某信教徒为异端而虐待之者。洎夫中世,罗马天主教盛行,凡非天主教之信徒,概指为异端,而施以无理之压制,即一国君主,亦俯首敛息于其威权之下,遵命就矩,承教惟谨。逮路德倡改教之议,争端大启,其人民因求信教自由之故,死亡枕藉,不可胜纪,欧人至今言之,犹有余痛。我国自汉武罢百家,儒定一尊以来,奕叶君相,虽隐然奉儒家为国教,而老庄清谈之学,盛行魏晋,释迦明心之旨,风靡宋明,当时之政府,固未加干涉于其间,是吾人信教之自由,已为历史陈迹,允足自豪矣。

疏 信教之自由,即信仰之自由,其限制有二:(一)不可妨害国家安宁之秩序。(二)不可违背国民之义务,如以战争为罪恶,而不服当兵之义务,或以婚姻为神之所命,而不服离婚之判决,国家得干涉之。

欧洲之大战,十字军之东征,美之独立,其原因虽非一端,而信教之不自由亦其一也。至新旧教之大战争,尤彰明较著,而争信教之自由,故不惜牺牲大好男儿之头颅,而洒鲜血

---

① “瘐”,原作“瘦”,今据上下文改。

② 今通译为哥白尼。

于疆场也。惟吾国则自古信教自由，战争之起，不缘于此。即自汉以来，虽以孔教为国教，而人民亦得自由从其所学，如陆王学派，实为阳儒阴佛，而当时则仍然风行，国家毫不加以干涉也。

民国十二年宪法第十二条云："中华民国人民，有尊崇孔子，及自信仰宗教之自由，非依法律，不受制限。"此即信教之自由之规定也。

(三) 参政权

参政权，即参与国家政事之权。其中选举权及被选举权，近来迭已实行，当为读者所熟知。而一般人民得为官吏之权，尤为吾国历史上之特色。渔贩屠狗之夫，徒手而至卿相者，史不绝书。以视欧洲古昔设阶级之制，以僧侣贵族独擅胜利者，逖乎远矣。

疏 苏秦、张仪以平民而得为卿相，是我国古代之人民，即有参政权也。

第三款　私权之分类

私权分为人身权及财产权。人身权又别为人格权及身分权。财产权又别为物权、债权及专用权。人格权、身分权、物权、债权及专用权中，又可别为数种。兹述于下。

(一) 人身权

人身权者，于权利者之本身有密切关系之权利也。其中有人格权及身分权之分。

(1) 人格权。人格权约有七种：

甲　生命权，即保持吾人生命安全之权利。

乙　身体权，即保持吾人身体安全之权利。

丙　自由权，即保持吾人身体意思自由之权利。

丁　名誉权，即保持吾人在社会上所有地位之权利。

戊　信用权，即保持吾人在社会上所有信用之权利。

己　姓名权，即禁止他人盗用吾人自己姓名之权利。

庚　影像权，即禁止他人传播吾人自己影像之权利。

(2) 身分权。身分权约有四种：

甲　亲属权，即父母对于子女，夫对于妻之权利。

乙　家长权，即家长对于家族之权利。

丙　监护权，即监护人对被监护人之权利。

丁　继承权，即继承人之继承权利。

疏 人格权与身分权之异同：其同点均系不可抛弃、买卖、让与之权利；其异点即人格权与吾人有不可分离之关系，否则即失其所以为人之资格，身分权不然，如孤独之人，虽无身分权，亦不害其为人。

(二) 财产权

财产权者，得以金钱计算之权利也，其中有物权、债权、专用权之分。

(1) 物权。物权者，权利者不俟他人之行为，直接支配其物之权利也。细分之如下：

甲　所有权

疏 所有权者，即对于有体物得永久为完全管领之权也。

乙　地上权

疏　地上权者,即于他人土地上有工作物或植物而使用其土地之权利也。

丙　永佃权

疏　永佃权者,即支付地租,于他人土地上有耕种或牧畜之权利也。

地上权与永佃权之异同:其同点均系有利用他人土地之权利;其异点可分为三种:(一)地上权以工作物或植物为目的,永佃权则以耕种或牧畜为目的,(二)地上权不以支付地租为要件,永佃权则以支付地租为要件,(三)地上权纵使支付地租,亦不须按期支付,永佃权则须按期支付。按:(一)之区别,为程度上之区别,非形式上之区别,因地上权之范围广,永佃权之范围狭也。

丁　地役权

疏　地役权者,即土地所有者以他人之土地供自己土地便利之权利也。例如甲屋因受三面人家之包围,而只可由乙屋中通行,故甲可向乙借路而由之者是也。

戊　担保物权

疏　担保物权,即附属于债权而供其担保之权利也。考吾国民法草案分担保物权为四:(一)抵押权,(二)土地债务,(三)不动产质权,(四)动产质权。

以上五种权利之内容,详见民法物权编,兹不细述。

(2) 债权。债权者,权利者使他人为积极行为或消极行为之权利也。债权发生之原因,为缔结契约、管理事务、不当利得、侵权行为,以及其他各种之行为,其类极多,难以列举。

疏　管理事务者,即无法律上之义务,为他人管理事务之谓也。例如甲乙二人比邻而居,乙因事外出,并未嘱甲代为照顾房屋,其时若天大雨,乙屋之墙壁倾塌,势将延及甲屋,于是甲本守望相助之谊,与一己利害关系之故,乃雇工修理以杜后患,若乙回里必照甲所代为修理之费用而偿还之。

不当利得者,即并无法律上之原因,乃只因他人之给付或其他方法而受利益,致使他人受损害之谓也。例如乙欠甲一千元,乙还债时误认丙为甲,而乙将一千元交付于丙者是也。

(3) 专用权。专用权又名智能权,或谓为无形财产权。盖智能权,乃吾人精神活动产出之物,如著作权其最著者也。此外,如应用物理化学而发明之物品,吾人常享有专卖之权。专卖权,即专用权之一种也。

第二节　第一权　第二权

第一权又名原权,即法律直接所创定之权利,不因他人之违法行为而存在者之谓也。第二权又名救济权,即因第一权受有侵害,因欲救济第一权所生之权利也。如物之所有权,不待他人侵害而为法律上直接存在之权利,故为第一权。若他人损害其物,所有者对于加害者发生请求回复原状之权利,此权利、即第二权也。又如物权第一权也,因侵害物权而生之损害赔偿请求权,即第二权也。夫第一权所以能存在者,恃有第二权为之保障,若仅有第一权而无第二权,则所谓权利者,徒负其名而已。

第三节　主权利　从权利

主权利者，独立存在之权利也。从权利者，附属于他种权利而存在之权利也。如所有权为独立存在之权利，故所有权，主权利也。地役权、担保物权皆系附属他种权利（即地役权常附属于所有权，担保物权常附属于债权）而存在之权利，故从权利也。从权利有时与主权利同时发生，有时与主权利先后发生，其消灭也亦然。

第四节　得移转之权利　不得移转之权利

权利因其性质或法律上之规定，有可移转于他人者，有不得移转于他人者。如人格权及身分权，不得移转之权利也。如物权、债权及专用权，皆可移转于他人之权利也。

第五节　绝对权　相对权

绝对权又名对世权，即权利者对于人人而有之权利，权利者以外之人皆应尊重其权利者也。如物权、专用权是。相对权又名对人权，即权利者对于特定人要求其为积极行为或消极行为之权利，如债权是也。

疏　绝对权之种类有四：（一）以人为目的之绝对权，如夫权以妇人为目的。（二）以有体物为目的之绝对权，如物权是。（三）以无体物为目的之绝对权，如智能权是。（四）以权利义务之包括物为目的之绝对权，如继承权是也。

第三章　权利之主体

得为权利之主体者，法律上所认之人是也。故事实上纵非人类，苟法律上认为有人之资格，即可为权利之主体，如法人是也。当奴隶制度盛行之时，法律上以奴隶无人格，无享有权利之能力，只认为一种财产，随主人之自由意思处分之。但在现今文明进步之日，人类在法律上一律以平等为原则，无论如何人类，均得为权利之主体。

凡法律上所认定之人，即得为权利之主体，已如前所述矣。至法律上之所谓人，不外自然人及法人二种。自然人者有肉体之人，而为权利之主体者也，故又称之为有形人。法人者人类之团体，或物之集合体，而为权利之主体者也，故又称之为无形人。人类团体而为法人者，如省县或商业公司是。物之集合体而为法人者，如为慈善、宗教、教育等公共事业而设立之财产团是。此等法人，法律上视之为人类，使其享权利，负义务，故为权利之主体。

(一) 自然人

自然人须具备下列各条件。

第一　要出生于世

尚在母腹中之胎儿，原则上不得称为人，但亦有例外，即关于胎儿之利益，得与已出生者有同一之资格，如遗腹子，民法上仍准其享有其父之财产是也。

疏 关于自然人出生之学说有五：(一)阵痛开始说，(二)一部露出说，(三)全部露出说，(四)断脐带说，(五)独立呼吸说。按：一二两说之范围，失之于泛，三四两说，虽较一二两说为狭，然究亦未臻完善，故比较上当以五说为是。

第二　出生时要有生命

出生时若为死体，则不得称为人，但出生时系有生命，其一息尚存之顷，仍得为权利之主体。

考罗马法凡妊期不满六个月而生者，谓之阿波耳脱士脱，不能享有为人之权利，即不得为权利之主体，因其虽产生于一时，而其生存之期间不能长久故也。德之古法，法之民法，皆采用此观念也。惟近世学者对于此项主张，则有下列二派。

(1) 苟胎儿产生时非死体，则虽寻归于死，仍得为人，为权利之主体。

(2) 其儿死亡时，宜检察其身体之构造，果有生活力否，并分别其是否人类以定之。

此外尚有主张自然人必具为人之体格者，如彼变形儿，不得为权利之主体是，亦罗马法以来之学说也。但自人类之子皆得为人之学说通行后，德国民法，首先采用之，今则无不以之为立法之准则者。

自然人在法律上一律平等，无论为何人类，均得享有权利，虽为近世诸国法律之原则，然此原则不能适用于公权。对于公权，近世诸国之法律，未有不加限制而赋与之者，如年龄、男女、财产额等之限制，其主要者也。盖女子无公权者多，而男子亦非达一定之年龄，纳一定之租税，不得享选举权、被选举权，此各国之通例也。

疏 欧洲大战以前，女子无参政权，大战以后，少数国中之女子始有参政之权，故女子之身分在法律上有渐趋于与男子平等之势，殊足额手相庆。我国十二年之宪法上虽未规定女子有参政权，而湖南之省宪法中则规定女子有参政权，且省议员中竟有女子当选者，此实为吾国女子有参政权之先导也。

兹宜注意者，法律上所称为人，得为权利主体之谓也。所谓权利之主体，享有权利能力之谓，非行使权利能力之谓也。凡有享有权利能力者，即使无行使能力，不妨为法律上所称之人。如未成年者，无行使权利之能力，疯癫、白痴及心神丧失者亦然，然其得为权利之主体而享有权利，与其他自然人毫无所异，故法律上不能不认之为人。

（二）法人

法人原非人类，徒以法律上于某范围内认之为人，故得为权利之主体。以是法人之成立，需遵法律之规定明矣。但其成立方法，各国制度不一。兹撮其大要，凡有四种。

（1）法人依当事者之意思得自由设立。

（2）以法律预定条件，依其条件得设立法人。

（3）法人之设立，需经主权者之特许。

（4）因欲设立法人而制定特别法以遵循之。（如先发布某银行条例之法律，然后由其法律组织银行，以其银行为法人是也。）

法人又分为公法人、私法人两种。公法人者，因公法而存在之法人，如国家及省县是。私法人者，因私法而存在之法人，如工商业上之各种公司是也。

疏 法人之种类，细别之有四：（一）公法人与私法人，是以法律之性质为区别之标准者。（二）内国法人与外国法人，是以地理为区别之标准者。（三）社团法人与财团法人，是以其组织之基础为区别之标准者，前者法律对于自然人之集合体付与人格，后者法律对于财产之集合体付与人格。（四）公益法人与营利法人，是以其目的为区别之标准者。

第四章　权利之客体

权利之客体，谓因法律之保护而为满足吾人需要之资料者也。因权利之种类不同，故客体之种类亦异，其最著者为物。兹姑就物之意义及物之种类分别述之。

疏　此所谓资料约有二种：(一)为有形资料，如有体物是；(二)为无形资料，如名誉、信用等是也。

第一　物之意义

物之意义何若，学者议论百出。独英国学者，和朗①之说明，颇为足取。其言曰："物者，能接于吾人之触官永久存在者也。物与事件不同，盖事件虽为宇宙间之现象，然非可触接者，又非能永久存在者也。"兹分说其义如次。

疏　物与事件不同，盖前者为实质的，而为有形的，后者为抽象的，而为无形的。

(1) 物者要存于人类以外。无论自然人或法人，既为人，即非物。人之身体亦非物。古时以奴隶为物，可以随意买卖者，现今文明各国悉废除之。故所谓物者，要为人类以外自然界之一部，如土地、房屋、木石、禽兽均是也。

(2) 物者要有位置之存在。既名为物，无论固体、流体、气体，必占有空间之位置。如水气、煤气皆物也。如牛马之力、电气之力，无位置之存在，不得谓为物也。

(3) 物者要能供吾人之利用。如日月星辰为物理学、天文学上之物，非法律上之物，因其性质不能供吾人之自由利用也。

(4) 物者要有独立之存在。物为权利之客体，故非独立存在不可。

第二　物之种类

罗马法以来，学者分物为有体物、无体物。有体物者，人之感官可以触知也。如土地、建筑物、动物、器具是。无体物者，人之感官不能触知，仅以智能得理会者也。如出版权、特许权是。但物之本质应以有体为要件，故此区别不足采也。兹举普通之区别如次。

疏　物有广狭二义。言乎广义，则包有体物、无体物，是为罗马主义。言乎狭义，则仅包有体物，是为德国主义，近世各国大都采用，而吾国与日本亦然。

(1) 动产、不动产。动产者，不损坏其物之形体，得自由移转之物也。不动产者，不损坏物之形体，不得自由移转之物也。如土地、树木、建筑物不动产也。器具、动物动产也。

(2) 主物、从物。主物者，得独立全其效用之物也。从物者，必附属于他物，始能全其效用之物也。如仓库，主物也，其键，从物也。又如房屋，主物也，其装饰之窗户，从物也。

(3) 可分物、不可分物。可分物者，由其性质及当事者之意思或法律之规定得分割之物也。不可分物者，性质上不能分割之物或因当事者之意思不能分割，又或因法律之规定不能分

---

① 今通译为霍兰德。

割之物也。所谓性质上不能分割之物者，非减少其物之全体之价额，不能分割之谓也。如一匹马、一艘船，分割之必减少其价额。所谓由当事者之意思不可分割之物者，如甲乙二人相与结债权之契约，对于债权之目的物，声明不可分者是也。所谓因法律上之规定不能分割之物者，如供担保之物权是也。除以上所指不可分之物外，余均可分物也。

疏 对于债权之目的物，声明不可分者，例如乙向甲借若干元，则乙非得甲之许可，不能分期偿还，须一次偿清，此为形式上虽可分，而意思上不可分也。

担保物之不可分，例如乙向甲借若干元，而以田为抵押品，此时甲虽有抵押权，不能将乙之抵押品分割，作为他用。

(4) 消费物、不消费物。消费物者，因使用而归于消灭之物也。不消费物者，虽使用而不消灭之物也。如米麦、酒油，消费物也。如器具、屋房，不消费物也。

(5) 代替物、不代替物。代替物者，谨定物之种类及物之数量，交易上得以同质同量之物代替之谓也。如货币、谷米、酒油是。不代替物者，谓特别限定之物，交易上不能以他物代替者。如土地、房屋是也。

疏 代替物，又称为不特定物。不代替物，又称为特定物。

(6) 融通物、不融通物。融通物者，得移转物之所有权之谓也。不融通物者，不得移转所有权之谓也。如土地、房屋、动物、器具，融通物也。如庙宇、坟墓、毒药、军火及其他法律禁止处分之物，皆不融通物也。

疏 不融通物有二：(一)性质上之不融通物，如公共物(空气流水之类)是；(二)法定不融通物，如公有物(公园道路)、禁止物(毒药军火)、不许处分之物(坟墓)是。

(7) 元物、滋息。元物对滋息言，即产出滋息之物也。如生果物之树木，生利息之母本是。滋息者，谓由元物产出之物。其种类有二：一曰天然滋息，依物之用法收取之出产物也。如果物、米谷、矿物是。二曰法定滋息，谓他人使用原物之报酬，如房租是也。但法定滋息，不必以金钱为限，如甲承租乙之土地，秋收后甲以所得谷之若干石酬乙，亦法定滋息也。

疏 关于天然滋息意义之学说有三：(一)定其收获物说，依此说则矿物非天然滋息，不合近世法制。(二)不消耗原物而收取之产出物说，依此说则矿物亦非滋息，而仍不合近世法制。(三)依物之用法而收取之产出物说，此说甚为适当，近世各国立法例，皆采用之。

(8) 单一物、组成物、聚合物。单一物者，谓其形体为独立一体之物，如纸、墨、笔、砚是。组成物者，谓数物相结合成为一体之物，如房屋是。聚合物者，谓多数之单一物聚合为一体，而非互相结合者，如图书馆之图书是。

第五章　权利之取得

权利必归属于特定人，自特定人言，曰权利之取得，自权利言，曰权利之发生。与权利之取得相牵联者，有权利之设定、权利之创设诸名词。权利之设定者，谓因设定行为发生权利，且使有取得权利之事实。例如甲乙相约，甲于其所有土地之上设定地役权，使乙取得之是也。权利之创设者，即法律创设权利之谓。例如法律于某物之上创设物权是也。

权利取得之方法有二：一曰原始取得，一曰继承取得。原始取得，谓不凭借他人之权利而有独立取得权利之事实。例如达一定之年龄而取得选举权，娶妻以后，对于其妻，取得夫权是也。继承取得，谓凭借他人之权利，因继承而有取得之事实。例如因买卖而取得物之所有权，因过继而取得受继人之财产是也。

疏 继承取得，又可分之为移转的继承取得，与创设的继承取得两种。前者如甲以所有之土地移转于乙，但为权利主体之变更，而无新权利之发生。后者如甲于其土地上为乙设定地役权，此前主之权利虽受限制，然并不移转，仅为乙创设新权利，而有权利之发生也。

原始取得与继承取得区别之实用有二：（一）继承取得，前主之权利不存在时，后主不得取得权利，又后主不得取得较前主为大之权利，原始取得不然。（二）继承取得，凡附属于前主权利之负担，当然移转于后主，如附属于前主土地之抵押权，后主不得轻视之，原始取得不然。

因继承而取得权利，其情形不外二种：一曰特定继承，二曰包括继承。特定继承，谓特别继承某项权利。如甲以其所有之表特别让与于乙是也。包括继承，谓承继人继承被承继人一切财产上之权利。如甲过继于乙为子，凡乙所有之财产，甲皆取得之，财产之种类如何，非所问也。

原始取得及继承取得，皆系取得权利之原因。公权多为原始取得，如选举权及被选举权，未有因继承而能取得者。私权中之人格权及身分权亦然。故继承取得，原则上应以私权中之财产权为限。

第六章　权利之行使

取得权利将欲行使之也。故权利非以取得为目的，乃以行使为目的也。但吾人之行使权利，有时限于一次，有时不以一次为限。如甲负乙债，乙对甲有债权，苟甲清偿债务，则乙即无债权之可言，故乙之债权，其行使仅只限于一次也。又如甲已达一定年龄，在法律上有选举权，此项选举权可以行使数次，乃至数十次，初非以一次为止也。

行使权利，乃权利者之权能，非权利者之义务。故权利者行使其权利可，不行使其权利亦可。其必须行使者，非权利也，乃义务也。于权利而不行使，断无违法之可言。惟有时因不行使，丧失其权利而已。譬如甲负乙债，乙未向甲追讨，苟法律上定有明文，非于若干年内追讨不可，经过若干年，则丧失其对甲所有之债权。

行使权利，有时可托他人代理为之，有时则非自己行使不可。如甲负乙债，乙对甲有债权，此项债权，乙可托丙代理而行使之。又如甲已达一定年龄，在法律上享有选举权，此项选举权则不得倩①人代理。他如亲属权亦然。至何项权利可以托人代理，何项权利不能托人代理，视权利之性质定之。

行使权利，有时他人间接受其利益。不行使权利，有时他人间接受其损害。然行使与否乃权利者之权能。故不因他人间接受有损害，权利者遂有行使权利之义务。譬如甲负乙债，乙负丙债，乙不向甲行使债权，则丙之债权间接亦蒙其害，此时丙虽可代乙向甲行使债权，然乙之本身无行使债权之义务也。又行使权利之时，他人权利往往受其损失，然他人不能因其权利受有损失之故，而禁止其行使权利也。譬如土地所有权者，欲于其土地之上建筑广厦，邻地之房屋所有者，苟无特别权利不能禁止其建筑也。

---

① 此处“倩”，请、央求之意。

第七章 权利之变丧

权利之变丧，即权利之变更，权利之丧失是也。兹先述权利之变更，次及权利之丧失。

（一）权利之变更

权利之变更有二，一主观变更，二客观变更。主观变更，谓权利主体之变更，即权利主体之改换，权利主体之增减也。权利主体之改换，谓新主体代旧主体而享有其权利。权利主体之增减，谓一人之权利归于数人，或数人共有之权利归于一人者也。客观变更，谓权利客体之变更，即权利之数量，权利之内容，权利之形式，有所变更也。权利数量之变更，谓权利范围有增减。例如甲借千元于乙，嗣又续借五百元，如是则债权之范围增加。设甲借千元于乙，后乙先还甲五百元，如是则债权之范围缩小。债权之范围增减，即债权数量之变更也。权利内容之变更，谓权利之种类有更易，或于固有权利之外，新生别种之权利。例如甲负乙债，到期不肯偿还，乙于其固有债权之外，发生强制履行请求权，此即权利内容之变更也。权利形式之变更，谓权利方式上有所变更。例如借银洋千元于乙，期限三年归还，旋又改三年归还为随时归还，此时甲之债权毫无增减，而其方式上已有改易，此即权利形式之变更也。

疏 权利主体之变更，其权利是否失同一性，学者之主张虽纷，然普通则谓权利之主体，固为权利之要素，而为权利主体之个人，则非其要素，故权利主体之属于甲或乙，其权利仍不失其同一性也。

（二）权利之丧失

权利之丧失，谓权利与其主体分离之谓，其间有绝对相对之区别焉。

绝对丧失，即权利消灭之谓。例如甲犯徒刑之罪，经法院判决，褫夺其选举之公权。又如甲家失火，全宅被焚。甲之选举权及甲之房屋所有权，因犯徒刑之罪及失火而消灭，此即权利绝对丧失之一例也。

相对丧失，谓原来之权利者，虽丧失其权利，而其权利更移转于他人之谓。例如甲将所有之物售卖于乙，因乙取得物之所有权，而甲之所有权与甲分离，此即权利相对丧失之一例也。

疏 绝对丧失之原因有四：（一）由于权利自体之原因，如债权因履行而丧失。（二）由于法律之原因，如权利因经过时效而丧失。（三）由于当事者之意思，如权利因抛弃而丧失。（四）由于自然之原因，如房屋因失火而丧失是也。

第八章　义务之意义

近世文明诸国之法律，咸以权利为本位。所谓义务，不过因欲保护权利而存在者耳。兹说明法律上义务之定义如次：

义务者，法律使人行为或不行为之强制也。

兹分析说明其意义如次：

第一　义务者，强制也。

凡在法律上负有义务者，需从法律之规定，为某行为或不为某行为，苟违反之，则必加以制裁，此义务所以云强制也。

第二　义务者，行为或不行为之强制也。

行为者，为某事之谓。不行为者，不为某事之谓。法律有时使人为某行为，有时使人不为某行为。如履行契约，行为之义务也。不可侵害他人所有权，不行为之义务也。

第三　义务者，对人之强制也。

权利义务之关系，即人类间之法律关系。权利之主体既为人，则负义务者亦不可不为人。

第四　义务者，法律所设定者也。

义务之用语，与权利同，有用于道德上、宗教上、社交上者。但法律所称义务，则由法律之规定而生，即于法律设制裁，强制人民使为某事或不为某事而发生者。故曰义务者，法律所设定者也。

第九章　义务之分类

第一　积极义务　消极义务

积极[①]义务者，宜为某事之义务，即行为之义务也。消极义务者，不为某事之义务，即不行为之义务也。积极义务，通常分为作为之义务、让与之义务、及许容之义务三种。作为之义务者，为他人从事劳务之义务也。让与之义务者，给付某物于他人之义务也。许容之义务者，如土地所有者，许有地役权者通行之义务是也。消极义务者，即不作为之义务，如不可侵害他人财产之义务，及不可毁损他人荣誉之义务是也。

第二　孤立义务　对立义务

孤立义务者，与权利不相对立之义务也。对立义务者，与权利相对立之义务也。夫自普通情形言之，有权利而后始有义务，义务权利，常相对立。然义务有时与权利不相对立，而单独存在者，如兵役义务，纳税义务，并无权利与之对立，即孤立义务也。

第三　第一义务　第二义务

第一义务与第二义务之区别，与权利之分为第一权、第二权者同一标准。第一义务对于第一权而言，不俟他人之犯罪行为而存在者也。第二义务对于第一权而言，因他人之犯罪行为而发生者也。如不可侵害他人权利之义务，第一义务也。因其侵害而发生赔偿之义务，即第二义务也。

第四　主义务　从义务

主义务、从义务之区别，与主权利、从权利之区别相对立。即主义务者，与主权利相对之义务也。从义务者，与从权利相对之义务也。如债务者所负偿还债务之义务，主义务也。保证人之担保义务，从义务也。

以上所述，乃义务之分类。至一般国民所负担之义务，其重要者不外下列二种。

第一　纳税

国家百政设施，动需巨资，而财源之所从出，舍征之国民外，其道无由。故凡为一国之民，其身家性命，既赖国家之保护获以安全，则不可不出其财产，以备国家为种种保护设施之经费。故有纳税之义务。

疏　民国十二年宪法第十九条云："中华民国人民，依法律有纳税之义务。"

古代国家对于人民之纳税，采报偿主义，即人民对于国家有纳税之义务，而国家对于人民有保护之义务。故国家对于人民，人民对于国家，俱为双方的义务，而非片段的义务。近世国家对于人民之纳税，采能力主义，即人民能纳税者纳之，不能纳税者则听之，且对于贫民之保护更甚于富民，而代设工厂，使其能自谋生计也。

① "积极"，原作"极积"，今据上下文改。

第二　当兵义务

近世以来，各国皆厉行征兵制度，国民均负有当兵之义务。盖国以民为本，民赖国以存，处兹竞争剧烈之秋，所以靖内乱御外侮者，一资乎兵。生为斯国之民，苟不能出力以捍卫斯国之患难，则国之不存，身于何有。故国民对于国家负有当兵之义务。

疏 民国十二年宪法第二十条云："中华民国人民，依法律有服兵役之义务。"

考兵役义务，自来有三种主义：（一）佣兵主义，如吾国今日是也。（二）强征主义，即国民皆兵主义，行于大陆诸国，如法如德，其最著者也。（三）强征与佣兵并行主义，此为英美主义，即战时用强征法，而平时则以佣兵为原则也。

第四编　法学论

第一章　法学之概念

宇宙之现象，至为繁赜，其真正现象，有时虽非吾人脑力之所能及，而吾人之欲望，则非达于其究竟之域不止，其欲知其究竟之状态，是谓之学。学之范围极广，欲以人类之知识研究宇宙全体之现象，势有不能，不得不分割而研究之。盖宇宙现象，有自然现象与精神现象之分，前者为自然现象之学，后者为精神现象之学。精神现象中又有个人心理现象之学与社会现象之学之二种。法律现象属于社会现象之中。举社会上法律部分之现象而研究之，是谓法学。

法之为学，乃近世以来之观念。至中古以前，则法学与法术之分界不明，以法学为法术者，往往有之。盖法学所以知事物之通性，法术所以知此通性而应用于实际，凡物必先通晓其原理，而后始有应用之效果，此不易之理也。然法律发达之状态，则法术尝先于法学。往古希腊，虽有法律知识之语，而无所谓法学。迨至罗马共和时代，始有法学之称。吾国刑名法术等语，自古沿用之，然独无法学之语。其他印度、回回诸教国，间有称法律家者，实则仍为法术家也。故法学之名词，晚近始著于世。

疏 古代学者视学与术为一致，今之学者则异是，视学为纯理的，术为应用的，故学为系统的研究，术为片断的研究。吾国古代博学如孔孟，而其所著之书，包罗万有，惟不能分门别类，致使后世学者不能得就其系统精深研究，以收事半功倍之效也。

第二章　法学之发达

我国法学名家，如管商申韩之流，研考法理，震耀人环，及措之政治，成效尤为卓著，使后学新进，承诵其说，益加阐发，则数千年来吾国法学之发达，乌有限量。乃汉武继暴秦烧书之余，不务光扬前徽，狃于董仲舒儒生之议，擅罢百家，诸子浸微，而法学一科，至今几成绝学矣。兹欲探考其发达之迹，而寸鳞断爪，散佚崩离，董理无由，此吾人所为执简惶然，不惜舍己从人，而掇拾泰西成说也。

欧洲古代号为文明之中心者，希腊与罗马是也。然希腊学者如苏格拉第①、柏拉图、亚里士多德等，其素所研讨，多倚于哲理政治，而于法律则鲜究探。故欲考欧洲古代法律发达之迹，不能不求之罗马也。今欲说明罗马法学之大略，得别为四期讲述之。

第一期　法学萌芽时代(由罗马建国至帝国初期)

此时代虽不得谓为真正法学发达之时代，然法律之萌芽，实肇于此。当时为罗马法学之根据者，为神务官。此神务官，一方负供奉神祇之职务，一方又司掌当时通行之神法(按：即普通法)。故当神务官之职者，自长于法律解释之术。且当时之诉讼程序，皆与宗教相关联，神务官之外，无人得知，尤足以养成其法律上之知识也。要之，当时之罗马，其所号为法律家者，仅神务官耳。而神务官凡关于诉讼之程序及法院开庭期限之事项，均记载于帐簿，传之子孙，使他人不能窥知。然至纪元前三百四年时，有布那比拉斯者得此神务官之帐簿，公之于世。由是一般人民始悉关于法律之事务，法学自是日益发达，即法律之著书，亦自是日繁。当纪元前百八十年已有叶那斯之著述，而为十二铜表之解释矣。又当此时代，希腊之文学输入罗马，影响所及，遂使研究法律者日益增加。而学者之鸿篇巨制，乃层出不穷，其尤擅名一世者，即纪元前百年顷，斯克簿关于罗马民法之著述是也。是书计十八卷，以有条不紊之法理，阐明罗马之法律。凡罗马之法律得成为一种之科学者，其端盖肇于此。此外，如当时法律家之职务，亦足为促进法学进步之原因。盖当时法律家之职务，除关于诉讼、代作诉状外，又对于各种法律上之问题，尤能与以鉴定。而得为此种鉴定者，初虽仅限于神务官，迨共和政治之末，一般之法学者，亦得为此种鉴定。后至帝国之初，依俄加斯大斯帝之敕令，凡为鉴定者，需经帝王之许可，而得此特许之学者，其鉴定于法律上能发生一种之效力。以此种种之原因，罗马之法学，至第一期之末，虽渐趋隆盛，然以不能任学者自由研究之，故尚不足以称真正之学问也。

第二期　法学发展时代(由罗马帝国初期至巴多利岸帝)

此时代罗马法学之发达，足以当真正学问之名。其学者各以所见，从事研究，新理辈出，其结果遂至于罗马法律家之间，发生两党，各标旗帜，争相角逐，而罗马之法学所由焜耀一世者，胥原于此也。其一为撤比利安派，其他为布洛克利安派。第一派之始祖为加比脱，第二派之始

① 今通译为苏格拉底。

祖为邦拜俄。二派学者，各分门户，从事法律学之研究，议论往复，辩驳不穷，彼此所持，初尚无甚悬殊，降洎后世，乃至冰炭不容，扬镖分驰。兹聊举其差异之重要者。撒比利安派为守旧主义，其解释法律上之问题，率墨守旧来之习惯，常排斥新出之理论。布洛克利安派，适与之反，以进步为主义，其解释法律也，重新理，斥旧习，故其学者著书立说，理论精密，新奇①可喜，而征之实际，常不免疏远之诮焉。

第三期　法学隆盛时代(由巴多利岸帝至加那加帝)

罗马法学之隆盛，推此时代，学者所称黄金时代者是也。考此时代法学之所以隆盛者，有二原因：(1)前述二派之学者，至此时期，彼此意见日渐融洽，而所持学说，亦各谋有以调和，使得其平，择长弃短，不以门户不同，固守师说；(2)此时代所以优待法律学者甚至，凡法律学者均任为帝王之顾问官，而使断定法律上之问题。以此二原因，遂益促法学之发达而跻于极盛焉。罗马著名之法学大家巴皮利安②，即生于此时代。

第四期　法学衰退时代(由加那加帝以降)

自巴皮利安死后，继起无人，风会衰歇，大减前世。然当时著名之学者，尚往往不绝，如波俄勒司及马待司铁勒司等，皆此时代之产儿也。惟当时学者研究法律，既不若前此之盛，迨经兵燹，学者著述，残缺散佚，虽有好学深思之士，而得书匪易，亦无由殚见而精考焉。但此时代如幼斯提利安帝集法典编纂之大成，则其可纪者也。

罗马法学衰颓之后，一蹶不振。而近世法、荷、德各国学者，乃遥承坠绪，接踵而起。而法学发达之焰，遂以大炽。法国法学之勃兴，在第十六世纪，当时所谓古学复兴时代。而哲学家布德士遂本其天纵之才，研考法理，以开法国法学发达之先路，至十七世纪末，渐告衰退。荷兰学者乃继以起，为国际法始祖之辜乐修，即应此世运产生焉。洎十八世纪后半，德国法学兴，而荷兰法学又以衰微。日本逼处东陲，吸收欧风，坚进突化。维新以来，学者负笈重洋，覃究广搜，善采人长。其法学之渊源，虽奉欧儒为圭臬，然近者彼国法学巨子，颇能自出胸臆，推陈出新，发为宏理，卓自名家。返观吾国，则瞠乎后焉。

疏　国际法自辜乐修出，始称为学，以前则仅可称为术也。

① “奇”，原作“寄”，今据上下文改。

② 今通译为帕比尼安。

第三章　法学之分科

第一　因其研究之范围不同，分科如下。

（一）一般法学及局地法学。广采各国各地方之法律为研究材料者，曰一般法学。以一国一地方之法律为研究材料者，曰局地法学。

（二）国内法学及国际法学。以一国内之法律为研究材料者，曰国内法学。以国际间所存在之法律，为研究材料者，曰国际法学。

（三）普通法学及特别法学。以一般通行之法律为研究材料者，曰普通法学。以特别存在之法律为研究材料者，曰特别法学。

第二　因其研究之性质不同，分科如下。

（一）宪法学。研究一国之根本法，即规定关于国权组织及行动之大原则之法律者，曰宪法学。惟此为广义，而狭义之所谓宪法，则专指立宪诸国以之与通常法律分别而特制为一法典者言。然广义宪法之所规定与狭义之宪法，不必一致。如德国旧宪中规定铁路、邮便等无关根本之事项，而君位继承等重大事项，日本宪法中，并无规定，其明征也。

立宪国之宪法，有由立法者特制一法典或集合数法典为一法典者，曰成文宪法。有别无特定之法典，仅由历时既久之种种单行法律与习惯而成者，曰不文宪法。成文宪法非全然排除关于宪法之习惯而使其毫不存在，不文宪法亦非关于宪法并无何等成文法规也。盖所谓成文者，宪法全体之法则，以秩序之形式明示之于法典，不文者则无如此之法典而已。

（二）行政法学。研究规定掌主权作用之机关之组织及职务并国与其一部间，或其各部相互间，又国或其一部与人民间关系之法律者，曰行政法学。所谓掌主权作用之机关者何？自国务总理为始，如司法机关，及地方团体，皆包含之。而其组织及职务，则虽谓为行政法最重之部分可也。所谓国与其一部间之关系者何？如国与地方团体（即国与省县市乡等之关系）是也。所谓其各部相互间之关系者何？如省县与市乡之关系，或甲市乡与乙市乡之关系是也。又国或其一部与人民间之关系者何？例如土地收用法，为因公益而收取人民财产之规定，又如收税法，为因公益而征收租税之规定，皆行政法也。省县市乡之征收省县税、市乡税亦同。欲就有成文者而举示具体之例，如内阁各部地方官等之官制，法院编制法，或行政诉讼法，诉愿法，省县制，市制乡制，土地收用法，矿业条例，租税法，皆属于行政法。惟法院编制法，普通皆不认属于行政法之中，然在理论上，则固为行政法也。

（三）民法学。研究规定人民相互间又与人民同一资格之国家或其一部间关系之原则之法律者，曰民法学。例如关于所有权之规定，属于民法之范围。一私人苟有一定之土地所有权，凡其他之一私人不能侵之，且不能使用其土地，皆于民法详定之。然此所有权不必仅存于私人间而已，国家亦有某土地之所有权。使国家有不用之宅地，而贷于他人，此时国家适与私人为土地所有者同，皆受民法之支配。虽关于国有财产，类有特别规定，然除特别规定外，皆从民法之规定。其他地方团体，有土地所有权之时亦然。此无论就债权观之，就其他之权利观之，皆如是也。

（四）刑法学。研究规定犯罪及刑罚之法律者，曰刑法学。国家为维持安宁秩序，惩治恶性，特制为刑罚，以处罚犯罪者，故犯何种罪名，应科何种刑罚，刑法中均有明文规定之。国家对于吾人行为，有无刑罚权，视其行为干犯刑法与否以为断。吾人行为在刑法上若认为犯罪，斯应受国家刑罚之制裁。至应受如何之制裁，则由审判厅之判决确定之，非第私人不能左右于其间，即一国之元首，除依法行使特赦权外，亦无可如何也。

（五）商法学。研究私法中关于商业之特别规定之法律者，曰商法学。夫商法所以别于民法者，非学理上宜有此区别。何以言之？盖商业云者，其范围颇为暧昧，虽以各国学者及立法者之苦心，终不从学理上定其标准。故各国商业之范围，大抵为列举者。我国现行之商人通例，亦采列举主义，即一买卖业，二赁贷业，三制造业或加工业，四供给电气、煤气或自来水业，五出版业，六印刷业，七银行业、兑换金钱业或贷金业，八担承信托业，九作业或劳务之承揽业，十设场屋以集客之业，十一堆栈业，十二保险业，十三运送业，十四承揽运送业，十五牙行业，十六居间业，十七代理业等各种营业为法律上所认之商业也。但自经济上言之，所谓商者别乎生产之事业而言，而但以所谓流通者属之。但法律上之商行为或商业，即制造业亦包含于其中，从经济言之，制造业为工业，而非商业，故不能依经济之意义。由此观之，法律上商行为或商业，殆不能以学理说明。故无论何国，其所谓商行为或商业之范围，皆为列举者，即全由于人为者，而非自然应如此也。

夫商法与民法所以区别者，要不外沿革上之理由。凡欧洲法典国，大抵皆区别为民法、商法，如法兰西、德意志、西班牙、葡萄牙、比利时（比利时乃取法兰西法典而施行之者）、意大利，其他小国皆是。夫论法典，以法兰西为最先进国。（法兰西以前，亦有法典，然分为民法、商法、刑法、民事诉讼法、刑事诉讼法五者，而名为五法典，则自法兰西为始，德意志、意大利、荷兰等，皆仿效之而造法典者。）或者仅以法兰西分民法、商法，他国亦遂分之，为实际上之理由。然就欧洲全体言之，亦有沿革上之理由。欧洲民法，今日以前皆食罗马法之糟粕，即至今日民法上之原则，尚依罗马法之原则，虽其细目不同，且非无显然进步之迹，然概言之，欧洲之法律，亦以罗马法主义为据者也，而以民法为最确。夫罗马法之民法，虽较为进步，然往往拘于形式，此盖因罗马之商业不振，故不图商业上之便利，而其法律遂失之迂远。然商业固以迅速为要者也，故其不适于商业者不少。迨至中世封建之制度犹存，诸侯各施暴政，审判往往流于偏颇，法律之为物，尤多不适于商业者，况审判不必公平，程序不必迅速乎！故至商业稍稍进步，于民法上虽可从罗马之原则，而商业上则终有不能者，且以普通之审判官为审判，甚为不利。故为商业中心之地方，自为商业上之习惯法，特设商事审判厅，而商人又赠贿赂于诸侯，遂获此特权。此商法与民法所以异其发达也。民法与商法不同，而商事审判厅遂皆不适用民法，而适用商法矣。

疏 民法为规定人民中私人与私人之关系，商法亦为规定私人与私人之关系，其所以欲另行制定商法者，亦为历史上沿革之关系也。

法兰西千六百七十三年，路易十四世发布商令，即一般所称沙发里法典是也。起草者为商人沙发里，或曰商人法。至千六百八十一年，发布海令。此二敕令，殆谓为二法典可也。今日法兰西之商法典,依此二敕令者颇多,如海商法,殆全部依路易十四世之敕令。当时欧洲以法兰西为最进步,他国皆不逮之。其后依成文而分民法商法,民法适用罗马法,商法则依路易十四世之二敕令,此欧洲大陆沿革也。英国为非法典国,亦无民法商法之区别,而英之商业,则冠于世界。然则民法商法之区别,乃依欧洲大陆之沿革而生者,无学理上之理由也。日本与中国无沿革上之理由,而亦仿之,学者颇以为病。

(六)民事诉讼法学。研究就私法关系请审判厅干与[①]之程序法者,曰民事诉讼法学。但此为广义,若就狭义言之,则仅关于系争事件或曰诉讼事件而已。夫诉讼事件云者,对于非诉讼事件而言。诉讼事件与非诉讼事件,其不同之点如何,此为学者研究之问题。就大体言之,关于系争事件者,诉讼事件也,不然者,非诉讼事件也。例如甲乙间有争,(即甲对于乙主张某种之权利,或甲对乙不履行义务)因欲决之,而请于审判厅者,诉讼事件也。反是而别无所争者,例如选定监督人,不可不招集亲属会,而亲属会须由监护人于任事前呈请总判厅招集之,其招集之请求,即非诉讼事件也。

(七)刑事诉讼法学。研究规定刑事诉讼程序之法律者,曰刑事诉讼法学。刑事诉讼法之主目的,在使刑罚得适用于犯罪,而从目的,则在救济因犯罪而受侵害者之私权也。

所谓使刑罚得适用于犯罪为主目的者,谓无论何国,既有犯罪之人,即有相当之刑法,此刑法为保护国家安宁秩序之法,而亦维持主权必要之条件。各国刑法,虽趋向不同,然其结果,皆属没收人之财产,剥夺人之自由及生命,影响既如此重大,则不可缺适用之程序法。欲使犯罪者不漏网,当定程序法时,不可不绵密,欲使无罪者不被枉,当定程序时,又不可不正确,否则难保审判官之必无错误也。

疏 刑法不完备,对于人民之犯罪与否无大危险,而刑事诉讼法不完备,对于人民之犯罪与否,危险极大,甚至不犯罪而受惩罚者有之。

所谓救济因犯罪而受侵害者之私权为从目的者,谓人人有其生命、自由、财产,一旦为人侵害,不独受种种苦痛,且于职业上大有妨害,故依民诉法之规定,则可要求赔偿损害,夫赔偿损害,既规定于民诉法,则刑事诉讼法中,似可不设,然为诉讼者、审判官便利起见,则规定于刑事诉讼法中。其利益有二:

(A)被害者之便利。有刑事诉讼法之证据,即可为民事诉讼法之证据,使刑罚请求权与私权救济权,得并行之。

(B)审判官之便利。使审判官于刑事审判之时,附审民事,程序上,时间上,均甚简省,而请求者亦不烦劳也。

(八)国际公法学。研究规定国与国之关系,又一国与他国人民之关系之法律者,曰国际公法学。谓国与国之关系者何?就通常言之,某国之君主,往他国时有如何[②]之特权(即因代表其国而生者),若在战争之时,交战国互有如何之权利义务,中立国有如何之权利义务,皆为国与国之关系也。然一国与他国人民之关系,亦归入之,其最著者,如国际刑法是已。国际刑法云者,乙国人民在甲国犯罪,或有犯乙国之罪,而逃于甲国者,皆属于国际刑法。故其中亦包

① “干与”,即“干预”,过问之意。

② “何”,原作“可”,今据上下文改。

含犯罪执交之问题，虽通常有以之别于狭义之国际公法，然学理上亦国际公法也。

（九）国际私法学。研究规定二国以上人民相互关系之法律者，曰国际私法学。例如中国人在外国结婚，中国人应受其国法律之支配乎？抑受中国法律之支配乎？又如居于中国者，与居于英国者之间结契约，关于其契约，适用英国之法律乎？将适用中国之法律乎？此皆国际私法之问题也。

或谓上述关系，乃国家依如何之法律而为支配之问题，即全为规定国家与人民之关系者，实属公法之范围，不得曰国际私法也。然不问中国人在外国，为中国之法律所支配，抑为所在国之法律所支配，外国人至中国时，为中国法律所支配，抑为其本国法律所支配，中国与英国之间，缔结契约，为何国之法律所支配，要为中国人私法上之关系，外国私法上之关系，或关于契约之法律关系如何规定之问题。故吾人皆以为规定二国以上人民相互之关系者也。由是观之，不谓为私法而不得矣。至于适用如何之法律则因事实之发生，或适用民法之规定，或适用商法规定，而民商法皆为私法，则其问题亦为私法之问题，即无论适用中国之民法，与适用英国之民法，皆为私法。故国际私法，以称私法为适当也。

第四章　法学之派别

法学之派别有二，即演绎法学派与归纳法学派是也。此二学派，虽因其所用之研究方法，一为演绎法，一为归纳法，然并非仅以一法为足，而不顾其他。如演绎学派，亦间参以归纳法，而归纳学派，亦间用演绎法。盖无论研究何种学问，斯二方法不可偏废。此二学派之所由分，乃因其最注重之研究点以为断耳。

疏 演绎派，即唯心派，重理想，主观的；归纳派，即唯物派，重历史，客观的。

第一　依演绎法之法学派

依演绎法之法学派，即由吾人之理想立一公例，据之以研究法理之学派也。世所称自然法学派，殆即指此。此学派于一切法律现象之外，别认有自然法之存在，欲依其自然法之原则，以研究法学。盖此派之研究法学也，专凭理想而夷视事实，其对于自然之解释，各有所主，议论既纷，遂更别为自然法、理纯法及人性法之三派。

（甲）自然法派。此派学者谓自然法乃吾人生存于自然状态时所行之法则也。依此派之所论，则人类原始之自然状态，无国家与法律之羁绊，皆拥有完全之自由，且人类均属平等，无上下贵贱之别，如奴隶制度，大悖人类平等之原理，故不可不废除之。本派巨子，首推卢梭，当法国大革命时，极为盛行。

疏 自然法之语，出于希腊斯德亦克哲学，然其意义，学者之说各异，兹举其主要者而言之：（一）自然法者，盖当人类生息于自然之状态所行之法则也。倡此说者为卢梭之社会契约主义。所谓自然状态者，即指人类未组织社会时之状态，是固以想像而言者耳。（二）自然法者，自然赋与一切动物之法则也。此说为罗马法律家由耳俾安所倡，其后孟德斯鸠说明自然法，其意义亦与之略同。（三）自然法者，乃上帝所指示之完全法则，而得以吾人之理想发见之者也。此说多为神学派法学家所倡。（四）自然法者，基于人之禀性之法则也。此为德人克兰善所倡，至亚连斯乃大成，而盛行于世。盖此学说实始于斯德亦克哲学之旨，谓人者从其禀性，而为道之大本。故此派学说，可以谓为传自然法主义之真谛者也。世又谓自然法为性法者，职此故也。

（乙）纯理法派。此派学者谓自然法非存于人类以外，乃在吾人理想之中者也。盖人类夙具辨别道理之能力，故自其能力考察时，即可发见法律之原理原则。则此派远肇于希腊，而盛行于近世之德国，如康德、黑格尔，均属此派有名之学者也。

疏 此派谓法有主观的与客观的。客观的法，表现于各国之法文；主观的法，存在于吾人人之理性。盖人之所以为万物之灵者，因有固有之理性，以辨别自然之道理，而为合理之行动。故理想为原则之母，由吾人之理想，可以发见此万古不易之大原则也。

（丙）人性法派。此派学者谓自然法为基于人性之法律，故依此派，则先宜研究人之本性如何，然后以适合此本性之原理原则，为人定法之标准。此派亦渊源于希腊，而近世如最著名之德国学者，库那则及阿连斯，均属此派。

疏 按：此派因研究人性之结果，复分为二派：

（一）性善说此说谓人之性质本善，应顺人类自然之性质，以定适合之法律。此说为幸乐修主张之。

（二）性恶说。此说谓人之性质实恶，各有利己心，由利己心之冲突，始生国家及法律以统治之。此说为霍布士主张之。

要之，此二派之学说虽异，然先发见人性之如何，以适合此人性之原理原则，为人定法之基础标准，则一也。

第二　依归纳法之法学派

此派以观察社会间之法律现象，因以发见其适合各种法律现象之原理原则为主旨。但此派学者之研究方法，各有不同，若细别之，更得分为三派，即分析法派、历史法派及比较法派是也。

（甲）分析法派。分析法派者，分析剖解法律之现象，明其组织成分，以探究法律原理原则之学派也。如分析契约为要约与承诺二原素，以明契约之性质者是也。此学派为奥士丁所唱道，近世英国之法律家[①]大抵属于此派。

疏 此派之研究法，犹如化学家以分析物质，而知其成分者然。例如所有权云者，谓包含占有、使用、收益、处分之四元素者是也。盖主此是说者，大抵以法律为主权者之所定（命令说），主权者所定之法律以外，别无法理，非取实际之法律分析而解剖之不可。

（乙）历史法派。历史法派者，探究法律现象之变迁，以研究法理之学派也。依此学派所主张，法律现象非一定不变，法律原理，亦非万古不易，皆随社会之变迁而进化者也。如考究继承之沿革，古代为祭祀继承，中世为家长继承，近世为财产继承，即可知继承由祭祀继承、家长继承而进于财产继承之原理也。此派起于自然法学派之反动，近世德国最为盛行。其始倡者虽为那伊布利兹，而应用于实际，使成为一学派者，则为德国沙比尼。故研究法学者咸以沙氏为此派之鼻祖，英之倍根，法之波丹，亦其流亚也。

（丙）比较法派。比较法派者，比较对照各国之法律制度，探究其原理原则之学派也。此学派之研究方法，以地域为基础，比较诸国之法律，以其所发见之原理原则，为法理之说明，法律之解释，及制定法律之材料。如比较英吉利法与法兰西法，而发见英吉利法仅以要约为契约之要素，法兰西则以正当原因为契约之要素也。又如于亲属法，罗马之家族制度，与今世欧美诸国之制度互有不同，比较而研究之，乃此派之目的也。此派之研究法，既以地域为基础，故其比较之标准，因其所取区域之不同，近世学者遂分之为国别比较法、人种别比较法及法系别比较法三派。法系别比较法，更分法系为印度法系、支那法系、回回法系、罗马法系及英吉利法系五种。

疏 比较诸国法律制度，究研其利害得失，而发现其真理者，为比较法派。依此派之方法，而去研究科学，则颇有趣味也。

---

① 原文无“家”，疑为阙漏，由点校者所加。

凡欲比较研究，其应具之条件有二，诸国交通之便利其一也，广娴诸国之言语、风俗、习惯其二也。斯二者不具，则其研究也无由。故此派之发达，远在诸学派后。那伊布利兹夙虽盛倡比较研究之必要，而着手无从。比柯虽用此研究方法著书，而流布不广。至孟德斯鸠起，萃二十余年之心力，著法意一书，体大思精，独辟宏虑，自其书出，而后诸国之法制，灿然毕具，开卷展读，如列星眉。此派研究法遂以盛行于世。故学者群推孟氏为其始祖焉。

疏 孟德斯鸠而后，英之米恩（Maine）、布来士（James Bryce），德之颇士德（Herman Post）等相继辈出，致此学派遂极一时之盛也。

（1）国别比较法学者，以一国为基础，而比较研究其法律制度也。如比较英国法与法国法，而论究其得失者是。此派自孟氏始倡之，后遂盛行于法国，而有名之比较法学者叶尔亦属此派。盖法律因其国气候、人种、风俗之差异，而异其发达，故比较而论列之，于法律之实用及法学之研究上最必要也。

（2）人种别比较法学者，由人种之区别而比较研究其法律制度也。如比较中国人种与西国人种之法律，而求其异同，发见其特长是也。此派为波斯脱所首倡，而盛行于德国。依此派研究方法，凡地球人种虽易地变时，致有变化之或殊，而其各具之特色，不可掩也。

（3）法系别比较法学者，由法律系统之区别而比较研法律之制度也。如比较中国法系与罗马法系，而考察其异同是也。此项研究法，为日本穗积陈重博士所首倡。盖各国法律之大要，虽曰种类繁殊，若通观之，其系统可得而寻也。系统之差异，即法律差异之原因，故欲得法律完全之知识，不可不探讨其系统之区别，而比较其异同也章章然矣。

以上所举之各种比较法学，非仅守其一，即能完全研究法学者，必也三种研究方法，互相为用，始有以贯斯学之目的。盖人种别法学，虽置重于人种，然于其土地、风俗及其他能影响于法律之事项，不可忽也。又如法系别法学虽足获取法律发达之明了知识，然于其土地、风俗及其他能影响于法律之事项，亦不可不探究也。至若国别法学仅以一国为其研究之基础，苟一国之法律与他种事项有关联者，非得人种别法学、法系别法学之补助，亦不能达完满之目的也。故必三者相维相辅而后可。

中国法制史

郁嶷　述　张佐辰　李佐璜　合疏

中国法制史目录

绪　　论①

第一章　法制之起源及其进化 …… 117
第二章　中国法制史之意义 …… 119
第三章　中国法制史研究之重要 …… 120
第四章　中国法制史研究之困难 …… 121
第五章　中国法制进步迟缓之原因 …… 122
第六章　中西法制之差异 …… 125

本　　论

第一章　唐虞三代之法制 …… 133
　第一节　经济制度 …… 133
　第二节　王制 …… 135
　第三节　阶级制度 …… 137
　第四节　官职制度 …… 137
　第五节　兵制 …… 138
　第六节　法律②公布制度 …… 139
　第七节　法典编纂制度 …… 141
　第八节　刑制 …… 142
　第九节　学制 …… 142

第二章　秦汉之法制 …… 144
　第一节　经济制度 …… 144
　　第一款　田制 …… 144
　　第二款　税制 …… 148
　　第三款　币制 …… 150

① “论”，原作“言”，今据正文标题改。
② “律”，原作“制”，今据正文标题改。

第二节　阶级制度…… 152
第三节　官职制度…… 152
第一款　中央官制…… 153
第二款　地方官制…… 156
第四节　兵制…… 156
第五节　法典编纂制度…… 158
第六节　刑制…… 159
第七节　学制…… 161
第八节　救恤制度…… 163
第九节　交通制度…… 164
第三章　唐代之法制…… 165
第一节　经济制度…… 165
第一款　田制…… 165
第二款　税制…… 166
第三款　币制…… 169
第二节　阶级制度…… 170
第三节　官职制度…… 171
第一款　中央官制…… 171
第二款　地方官制…… 175
第四节　兵制…… 176
第五节　法典编纂制度…… 178
第六节　刑制…… 179
第七节　学制…… 181
第八节　救恤制度…… 184
第九节　交通制度…… 184
第一款　道路…… 184
第二款　关…… 185
第三款　驿…… 185
第四款　水驿…… 185
第五款　漕运…… 185
第四章　宋代之法制…… 186
第一节　经济制度…… 186
第一款　田制…… 186
第二款　税制…… 186
第三款　币制…… 189
第二节　官职制度…… 190
第一款　中央官制…… 190

第二款　地方官制…………………………………………………………… 195
第三节　兵制……………………………………………………………………… 196
第四节　法典编纂制度…………………………………………………………… 198
第五节　刑制……………………………………………………………………… 198
第六节　学制……………………………………………………………………… 199
第七节　救恤制度………………………………………………………………… 201
第八节　交通制度………………………………………………………………… 203
第五章　明代之法制……………………………………………………………… 204
第一节　经济制度………………………………………………………………… 204
第一款　田制………………………………………………………………… 204
第二款　税制………………………………………………………………… 205
第三款　币制………………………………………………………………… 206
第二节　官职制度………………………………………………………………… 207
第一款　中央官制…………………………………………………………… 208
第二款　地方官制…………………………………………………………… 211
第三节　兵制……………………………………………………………………… 212
第四节　法典编纂制度…………………………………………………………… 214
第五节　刑制……………………………………………………………………… 215
第六节　学制……………………………………………………………………… 217
第七节　救恤制度………………………………………………………………… 219
第八节　交通制度………………………………………………………………… 220

绪　　论

第一章　法制之起源及其进化

荀卿有言："人之所以异于禽兽者，以其能群也。"洪濛之初，蚩蚩者氓，穴居野处，无爪牙之利，毛介之卫，而能战胜万汇，不被虎狼鹰鸷吞噬之患者，群之效也。群治既立，法制斯起，递演弥进，灿然明备，奥稽载籍。虽世有文野，运有通塞，而人群聚处，必有所以维系之法，无古今中外，若合符节也。盖人之自营为私，乃出天性，荒原旷野，踽踽独行，有感斯发，旁无范限，此固理想上之境域，非所论于实际。实际言之，人生而群，群而有欲，欲焉而求，求必出于争，争斯大乱。是人类之始相群以抵排异类也甚殷，继相争而互残也甚烈，侵弱暴寡，旦夕惴恐，其势有不可崇朝居者也。

疏　《荀子·王制篇》："水火有气而无生，草木有生而无知，禽兽有知而无义，人有气、有生、有知，亦且有义，故最为天下贵也。力不若牛，走不若马，而牛马为用，何也？曰：人能群，彼不能群也。"（详见本篇）

然相争之势，终不胜其惴恐之念，浸假人己之间，肇置范限，互相羁束，俾勿侵逾，而法制起焉。故法制之起，起于防争杜乱之不容已。而其始立也，由于群众心理之共同潜率默移，蒸为习尚，子孙世守，相喻无形，固非如后世典章制度，勒为成法，布在简策，厘然可考者也。逮生齿日繁，文物组织，渐臻绵密，一群之中，其才德勇武超迈辈偶者，乃展声威，詟服有众，或为部落之酋长，或为封建之诸侯，条教号令，纷然并作，法兴自上，群焉率由。然方隅自囿，分崩离析，尚未收整齐画一之效也。洎夫封建破灭，侯权衰微，中央集权，国家统一，号令专擅，如身使臂，如臂使指，四境棣通，秩然有纪矣。然专制之君，以意为法，朝令夕更，恣所欲为，而民生疾苦，国政张弛，不遑计也。夫法制之作，本以息争，而末流之弊，转以酿乱。民庶久困苛暴，群思所以自卫，辍耕陇亩，待时而动，卒赖其力，君权以摧，刮涤旧染，聿启新规，宪政萌芽，风靡坤舆，而凡法制之立，非经国会议决，无由观厥成也。然代议制度，以较专制，诚远胜之，若云尽美，夫岂其然？故地狭民寡之国，又创人民总投票制焉。所谓直接民政者，此其嚆矢矣。凡此均为国群递嬗之迹。皇古逮兹，各国法制之进化，大较然也。

疏　法别为二：一不文法，一成文法。不文法即习惯法。成文法须经制定，而其制定之方法，又可分为三：一君主钦定，即专制政治是也。二国会制定，即代议政治是也。三人民总投票决定之，又称全民政治。

自顷交通发达，一日千里，五洲往还，不啻庭户，国于其间，势难孤立。战前如万国邮电、版权同盟条约之订立，货币、劳动同盟之提倡，法制范围，既有扩充于世界之趋向。而战后国家主义势焰衰颓，世界主义，代之而兴，万邦比邻，强弱相形，利害相倚，所以防争杜乱者，亦有赖夫法制也。如此次国际联盟之成立，尤其彰彰者矣。由是观之，世界法制之进化，其地域由狭而广，其权源由独而众。据已往以测将来，迹象彰著，不难历指。而中国法制已往之陈迹，与将来之变迁，亦莫能自外也。

疏 一八五〇年以来,国际联合会议,方哗然中天,凡公私之经济事项、社会事项及资生事项,均管理之。一八五一年第一次万国民生会议,开会于巴黎,已有极佳之成绩,其议决之事项,如统计、糖税、度量衡、货币制度、国际邮电、河川航行、米突制度①、海底电线、国际间法律冲突之解决、实业财产之保护、铁路运输、商法、国际版权、贩酒制限、关税、劳动阶级利益之提倡、卖奴之废止、劳工保护法、国际仲裁、渔业、传染病之遏止、国际电话、奴隶制之废除、国际无线电报、农业等。{参考原文罕袤氏(Hershey)所著《国际公法》第一版七十七页以下。}

国家主义者,主张以国家之统一及安宁为目的,而以其人民为牺牲品之学说也。政治上之国家主义,与个人主义,处于相对的地位,其甚者则从事侵略,以扩张己国之势力,人民之生命,在所不顾,即当时人民,亦为此主义所潜制,更不自顾其生命也。英文 Nationality 系含有民族的意义{见姬骀儿(Gettell)所著《政治学导言》(Introduction To Politic Seience②)第二版第二章第九页第四节},而国家主义(Nationalism)即由此转成,自带有民族色彩,而压迫其他弱小民族,以为私图者,在所不免,斯国家主义所以又名为帝国主义、军国主义也。古日耳曼之民族观念,至为发达,国家主义之语,即起源于是时。拿氏颠亡,德意志浸假强盛,铁血主义足以表示当时之思想,而国家主义之主张,在德亦不乏人。欧战既罢,人民重痛兵祸,于是渐悟国家主义之不当,世界主义遂乘机勃兴焉。

世界主义者,反对仅谋本国之安宁幸福,而不顾他国之安宁幸福之国家主义、帝国主义、军国主义,而以顾全人类之安宁幸福为理想之学说也。其说已起于十八世纪,而盛行于今日。国际联合会议之成立,盖足征其势力矣。

① 即以米为长度主单位的国际计量制度。"米突"为法语 mètre 的中文音译,意为"公尺",现已称"米"。

② 应为 Introduction to Political Science。

第二章 中国法制史之意义

中国法制史者，自中国法制方面叙述历史事实以考察其发达进化之谓也。

兹就此意义分析说明之。

（一）中国法制史者，以中国法制为研究之对象也。

凡学术必有研究之对象。宇宙学术，得大别为二种：一，自然科学，以自然现象为研究之对象；一，社会科学，以社会现象为研究之对象，如政治现象、经济现象，乃社会现象之显著者，而法制现象亦其一也。就中国社会现象中关于法制者，纵贯千古，总赅百代，考其因革损益，则中国法制史所有事也。然学术分科，原出研究之便宜，其性质上非有不可互通者。古代学术，含义甚广，研究范围，浩无涯际，自世益进，分科别类，始趋绵密，但其分立成科以后，与他种科学，非无关系也。严格论之，凡研究一科学，必就其有关系之他种科学，连类并及，始有以尽研究之能事。中国法制史，原为普通历史之一部，今虽分立研究，然与他种历史，仍有密切之关系，不可不互参也。

疏 自然科学与社会科学之异点有五：自然科学为定例绝对的，本体有形的，现象循环的，对象客观的，研究自由的；而社会科学则为定例相对的，本体无形的，现象进化的，对象主观的，研究非自由的。

最影响于法制者为经济，故本书特注重经济制度。马克思于其唯物史观论曰：社会上一切变动，均受经济之影响，以经济关于人类生活者，至重且切，而生活之窘裕，即所以使人类状况生变化者也。吾国历史上之战争，大半以经济为其动机，即如法国大革命，无非以人民财产，备受侵攘之故。欧战之远因，即在德人口过剩。据学者统计，德国于战前人口共七千万，而每年增加，尚可九十万，德本国之生产，至多能供给四千万，其余三千余万人无所归，于是遂与英国争夺殖民地，卒仍以物质匮乏而败，新宪法第五章，经济生活之规定，殆有感而制者矣。

（二）中国法制史者，以叙述历史事实为目的。

自来学者，研究学术之方法有二：一为演绎法，一为归纳法。演绎法重论理，归纳法重事实，相资为用，不可偏废。惟因学科之性质不同，致其研究殊方耳。法制学之研究，自昔学者，虽有侧重演绎法（称演绎学派），或专用归纳法者（称归纳学派），晚近①学者，则兼取二者之长，相助为理（称折衷学派）。惟法制史以叙述历史事实为目的，不能不采用归纳研究法耳。

（三）中国法制史者，考察中国法制现象之发达进化也。

中夏立国，垂五千年，历代法制现象，参伍错综，变动不居，浅识之夫，震其繁赜，若不可究殚焉。然原始要终，研精覃思，刮垢芟芜，董理疏导，其发达进化之迹，固可历指也。因人事推移，社会之演进，法制现象，与为变迁。就其陈迹，阐发新知，所以资政家、学人之考镜，促制度思潮之改革者，厥功伟矣。

① “晚近”，原作“挽近”，已改之，下同。

第三章　中国法制史研究之重要

自前章观之，一国法制，非创作也。其成也有自来，其毁也有所由，一随其国民特性之变迁，而为表彰之具耳。横览五洲各国之法制殊绝，纵观千古弈代之典章异致，非由创作之不同，实其民性之特异，因革损益，范围自然，而人力所及施者，至鲜也。晚近世界棣通，各国法制，灿然毕呈，比较良窳，择善而从，裨益固多，然不审国性，贸然移殖，形骸徒存，精灵梏亡，逾淮为枳，转促祸乱者，比比矣。民国以还，法制更张，不可胜纪，而弊慝百出，举世诟病，殆亦由此。将欲慎取善用，渐臻郅治，非于我国数千年法制之因革，详加研考，以究知国民之特性不可也。

不第此也，世界法系有五，而中国法系居其一。如印度法系、回回法系，势焰之盛，虽难侮视，然皆附丽于教典，非尊崇其教义者，不遵守其法制，凡与其宗教无关系之国，未有取为立法之渊源者也。中国法系不然，其势力揆诸罗马法系及英吉利法系，诚有不逮，而视印度、回回两法系则胜之远矣。至其起源之古，尤足自豪，且朝鲜、安南及维新前日本之法制，皆渊源于此。穷流溯源，必资考古，而中国法制史研究之重要，益可见矣。

疏　日本法学博士奥田义人（所著《法学通论》论罗马与欧美各国法之关系甚中肯綮）曰：英国法之势力，存于公法；罗马法之势力，存于私法。而罗马法及于欧美各国之强弱，可分四类：第一类为罗马法势力所及最强之国，如西班牙、葡萄牙、南美诸国是也。西、葡两国之私法，全部殆由罗马法而成，南美诸国则继受西、葡之私法者也。第二类为罗马法势力所及之次强者，为德、荷、意、法、比、瑞诸国，其私法由罗马法、蛮民法、寺院法及固有之习惯法而成。第三类罗马法势力所及之稍弱者，为瑞典、挪威、丹麦、俄诸国，其私法多由本国之习惯而成，故带罗马法原素甚少，然非全无也。第四类罗马法势力所及之最弱者，英国法系及回回法系诸国是也。此虽出罗马法系以外，然亦间有罗马法痕迹之存在也。

伊邪林[①]于其《罗马法精神论》曰：罗马凡三次征服世界，一兵力，二宗教，三法律。

① 今通译为耶林。

第四章　中国法制史研究之困难

中国法制史研究之重要，既如上述矣。然其研究之困难，又有出于他种学科之上者。吾人研学，其进步之迟速，一视其研究之兴趣以为衡。兴趣浓厚，不假鞭策，易收巨效；兴趣淡薄，勉强督促，难奏肤功。而兴趣浓淡之所由来，则有其主观者焉，有其客观者焉，分论如下。

所谓主观的足以致研究兴趣之浓淡者，即人生秉赋，各有偏至，主情主理，习性万殊，见智见仁，未可强同。同一学科，甲研之低慕流连，欣然有会，乙视之味同嚼蜡，枘凿不入者，非其学科之本体有变异，而甲乙之性习悬殊使然也。史称项籍少时，学书不成，去学剑，又不成，其季父项梁，教以兵法，乃大喜，卒成名将。清儒章学诚弱冠时，纵览群书，于经训未见领会，而史部之书，乍接于目，便似夙所攻习然者，遂为史学大师。是皆择其性所夙近而致力专精焉，故事半而功倍。若互易其学，强所不近，未有能成功者矣。

所谓客观的足以致研究兴趣之浓淡者，即因学科之性质有不同也。宇宙学科，得大别为二类：一为理论的学科，一为记忆的学科。前者利用吾人之理解力，后者则利用吾人之记忆力。人类为有理性的动物，故其研究理论的学科也，以吾之理性，与前哲之理性相印证，辨其异同，究其得失，纵横驰骋，兴趣盎然；而于记忆的学科，则见囿事实，罔所驰骋，苦忆强记，沉闷枯窘，自非刻厉勉攻，未有不废然中辍者也。历史者，胪陈事实，叙述变迁，记忆的学科也。其研究兴趣，自较民、刑等法属于理论的学科者为淡薄。然此特就普通历史言之耳，而同一历史之中，有属于治乱兴衰者焉，有属于典章制度者焉。前者于一代之盛替，穷源竟委，尚足感发兴起，促人猛省，且有英雄美人，伟芳烈迹，点缀其间，可歌可泣，耐人寻味。而后者则排列故事，鲜资谈助，有同古乐，闻之欲卧。姑弗他征，以《史记》论之，其纪传属于治乱兴衰者，故读《项羽本纪①》、《游侠列传》，低徊感慕，往复不厌，八书则属于典章制度，故览律历天官，兴致索然，不易卒篇，非子长之文，彼优而此绌也，所载之事物有异也。法制史则所以详历代之典章制度者，其兴趣之淡薄，研究之困难，较普通历史为尤甚，不待言矣。以上但就普通法制史立论，若夫中国法制史之研究，更有其特具之困难焉。泰西各邦，学术蒸腾，名儒辈出，法制史一科，久有专书，布列坊肆，后学研考，左右逢源。中国法制，则散见各书，片鳞短简，无系统之纪②载，博稽广搜，程功匪易，其难一也。泰西各邦，建国日浅，史籍简括，掇拾成篇，尚易为力，中夏肇基，阅五千年，乙部所收，浩如渊海，淘沙拣金，草创新规，精力有限，望洋兴叹，其难二也。（梁任公曰：研究中国历史者，如二十四史、九通、通鉴、续通鉴、大清会典、大清通礼、十朝实录、十朝圣训，皆属必读之书。然日读十卷，须三四十年始毕，吾人安有如许精力乎？）职此之故，中国法制史研究之困难，实倍他科。颛鲁如余，肩此重任，亦勉竭其心力耳，非敢云逮也。

---

① “纪”，原作“记”，今据《史记》改。

② 此处“纪”，通“记”。

第五章　中国法制进步迟缓之原因

中国法制，肇源虽古，而进步甚迟。晚近欧化输入，罗马、英吉利两法系捣其中虚，几有席卷之势。此何故耶？不佞尝究其原因，约有六[1]端。

（一）儒道学说之影响。吾国古先言治，儒家尚德礼，道家主清静，而法家壹崇椠矱，歧论比周，虏丹帝素。汉以上，三派迭相王长，而治世之君，固宠之臣，类持一焉以自便。汉以后，儒定一尊，而道法寖微，咫闻小儒，语高行卑，以尧舜饰其治，以桀跖持其政，政理背骛，而势軈舵矣。不佞细览所原，未尝不累欷而深悲也。夫相国立治，期利推行，居飑陨温蝼之国，望昭明肸蠁之治，非齐以整栗严肃之法，奚以立爽而奋脆？管子曰："不为爱民亏其法，法爱于民。"又曰："天不为一物枉其时，明君圣人亦不为一人枉其法。天行其所行，而万物被其利；圣人亦行其所行，而百姓被其利。"商君曰：明主慎法制，事不中法者，不为也。得其谊矣。儒家不然。宣尼有言："道之以政，齐之以刑，民免而无耻。道之以德，齐之以礼，有耻且格。"抑何高视斯民，而以圣贤所虢虢者期诸凡氓也？苏子瞻[2]《志林》，谓荆轲之变，持兵者熟视始皇环柱而走，莫之救者，以秦法重故也。蔽罪法家，益不伦矣。管子曰："仁义礼乐，皆出于法。"秦之法，专制酷暴耳，何有于管子所云也！若道家清静之旨，予诚窃慕。老子曰："法令滋章，盗贼多有。"庄子曰："闻在宥天下，不闻治天下。"太史公曰："法令者，治之具，而非制治清浊之源。"舍势诠理，郅治之极，大化熙皞，涵泳道素，媞媞娖娖，末俗微法，固靡得而施也。然大同理想，天下为公，将以俟之千百岁后，讵所论于今世耶？切实用，起国脆，盖莫法家若矣。吾国法治不立，儒道阃之，猾奸格之，千载一辙，于今为烈，横流披猖，未知所终极也。夫圣奸猾魁，邈意孤行，最不便法，谬附儒道，涂饰治平，而法家之见阸中夏也，斯亦至矣。

疏　严又陵于其所译《法意》后案有曰：申、韩、商、李，皆法家，其言督责也，亦劝其君以任法。然则秦固有法，而自今观之，若为专制之尤者。岂孟氏（孟德斯鸠）之说非欤？抑秦之治，固不可云专制欤？则应之曰此以法字有歧义，致以累论者之思想也。孟氏所谓法治国之经制也，其立也，虽不必参用民权，顾既立之余，则上下所为，皆有所束。若夫督责书所谓法者，直刑法而已，所以驱迫束缚其臣民，而国君则超乎法之上，可以意用法易法，而不为法所拘。夫如是，虽有法，亦适成专制而已矣。（见原书二卷第五章）此中国法制之不得进步之又一因也。故欲法制之精进，非民治不为功。

（二）重人轻法之弊。专制时代，尚人治。立宪时代，重法治。尚人治者，因人制法，法无常程。英毫挺生，手创宏规，声施烜赫，民载其德，国以蔚兴。洎夫殂落，庸阘在位，法不可羁，势不能束，前徽荡湮，贻躅增唏，国运凋敝，民以困离。人存政举，人亡政息，而吾国历史所由治乱相循，民生荣瘁，忽其代谢者，凡以此也。欲期法制之进步，安可得乎？

---

① "六"，原作"五"，今据下文改。

② 即苏轼（1037—1101）。

（三）政治素偏消极。专制之朝，是非混淆，庶僚供职，动辄得咎。小心寅畏，但冀无过，不求有功，能消极维持人民之安宁者，即为良吏。若夫积极以谋人民福幸之增进，固未遑焉。间有二三才智之彦，轸念时艰，期有振刷，而佥壬诟之，百端倾陷，其不被谤去职，偾事中途者，未之前闻也。夫政尚简便，补苴罅漏，但图目前之安，则措施自寡，兴作无闻，而法制之进步，遂因以迟缓矣。

（四）法学无系统之研究。一国法制，虽根于其国民之特性，然其发达进步，端赖学者之研讨，广搜幽缒，新理辈出，学说鼓荡，润色鸿业。彼卢梭民约之说倡，孟德斯鸠三权分立之论出，而欧美法制，坚进突化，崔巍烁烂，以有今日之盛，其明效大验矣。我国法制，起源虽古，而法学研究无人。管、商、申、韩之流，号称法家，焜耀一世，然其为说，东鳞西爪，散见旁出，未尝树立枝干，融会首尾，条理井然，有系统之可寻，如今之学者以科学的方法为法制之论究也。汉唐以来，法家为世诟病，学者尤讳言之。有志之士，兴会所及，偶尔秉笔亦不过就制立论，聊寄感喟，以云法术，庸裨政理，揆诸法学，殊无当焉。夫学之不讲，革进何由？此吾国法制所以不敢望欧美之项背也。

疏 社会契约说一名民约说，谓社会中之各个人相互结为契约，以维持社会之秩序，主张主权在民者，为卢梭。梭，法人，尝寄食某处，得专意著书，有《不平等之起源论》、《民约论》诸书，声誉大起，后为教会所嫉视，初奔瑞。孟德斯鸠，法人，著有《法意》一书，严又陵译为华文。其事迹可参原书卷首本传；三权分立之说，可参考原书十一卷第六章英伦宪法论。

（五）墨守旧制之习。往者商鞅与秦孝公论变法，而甘龙、杜挚非之，龙之言曰：“圣人不易民而教，知者不变法而治。因民而教者，不劳而成功；缘法而治者，吏习而民安之。”挚之言曰：“利不百，不变法。功不十，不易器。法古无过，循礼无邪。”此仅甘、杜二人之私言，亦可代表吾国数千年来君相师儒法制之思想也。夫敬天法祖，为历代帝王之心传，而荣古虐今，尤中夏学者之通病。故制旧俗，尊若拱璧；改革之议，悬为厉禁。即世移势易，祖宗成法，有不能不革新者，亦必谬托古制，涂饰耳目，以明未尝擅作也。夫事必师古，惮于改作；旧染稠叠，千载一辙。而法制之进步，安得不迟缓乎？

疏 商鞅变法，其详见《史记·商君列传》。

（六）崇道黜器之失。《易》曰：“形而上者谓之道，形而下者谓之器。”夫道所以阐教理，器所以彰治迹；道不离器，犹影不离形。故古者道寓于器，官师合一；学士所肄，非国家之典章，即有司之故事；而圣人即身示法，因事立教，则有专官矣。司徒之所敬敷，典乐之所咨命，以至学校之设，通于四代，司成、师①保之职，详于周官。然既列于有司，则肄业存于掌故，其所习者，修齐治平之道，而所师者，守官典法之人。治教无二，官师不分，岂有空言以存其私说哉？后世官师分，而治教不能合于一，官司守一时之掌故，经师传授受之章句，以周公集治统之成，而孔子明立教之极。故隋唐以前，学校并祀周、孔，称周公为先圣，孔子为先师，盖言制作之为圣，而立教之为师。故孟子曰：“周公、仲尼之道一也。”宰我以谓“夫子贤于尧、舜”，子贡以谓“生民未有如夫子”，有若以夫子较古圣人，则谓“出类拔萃”，三子皆舍周公，独尊孔子。朱子以谓事功

① “师”，原作“司”，今据《文史通义》改。

有异，是也。然而治见实事，教则垂空言矣。后人因三子之言，而盛推孔子过于尧、舜，因之崇性命而薄事功，于是千[1]圣之经纶，不足当儒生之坐论矣。(见章实斋《文史通义》)夫为治不在多言，顾力行何如耳。新制初创，即有言说，亦宜卑之无甚高论。儒者不察，虚憍成习，喜为空谈，罢精于义理词章考据之末务，而忽忘体国经野之大法。驯至学非所用，出而从政，假手胥吏，大权旁落，弊慝业生，荡瑕涤秽，尚虞不给，遑论法制之革新乎！

---

① “千”，原作“十”，今据《文史通义》改。

第六章　中西法制之差异

余尝谓法制，皆所以应付社会之环境，自昔无绝对之美，类因地因时而显其用。古今中外，法制错综，殊状异态者，以所处之境，所值之时不同耳。然承学之士，即其差异，比较论列，亦足以资考镜也。兹举荦荦大者六端，略述如下。

（一）中法重保守，西法尚进取。自耒耨之教，始于炎帝，井田之画，肇自轩辕，而农事遂为中国数千年立国之根本，讫于今日，虽时变大诡，而未之或渝。盖以地处温带，土广人稀，最便耕耘，衣食自足，不假外求也。而泰西诸邦，类居寒带，天惠既薄，地狭民稠，谋生尤艰，兼以海港林立，交通利捷，梯航求食，厥惟工商，利欲竞进，有不遑寝处者矣。夫乡村陇野，长林丰草，天然竞秀，质直纯美，农民常与之接，足以养其高尚洁白之性灵，泯其机诈轻薄之结习。击壤野曝，乐天无营，凿井而饮，耕地而食，翛然陶然，自适其适，且风日清美，山水明秀，空气净洁，景物攸宜，尤足以健其体肤，畅其胸臆，而蔚成善良之政俗。其生活大抵敦厚俭朴，无浮华侈靡之习，其思想则稳健保守，绝冒险躁进之弊。至工商之民，蜷伏都市，人烟稠密，空气淆浊，志虑纷烦，尚文黜质，注重修饰，酒食征逐，工语酬酢，操赢计绌，俶诡百出，炫奇标异，日流浮夸。缘此而生之法制，自饶侵略进取之观念，异夫中夏之保守自足也，有由然矣。

（二）中法以家族为本位，西法以个人为本位。吾国族制，肇源甚古。史称黄帝十五子，其得姓者十四人，支派流衍，蔓延禹甸。而吾民族所以自立之精神，于兹灿著。虽年远代湮，嗣胤滋蕃，散居四方，情谊渐暌，然家皆有谱，收宗合族，广联声气，维系崩离。六朝以前，矜尚门族，谱牒承嬗，厘然可考。李唐以还，戎马倥偬，故家巨族，窜徙琐尾，浸以凋零。而山陬海澨，孝子贤孙，兴废继绝，隐维不敝者，讫于今日，尚未有已也。泰西诸邦，往昔虽亦有族制之存在（如古代之罗马），然中世以来，渐归废灭。今日欧美各国，无不以个人为组织国家之单位者，考其原因，略有三端：宗教盛行，男女长幼，皆为神子，教义凛然，凡民不得自私，一也。国家发达，子女成年，脱离亲权，为组织国家之一员，各自为谋，父子不相牵系，二也。经济变动，工商振兴，懋迁有无，天涯分飞，音尘隔绝，团结无由，三也。吾国不然。宗教晚起，输自异域，教义神怪，民鲜信从，而儒家持论，特重孝治，深入人心，牢不可破。其足以绵存族制者一。国家之设，不过一姓之私产，发达幼稚，组织未宏，人民视之，不啻秦越，朝代兴亡，何关痛痒，而家族则所以安身托命者，爱护之念，实逾等伦。《颜氏家训》曰：孝子忘国而安家。移孝作忠，墨经从戎，叹为异数。其足以绵存族制者二。以农立国，划土奠居；邱墓所在，子孙世守；同居共爨，传为美谈；别财异居，悬为厉禁。故今日中国之大家族，合数百户为一村落者，数见不鲜。夷考其故，实农业有以致之。其足以绵存族制者三。美人莫尔斯曰：债务者不能自清偿其债务时，其父兄伯叔，当代偿之，债务者若逃亡，必锢其家属于狱，此华人之法律思想也。然此特就民事言之耳，其在刑事，如连坐之法，夷三族之制，何独不尔？夫此思想之发生，盖由族制所使然，与泰西法制，刑止一身，以个人为本位者，固大不侔矣。

(三) 中法原于自然之发展,西法类由外来之熏陶。中夏肇造,五千余岁,声名文物,冠绝大地;环疆群小,仰沐化雨,趋承不逮,安有良制,足资攻错?故吾国法制,在海通以前,纯由自然之发展,先实后名,非关外铄,因袭损益,不假他求。其法制之内容,在公法固多疏漏,而私法亦甚简略。属于亲属法者,仅婚姻、继承及离婚、养子诸条;属于物权法者,仅所有权、质权诸条;属于债权法者,仅买卖、借贷、受寄财物诸条。其余不过散见于社会之习惯,隐具制裁之威权,国家固未尝著为成文也。泰西诸邦不然。民族之兴,交通渐启;部落精神,互相交换。合多数民族之习惯,而为其法制之渊源;或殖民于各地,以为国家法制之基础。要于自己民族以外,与其他之民族土地,不能脱离关系。欧洲各国之先民,巴比伦、腓尼西诸民族,率皆辗转各地,然后国家成立,此一例也。世界各国,先进后进,至不齐一,兴衰递嬗,关系尤繁。埃及中落,而波斯勃兴;巴比伦式微,而阿西利崛起。史乘初具,法典乃彰,要皆本于前法,有所师承,此又一例也。故自文化之变通以来,其他国家,皆有互相补助之利益,埃及、波斯之衰,其精神即寄于希腊、罗马,至于晚近,更无待论。(见康率窘所著《中国法制史》)如今日欧美诸国之法制,其公法类渊源于日耳曼法,私法则继承于罗马法,其明征也。

(四) 中法仅为礼之辅翼,西法则礼与法分趋。《曲礼》曰:"道德仁义,非礼不成;教训正[1]俗,非礼不备;分争辨讼,非礼不决。"其重视礼也如彼。《管子》曰:"仁义礼[2]乐,皆出于法。"其重视法也,又如此。然自汉以来,儒学昌明,法家式微。君相师儒,莫不以礼为兢兢,凡人事洪纤,国政兴革,皆一经之以礼,而所谓法者,不过辅礼之所不及耳。夫礼禁未然之前,法施已然之后,异曲同工,各擅精诣。然礼之所禁者难明,法之所施者易知。故中夏学者,虽欲以礼为修己治人,经纬万端之归墟,而终不能舍法者亦势也。泰西诸邦不然。以礼为社会之轨范,人己平等,进退自由,不足强凡民以必从,而法则为国家之规律,主权所属,有犯斯惩,词严义正,无所借假。而礼教之说,固不能震荡于其间也。

(五) 中法重君主,西法重国家。泰西史家,尝诮中国之二十四史,一历代帝王之家谱耳,详于君主之纪载,而国家与人民,若无与焉者。凡法令之更张,制度之兴革,皆缘君主之一人,承学之士,秉笔觇缕,其不能舍此而就彼,固其宜矣。城固康氏曰:"秦汉以降,其制度何纷纷也?君主诏令而外,殆别无法制之可言。"新令既颁,旧者已等于废纸。一代之法制,其精神所系者,厥在于君主之生前;嗣王继位,其效已失。矧在改姓易庙之时,欲求一成俗化民之善法,卒不可得;于斯而言法制,亦至难矣。成周之时,宫中府中,各具专司,政治责于大臣,奉君别有专职,三公六官,未尝亲及细微。秦汉而还,此风不闻。仆妾之役,与国家之柱石同官;佞幸之徒,与廊庙之重臣相俪;法不尊而易变,令屡布而难行。此政令之惟君主所独擅也。周官九赋,用各异涂;秦政既兴,良风坠地。由是,视国用为君主之私,岁入为一人之富。人民纳税,纯为不得已之捐输,但有能轻其赋敛者,已视为良官贤吏,而绝不知赋税之入,为国家保安之费。根本既误,见解亦差,人民渐不知政治为何事,以为政令者,不过使吾徒出粟米麻丝以事其上,殆无异于豪酋之掠取。于是以轻税为服民惟一之良策,人民亦视薄敛为惟一之善政。此财赋之惟君主所独专也。泰西诸邦,往昔法制,虽亦类此,而近古以还,焕然革新。立法之权,掌于国

① "正",原作"政",今据《礼记》改。

② "礼",原作"体",今据《管子》改。

会，行政之责，归于内阁，典宪昭垂，各明职守，因民设治，共理国政，君主不能独擅也。统治权与所有权之区分大明，君主虽为公法上之统治者，然不得侵害人民私法上之所有权。赋税之入，依法征收，经民承认，以供国用，君主不能独专也。

（六）中法以义务为本位，西法以权利为本位。儒家论治，以礼让为国；墨家处世，以兼爱立义。故功成身退，播为美谈；摩顶放踵，无所求取。鲁仲连曰："所贵于天下之士者，为人排患、释难、解纷乱而无所取也。即有取者，是商贾之事也。"世论高之，而贪权死利者，则引为大戒。《论语》于君子、小人之分。盗跖之辨，悉于义利焉验之。《孟子》七篇，尤首严义利之界。董子亦云："正其谊不谋其利，明其道不计其功。"武昌张濂亭亟赞许之，以为刘向之盛称董生非妄也。此等思想，深入人心，影响法制，实非浅鲜。泰西诸邦法制，往时虽亦以义务为本位，然自德意志学者提倡权利论以来，大生变动，至以法学为研究权利之学。而伊耶林氏，尤为主张权利说之巨子，其所著《权利争斗论》，开宗明义即曰："权利之目的在和平，权利之手段在争斗。争斗，权利之生命也。世界一切之权利，皆争斗之结果也。"故近世欧美诸国之法制，皆以权利为本位。所谓公法，规定公权者也。所谓私法，规定私权者也。既尽义务，斯应享权利，为权利而竞争，分斯宜然，无所于让也。西谚云："无权利思想之国民，不能了解立宪政治。"观各国之宪典，不过为其人民权利之保障书，而索其产生之历史，皆几经革命流血而始然，足征泰西法制之置重权利矣。

总之，法制既所以应付社会之环境，则有如何之社会，即产生如何之法制，社会为因，法制为果，因果相联，如影随形，此研究中西法制之差异者所应知也。然中西法制之差异，又有足以致其社会之悬殊者，法制为因，社会为果，种因不同，结果大异，是社会与法制固互为因果也。余曩曾撰《中西社会问题之差异及其原因》一文，颇阐此理，兹摘录于下，藉供参考。

晚近以还，社会问题，喧腾坤舆，学人政客，论者纷然，然其用语，颇涉广泛。故余于研讨之先，宜就本题用语，略加解释。近世学者诂社会二字之意义曰：凡二个以上之生物，相聚营共同生活者，皆社会也。本此意义，是不独人类有社会，即彼下等动物中，如蚁之结队谋食，蜂之成群酿蜜，亦一社会也。凡在此社会中发生之问题，皆社会问题也。故社会二字，自广义解释之，包罗甚大，即不计下等动物，而以人类社会言之，如道德、宗教、风俗、习惯、教育、经济、法律、政治等问题，皆属社会问题之范围。然本题所谓社会问题，则非如此广泛，乃指经济问题中之劳工问题而言，亦即无产阶级生活艰难之问题也。盖晚近各国社会上发生之问题，以劳工问题为最多，影响既巨，解决尤难，其范围虽不足以概社会问题之全体，其重要实为其他社会问题所莫逮。故学者苟论社会问题，无不联想及于劳工问题。久而久之，劳工问题与社会问题，遂若不可分矣。

泰西学者尝持社会主义，以为解决社会问题之具。大战终局，其说益倡，潮流鼓荡，弥纶大地。吾国学子，渐染日众，以为泰西之社会问题，既群主张用社会主义解决之，则中国之社会问题，何独不然。观于近来吾国之言论界，渐为此思想所盘据可明也。然余尝谓制度原无美恶，适时为宜。井田制度，为三代良法，而后世终不能复者，时不可也。参茸所以益人，而有时杀人，砒霜所以杀人，而有时益人者，病不同也。社会主义考之理论，固极正大，而措之实用，能否奏效，须视其社会情形以断之。泰西之社会情形，以社会主义解决之，或可奏效，而中国社会情形，揆诸泰西，差异既甚，解决之法，自难强同。故余于社会主义，理论上并不反对，然欲施之今日之中国,实期期以为不可。欲明此理,宜就中西社会问题之差异研究之,此本题所由立也。

中西社会问题之差异,略有三端:一,泰西社会问题之发生,由于劳工受资本家之虐待,生活不能健全,迫而为同盟罢工。中国则除农业外,并无劳工(近来国内商埠、工厂渐兴,工业劳动,亦渐发生,然其资本,多属外股,非吾国法律效力所能及也),仅有兵匪与游民耳。其源皆起于无职业,坐食分利,以为社会之巨患,与泰西劳工因有职业而求生活改良者大异。二,泰西社会问题,不在生产不足,而在分配不均,孔子所谓不患寡而患不均者是也;中国则由于生产不足。三,泰西劳资阶级,截然分立,贫富悬殊,莫由沟通;中国则劳工与资本家之界限,不甚显明,地位接近,情感尚洽,倾轧不易。职此之故,在泰西解决社会问题之法,可用社会主义,而中国不能也。

试更申论之,社会主义者,尝谓人生之基本权利有三:一生存权,二劳动权,三劳动全收权。盖天之生人,品类虽或万殊,而社会不可不与以生存之机会,则一也。既生存矣,即应劳动,自食其力,不可为坐食分利之人。而劳动之结果,尤应由劳动者完全享受之,彼不劳而优游者,不得分杯羹也。然考之实际,劳工勤劬终日,尚不免冻馁;资本家优游卒岁,反齿肥曳轻。以劳工血汗之所得,供资本家无艺之挥霍,相形见绌,怨讟丛集,社会不安,缘兹以兴。此泰西社会问题所由发生也。欲图解决,惟有举生产分配之权,归之劳工阶级。凡欲生存者,皆需劳动;凡劳动者,皆享受利益。而不劳坐食之资本家,则举其财权,公之有众,强其劳动,无使侥幸。以人人所生产者,分配于人人,俾全社会悉为劳工,而资本家无存留余地焉。故泰西社会主义苟实行,实足以增进劳工之幸福,而社会问题得以解决也。还顾我国,则大不然。资本家诚为坐食分利之人,而兵匪、游民,又何尝非分利坐食者?以生产分配之权,操诸资本家之手,固不足以谋社会之幸福,然转以奉之兵匪、游民,既不足折服资本家,而社会之不安,恐较今日为益甚也。斯岂谋国者所忍出乎?此社会主义不能解决中国今日之社会问题者一也。

泰西各国,因工业发达,生产锐增,晚近已有过庶之弊(余向曾撰《生产过庶论》一文详论之),即其生产之供给,已远过于人民之需要。自理论言之,其人民之生活,宜甚宽裕,而实际不然者,则生产之大部,为少数资本家所垄断,而分配不均,有以致之也。若行社会主义,以产业归国有,而均配于人民,实足以救多数劳工之困苦。然在中国,工业幼稚,生产不足,仰给外人,莫由自立。而外货则操诸外国资本家之手,既非吾力所能攘为国有,又不能舍而勿用。是还行社会主义之结果,内国资本家之压制虽去,而外国资本家之压制益甚,去狼引虎,非第无补,而又招害,事有必至,无可幸免。德之马克斯[①]、英之罗素,皆社会主义之泰斗也。然均谓此主义之实行,宜在工业发达、生产充足之国,其故可深长思矣。此社会主义不能解决中国今日之社会问题者二也。

社会主义之实行,必先之以阶级战争,即劳资两级,相隔弥甚,相争弥烈,最后由劳工阶级,一举而征服资本家,而社会主义实现矣。泰西劳资阶级,相距既远,相争自烈。试观近顷,同盟罢工之风潮,云集雾合,蝉联不绝,鱼烂瓦裂,至于极端。惟收产业为国有,实行社会主义,以弥争端耳。中国既无大资本家,复无真劳动者。素封浪子,恣性挥霍,贫可立待;陇野穷黎,勤苦操作,旋致富厚。而贫富阶级,固非确定也。夫人人有进于资本家之机会,即人人少排斥资本

① 今通译为马克思。

家之决心，而阶级战争不易发生矣。此社会主义不能解决中国今日之社会问题者三也。

夫中西社会问题，何以有如此差异耶？考其原因，略有二种：一为自然之原因，即中西经济发达之情形不同也。中国自神农氏以耒耨之利教天下，即已进于农业时代，经济发达，考之上古，固大地万国所莫逮也。然前哲虽有开创之功，而后嗣毫无阐扬之能，数千年来，故辙相寻，讫于今日，仍未脱离农业时代。泰西各国，进于农业时代，虽远在中国之后，而近世已一跃而跻于农工商时代。盖自十八世纪工业革命以还，泰西各国，物质文明，极端进步，经济发达，一日千里。向者仅以工为农之副业而从事小规模之经营，经此剧变，大改旧观。工业之地点，由家庭而工厂；工业之方法，由手工而机械；生产之额数，由预定而投机。际斯时也，欲为工厂之厂主，而操生产分配之权，非大资本家，无能为役；中小资本家，则因竞争失败，屏息敛迹，沦为劳工，而万劫不复矣。由是，资本集中，贫富悬殊，劳资水火，鸿沟划然，驯致今日之现象。此实经济发达，自然之趋势使然，非人力所能左右也。中国今日之经济情形，既尚局于农业时代，自无大工业之可言。即不容大资本家之存在，且社会旧习，犹然未除。家庭工业，遍于各地，徒弟制度，尚自盛行，劳资之间，以主从之关系为情感之联属，与泰西劳资结合，由于雇佣关系而成对抗情势者，尤大不侔也。

一为人为之原因，即中西法制之不同也。中国法制，常奖励分割，禁止兼并。泰西法制，则奖励兼并，禁止分割。试举例证之，三代井田之法，土田公有，分配平均，兼并不起，贫富不生，固无论矣。自秦废井田，私权发生，自由买卖，兼并盛行，遂为儒家所诟病，后世至谓井田不复，仁政不行。此等思想，影响于中国法制者甚巨。当汉盛世，董江都以儒者之雄，倡为限田之法，欲捐有余，以赡不足，而杜豪强之垄断，救民生之疲敝。师丹、孔光因之，限民田不得过三十顷，期尽三年，而犯者没入官。至荀悦则欲乘大乱之后，土旷人稀，一举而复井田，即不能悉备井田之法，宜以口数占田，为之立限，人得耕种，不得买卖，以赡贫弱以防兼并。二氏之说，虽未实行，然后世帝王，则尝引为立法之根据矣。故王莽篡汉，下令国中，更名天下田曰王田，不得买卖，其男口不过八，而田满一井者，分余田与九族乡党，犯令法至死。后魏文帝纳李安世之议，更立均田法。太和九年，下诏均给天下人田，诸男夫十五以上，受露田四十亩，妇人二十亩，人年及课则受田，老免及身没则还田。又令有盈者，无受不还，不足者，受种如法；盈者得卖其盈，不足者得买所不足；不得卖其分，亦不得买过所足；即令其从便买卖，以合均给之数，过此则法所不许也。唐承其制，亦计口分田，以杜兼并，凡丁男满十八以上，每人授田八十亩，死亡则国家没收之，曰口分田；其余老者、笃疾、废疾者，四十亩，寡妻妾、道士、僧尼，各三十亩，而官户各授百姓口分田之半。凡此均欲人人得一定之土地，以为养生之具，而又禁止超过其度，以杜豪强之兼并也。

至私人遗产，久行分配继承法，素封之家，遗产巨万，嗣胤繁多，分配承受，不待转瞬，遂成衰落矣。此奖励分割之明证也。然泰西法制，则适与相反。除法国及其他《拿破仑法典》实施之国外，其余诸国法制，皆奖励兼并，禁止分割。而在英、德、奥三国，尤见其然。英国古代有一种无遗言继承法之施行，凡无遗言继承之时，土地所有权，全部之继承权，归诸长子一人，即有遗言继承时，长子亦当得特别之恩惠。德国及奥大利①，自十四世纪以来，有所谓世袭财产制

① 今通称为奥地利。

度,即因私人之意思,以其财产之一部或全部,认为其家族世袭之财产,使为法定继承之子孙永不出卖或让与他人之谓也。国家则认许此私人之意志而保护之。考此制度所由起,盖为维持贵族而设者,即在今日,被其泽者,亦以贵族为多。凡德、奥两国大农之大部分,类由此制度而发达也。其次在德国之一部,及奥国之疾若耳地方,又有所谓一子继承法者。此法律凡土地所有者之继承人,只限于一人,如系二人以上时,仅许其一人得继承之,而他之继承人,则使继承该土地之继承人,予以相当赔偿。即以继承农场三分之一,为农场继承人之先取得分,其余三分之二,则由农场继承人及其同胞平等定其继承分,继承人仅对此继承分,负担赔偿额。德国中行此法者颇多,凡行此法之地,其继承人之形式,虽有数种,然对于土地继承人,与以不可分割继承之特权,则一致也。夫在世袭财产制度下之继承人,对于继承之财产,但能收其滋息,不能出卖让与,而当继承之时,又仅许一子继承。是其子孙虽极不肖,而所有财产,终无减少之虞,子孙苟贤,则有增加之势,历时久远,自日趋富贵矣。然则泰西大资本家,由此法制保护、奖励而成者,固甚众矣。余尝谓泰西多田连阡陌,世袭罔替之大地主,中国则少三代继盛之世家,推寻其故,并非原于自然之趋势,而法制不同有以致之也。

夫自然之原因,所以使工商之大资本家不生于中国也。人为之原因,所以使农业之大资本不生于中国也。且连年兵燹,田荒不治,游民、兵匪,比肩国内,固无劳工之可言。然则中国今日社会之不安,实由于政治之不良,与泰西各国由于劳资两级之冲突者,情势既异,解决之法,自不能强同矣。

本　论

第一章　唐虞三代之法制

太史公曰："学者多称五帝，尚矣。然《尚书》独载尧以来；而百家言黄帝，其文不雅驯，荐绅先生难言之。"盖太古邃渺，事多悠谬；而文物制度，稍可纪者，至唐虞之世，始肇其端耳。兹撮其要者著于篇。

第一节　经济制度

我国地处温带，天惠甚厚，沃壤千里，最便耕耘。故自神农氏以耒耨之利教天下，即已进于农业时代。划土奠居，植田园，长子孙，奕代踵蹑，卓绝人环。惟其始经制未备，劳力鲜施；沿及唐虞，渐臻发达，劝农树艺，特设专官，号为农师。而后稷氏应此机运，宏展经纶，功勋彪炳，后世称焉。夏之时有农宰，周之时有农师、农正、农大夫，此外尚有司稼、稻人之职，足征当时之注重农业矣。

疏　《尚书》八政：一曰食，二曰货。而班固修史，遂以"食货"名篇。杜佑《通典》八篇，而《食货》居其一。马氏《通考》，分目较繁，曰田赋，曰钱币，曰职役，曰征权，曰市籴，曰土贡，曰国用，名目繁多，要皆可概括于经济制度内也。

交易之形式有三：一、实物交换时代。二、货币交换时代，此又分为二：(A)非金属货币时代，(B)金属货币时代；金属货币时代，又分为非铸造时代与铸造时代。三、则信用交换时代也。

一四九二年，欧洲得新大陆之金属矿，始进于货币经济时代。

当时商业亦萌芽。史称神农之时，日中为市，致天下之民，聚天下之货，交易而退，已肇商业之端。惟其交易之形式，为实物交换，不便殊甚。虞夏之际，始用金银、铜钱、刀布、龟贝之类为货币，是为中国有货币之始。《通志》谓自太昊以来有钱，太昊氏、高阳氏谓之金、有熊氏、高辛氏谓之货。《通考》从之。然《史记·平准书》已云：龟贝、金钱、刀布之币，所从来久远，自高辛氏之前，靡得而记云。《汉书·食货志》亦云："金钱、布帛之用，夏殷以前，其详靡记。"则虞夏以前货币未兴，固章章然矣。盖人类之始，智能款启，凡经济上之财货，仅取其直接有效用者，以为赡身之具，如金属之效用属于间接者，取为货币之用，必在文明稍进以后。管子有言："三币，握之非有补于暖也，食之非有补于饱也。先王以守财物，以御人事，而平天下也。是以命之曰衡。衡者，使物①一高一下，不得有调也。"此其运用，岂草昧未辟之民所能及哉？其后禹以历山之金铸币，汤以庄山之金铸币，则进于铸造货币时代矣。沿及周初，以珠玉为上币，黄金为中币，刀布为下币。至太公立九府圜法，黄金方寸，重一斤，钱圜函方，轻重以铢，而币制灿备，

① "物"，原作"勿"，今据《大学衍义补》及《管子》改。

后世师焉。(案:九府圜法之说,后世解释纷歧。李奇谓圜即钱也,圜一寸而重九两。颜师古非之,谓圜为均而通之义,并举《周官》①太府、玉府、内府、外府、泉府、天府、职内、职金、职币以为九府圜法。然太公立法时,《周官》尚未建也;且职内、职岁、职币、职金在《周官》皆为掌财之官,而颜氏略去职岁,以三者附太府等为九,穿凿附会、殊不足采。考《尔雅》有九府云:医无闾之珣玗琪、会稽之竹箭、梁山之犀象、华山之金石、霍山之珠玉、昆仑之璆琳琅玕、幽都之筋角、斥山之文皮、岱岳之五谷鱼盐。盖九府所产不同,太公故作圜法,用金钱、货帛以均通之,使各物之价格有所准据,而需供之关系亦得其平也。)

疏 《通典》,唐杜佑撰。其书因刘秩《政典》而广之,分食货、选举、职官、礼、乐、兵刑、州郡、边防八门,上溯黄虞,下迄唐天宝,凡二百卷。

《通志》,宋郑樵撰,仿梁武《通史》之例为之。纪传年表,均非所长,至其二十略,则全书精华所萃也。凡二百卷。

《文献通考》,元马端临撰,因《通典》而广之,为二十四考,上承《通典》,下迄宋宁宗之世,凡三百四十八卷。

管子:"汤七年旱,禹五年水,人之无檀。有卖子者,汤以庄山之金铸币,而赎人之无檀卖子者;禹以历山之金铸币,以救人之困。夫玉起于禺氏,金起于汝汉,珠起于赤野,东西南北,在周七八千里,水绝壤断,舟车不能通,为其途之远,其至之难,故托用于其重,以珠至为上币,以黄金为中币,以刀布为下币。三币,握之则非有补于暖也,食之则非有补于饱也,先王以守财物,以御人事,而平天下也。是以命之曰衡。衡者,使物②一高一下,不得有调也。"(《通考·钱币考》)

《尔雅》九府见《释地篇》。

太府、玉府、内府、外府、职内、职币、职岁,见《周官·冢宰》,泉府见《地官·司徒》,天府见《春官·宗伯》,职金见《秋官·司寇》。

景王时患钱轻,乃铸大钱,径一寸二分,重十二铢,文曰宝货。楚庄王患币重,更以小为大,百姓不便,令复如故。盖货币之价格有二:一为名义价格,一为实质价格。凡货币之名价与实价相当者为良币,今世各国之主币皆然。名价大于实价者为恶币,今世各国之辅币属之。当市场同时有良恶二种货币流行,恶货必驱逐良货币(格里森法则),驯至币价日低,物价日昂,民生窘苦,缘兹益甚。然今世各国,仍流行名价大于实价(即以小为大)之恶币,而不虞其驱逐良货币者,则以辅币之通用有限制,其势不得张也。楚庄王不知此理,徒患币重,以小为大,宜百姓之不便也。

考之载籍,古代各国类行共产制,吾国井田之法,即其一端也。井田创自黄帝,历唐虞而不改。夏之时,禹作丘甸之法。(九夫为井,四井为邑,四邑为丘,四丘为甸。)至殷有公田、私田之名,然其经制,后世莫详。沿及周初,其法大备,始可考征。孟子生当衰周欲复井田,独详周制,其言曰:"方里而井,井九百亩,其中为公田,八家皆私百亩,同养公田。"即八家共井同力公田,以供王用,而于私田,仅得耕种收其滋息,不能有所有权也。

疏 昔黄帝始经土设井,以塞争端,立步制亩,以防不足。使八家为井,井开四道而分八宅,(中略)井一为邻,邻三为朋,朋三为里,里五为邑,邑十为都,都十为师,师七为州。夫始

① "周官",原作"官周",今据上下文改。

② "物",原作"勿",今据《通考》改。

分于井则地著，计之于州则数详。（《通考·职役考》）

《汉书·食货志》：六尺为步，步百为亩，亩百为夫，夫三为屋，屋三为井，井方一里，是为九夫。八家共之，各受私田百亩，公田十亩，是为八百八十亩，余二十亩，以为庐舍。"朱子《孟子注》，与此略同。

禹定九州，量远近制五服，任土作贡，分田定税，十一而赋，万国以康。殷以天子之地，百里之内以供官，千里之内以为御，千里之外曰流，设方伯以为属。公田籍而不税，七十而助。是以其求也寡，其供也易。（《通典·食货典》）

井田法外，当时尚有赋敛之制，书缺有间，其详虽不可得闻，然孟子之时，去古未远，其言有足征者。孟子曰："夏后五十而贡，殷人七十而助，周人百亩而彻。"又曰："其实皆什一也。"夫既立井田之法，何为又赋敛之乎？则恽子居言之审矣。恽氏曰："未有井田之前，所行者贡而已。废井田之后，所行者亦贡而已。至行井田之时，贡亦不废者。田有不可井，与可井而不及井，及上世以来，已定沟浍之制者也。"

疏 恽敬，阳湖人，字子居。官乾隆朝，为人负气，矜名节，自言其学非汉非宋，不主故常。治古文近法家言，世称阳湖派。所著《三代因革论》八篇，论三代制得失甚备，有《大云山房集》。其三代论第三篇《论井田》曰：（上略）贡、助、彻三者，圣人皆先自其国都行之，推之于诸侯之可行者而亦行之，其不可者待之，先代之制有可更者更之，不可更且不必更者仍之，如是而已。何以知其然也？井田者，始于黄帝，废于秦。未有井田之前，所行者贡而已。废井田之后，所行者亦贡而已。至行井田之时，贡亦不废者。田有不可井，与可井而不及井，及上世以来，已定沟浍之制者也。是故五十而贡，夏禹治田之法，而其时黄帝之井田在焉。《夏小正》曰"初服于公田"是也。七十而助，成汤治田之法，而其时公刘之彻行焉。《诗》曰"彻田为粮"是也。百亩而彻，文王治田之法，而其时汤之助存焉。《公羊传》曰"古者十一而籍"是也。若是者何也？天下至大，民人至众，圣人者期于均，其利在其害者也。周之有天下也，定其可井不可井，以九一、十一，推一王之制，仍其五十、七十，以贡、助存先代之法。（中略）贡者，古今之通法；井田者，圣人因时以均民情。贡者，自诸夏至绝徼之通法；井田者，圣人因地以均民力。是故圣人之世，以井田为上治，以贡为通法。（中略）井田之名至高，而贡则无不可行。故圣人之行井田也，以贡辅之，而不责人之必行，如是而已。何以知其然也？齐之内政，五家为轨，五轨为里，四里为连，十连为乡，井田以三起数，内政以五十起数。使齐之封内，为井田者十之九，为贡者十之一，齐能三其田而五十其人乎？抑破坏其井而五十其田乎？是齐之田，井者少不井者众也。楚蒍[①]掩为司马，度山林，鸠薮泽，辨京陵，表淳卤，数疆潦，规偃猪，町原防，牧皋隰，井衍沃，贾逵皆以井数之。其说为诬，九地之土，惟衍沃可井，杜预之说是也。是楚之田，井者少不井者众也。郑子驷为田洫而侵四族田，是郑之田不尽井也。魏文侯曰："今户口不加，而租赋岁倍，是课多也。"井田非税亩，赋不能加，魏未闻有此法，乃增其贡也。是魏之田不尽井也。（下略）

第二节 王　制

禹之时，万国。成汤之时，三千余国。武王之时，千七百七十二国。夫上世地多未辟，民又

① "楚蒍"，原作"禁止为"，今据《左传》改。

稀简，安得如许之国乎？自今世社会学者考之，则知当世所谓国者，部落之别名耳。各部落皆戴酋长，初立号令，僭称为国，而实则非也。部落之酋长，或称曰牧，或名为后，以代表其部落。因部落之稠叠，而牧、后之数，亦不可胜纪，总称曰群牧或群后。而各部之结合，类由亲族关系，与他人种部落之所以结合者无殊也。牧、后当战时，则指挥军队，平时则裁判曲直，不第司法与行政不分，抑且军政与民政混同，原人之初生事简单，组织未弘，无足异也。群牧、群后之上有四岳，四岳盖由群后所推戴，其职掌在选举国王，及备王之顾问。王既由四岳所选举，故国之大事，必谘四岳而行之。

王又名为皇，为帝或称天子。当时王权不大，政治之原动，常在四岳。尧欲治水以问四岳，畴堪任使，四岳举鲧，尧虽知鲧不胜任，而不能背其议；尧退位，四岳举舜，舜即位。国之大事，悉谘四岳，故唐虞之世，王位非世袭，而王权甚薄弱也。

疏 参《尚书·尧典》及《礼记·王制》。

王于总揽军民大政外，其最大职务，在代表人民以祭天，是王不啻最高之僧侣，而政与教固一致也。盖祭天事天为王之专职，而民心通天，天心通民，尤当时之思想，故事天之事，委之天子，凡民不得与焉。然敬天畏天，则上自国王，下讫人民皆然也。天子既代民以祭天，苟有天灾，则必天子之至诚有所不格，而天子自负其责焉。所谓万方有罪，罪在一人，后世儒者本之，立天人相与之说，而国王俨与天通矣。神权思想，历千祀而弗渝，此吾国法制所由不进步也欤！

疏 王制，天子祭天地，诸侯祭社稷，大夫祭五祀。

王位继承，当唐虞之际，选贤与能，天下为公，并非世袭。及禹以王位传其子，后世因之以治国为一姓之私职，虽有贤者，莫能代焉。此吾国法制史上之大变。而殷周以后，诛伐征讨之祸，所由蝉联而不息也。夫王位既由世袭，王权遂渐次强大。周之时同姓诸侯分封各地，各拥威势，以藩王室。王权自日强大，政治上之权力，集于王之一身，恣所欲为，旁无顾忌，于是君主专制之势成，而古者民主之制亡矣。

王之收入，唐虞之世，其详不可得闻，大抵不出万民之贡献、王领地收入之二者，其他尚有由邻地异种人之贡献。夏之时，天下之田，皆课税，以充王之收入。此外各州有贡物税率，因州而异，冀州最多，豫州次之，梁州最下。盖自禹平水土，始差赋为九等，量其地之远近，赋之精粗轻重，而额有不同。所以然者，则以九州地有广狭，民有多寡，其赋税所入之总数，未可一致也。贡亦因其地所产而异，有漆丝、羽毛、齿革、金属之类。周之时，王之收入凡五种，什一税、公田、九赋、九贡、九功是也。什一税者，税诸民田之收入也。公田者，王领地之收入也。九赋者(邦中、四郊、郊甸、家削、邦县，邦都、关市、山泽、币余)，自各官吏禄田所出之税也。九贡者(祀贡、嫔贡、器贡、币贡、材贡、货贡、服贡、游贡、物贡)，王畿外分封诸侯每岁之贡献也。九功者(三农、园圃、虞衡、薮牧、百工、商贾、嫔妇、臣妾、间民)，九职之民之贡献也。凡此均为王之经常收入。又有名方贡者，乃夷狄之贡献，则临时收入也。

疏 九功，即九职，参看《周官·冢宰》及其贾疏。
马端临曰：按，九赋，先郑(众)以为地赋，后郑(玄)以为口赋。然关市即邦中之地也，山泽即四郊以下之地也，一地而再税之可乎？关市即邦中之人也，山泽即四郊以下之人也，一人而再税之可乎？后郑虽有末作增赋之说(见后)，然于币余一项，尚觉牵强，且居关市及山泽之民，未必皆能占会百物，以取利者也，尽从而倍征之，可乎？愚以为自邦中至邦都，皆取之于民者，其或为地赋，或为口赋，不可知也。关市以下，则非地赋，亦非口赋，乃货物之税也。关市者，货之所聚，故有赋，如后世商税是也。山泽者，货之所出，故有赋，如后世榷盐、榷茶之类是也。币余则如后世领官物营运之类，故取其息。息即赋也，故名之曰九赋，而太宰总其纲焉。

《周官》郑氏注：财，泉谷也。郑司农云："邦中之赋，二十之税一，各有差也。币余，百工之余。"玄谓："赋，口率出泉也。卿大夫岁时登其夫家之众寡，辨其可任者征之，遂师征其财，皆此赋也。邦中，在城郭者。四郊，去国百里；邦甸，二百里；家削，三百里；邦县，四百里；邦都，五百里。此平民也。关市、山泽，谓占会百物。币余，谓占卖国中之斥币。盖百官所用官物，不尽者归之职币，职币得之，不入本府，恐久藏朽蠹，则有人占卖，依国服出息，谓之斥币，谓斥与人也。此三者皆末作，当增赋者，若今贾人倍算矣。(《通考·国用考》)

王当必要时，得使役人民，而其使役方法不一：或如府、史、胥、徒供官役之事，或任比、闾、族、党之乡役，或为沟渠、涂巷之役，或为车辇、委输之役。要之，不外官役、乡役、田役、兵役四者，皆属力役而非财赋货贡也。

疏 参《周官·司徒篇》。

三代役法，莫详于周。《周礼》，五、两、军、师之法，此兵役也；师田、追胥之法，此徒役也；府史、胥徒之有其人，此胥役也；比、闾、族、党之相保，此乡役也。有司徒焉，则因地之善恶而均役；有族师焉，则校民之众寡以起役；有卿大夫焉，则辨年之老少以从役；有均人焉，则论岁之丰凶以行复役之法。

第三节 阶级制度

当代阶级制度有三，即贵族、自由民、奴隶是也。当时贵族居于自由民之上，执行政务。其初贵族有选举君主之权，及王位世袭之制兴，始仅任王朝之官职，而临民上耳。而其间亦自有阶级，周时居最上位者为卿，卿又分为上卿、下卿二种；其次大夫亦有上大夫、中大夫、下大夫三等；最后为士，分为上士、中士、下士三级。大夫以上赐采地，上士以下赐土田，而分封之诸侯，亦有五等之阶级，公、侯、伯、子、男是也。诸侯之国，亦有卿大夫、上士、中士、下士之别。自由民则视其所业，分为农、工、商。奴隶皆以罪人充之，有罪者则收为奴。春秋之时，人之等级有十，一王、二公、三大夫、四士、五皂、六舆、七隶、八僚、九仆、十台。凡奴隶视同财产，毫无人格，亦足征当时法制之不平等矣。

第四节 官职制度

唐虞以前之官职，其详不可考见。惟既分土治民，则政务万端，待人而理，究非一手一足之烈，所能胜任愉快也。故官制之必要生焉。学者谓庖牺氏之王天下，有龙马负图之瑞，故以龙纪官，春官为青龙，夏官有赤龙，秋官为白龙，冬官为黑龙，中官为黄龙。而黄帝之时，则以云名官；炎帝以火；共工氏以水。其名虽各异，要皆本于五行四时，为六官之制所自始。尧之时，内有百揆、四岳，外有州牧、侯伯。及舜摄政，分命九官，《虞书》所谓司空、后稷、司徒、共工、秩宗、纳言、士虞、乐是也。夏承虞制，稍变通之，其时之官曰：三公、九卿、二十七大夫、八十一元士；然皆内官也，而王畿以外之官，其迹不著。殷时内设二相、六太（太宰、太宗、太史、太祝、太士、太卜）、五官（司徒、司马、司空、司寇、司士）、六府（司土、司木、司水、司草、司器、司货）、六工（土工、金工、石工、木工、兽工、草工）；外立方伯、连帅之制，使天下诸侯，如身使臂，如臂使指，内外相维，脉络贯通，咸拱手以奉朝命，较虞、夏之时略备。周有天下，官制明备，远胜前代；内设六官，属各六十，权限既明，庶政大理；外废上古部落之制，建国封爵，权归王室，虽因时创法，屡有变易，然其时封土大小相间，亲贤并用，而所以制驭诸侯，蔚成成康之治者，非无故也。兹举其制如次：

（一）天官冢宰　其属六十　掌邦治

（二）地官司徒　其属六十　掌邦教

（三）春官宗伯　其属六十　掌邦礼

（四）夏官司马　其属六十　掌邦政

（五）秋官司寇　其属六十　掌邦刑

（六）冬官司空　其属六十　掌邦事

六官之上有三公、三孤。三公者，太师、太傅、太保是也。三孤者，少师、少傅、少保是也。至所属官名、职员数及职掌，详见《周礼》，兹不赘述。

昔者黄帝方制天下，立为万国，然其画疆分野之详，年远代湮，不可得而闻也。尧之时，洪水为灾，使禹平之，划立九州，冀、兖、青、徐、扬、荆、豫、雍、梁是也。舜摄帝位，增幽并营，合旧制为十二州。夏后代兴，仍复九州之制。殷周继起，未有更易，又因土地之远近，立五服、九服之制，分封之诸侯，以其地产贡献王室。然五服之制，始于夏，至周增为九服。夏制，五百里甸服，又五百里侯服，又五百里绥服，又五百里要服，又五百里荒服，以甸、侯、绥、要、荒为五服。周制五服，则为侯、甸、男、采、卫，加蛮、夷、镇、藩，为九服。盖周制王畿千里，称为国畿，王所直辖，其外五百里为侯畿，侯畿之外五百里为甸畿，甸畿之外五百里为男畿，男畿之外五百里为采畿，采畿之外五百里为卫畿，卫畿之外五百里为蛮畿，蛮畿之外五百里为夷畿，夷畿之外五百里为镇畿，镇畿之外五百里为藩畿。此九服所分封之诸侯，因其爵位高下，区为五等（公、侯、伯、子、男）。封土之内，各有官职，亦有爵位之别，官职有司徒、司马、司空，爵位有卿大夫、上士、中士、下士。

疏　参考《通典·食货典》及《通考·职官考》。

第五节　兵　　制

马端临作兵制考，断自成周，盖夏殷以前，其详不可考稽也。成周兵制，《前汉书》所载与《周礼》不合。大较言之，《汉书》所载系就征发而言，《周礼》所记则就教练而言，自难强同。今举其征发、教练之制如次。地方一里为井，井十为通，通十为成，成方十里；成十为终，终十为同，同方百里；同十为封，封十为畿，畿方千里；而赋税出其中焉。赋为兵之编成，而税则兵粮也。其法四井为邑，四邑为丘，一丘十六井，出戎马一匹，牛三头；四丘为甸，一甸六十四井，出戎马四匹，牛十二头，兵车一乘，兵车一乘有甲士三人，卒七十二人。卿大夫百乘之家也，故出戎马四百匹，兵车百乘。

诸侯千乘之国也，故出戎马四千匹，兵车千乘。天子万乘之主也，故有戎马四万匹，兵车万乘。春夏秋冬，各以农隙而训练之，盖古者寓兵于农。承平之时，则力耕于陇亩；丧乱之日，乃释耒以从戎，其征发之数，素已规定。国家有急，振臂一呼，四起应之，如川赴壑，如帆从风，大军立集，法至明备也。

至其编制教练之法，则万有二千五百人为军，王六军，大国三军，次国二军，小国一军，军将皆命卿；二千五百人为师，师帅皆中大夫；五百人为旅，旅帅皆下大夫；百人为卒，卒长皆上士；二十有五人为两，两司马皆中士；五人为伍，伍皆有长。兹更列表以明之。

	师（中大夫）二千五百人	旅（下大夫）五百人	卒（上士）百人	两（中士）廿五人
	师（中大夫）二千五百人	旅（下大夫）五百人	卒（上士）百人	两（中士）廿五人
一军（卿）	师（中大夫）二千五百人	旅（下大夫）五百人	卒（上士）百人	两（中士）廿五人
	师（中大夫）二千五百人	旅（下大夫）五百人	卒（上士）百人	两（中士）廿五人
	师（中大夫）二千五百人	旅（下大夫）五百人	卒（上士）百人	两（中士）廿五人

伍（下士）五人
伍（下士）五人
伍（下士）五人
伍（下士）五人
伍（下士）五人

以上为周初之兵制。周衰，齐、晋、秦、楚互长中夏，征兵之法，弗尊周制。盖王室式微，群雄割据，各自为制，纷纭杂袭，其详有不可考者矣。齐为五霸元首，管子当国，作内政而寓军令，其制度有足纪者，兹略述之。其制五家为轨，轨有长；十轨为里，里有司；四里为连，连有长；十连为乡，乡有良人，以为军令。是故五家为轨，五人为伍，轨长率之；十轨为里，故五十人为小戎，里有司率之；四里为连，故二百人为卒，连长率之；十连为乡，故二千人为旅，乡良人率之；五乡为师，故万人为军，五乡之师率之。盖内教既成，令不得迁徙，故卒伍之人，人与人相保，家与家相爱，少相居，长相游，祭祀相福，死丧相恤，祸福相忧，居处相乐，行作相和，哭泣相哀；是故夜战其声相闻，是以无乱；昼战其目相见，卒以相识；欢欣卒以相死；是故以守则固，以战则胜；远非后世召募之卒，突然相值，情谊睽阂者，所能企及也。

疏 《汉书》兵制见《刑法志》，《周礼》兵制见《大司马》。

第六节　法律公布制度

法律者，人民共由之道也，必使人民明悉其条文，然后遵勿敢犯，且以防执法者之滥用焉。故今世文明各国之法律，莫不公布有众，咸使闻之，而人民之负有遵守义务，亦自法律公布之后始也。然古代人民，智能暗弱，以习惯为法律，任执法者之枉纵，而举动云为固未尝有明确之标的也。浸假民智渐启，社会组织，益趋复杂，而法律之公布，应运生焉。故法律公布制度之发生，即其国群文明渐进之表征也。我国法律公布制度，肇自有虞发生之早，世界各国，盖无伦比。观《尚书·舜典》，"象以典刑"一语，是证当时已有成文法之制定，而开法律公布之端焉。

然“象刑”二字,自来学者,解释纷纭,莫衷一是,举其大要,约有三说,兹列举如次。

第一　以“象刑”为异章服、画衣冠之一种名誉刑,即区别犯罪者衣服冠饰之色质,使见者知其为犯罪人之刑罚也。倡此说者为慎子,兹举其词。

慎子曰:“有虞氏之诛,以幪巾当墨,以草缨当劓,以菲履当刖,以艾鞸当宫,布衣无领当大辟,此有虞之诛也。斩人肢体,入肌肤,谓之刑;画衣冠,异章服,谓之戮。上世用戮,而民不犯也,当世用刑,而民不从。”

自慎子倡此说后,汉世儒者多遵之,如伏胜、郑玄、班固皆然。文帝即位十三年,下令曰:“制诏御史,盖闻有虞氏之时,画衣冠,异章服,以为戮,而民弗犯,何治之至也!”是慎子之说,汉代帝王诏令,且据为典要矣。采此说者,咸以唐虞之世为理想上之治世,德化流行,刑措不用,而五刑之残刻,乃起于唐虞以后道德衰微之时代也。此其为说,盖出儒家者流,推崇德礼,涂饰治平之意,非必有此事实。果其有之,则唐虞当世之大乱可立而待也。荀子盖言之矣,以为“世俗之为说者曰:‘治古无肉刑,而有象刑:墨幪、澡婴、共艾毕、菲紂履、赭衣而不纯。治古如是。’是不然,以为治邪?则人固莫触罪,非独不用肉刑,亦不用象刑矣。以为人或触罪矣,而直轻其刑,然则是杀人者不死,伤人者不刑也。罪至重而刑至轻,庸人不知恶矣,乱莫大焉。”由荀子之言观之,则此说不足采也。

第二　释象为法,即“象以典刑”者,依法律执行常刑之意也。此说孔安国倡之,其言曰:“象,法也。法以用刑也。”焦循和之,其《尚书补疏》曰:“《广雅》云:‘象,效也。’法与效义同,有所效法,则谓之象。”然释象为法,未免牵强,不可为训。是此说亦无当也。

疏　安国传曰:“象,法也。法用常刑,用不越法。”孔颖达疏曰:“象为效法,故为法也。”焦循补疏,义即本此。循,江苏甘泉人,乾隆举人,不仕,闭户著书,遍治群经,有《易章句》、《易通释》、《孟子正义》、《诸经补疏》等书。

第三　以“象刑”为描写用刑之物象,而明示于民者也,即法律公布之制度也。此说宋程大昌倡之,其说详《考古编》,兹举其要如次。

“孔安国之传‘象刑’曰:‘象,法也。法以用刑也。’以象为法,于义既迂,而‘法以用刑’,似非六经语,故世以为疑。至荀况氏出,疑异冠服之不足以惩也,遂作意直诋以为无有,故其言曰:‘象刑不生于治古,起于乱今也。’象刑,《虞书》尝两出,又亲记舜语,若舍之不据,则尧舜不足祖,典谟不作经矣。然则何以曰古无全制?则当参其类,既相比,则当推其理以究之,待其彼此交质,相说以解,则古制见矣。夫既谓象,必有形可绘、有状可示也,则凡谓为象者,其必于形象焉求之,岂容泛言也?”

“象刑云者,是必模写用刑物象,以明示民,使知愧畏,而何他求泛说哉?”

“周之阙名象魏,象魏者,取其巍巍然也。象者,实有六典事物之象,画著其上也。司寇之职,正月则垂刑象之法于象魏,使万民观刑象,挟日而敛之,其为制正本有虞也。”

“周言刑象,命其形也;虞言象刑,著其成也,其实一已。六官皆有职,六职皆有具,治教政礼刑工,随其事物,各图写之,其绘事属刑者,则刑官取而垂之魏阙,是为刑象。由刑象[1]以推唐虞,则象刑云者,以有象而名,可类推也。”

---

① 原文无“由刑象”,今据《考古编》增之。

疏 程大昌，宋休宁人，字泰之，仕孝宗朝，笃学，于古学靡所不窥，有《禹贡论》、《诗论》、《易原》、《雍录》、《考古录》诸书。

程氏之说，以既曰象，必有形可绘、有状可示，故象刑者，乃描写用刑之物象，明示于民，使其愧畏也；而求其类于《周官》刑象之法，垂象魏示万民者，以证其说之非诬。其解释“象刑”二字，甚为正确，学者多宗之，宋之钱时，即其一人也。钱氏《融堂书解》曰：“象者所以示民也，若曰犯某罪者，丽其法昭然条理，揭而示之，司寇垂刑象之法于象魏，使万民观刑象，挟日而敛之，即其遗意也。”循是观之，中夏法律公布制度，肇自有虞，章章然矣。

疏 钱时，号融堂，宋淳安人，博治理学，著书至多，尝讲学于象山书院，人称融堂先生。

周时法律公布之式有二：一为朗诵法，于春秋祭日四时之孟月吉日，地方官等集人民于一定之所在，朗诵法律，使民咸知；一为揭示法，则悬法于象魏，以示众庶，经旬而敛焉。（按：象魏一名阙，在雉门之前；入宫城皋门，有库门，其次雉门，其次应门，其次寝门，寝门内为王宫；万民得至雉门，魏阙在其前，每法令出，垂之魏阙，万民集此观之。）

疏 《周礼》：“布宪掌宪邦之刑禁。正月之吉，执旌节以宣布于四方。而宪邦之刑禁，以诘四方邦国及其都鄙，达于四海。凡邦之大事，合众庶，则以刑禁号令。”郑氏传曰：“宪，表也，谓县之也。司寇正月布刑于天下，正岁又县其书于象魏。”

《周礼·司寇》：“正月之吉，始和布刑于邦国都鄙，乃县刑象之法于象魏，使万民观刑象，挟日而敛之。”郑传：“从甲至甲，谓之挟日。”

第七节 法典编纂制度

虞舜之世，法律公布制度既已萌芽，则法典编纂，相因而生，亦自然之势也。据世传唐虞制令、皋陶法律、夏政典、科条、禹法、汤四方献令、汤令、殷刑书、周刑书、三王法令等名观之（见宋王应麟所撰《玉海》卷六十五），当时似有法典之存在，惟此等名称类由后人伪托，未可据为信史也。中夏法典编纂之始，当推战国时魏李悝所撰之《法经》六篇，但法经六篇，并非李氏突然创作，实以春秋时郑之刑书、竹刑，晋之刑鼎，为其先驱也。盖法典编纂之初，起于简单之记录，渐集大成，始组织为法典焉。《唐律疏义》曰：“魏文侯师李悝，集诸国刑典，造《法经》六篇。一盗法，二贼法，三囚法，四捕法，五杂法，六具法。”此《法经》六篇之内容也。至其命意，则杜氏《通典》，言之颇详，其言曰：“魏文侯师李悝，撰①次诸国法，著《法经》。以为王者之政，莫急于盗贼，故其律始于《盗》、《贼》。须劾捕，故著《囚》、《捕》二篇。其轻狡、越城、博戏、借假②、不廉、淫侈、逾制，以为《杂律》一篇。又以《具③律》具其加减。是故所著六篇而已，然皆罪名之制也。”就世界一般之法制而考其沿革，无论何国，刑法发达最早，而刑法法典之编纂，亦最早。中夏法制之沿革，未能独外此例。故李悝《法经》所网罗者，不离刑法，固其所也。

---

① “撰”，原作“选”，今据《通典》改。

② “假”，原作“役”，今据《通典》改。

③ “具”，原作“其”，今据《通典》改。

第八节　刑　　制

老子有言:“礼者,忠信之薄,而乱之首。”用礼范民,圣哲犹或非訾,矧夫法令滋章,以刑罪桎梏其民者乎?昔郑人铸刑书,叔向诒子产书曰:“始吾有虞于子,今则已矣。昔先王议事以制,不为刑辟,惧民之有争心也。夏有乱政,而作禹刑;商有乱政,而作汤刑;周有乱政,而作九刑:三辟之起,皆叔世也。今吾子相郑国,作封洫,立谤政,制参辟,铸刑书,将以靖民,不亦难乎?”晋赵鞅、荀寅,帅师城汝滨,遂赋晋国一鼓铁,以铸刑鼎,著范宣子所为刑书。仲尼曰:“晋其亡乎,失其度矣。”由是观之,刑罚之作,乃衰世末法,而古先所讳言也。然民之品类,万有不齐,尚德去刑,或可期诸上哲,非所望于凡氓。故刑制之兴,实治国者所不容已,讵可厚非乎?

疏　此实为成文法之始,李悝《法经》,不过为学说之研究而已。

唐虞三代之时,以五刑为主,墨、劓、刖、宫、辟是也,而间用流、鞭、朴、赎之法。辟为生命刑,墨、劓、刖、宫、鞭、朴为身体刑,流似自由刑,赎则易刑为罚,而近于财产刑焉。

墨刑又称鲸刑,即割伤面部,以墨注之,使留印迹,俾见者知为犯人,羞与为伍焉。周之时墨刑五百,穆王之时墨刑一千。

劓刑者,割鼻之刑罚也,自古有之。周时劓刑五百,穆王之时劓刑之属一千。

刖刑者,断足之刑罚也。刖一称膑,或称剕。周时刖罪五百,至穆王剕罚之属五百。

宫刑者,断男子生殖之刑罚也,一称腐刑。周时宫罪五百,穆王时宫罚之属三百。

流刑起于舜时,分流、放、窜、殛四种,视路之远近而异其名焉。

体刑伤人肢体,大背人道,文明国家所不宜有,然苛暴之君,残民以逞,严刻寡恩,务在立威,而惨酷之刑,遂层出不穷焉。然考之泰东西上古史,若罗马,若日耳曼,若日本①,其身体刑之酷虐,如断舌、断唇、抉目、剥皮等刑,较我国太古时尤甚,则亦未能独为中夏病矣。

疏　参看《尚书·吕刑》篇。

第九节　学　　制

马端临曰:“古之教者,家有塾,党有庠,术有序,国有学,所谓学校,至不一也。然惟国学有司乐、司成,专主教事,而州、闾、乡、党之学,则未闻有司职教之任者。及考《周礼·地官》:党正各掌其党之政令教治,孟月属民而读法,祭祀则以礼属民;州长掌其州之教治政令,考其德行道艺,纠其过恶而劝戒之。然后知党正即一党之师,州长即一州之师也。以至下之为比长、闾胥,上之为乡、遂大夫,莫不皆然。盖古之为吏者,其德行道艺,俱足以为人之师表,故发政施令,无非教也。以至使民兴贤,出使长之;使民兴能,入使治之。盖役之则为民,教之则为士,官之则为吏,尊之则为师,钧是人也。”由是观之,则三代以前吏与师合而为一,长民之吏,即任教民之

① “日本”,原作“本日”,已改之。

责，非若后世政教殊途，各不相谋也。

三代学制，由简趋繁，建号虽异，而实相因也。兹分为太学与乡里之学，而详其制如次。

古时太学之制，多为养老设也。《王制》："有虞氏养国老于上庠，养庶老于下庠。夏后氏养国老于东序，养庶老于西序。殷人养国老于右学，养庶老于左学。周人养国老于东胶，养庶老于虞庠。"故上庠、东序、右学、东胶、太学也；下庠、西序、左学、虞庠、小学也。而周制于东胶、虞庠外，又有辟廱、成均、瞽宗之名。辟廱则成均也，东胶东序也，瞽宗右学也。盖明之以法，和之以道，曰辟廱；以成其亏，均其过、不及，曰成均；以习射事则曰序；以纠德行则曰胶；以乐祖在焉则曰瞽宗；以居右焉则曰右学。成均居中，其左东序，其右瞽宗；天子视学于成均，祭先贤于瞽宗，养国老于东胶。故周时太学有三：瞽宗重祭，为习乐之地；东胶重养，为习射之地；而成均则学子普通肄业之所也。

至乡里之学，则家有塾，乡有庠，里有序。庠者详礼义，序者序长幼也，皆小学也。人生八岁，上自王公，下至庶人之子弟，皆入小学，而教以洒扫、应对、进退之节，礼乐、射御、书数之文；及十有五年，则自天子之元子、众子，至公、卿、大夫、元士之适子，与凡民之俊秀，皆入大学，而教以穷理、正心、修己、治人之道焉。

疏 见朱子《大学章句》序。

八岁入小学，十五岁入大学，《大戴礼·保傅传》、《白虎通》之说。十三年入小学，二十入大学，《尚书大传》之说。程、朱皆从《保傅传》、《白虎通》。

当时学校教育之制，掌于司徒之官，故曰司徒掌邦教，以佐王安邦国。其教民之科目，则统以三物。三物者，德、行、艺是也。知、仁、圣、义、忠、和为六德，孝、友、睦、姻、任、恤为六行，体、乐、射、御、书、数为六艺。三者之教，上所施也。及其成材，则宾兴于王，而授以位。大学之教，尽于三物，德、行掌于师氏，艺掌于保氏，凡在国子，皆受业焉。

第二章　秦汉之法制

第一节　经济制度

第一款　田制

秦以附庸之国，崛起西陲，明君间作，接礼贤士，海内英俊，争归趋之，明刑弼教，遂霸西戎，余威所被，蚕食西周，辟地千里，兵车万乘。讫于始皇，混一区宇，雄视耽耽，以兴义兵，诛残贼，平定天下，海内为群县，法令由一统，自上古以来，未尝有，五帝所不及，尽更三代旧制。阳湖恽氏有言："秦者，古今之界也。秦以前，朝野上下所行者，皆三代之制也；自秦以后，朝野上下所行者，皆非三代之制也，井田其一也。"井田之废，议者皆蔽罪商鞅，以为鞅开阡陌，而井田之制始废；不知西周为文武旧治，井田之法，夙冠天下，及遭犬戎之乱，衣冠之族东徙，而西戎诸国，俗与华殊，久已不守周制，岂俟商鞅之废灭乎？盖井田久已废坏，所存者阡陌之迹而已。商鞅图富秦，乃并此阡陌之迹而去之，亦因时制宜之意也。后儒不察，从而尤之，宁非诬乎？

疏　参观《三代因革论》四。

考阡陌为田间之道路，东西为阡，南北为陌，盖因田之疆畔，制其广狭，辨其纵横，通人物之往来，即《周礼》所谓遂上之径、沟上之畛、洫上之涂、浍上之道也。（周时沟洫之制："夫间有遂，遂上有径；十夫有沟，沟上有畛；百夫有洫，洫上有涂；千夫有浍，浍上有道。"）然遂广二尺，沟四尺，洫八尺，浍二寻，则丈有六尺矣。径容牛马，畛容大车，涂乘一轨，道二轨，弃地甚多；而耕者限于百亩，人力地利，俱不得尽。又当世衰德坏之时，则其归授之际，必不免有烦扰欺隐之奸；而阡陌之切近民田，必又有阴据以自私，而税不入于公上者。是以一旦①奋然不顾，尽开阡陌，悉除禁限，而听民兼并卖买，以尽人力；垦辟弃地，悉为田畴，而不使其有尺寸之遗，以尽地利；使民有田，即为永业，而不复归授，以绝烦扰欺隐之奸；使地皆为田，而田皆出税，以杜阴据自私之弊。由是论之，商鞅开阡陌，而三代井田之制，虽荡然无存，然其尽地利，厚民生，以为秦富强之谋者，功亦伟矣。

疏　朱子（熹）《开阡陌辩》曰："《汉志》言秦废井田，开阡陌。说者之意，皆以开为开置之开，言秦废井田而始置阡陌也。故白居易云：'人稀土旷者，宜修阡陌；户繁乡狭者，则复井田。'盖亦以阡陌为秦制，井田为古法。此恐皆未得其事之实也。按阡陌者，旧说以为田间之道，盖因田之疆畔，制其广狭，辨其纵横，以通人物之往来，即《周礼》所谓遂上之径、沟上之畛、洫上之涂、浍上之道也。然《风俗通》云：'南北曰阡，东西曰陌。'又云：'河南以东西为阡，南北为陌。'二说不同，今以《遂人》田亩、夫家之数考之，则当以后说为正。盖陌之为言百也，遂洫

① "旦"，原作"日"，今据《文献通考》改。

纵，而径涂亦纵，则遂间百亩，洫间百夫，而径涂为陌矣；阡之为言千也，沟浍横，而畛道亦横，则沟间千亩，浍间千夫，而畛道为阡矣。阡陌之名，由此而得。至于万夫有川，而川上之路，周于其外，与夫《匠人》井田之制，遂、沟、洫、浍，亦皆四周，则阡陌之名，疑亦因其横纵而得之也。然遂广二尺，沟四尺，洫八尺，浍二寻，则丈有六尺矣。径容牛马，畛容大车，涂容乘车一轨，道二轨，路三轨，则几二丈矣。此其水陆占地，不得为田者颇多，先王之意，非不惜而虚弃之也。所以正经界，止侵争，时蓄泄，备水旱，为永久之计，有不得不然者，其意深矣。商君以其急刻之心，行苟且之政，但见田为阡陌所束，而耕者限于百亩，则病其人力之不尽；但见阡陌之占地太广，而不得为田者多，则病其地利之有遗。又当世衰法坏之时，则其归授之际，必不免有烦扰欺隐之奸，而阡陌之地，切近民田，又必有阴据以自私，而税不入于公上者。是以一旦奋然不顾，尽开阡陌，悉除禁限，而听民兼并买卖，以尽人力；垦辟弃地，悉为田畴，而不使其有尺寸之遗，以尽地利；使民有田，即为永业，而不复归授，以绝烦扰欺隐之奸；使地皆为田，而田皆出税，以核阴据自私之幸。此其为计，正与杨炎疾浮户之弊，而遂破租庸以为两税，盖一时之害虽除，而千古圣贤传授精微之意，于此尽矣。故《秦纪》、《商鞅传》皆云：'为田开阡陌封疆，而赋税平。'蔡泽亦曰：'决裂阡陌，以静生民之业，而一其俗。'详味其言，则所谓开者，乃破坏刬削之意，而非创置建立之名；所谓阡陌，乃三代井田之旧，而非秦之所制矣。所谓'赋税平'者，以无欺隐窃据之奸也；所谓'静生民之业'者①，以无归授取予之烦也。以是数者，合而证之，其理可见，而蔡泽之言，尤为明白。且先王疆理天下，均以予民，故其田间之道，有经有纬，不得无法。若秦既除井授之制矣，则随地为田，随田为路，尖斜屈曲，无所不可，又何必取其东西南北之正，以为阡陌，而后可以通往来哉？此又以物情事理推之，而益见其说之无疑者。或乃以汉世独有阡陌之名，而疑其出于秦之所置。殊不知秦之所开，亦其旷僻而非通路者耳。若其适当冲要而使于往来，则亦岂得而尽废之哉！但必稍侵削之，不复使如先王之旧耳。或者又以董仲舒言，富者连阡陌，而请限民名田，疑田制之坏，由于阡陌，此亦非也。盖曰富者一家，兼有千夫、百夫之田耳。至于所谓商贾无农夫之苦，有阡陌之得，亦以千夫、百夫之收而言。盖当是时，去古未远，此名尚在，而遗迹犹有可考。"（下略）

井田既废，三代土地共有之制，乃一变而为嬴秦私有之制，而土地之所有权发生矣。豪强者肆其兼并，辟地日广；羸弱者立锥无地，流为沟瘠；分配不均，贫富悬殊，而社会问题起焉。此仁人义士所为扼腕太息，欲复井田之制，以救民困者欤！然其为说，考之理论，固极正大，而征诸实际，又决不能行也。盖土地之数量有限，其发生非由于人类勤劳之结果，乃天然存在，以为吾人寄踪生养者也。人类有土地，始能生存发展，故凡人类皆有享受土地占有之权利，且不得不享受之者也。使一私人据有土地之所有权，失其天然之权衡，有损公众之利益，后世人类，滋乳繁衍，将何所托足乎？若井田既复，土地共有，以杜豪强之垄断，而谋人类之幸福，大义昭然，于理甚顺也。惟其所以实行之道，众说纷纠，而卒无一当焉。因井田难复，而欲少变其制以杜豪强之垄断者，董仲舒是也。董子倡为限田之法，欲捐有余以赡不足，师丹、孔光因之，限民田不得过三十顷，期尽三年，而犯者没入官。其意虽善，然古之圣哲，方授田以养民，今民所自有之田，乃复以法夺之，授田之事未成，夺田之事先见，所谓行一不义而不可为也。（见黄黎洲《明夷待访录》）且三十顷之田，周民三十夫之田也；一人而兼三十夫之田，亦已过矣。而期之三年，是又迫蹙平民，使自

① 原文为"静民生之业著"，今据《文献通考》改。

坏其业,非人情所安,乱莫大焉。(见苏明允[①]《衡论》)至荀悦则欲乘大乱之后,土旷人稀,一举就之。其言曰:"古者什一而税,今汉氏或百一而税,可谓鲜矣。然豪强富[②]人,占田愈侈,输其赋大半。官家之惠,优于三代;豪强之暴,酷于亡秦。是上惠不通,而威福分于豪强也。文帝不正其本,而务除租税,适足以资豪强也。且夫井田之制,不宜于人众之时,田广人寡,苟为可也。然欲废之于寡,立之于众,土地布列在豪强,卒而革之,并有怨心,则生纷乱,制度难行。若高祖初定天下,光武中兴之后,人众稀少,立之易矣。既未悉备井田之法,宜以口数占田,为之立限,人得耕种,不得卖买,以赡贫弱,以防兼并。"荀氏之说,学者疑焉。盖先王之制井田,所以遂民之生,使其繁庶也。今幸民之杀戮,为其可以便吾事,既非仁人所忍言,而其果否收效,亦不易言也。近日俄国列宁政府,乘彼国大乱之余,实行土地共有制,观其宪法第三条甲项云:"土地为社会所有,土地私有之制度废止,一切土地,宣告为公产,公平分配于农人,但有使用之权利,至对于原地主,不与以赔偿。"揆诸荀氏之言,若有合焉。然实行之效果,反于所期。一千九百二十年以后,不得已改用新经济政策,其共产主义遂一变变而为国家资本主义矣。

疏 汉武帝元狩初,董仲舒说曰:"秦用商鞅之法,改帝王之制,除井田,民得买卖。富者田连阡陌,贫者无立锥之地。汉兴,循而未改。古井田法,虽难猝行,限民名田,以赡不足,塞兼并之路,然后可治也。"弗从。(名田,占田也。古为立限,不使富者过制,则贫弱之家可足也。)

孝成帝时,师丹建言:"古之圣王,莫不设井田,然后治乃可平。孝文皇帝,承周、秦兵革之后,天下空虚,故务劝农桑,帅以节俭,民始充实,未有兼并之害,故不为民田,及奴婢为限。今累世承平,豪富吏民,赀数巨万,而贫弱逾困。盖君子为政,贵因循而重改作,所以可改者,将以救急也,亦未可详,宜略为限。"天子下其议,丞相孔光、大司空何武奏请:"诸侯王、列侯,皆得名田国中。列侯在长安,公主名田县道,及关内侯、吏民名田,皆无过三十顷。诸侯王奴婢二百人,列侯、公主百人,关内侯、吏民三十人,期尽三年,犯者没入官。"时田宅、奴婢贾为减贱,丁、傅用事,董贤隆贵,皆不便也。诏书且须后,遂寝不行。(《通考·田赋考》)

《明夷待访录》,清初黄宗羲撰。宗羲,字太冲,号梨洲,幼肆力于学,尝为父讼冤报仇,庄烈叹为"忠义孤儿"。后受业于刘宗周,宗周罹珰祸,并及梨洲,会清兵至得免;随孙嘉绩、熊汝霖诸军于江上,鲁王以为左佥都御史;海上倾覆,乃奉母反里,毕力著述。其学主先穷经,而求事实于史,以濂洛之统,综会诸家,从游日众。康熙中,举鸿博,荐修明史,均力辞;诏取所著书宣付史馆,史局大案必咨之;卒年八十有六,私谥文孝;有《南雷文定》、《宋元明儒学案》等书数十种,学者称南雷先生。是书尤其生平积臆所托之处,抑君重民,颇带革命色彩,然亦治体通达之论也。凡一卷,二十篇,其自序谓"吾虽老矣,如箕子之见访,或庶几[③]焉"。

荀悦所论,原文见《通考·田赋考》。

要之井田之制,理论甚正,而措之实用,厥效难期。后儒言井田之所以废者,莫善于恽子居,其言曰:"三代之时,山林斥卤,积渐辟治,足给其民,又以余者为圭田、余夫之田、士田、贾田,后世余地日少,生齿日众,田不敷授,一也。三代之时,吏道淳古,归田受田,无上下其手者,后世肥瘠不均,与夺不时,二也。三代之时,国之大者,不过数百里,其田悉可按行而差等之,后

① 即苏洵,字明允。
② "富"为点校者据《汉记》增添。
③ "庶几",原作"几庶",今据《明夷待访录》改。

世地兼数圻，凭图书稽核而已，必有不实者，三也。三代之时，私田稼不善则非吏，公田稼不善则非民，后世吏不可非，而民不胜其非，四也。”而苏明允亦谓后世欲复井田，必画野分疆，制为沟洫，而沟洫之立，“非塞溪壑，平涧谷、夷邱陵、破坟墓、坏庐舍、徙城郭、易疆垄，不可为也。纵使能尽得平原广野，而遂规画于其中，亦当驱天下之人，竭天下之粮，穷数百年，专力于此，不治他事，而后可以望天下之地，尽为井田，尽为沟洫。已而又为民作屋庐于其中，以安其居，而后可。吁！亦已迂矣。井田成，而民之死，其骨已朽矣”。由此观之，秦以后井田之所以废者，势也。势已成而强挽之，非智者所敢任也。

疏 恽子居语仍参看所著《三代因革论四》，王益吾《续古文辞类纂》载之，明允语见其所著《衡论》。

汉兴，田制一仍秦旧，土地私有，兼并盛行，自是厥后，遂为定制。兹就当时田制之可纪者，叙述如次。

一　籍田。籍田又称东耕、亲耕、王耕，原于周制，所以尚农教民，以为天下先者也。春始东耕于籍田，官祠先农，先农即神农炎帝也。祠以太牢，百官皆从，皇帝视执耒耜而耕。籍之言借也，借民力治之，故谓之籍田。盖天子惟一耕三推，自余大部分则借庶民之力以生产也。古之王者，贵为天子，富有四海，而必私置籍田，其义有三焉：一曰，以奉宗庙，亲致其孝也；二曰，以训于百姓在勤，勤则不匮也；三曰，闻之子孙，躬知稼穑之艰难，无违也。籍田为儒家主张之礼制，厉王时斯礼已废，爰及汉文，始兴复之。自是以来，虽时有兴废，然其为历代朝廷之巨典，固昭然若揭矣。

疏 文帝二年，春，正月，丁亥，诏曰：“夫农，天下之本也，其开籍田”。①

二　公田。公田者国家之所有，平时贷与平民，而收其租税，有事则锡与功臣，徕处贫民。高祖时与民以故秦苑囿园地，武帝罢苑马以赐贫民，明帝时诏郡国以公田赐贫民，此皆以公田与民者也。宣帝假郡国贫民田，元帝令民各务农亩，无田者假之，此皆以公田假民者也。

三　屯田。屯田之制，倡自晁错。错上言文帝，请徙民塞下，以为屯田。赵翁孙继之，制为屯田，以兵留耕，而因其收获以饷兵，以为屯田既立，“内有亡费之利，外有守御之备”。当汉之时，发兵备边，欲支持久远者，无不以屯田为后盾，其主要者，有渠犁、轮台、车师、莎车、乌孙、张掖、三边、伊循、金城、陇西、建武、顺阳、南阳、广武、柳中、汉阳、三营、伊吾、护羌、永元、龙耆、湟中、许下、合肥、芍陂等地。蜀时诸葛亮于渭滨有屯田，魏则屯田淮南，北晋则屯田襄阳，齐则屯田芍陂。

疏 二氏言论均见《前汉书》本传。

以上三种田制，其所有权，皆在国家。是为当时之特例，此外则为私田，人民得自由处分焉。

汉时私田既多，豪强兼并，遂以益甚。王莽篡汉，愸然忧之，锐志复古，制度文为，号法三代，顾不察大势，妄师井田之制，强土田之分配，下令国中曰：“秦坏圣制，废井田，是以兼并起，

① 见《汉书·文帝纪》。

贪鄙生。汉氏减轻田租,三十税一,而豪民侵凌,分田劫假,实什税五也。今更名天下田曰王田,奴婢曰私属,皆不得买卖。其男口不过八,而田满一井者,分余田与九族乡党。”犯令,法至死,然其所以实行之法不备,吏缘为奸,天下謷謷,陷刑者众。后三岁莽知民愁,下诏皆得卖买。章制纷更,有如置弈,民怨沸腾,祚终不永。食古不化,其得咎宜矣。

次有均田法,此法虽始于晋之武帝,而集其大成者,则为后魏之文帝。时李安世上疏曰:“臣闻量人画野,经国大式,邑地相参,政治之本。田莱之数,制之以限;欲使土不旷功,人罔游力;雄擅之家,不独膏腴之美;单陋之夫,亦有顷亩之分。”帝深纳之,均田之制始于此矣。太和九年,下诏,均给天下人田。诸男夫十五以上,受露田四十亩,妇人二十亩。人年及课,则受田;老免及身没,则还田。诸桑田不在还受之限。夹漈郑氏曰:“井田废,七百年,至后魏孝文,始纳李安世之言,行均田之法。观其立法,所受者露田,诸桑田不在还受之限。意桑田必是人户世业,是以栽植桑榆其上,而露田不栽树,则似所种者皆荒闲无主之田。必诸远流配谪、无子孙及户绝者,墟宅、桑榆,尽为公田,以供授受,则固非尽夺富者之田以予贫人也。又令有盈者无受不还,不足者受种如法;盈者得卖其盈,不足者得买所不足;不得卖其分,亦不得买过所足。是令其从便买卖,以合均给之数,则又非强夺之以为公田,而授无田之人,与王莽所行异也。”

以上收田圃为官有,均给平民,年老复还于官之法,恰似政府为地主,人民为佃户,而佃金即租税也,其税率概为九分之一,或十分之一。然世运渐进,竞争日烈,各种分业,益以繁滋,与农抗敌之商业浸盛。此等制度,徒限制农民之自由,而忽忘商人,遂致商人于社会之势力地位,独擅优胜。如兵役、租税之事,悉使农民负担,而商人曳轻齿肥,坐拥巨赀,萧然无与焉。商骄农困,国本以摇;故限制土地所有权与土地均分之法,所以绝迹后世也。

疏 均详见《通考·田赋考》,至北齐给授田令,仍依魏朝,每年十月,普令转授,成丁而授,老而退,不听卖易。

第二款　税制

通典云:“贡、助、彻,皆因地而税。秦则不然,舍地而税人。”盖秦取天下多暴,苛税重敛,困窘其民,罔加顾恤,海内骚然,卒有二世之变,后之制国用者,宜引为殷鉴也。炎汉承之,约法省禁,轻田税,十五而税一,量吏禄,度官用,以赋于民,颇称宽大。然后世税目繁多,聚敛弥甚,而用益不给,视三代之取诸民者,不可同日语矣。夫文物演进,岁用膨胀,固大地万国必由之常经,然非所论于中夏之历史。炎汉以来,暴君专擅,视国土为其一姓之私产,剥朘无艺,恣为淫侈,黄黎洲所谓敲剥天下之骨髓,离散天下之子女,以奉一人之淫乐者,吾未见其异于亡秦之所为也。秦际周末分崩之余,享国又浅,其税制之详,不可考稽。(汉人谓秦大半之赋值十税五,其苛重不难想见)今略述汉代之税制如次。汉末至隋,其间税制之可考者,亦附及之。

(一) 田租。高祖除秦弊,减为十五税一。景帝时则为三十税一,迄于光武,未之有改。桓帝时令郡国有田者亩税十钱,灵帝因之,名曰修宫钱。末世重敛,卒覆其社,滋足戒矣。

疏 建武六年,诏曰:“顷者,师旅未解,用度不足,故行什一之税。今军士屯田,粮储差积,其令郡国收见田租,三十而税一,如旧制。”

桓帝延熹八年,初令郡国有田者,亩税敛钱(注,亩十钱也)。马贵与氏按:章帝时,以谷贵,乃封钱以布帛为租,则钱帛盖尝迭用矣。此所谓亩税敛钱,乃出于常赋三十取一之外,今所谓税钱始此。

灵帝中平二年，税天下田，亩十钱，又名修宫钱。以帝欲铸铜人，而国用不足，乃诏调民田，亩税十钱。

晋武帝平吴之后，置户调之式。丁男之户，岁输绢三匹，绵三斤，女及次丁男为户者，半输；其诸边郡或三分之二，远者三分之一；夷人输宾布，户一匹，远者或一丈。男子一人，占地七十亩，女子三十亩，其外，丁男课田五十亩，丁女二十亩，次丁男半之，女则不课。男女年十六以上至六十为正丁；十五以下至十三，六十一以上至六十五，为次丁；十二以下，六十六以上，为老小，不事。远夷不课田者输义米，户三斛，远者五斗，极远者输算钱，人二十八文。马贵与氏按：两汉之制，三十而税一者，田赋也；二十始赋，人出一算者，户口之赋也。今晋法如此，则似合二赋而为一。然男子一人占田七十亩，丁男课田五十亩，则无无田之户矣，此户调所以可行欤？

魏令：每调，一夫一妇，帛一匹，粟一石。人年十三以上，未娶者，四人出一夫一妇之调；奴任耕、婢任绩者，八口当未娶者四；耕牛十头当奴婢八。其麻布之乡，一夫一妇布一匹，下至半，以此为降。大率十匹中，五匹为公调，二匹为调外费，三匹为内①外百官俸。

庄帝即位，因人贫富，为租输三等九品之制。千里内纳粟，千里外纳米；上三品户入京师，中三品入他州要仓，下三品入本州。

静帝天平初，诸州调绢不依旧式。兴和三年，各班海内，悉以四十尺为度。

北齐河清三年，诏令："男子率以十八受田，输租调，二十充兵，六十免力役，六十六退田，免租调。京城四面，诸方之外三十里内为公田。就事及百姓请垦田者，名为永业。其方百里外及州人，一夫受露田八十亩，妇人四十亩。每丁给永业二十亩为桑田。时令："率人一床，调绢一匹，绵八两，凡十斤绵中，折一斤作丝，垦租二石，义租五斗。奴婢各准良人之半。（按：此时奴婢亦受田，与良人同。）牛调二丈，垦租一斗，义租五升。（按：此时牛亦受田六十亩。）

后周司赋，令："凡人自十八至六十四，与轻疾者，皆赋之。有室者，岁绢一匹，绵八两，粟五斛；丁者半之。其非桑土，有室者，布一匹，麻十斤；丁者又半之。

隋文帝令自诸王以下至都督，皆给永业田，各有差。其丁男、中男永业露田，皆遵后齐之制。

依周制，役丁为十二番，匠则六番。丁男一床，租粟三石。桑土调以绢絁，麻土调以布绢。絁以匹，加绵三两；布以端，加麻二斤。单丁及仆隶各半。有品爵者免课役。（絁，缯类。）

（二）算赋。算赋者，按人口计税之制也。高祖四年，始起算赋，民年十五以上至五十六，皆出赋钱，每人以百二十为一算，以供兵车马库之料。惠帝六年，令民女子年十五以上至三十不嫁，五算。考《汉律》，人出一算，惟贾人与奴婢倍算，今使五算，盖罪谪之也。文帝时民赋四十，又改年龄为二十三至五十六。后汉之时，常以八月算人计赋。

（三）口赋。口赋，亦按人口计税之制也。其与算异者，仅年龄耳。武帝时征伐四夷，岁用不足，乃起口赋，民生子满三岁则出口钱。宣帝五凤三年，减天下口钱。元帝时，七岁乃出口赋，二十岁则课算赋。

（四）盐铁税。《周礼》所建山泽之官，不过掌其政令之厉禁，不在丁征榷取财也。至管仲相齐，负山海之利，始有盐铁之征。观其论盐，则虽少女所食，论铁，则虽一针一刀所用，皆欲计之。恒公用其策，煮盐专卖，得成金万斤，其绩效之著，可想见矣。武帝时，孔仅、桑弘羊之徒，

① "内"，原作"由"，今据《通典》改。

师其法,耸动人主。元狩四年,置盐铁官,以孔仅为大农丞,领盐铁事,下令国中,凡民敢铸私铁器、鬻盐者,钛左趾,没入其器物。其后元帝时虽罢盐铁禁,然未几,岁用不足,仍复如旧。自是以来,虽有宽严,而禁民私营,由政府专卖,则一也。后魏宣武时,河东郡有盐池,旧立官司以收税利。先是罢之,而人有富强者,专擅其食,贫弱者不能资益。延兴末,复立监司,量其贵贱,节其赋入,公私兼利。嗣是蜀陈国用不足,并立盐税。

疏 盐官凡二十八郡,铁官凡四十郡。

元帝初元五年罢盐铁官,永光二年复盐道官。《汉书·食货志》云:“元帝罢盐道官,三年而复之。”

隋文废罢周制,通盐池盐井,与百姓共之。

(五) 商业税。武帝虽承文景富庶后,而穷兵黩武,国用浩繁,乃税商贾,是为吾国商业税之权舆也。

疏 汉高祖令贾人不得衣丝乘车,重租税,以困辱之。

武帝元光六年,初算商贾。注:始税商贾车船,令出算。

元狩四年,初算缗钱。令诸贾人末作,各以其物自占(占者,隐度也;隐度其财物之多少,而为名簿,送之于官也),率缗钱二千而一算。诸有作及铸(以手力所作而卖之),率缗钱四千一算。又非吏比者、三老、北边骑士,轻车一算;商贾轺车二算。至是,车算并及民庶矣。又船五丈以上一算。匿而能告者,以半畀之。贾人无得籍名田,以便农,犯者没入。

太初四年,徙弘农都尉治武关,税出入者,以给关吏卒食,是为关税之始。

后魏明帝孝昌二年,税市,入者人一钱,其店舍又为五等,收税有差。

北齐黄门侍郎颜之推奏请立关市邸店之税,后主从之,并税僧尼。

(六) 酒税。汉初有酒酤禁,其律,三人以上,无故群饮酒,罚金四两。文帝时诏戒为酒醪以靡谷。当时禁酒之令森严如此,而何税之足云?武帝嗣位,厚敛为国,始榷酒酤。昭帝元始六年,令民得以律占租卖酒,升四钱。以律占租者,谓令民卖酒,以所得利占而输其租,占不以实则论如律也。租即卖酒之税也。王莽时,始立法,官自酿酒卖之,实开今日酒专卖之先例矣。

(七) 役赋。秦时人民供役国家,一年至三月之多,揆之古制,盖十倍焉。至汉有更赋之法,更有三种,卒更、践更、过更是也。卒更者,正卒,一月一更者之谓也。又有与贫者以更钱代遣之法,月钱一千,谓之践更。当时又使天下之人悉戍边,一年三日,虽丞相之子,不能免焉,但不能戍者,入钱三百,是名过更。民年二十三始出役,至五十六而终,景帝时,改为二十而役。

(八) 买爵钱。惠帝元年,民得买爵三十级,以免死罪,一级直钱二千,凡为六万。文帝从晁错之言,令民入粟边,六百石,爵上造,稍增至四千石,为五大夫,万二千石,为大庶长,各以多少级数为差。其后景帝时复修卖爵令。武帝元朔元年,募民能入奴婢,得以终身复,为郎增秩,及入羊为郎,始于此。五年,有司议,令民得买爵及赎禁锢、免臧罪;请置赏官,名曰武功爵。级十七万,凡直三千余金。元鼎中,卜式数求入财,以助县官;拜为中郎,赐爵左庶长。始令吏得入粟补官,郎至六百石。名器至重,而以利市,吏道日偷,有由然矣。

第三款　币制

秦兼天下,币为二等,上币黄金,以“镒”为名;下币铜钱,质如周钱,文曰“半两”,重如其文。而珠玉、龟贝、银锡之属,为器饰宝藏,不为币,然各随时而轻重无常。汉兴以为秦钱重难用,更令民铸荚钱。高后时行铁钱，即八铢钱也。次又行五分钱，即荚钱也。沿及文帝，铸钱愈多，而质愈轻，且除盗铸钱令，使民放铸。贾谊力谏不听，于是吴以诸侯，即山铸钱，富埒天子。邓通铸钱，财过王者。而吴、邓钱布满天下。自是而后，钱重则民镕磨周郭，钱轻则民多奸铸，币制紊乱，品价腾昂，民生窘苦，莫可究诘。而其害皆自国家铸币权之旁落，私人阴据牟利，有以启之。元鼎之时，乃收铸币权为国有，以救其害。禁郡国无铸钱，专令上林三官铸钱。令天下非三官钱不得行，诸郡国前所铸钱皆废销之，输入其铜于三官，而民之铸钱始少。考其施设，盖深合今世货币学理也。

王莽变汉制，更造大钱，径寸二分，重十二铢，文曰“大钱”五十。又造契刀、错刀，与五铢钱四品并行。莽即真，以为书“刘”字有金刀，乃罢契刀、错刀及五铢钱，更作金、银、龟、贝。献帝初平元年，董卓坏五铢钱，更铸小钱，悉取长安、洛阳铜人、钟虡、飞廉、铜马之属，以充铸，故货贱物贵，谷石数万。此由昧于货币之供需关系，乃有此失也。

魏文时罢五铢钱，使百姓以谷帛为市，明帝因之。然谷帛质轻量巨，不便运转，而性易腐败，更难行久。故其法未几辄废。晋安帝元兴中，桓元辅政，欲师其法，朝议以为不可，乃止。宋废帝景和二年，铸二铢钱，文曰“景和”，形式转细。官钱每出，民间即模效之，而大小厚薄皆不及也。无轮廓、不磨鬋凿者，谓之来子，尤轻薄者，谓之荇叶，市井通用之。永光元年，沈庆之启听民私铸，由是钱货乱败。千钱长不盈三寸，谓之鹅眼钱。劣于此者，谓之綖环钱。入水不沉，随手破碎，市井不复料数。十万钱不盈一掬，斗米一万，商贾不行。而币制之败坏不可纪极矣。

以上为秦以来硬货之因革。此外汉武帝元狩四年，有软货之发生。时县官大空，黎民重困，天子与公卿议更造钱币以赡用。时禁苑有白鹿，以白鹿皮方尺，缘以缋为皮币，直四十万。王侯宗室朝觐享，必以皮币，然后得行。是为一种代表货币，而后世之软货，肇于此矣。

疏 文帝更铸四铢钱。

武帝建元元年，行三铢钱，五年罢三铢钱，行半两钱。自孝文更造四铢钱，至元狩四年，四十余年。从建元以来，用少，县官往往多即铜山而铸钱，民亦盗铸，不可胜数。钱益多而轻，物益少而贵，乃令县官销半两钱，更铸三铢钱，重如其文。其后又更铸五铢，周郭其质，令不得磨钱取镕。

元狩四年，造白金及皮币，为金三品，其一曰重八两，圜之，其文龙，名白撰，直三千。二曰以重差小，方之，其文马，直五百。三曰，复小，椭之，其文龟，直三百。其后白金稍贱，终废不行。时张汤用事，造白鹿皮币。

元鼎二年，令京师铸官赤仄，时公卿请令京师铸官赤仄。（注：以赤铜为其郭也。）一当五，赋官用非赤仄不得行。其后二岁，赤仄又废，专令上林三官铸钱。

建武十六年，马援奏行五铢钱。

宋明帝太始初，唯禁鹅眼、綖环，其余皆通用，复禁民铸，官署亦废工，寻又普断，唯用古钱。

梁初，唯京师及三吴、荆、郢、江、襄、梁、益用钱，其余州郡，则杂以谷帛交易，交、广之域，则全以金钱为货。

武帝时，大铸钱，有五铢、公式女钱、太平百钱、定平一稚钱、五朱钱等。又有对文钱，云妇人佩之生男，谓之男钱云。普通中，盖罢铜钱，铸铁钱。钱益多，贱，不复计数，惟论贯，名曰陌，陌之行自此始。

丧乱之后,铁钱不行,其后陈元嘉五年,改铸五铢,一当鹅眼十(当十钱自此始)。定帝大建十一年,行六铢钱,帝死而废。

后魏孝文帝十九年,公铸粗备,钱曰"泰和五铢"。在所遣钱工备炉冶,人有欲铸,就听铸之。

后周铸钱三品,永通万国钱,以一当千,五行大布钱,一以当十,与五铢并用。

隋开皇时复铸行五铢钱。

第二节 阶级制度

汉时分天下之人为四级,士、农、工、商是也。士为有官职之贵族,农、工、商则自由民也,自由民之下有奴婢。

士之中又有阶级,由爵之上下分贵贱。爵凡二十级,一公士,二上造,三簪袅,四不更,五大夫,六官大夫,七公大夫,八公乘,九五大夫,十左庶长,十一右庶长,十二左更,十三中更,十四右更,十五少上造,十六大上造,十七驷车庶长,十八大庶长,十九关内侯,二十彻侯,亦名通侯,或云列侯。

农、工、商虽皆属自由民,然其间亦有上下之别,农为上,工为中,商为下。汉法贱商人而尊农人,盖商人背本逐末,习为侈靡,有乱俗化,故务抑之以杀其焰也。

当时奴婢有二种:豪家奴婢,细民为饥寒所驱而卖者也;官奴婢,有罪而没者也。

第三节 官职制度

秦一天下,事不师古,立皇帝之号,内设百官,外建郡守之制,天下渐趋内重矣。考唐虞之世,为地方分权萌芽时代,降及夏商,与周成康之世,为地方分权确定时代,自兹以还,王纲不振,号令止于畿内,而诸侯之强者,不奉朝旨,互相吞并,僭端见矣。秦惩周失,以封建侯王故,乃罢侯置守,专取中央集权制度,而唐虞三代数千年沿袭不变之封建,至是乃扫地无余。论者谓秦为今古关键,观于官制益信。

中央与地方权力之消长,系于国运民生者甚巨,今世学者,聚讼纷纭,而大要广土众民之国,权宜于分,疆域狭小之邦,权宜于集。中夏,广土众民之国也,揆诸理势,似以地方分权为宜矣,而考之事实,自秦以后,治世则权集中央,乱世则权分于地方,盛衰异迹,事理不侔,抑又何欤?尝溯其故,则吾国自来所谓地方分权者,非分于地方之平民,使自为治,乃操于方隅之悍将,势成割据。中央权力,既所不逮,民生窘苦,尤难名状。潮流所激,遂使世之学者,视分权为洪水猛兽,深拒固闭,以益成君主专制之祸。顾此失彼,讫无一当,皆坐知有官治忽于民治之弊耳。若今世地方分权之义,乃授权于民,使其自治。凡广土众民之国,欲举立宪政治之实绩者,舍此莫由也。其于吾国,尤为急务。不佞曩者曾推论分权于民,使自为治之利,略有八端,兹附录如次,以供考览焉。

以本土之人,治本土之事,习俗风尚,夙所谙练,举措规营,必鲜背戾,其利一也。祖宗邱墓，奠托斯土，地方休戚，生死与共，祸福殃庆，既由自为，将事奋勉，必倍官治，其利二也。以地方之财，办地方之事，浮支浪费，适用自祸，金钱出纳，必崇俭节，其利三也。群众自治，毕生以之，经验既久，关系尤切，事务进行，自尔敏速，以较官治，迁调无常，因循隳事者，判若霄渊，其利四也。官治之弊，但责一人，无论其人不能常才也，即使常才，而孤悬浮寄，总核万几，神敝形瘠，必尚难周，若在自治，萃一方之才，办一方之事，众擎共举，烛彻纤微，其利五也。

上举五利仅就普通最显著者而言耳。若以中国之特别情形言之，自治之利，尤不止此。慨自秦政以还，专制流毒垂二千年，人民蜷伏虐政，吁诉无门，蠕动生息，徒供官吏之鱼肉耳。每当暴君专擅之日，官治益臻极端，民众俯首帖耳。盖无权以自治继自今，使非限制国权，以杀官治，伸张民权，以促自治，则专制之祸伊于胡底。此自治之益于中国者一。共和国家，非以其形，诠其实质，端在民自为治。卢梭所崇奖之直接民政，虽不能遽行于中国，然使全国自治，日臻完美，卢氏所称，不难庶几。故自治为共和政治之根本，足使人民练习政务，增益政力，一涤中区士夫思不出位，庶人不议之陋习。此自治之益于中国者二。中国疆宇寥廓，各地习俗，庞杂纷歧，欲以官力，整齐画一，集合为治，姑无论鞭长莫及，徒拥空名，即曰威势横钤，能毋叛拒，而众情糅纷，统治必艰。若使一县之内，其城镇乡各自为治，则县无不治。一省之内，县各自治，则省无不治。一国内，省各自治，则国无不治。故集治必泛而难周，分治则专而能精。而凡广土稠民之国，尤见其然。此自治之益于中国者三。

疏 集权、分权之论，自昔纷争已然。古人所谓内轻外重，或外轻内重者是也。集权又可曰郡县制或统一论，分权为封建制或联省论。

司马迁《汉兴以来诸侯年表序》，主中央集权者也。

班固《诸侯王年表序》，主地方分权者也。

陆士衡《五等论》：封建之君，为己思治；郡县之长，为利图物。是主分权者也。

曹元首《六代论》：百足之虫，死而不僵，以扶之者众也；封建亦然。是亦主分权者也。

王通《〈政典〉后序》，谓有三代之公心与良法，始能行封建之制。此主分权而有条件者也。

柳宗元《封建论》则主集权。

欧阳修《五代史职方考序》云：得其要则万国而治，失其所守，虽一天下而不能以容，岂非一本于道德哉？此亦主分权而有条件者也。

苏辙《唐论》，谓内重则为内忧，外重则为外患，是取折衷之说，而宜内外均势者也。

张载谓封建之制，分简治精，此主分权者也。

马端临《封建考》，谓有公天下之心，始能行封建，否则莫如郡县；若无公天下之心，而欲行封建，是授之以作乱之具也。是虽主分权，而亦附以条件者也。

黄宗羲、顾炎武，均谓内重外轻，不足以美其治。是均主分权者也。（顾氏有《郡县论》）

颜习斋《存治篇》云：非封建不能尽天下人民之治，尽天下人民之用。是亦主分权者也。

第一款　中央官制

秦时中央官制，置太尉以主兵事，丞相则总百揆，又置御史大夫以贰于相，其官制大略如下。

相　　总百揆　　　御史大夫　贰①于相

① “贰”，原作“二”，今据上下文改。

太尉	处理兵事	奉常	掌祭祀礼仪
廷尉	掌刑狱	郎中令	掌宫殿掖门
卫尉	掌门卫屯兵	内史	掌谷货
宗正	掌王之宗亲	典客	掌宾客
太仆	掌舆马	少府	掌收税

汉初承秦之制,后渐更易。高帝十一年,更称丞相为相国;哀帝时,改为大司徒;武帝元狩二年,初置大司马;成帝时改御史大夫为大司空。始以丞相、御史大夫、太尉称三公,至哀帝时,又以大司马、大司徒、大司空为三公。王莽篡立,慕从古官,而吏民弗安。光武中兴,废丞相与御史大夫,而以三司总理庶务。三司者,太尉、司徒、司空也。而三公之上,有上公,太师、太傅、太保是也。其官职之详,略举如次。

丞相,位百官之上。秦有左右二人,汉高帝合为一人,十一年更名相国,孝惠时又置左右丞相,文帝二年,置一丞相,至哀帝元寿二年,更名大司徒,后汉去“大”,名司徒。

丞相之下有九卿,一曰太常,二曰光禄,三曰卫尉,四曰宗正,五曰太仆,六曰大理,七曰鸿胪,八曰司农,九曰少府。

太常。处理宗庙礼仪之事务,始称奉常,景帝六年改为太常,属官如下。

太乐、太祝、太宰、太史、太卜、太医。

又有均官、都水两长丞,诸庙、寝园、食官、令长丞,痈太宰、太祝、令丞等职员。

此外尚有博士。原为秦官,以博通古今为其职务,员额多者,至数十人。武帝建元五年,初置五经博士,宣帝黄龙元年,增为十二员。

光禄勋。秦官中郎令是也。武帝太初元年,改为光禄勋,掌宫廷掖门户,属官如下。

大夫,上奏论议,有太中大夫、中大夫、谏大夫之别。

郎,入守门户,出充军骑,有议郎、中郎、侍郎之别,又有车郎、户郎、骑郎之名。

谒者,掌宾赞受事,有仆射,属七十人。

期门,掌执兵送从之事,武帝建元三年所置,多至千人,有仆射,平帝时改名虎贲郎,又置中郎将。

羽林,掌送从,武帝太初元年所置,初称建章营骑,后名羽林骑,又有羽林孤儿,羽林有令丞。

卫尉。原为秦官处理门卫屯兵事务,有丞。景帝初名中大夫令,后复为卫尉,有下列诸属官。

公车司马、卫士、旅贲三令丞、及其他诸屯卫侯、司马二十二官属。

太仆。原为秦官,掌舆马之事,有两丞。后汉时有卿一人、丞一人。属官有大厩、未央、家马三令,各五丞一尉,及车府、路轸、骑马、骏马四令丞,龙马、闲钩、橐泉、騊駼、丞华五监长丞。

廷尉。原为秦官,掌刑辟,有正、左右监,后汉有卿一人。景帝时改廷尉为大理,武帝建元四年,复名廷尉。宣帝时置左右平,哀帝时复名大理。王莽改为士,后汉仍复其旧。

大鸿胪。秦官典客是也。处理诸侯归义蛮夷之事务,有丞。景帝时改为大行令,武帝时仍名大鸿胪。王莽改为典乐,后汉复为大鸿胪。置卿一人,属官有行人、译官、别火三令丞。

宗正。原为秦官,处理亲属之事务,有丞。平帝元始四年名宗伯,王莽时以与秩宗相合,其官遂废，后汉仍复其旧。置卿一人、丞一人。属官有都司空、内史诸公主家令、门尉。

大司农。秦官治粟内史也。处理谷货之事务，有两丞。景帝时改为大农令，武帝时始名大司农，王莽名为纳言，后汉复名大司农。置卿一人，属官有大仓、均输、平准、都内、籍田五令丞，干官、铁市两长丞等。

少府。原为秦官，掌山海地泽之税，有六丞，后汉有卿一人。属官有尚书、符节、太医、太官、汤官、导官，乐府、若卢、考工、胞人、都水、均官、上林中十池监、中书谒者、黄门、钩盾、尚方、御府、永巷内者、宦者、诸仆射、署长、中黄门。

以上九卿，亦称九寺，均为丞相所统也。

中央武官，有大将军，以下有列将军。大将军，高帝以来即有之；票骑将军，武帝[1]元狩四年所置。又有车骑将军、卫将军、前后左右将军、上将军、游击将军、复土将军、将屯将军、骁骑将军、护军将军、轻车将军，材官将军、伏波将军等。凡汉官名，依事设官，事毕则已，故常有废置，因革不定。

疏 九寺太卿之外，尤有列卿，如中尉、将作少府、典属国、水衡都尉等是也。又有宫官，如詹事、太仆等是也。中尉，秦官，掌徼循京师，武帝时更名执金吾。属官有中垒、寺互、武库、都船四令丞。又式道、左右中候及左右京辅都尉、兵卒皆属焉。

将作少府，秦官，掌治宫室，有两丞、左右中侯。景帝更名为将作大匠。属官有石库、东园主章、前后左右中校七令丞，后省中侯及前后左右中校五丞。

典属国，秦官，掌蛮夷降者，成帝时省并大鸿胪。

水衡都尉，武帝元鼎二年置，掌上林苑，有五丞。

詹事，秦官，掌皇后太子家，有丞，成帝省詹事官，并属大长秋。

将行，秦官，景帝时更名大长秋，皇后卿也，或用中人，或用士人。

太仆，掌皇太后舆马，通谓之皇太后卿，位在九卿上，无太后则阙。（按：此太仆又曰中太仆，非九卿中之太仆也。）

太子太傅、少傅，古官，属官有太子门大夫、庶子、洗马、舍人。

官卿秩禄，代有变易，今但取前汉制度略引之。

万石：谷月三百五十斛。太师、太傅、太保、丞相、御史大夫、前后左右将军。

中二千石：中二千石者，实得二千石也。月得百八十斛，凡得二千一百六十石。二千，举成数也。太常、光禄勋、卫尉、太仆、廷尉、大鸿胪、宗正、大司农、少府、执金吾。

真二千石：月得百五十斛。

二千石：月百二十斛。太子太傅、太子少傅、詹事、将作少府、大长秋、典属国、水衡都尉、京兆尹、左冯翊、右扶风、京辅都尉、左辅都尉、右辅都尉、司隶校尉、城门校尉、中垒校尉、屯骑校尉、步兵校尉、越骑校尉、长水校尉、胡骑校尉、射声校尉、虎贲校尉、诸侯相、郡太守、诸侯御史[2]大夫、诸侯中尉、州牧、大郡都尉、中少府、长陵令。

比二千石：月百斛。丞相司直、护军都尉、光禄大夫、五官中郎将、左中郎将、右中郎将、虎贲中郎将、监羽林中郎将、西域都护、奉车都尉、驸马都尉、骑都尉、郡都尉。

千石：月九十斛。丞相长史，大司马长史、御史中丞、将军长史、太常丞、光禄丞、卫尉丞、太

① “帝”，原作“常”，今据上下文改。

② “史”，原作“吏”，今据上下文改。

仆丞、大鸿胪丞、宗正丞、大司农丞、少府丞、执金吾丞、廷尉正监、廷尉左监、廷尉右监、诸侯郎中令、万户县令。

比千石:月八十斛。太中大夫、郎中车将、郎中户将、郎中骑将、谒者仆射、期门仆射。(下略)

武帝任官之制,有二:郡国举士法。一以人口为比例,而选举任用之。人口满二十万者,岁举一人;不及二十万者,二岁举一人;不及十万者,三岁举一人。中央尤加以考试,合格者使为三辅县令。一就郡县中有令名者擢用,曰贤良方正,曰孝廉,曰博士弟子,二千石主举。其二,则为乡官制,今日自治之所本。魏陈群建九品中正法,中正官即试验官,其后流弊益多。刘毅谓为"上品无寒门,下品无贵族",盖讥之也。乡官制之废,在隋开皇十四年,施行官吏回避法。后回避自此始,至明益甚,官吏令南北互选,而官居处如邮传矣。

中正法,后魏多用之,后魏正始元年,乃罢诸州中正。

第二款　地方官制

周末战乱相寻,诸侯大并小,强吞弱,遂为秦、楚、齐、燕、韩、魏、赵七国。未几秦平天下,统一六国,始皇于是分天下为三十六郡,郡有守,邑有尉。至汉惩秦孤立之弊,立诸侯,分封各地,以潘王室(天下公领为郡,诸侯所封称国),盖郡县封建并用焉。

郡有守,有尉,尉助守而掌武职中事,又有丞,景帝中名都尉。武帝元封五年,分天下为十三州,天子所治,置司隶校尉,或称司隶,权最尊,无所不纠,惟不察三公。故廷议处九卿上,朝贺处公卿下。其他十二州,则置刺史各一人,与郡之监察御史同,掌奉诏六条察州事,即周行郡国,省察治状,黜陟能否,断治冤狱,以六条问事,非所问,则不省。一条,强宗豪右,田宅逾制,以强凌弱,以众暴寡。二条,二千石不奉诏书,遵承典制,背公向私,旁诏守利,侵渔百姓,聚敛为奸。三条,二千石不恤疑狱,风厉杀人,怒则任刑,喜则淫赏,烦扰刻暴,剥截黎元,为百姓所疾,山崩石裂,妖祥讹言。四条,二千石选署不平,苟阿所爱,蔽贤宠顽。五条,二千石子弟怙恃荣势,请托所监。六条,二千石违公下比,阿附豪强,通行货赂,割损正令。成帝时,以为刺史位下大夫,而临二千石,轻重不相准,乃更为州牧,位次九卿。其后,或为牧,或为刺史,终汉之世,凡数易焉。

郡下有县,万户以上置令,不满万户者为长,皆有丞①尉、主簿以佐之。县之下有乡,乡之下有亭,亭之下有里。天下之县凡千五百八十七,乡六千六百二十,亭二万九千六百三十五。哀帝时,新置郡国六十三,与旧有之四十,相合为百三郡。亭有长,乡有三老,掌教化,有啬夫以职听讼,收赋税,有游徼禁盗贼。

诸侯之国所封者,有三种,一为异姓诸侯王,二为诸侯王,三为列侯,以群臣有功绩者任之,常驻京师。凡诸侯之国,各置相以治之,国之下置县,县之下置乡,一如郡制。

第四节　兵　　制

秦之兵制史,无考征。惟始皇时分天下为三十六郡,置守尉,尉助守,以掌武事,其后筑长

① "丞",原作"承",今据上下文改。

城，发卒四十余万，则当时兵数之众可想矣。

汉兴京师，置南北二军。南军在宫城门内，护卫宫门，掌宿卫之事；北军护城，在宫城门外。南军主将曰卫尉，北军主将曰中尉。

北军中尉为长，八校尉隶之，列其职名于下。

中垒校尉	掌垒门内外	屯骑校尉	掌骑士
步兵校尉	掌上林苑内屯兵	越骑校尉	掌越骑
长水校尉	掌长水宣曲胡骑	胡骑校尉	掌池阳胡骑
射声校尉	掌待诏射士	虎贲校尉	掌轻车

汉时胡骑不常置，故又名七校尉。至光武则并七校为五营，即屯骑、越骑、步兵、长水、射声，而以中候监之，谓之北军五营。

南军卫尉为长，属官有卫士令丞，宫门四面，每门各二司马，凡八司马，谓之八屯。又光禄勋亦掌宿卫，其与卫尉异者，卫尉掌殿外门舍，光禄勋掌殿内门舍。

郡国之兵，分车骑、材官、楼船。以汉史考之，巴蜀、三河、颍川诸处，止有材官；上郡、北地、陇西诸处，止有车骑；而庐江、浔阳、会稽诸处，止有楼船。至典兵之制，则有列郡，有王国，有侯国。郡有都尉，佐太守典武职甲卒。其在王国，则相比郡守，中尉比都尉。侯国亦有相，秩比天子令长。其郡国之兵，必有虎符而后可发。文帝时常赠郡国守相以铜虎符，故郡守能发兵击贼，而王侯不能拥兵自恣焉。惟西域有特制，即戊己校尉、护羌校尉、乌桓校尉是也。有事之时，则别命将军以总其事。

凡征兵之法，民年二十三为正，一岁为卫士，二岁为材官骑士，年五十六乃免，在兵籍凡三十有四年。材官骑士常习射御、骑驰、战阵，以八月试课。材官骑士属郡都尉，平地用车骑，山阻用材官，水泉用楼船。

明帝以后，又岁募郡国中都官死罪系囚出戍，听从妻子。凡徙者，皆给弓弩衣粮，于是北胡有变，则置度辽营（明帝时）；南蛮或叛，则置象林兵（和帝时）羌犯王辅，则置长安、雍二尉（安帝时）；鲜卑寇居庸，则置渔阳营（安帝时）。其后盗作，缘海稍稍增兵（顺帝时），而魏郡、赵国、常山、中山六百一十六坞，河内通谷冲要三十三坞，扶风、汉阳、陇道三百坞，置屯多矣。

灵帝中平五年，望气言："京师当有大兵。"何进于是劝帝大发四方兵，讲武于平乐观，躬环甲胄，称无上将军以压之。始置西园八校尉，以小黄门蹇硕为上军校尉，袁绍为中军校尉，鲍鸿为下军校尉，曹操为典兵校尉，赵融为左军校尉，冯芳为右军校尉，夏牟为左校尉，淳于琼为右校尉，凡八人，谓之西园军，皆统于硕。

北齐兵制，别为内外，领之二胄，外步兵曹，内骑兵曹。十八受田，二十充兵，六十免役，颇追古意。

周太祖辅西魏时，用苏绰言，始置六军，择魁健材力之士，以为之首，尽蠲租调，而刺史以农隙教之，合为百府。每府一郎将主之，二府一将军统之。二大将一柱国主之，将复加持节都督以统焉。凡柱国六员，众不满五万。

疏 汉初南北军，亦自郡国更番调发而来，何以言之？黄霸为京兆尹，坐发骑士诣北军，马不适士，劾乏军兴。则知自郡国调上卫士，一岁一更，更代番上，初无定兵。自武帝置八校，则募兵始此。置羽林、期门，则长从始此。

汉兵郎无员数,虎贲千五百人,而多不过千人;羽林左八百人,右九百人;八校各七百人。至东汉不过三千五百三十六人。执金吾缇骑五百二十人,至东汉亦不过六百人。卫尉所领诸宫掖门都侯、剑戟[①]卫士,至东汉不过二千五百人。十二城门兵不见数,然亦不过门置一候,以掖门司马领之,多至百八十人,少或三十八人,则城门领于一校,大约可见。中都兵盖仅用四万耳。

汉调兵之法,平时有卒更,为正卒,践更、过更皆出钱雇人为代行。见前"税制·役赋"条。此外则有发谪徒,强令从军,大约以罪人、七科谪、恶少年为伙。七科谪者,一吏有罪,二亡命,三赘婿,四贾人,五故有市籍,六父母有市籍,七大父母有市籍,凡七科也。尤有选募之制,勇敢、奔命、伉健之士,皆发之。(《通考·兵考》)

第五节　法典编纂制度

秦一天下,灭弃古制,专任刑罚,民多冤死。汉高入关,乃与父老约法三章,是为汉代法律公布之始。然约之为义,《史记》与《汉书》所载不同,观《史记·高祖本纪》曰:汉元年十月,沛公还军霸上,召诸县父老豪杰曰:"父老苦秦苛法久矣。诽谤者族,偶语者弃市。吾与诸侯约,先入关者王之,吾当王关中。与父老约,法三章耳:杀人者死,伤人及盗抵罪。余悉除去秦法。"是以约为约束之义也。宋之刘昌诗尝主此说(见《芦浦笔记》)。然观《汉书·刑法志》[②]之文,则曰:"汉兴,高祖初入关,约法三章曰:'杀人者死,伤人及盗抵罪。'蠲削烦苛,兆民大说。"既云:"蠲削烦苛",则约当为节约之义,即以秦法极繁,高祖特节约之而为三章耳,非与父老相约束也。惟史公撰记,先于孟坚,吾人当据《史记》之文,释约为约束之意,为得其当也。

汉既统一宇甸,以三章之法不足以治天下,丞相萧何,乃造户、兴、厩三篇,合李悝所撰,作律九章。嗣是法典编纂之举,层出不穷。高帝时命张苍定章程,叔孙通益律所不及,傍章十八篇。文帝时晁错为内史,更定法令,其所更者,凡三十章。武帝时张汤编《越宫律》二十七篇,赵禹编《朝律》六篇。当时律令凡三百五十九章,大辟四百九条,千八百八十二事,死罪决事比万三千四百七十二事,文书盈于几阁,典者不能遍睹,律令繁杂,远过汉初矣。宣帝时乃令律令有可蠲除,以安百姓,条奏。时涿郡太守郑昌亦上疏言删定律令之必要,宣帝未及修正。至元帝初立,乃下诏曰:"夫法令者,所以抑暴扶弱,欲其难犯而易避也。今律令烦多而不约,自典文者不能分明,而欲罗[③]元元之不逮,斯岂刑中之意哉?其议律令可蠲除轻减者,条奏,惟在便安百姓而已。"初元五年,夏四月,乃省刑罚七十余。王莽篡汉,旧章荡然。光武即位,梁统上疏请命有司定不易之典,帝不能从。肃宗建初中,司徒辞讼,久者数十年,事类溷错,易为轻重,不良吏得生因缘。陈宠乃撰《辞讼比》七卷,决事科条八卷,皆以事类相从。司徒鲍昱奏上之,其后公府奉以为法。献帝时应劭删定律令,又作驳议,总其所编纂者,有律本章句、尚书旧事、廷尉板令、决事比例、司徒都目、五曹诏书及春秋断狱,凡二百五十篇。蠲去重复,为之节文。又集驳

① "戟",原作"战",今据《文献通考》改。
② "汉书",原作"汉","书"为点校者所加。
③ "罗",原作"罪",今据《通典》改。

议三十篇，以类相从，凡八十二事。其见《汉书》二十五，《汉记》四，皆删叙润色，以全本体。其二十六，博采古今瑰玮之士，文章焕炳，德义可观。其二十七，劭所创造也。而当时马融、郑玄诸儒十余家，律令章句数十万言，定断罪所用者合二万六千余条，纂辑既宏，解释尤纷。而司法者，非钩深研几，未易持狱讼之平矣。

疏 颜师古注："比，以例相比况也"。

齐武帝永明九年，令删定郎王植之集注张（斐）①、杜（预）旧律，合为一书，凡千五百三十条。事未施行，其文殄灭。

梁武帝使齐时旧郎能言王植之法律者蔡法度，损益旧本，以为《梁律》。天监初，又令王亮等定为二十篇，一曰刑名，二曰法例，三曰盗劫，四曰贼叛，五曰诈伪，六曰受赇，七曰告劾，八曰讨捕，九曰系讯，十曰断亡，十一曰杂，十二曰户，十三曰擅兴，十四曰毁亡，十五曰卫宫，十六曰水火，十七曰仓库，十八曰厩，十九曰关市，二十曰违制，凡二千五百二十九条。此外尚有笞、杖、绢、赎之制。

北齐河清三年，尚书令赵郡王睿等奏上《齐律》十三篇，一曰名例，二曰禁卫，三曰户婚，四曰擅兴，五曰违制，六曰诈欺，七曰斗讼，八曰贼盗，九曰捕断，十曰毁损，十一曰厩牧，十二曰杂，凡九百四十九条。周武帝保定三年，拓②拔迪奏新律，谓之《大律》，凡二十五篇，一千五百三十条。一曰刑名，二曰法例，三曰祀享，四曰朝会，五曰婚姻，六曰户禁，七曰水火，八曰兴缮，九曰卫宫，十曰市廛，十一曰斗竞，十二曰劫盗，十三曰贼叛，十四曰毁亡，十五曰违制，十六曰关津，十七曰诸侯，十八曰厩牧，十九曰杂犯，二十曰诈伪，二十一曰请求，二十二曰告言，二十三曰逃亡，二十四曰系讯，二十五曰断狱。

隋炀帝即位，破除旧时深文繁苛③之制，敕修律令，大业三年成，凡五百条，为十八篇，诏施行之，谓之《大业律》。一曰名例，二曰卫宫，三曰违制，四曰请求，五曰户，六曰婚，七曰擅兴，八曰告劾，九曰贼，十曰盗，十一曰斗，十二曰捕亡，十三曰仓库，十四曰厩牧，十五曰关市，十六曰杂，十七曰诈伪，十八曰断狱。从轻典者，二百余条。其帝纵欲穷兵，严刑重敛，天下大溃。（《通考·刑考》）

第六节　刑　　制

秦灭六国，专任刑罚，囚狱最多。当时身体刑，有鲸、劓、刖。死刑，极残刻，有镬烹之刑，即入罪人于鼎而煮杀之；囊扑刑，即入罪人于囊而扑杀之；车裂刑，即以车分裂罪人之支体而毙杀之。汉初，此等刑罚犹沿用焉。兹略举当时之刑制如次。

夷三族。此刑原为秦制，一人犯罪，诛及三族。三族者，父族、母族、妻族也。罪之较重者，科以此刑。高祖时犹存，高后时始废。

腰斩、磔、纹。三者皆为死刑。

宫刑。身体刑之一种，汉文帝废肉刑，遂禁止之，然后世仍未绝其制。

监禁。始于春秋之际，后汉时有罪者，被赦，仍终身监禁之。晋时犯免官者，皆监禁三年。

---

① 即张斐。

② "拓"，原作"招"，今据《文献通考》改。

③ "苛"，原作"刻"，今据上下文改。

完。体刑之一,又称髡,削剃毛发之刑也。完刑之轻者,又称曰耐。

断舌。体刑之一,高祖时凡诽谤、诅咒者,先断其舌。

刖、劓、墨。文帝时皆除之,惟墨刑尝有兴废。晋时奴始逃亡者,墨其两眼;再亡,则施于两颊之上;三亡,则横鲸其目下,皆长一寸五分。梁初,囚未断时,面刻以字。

笞刑。亦体刑之一,始于战国。汉文帝时代肉刑用之,有三百、五百等,然往往至杀人。景帝时改为二百、三百,其后更减为一百、二百。

鞭刑。类似笞刑,汉无鞭刑,魏明帝定鞭督之令。至梁武帝天监元年,分鞭刑为二百、一百、五十、三十、二十、一十。北魏有鞭刑二百。北周鞭刑有五等:六十、七十、八十、九十、一百;其他为附加刑,徒一年者鞭六十,徒二年者鞭七十,徒三年者鞭八十,徒四年者鞭九十,徒五年者鞭一百;其他流刑各加一百。隋唐以来,始废不用。

杖刑。始于梁时,用生荆为之,长六尺。北齐杖刑有三十、二十、一十三等。北周杖刑,则由五十至一百。

汉代牢狱,其种类颇多,主要者有中都官狱、廷尉诏狱、上林诏狱、郡邸狱、掖庭秘狱、共工狱、若卢诏狱、都船狱、都司空狱等。又仅一时留置,而不以狱名者,有居室、保室、请室、暴室①、水司空等。凡天下狱有二十六所云。

囚徒监禁之事,廷尉掌之。初高帝时狱有疑者,官吏不敢决,致有罪者,久不得判决,而无罪者,久受留置,弊莫大焉。其后县道官狱有疑,则乞所属二千石判决之,二千石不能决,则移廷尉,廷尉不能决,则奏闻之。景帝以后,最注意监狱之事,曾下令曰:"高年老长者,人所尊敬也;鳏寡孤独无依者,人所哀怜也;自今八十以上,八岁以下,及有孕者,宽其囚禁。"宣帝元康四年,亦令年八十以上者,除诬告人或杀伤人外,不坐罪。成帝鸿嘉元年,不满七岁者,贼斗杀人,及犯殊死者,得上请减死。是皆出于敬老恤幼之意也。

疏 笞者,箠长五尺,其本大一寸,其竹也,末薄半寸,皆平其节。当笞者笞臀,毋得更人,毕一罪,乃更人。(《汉书·刑法志》)

罚赎刑有八等,实开后世折易罚金之先例。其一岁刑,金四两;二岁刑,金八两;三岁刑,金十二两;四岁刑,金一斤;五岁刑,金斤四两;笞一百,金斤八两;笞二百,金斤十二两;死刑金二斤。(见永平六年令)

汉律令之规定,有甚合刑罚原理者,如年未满七岁,八十以上,贼斗杀人,及犯殊死者,上请廷尉以闻,得减死。平帝诏"妇女非身犯法,及男子八十以上,七岁以下,家非坐不道,诏所名捕,他皆无得系"。此责任年龄之制度也。又宣纪地节四年,令"子首匿父母,妻匿夫,孙匿大父母,皆勿坐。其父母匿子,夫匿妻,大父母匿孙,罪殊死,皆上请廷尉以闻"。又《书·康诰》正义,引律,大功以上亲,得相隐容。此又亲属得相容隐之制也。而后世五服定律,实渊源于《正义》所引律焉。

晋武帝泰始三年,贾充等修律令成,帝亲自临讲,使裴楷执读;四年,大赦天下,乃颁新律。此三代后公布律令之最著者。

北齐武成时,更定齐律,其制,刑名五:一曰死,重者轘之;其次枭首并陈尸;其次斩刑,殊身首;其次绞刑,死而不殊;凡四等。二曰流刑,男子长徒,女子配舂,并六年。三曰刑罪,即耐罪

① "室",原作"空",今据《文献通考》改。

也;有五岁、四岁、三岁、二岁、一岁五等,各加鞭;六岁者加笞,其五岁者,加笞八十,四岁六十,三岁四十,二岁二十,一岁无笞。四曰鞭,有百、八十、六十、五十、四十之差,凡五等、五曰杖,有三十、二十、一十之差,凡三等。

周武帝时,刑制亦分五等:一曰死刑五,一曰磬,二曰绞,三曰斩,四曰枭,五曰裂。二曰流刑五①,流卫服去皇畿二千五百里者,鞭百,笞六十;流要服去皇畿三千里者,鞭百,笞七十;流荒服去皇畿三千五百里者,鞭百,笞八十;流镇服去皇畿四千里者,鞭百,笞九十;流藩服去皇畿四千五百里者,鞭百,笞百。三曰徒刑五,徒一年者,鞭六十,笞十;徒二年者,鞭七十,笞二十;徒三年者,鞭八十,笞三十;徒四年者,鞭九十,笞四十;徒五年者,鞭百,笞五十。四曰鞭刑五,自六十至百。五曰杖刑五,自十五至五十。

隋文帝初定刑名有五:一曰死刑二,有绞有斩。二曰流刑三,有千里、千五百里、二千里;应配者,千里居作二年,千五百里居作二年半,二千里居作三年。三曰徒刑五,有一年、一年半、二年、二年半、三年。四曰杖刑五,自六十至于百。五曰笞刑五,自十至于五十。而蠲除前代鞭刑及枭首、轘裂之法。

第七节　学　　制

周失其驭,列国崩析。强弱毗壤,诟谇交起。俊魁伟异之士,籍便乘利,竞本所学,游说世君,支词之契,立跻显要,借非疏纵自放。甘老布褐,如楚狂接舆、晨门、丈人之徒者,鲜不覃思罢虑,纂玄钩幽,蔚为奇论,宏博浩瀚,侈然而号于众,嘐嘐以召其类。居今稽古读班孟坚所以叙论当世诸子,上自孔老、玄冥精一之大道,下逮稗官、房中、巷谈、微伎之琐论,度越八荒,凌震后祺,而神州学术,于焉盖綦盛矣。当时学制之详,世变多故,虽难考诘,然学者皆得言论思想之自由,各抒天禀,发挥尽致,罔所顾忌,以究极学问之能事也。学术之兴,一日千里,绝影而驰,有自来矣。

秦一天下,任法黜儒,蔑弃《诗》、《书》,其极遂酿焚书坑儒之祸,教化陵夷,黉舍榛芜,后世学者莫不以始皇为千古之罪人也。考烧书之议,倡自丞相李斯。始皇三十四年,斯上书曰:"异时诸侯并争,厚招游学。今天下已定,法令出一,百姓当家则力农工,士则学习法令。今诸生不师今而学古,以非当世,惑乱黔首,闻令下,则各以其学议之。主势降乎上,党与成乎下。禁之便。臣请史官非秦记者烧之。非博士官所职,天下有藏《诗》、《书》、百家语者,皆诣守、尉杂烧之。所不去者,医药、卜筮、种树之书。若欲学法令,则以吏为师。"始皇从之。李斯学于荀卿,卿为周末大儒,斯背师说而逢君恶,世尤病之。然夹际郑氏曰:"陆贾,秦之巨儒也。郦食其,秦之儒生也。叔孙通,秦时以文学召待诏博士,数岁陈胜起,二世召博士诸儒生三十余人,而问其故,皆引《春秋》之义以对。是则秦时未尝不用儒生与经学也。况叔孙通降汉时,自有弟子百余人,齐鲁之风,亦未尝替。故项羽既亡之后,而鲁为守节礼义之国。则知秦时未尝废儒。而始皇所坑者,盖一时议论不合者耳。又曰萧何入咸阳,收秦律令图书,则秦亦未尝无书籍也。其所焚者,一时间事耳。后世不明经者,皆归之秦火,使学者不睹全书,未免乎疑以传疑。然则《易》固为全书矣,何尝见后世有明《易》之人哉!臣向谓,秦人焚书而书存,汉儒穷经而经绝,盖

① "五",原阙漏,今据《文献通考》增之。

为此发也。《诗》有六亡篇,乃六笙诗,本无辞;《书》有逸篇,仲尼之时已无矣。皆不因秦火。自汉以来,书籍至于今日,百不存一二,非秦人亡之也,学者自亡之耳。”由是观之,秦烧《诗》、《书》,虽足以阻学术之发达,而中夏学术之所以衰者,亦不得全归其咎于秦人也。

汉兴,高祖以马上得天下,厌薄儒生,未遑庠序之事,至武帝始兴太学。元朔五年,置博士弟子员。时公孙宏为学官,悼道之郁滞,请详延天下方正博闻之士。乃与太常、博士等议:“闻三代之道,乡里有教。其劝善也,显之朝廷;其惩恶也,加之刑罚。教化之行也,建首善自京师始,由内以及外。请因旧官而兴焉。为博士官,置弟子五十人,复其身。太常择民年十八以上,仪状端正者,补博士弟子。郡国县道邑,有好文学,敬长上,肃政教,顺乡里,出入不悖所闻者,令相长丞上属所二千石,二千石谨察可者,当与计偕,诣太常,得受业如弟子。一岁皆辄试,能通一艺以上,补文学掌故事;其高可以为郎中者,太常籍奏。即有秀才异等,辄以名闻。其不事学,若下材及不能通一艺,辄罢之,而请诸不称者罚。臣谨按诏书律令下者,明天人分际,通古今之义,文章尔雅,训辞深厚,恩施甚美。小吏浅闻,不能究宣,无以名布谕下。治礼掌故,以文学礼义为官,迁留滞。请选择其秩比二百石以上,及吏百石通一艺以上,补左右内史、大行卒史;比百石以下,补郡太守卒史;皆各二人,边郡一人。先用诵多者,若不足,乃择掌故,补中二千石属,文学掌故补郡属,备员。请著功令,他如律令。”制曰“可。”自此以来,公卿大夫士,彬彬多文学之士矣。然观当时太常所陶铸之人才,但限于六艺,而德行臧①否,既非所计,其所补又不过备员,卒史名虽重儒,意实轻之。《儒林传》谓自武帝立五经博士,开弟子员,设科射策,劝以官禄,固已大失国家兴学育才之本意矣。

昭帝时太学增博士弟子员为百人,元帝时设员千人。光武中兴,先访儒雅,四方学士,云会京师,乃立五经博士,各以其法教授。自建武五年修起太学,车驾幸太学以来,继体之君,多仿效之。顺帝永建六年,缮太学,更开拓房室,凡二百四十房,千八百五十室。灵帝熹平四年,诏诸儒校合五经,书古文篆隶三体,刻诸石碑,建于太学之门,即后世之石经也。

疏 西京博士,但以名流为之,无选试之法,中兴以来,始试而后用。

魏文帝黄初五年,建太学于洛阳,制五经课试之法,置春秋谷梁博士。甘露二年,幸太学,晋武帝太始八年,有司奏:“太学生七千余人,才任四品听留。”诏曰:“已试经者留之。大臣子弟堪受教者,令入学。其余遣还郡国。”惠帝时以人多猥杂,欲辨其泾渭,于是制立学官,凡第五品以上,始得入国学。

以上为中央之学校,至地方学校,汉初委诸私人,不设官学。及文翁为蜀郡守,见蜀地僻陋,欲诱进之,乃选郡县小吏,开敏有材者,张叔等十余人,亲自饬厉,遣诣京师,受业博士,或学律令。减省少府用度,买刀布蜀物,赍计吏以遗博士。数岁,郡生皆成就,还归,文翁以为右职,用次察举,官有至郡守、刺史者。又修起学官于成都市中,招下县子弟以为学官弟子,为除更繇,高者以补郡县吏,次为孝弟力田。常选学官僮子,使在便坐受事。每出行县,益从学官,诸生明经,饬行者与俱,使传教令,出入闺阁。县邑吏民见而荣之,数年,争欲为学官弟子,富人至出钱以求之。由是大化,蜀地学于京师者,比齐鲁焉。至武帝时,乃令天下郡国,皆立学校官,

① “臧”,原作“藏”,今据上下文改。

自文翁始也。平帝元始三年，立学官，郡国曰学，邑、侯国曰校，校、学置经师一人。乡曰庠，聚曰序，序、庠置《孝经》师一人。何武为刺史，行部必先即学官，见诸生，试其诵论，问以得失。后魏献文帝天安初，立乡学，大郡博士二，助教四，学生百；次郡①、中郡博士一，助教二，学生六十；下郡博士一，助教一，学生四十。自是以来，教育普及遍于郡县矣。

疏 自汉兴，改秦之败，大文篇籍，广开献书之路。明帝以还，建藏书之策，置写书之官，下及诸子传说，皆充秘府。又成帝时，使谒者陈农求遗书天下，诏光禄大夫刘向等校书秘府。此时博士所为授受，均是经义，他书不得参观，由内府藏弃之，间诏学人一校而已。收经术独发达于两汉。至后魏道武帝，立太学于平城，有太学生三千余人，从博士李光议，谓书可益人神智，命郡县大索书籍，送平城太学马。是则学校图书馆之权舆，见于我史者也。

第八节　救恤制度

中夏虽以农立国，然土地面积有限，而人口滋乳无穷，世运渐进，衣食环迫，不得不背乡趋市，从事商业，操赢计绌，以为资生之具焉。自商贾兴而居奇垄断，以博巨利者，接踵盈世，物价由其左右，民生非所顾恤。此忧世之士，所由困心衡虑，创制立法，而谋有以救济之也。

救济之道，首在平均物价，而为之倡者，则推周官泉府之制。泉府者，一金融整理机关也，以税金为资金，自民间收买货物，复卖之民间，以平物价之高下。即当货物停滞于市场，物价将下落时，泉府乃收买之；市场缺乏货物，物价将腾贵时，复以廉价卖出之；以整理市场货物之盈虚，而调剂其价格之高下焉。

后世物价平均法之最适切者，当推汉武帝之均输平准法。此法首设均输官，使收买人民之贡物，不输送于京师，而运于货物不足之地方，以补其缺乏，而防物价之腾贵。又建平准仓于都市，物价廉则收买之，昂则卖出之，以保物价之平均，而富商大贾无所牟大利。然至后世均输官渔谋私利，强制收买，扰乱市场，而其法之弊，不可胜言矣。

其次复有王莽五均官之制，于洛阳、邯郸、临淄、宛、都市五地，设五均官，置交易丞五人，钱府丞一人。其职务在贩卖盐酒、铁器等一切官业之物品，核准矿物采掘之特许权，或司征税之事，使各种营业者登所得于官，征其十分之一。又于四季之中月，测定市场之物价，定上中下之市价，以为物价之标准，称之曰市平，物价较市平贱，则收买之，高则卖之于民，以防止奸商积物居奇，妄博巨利之弊。又贷资本于农民，以便企业，其利息则与租税同采十一之法。

此外尚有常平仓之制，魏文侯从李悝说，立籴法。此法以当时农夫苦于生活，多陷贫困，而谋所以救济之也。国家平时，按人民土地收获之丰凶，买其三分一至二分一而蓄积之，若逢凶年则减价卖之。汉之常平仓，即师其意以立也。宣帝五凤四年，从耿寿昌之说，置仓边郡，谷价贱时，则昂其价而收买之，名曰籴；若值凶岁，谷价增时，国家又减其价卖出之，名曰粜，称其仓为常平仓。此法完全实行，于人民有利，固不待言，而国家亦不须巨费，能举救恤之实惠也。然当局官吏，往往但图自利，不恤民瘼，弊端百出，制遂中辍。后汉明帝复设置之，嗣是以来，常有兴废。

---

① 据《文献通考》，“次郡立博士二人，助教四人，学生八十人”。

第九节 交通制度

汉时三十里有驿,驿有驿马,一称驿骑。驿之外有传,传初备车曰传车,后改置马,曰传马。因传车之数,有一乘传、四乘传、六乘传、七乘传之称。因马之良否,有置传、驰传、乘传之分。置传者,四马高足之谓也。驰传者,四马中足之谓也。乘传者,四马下足之谓也。驿传之外,又有步传(一名邮,又称驿),不用车马而任送达之事者也。驿马、传马、步传,皆为公用,非公用不得使用。又效秦制十里置一亭,处理①亭之事务者,称亭长。武帝时始于南夷置邮亭,其他各地则秦以来所设置也。武帝又通西域,由敦煌至西临泽之间起亭。讫于后汉,常存亭传邮驿之制或辟荒疆而列亭传,或凿山谷而设邮驿,脉络联贯,交通渐趋便利矣。

当时地方又设关口,置都尉一人,处理关出入警备之事。汉时著名者,以太行山下之天井关为始,有居庸关、五阮关、常山关、武关、白水关、玉门关、函谷关、大谷关等处。

秦汉以来,漕运渐盛。汉时常运关东之粟,给中都官,初不过数十万石,其后因漕运便利,渐增其数。或时征西南夷,或时伐北匈奴,转漕最远,尤以武帝时转运最盛。山东之漕,一岁不下六百万石。宣帝时,每岁漕运关东之粟四百万斛于京师,用卒六万余人。后汉时亦命地方官厉行转运,或特置大转粮运使者,俾专理漕运。而水路之交通,以此日臻发达焉。

① “理”,原作“里”,今据上下文改。

第三章　唐代之法制

第一节　经济制度

第一款　田制

唐代田制，较古为详，其大旨以土地为国家所有，授受悉由官府主持，或经官府承诺，一矫从前私买、私卖之弊。然唐时人口益繁，田不敷分，且各人能力不齐，官吏稽查，更难周遍。国家禁令，虽曰森严，豪强多不奉行，民或卖口分田逃亡，而官吏不问。即当开元盛时，田制亦不能实行，凡授田还田之制，盖成虚文焉。兹约举当时田制，分为七种如下。

（一）口分田。慕古均田之制，计口分田，以杜豪强之兼并，用意甚善，惟措之实际，有难行者耳。其制丁男满十八以上，每人授田八十亩，死亡则国家没收之，曰口分田。其余老者、笃疾、废疾者四十亩，寡妻妾、道士各三十亩，僧尼各三十亩，而官户各授百姓口分田之半。至其授田之法，每岁里正预造簿籍，至十二月，县令集应授田之人而授之。先授贫者，及家有课丁者，以次递及。若县内之田不足，授以邻县之田，犹不足则授以宽乡之田。当时由宽乡移狭乡甚难，由狭乡移宽乡甚易。凡狭乡之民移宽乡者，得视其狭乡固有田指授之，并得卖狭乡之口分田。其在工商居宽乡者，亦得授农民田之半数。而宽乡之民，则不得移于狭乡，要以奖励人民移于宽乡为主焉。

（二）永业田。人给二十亩，种植林木，虽没①不还于官，得传其子孙，以为永业也。永业田以不许买卖为原则，但有特别事情，经官厅许可者，不在此限。所谓特别事情者：(1)不得已徙乡之时；(2)徙于宽乡之时；(3)贫不能葬之时。

永业田自亲王以下亦给之，亲王百顷，职事官一品六十顷，郡王及职事官从一品五十顷，国公及职事官从二品三十五顷，县公及职事官二十五顷。

（三）公廨田。官府所有之田地也。其所有权不属于代表官府之自然人，而属于国家机关自身者也。兹分公廨田为京内、京外二种，而详其数如下。

甲　京内官府田之定数

司农寺　廿六顷　殿中省　廿五顷　少府监　廿二顷　太常寺　廿顷　京兆、河南　各十七顷　太府寺　十六顷　吏、户部　各十五顷　兵部、内寺省　各十四顷　中书省　十三顷　将作监　十三顷　刑部、大理　各十二顷　尚书、门下、左春坊　各十顷　工部、光禄寺、太仆寺、秘书省　各九顷　礼部、鸿胪、都水、詹事府　各八顷　御史台、国子监　各七顷　左右卫、家令寺　各六顷　卫尉寺、左右十二卫、右春坊　各五顷　卫率府、太史局　各四顷　宗正寺、千牛卫　各三顷　内坊内、率府　各二顷

---

① 即死之意，后写作“殁”。

乙　京外官府田之定数

大都督府　四十顷　中都督府　三十五顷　下都督府及上州　各三十顷

(四) 职分田。一名职田,即于文武官吏岁俸之外,而复按品级别授以田,有如今日之公费是也。

隋文帝开皇十四年始给公卿以下以职田。盖当时各官署皆由公廨田收钱以充其经费,然吏缘为奸,有失官箴,乃严禁之,改由官职给职田焉。唐因其制,一品十二顷,二品十顷,三品九顷,四品七顷,五品六顷,六品七顷,七品三顷五十亩,八品二顷五十亩,九品二顷。

(五) 屯田。北齐时于缘边城守之地,营屯田。唐因之,有太京屯田、代州屯田、营州屯田等,惟当时之屯田,非屯兵耕种,多使民从事云。

(六) 营田。与屯田相类。当时有朔户营田、东都营田等。

(七) 私田。私田者,其所有权属于个人者也。故私田对于国家除例纳租税外,不受官吏之干涉。惟考之唐代,私田只限于宅地,故名庄,又曰庄田。隋制不分良贱,率三口给私田一亩,唐则良口三人以上,贱口五人给一亩。而京城、州、县郭下之园宅,又别以法规定,而不依以上之制度焉。庄田(或云庄园)当时颇多,大历中诸道将士多贮庄田。建中时诸道、府长吏多于任所买百姓之庄园、宅舍,多者至数十所。此等田地之卖买,法所不禁,但科以一定之税额而已。

疏 田制至成周而大备,至秦而大坏。唐虽法度较良,然其制度实与成周大异。唐度田之法,阔一步、长二百四十步为亩,百亩为顷,一夫授一顷。周制则百步为亩,唐乃二倍有余,其异一也。八十亩为口分田,二十亩为世业田,是一家之田,口分须据下来人数占田多少。周制八家皆私百亩,唐制若子弟多,则占田愈多,其异二也。所谓田多可以足其人者为宽乡,少者为狭乡,狭乡之田,减宽乡之半,其他有厚薄,岁一易者倍授之,宽乡三易者不倍授,工商者宽乡减半,狭乡不给,此亦与周制不合。先王建国,只有分土,无分民,但付人以百里之地,任其自治。唐既止用守令为治。则分田之时,不当先论宽乡狭乡,当以土论,不当以人论。今却宽乡自得多,狭乡自得少,自狭乡徙宽乡者,又得并卖口分、永业而去。成周之制,虽是授田与民,其间水旱之不时,凶荒之不常,上又赈贷救恤,使之可以相补助,而不至于匮乏。唐则但知授田而已,而无补助之法,纵立义仓赈给之名,而既令自卖其田,便自无恤民之实矣。周制最不容民迁徙,惟有罪则徙之。唐则容民自行迁徙,此尤为与周制不合之点也。

第二款　税制

(一) 田租。口分田所课之税也。盖当时丁男皆授以百亩之田,内以八十亩为口分田,以二十亩为永业田,租则由八十亩之中征收之,粟凡二石。天宝元年,一家之中有十丁以上者,免二丁之租,五丁以上者免一丁之租。

(二) 庸。役之代价也。唐时岁役二十日,闰则加二日,每日征收绢三尺,布加五分之一。

(三) 调。从其乡土之所产,而每户所纳之税也。纳绢绝各二丈,布加五分之一,且入绢绝者添绵三两,入布者添麻二斤。

凡租、庸、调之定额,虽如上举,然逢水旱虫霜之灾,田欠收至十分四以上者,则免其租;十分六以上者,则租、调全免;十分七以上者,则租、庸、调全免。又孝子、顺孙,义夫、节妇,其志行闻于乡闾者,州县申省奏闻,表其门闾,而同籍悉免课役。又太皇太后、皇太后缌麻以上之亲,命妇一品以上之亲、郡王及五品以上之祖父、兄弟、国子、太学、四门学生俊士皆免课役。

凡租、庸、调征收之方法，按定期使州县长吏征收之。征收毕，则记其总数，与征官名品而申于省。若误期限及检查不实者，各有罚。其应征收之期限，时有变更。而租、庸、调之物，亦因时异品。开元十六年，扬州之租、调以钱，岭南以米，安南以丝，益州以罗紬绫绢。天宝二十五年，关内诸州庸、调，得准时价以米易粟，送京师。

（四）役。凡丁岁役二十日，若不役，则收庸。役越定日，则免租调。凡越定日十五日者免调，至三十日者租、调悉免。

租、庸、调法以人丁为本，开元后久不为版籍，法度废弊。丁口转死，田亩换易，贫富升降，悉非向时，而户部岁以空文上之。又戍边者，蠲其租、庸，六岁免归。戍者多死，边将讳不以闻，故贯籍不除。天宝中，王鉷为户口使，务聚敛，以其籍存而丁不在，是隐课不出，乃按旧籍，除当免者积三十年，责其租、庸，人苦无告，法遂大弊。至德后，天下兵起，人口凋耗，版图空虚。赋敛之司，莫相统摄，纪纲大壤，王赋所入无几。科敛凡数百名，废者不削，重者不去。吏因其苛，蚕食于人。富人多丁者，以宦、学、释、老得免；贫人无所入，则丁存。故课免于上，而赋增于下。是以天下残瘁，荡为浮人，乡居土著者百不四五。杨炎相德宗，疾其弊，乃请为"两税法"，以一其制。夏输无过六月，秋输无过十一月。凡百役之费，先度其数而赋于人，量出制入。户无主客，以见居为簿；人无丁中（唐开元时，十六岁为中，二十岁为丁），以贫富为差。不居处而行商者，在所州县税三十之一，度所取与居者均，使无侥利。其租、庸、杂徭悉省，而丁额不废。岁敛钱二千五十余万缗，米四百万斛以供外，钱九百五十余万缗，米千六百余万斛，以供京师。天下便之，吏奸无所容，而轻重之权，始归于朝廷焉。

疏 租、庸、调以丁身为本，两税以资产为本。以丁身为本者，即视丁中以为厚薄也。然人之贫富不齐，今有幼未成丁，而承袭世资，家累千金者，乃薄赋之；又有年齿已壮，而身居穷约，家无置锥者，乃厚赋之，岂不背谬？此实租、庸、调法之弊也。以资产为本者，则资产少者税轻，资产多者税重。不知有藏于襟怀囊箧，物贵而人莫窥者；有场圃、囷仓，直轻而众以为富者；有庐舍器用，价高而终岁利寡者。计估算缗，失平长伪，挟轻费转徙者脱徭税，敦本业者困敛求。是何异诱之为奸，殴之避役乎？此实两税法之弊也。两法相较，余则以租、庸、调为优。盖古者制民之产，度其丁户之众寡而授之出。唐租、庸、调法，甚得先王养民之意。律文脱户者有禁，漏口者有禁，浮浪者有禁，占田违限者有禁，官司应授田而不授，应课农桑而不课者有禁，但使后世守高祖、太宗之法，其为治岂易量哉！陆宣公称租、庸、调法亦有曰："不校阅而众寡可知，是故一丁之授田，决不可令输两丁之赋，非若两税，乡司能开阖走弄于其间也。"

杨炎，唐凤翔人，作"两税法"，为人睚眦必报，果于用私，后为卢杞所害。

（五）商业税。商业税者，税商贾之货品，而为国家收入之一部者也。肃宗税江淮、蜀汉之富商，收其十分之二。德宗建元元年，派遣官吏于诸道要津、都会之地，检查商人之财货，计钱每贯税二十，其后乃加至每千钱五十。

疏 德宗时，赵赞请诸道津会，置吏阅商贾钱，每缗税二十，竹、木、茶、漆税十之一，以赡常平本钱。帝纳其策。属军用迫蹙，亦随而耗竭，不能备常平之积。

（六）盐税。隋以前盐池、盐井，皆禁人民之采取，而为官之专业。隋开皇三年，始除其禁。唐之肃宗，因国用不足，变盐法，置盐院于产盐之地，而以游民之业盐者为亭户，免其杂徭，有盗鬻者罪之。至刘晏上盐法书，因旧监置吏、亭户，粜商人，使贩卖于各地，盐之收入，岁有增加，及大历之末，凡六百余万缗，几占天下赋之半焉。

疏 按：唐有盐池十八，盐井六百四十。

刘晏专用榷盐法，充军国之用，以为官多则民扰，故但于出盐之乡置盐官，取盐户所煮之盐，但鬻于商人，任其所之，自余州县，不复置官。其江、岭间去盐乡远者，转官盐于彼贮之，盐贵则减价鬻之，谓之常平盐法，官获其利，而民不乏盐，国用充足而民不困敝。

(七) 酒税。先时尚依周末之制，官置酒坊收利。至隋文帝开皇三年，乃罢酒坊，与百姓共之。唐初无酒禁。乾元元年，京师酒贵，肃宗以廪食方屈，乃禁京城酤酒，期以麦熟如初。二年，饥，复禁酤，非光禄祭祀、燕蕃客，不御酒。总观唐初之制，酿酒事业，民间自营之，常因年饥而加禁止。及德宗建中三年，乃禁人酤酒，官自置店酤，收利以助军费，斛收直三十，州县总领私酿者论其罪，则酒成官之专卖矣。

(八) 茶税。茶税起于唐德宗之时，课其价十分之一。至穆宗，国库空虚，屡增茶税，率百钱而课五十。武宗即位，盐铁转运使崔珙，又增江淮茶税。是时茶商所过州县有重税，或掠夺舟车，露积雨中，诸道置邸以收税，谓之"榻地钱"，故私犯益起。大中初，盐铁转运使裴休请："厘革横税，以通舟船。商旅既安，课利自厚。又征税茶商，多被私贩人侵夺其利。今请委强干官吏，先于出茶山口及卢、寿、淮、南界内布置把捉，晓谕招收，量加半税，给陈首帖子。令所在公行，更无苛夺。使私贩者免犯法之忧，正税者无失利之欺。"休并著条约：私鬻三犯，皆三百斤，乃论死；长行群旅，茶虽少亦死；顾载三犯至五百斤、居舍侩保四犯至千斤，皆死；园户私鬻百斤以上，杖脊，三犯加重徭。当时禁令既严，而课税尤重。贞元时，江淮茶一斤至五十两焉。而其时朝野人士，于茶之研究亦盛。陆羽既著《茶经》为之倡，而集会辨茶之良否者，曰"汤社"，批评茶之优劣者，曰"茗战"，风会所趋，诚极一时之伟观矣。

疏 唐之茶税，始于德宗九年正月，从盐铁使张滂之请也。滂奏："去岁水灾税减，用度不足，请税茶以足之。自明年以往，税茶之钱，令所在预贮，俟有水旱，以代民田税。"自是岁收茶税钱四十万缗，未尝以救水旱也。夫天地生物，凡以养人，不可悉也。张滂税茶，则悉矣。

《唐书》：羽嗜茶，著经三篇，言茶之原、之法、之具尤备。

茗战者，即斗茶也。建人谓斗茶为茗战。昔苏才翁尝与蔡君谟斗茶，蔡茶水用惠山泉，苏茶小劣，改用竹沥水煎，遂取胜焉。

穆宗时重敛茶税，识者已病其苛，有痛陈其弊者，所说甚合："今世财政学理，大旨云茶税为补助兵费而起。今天下太平，重税苦民，一旦有事，税率不可复加，其弊一也。茶为一般人民所用，非奢侈品可比，今税重价昂，贫者因之重困，其弊二也。价贵则需用者寡，徒有增税之名，而国家收入比较的不见其多，而商人益困，其弊三也。"

疏 穆宗时右拾遗李珏上疏谏曰："榷茶起于养兵，今边境无虞，而厚敛伤民，不可一也。茗饮人之所资重，赋税则价必增，贫弱益困，不可二也。山泽之饶，其出不訾，论税以售多为利，价腾踊则市者稀，不可三也。"

(九) 青苗钱。大历元年，令天下之租，一亩每税钱十五，以国用急，不及秋而税之，时苗未青，[①]故号"青苗钱"。考代宗广德二年，已有青苗钱，以给百官之俸。大历时，天下青苗钱凡四百九十万缗。宋时亦有青苗钱，然与唐之青苗钱，名同而实异。宋之青苗钱，即唐之杂税钱也。

---

① 据《新唐书》记载，"方苗青即征之"。

（十）杂税钱。唐之杂税钱，即由长安、万年二县，官置本钱，配纳各户，并其利息而征收之，以供杂用，即宋青苗钱之起源也。又大历中，有地头钱，每亩课二十。

德宗时，朱滔、王武俊、田悦背叛，国用不给。陈京请借富商钱度支，杜佑以为军费才支数月，幸得商钱五百万缗可支半岁，乃以户部侍郎赵赞判度支，代佑行借钱令，约罢兵偿之。搜督甚峻，民有自经者，家若被盗然。当时军用不给，乃税间架，算除陌。其法：屋二架为间，上间钱二千，中间一千，下间五百。吏执笔握算，入人家计其数。或有宅屋多而无他资者，出钱动数百缗。敢匿一间，杖六十，告者赏钱五万。除陌法者，公私给与及买卖，每缗官留五十钱；给他物及相贸易者，约钱为率算之。市牙各给印纸，人有买卖，随日署记，翌日合算之。有自贸易不用市牙者，给其私簿，无簿者投状自集。其[1]有隐钱百者没入，二千杖六十，告者赏十千，出犯人家。法既行，而主人、市牙得专其柄，率多隐盗，公家所入，不能半，而怨讟满天下矣。

疏 德宗时，两河用兵，月费百余万缗。陈京建议，以为货利所聚，皆在富商，请括富商钱。上从之，诏借商人钱。又括僦柜质钱，凡蓄积钱帛、粟麦者，皆借四分之一，封其柜窖，百姓为之罢市。又旧制诸道军出境，则仰给度支。上优恤士卒，每出境加给酒肉，本道粮仍给其家，一人兼三人之给。故将士利之，各出军才逾境而止，月费钱百三十余万缗。当赋不能供，赵赞乃奏有税间税架、除陌钱法（陌通作伯。《汉志》有"阡陌之得"。阡谓千钱，陌为百钱，俗谓百钱为一陌是也）。愁怨之声，盈于远近。夫善用兵者，必先富其民。德宗欲速成而失其道，竟至借商税屋，暴敛其民。殊不知暴敛之祸，甚于寇盗，不几时而京城内溃，大驾蒙尘矣。后之用兵者，可不戒哉？

第三款　币制

南北分裂以来，币制乱杂，不可名状，及隋始统一之。开皇元年，更铸新钱，曰"五铢"，而重如其文，每钱一千重四斤二两。是时钱既杂出。三年，诏四面诸关，各付百钱为样；从关外来，勘样相似，然后得过；样不同者，则坏以为铜，入官。自是钱货始一。十年，诏晋王广听于扬州铸钱。十八年，诏汉王谅听于并州铸钱。又江南钱少，晋王广又请于鄂州铸钱。又诏蜀王秀于益州铸钱。钱益滥恶。大业以后，巨奸大猾，遂多私铸，或剪铁鍱、裁皮[2]、糊纸以为钱，相杂用之。货贱物贵，以至于亡。

唐初行于民间者，曰"线环钱"，其制轻小，凡八九万才满半斛。高祖武德四年，乃铸"开元通宝"，径八分，重二铢四，每十钱重二十四铢，二十四铢为一两，一千钱重六斤四两，得轻重大小之中。置钱监于洛、并、幽、益等诸州。钱面之文，由给事中欧阳询制词而书之，时称其工。字含八分及篆、隶三体，其词回环读之，其义亦通，流俗谓之"开元通宝钱"。

肃宗乾元元年，铸乾元重宝钱，以一当十，与"开元通宝"参用。又铸重轮乾元钱，一当五十，与三品并行。法既屡易，物价腾踊，斗米至七千钱。上元元年，减重轮钱以一当三十，"开元"旧钱与乾元十当钱，皆以一当十。

自乾封以后，盗铸日盛，私钱满天下，而恶币充斥，尽驱逐良币于流通之外。武后开元之间，屡下令禁恶钱，置监使参与铸钱之事，而盗铸之风益盛。至武宗之时，为防钱质之恶，令铸造局各以

① "其"，原作"具"，今据《文献通考》改。

② "皮"，原作"衣"，今据《通典》改。

其州名钱,而币制益紊乱矣。

疏 《后魏·食货志》云:"齐文襄令钱一文重五铢者,听入市用,计一百钱重一斤四两二十铢,则一千钱重十二斤以上。而隋代五铢钱,一千重四斤二两,当是大小秤之差耳。"

开皇三年,诏行新钱以后,前代旧钱,有五行大布、永通万国及常平,所在勿用。四年,诏依旧不禁者,县令夺半禄。然百姓习用既久,犹不能绝。五年,诏又严其制。自是钱货始一,所在流通,百姓便之。是时见用之钱,皆须和以锡镴,锡镴既贱,求利者多,私铸之钱,不可禁约。其年,诏乃禁出锡镴之处,并不得私有采取。其后,又诏令有司检天下邸肆,见钱非官铸者皆毁之,其铜入官。数年之间,私铸颇息。大业以后,王纲废弛,遂多私铸矣。

唐武德四年,既置钱监于洛、并、幽、益等处,乃赐秦王、齐王三炉,右仆射裴寂一炉以铸钱,盗铸者死,没其家属。

乾封元年,改铸乾封泉宝钱,径寸,重二铢六分,以一当旧钱之十,逾年而旧钱多废。明年,以商贾不通,米帛踊贵,复行开通元宝钱,天下皆铸然之。私铸犯法日蕃,有以舟筏铸江中者。诏所在纳恶钱,而奸亦不息。仪凤中,濒江民多私铸钱为业,诏巡江官督捕,载铜、锡、镴过百斤者没官。永淳元年,私铸者抵死。武后长安中,令悬样于市,令百姓依样用钱。俄而拣择艰难,交易留滞,乃令钱非穿穴[1]及铁锡、铜液,皆得用之,熟铜、排斗、沙涩之钱皆售。自是盗铸蜂起,江淮尤甚,吏莫能捕。

第二节 阶级制度

唐时身分之阶级有三,贵族、良民及贱民是也。凡贵族因其官职之异,又分下列各阶级。

从一品	开府仪同三司	正二品	特进
从二品	光禄大夫	正三品	金紫光禄大夫
从三品	银青光禄大夫	正四品	上正议大夫
正四品	下通议大夫	从四品	上太中大夫
从四品	下中大夫	正五品	上中散大夫
正五品	下朝议大夫	从五品	上朝请大夫
从五品	下朝散大夫	正六品	上朝议郎
正六品	下承议郎	从六品	上奉议郎
从六品	下通直郎	正七品	上朝请郎
正七品	下宣德郎	从七品	上朝散郎
从七品	下宣议郎	正八品	上给事郎
正八品	下征事郎	从八品	上承奉郎
从八品	下承务郎	正九品	上儒林郎
正九品	下登仕郎	从九品	上文林郎
从九品	下将仕郎		

以上二十九阶为文散阶,此外尚有武散阶,并举如下。

① "穴",原作"冗",今据《文献通考》改。

从一品	骠骑大将军	正二品	辅国大将军
从二品	镇国大将军	正三品	上冠军大将军怀化大将军
正三品	下怀化将军	从三品	上云麾将军归德大将军
从三品	下归德将军	正四品	上忠武将军
正四品	下壮武将军	怀化中郎将	
从四品	上宣威将军	从四品	下明威将军归德中郎将
正五品	上定远将军	正五品	下宁远将军怀化郎将
从五品	上游骑将军	从五品	下游击将军归德郎将
正六品	上昭武校尉	正六品	下昭武副尉怀化司阶
从六品	上振威校尉	从六品	下振威副尉归德司阶
正七品	上致果校尉	正七品	下致果副尉怀化中侯
从七品	上翊麾校尉	从七品	下翊麾副尉归德中侯
正八品	上宣节校尉	正八品	下宣节副尉怀化司戈
从八品	上御侮校尉	从八品	下御侮副尉归德司戈
正九品	上仁勇校尉	正九品	下仁勇副尉怀化执戟长上
从九品	上陪戎校尉	从九品	下陪戎副尉归德执戟长上

良民与汉制同，分为农、工、商。又规定工商之家，不得干预士之事焉。

贱民有种种，即杂户、番户、奴婢是也。唐制凡反逆相坐，没为官奴婢。一免为番户，再免为杂户，三免为良人，因赦则免。韩退之为袁州刺史时，解放奴隶七百余人。此等奴隶，皆为负债而没者也。

第三节 官职制度

唐之官制，较古为详。而文武殊途，内外并重，尤得控御天下之要。中央官制曰省、寺、台、监、卫，地方官制曰道、州、郡、县，其大较也。

第一款 中央官制[①]

唐之三师、三公，位尊而已，庶政实统于三省。中书宣奏天子之命令，门下审查覆奏，下其事于尚书，而后颁行焉。故尚书者，行政之总汇也。此外有九寺一台，五监十六卫。兹分举之如下。

三省
- 尚书省——行政最上级官厅
- 门下省、中书省——议政官厅

门下省 掌出纳帝命之事，职官如下。

① “中央官制”，原作“中央制度”，今据上下文改。

侍中二人　黄门侍郎二人　给事中四人　供奉左右,分判省事。

录事四人　主事四人

左散骑常侍二人　备侍奉规讽,顾问应对。

左谏议大夫四人　掌侍从赞相,规谏讽谏。

左补阙二人　左拾遗二人　掌供奉讽谏,扈从乘舆。

起居郎二人　录天子之动作法度,修记事之史。

典仪二人　掌赞唱之节,班位之次。

城门郎四人　符宝郎四人

弘文馆学士　掌详正图籍,教授生徒。

校书郎　掌校理典籍之事。

中书省　掌军国事务,赞襄大政,职官如下。

中书令二人　中书侍郎二人　中书舍人六人　主书四人　主事四人　右散骑常侍二人　右谏议大夫四人　右补阙二人　右拾遗二人　起居舍人二人　通事舍人十六人

尚书省　隋唐以来,尚书实为行政官之首,分左右二司,置六部。兹记其职官如下。

尚书令一人　尚书左右仆射各一人

尚书左右丞各一人　管理省事,纠举宪章。

左右司郎中各一人　左右司员外郎各一人　都事六人　主事六人

吏部　尚书一人,侍郎二人,分四司如下:

吏部　掌文官之班秩品命,郎中二人,员外郎二人,主事四人。

司封　掌封爵,郎中一人,员外郎一人,主事二人。

司勋　掌邦国官人之勋纳,郎中一人,员外郎二人,主事四人。

考功　掌内外文武官吏之考课,郎中一人,员外郎一人,主事三人。

户部　尚书一人,侍郎二人,分四司如下:

户部　掌天下之户口,郎中二人,员外郎二人,主事四人。

度支　掌国用、租赋多少之数,物产丰约之宜,水陆道路之利,郎中一人,员外郎一人,主事二人。

金部　掌库藏出纳之节,金宝财货之用,及权衡斗量之事务,郎中一人,员外郎一人,主事二人。

仓部　掌天下之库储,出纳、租税、禄粮、仓廪之事务,郎中一人,员外郎一人,主事三人。

按:户部,隋时称民部,唐初仍之。太宗贞观中,避太宗世民之讳,始称户部。

礼部　尚书一人,侍郎一人,分四司如下:

礼部　掌仪制、名数之事,郎中一人,员外郎一人,主事二人。

祠部　掌祠祀、享祭、天文、漏刻、国忌、庙讳、卜筮、医药、道佛之事务,郎中一人,员外郎一人,主事二人。

膳部　掌牲豆、酒膳,辨其品数,郎中一人,员外郎一人,主事二人。

主客　掌国宾及诸蕃朝贡之事,郎中一人,员外郎一人,主事二人。

兵部　掌天下军卫、武官之选叙。魏有五兵尚书,北周有大司马卿。至隋有兵部尚书,唐因之，有尚书一人，侍郎二人，分四司如下：

兵部　掌武官之勋禄品命，郎中二人，员外郎二人，主事四人。

职方　掌地图及城隍、镇戍、烽候之事，郎中一人，员外郎一人，主事二人。

驾部　掌舆辇、车乘及传驿、厩牧、官私马、牛、杂畜之簿籍，郎中一人，员外郎一人，主事二人。

库部　掌邦国军州戎器、仪仗，郎中一人，员外郎一人，主事一人。

刑部　尚书一人，侍郎二人，分四司如下：

刑部　举宪典，辨轻重，侍中二人，员外郎二人，主事四人。

都官　掌讼狱，配役隶，录俘囚，及理衣粮、药料之事，郎中一人，员外郎一人，主事二人。

比部　掌内外赋敛、逋欠之事，郎中一人，员外郎一人，主事四人。

司门　掌天下之诸门及关之出入往来之籍赋，郎中一人，员外郎一人，主事二人。

工部　掌天下百工之屯田、山泽之事务。汉成帝时民曹之一部也。北周有大司空卿，掌五材九范之法。隋有工部尚书，唐因之，有尚书一人，侍郎一人，分四司如下：

工部　掌经营兴造之事，郎中一人，员外郎一人，主事三人。

屯田　掌屯田事务，郎中一人，员外郎一人，主事二人。

虞部　掌天下虞衡山泽之事，郎中一人，员外郎一人，主事二人。

水部　掌天下川渎陂池之事，郎中一人，员外郎一人，主事二人。

九寺　九寺之官名、掌职如下：

太常寺　掌礼乐、郊庙、社稷之事。

光禄寺　掌酒醴、膳羞之事。

卫尉寺　掌军器、仪仗、帐幕之事。

宗正寺　掌天子之九族、六亲之属籍。

太仆寺　掌厩牧、车舆之事。

大理寺　掌折狱详刑之事。

鸿胪寺　掌宾客及凶仪之事。

司农寺　掌仓市、薪米、园池、果实之事。

大府寺　掌邦国财货之事。

以上各寺有卿、少卿、丞、主簿、录事等官。

御史台　掌邦国刑宪典章，职官如下：

御史大夫一人，御吏中丞二人。

侍御史纠劾百官，推鞫狱讼之事。

殿中寺御史六人，掌殿庭供奉之仪仗。

监察御史十人，掌分察百僚，巡按郡县，纠视刑狱，肃整朝仪之事。

侍御史隶于台院，殿中侍御史隶于殿院，监察御史隶于察院，故又谓之三院。

五监

国子监　掌儒学训导之事。

少府监　掌百工技巧之事。

北都军器监　掌造甲弩之事。

将作监　掌土木工匠之事。

都水监　掌川泽津梁之事。

以上皆中央文职官制之大略也。以下述武职官制。

武官分十六卫,又有六军。

十六卫

左右卫　掌统领宫庭警卫法令之事。

上将军各一人,大将军各一人,将军各二人,长史各一人。

录事参军事各一人,仓曹参军事各二人。兵曹参军事各二人。

骑曹参军事各一人,胄曹参军事各一人,司阶各二人。

中候各三人,司戈各五人,执戟各五人。

左右骁卫　上将军各一人,大将军各一人,将军各二人。

左右武卫　　同前　　同前　　同前

左右威卫　　同前　　同前　　同前

左右领军卫　　同前　　同前　　同前

左右金吾卫　防御京城宫门,掌巡警之事。

上将军各一人,大将军各一人,将军各二人。

左右监门卫　上将军各一人,大将军各一人,将军各三人。

左右千牛卫　　同前　　同前　　将军各一人。

六军

左右羽林军　左右神武军　左右龙武军

以上大将军各一人。嗣后增左右神策军,左右威武军,合之为十军矣。

以上中央政府文武官制外,其他尚有东宫官之类,惟与国家政务无直接关系,略之。此外尚有翰林院学士一官,略述如下。

翰林院学士,本以文学备顾问,出入侍从而参谋议者也。唐时天子之傍,常置文词经学之士。太宗时,各儒学士,虽时被召对,而未有名号。乾封以后,时人称曰“北门学士”。玄宗初置翰林待诏,掌四方之表疏批答、应和文章。后选文学之士,称“翰林供奉”,与集贤院学士分掌制诏书敕。至开元二十六年,改为学士,别置学士院,专掌内命。其后选用益重,礼遇益亲,至号内相。宪宗时,又置学士承旨。唐之学士,弘文、集贤二院,分隶中书、门下,独翰林学士,无所属。

近世学者分国家活动之形式为三:立法、行政、司法是也。各设独立之机关分掌国务,而严杜侵越焉。吾国于此等区划,素不分明。立法虽由君主掌握,而行政与司法往往混同,常以行政官而兼司法之事务焉。故以三权分立主义,衡吾国之官制,殊不可能。惟吾国亦自有特别三权分立主义,以为官制区划之纲领,即所谓文、武、纠察三官是也。文官则今之行政兼司法官也;武官则掌军事;纠察官监督文官而弹劾其非法行为。唐之官制,亦得依此三权分立主义区划之。尚书省之属官六部、九寺,文官也。六军、十六卫,武官也。而御史台,则纠察官也。五监则属于文官,如国子监得属于礼部,军器监得并于兵部。由是论之,唐之官制,骤观虽甚复杂,而总括之则不能出此三官之外也。

第二款　地方官制

唐之地方官制，可就二方面观察之。其一普通制，道、州、郡、县是也。道为最高地方区划，置巡按使（后屡易名），州有刺史，郡有太守，县曰令。其一特别制，如缘边置节度使（经略使）、都督府、都护府，用兵设招讨使，岁饥设按抚使，藩封不和，设宣慰使，运粮置转运使，劝课农桑，派劝农使，皆因地与时与事所设之官，故以特别制名之。

（甲）普通制

（一）道　贞观之初，分天下为十道：关内道、河南道、河东道、河北道、山南道、陇右道、淮南道、江南道、剑南道、岭南道。高宗神龙二年，以五品以上者二十人为十道巡察使，按举州县。景云二年，置十道按察使，每道各一人。开元二年，改十道按察采访处置使。乾元元年，改观察处置使。

疏　隋末丧乱，豪杰并起，拥众据地，自相雄长。唐兴相帅来归，上皇为之割置州县以宠禄之，由是州县之数，倍于开皇大业之间。上以民少吏多，思革其弊，二月命因山川形便，分天下为十道。

（二）州郡　唐武德元年，改郡为州，置刺史，开元中，定天下之州府，近畿之四州称四辅，其他六州称六雄，其他十州称十望，又其他十州称十紧。凡天下之州府三百十有五，分上、中、下三等，各置刺史，上州四万户以上，中州三万户以上，下州三万户以下。

（三）县　次于州之地方区划也。古者县大而郡小，至战国则郡大而县小焉。晋时大县有令，后魏亦于县置三令长。孝文之时，始有县令，唐因之。县亦分上、中、下三等。武德之初，户五千以上为上县，二千以上为中县，一千以上为下县。开元中，六千户以上为上县，三千户以上为中县，其不满三千户者为中下县，千户以下为下县。

（乙）特别制

（一）节度使。开元之际，节度使凡八：关内朔方节度使、河北幽州节度使、河东节度使、河西节度使、陇右节度使、剑南节度使、碛西节度使、岭南节度使、受命之日，给以旌节，使专军事。故宇内承平，则诸使为具文；国家多事，则节度有重权。唐不亡于吐蕃，方镇拥兵之功；不幸而召亡，亦方镇拥兵之过也。

疏　《通考》：唐因隋制，诸州总管加号使持节，后改大总管为大都督。永徽以后，除都督带使持节，即是节度使，不带者即不是节度使。景云二年，贺拔延嗣除凉州都督，称河西节使，自此有节度使之号。

石林叶氏曰："节度使旌节，门旗二、龙虎旌一、节一、麾枪二。旗以红缯为之，九幅，上为涂金铜龙头，以揭旌加木盘。节以金铜叶为之，盘三层，加红丝为旌。麾枪亦施木盘豹尾，以赤黄布画豹文，皆以髹漆为杠。文臣以朱，武臣以黑。旗则绸以红缯，节及麾枪，则绸以碧油，故谓之碧油红旆。受赐者，藏于公宇私室，皆别为堂，号节堂；每朔望之次日祭之，号衙日。唐制有六纛，今无有也。"

（二）都督与都护。唐初边要之地，置总管，后改名都督。大都督府五，中都督府十五，下都督府二十，掌诸州兵马、甲械、城隍、镇戍等事。

（三）招讨使。用兵之时置之，后遂为节度兼职。

（四）宣慰使。元和之际，淄、青、兖、豫等州置宣抚使，后又置宣慰使。

(五)安抚使。贞观之初,遣大使十三人巡省诸州水旱,自是以来,常见巡察、安抚、存抚等名。

(六)转运使。司运粮饷之官。开元二十一年,江南、淮南有转运使。

(七)劝农使。派遣专使劝农课桑。

(八)经略使。贞观二年,置经略使于边州,后为节度兼职。

第四节 兵　制

唐有天下,二百余年,而兵之大势三变。其始盛时,有府兵;府兵后废而为彍骑;彍骑又废,而方镇之兵盛矣。及其末也,强臣悍将,兵布天下,而天子亦置兵于京师,曰禁军。其后天子弱,方镇强,而唐遂以灭亡者,措置之势使然也。盖府兵之制,居无事,耕于野,其番上者宿于京师而已,若四方有事则命将以出,事解辄罢,兵散于府,将归于朝,故士不失业,而将帅无握兵之重,所以防微杜渐,绝祸乱之原也。及府兵法坏,而方镇盛,武夫悍将,虽无事时,据要险,专方面,既有其土地又有其民人,兵甲财赋,以布列天下,然则方镇不得不强,京师不得不弱。夫置兵所以止乱,及其弊也,适足以为乱,又其甚也,至困天下以养乱。故兵之始重于外也,土地民赋,非天子有;既其盛也,号令征伐,非其有;其末也,至无尺土而不能庇其妻子,宗族遂以灭亡,可不哀哉!兹就唐代京师与地方之兵制,分述如下。

疏 按:古者兵与农,共此民也。故无事则驱之为农而力稼穑,有事则调之为兵而任征战。唐府兵之制犹然,及府兵之法既坏,然后兵农始判而为二,不特农疲于养兵,而兵亦耻于为农。然则国力如之何而不敝于饷军也哉?

京师天子置禁军,分为南北衙兵。南衙之兵,则诸卫兵也;北衙之兵,则禁兵也。禁兵起于唐初。当高祖起义兵,平海内也,卒旅甚众,及其成功,皆遣还之;时有三万人,请留任宿卫之事,乃分渭北、白渠等之田与之,称元从禁军。其后老废不堪任事,则使其子弟代之,称"父子军"。贞观初,择善射者百人俾守北门,名曰"百骑",以从田猎。又置北衙七营,择有材力者,每月一营上番。十二年初,于玄武军门置左右屯营,名曰"飞骑",其征集之法:取户二等以上,长六尺者,试其武艺力量,以任之。复择马射为"百骑"。高祖龙朔二年,始采府兵,置越骑、步射左右羽林军。武后之时,改"百骑"为"千骑",睿宗又改为"万骑",分左右营。玄宗之时改为左右龙武军,万骑隶之,皆取唐之功臣子弟任焉。至德二年,置左右神武军,以扈从官之子弟补,不足则旁及他色。羽林、龙武、神武,总称北衙六军,兴元元年,各置军统一人。

贞元二年,复置神策军,后分为左右厢势,居北军之右,遂又为天子之禁军。二年九月,改神策左右厢势,为左右神策军①。肃宗以后置威武、长兴等军,然废置不常。惟羽林、神武、龙武、神策、神威之军最盛,总称左右十军。神威军,至德之时,择善骑射者于衙,前后分左右厢,称左右英武军。贞元二年,名殿前左右射生军,置大将军以下各职。四年又改为左右神威军,加将军二员。此后元和二年,去神武军。三年废左右神威军,合称天威军。八年废之,以其兵骑分隶左右神策军。初北衙禁兵十军,虽擅强于内,然其后方镇之兵盛,天子之禁军乃屈于方

① "左右神策军",原作"右左神策军",今据《文献通考》改。

镇之兵，而方镇之兵又屈于所部之兵。当时天子之禁军，皆由诸卫兵所选用也。

南衙之诸卫，则十六卫是也，皆征集府兵以任之。所谓十六卫者，已详见前节官制中，兹不赘述。地方兵制，初有府兵，中更彍骑，终乃变为方镇之兵，而唐遂不可为矣。兹详其因革如下。

唐高祖初起兵，开大将军府，以建成为左领大都督，领左三军；太宗为右领大都督，领右三军；元吉统中军。发自太原，有兵三万人。及诸起义以相属与降郡盗，得兵二十万。武德初，始置军府，以骠骑、车骑二将军统之。析关中为十二道，皆置府。三年更以道为军，军置将副各一人，以督耕战，以车骑府统之。六年以天下既定，遂废十二军，改骠骑曰统军，车骑曰别将。居岁余，十二军复，而军置将军一人。军有坊，置主一人，以检查户口，劝课农桑。

太宗贞观十年，更号统军为折冲都尉，别将为果毅都尉。诸府总曰折冲府。凡天下十道，置府六百三十四，皆有名号，而关内六百三十有一，皆以隶诸卫。凡府三等，兵千二百人为上，千人为中，八百人为下。府置折冲都尉一人，左、右果毅都尉各一人，长吏、兵曹、别将各一人，校尉六人。士以三百人为团，团有校尉；五十人为队，队有正；十八为火，火有长。凡民二十为兵，六十而免。其能骑而射者，为越骑，其余为步兵、武骑、排𥕐手、步射。其隶于卫也，左、右卫皆领六十府，诸卫领五十至四十，其余以隶东宫六率。凡发府兵，皆下符契，州刺史与折冲勘契，乃发。若全府发，折冲都尉以下皆行；不尽，则果毅行；少则别将行。当给马者，予其直市之，每匹予钱二万五千。此府兵之大略也。

疏 章氏曰："唐府多在关中，说者以为固本。汉置都尉亦此意。左右卫皆领兵六十府，诸卫领五十至四十，其余以隶东宫六率府，而折冲亦隶焉。太子管军，非古制也。唐府兵虽散在诸道，然折冲都尉并遥隶于诸卫，乃是内任官。汉都尉不隶于卫尉，乃是外任官，与唐异。然而领兵则太守与都尉、刺史与折冲同矣。唐以远近分番，皆以一月，恐太纷扰。汉以二岁更代为善。"

自高宗、武后时，天下久不用兵，府兵之法浸坏，番役更代，多不以时，卫士稍稍亡匿，至是益耗散，宿卫不能给。宰相张说乃请一切募士宿卫。岁一番，命尚书左丞萧嵩与州吏共选之。明年，更号曰彍骑。十二年，以彍骑分隶十二卫，总十二万为六番，每卫万人。自天宝以后，彍骑之法又稍变废，士皆失抚循。八载，折冲诸府，至无兵可交。其后徒有兵额、官吏，而戎器、驮马、锅幕、糗粮并废矣。故时府人目番上宿卫者曰侍官，言侍卫天子。至卫佐悉以假人为童奴，京师人耻之，至相骂辱，必曰侍官。而六军卫，皆市人，富者贩绘彩，食粱肉，壮者为角觝、拔河、翘木、扛铁之戏，及禄山反，皆不能受甲矣。

疏 角觝，两两相当角力，技艺射御，故名角觝，亦作角抵。如《汉书》：元封三年，作角抵戏是也。隋时都邑百姓，每至正月十五日，戴兽面，男为女服以为戏，亦名角抵戏也。

《唐封演闻见录》（拔河古谓之牵钩，襄汉风俗，常以正月望日为之。相传楚将伐吴，以此教战。古用篾缆，今民则用大麻絙，长四五十丈，两头分系小索数百条，分二朋，两相齐挽，当大絙之中，立大旗为界，震鼓叫噪，使相牵引，以却者为胜，就者为输，名曰拔河。）唐景龙四年，清明日，幸梨园，命三品以上抛球拔河，仆射韦巨源、少师唐休璟，竟以衰老踣地，久不能兴。今学校中运动有拉绳之戏，即古拔河遗制。

方镇之兵，为节度使所掌，其原皆起于边将之屯防者。唐初兵之戍边者，大曰军，小曰守捉，曰城，曰镇，而总之曰道，道有将，大将一人，曰大总管，已而更曰大都督。高宗永徽后，都督带使持节者,始谓之节度使,然犹未以名官。景云二年,以贺拔延嗣为凉州都督,督河西节度。自此而后,接乎开元,朔方、陇右、河东、河西诸镇,皆置节度使。及范阳节度使安禄山反,犯京师,天子之兵弱,不能抗,遂陷两京。肃宗起灵武,而诸镇之兵共起诛贼。其后禄山子庆绪,及史思明父子继起,中原大乱,肃宗命李光弼等讨之,号"九节度之师"。久之,大盗既灭,而武夫战卒,以功起行阵,列为王侯者,皆除节度使。由是方镇相望于内地,大者连州十余,小者犹兼三四。故兵强则逐帅,帅强则叛上。或父死子握其兵,而不肯代;或取舍由于士卒,往往自择将吏,号为"留后",以邀命于朝。天子顾力不能制,则忍耻含垢,因而抚之。姑息愈甚,则兵将愈骄。由是号令自出,虏其将帅,并其土地,天子熟视,不知所为,反为和解之,莫肯听命。始为朝廷患者,号"河朔三镇"。其后则大镇迭起,互相雄长。南则吴、浙、荆、湖、闽、广,西则齐、蜀,北则燕、晋,而梁据其中,自国门以外,皆分裂于方镇矣。

以上京师及地方兵制外,开元之际,秦、成、岷、渭、河、兰六州,有高丽之羌兵。黎、雅、邛①、翼、茂五州,有镇防团结兵。守镇戍之兵,称防人。

凡大将军出征时,皆告于庙,且授斧钺。既谒庙,则不反宿于家,直临军中。其临军士卒不用命者,责罚一随其意。军得捷,则大会卒伍,书其勋劳。费用、捕虏、折馘之数以闻,乃告太庙。将军凯旋之日,天子遣使郊劳,有司献捷于太庙。

烽候之制,每所相去三十里。若山川间阻,则不限于三十里。其在边境者,筑城以置之。每烽置帅一人,副一人。举烽者分一炬、二炬、三炬、四炬,视敌之多寡区别之。

第五节　法典编纂制度

唐时法典有四,律、令、格、式是也。令者,尊卑贵贱之等数,国家之制度也。格者,百官有司之所常行之事也。式者,其所常守之法也。其有所违及人之为恶而入于罪戾者,则一断以律。高祖入关,除隋苛政,约法十二条,唯制杀人、劫盗、背军叛逆者死,余悉蠲之。武德二年,颁新格五十三条,惟吏受赃、诈冒盗府库物,赦不原。凡断屠日及正月、五月、九月不行刑。至武德七年,裴寂、萧瑀等撰《武德律》十二卷,《式》十四卷,《令》三十一卷。太宗贞观十一年,长孙无忌、房玄龄等撰律、令、格、式。《律》十二卷,《令》二十七卷,《格》十八卷,《留司格》一卷,《式》三十三卷。律凡五百条,令一千五百四十六条,格七百条。以尚书诸曹为目,其常务留本司者曰"留司格"。高宗永徽二年,又撰律、令、格、式。《律》十二卷,《式》十四卷,《式本》四卷,《令》三十卷,《散颁天下格》七卷,《留本司行格》十八卷,长孙无忌、李勣等奉敕所撰也。以曹司常务为"行格";以天下所共,为"散颁格"。永徽四年十一月,长孙无忌等又撰《律疏》,而律之为书,十有二篇,一曰《名例》,二曰《卫禁》,三曰《职制》,四曰《户婚》,五曰《厩库》,六曰《擅兴》,七曰《贼盗》,八曰《斗讼》,九曰《诈伪》,十曰《杂律》,十一曰《捕亡》,十二曰《断狱》。嗣是以来,法典之编纂者,继踵不绝,而篇目繁多,不可胜纪。数经丧乱,散佚略尽,今所存者,仅《唐律疏义》及《六典》耳。

《六典》为李林甫等所撰,起草于开元十年,成于二十六年,中经多数学者之研究,而历十六年

① "邛",原作"押",今据《唐六典》改。

之岁月，其当时编纂《六典》者之苦心孤诣，可想见矣。初玄宗开元十年，诏书院撰《六典》，上手写白麻纸凡六条，曰理、教、礼、政、刑、事典，令以类相从。张说以其事委徐坚。沉吟岁余，谓人曰："坚承乏，已曾七度修书，有凭准，皆似不难；惟《六典》，历年措思，未知所从。"说又令学士毋煚[①]等检前史职官，以今式分入六司，以今朝《六典》象《周礼》六官之制，然用功艰难，绵历数载。其后张九龄委陆善经[②]，李林甫委苑咸，至二十六年始奏上，百僚陈贺，为有唐法典之巨观焉。

第六节　刑　　制

唐代刑制，号称完整，后世言刑律者，类取则焉。兹分述其略如下。

(一) 刑名。唐代刑名规定于《唐律疏义·名例》中，其数有五：一曰笞，笞之为言，耻也；凡过之小者，捶挞以耻之。二曰杖，杖者，持也；可持以击也。三曰徒，徒者，奴也，盖奴辱之；于罪隶，任之以事，置之圜土而教之。四曰流，谓不忍刑杀，宥之于远也。五曰死，乃古大辟之刑也。笞刑分五等：一十，二十，三十，四十，五十。杖刑分五等：六十，七十，八十，九十，一百。此二种皆身体刑也。徒刑分五等：一年，年半，二年，二年半，三年。流刑分三等：二千里，二千五百里，三千里。此二种皆自由刑也。死刑二，绞、斩是也。

(二) 刑之适用。唐代刑法不取科刑平等主义，故刑因人而异，即贵贱、长幼、夫妻、主从、僧俗、良贱之区别，皆视为刑罚加减轻重之要件。兹就殴打杀伤罪例，证之如下。

杀其师者，加凡人二等，僧道师又加一等，师主杀其弟子者徒三年。

殴伤人者，笞四十。

夫殴伤妻，减凡人二等，妻殴伤妾亦如之，妾殴妻子以凡人论，妻殴妾子减二等。

殴制使、府主、刺史、县令及五品以上之官长者徒三年，奴婢殴主者绞，殴主之期亲及外祖父母者绞，殴旧主者流二千里。

妻殴夫徒一年，殴夫之祖父母、父母者绞，殴夫之弟妹加凡人一等。

殴祖父母、父母者斩，殴兄姊徒二年半，伯叔父母、姑、外祖父母各加一等。此外尚有十恶、八议，为适用刑法之例外，兹分举之如下。

(甲) 十恶。凡犯十恶之罪者，无论如何恩典，不能减免其罪，乃罪名之最重者。

一曰谋反。谋危社稷。

二曰谋大逆。谋毁宗庙、山陵及宫[③]阙。

三曰谋叛。谋背国从伪之类。

四曰恶逆。殴及谋杀祖父母、父母，又杀伯叔父母、姑、兄姊、外祖父母与夫之祖父母、父母。

五曰不道。杀一家无死罪者三人，及支解人身，造畜蛊毒。

六曰大不敬。盗大祀神御之物、乘舆服御之物；又盗御宝及伪造；误和御药；作御膳，误犯食禁；误供御幸，以不坚固之舟；指斥乘舆，而失人臣之礼。

① "毋煚"，原作"母婴"，今据《新唐书》改。

② "经"，原阙漏，今据《新唐书》增之。

③ "宫"，原作"官"，今据《唐律疏议》改。

七曰不孝。诅骂祖父母、父母及与祖父母、父母分籍、异财，缺供养；居父母丧，身自嫁娶，释服从吉；闻祖父母、父母之丧，匿不举哀，或诈称祖父母、父母死亡。

八曰不睦。谋杀或卖[①]缌麻以上之亲，殴告夫及大功以上尊长、小功尊属。

九曰不义。杀本属之府主、刺史、县令、受业师，吏、卒杀本部五品以上之官长；妻闻夫丧，匿不举哀，或为乐释服从吉及改嫁。

十曰内乱。奸小功以上之亲及父祖之妾。

(乙) 八议。凡八议之犯死罪者皆条录其所犯，上奏，待裁可；流罪以下，则当然减本罪一等，但犯十恶之罪者不在此限。

一曰议亲。皇帝之亲及太皇太后、皇太后缌麻以上之亲，皇后小功以上之亲。

二曰议故。故旧。

三曰议贤。有大德行者。

四曰议能。有大才业者。

五曰议功。有大功勋者。

六曰议贵。职事官三品以上，散官二品以上及爵一品者。

七曰议勤。有大勤劳者。

八曰议宾。承先代之后为国宾者。

八议之制，已失科刑平等之意，而当时官吏犯罪者，得以官当罪，尤非持平之道也。凡官吏犯私[②]罪应处徒刑者，五品以上，以一官当徒二年；九品以上，以官当徒一年。若犯公[③]罪，则各加一年。罪不至去官，或去官尚有余罪者均许赎。

此外，对于自首者亦减其罪，条举如次：

(1) 犯罪未发觉自首者，原其罪因，犯轻罪而自首重罪者，免其重罪。

(2) 遣人代首，或于法相容隐者为之代首，均与自首同。

(3) 自首不实及不尽者，以不实不尽之罪罪之，至死者减一等。

(4) 知人欲告发及亡、叛而自首者，减罪二等；其亡叛者，虽不自首，而还归本所者，亦同。

(5) 盗、诈取人之财物后，首露于财主者，与自首同。

(6) 犯罪共逃，轻罪能捕重罪自首者，免其罪。

至于加减例，二死(绞、斩)、三流(三千里、二千五百里、二千里)，各为一等；徒以下各为一等；凡加重不得加至死刑。

(三) 刑之执行。唐代刑之执行，在大理寺之大理狱，其官为卿、正、丞，掌执问罪人，定其罪之有无，送于刑部。杖刑以下，有即决权。徒刑以上，则招唤囚人与家族，告以罪状。若其罪有可疑之时，许为再理。其讯问罪人之法：为使罪人自白，设讯问，杖大头径三分二厘，小头二分二厘，长三尺五寸，二十日一讯，三讯而止，每讯杖数不得过二百，凡囚皆加枷锁、扭钳等。盖其立法之意，不专重证据，而重口供，故不得不依刑讯之法。至据供词之能得其情与否，则又为

① "谋杀或卖"，原作"杀或谋卖"，今据《唐律疏议》改。

② "私"，原作"公"，今据《唐律疏议》改。

③ "公"，原作"私"，今据《唐律疏议》改。

司法者贤明与否之问题，而非当时立法者之所计及也。

疏 唐代刑制，号称完整，后世言刑罚者，类取则焉。惟用刑讯之法，专重口供，不重证据，此实缺点，不足为今世法。夫依刑讯，则必以口供为犯罪之证据，遇有隐情而不肯自白者将如何？遇有自白而白非真实者将如何？遇有今日之口供与明日之口供不同者将如何？且犯罪之证据，既重口供，则真正之证据，每因境变时迁而至于埋灭，斯时也，又将如何乎？遇有此等情形，依唐法意，则别无救济之方，惟有笞之杖之，或加之以枷锁，成禁之以扭钳。是与现代立法精神更相背谬矣。

死刑皆于市行之。凡执行死刑者，在京师复奏五次，京外复奏三次，以照慎重人命之意。五品以上当死者，则乘车赴刑场，大理正临之；苟非恶逆，许自杀于家。七品以上及皇族或妇人刑不当斩者，皆于隐所绞之。执行死刑之日，京师天子蔬食，内教坊、太常皆彻乐。行刑时期，多为秋冬。立春以后，秋分以前，不得决事，但恶逆及奴婢杀部曲之主者①不在此限。

其他刑之执行，如役则男子供蔬圃，女子供厨膳；流则如配置于其当流之地，流罪犯人在道疾病，又祖父母、父母之丧皆给假。

监狱内五品以上者，月沐一次，暑与浆饮，但禁给纸笔、金刃、钱物，病则给医药，病重者脱其械，准其家人一人入侍。职事散官三品以上，则准二人入侍。刑部每岁正月遣使巡检，视狱囚之械具、口粮，是否适当。

（四）刑之消灭。刑之消灭有二：一为当然消灭，如执行终了，及犯罪者死亡之时是也。二为特别消灭，犯罪者除十恶外，遇特赦、大赦，则宥免其罪是也。行大赦之日，武库令设鼓于宫城门外右侧，集囚于阙前，击鼓千声后，宣制而释之，并颁赦书于四方以为例。

（五）犯罪。犯罪有公私之分。关于公事，非故意违法犯罪者，谓之公犯。私罪者，关于私自犯罪及官吏故意枉法之类。公罪较私罪为轻，盖私罪有恶意，而公罪无恶意故也。

共犯以造意者为首，随从者为从。随从者，减一等。若家人共同犯罪，只坐尊长。盖当时法制以家族为本位，尊长权力最重，幼卑奉命惟谨，不能自由行其意志，故虽随同尊长犯罪，而不必有犯意也。

凡数罪俱发者，但科以重罪之刑；罪相等者，从一而断。若一罪先发，已经论决，而余罪后发时，其较轻或相等者不论；重者更论之，通计前罪以当后数。

第七节　学　制

隋文帝仁寿元年，诏：以天下学校生徒多而不精，惟简留国子学生七十人，太学、四门及州县学并废。前殿内将军河间刘炫上表切谏，不听。又改国子为太学。当时国子数千，则所散遣者逾数千万人，殊骇观听。史臣以为其暮年精华稍竭之所致也。

炀帝即位后，开庠序，国子、郡县之学，盛于开皇之初。征辟儒生，远近毕至。于时旧儒多已凋亡，惟信都刘士元、河间刘光伯，拔萃出类，学通南北，博及古今，后生钻仰。诸经义疏，搢绅咸宗师之。既而外事四夷，戎马不息，师徒怠散，盗贼群起，方领矩步之从，亦转死沟壑，经籍

① 依《唐律疏议》规定，为"若犯恶逆以上及奴婢、部曲杀主者"。

湮没于煨烬矣。

疏 刘焯,字士元,信都人,聪敏沉深,以儒学名,所著有《稽极》、《历书》、《五经述义》等。刘炫,字光伯,河间人,少以聪敏称,与士元闭户读书,十年不出,时人称二刘。炫眸子精明,视日不眩,强记默识,莫与为俦,后竟冻饿而死者,亦其命也欤!

唐制:凡学六,皆隶于国子监。六学者,国子学、太学、四门学、律学、书学、算学是也。又加广文馆,称七学。又有弘文、崇文二馆。此外,尚有崇玄学、医学、小学,地方则有州县学。

六学生员之数,计国子学,生三百人;太学,生五百人;四门学,生千三百人;书学,生三十人;律学,生五十人;算学,生三十人。凡学,生在学者,各以长幼为序。其入学之际,皆行束修之礼。国子、太学各绢三匹,四门学绢二匹,律、算、书学各绢一匹。其束修三分归博士,一分归助教。其不遵师教,令退学,在学九年而无成者亦同(律学六年)。

六学生每岁业成而上于监者,则丞司业、祭酒试之。登第者,由祭酒上于礼部尚书。兹略述六学之制如次。

(一)国子学。得为国子学生者,以文武三品以上之子孙,从二品以上之曾孙为限。教授学生者有博士五人,分业各经。凡《礼记》、《春秋左氏》传为大经,《诗》、《周礼》、《仪礼》为中经,《易》、《尚书》、《春秋公羊》、《谷梁》为小经。始通二经者,大经、小经各一,或中经二。通三经者,大经、中经、小经各一。通五经者,大经皆通,余经各一。《孝经》、《论语》皆兼通之。凡治《孝经》、《论语》,共限一岁;《尚书》、《公羊》、《谷梁》,各一岁半;《易》、《诗》、《周礼》、《仪礼》,各二岁;《礼记》、《左氏传》,各三岁。学书,日纸一幅,间习时务策,读《国语》、《说文》、《字林》、《三苍》、《尔雅》。每旬前一日试其所习。每岁其生能通二经以上,而求出仕者,则上于监。学生正业之外,更习吉凶二礼。公私有事,则相与习其仪。博士外有助教五人,辅助博士分经教授。直讲四人,均辅助博士助教,以经术讲授焉。

疏 〔三仓〕汉初字书,有《仓颉篇》、《爰历篇》、《博学篇》三种。其后《爰历》、《博学》两篇,与《仓颉篇》合并,仍称为《仓颉篇》,又称"三仓"。又魏晋以后字书,以《仓颉篇》为上卷,杨雄之《训纂篇》为中卷,贾鲂之《滂喜篇》为下卷,亦称"三仓"。

(二)太学。以文武官五品以上及郡县公子孙、从三品曾孙为生员。博士分授五经,每经百人。其他俱如国子,设博士六人,助教六人。

(三)四门学。生员千三百人之中,五百人以勋官三品以上无封,四品以上有封,及文武七品以上之子充之;八百人以庶人之俊异者充之。开元七年,敕通一经有文辞史学者入四门学,使为俊士。其他规定与国子同。四门始于后魏太和二十年。隋隶国子,有博士六人,助教六人,直讲四人。

(四)书学。以文武官八品以下之子及庶人之通其学者为生员。以《石经》、《说文》、《字林》为专业。《石经三体》,限三岁;《说文》二岁;《字林》一岁。凡书学先口试,后试《说文》、《字林》二十条,通十八条者及第。有博士二人,助教一人。武德之初废书学,贞观二年复置之。隋时有书学博士一人。

(五)律学。得为生者如书学,以律令为专业,格、式、法、例亦兼习之。凡明法者,试律七条,例三条,全通为甲第,通八为乙第。太宗增律学进士,使加读经史一部。有博士三人,助教一人。

(六)算学。生员如前。凡算学,《孙子》、《五曹》共限一岁,《九章》、《海岛》共三岁,《张邱建》、《夏侯阳》各一岁，《周髀》、《五经算》共一岁，《缀术》四岁，《缉古》三岁，《记遗》、《三等数》皆兼习之。录大义本条为问答，明数、详术理者，而后及第。有博士二人，助教一人。

疏 《九章算术》乃最古之算法，亦称《九数》。昔黄帝命隶首作九数，一曰方田，二曰粟米，三曰差分，四曰少广，五曰商功，六曰均输，七曰方程，八曰赢不足，九曰勾股。（见《周官义疏》）

《孙子》，古算书，凡三卷，不著撰人名氏，疑魏人所述。

《海岛》，算经名，晋刘徽撰，唐李淳风注，一卷，皆测望之术。

《张邱建算经》，书名，旧本题张邱建撰，不著时代，序中引及夏侯阳，则犹在阳后也。

《夏侯阳算经》，书名，旧本题夏侯阳撰，当为北周以前人，唐时选举明算科，列此书为算经十书之一。（见《唐书·选举志》）

《周髀》：古算术之一。盖古言天体者凡三家，一曰周髀，二曰宣夜，三曰浑天。（见《尚书集传》）

《五曹算经》，古算书。《唐书·艺文志》：有甄鸾《五曹算经》五卷，又韩延《五曹算经》一卷。今所传本亦五卷，不著撰人名氏，未知为何人所作。

《五经算术》，古算书，北周甄鸾撰，唐李淳风注。

《缀术》：古天算之法。（《梦溪笔谈》）求星辰之行，步晦朔消长，谓之"缀术"。谓不可以形察，但以算术缀之而已。

《缉古》，书名，唐王孝通撰，分为二十术，大旨以九章之商工篇为主。其书不以深浅为次第，故读者或不能骤通。其以三年为学习期限者，盖本非视为浅近易学者矣。凡一卷。

（七）广文馆。天宝九年七月所置，有博士四人，助教二人，学生六十人。

太宗贞观五年以后，数幸国学。于门下别置宏文馆，于东宫置崇文馆，增创学舍。国学、太学、四门，亦增生员。其书、算各置博士。其屯营飞骑亦给博士，授以经业。高丽、百济、新罗、高昌、吐蕃诸国酋长，亦遣子弟，请入国学。于是国学之内，八千余人。而国学之盛，近古未有。

疏 上于弘文殿聚四部书二十余万卷，置弘文馆于殿侧，精选天下文学之士虞世南、褚亮、姚思廉、欧阳洵、蔡允恭、萧德言等，以本官兼学士，令更日宿直，听朝之隙，引入内殿，讲论前言往行，商榷政事，或至夜分乃罢。又取三品以上子孙充弘文馆学生。

以上七学二馆外，有小学，始于高祖之时，所以教宗室之子孙，及功臣之子弟者。崇玄学，开元二十九年所置，使业老、庄、列诸子之学，其生员京师百人，州无常员，其他规定与太学、国子学等无异。医学则于太医局置博士一人。贞观三年，置医药博士及学生。开元元年，改医药博士，为医学博士，并置助教。永泰元年，京都置医学生三十人。贞观三年九月，于诸州置医学。其后都督府、上中州各置助教，都督、上州置生员三十人，下州十人。

州县学，即地方学也。各州府县置经学博士、助教、医学博士、助教等。京都学生八十，大都督府、中都督府、上州各六十，下都督府、中州各五十，下州四十，京县五十，上县四十，中县、中下县各三十五，下县二十。州县学生，州县长官补，长史主焉。每岁仲冬，州县馆监举其成者，送之尚书省。武德七年，诏诸州县及乡并令置学，有明一经以上者，有司试册加阶。

玄宗开元二十一年，敕："诸州县学生精神聪悟，有文词史学者，每年诠量，举送所司简试，听入四门学，充俊士。即诸州人省试不第，情愿入学者听。国子监所管学生，尚书省补；州县学生，州县长官补。诸州县学生，习正业之外，仍兼习吉凶礼，公私有礼事处，令示仪式，余皆不得辄使。诸百姓任立私学，其欲寄州县受业者亦听。"

第八节 救恤制度

隋以后为国家救恤制度之主要者,常平仓是也。至地方团体所经营者,则有义仓、社仓。义仓者,各私人按其贫富之等差,以每年一定收入之一部,蓄积于一定之场所,备他日凶荒之方法也。其蓄积之仓,称曰义仓,示与众共之也。故义仓为地方团体之事业,国家仅居于监督地位耳。创始于隋文帝开皇五年,当时每秋每家因贫富之差,出粟麦一石以下,而纳于社,使社司处理事务,由是每社立义仓,按收获而收其一部焉。

疏 按隋文帝开皇三年,卫州置黎阳仓,陕州置常平仓,华州置广通仓,转相灌注。漕关东及汾、晋之粟,以给京师,置常平监。五年,工部尚书长孙平奏:"古者,三年耕而余一年之积,九年作而有三年之储,虽水旱为灾,人无菜色,皆由劝导有方,蓄积先备。请令诸州百姓及军人劝课当社,共立义仓。收获之日,随其所得,劝课出粟及麦,于当社造仓窖贮之,即委社司执帐检校,每年收积,勿使损败。若时或不熟,当社有饥馑者,即以此谷赈给。"自是诸州储峙委积。至十五年,以义仓贮在人间,多有费损者。

社仓与义仓无异,惟因设社特名为社仓,实则社仓亦义仓之一也。隋开皇十六年,秦、叠等州置社仓。炀帝时国用浩繁,国库穷乏,取社仓之谷以供用。至唐武德之初,州县置义仓,凶年则开仓以赈救之。贞观中,更扩其范围,上自王公,皆以秋获蓄其一部,立义仓,岁凶则出之以济穷民。自是以来,义仓之设日夥。又有变义仓为常平仓者。天宝中,天下义仓之米六千三百万石,常平仓之米四百六十万石。

常平仓亦因袭汉以来之遗制也。隋开皇三年,置于陕州。京师特设常平监,处理常平仓之事务。唐仍之。武德初,置常平监,然未几辄废。贞观十三年,洛、相、幽、徐诸州置常平仓,粟藏九年分,米藏五年分,湿地粟藏五年分,米三年分。永徽六年,京之东、西二司,置常平仓,设常平司官。开元中,关内、陇右、河北、河南五道,其他荆、扬诸州设常平仓。广德以后,有特以钱备常平仓者,有以某税入常平仓供救恤事业费用者。以钱货贮蓄者,称常平本钱。常平本钱,元宗时由客户征集,德宗则征自茶漆,宪宗则征自地税。

德宗时置常平官,兼储布帛,于两都、江陵、成都、扬、汴、苏、洪置常平轻重本钱,上至百万缗,下至十万,积米、粟、布、帛、丝、麻,贵则下价而出,贱则加估而收,并榷商价钱,以赡常平本钱。盖欲调节物价,以杜奸商垄断也。

义仓与常平仓不同者,一为地方团体,自任救恤事业,出平素所蓄,以供费用;一则系国家之事业,举其所蓄,贷与人民,或减价卖之,如元和六年岁凶,贷与常平仓之粟四万石于百姓,长庆中,粜粟惠贫民是也。

第九节 交通制度

第一款 道路

唐时道路恒植果树之类,而尤以槐柳为多。开元中,令京师修筑街衢坊市,禁于道路设窑炼瓦,及穿坑取土之事。广德元年,诸军府营,道路狭隘者开之,以便交通,又命官司修葺街路桥梁。

贞元中，京内庄宅诸卫坊墙有破坏者，取两税钱雇工修之。此唐时道路之概略也。

第二款　关

关者，界中外当通衢设险以为固者也。开元中，有关二十六所，分为上、中、下三等。上关六，置令一人，丞一人。中关十三所，置吏与上关同。余皆下关，置令一人。凡过关者须有过所。过所者，执照也，由京省地方官发给。无过所度关者，谓之私度。迂道不由关度者，谓之越度。私度及伪名受过所或转与他人者，皆加以罪焉。

第三款　驿

驿者，递公文事件之所也。每驿隔三十里，而道路梗阻之处，常不限三十里。驿长一人，掌理驿务。驿马则因事务之繁简而差，马之数异焉。都亭凡七十五匹，诸道一等驿六十匹，二等驿四十五匹，三等驿三十匹，四等驿十八匹，五等驿十二匹，六等驿八匹。凡驿传以券为质，京师自门下省，地方自诸州军发之。得其券，然后可行。日程凡十驿，然如颁行赦书及一切至急事件，则有五百里加紧之规定。当时陆驿凡千二百九十七，兼水陆者凡八十六云。

第四款　水驿

水驿凡二百六十所。通要之处，每驿备舟四只，其次三只，再次二只。每舟船夫三人。水程：重舟泝河，日三十里，江日四十里；空舟泝河四十里，江五十里；其行顺水者轻重无别，日程河五十里，江百余里。通过水驿，亦须过所。每津置都尉管理舟梁，其官职：上津尉一人，府一人，史二人，津长四人；下津尉一人，府一人，史二人、津长二人。

第五款　漕运

唐都长安，仰粟关中，然以土地所出不足以给京师，故常转运东南之粟，以供天府，此漕运之所由起也。初，隋于蒲、陕等十三州，置募运米丁；于卫州置黎阳仓，陕州置常平仓，华州置广通仓，以关东、汾、晋之粟，给京师。至唐，水陆漕运，岁不过二十万石，漕①运颇简。高宗以后渐次增加。初，江淮之漕米，至东郡输含嘉仓，更由陆运分输各处。景云中，分北路八递，雇民车牛装载之。开元中，八递备车八百乘，供运输之用。当时江南之漕②运至东郡，输含嘉仓，更由陆运至陕郡太原仓，次永丰仓，至京太仓终焉。八递场则由含嘉仓至太原仓之间也。天宝中，每岁漕运二百五十万石，每递用车千八百乘。掌漕运者谓之水运使，一称水陆运使及转运使。

① “漕”，原作“糟”，据上下文改。
② “漕”，原作“遭”，据上下文改。

第四章　宋代之法制

第一节　经济制度

第一款　田制

自李唐中叶之乱，藩镇擅强，干戈相寻，海内纷扰，迄少宁息。五代承之，祸变益烈。虽唐明宗、周世宗，粗有志于爱民重农，而戎马倥偬，重未暇及也。爰及赵宋，土田经制，始有可言者。兹略述如次。

（一）垦田。所有权属于私人，占当时私田中之大部分。盖宋时人口渐增，田园渐辟，而土地私有制度亦渐确定，故垦田之数，亦日增焉。乾德四年，奖励人民开垦荒田。至道中，募民耕旷土，使为永业，免三岁之租，三年后分征三分之一。自是以来，募民垦荒之事，层见迭出。神宗元丰之际，天下垦田凡四百六十一万二千余顷。

疏　按：开宝末，天下垦田二百九十五万三千三百二十顷六十亩；至道二年垦田三百一十二万五千二百五十一顷二十五亩；天禧五年垦田五百二十四万七千五百八十四顷三十二亩。

（二）职田。起于真宗，当时令检校先代故事，申定职田之制，以官庄及远年逃亡者充之。悉免租税，佃户则以浮客充之。受田至多者四十顷，少者或至七顷。其后庆历及熙宁中，复一再修省。兹略记如下。

真宗咸平之规定：两京、大藩府四十顷，次藩三十五顷，防御、团练州六十顷，中、上州刺史二十顷，下州及军、监十五顷，边远小州、上县十顷，中县八顷，下县七顷，转运使、副十顷。仁宗庆历三年之制：大藩府长吏二十顷，通判八顷，判官五顷，余皆四顷；节镇十五顷，防、团以下州军十顷，小军、监七顷；县令万户以上六顷，五千户以上二顷九十亩，不满五千户者二顷。神宗熙宁中，复诏详定之。建炎元年，国用不足，停给职田。旋复给焉。

（三）方田。初，端拱二年，令置方田。平咸六年，置方田于边境，凿河以防胡骑。其后明道二年，为防契丹，又开方田，四面穿沟，才通步兵。熙宁五年，重修方田法，由京师及天下，以东西南北各千步，当四十一顷六十六亩一百六十步，而为一方。岁九月，县委令、佐分地计量，随陂原平泽而定地，因赤淤黑垆而辨色。方量毕，以地及色参定肥瘠，分五等以定税则。

第二款　税制

（一）公田税。即官田、庄田、屯田、营田之税也。俾民耘耕而征其税。

（二）民田税。由人民所有地所课之税也。

（三）城郭税。即宅税、地税之类。

（四）丁口税。即人头税也。

宋时田租征课之法，略如唐两税制，夏秋二季征收之。太祖显德三年，令夏税自七月朔起，秋税自十月朔起征之，后遂为定制。其税率虽不详，大抵三十而税一二云。

（五）商业税。太祖建隆元年，诏“所在不得苛留行旅，赍装非有货币当算者，无得发箧搜索”，又诏“榜商税则例于务门，无得擅改更增损及创收。”淳化三年，令诸州县有税，以端拱元年至淳化元年收到课利最多钱数立为祖额，比较科罚，盖商税额比较自此始。熙宁三年九月，中书札子言：“自来场务课利增亏，并自本州保明三司，立定新额，始牒转运司令本处趁办，往复动经年岁，虚有留滞，莫若令本州自此立定祖额比较。”有旨从之，而本州比较自此始，商税轻重皆出官吏之意，有增而无减矣。

疏 按：宋初天下商税，惟四蜀独重，然四蜀所纳皆铁钱，十才及铜钱之一，则数目虽多，而所取亦未为甚重。而熙宁十年以后，再定之额，他郡皆增于前，而四蜀独减于旧，岂亦以元额偏重之故欤？

当时凡布帛、什器、香药、宝货、羊彘，民间典卖庄田、店宅、马牛、驴骡、橐驼，及商人贩茶盐，皆算，有敢藏匿物货，为官司所捕获，没其三分之一，以其半畀捕者。贩鬻而不由官路者罪之。有官须者十取其一，谓之抽税。自唐室藩镇多便宜从事，擅其征利，其后诸国割据，掊聚财货以自赡，故征算尤繁。爰及有宋，每克复疆土，必下诏蠲者。凡州县皆置务，关镇或有焉，大则专置官监临，小则令、佐兼领，诸州仍令都监、监押同掌之。行者赍货，谓之过税，每千钱算二十；居者市鬻，谓之住税，每千钱算三十。

（六）酒税。宋制，京师官造麹，听民纳直。诸州城内皆置务酿之，县、镇、乡、闾或许民酿而定其岁课。陈、滑、蔡、颍等处，旧皆不禁。太平兴国初，京西转运使程能请榷之，乃置官吏局署，取民租米麦给酿，以官钱市樵薪，及吏工俸料。岁计获利无几，而主吏规其盈羡，及酝齐不良，酒多漓坏，至课民婚葬，量户大小令酤，民甚苦之。

汉初，犯私麹者并弃市，周祖始令至五斤死。建隆二年四月，以周法太峻，令民犯私麹者至十五斤，以私酒入城至三斗者，始处极典；私市酒、麹者，减造者罪之半。三年三月，再下酒、麹之禁，凡私造，差定其罪：城郭二十斤，乡闾三十斤，弃市；民敢持私酒入京城五十里，西京及诸州城二十里者，至五斗死；所定里数外，有官署酤酒而私酒入其地一石，弃市。乾德四年，诏比建隆之禁第减之；凡至城郭五十斤以上，乡闾一百斤以上，私酒入禁地二石三石以上，至有官署处四石五石以上者，乃死。法益轻而犯者鲜矣。

（七）茶税。当时茶为官之专卖。初，乾德二年八月，置榷货务于京师，及建安、汉阳、蕲口。宋制，榷货务六，场十三。山场之制，领园户，受其租，余悉官市之。又别有民户折税课者，其出鬻皆在本场。诸州所买茶，折税受租同山场，悉送六榷务鬻之。时天下茶皆禁，惟川、陕听民自卖，不得出境。

凡收茶之法，园户，岁课作茶输其租，余则官悉市之。其售于官者，皆先受钱而后入茶，谓之本钱。百姓岁输税，愿折茶者，亦折为茶，谓之折税。

疏 按：宋制，凡榷货务六，曰江陵府、真州、汉阳军、无为军、蕲州之蕲口。又有场十三：蕲州曰王祺、石桥、洗马（又有黄梅场，景德一年废），黄州曰麻城，庐州曰王同，舒州曰太湖、罗源，寿州曰霍山、麻步、开顺口，光州曰商城、子安。

凡鬻茶之法，民鬻茶者皆售于官，其以给日用者谓之食茶，出境则给券。商贾之欲贸易者，入钱若金帛于京师榷货务，以射六务、十三场茶，给券随所射予之，谓之交引；愿就东南入钱若金帛者,计直予茶如京师。凡茶入官以轻估,其出以重估,县官之利甚博,而商贾转致于西北,以散于域外,其利又特厚。

太祖乾德二年,诏民茶折税外,悉官买,敢匿不送官及私贩鬻者,没入之,论罪;主吏私以官茶贸易,为官私擒捕者,皆死。太宗时,重定法,务轻减,至吏盗官茶贩鬻钱三贯以上,鲸面送阙下;茶园户辄毁败其丛树者,计所得茶,论如法,则当时茶禁之森严可想见矣。及天圣中,行贴射之法。凡江淮十三场之茶,使商人与园户自相交易,而官不复问之,但使商人纳税三十分之一,谓之贴射。至嘉祐行通商之法,而茶禁大弛。凡园户之种茶者,官收租钱,商贾之贩茶者,官收征算,而民间营业乃得自由矣。

疏 按《通考》,御史刘挚曾上言:"蜀地榷茶之害,园户有逃以免者。有投死以免者,欲伐茶则有禁,欲增植则加市,故其俗论谓地非生茶也,实生祸也。愿选使者考茶法之弊欺,以苏蜀民。"

(八) 盐税。宋时盐皆取官卖之制,其听民自煮收税者为例外。其中,或始为官产而后弛禁,或本为民有而收为官营者,不可胜计。当时东南盐利,视天下为最厚。盐之入官,淮南、福建斤为钱四,两浙杭、秀为钱六,温、台、明亦为钱四,广南为钱五。其出,视去盐道里远近而上下其估,利有至十倍者。绍兴末,盐税、盐榷收入二千一百万缗,可谓巨矣。

当时又新创盐钞之法,以实西边。其法:积盐于解池,积钱于在京榷货务,积钞于陕西沿边诸郡,商贾以物解至边入中,请钞以归。物解至边,有数倍之息,惟患无回货,故极利于得钞,径请盐于解池。旧制,通行解盐池甚宽。或请钱于京师,每钞六千二百,登时给与,但输头子等钱数十而已。以此,州县贸易炽盛,至为良法。崇宁间,蔡京始变盐法,俾商人先输钱请钞,赴产盐郡授盐,欲囊括四方之钱,尽入中都,以进献要宠,钞法遂废,商贾不通,边储失备。东南盐禁加密,犯法被罪者众,民间食盐杂以灰土,解池天产美利,乃与粪壤俱积矣。其后,法益弊,剥削益苛。商人已积卖钞,未授盐,复更钞,已更钞,盐未给,复贴输钱,凡三输,始获一直之货。民无资更钞,已输钱悉干没,数十万券,一夕废弃,朝为豪商,夕侪流丐,有赴水投缳而死者。盐法败坏,一至于此。孔子所谓苛政猛于虎者,亶其然与!

(九) 杂税。太祖开宝二年,始收民印契钱,令民典卖田宅输钱印契,税契限两月。神宗元丰时,令民有交易则官为之据,因收其息。高宗绍兴二年初,令诸州通判印卖田宅契纸,自今民间竞产而执出白契者,毋得行用。冬十一月,又诏:"诸路州县出卖户帖,令民间自行开具所管地宅田亩间架之数,而输其直。

(十) 税役。旧制:凡有课役,皆出于户民;郡国辇运官物,率以侨居人充。太祖建隆三年,始令不得占州县课役户,及诸州不得役道路居民为递夫差役;有不平者,许自纠举。太宗时,京西转运使程能上言:"诸州户供官役素无等第,望品定为九等,著于籍。以上四等量轻重给役,余五等免之,后有贫富,随所升降。"淳化五年,以天下诸县第一等之户为里正,第二等户为户长,使任力役。治平中,始令民出钱雇人代役,名雇役。出钱免役者,曰免役钱,因人役等第而高下之。

熙宁雇役之法,由当役户、坊郭户、官户、女户、单户、寺观,征收六色钱,出六色钱者免衙前以下诸役。元祐中,免役法,富者利而穷者重困。司马光乃请曰:"向者役人皆上等户为之,其下等、单丁、女户及品官、僧道,本来无役,今更使之一概输钱,则是赋敛愈重也。故自行免役法来,富者差得自宽,而穷者困穷日甚。又监司、守令之不仁,于雇役人之外,多取羡余,以希恩赏，此农民之所以重困也。莫若敕：应天下免役钱，一切并罢，其诸役人并依熙宁以前旧法，人数委本县令、佐亲自揭五等丁产簿定差。若正身自愿充役者，即令入役，不愿充役者，任便选雇自代，雇钱多少，私下商量。”从之。其后差役、雇役并行。又黄河沿岸住民，每岁令出夫修筑河岸，不役者出免夫钱。

疏 按：宋之所谓差役者，古法也。其弊也，差役不公，渔取无艺，故转而为雇。雇役，熙宁之法也。其弊也，庸钱自输，苦役如故，故转而为义。义役者，中兴以来，江浙诸郡民户自相与讲究之法也。其弊也，豪强专制，寡弱受凌，故复反而为差。盖以事体之便民者观之，雇便于差，义便于雇，至于义而复有弊，则无末如之何也已！

第三款　币制

宋之币制，已由货币时代进于信用时代，为吾国币制史上之一大进化，惟因昧于货币原理，操纵失宜，弊害百出，殊足惜耳。兹略述其制如后。

宋之硬货有铜铁二等。四川、湖广、福建皆用铁钱，与铜钱兼行。江南旧用铁钱，十当铜钱一。太祖初铸钱曰“宋元通宝”。凡诸州轻小恶钱及铁蜡钱，悉禁之，私铸者皆弃市。江南钱不得至江北。蜀平，听仍用铁钱。太平兴国后，又铸“太平通宝”钱。太宗亲书“淳化元宝”，作真、行、草三体。自后每改元必更铸，以年号元宝为文。

凡铸铜钱有四监：饶州曰永平，池州曰永丰，江州曰广宁，建州曰丰国。每千文用铜三斤十两，铅一斤八两，锡八两，成重五斤。至道中，岁铸八十万贯，景德中，至一百八十三万贯。大中祥符后，铜坑多不发，天禧末，铸一百五万贯。

疏 按：四监外，杭州有宝兴监，后并废之。又铁钱亦有三监：邛州有惠民，嘉州有丰远，兴州有济众（益州、雅州旧亦有监，后废）。

硬货外又有纸币，即交子之法，一称会子，是为后世代表货币之起源也。初，蜀民苦钱重，私造券，名“交子”，以供交换之用。天圣元年十一月，官置交子务，禁用民所造者，于是开交子务，每界以一百二十五万六千三百四十为额。大观元年，改交子为钱引，因改交子务为钱引务，至南宋多用之。绍兴元年，始置见钱关子，行于淮南、江东。六年，诏置“行在交子务”，作百五十万缗。嗣以交子官无本钱，民难征信，乃罢交子务，令榷货务准备见钱印造关子。

三十年，临安府以应支官之钱作会子，蓄见钱发行会子凡二千万。三十一年置会子务。翌年十二月，诏定伪造会子之罚，犯人处斩，赏钱一千贯，如不愿支赏，与补进义校尉。若徒中及窝藏之家，能自告首，特与免罪，亦支上件赏钱，或愿补者听。所造会子监官分押，每一万道解赴户部覆印。当时会纸取于徽、池州，续造于成都府。会子初止行于两浙，后又诏通行于淮、浙、湖北、京西。除亭户盐本并用见钱外，其不通水路去处上供等钱，许尽用会子解发。其沿流州军，钱、会中①半。民间典卖田宅、牛畜、车船等如之，或全用会子者听。

当交子、会子之初发行也，皆有准备金，以充兑换；且常发内库及南库之银收回，以救其敝。故金纸之价格，尚能保其平衡，而通行无阻。及其敝也，官以楮为利，肆意滥发。凡粜本以楮，盐本以楮，百官之俸给以楮，军士支犒亦以楮，州县支吾，无一而非楮，铜钱以罕见为宝，前日储

① “中”，原作“子”，今据《文献通考》改。

积之本，皆绝口而不言矣。于是物价翔腾，楮价损折，民生憔悴，战士常有不饱之忧，州县小吏无以养廉为叹，皆楮之弊也。楮弊而钱亦弊。始也以钱重而制楮，楮实为便；终也钱乏而制楮，楮实为病。且伪造日滋，而楮之弊尤不可言矣。

疏 按：当时学者有谓："钱币之权当出于上，则造钱币之司，当归于一。汉时，常令民自铸钱，及武帝则专令上林三官铸之，而天下非三官钱不得行，郡国前所铸钱皆废。然钱以铜、铁、铅、锡而成，而铜、铁、铅、锡搬运重难，是以历代多即坑冶附近之所，置监铸钱；亦以钱之值日轻，其用日广，不容不多置监冶，铸以供用。中兴以来，始转而为楮币。夫钱重而值少，则多置监以铸之可也；楮轻而值多，则就行都印造足矣。今既有行在会子，又有川引、淮引、湖会，各自印造，而其末也，收换不行，称提无策，何哉？"①

第二节　官职② 制度

中古法制，以李唐为最，中叶以后，权归藩镇，卒酿五季之乱。宋兴，鉴前代之失，解节度使兵柄，归之朝廷，而重文轻武之习，积渐成为风气，国势于以浸弱矣。兹分宋代官制为二：一曰中央官制，二曰地方官制。

第一款　中央官制

宋之中央官制，名号品秩，袭用唐旧。然三师、三公不常置，宰相不专用三省长官，尚书、门下并列于外，中书则置禁中，谓之政事堂，总理国家政务；而与此对峙者，曰枢密院，专掌武事，谓之二府，乃当时大政之所由出也。此外别有三司掌财政，御史掌纠弹之事。其他虽有三省、六部、九寺、六监之制，而当时多新设之官，旧官徒存其名，而无实务。神宗即位，欲更其制。元丰三年，乃因《唐六典》设新官制，谓之"元丰官制"。划分权限，规定责任，凡有名无实者废之，而省、台、寺、监之职务，多复其旧。嗣后，元祐中又更元丰之制。及建炎中兴之际，恶官浮于事，职权不专，多所合并，又改左右仆射、中书门下平章事、两省侍郎为参知政事。乾道八年，废三省长官，改左右仆射为左右丞相。此中央官制变迁之大略也。兹举其官名、职掌如后，以供考览。

- 二府
  - 枢密院
  - 中书省
- 三省
  - 门下省
  - 中书省
  - 尚书省
    - 吏部
    - 户部
    - 礼部
    - 兵部
    - 刑部
    - 工部

---

① 此段引文可见马端临所著《文献通考》。

② "职"，原作"制"，今改之，以与目录标题相一致。

秘书省
殿中省
三司使
御史台

九寺：太常寺、宗正寺、光禄寺、卫尉寺、太仆寺、大理寺、鸿胪寺、司农寺、大府寺

六监：国子监、少府监、将作监、军器监、都水监、司天监

二司：殿前司、侍卫司

诸卫：左右金吾卫、左右卫、左右骁卫、左右武卫、左右屯卫、左右领军卫、左右监门卫、左右千牛卫

三师三公 宋沿唐制，以太师、太傅、太保为三师，太尉、司徒、司空为三公。徽宗时，以少师、少傅、少保为三孤。凡三师、三公，多为宰相、亲王、使相之加衔，而特为三师、三公者，则不参与国政。

疏 按：太尉旧在三师下，由唐以来，至宋朝加重，加以太尉居太傅之上。若宰臣官至仆射致仕者，以在位久近，或已任司空、司徒，则拜太尉、太傅等官。若太师则为异数，自赵普以开国元勋，文彦博以累朝耆德，方特拜焉。虽太傅王旦、司徒吕夷简，各任宰相二十年，亦止以太尉致仕焉。

〔太师〕古官，如殷纣时箕子为太师是也。

〔太傅〕古官，如周成王时毕公为太傅是也。

〔太保〕古官，如殷太甲时伊尹为太保是也。

〔太尉〕秦官，金印紫绶，掌武事，凡武官咸以为号。

〔司徒〕古官，如少皞祝鸠氏为司徒是也。（司，主也；徒，众也。）

〔司空〕古官，如少皞鸤鸠氏为司空是也。（孔安国曰："司空，主空土以居人。"空，穴①也。古者穿土为穴以居人。）

〔三孤〕孤，特也。言其卑于公，尊于卿也。

宰相 宋沿唐制，以同平章事当宰相之任，无常员。

平章军国重事 元祐中置，以老臣硕德者任之，一名同平章军国事。

使相 亲王、枢密使、留守、节度使兼侍中、中书令、同平章事，皆谓之使相，不与国事。

参知政事 贰于宰相，参与政事。乾德二年所置，元丰官制废参知政事，置门下中书二侍郎，尚书左右丞代其任。建炎三年，复以门下中书侍郎为参知政事，除左右两丞。乾德八年，改左右仆射为左右丞，参知政事如旧。常二员或一员，时或三员。

门下省 掌受天下之成事，审命令，较正违失，进发奏状及进请宝印之事，职员、官署如次。

侍中一人，侍郎一人，左散骑常侍一人，给事中四人，左谏议大夫一人，起居郎一人，左司谏

---

① "穴"，原作"冗"，今据《通典》改。

一人,左正言一人,符宝郎二人。

南宋废侍中、侍郎,但置左右丞。

通信司,隶于给事中,掌受三省、枢密使、六曹、寺、监、百司之奏牍,文武近臣之奏疏。

进奏院,隶于给事中,掌受诏敕及三省、枢密院之宣札、六曹、寺、监、百司之符牒,颁于诸路事。

登闻检院,隶于谏议大夫。

登闻鼓院,隶于司谏、正言。

中书省 掌佐天子议大政,宣奉命令,职官如下。

令一人,侍郎一人,右散骑常侍一人,舍人四人,右谏议大夫一人,起居舍人一人,右司谏、右正言各一人。

中书省共八房,分掌事务:吏房、户房、兵礼房、刑房、工房、主事房、班簿房、制敕房是也。元祐以后,分兵礼房为二,又设催驱、点检二房,凡为十一房。后又改主事房为开拆①。中书令,元丰官制为开府仪同三司。

尚书省 掌施行制命,举办省内之纲纪、程式,受理六曹文书,听内外辞讼,兼管百官废置、赏罚之事。职官如下。

令一人,左右仆射各一人,左右丞各一人,左右司郎中各一人,左右司员外郎各一人。

吏部 掌关于文官之选试、拟注、资任、迁叙、荫补、考课事务、封爵、策勋、赏罚殿最之法。职员如下。

尚书一人,侍郎一人,尚书选二人,侍郎选二人。

分吏部、司封、司勋、考功四曹,各置郎中、员外郎。

户部 掌天下户口、土地、钱谷及贡赋、征役之事务,分左右曹,各司其职。以版籍考户口之登耗,以赋税持军国之岁计;以土贡辨郡县之物宜,以征榷抑兼并;又以孝义、婚姻、继嗣之道和人心,以田务、券债之理直民讼;此事务之划归左曹者也。以常平法,平岁时之丰凶;以免役法,通贫富,均财力;以伍保法,联比闾,察盗贼;以义仓赈济法,救饥馑;以农田水利法,务稼穑;此事务之划归右曹者也。长官为尚书、侍郎;属官分户部②、度支、金部、仓部四曹,各置郎中、员外郎。此系元丰官制。元丰以前之户③部有名无职,惟置判户事一人而已,盖当时天下之财赋皆为三司所掌也。

礼部 初,礼仪之事属于太常礼院,礼部惟置判、部事二人。元丰官制复其旧制,掌礼乐、祭祀、朝会、燕享、道释、祝庙、学校、举贡及四夷朝贡等事务。职官如下。

尚书、侍郎,其属有四,各置侍中、员外郎。礼部参领礼乐、祭祀、朝会宴享、学校、举贡之事,祠部掌天下祀典、道释、祠庙、医药之政,主客掌以宾礼待四夷之朝贡,膳部掌牲宰、酒醴之事。

兵部 初,武官、军师、卒戍之事务,悉属于枢密院,兵部惟置判部事一人。元丰官制复其旧

① “拆”,原作“折”,今据《文献通考》改。

② “户部”,原作“部户”,今据上下文改。

③ “户”,原作“礼”,今据上下文改。

制，掌兵卫、仪仗、卤簿、武举、民兵、厢军、士军、番军、四夷官封、丞袭及舆马器械、天下地图之事务。职官如下。

尚书、侍郎，其属有四，各置郎中、员外郎。兵部掌本部兵戎之事；职方掌天下图籍，以周知方域之广袤及郡邑、镇砦、道里之远近；驾部掌舆辇、军马、驿置、厩牧之事；库部掌卤簿、仪仗、戎器、旗帐之事，国之武库隶焉。

刑部 初，有判部事二人。元丰官制复其旧制，掌刑法、狱讼、奏谳、赦宥、叙复之事。长官置尚书、侍郎，其属有四，各置郎中、员外郎。刑部分左右厅，掌详覆叙雪之事；都官掌徒流、配隶之事；比部掌勾覆中外帐籍之事；司门掌关门、津梁、道路之禁令。

工部 初，置判部事一人。元丰官制复其旧制，掌天下之城郭、宫室、舟车、器械、符印、钱币、山泽、苑囿、河渠之事务。长官置尚书、侍郎，其属有四，各置郎中、员外郎。工部掌制作、营缮、计置、采伐材物，按程式以授有司；屯田掌屯田、营田、职田、学田、官庄之政令及其租种、兴修、给纳之事；虞部掌山泽、苑囿、场冶之事，辨其地产而为之厉禁；水部掌沟洫、津梁、舟楫、漕运之事。

枢密院 掌军国之机[①]务、兵防、边备、戎马与其他出纳密命、佐理邦治之事务。故宋之文事由中书出，武事由枢密院出，谓之两府。其职官如次。

枢密使、枢密副使、签书院事，都承旨、副都承旨、检详官，计议官、编修官。

三司使 专统国计，故又谓之计省。而设三使以分领其职，即户部、盐铁、度支是也。兹列三司使之职务如次。

盐铁使，掌天下山泽之货、关市、河渠以资邦国之用。

户部使，掌天下户口、税赋之籍，榷酒之事。

度支使，掌天下财赋之数。

翰林学士院 掌制诰、诏令、撰述之事。职官如下。

翰林学士承旨，翰林学士、知制诰、直学士院、翰林权直、翰林院权直，翰林侍读学士，翰林侍讲学士，崇政殿说书，观文殿大学士、同学士，资政殿大学士，端明殿大学士，总阁学士、直学士，龙图阁学士、待制，天章阁学士、直学士、待制，宝文阁学士、直学士、待制，显谟阁学士、直学士、待制，徽猷阁学士、直学士、待制，敷文阁学士、直学士、待制，焕章阁学士、直学士、待制，华文阁学士、直学士、待制，宝章阁学士、直学士、待制，显文阁学士、直学士、待制，集英殿集撰，右文屋修撰，秘阁修撰，直龙图阁，直秘阁。

御史台 掌纠察官邪肃正纪纲之事。分三院，一台院，二殿院，三察院，职官如次。

御史大夫、中丞各一人。

台院，侍御史一人，掌佐台院事。

殿院，殿中侍御史二人，掌以仪法纠正百官非法之事。

察院，监察御史六人，掌分察六曹及百司之事，而纠其误谬。

检法一人，掌检详法律事。

秘书省 掌古今经籍图书、国史实录、天文历数之事。初，太平兴国二年，建崇文院；端拱初，立秘阁，置崇文院中，而元丰官制以崇文院为秘书省，职官如下。

---

① “机”，原作“税”，今据《宋史》改。

监一人,少监一人,丞一人。

其属有五,著作郎、著作佐郎、秘书郎、校书郎、正字是也。

殿中省 掌天下之玉食、医药、服御、舆辇、舍次之事务,职官如下。

监一人,少监一人,丞一人。

其属有六局,尚食、尚药、尚醖、尚衣、尚舍、尚辇是也。

太常寺 宋之时,别有礼院。元丰官制,太常寺始专其职①,礼乐、郊庙、社稷、坛壝、陵寝之事,其所常掌也。职官如下。

卿一人,少卿一人,丞一人,博士四人,主簿、协律郎、奉礼郎、大祝各一人。

宗正寺 初,设判寺事二人,掌宗庙、诸陵、荐享之事,又掌皇族之籍。元丰官制复旧,置卿一人,少卿一人,丞一人,主簿一人。掌叙宗派属籍,以分昭穆,而定亲疏。景祐三年,置大宗正司。淳化六年,置玉蝶所。建炎以后,改隶太常寺。

光禄寺 元丰官制,掌祭祀、朝会、宴享、酒醴、膳羞等事。职官如下。

卿一人,少卿一人,丞一人,主簿一人。

太仆寺 元丰官制,掌车辂、厩牧之事。职官如下。

卿一人,少卿一人,丞一人,主簿一人。

大理寺 元丰官制,掌折狱、详刑、鞫狱之事务。职官如下。

卿一人,少卿二人,正二人,权丞四人,断丞六人,司直六人,评事十二人,主簿二人。

鸿胪寺 元丰官制,掌四夷之朝贡、宴劳、给赐、送迎之事,及国之凶仪、中都祠庙、道释籍帐之禁令。职官如下。

卿一人,少卿一人,丞一人,主簿一人。

司农寺 元丰官制,掌仓储及苑囿、库务之事。职官如下。

卿一人,少卿一人,丞一人,主簿一人。

大府寺 元丰官制,掌财货及库藏、出纳、商税、平准、贸易之事。职官如下。

卿一人,少卿一人,丞二人,主簿二人。

国子监 元丰官制,掌国学教授事务,职官如下。

祭酒一人,司业一人,丞一人,主簿一人,大学博士十人,正、录各五人,武学博士二人,律学博士一人。

少府监 元丰官制,掌百工技巧之事。职官如下。

监一人,少监一人,丞一人,主簿一人。

将作监 元丰官制,掌宫室、城廓、桥梁、舟车、营缮之事。职官如下。

监一人,少监一人,丞二人,主簿二人。

军器监 元丰官制,掌监督缮治兵器什物,以供军国之用。职官如下。

监一人,少监一人,丞二人,主簿一人。

都水监 元丰官制,掌川泽、河渠、津梁、堤堰疏凿浚治之事务。职官如下。

使者一人,丞二人,主簿一人。

---

① "职",原作"制",今据上下文改。

司天监　掌测验天文，考定历法之事务。职官如下。

监一人，少监一人，丞二人，主簿一人，春官正、夏官正、中官正、秋官正、冬官正各一人。

以上乃中央文官之大略也。此外因时设立，不久辄废者，其例亦多。如熙宁中一时设置之三司条例司、三司会计司、编修条例司，宣和四年之经抚房，崇宁中之提举讲议司，大观元年之仪礼局，政和二年之礼制局，皆设立未几，即归废灭也。

武官为二司诸卫，略举如下。

殿前司　掌殿前诸班直及步骑诸指挥之名籍，凡统制、训练、蕃卫、守戎、迁补、赏罚皆总其政令。设都指挥使、副都指挥使、都虞候各一人。

侍卫司　分马、步二军，掌出入扈卫、守宿之事。其设官略如殿前司。

诸卫　各置上将军、大将军、将军、左右金吾卫、左右卫、左右千牛卫，下复置中郎将、郎将。

第二款　地方官制

地方区划最下级为县，县之上有州（或郡）、府、军（按：宋初革五季之弊，削诸镇节度之权，命朝臣出守列郡，号权知军州事，军谓兵，州谓民政），州、府、军之上有路，以路为最上级之地方区划。初，太宗至道三年，分天下为十五路；仁宗天圣中，增为十八路，其时内京府三，次府八，州二百五十二，军四十六，监十三，县千二百六十二。元丰之时，更增为二十路，其后或为二十三路，徽宗时又增为二十六路。

路有监司，州有知州事，府有知府事，军有知军事，县有县令，而置郡时，有太守以总理其地方区划内之事务。

监司，总名也。得细分为师、漕、宪、仓四使。师为安抚使，漕为转运使，宪为提刑，仓为提举常平仓，所掌各异。又此四官必非并置，或缺其一二，或使一使兼掌他使之事务。

以上四使，又总称为部使。部使之外，尚有下列诸官。

发运使，经度山泽财货之源，漕运淮、浙、江、湖六路之储廪，以输中都，兼制茶盐、泉宝之政，及专举刺①官吏之事。使之下有副使、判官。

提举坑冶司，掌收山泽之所产及铸泉货以给邦国之用，岁有定数，视其登耗而赏罚之。

提举司舶司，掌番货、海舶、征榷、贸易之事，以来远人，通远物。

提举学事司，掌一路州县学政，岁巡所部，以察儒生之优劣、生员之勤惰，而专举劾之事。（宣和时罢）

提举河北籴使司，籴使刍粮以供边储之用。

提举制置解盐司，掌盐池之禁令，使民入粟塞下，予钞给盐，以足民用，而实边备。凡盐价高下及钱钞出纳多寡之数皆掌之。

提举保甲司，掌什伍，教民武艺，视其优劣而进退之。

提举三白渠公事②，掌潴泄三白渠，以给关中灌溉之利。

提举弓箭手，掌沿边郡县射地弓箭手之籍，及团结、训练、赏罚之事。

---

① “刺”，原作“判”，今据《宋史》改。

② “事”，原作“司”，今据《宋史》改。

州有知州事、通判,凡兵民、钱谷、户口、赋役、狱讼、听断之事,悉为所掌。知州事、通判之外,仿唐制有录事参军佐理庶务。

又有巡检司,训治兵甲,巡逻[①]州邑,逮捕盗贼。

府有尹,无尹者有知府事。府之中,开封府有牧尹,又有权知府。属官有判官、推官司者,又有司录参军,功曹、仓曹、户曹、兵曹、法曹、士曹参军各一人。临安府旧为杭州,建炎三年始改为府。又有应天府与开封、临安共为三府,为当时府之特制。三府外为次府,牧尹以下亦略同。开封之制,尹阙则设知府事一人,通判一人,同治府事。

县有令,统治民政,劝课农桑,平决狱讼;有德泽禁令,则宣布于治境。凡户口、赋役、钱谷、赈济、出纳之事皆掌之。开宝三年,令诸县千户以上者置令、簿、尉,四百户以上置令、尉,四百户以下置簿、尉以佐县事。

以上路、州等官外,路有经略使,州有观察使,又团练使。节度使,宋时亦有,惟无定员。又仿唐制,以节度使兼中书令、侍中、中书门下平章事,名曰使相,以待勋、贤、故、老及宰相之年久休政者。

承宣使,旧名节度观察留后,政和时始改此名。

防御使,宋沿唐制,诸州置防御使,位团练使之上。

制置使,不常置,掌经画、边鄙之军旅。

宣抚使,宋沿唐制,不常置。军旅有大事,则命执政大臣为之。掌宣布威德、抚绥边境及统护将帅、督视军旅之事。其下有副使、判官。

招讨使,不常置,掌逮捕盗贼之事。

招抚使,即唐之安抚使,不常置。

抚谕使,掌安慰存问,采民之利病,条奏而罢行之。

镇抚使,旧所无,中兴时,假权宜以收举盗贼,暂置之。

总管钤辖司,掌总治军旅屯戍、营房守御之政令。

路分都监,掌本路禁旅屯戍、边防训练之政令。

庙令、丞、主簿,置于诸庙,其事务县令总之。

都督府,仿唐制,有长史、左右司录事、参军、司户、司法、司士、司理参军、文学、助教。无长史时,置知府事、通判各一人。

镇砦官,置于诸镇管下人烟繁盛之所,招土军,习武艺,以防盗贼。

诸军都统制、副都统制、统制、统领,都统之名,始于唐时,宋初不置官。又南宋每有征讨,则加以都统制军马之名。建炎以来,始有官名。嘉定初,天下有十都统。此后,有大名军及统制、副统制、统领、副统领等称。

第三节　兵　　制

宋自太祖、太宗平一海内,惩累朝藩镇跋扈,尽收天下劲兵,列营京畿,以备藩卫,其分营于

---

① “逻”,原作“罗”,今据上下文改。

外者，曰“就粮”。就粮者，本京师兵，而便廪食于外，故听其家往；其边防要郡须兵屯守，即遣京师诸镇之兵，亦皆戍更。真宗、仁宗、英宗嗣守其法，益以完密。于时天下山泽之利，悉入县官，以资廪赐；将帅之臣，入奉朝请，以备指纵。犷悍之民，收隶尺籍，以给守卫。兵无常帅，帅无常师，内外相维，上下相制，虽有暴戾恣睢，无所措于其间。是以天下晏然，逾百年而无犬吠之警，此兵制得其道也。

疏 宋太祖惩唐以来藩镇之弊，分遣禁旅，戍守边城，立更戍法，使往来道路，以习勤苦，均劳佚。自是将不得专其兵士，卒不至于骄惰，甚得居重驭轻，以身使臂之法。盖宋都大梁，无山河之险可恃，全倚兵为重，毋怪其致意于兵制也。然迄末造，兵势不振，丑虏猖狂，毋乃艺祖之罢藩镇有以肇之耶。

当时兵制可分四种：曰禁兵，曰厢兵。曰乡兵，曰番兵。分隶殿前、侍卫总管司，而籍藏枢密院。凡召募、廪给、训练、屯戍、拣选之政，皆枢密院掌之。兹略述各兵之制如下。

禁兵者，天子卫兵也，总于殿前、侍卫二司，其尤亲近扈从者，号班直。余自“龙卫”以下，皆番戍诸路，有事即以征讨。盖宋时禁军选自州郡之饶健，聚之京师，亦即令其分番出戍于州郡，以习劳苦，知险要，故诸州皆有禁军。在京在外，营名极多。诸军统于殿前司与侍卫司，二司所统，各分骑、步。康定之时，禁兵多戍陕西。是时，土民之兵骁勇，常凌禁兵，乃募土民为就粮，使皆称禁兵。陕西蕃落、保捷、定功以下，凡增数百营。至神宗，令禁兵之不如法者，入诸军营，或废之，即不堪任禁军者，下于厢军，不堪任厢军者免之；又五十以上之兵，愿为民者听。自是以来，冗兵大减。

厢兵者，诸州之镇兵也。太祖见唐末方镇跋扈，招选州军壮勇者，悉备送京师，以备禁卫，余留本城，严纪律，以当防御，即厢兵也。

乡兵者，选自户籍，或土民应募，所在团结训练，以为防守之兵也。宋初以来，河北、河东有“神锐”、“忠勇”、“强壮”，河北有“忠顺”、“强人”，陕西有“保毅”、“寨户”、“强人”、“弓手”，河东、陕西有“弓箭手”，河北、河东、陕西有“义勇”，麟州有“义军”，荆湖南、北有“弩手”、“土丁”，广南东、西有“枪手”、“土丁”，邕州有“溪峒壮丁”。

番兵者，塞下内属诸部落，团结以为藩篱之兵也。熙宁八年，定番兵之法。陕西番兵丁壮户，九丁以上者取五，六取四，五取三，三取二，二取一，并以年二十以上者充之。每十人置将一人，五十人置副兵马使一人，百人置军使一人、副兵马使一人，二百人置军使一人、副兵马使三人，三百人置副指挥使一人、军使二人、副兵马使三人，四百人加军使一人、副兵马使一人，五百人加都指挥使一人、副兵马使一人，五百人以上，每加百人加军使一人、副兵马使一人。

自李唐中叶以还，兵制废坏，古意浸失。宋兴，虽力图整顿，而征兵变为召募，牢不可破，茫茫千载，遂为成法，殊可慨也。考召募之制，起于府卫之废。盖籍天下良民，以讨有罪，三代之兵与府卫是也。收天下犷悍之兵，以卫良民，宋召募之兵是也。宋初以来，取非一途，或土人就所在团立，或营伍子弟听从本军，或乘岁凶募饥民补本城，或以有罪配隶给役。是以天下失职、犷悍之徒，悉收籍之。伉健者迁禁卫，短弱者为厢军，制以队伍，束以法令，帖帖不敢出绳墨。平居食俸廪，养妻子，备征防之用，一有警急，勇者力战斗，弱者给漕挽，则向之天下失职、犷悍之徒，今为良民之卫矣。当时廪给之制，总内外厢、禁之军且百万，言国费最巨者，宜无出此。虽然，古者寓兵于民，既出常赋，有事复裹粮而为兵，后世兵与农分，常赋之外，山泽关市之利，悉以养兵。然有警则以素所养者捍之,民晏然无预征役也。唐之时兵分,藩镇得专租税,天子禁卫之兵,中外不过十余万人。宋初收天下甲卒数十万,悉萃京师。京师八方所湊,水陆四达,岁漕江、淮粟六百万石,而缣帛、货泉、齿革[①]、百物之委,不可胜纪,是以军储饶羡。初,太仓才支三二岁,承平既久,常余数年之食。故宋之兵制,虽竭民赋租,以养不战之卒,糜国帑廪以优坐食之校,揆诸古法,固有不逮,而因时制宜,调度有方,俾民得安食,亦有一日之长也。

第四节　法典编纂制度

赵宋法典编纂制度,因唐律、令、格、式,而随时损益则有编敕。一司、一路、一州、一县,又别有敕。盖神宗以律不足以周事情,凡律所不载者,一断以敕,乃更其目,曰敕、令、格、式,而律恒存乎敕之外。神宗圣训曰:"禁于未然之谓敕,禁于已然之谓令,设于此以待彼之至,谓之格,设于此使彼效之,谓之式。"凡笞、杖、徒、流、死,自《名例》以下,至《断狱》,十有二门,丽刑名轻重者,皆为敕。凡约束禁止者,皆为令。命官、庶人之等,倍、全、分、厘之给,有等级高下者,皆为格。表奏、帐籍、关牒、符檄之类,有体制模楷者,皆为式。

宋代法典之多,前古未有。每易天子,必编修一次;甚者,每改年号,亦为一次至数次之编修。故由宋初以迄末叶,其每年每月皆尝从事法典之编修也。而此等法典之内容,并非不同,多因袭前代旧制而加以修正耳。世变多故,篇籍散佚,讫乎有清,丧亡净尽。今以其篇目委多而书不存,故从略焉。

第五节　刑　　制

宋代刑法,略因唐旧,兹分述如下。

(一) 刑名

宋初所定刑名略如唐制,分笞、杖、徒、流、死五种,各种之中,又分轻重,其制如次。

笞刑五:笞一十臀杖七,笞二十臀杖七,笞三十臀杖八,笞四十臀杖八,笞五十臀杖十。

杖刑五:杖六十臀杖十三,杖七十臀杖十五,杖八十臀杖十七,杖九十臀杖十八,杖一百臀杖二十。

徒刑五:徒一年背杖十三,徒一年半背杖十五,徒二年背杖十七,徒二年半背杖十八,徒三年背杖二十。

流刑三:流二千里背杖十七,流二千五百里背杖十八,流三千里背杖二十。

死刑三:绞,斩,凌迟。

臀杖、背杖皆为附加刑。凌迟为宋之极刑,其法先断支体,后绝其吭,盖体刑与生命刑并用也。

此外,身体刑亦用鲸,窃盗赃金自五贯至十贯者,与杖共科之。南宋时,于强盗额上刺"强盗"二字,以辱之,若再加文字,则刺于两颊。

① "革",原作"草",今据《文献通考》改。

（二）刑之执行

杖，从周显德五年之制。常行杖，长三尺五寸，大头径二分，小头径九厘。

徒、流，初配于西北边，后虑与塞外戎狄通款，乃改配南方，多为登洲、沙门岛，后变为广南远恶之地，然仍有配于沙门岛者。神宗时，沙门岛之配隶，以三百人为额，余者配置海外。

当时为刑之执行者，御史台也。御史台设狱，以羁囚犯。而大理寺在宋初，其职全废，至元丰始复旧制。淳化初，置提点刑狱司，令管内州府，十日报囚一次，有疑狱时则走视之。州县稽留不决，按谳不实者，则劾奏之。

（三）刑之消灭

因犯人之死亡、刑之执行及赦而消灭，其刑与唐制无异。惟宋时赦例有郊赦、曲赦、德音、常赦数种。太祖在位十九年间，大赦之事一，郊赦之事四，曲赦之事三，德音凡六。自建隆以来至绍熙，凡二百三十四年，而行赦三百有一。专制时代，君主妄假威权以宥有罪，欲刑罚之得其中，岂可得乎？

（四）刑之加减例

刑之加重、减轻，亦与唐无异。其十恶、八议皆仍唐制之旧。其与唐制不同者，赎刑是也。唐之赎刑，一切皆适用之。宋则较唐有限制，即除八议外，不用官荫减赎之条；凡职官犯罪者，公罪许赎，私罪则否。

（五）犯罪

犯罪有公、私之别，一如唐制。即私罪者，非因公事私自犯罪之谓，又虽因公事而不吐实情，希图欺隐者，亦为私罪；因公事犯罪者，则公罪也。

第六节　学　　制

宋初虽因袭唐制，置国子监，而当时未有六学之设，国子监之事务，仅置判监事二人，以经术教授诸生，故比之唐六学，与其国子学，颇相当云。其四门学、太学、律学、算学之设置稍后。元丰官制始复唐旧，职员亦甚整备。当时，京师有国子学、四门学、太学、武学、律学、算学、书画学、医学，又教育宗室之子弟者，有宗正大、小学；地方则有州县学。兹分述如下。

国子学。五代周显德二年，以天福普利禅院为国子监。及宋端拱二年，改监为国子学。淳和五年三月，复以国子学为国子监，改讲书为直讲。当时有判监二人，直讲八人，又有丞、簿、书、库、监各二人。天圣七年八月，诏国子监以五十人为额。嘉祐三年，令国子监生以四百五十人为额，同年又增一百五十人。及熙宁元年间加为九百人。元丰三年，改国子直讲为太学博士，每经置二人。

太学。庆历四年四月，以国子监狭小，不足容学者，乃以锡庆院为太学，犹不足，复加朝集院，学徒三百，讲官博士十余人，分经教授。五年，以马军都虞候之公宇为太学。元丰二年，增太学生员，为舍八十斋，每斋屋五间，而太学博士置十二人，皆分经讲授，考校、程文，以德行训导学者。是年令定《太学条例》，每斋三十人，总二千四百人（外舍生二千人，内舍生三百人，上舍生百人）。

疏 按:庆历四年,判国子监王拱臣等言:"首善自京师,汉太学二百四十房,千八百余室,生徒三万八千。唐学舍亦千二百间。今国子监才二百楹,不足以容学者,请以锡庆院为太学。"从之。明年,三司言,更造锡庆院,乏财费多,而虏使锡宴之所不可阙,乃复以太学为锡庆院。

四门学。庆历三年二月所建,以士庶子弟为生员。

武学。庆历二年,令以两制举官为武学教授。三年,置武学于武成王庙。熙宁五年,令学生限百人。元丰三年改官制,以教授为博士。政和二年,令外舍生称武选士,内舍生称武俊士。绍兴十六年,修建武学。二十六年,置博士弟子员,同年又定外舍七十人,内舍二十人,上舍十人,凡一百人。元丰官制,武学博士掌以兵书、弓马、武艺训导学生之事。

律学。熙宁三年,始用断案律义试法官。六年四月,以朝集院为律学,养生徒教授四人,生徒学讫,则使从政。元丰官制,律学博士一人,正一人,掌传授法律及校试之事。

算学。崇宁间立其业,以《九章》、《周髀》及假设疑数为算问,仍兼《海岛》、《孙子》、《五曹》、张邱建、夏侯阳算法,并历算、三式、天文书为本科。本科外,人占一小经,愿占大经者听。凡通算学者试之,上等为博士,中、下等为学谕。

书学。习篆、隶、草三体字,《说文》、《字说》、《尔雅》、《博雅》、《方言》五书,仍兼通《论语》、《孟子》义,愿占大经者听。

画学。习佛道、人物、山水、鸟兽、花竹、屋木,以《说文》、《尔雅》、《方言》、《释名》教授。《说文》则令篆字,著音训,余书皆说答,以所解义,观其能通画意与否。仍分士流、杂流,别其斋以居之。士流兼习一大经或①一小经,杂流则诵小经或读律。考画文等,以不仿前人,而物之情态、形色,俱若自然,笔韵高简为工。

医学。初隶太常寺,神宗时置提举判局,始不隶太常。亦置教授一员,翰林医官以下与上等学生及在外良医为之。学生常以春试,取三百人为额。立三舍法,为三科,以教诸生。有方脉科、针科、疡科。方脉以《素问》、《难经》、《脉经》为大经,《病源》、《千金翼方》为小经。每试其选用最高者为尚药医师,以次医职,余各以等补官,为本学博士、正、录及外州医学教授。

宗室之学。元祐六年,宗正令于诸院立小学,由八岁至十四岁为修学之期。建中靖国元年,立宗学。崇宁元年十一月,于诸宫②置大、小二学,又增教授二人。宗子十岁以上入小学,二十岁以上入太学;年未满而请入者亦听。四年,改宗子博士,使位国子博士之上。大观元年,置命官正、录各一人。绍兴七年,宗子大小学成。初,嘉祐以后,诸宫有教授,治平元年增讲书,定课试罚则。崇宁、大观之际,诸宫有博士十三员。绍兴十四年,临安立大小学,大学生五十人,小学生四十人,职事各五人,凡一百人。又于诸王宫置大小学教授二人,在学者皆南官、北宅之子孙也。嘉定十年,建宗学,置六斋,生员百人,后改教授为博士,隶宗正寺,由是宗室之子弟,皆得就学焉。十年三月,宗正寺置四斋,各予名称,即立爱、贵仁、大雅、信厚是也,又称堂,为明伦云。

宋时州县学始于书院,而师徒之讲习甚盛,学术昌明,硕儒辈出,虽其末流,党派倾轧,颇涉

---

① "或",原阙漏,今据《宋史》增之。

② "宫",原作"官",今据上下文改。

偏私,而弃瑕录瑜,固可尚也。兹略述如次。

真宗大中祥符二年,应天府民曹诚,即楚邱戚同文旧居,造舍百五十间,聚书数千卷,博延生徒,讲习甚盛。府奏其事,诏赐额曰"应天府书院",命奉礼郎戚舜宾主之,以诚为府助教。

八年,赐潭州岳麓书院额。郡守朱洞,首度基创宇,以待四方学者。李允则来为州,请于朝,乞以书藏。方是时,山长周式以行义著,八年,诏见便殿,拜国子学主簿①,使归教授,赠赐中秘书。

仁宗即位之初,赐兖州学田。已而又命藩辅皆得立学。其后诸旁郡,多愿立学者,诏悉可之,稍赠赐之田如兖州。由是学校之设,遍天下。

安定先生胡瑗,自庆历中教学于苏、湖间二十余年,束修弟子,前后以数千计。是时方尚辞赋,独湖学以经义及时务。学中故②有经义斋、治事斋。经义斋者,择疏通有器局者居之;治事斋者,人各治一事,各兼一事,如边防、水利之类。故天下谓湖学多秀彦,其出而筮仕,往往取高第,及为政,多适于世用,若老于吏事者,由讲习有素也。庆历四年,诏州县立学,于是建太学于京师,而有司请下湖州,取先生之法,以为太学令,著为令。

神宗熙宁四年,诏置京东西、河东北、陕西五路学,以陆佃等为诸州学官。仍令中书采访逐路有经术行谊者各三五人,虽未仕亦给簿尉俸,使权教授。他路州、军,命选荐京朝官有学行可为人师者,堂除逐路官,令兼所任州教授。州给田十顷为学粮。仍置小学教授。

元丰元年,诏诸路州府学官共五十三员。考是时大兴学校,而天下之有教授者,只五十三员,盖重师儒之官,不肯轻授滥设故也。所用既是有出身人,又必试中而后授,则与入馆阁翰苑者同科,其遴选至矣。

哲宗元符二年,初令诸州推行三舍法。州许上舍二人,内舍二人,岁贡入之京师。其上舍即附太学补外舍,试中补内舍,通三试不升舍者,遣还其州。其内舍免试,至则补为外舍生。诸路选监司一员,提举学校,守贰董干其事。遇试补上舍生,选有出身官一人同教授考选,仍弥封、誊录。

疏 宋立三舍之法,议者病其立捷径之途,长奔兢之风。然马端临则曰:"以资望言,则舍选尊而乡举卑,以名额言,则舍选优而乡举窄,盖未尝有以太学生退就乡举者。非惟国家无此法,而士亦决不肯辞尊而居卑,舍优而就窄也。"

理宗淳祐六年,敕湖广善化县别建湘西书院。考潭州故有岳麓书院,至是御书其额赐之,复于湘水西别建书院。州学生月试积分高等升湘西、岳麓书院生,又积分高等升岳麓精舍生,潭人谓为三学生。宋自白鹿、石鼓、应天、岳麓四书院后,日增月盛,书院之建,所在有之。宁宗开禧中,则衡山有南岳书院,掌教有官,育士有田,略仿四书院之制。至理宗时尤夥,其得请于朝,或赐额,或赐御书,及间有设官者。其他名贤戾止、士大夫讲学之所、自为建设者不与焉。

第七节 救恤制度

宋之救恤制度,一袭唐旧,惟社仓在当时最整顿,而遍设于各地焉。社仓外,有义仓及常平

① "簿",原作"薄",今据《文献通考》改。

② "故",原作"挥",今据《文献通考》改。

仓,与前代无异。三仓之外,又有惠民仓、广惠仓、广济仓等名,皆属于救恤业事也。

常平仓。自太宗淳化三年京师设置以来,屡见不鲜。淳化之际,谷价最贵,乃仿汉唐常平仓之法,贱价出卖。真宗时,京东、西路、河北、河东、陕西、淮南、江南、两浙各置常平仓。祥符二年,遣使出常平仓之粟麦,于京城开八场,贱价卖之,俾谷价下落,以纾民食。嗣是而还,屡令诸州设常平仓,或出内藏库金给诸州,以增加仓之藏米,或与布帛之类,以为常平籴本,其事不遑枚举。据治平三年之计算,常平仓所入五十万一千四十八石,所出四十七万一千五十七石云。

社仓。虽源隋唐旧制,然至南宋,朱子之法,颇属详备。熙宁时,有苏渭者知陈留,于村置社,每社立仓蓄谷,使耆老掌出纳,岁凶则开发之。其后王安石废之,而立青苗法,颇为民病。南宋孝宗淳熙八年,朱熹乃上书,请布社仓之法。朱子初以此法行于建宁府崇安县开耀乡。盖乾道四年,海内大饥,朱熹时在崇安之开耀乡与知县、耆老等,谋发所藏之粟,以救危急,成效大著,后多仿行焉。

义仓。于建隆二年置义仓官,官所收之二税,每一石输一斗蓄之,以备凶岁。仁宗庆历元年,令各处设义仓,惟未几辄废。自熙宁十年复建以来,屡有兴废。

广惠仓、惠民仓,乃对于贫、疾、老、幼不能营生活者之救恤事业也。每日支给此类之人,以一定食料,俾资生活。淳化五年,于诸州立惠民仓。咸平中,福建路亦设焉。天禧中,更多所增设。嘉祐二年,又于诸州置广惠仓。每年十月,派员调查老、幼、疾、贫之人,每人日给米一升,幼者五合。熙宁以后,亦屡设之,至绍圣三年始止焉。此外,尚有折中仓、祖仓等之设立,皆与常平仓、社仓相类。

宋时,京师之东、西有福地院,以收养老、幼、废、疾。嘉祐中,更置城南、北福田院,凡为四院。

熙宁二年,王安石创青苗法,以为农业之金融机关,是盖因农民之贫弱,稼穑乏资,规定资本贷与之法,以为农民之保障者也。即由二分之利息贷金钱于农夫,当收获之时使偿还之,以谋农民金融之利便。立法之初意,贷钱而使偿之以谷,农民称便。及其后不仅悉以金钱偿还,且为强制贷付,以便官吏之私图,而贷付之多寡,恒失其当,且立保甲之制,一人负债,使十人连带保证负其责任,民之疾苦滋甚焉。

安石于青苗法外复设市易法,行市场金融之整理。即于京师置市易务,又使行铺之牙人行市易,凡客商经牙人之手卖货物于官,当临机应变以时价卖出,而保市价之平均,又供适当之担保物,得赊请官府所买之货物以半年一分、一年二分之利偿还之。此法之精神,虽在市价之平均,而浸久弊生,反以营利为目的,以与细民争利,而法遂不可行矣。

疏 青苗之法,谓苗青在田,则贷民以钱,使之出息也,贷与百文,使①出息二十文,盖假《周礼》“国服为息”之说,虽曰不使富民取民倍息,其实欲专其利也。苏辙曰:“以钱贷民,使出息二分,本以救民。然出纳之际,吏缘为奸,虽有法不能禁;钱入民手,虽良民不免妄用;及其纳钱,虽富民不免逾限。如此则恐鞭箠必用,州县之事,不胜烦矣。”司马光曰:“平民举钱出息,尚能蚕食下户,至流塞流离,况县官督责之威乎!”是皆言青苗法之弊也。当条例司初请之时,

① “使”,原作“便”,今据《大学衍义补》改。

则曰随租纳斗斛，如以价贵愿纳钱者听；又曰凡以为民，公家无利其入；又曰愿给者听。立法之初意，固甚善也。然浸假而征钱矣，浸假而取息矣，浸假而抑配矣。夫有四海之大，亿兆之众，所以富国之术，义无不可，而取举贷取息之利，则是万乘而为匹夫之事也。假令有利而无害，尚且不可，况有害而无利哉！

京师，天下之首，置市易务于此，则是神宗乃天下商贾之倡也。以万乘之尊，而与细民争利，不亦陋哉！

第八节 交通制度

宋之交通机关，有步递、马递、急脚递之别。步递，即汉之步传。马递，则汉唐之驿马也。其制，与汉唐无异。急脚递，仅供军用。而宋时最发达者，为水运。

水运，由江淮、两浙、湖南地方至真杨楚，纳之转般仓，更溯汴河入京师。陕西之菽粟，由黄河三门沿流入汴，至京师。陈、颍、许、蔡等诸州之粟帛，由惠民河沿流；京东诸州之粟帛，则由广济河。其数量虽不确定，然太平兴国十八年，汴河定运江淮米三百万石、豆百万石；黄河则运粟百五十万石、豆三十万石；惠民河则运粟四十万石、豆二十万石；广济河则运粟十二万石，凡合运五百五十万石。其后颇有增加。又广南地方之金、银、香、药等，由陆运至虔州，由虔州水运入京师。川、益诸州之布，江、湖、浙、建之茶，均由水运入京师。而江淮之漕米，常有增加。景德中，至六百万石或达六百五十万至七百万石云。

掌理水运事务者，诸路有转运使，乾德中所置也。其后复加重转运使权限，俾兼掌警察、司法事务。京畿、江淮、陕西、三门等枢要之地，有发运使。建隆二年，京畿东路置发运副使。乾德二年，京畿东南有水陆发运使。兴国中，陕西、三门有发运，又于京师置水陆发运。自是以来，江淮、两浙有发运使，三门、白波、黄、渭、汴河有水陆发运使，惟存废不常。又有发运司起于淳化之初，大备于皇祐以后，计六路之丰歉，而行平粜之法。一员在真州督办江浙等路粮运，一员在泗州掌管由真州至京师间之粮运。此当时水运之大较也。

第五章　明代之法制

第一节　经济制度

第一款　田制

有明田制，分官、民二种。官田之属，种类繁殊，远过唐宋。据明初之调查，天下官田之数，约占民田七分之一。凡后还官田，没官田，断入官田，学田，皇庄，牧马草场，城壖苜宿地，牲地，园陵坟地，公占隙地，诸王、公主、勋戚、大臣、内监、寺监赐乞庄田，百官职田，边臣养廉田，军、民、商屯田等，皆是也。民田者，人民私有之土地。屯田之制既废，人民得自由卖买。私田之中，已别无制度可言。惟于田多荒芜之时，偶有计口授田之制，其意在于开招熟田，非垂久远之制度也。兹举宋时田制大要如下。

（一）没官田。人民因犯罪而被没收之田地也。国家雇人耕种，而征收其租税。

（二）庄田。诸王、公主、勋戚、大臣、内监、寺监之领地也。当时勋臣、公侯、丞相以下赐庄田多至百顷，亲王或至千顷，其他武官及寺观僧道中官亦自造庄田。仁宗、宣宗之时，乞庄田者颇多，故庄田之数有增无已。虽常见禁贵族占领民田及禁人投献之令，然不过一种具文，而实际则任贵族之请求赐庄田坟茔者，数见不鲜也。其后为防止庄田增加起见，凡新加之庄田，令州县官调查使还于民。又寺观庄田渐就废弃者，亦令地方官调查，分给贫民、户口多而财产少者，每户男子二十亩，三丁以上者，三十亩，皆为官田，不许卖买。

（三）皇庄。皇亲之私领，又名皇庄，各以其收入自经营之。弘治二年，虽令禁各所王府购买田地，以害民业，然皇庄庄田，常有增无已。弘治二年，畿内皇庄五所，其地一万二千八百余顷；勋戚中官庄田三百三十二所，其地三万二千余顷云。自是以来，请者益多，天子亦不能坚拒，而赐给庄田之事不绝，王田多者至七千余顷。武宗时，又立皇庄七所，后至三百余处。凡诸王、外戚请求愈甚，而因此横夺民田者，不可殚纪焉。世宗以来，其势稍杀。穆宗乃立法限之，凡勋臣五世，限田二百顷。然神宗以后又复旧观，多者至四万顷。熹宗时，以万数者亦不少。有明一代，田制最为民害者，莫过于此矣。

（四）后还官田。尝属于庄田者，至后还付于官，而为国家所有之田地也。

（五）断入官田。户口断绝，无承继之人，不得已没收入官，以为国家所有者也。

（六）屯田。屯田之中，又分军、民二种。军屯者，寓兵于农之意。明初兵农不分，令诸将屯军龙江等处，以为耕作。自是以来，军屯之制渐密。各卫屯田，因人以定多寡，或以三分守城，七分出耕，或以二分守城，八分出耕，要视其守备重要之程度以为断。统计天下卫所屯田者，有十分之七。民屯者，则移狭乡之民于宽乡，或募集流民，以实边，或徙犯罪之人，以从事耕作，要以多开熟田为目的也。

（七）民田。类因开垦而渐次增加其数焉。明因前代旧制，凡民开垦者，其田即属其私有。

又屡令开垦荒闲田地免租三年，以后，则依定则征收之。民田中有祖先坟茔之地，永远不被没收。故当时民犯重罪，田庐家产虽被没收，而独不及坟茔之地也。

第二款　税制

（一）田租。自唐杨炎创两税法以来，宋因其制，明亦仍之。太祖之初，田租十分税一，役亦计田而课。当时赋役额数则具于黄册，总于户部，其征输期限，则责之布政司、州县。黄册者，户籍帐也。每里编为一册，凡丁数之多寡，地亩之广狭，皆详载焉。有司据此量丁课役，计亩征税。分夏、秋二种：夏税，纳米、麦、钱、钞、绢，无过八月；秋粮，纳米、钱、钞、绢，无过明年二月。至孝宗弘治时，会计之数甚杂。神宗万历时，小有增损，大略以米、麦为主，而丝、绢与钞次之。夏税之米，惟江西、湖广、广东、广西，麦莜惟贵州，农桑丝遍天下，惟不及川、广、云、贵，余各视其地产。时或以银、钞、钱、绢代纳，如米一石，纳银一两，钱千文，钞十贯，麦则减价十分之二。又洪武十七年，云南以金、银、贝、布、漆、丹砂、水银代秋粮。以米、麦者称本色，以他物代替者称折色。永乐之际，天下本色税粮三千余万石，丝钞等三千余万云。

明初核实天下土田，而两浙富民畏避徭役，大率以田产寄他户，谓之"贴脚诡寄"。洪武二十年十二月，乃命国子生武淳等分行州县，随粮定区，区设粮长（太祖以郡县吏征收赋税，辄侵渔百姓，乃命户部令有司料民土田，以万石为率，田多者为粮长，督其乡赋税），量度田亩方圆，次以字号，悉书主名及田之丈尺，编类为册，状如鱼鳞，号曰"鱼鳞册"。先是诏天下编黄册，以户为主，详具旧管、新收、开除、实在之数为四柱式。而鱼鳞图册以土田为主，诸原坂、坟衍、下泾、沃瘠、沙卤之别毕具。鱼鳞册为经，土田之讼质焉。黄册为纬，赋役之法定焉。凡质卖田土备书税粮科则，官为籍记之。

疏　《通考》：明太祖洪武丁卯冬十二月，鱼鳞册成。

按：贴脚诡寄，行之既久，相习成风，乡里欺州县，州县欺府，奸弊日出，名为"通天诡寄"。而富者益富，贫者益贫。自鱼鳞册成，百弊始绝。

明代田租不变旧制者，为一条鞭法，行于嘉靖、隆庆以后。其法：总括一州县之地租、丁役，量地计丁，丁粮合并于地租之内，而统收之。一岁之役，官为代募。力差，则计其工食之费，量为增减；银差，则计其交纳之费，加以增耗。凡额办、派办、京库岁需与存留诸费，以及土贡方物，悉并为一条，皆计亩征银，折办于官。立法颇为简便。嘉靖间，数行数止。及隆庆时，征收无艺，逋粮愈多，规避亦愈巧。应解而愆限，或至十余年，未征而报收，一县有至十万者。逋欠之多，县各数十万。赖行此法，无他科扰，民力不大绌。万历九年遂通行焉。讫于清初，未之或更。然富商大贾，因无田而坐拥厚资，不纳国课，其负担之不均，可谓甚矣。

（二）役税。役有里甲、均徭、杂泛之别。初，洪武元年，田一顷出丁夫一人，不及顷者，以他田补足之，名曰均工夫。未几，应天府等十八府州，江西九江、饶州、南康三府，编均工夫图册。每岁农隙赴京师供役。田多丁少者，以佃人充夫。田主出米一石，以供其资。其后，黄册成，以一百一十户为里，以丁多者十户为长，百户为十甲，里甲皆有长，以供役，是为里甲之役。其余户丁之役，名均徭。凡此皆常役也。此外，临时征收之役，则名杂泛。自一条鞭法行后，役事虽免，然犹存粮长、里长。崇祯时，民间甚苦差役。当时，钱粮有收户、解户，驿递有马户，其余如灶户、陵户、园户等，种类繁多，不可胜纪。盖末世秕政，未可以常法绳矣。

疏 明初田赋定役，每十年大造黄册，分军、民、士、匠，户分上、中、下三等，差役照册佥定。迨法久弊生，历朝厘正更创，如银差、力差、听差、十段锦、一条鞭，及南北派差之异。

又按：崇祯三年，河南巡抚范景文言："民所患苦，莫如差役。钱粮有收户、解户，驿递有马户，供应有行户，皆佥有力之家充之，名曰大户。究之，所佥非富民，中人之产，辄为之倾。自变为条鞭法，以境内之役，均于境内之粮，宜少苏矣，乃民间仍岁奔走，罄资津贴，是条鞭行而大户未尝革也。"时给事中刘懋复奏裁驿夫，征调往来，仍责编户。驿夫无所得食，至相率为乱。

（三）商业税。太祖即吴王位，设宣课、通课等司，凡商税三十取一。考关市之征，宋、元颇[①]繁琐。明初务简约，其后增置渐多，行赍居鬻，所过所止，各有税。其名物件，析榜于官署，按而征之，应征而匿藏者没其半。凡税地，置店历，书所止商民名物数。官司有都税，有宣课，有司，有局，有抽分场局，有河泊所。所收税课，有本色，有折色。税课司局，京城诸门及各府州县市集多有之，凡四百余所。其后，虽以次裁并十之七。然自隆庆以后，凡桥梁、道路、关津，皆私擅抽税，罔利病民，虽累诏察革，不能去也。

疏 按：洪武十三年，谕户部曰："曩者奸臣聚敛，税及纤悉，朕甚耻焉。自今军民嫁娶丧祭之物，舟车丝布之类，皆勿税。"罢天下抽分竹木场。明年令以野兽皮输鱼课，制裘以给边卒。是时，唐宋以来，苛征暴敛，革去殆尽，诸处抽分务极宽大，天下府州县客商货物，听两平交易，罢公、私牙行，凡税课三十分取一。由此可知明初征榷之简约也。

（四）酒税。邱浚云："明朝不立酒曲务，惟摊其课于税务中，唐宋来苛征酷敛一切革之"，又谓"民间酒肆报官纳课，罢肆则已，未尝如前代藉为经费"。然考《实录》及《会典》，太祖初起，已有征酒之令，至十八年又折收金、银、钱、钞，则酒未尝无征。英宗正统七年，更有命各处酒课州县收贮备用之令，则酒课未尝不藉为经费也。

（五）茶税。太祖辛丑岁（元至正二十一年，太祖方称吴国公）二月，始立茶法。初，中书省议榷茶之法，历代资之以充国用，今疆宇日广，民物滋盛，懋迁颇众，而茶法未行，惟兴安等处旧有课额，其他产茶郡县并宜立法征之。乃定制："官给茶引，付产茶府州县。凡商人买茶，具数赴官，纳钱请引，方许出境货卖。每引茶百斤，不及引者，谓之'畸零'，别置由帖付之。仍量地远近，定以程限，于经过地方执照。若无引由及茶引相离者，听人告捕。又于宁国府及溧水州置茶局，批验引由，秤较茶货。有茶引不相当或有余茶者，并听执问。卖茶毕，即以原给引由，赴所在官司投缴。"

（六）盐税。太祖辛丑岁二月，始立盐法，置局设官，令二十取一，以资军饷。既而倍征之，用处州守胡深言，复初制。洪武初年，定《盐引条例》，法綦严，有卖私盐者，于法当诛。有司请如律，帝曰："彼皆细民，恐衣食不足而轻犯法，姑杖之，发戍兰州。"故当时法虽严，而犯者不必诛也。

第三款　币制

有明币制计分二种：一曰宝钞，一曰铸钱。关于宝钞之法规名钞法，关于铸钱之法规名钱法。要不外纸币与硬货二种。兹分述如下。

（一）钞法。太祖洪武八年三月，始立钞法。帝初令置局铸钱，有司责民出铜，民毁器皿输

---

① "颇"，原作"额"，今据《明史》改。

官颇以为苦。又鼓铸甚劳，奸民多盗铸，而商贾转易，钱重道远，颇不便。帝以宋有交会，元亦用钞，其法省便，易于流转，可以去鼓铸之害。七年九月，乃设宝钞提举司。至是诏中书省造大明宝钞，命民间通行。以桑穰为料，其制方，高一尺，广六寸许，质青色，外为龙文花栏，横题其额曰“大明通行宝钞。”其内上两旁，复为篆文八字，曰“大明宝钞，天下通行”。中图钱贯状，十串为一贯。其下楷书曰“中书省奏准，印造大明宝钞，伪造者斩，告捕者赏银二十五两，仍给犯人财产”。钞之等凡六：曰一贯，曰五百文、四百文、三百文、二百文、一百文。每钞一贯，准钱千文，银一两；四贯准黄金一两。禁民间不得以金银物货交易，违者罪之；告发者就以其物给赏；以金银易钞者听。凡商税课程，钱钞兼收，钱三钞七，一百文以下则止用铜钱。

疏 《通考》：钞法自宏、正间废，天启时，给事惠世扬，复请造行。崇祯末，有蒋攸臣者，申其说，擢为户部司务。倪元璐方掌部事，力主之，然终不可行而止。

至宝钞行久昏烂，宜设法收换，以便行使，乃令所在置行用库，每昏烂一贯，收工墨直三十文，五百文以下递减。仍于钞面贯、百文下用墨印“昏钞”二字，封收入库，按季送部。若以贯、百分明而倒易者，同沮坏钞法论；混以伪钞者，究其罪。后，民多缘法为奸，每以堪用之钞辄来换易。夫钞原无真值，欲民间乐于通用，必使其供求相当，而又能随时兑换现币。如明之钞法，以钞为本位，而无所代表之币，既禁金银之行使，即以钞易钞，亦不自由，宜其弊害百出，为儒者所讳言也。

（二）钱法。太祖洪武元年三月，命户部及各行省铸“洪武通宝”钱。先是辛丑岁二月，置宝源局于应天府，铸“大中通宝”，与历代钱兼行。以四百文为一贯，四十文为一两，四文为一钱。设官专管。甲辰岁（元至正二十四年，太祖称吴王），江汉既平，乃命江西行省置货钱局，颁大中通宝大小五等钱式，使铸之。至是遂令户部及各省铸“洪武通宝”钱，其制凡五等，当十钱重一两，当五重五钱，当三、当二重皆如其当之数，小钱重一钱。各行省皆设宝泉局，与宝源局并铸，而严禁私铸。四年二月，改铸大钱为小钱。二十六年，收废铜铸钱，更定钱式，置各省宝源局。其后每更一帝，多铸新钱，如永乐、宣德、万历等钱皆是也。

疏 按：天启元年，铸泰昌钱。兵部尚书王象乾，请铸当十、当百、当千三等大钱，用龙文，略仿白金三品之制，于是两京皆铸大钱。后有言大钱之弊者，诏两①京停铸大钱，收大钱，发局改铸。当是时，开局遍天下，而钱息之课重矣。

第二节 官职制度

明初立中书省，以总天下之吏治，都督府以统天下之兵政，御史台以振朝廷之纪纲。太祖即吴王位，首建百官司。时中书省惟设四部，掌钱谷、礼仪、刑名、营造之事。洪武元年八月立六部，以分理庶政。十三年正月罢中书省，废丞相等官，政归六部，以尚书任天下事，侍郎贰之。而殿阁大学士只备顾问，帝方自操威柄，学士鲜所参决。其纠劾则责之都察院（十三年后罢御史台，十五年更置都察院），章奏则达之通政司，平反则参之大理寺，亦汉九卿之遗意也。分大都督府为五，而征调隶于兵部。外设都、布、按三司，分隶兵刑钱谷，而听于府部。是时吏、户、

① “两”，原作“南”，今据《明史》改。

兵三部之权为重。迨宣、仁朝，大学士以太子经师恩，累加至[①]三孤，望益尊。而宣宗内柄无大小，悉下大学士杨士奇等参可否。虽吏部蹇义、户夏原吉时召见，得预各部事，然希阔不敌士奇等亲。自是内阁权日重，即有一二吏、兵之长与执持是非，辄以败。至、世宗中叶，夏言、严嵩迭用事，遂赫然为真宰相，压制六卿矣。然内阁之拟票，不得不决于内监之批红，而相权转归之寺人。于是朝廷之纪纲，贤士大夫之进退，悉颠倒于其手。伴食者承意旨之不暇，间有贤辅，卒嵩目而不能救。初，领五都督府者，皆元勋宿将，军制肃然。成祖永乐间，设内监监其事，犹不敢纵。沿习数代，勋戚纨绔司军纪，日以隳毁。既而内监添置益多，边塞皆有巡视，四方大征伐皆有监军，而疆事大坏，明祚不可支矣。专制时代设官分职，漫无统纪，丛弊酿害，遂底于亡，可为殷鉴。兹就明代中央及地方官制之大略分述如后。

第一款　中央官制

有明中央官制，多因唐宋之旧，故官制大纲，亦与唐宋无所异。文官以六部为主，武官则为五都府、二十二卫，而纠正官则为都察院。其他寺、监等官，一袭唐宋遗制。兹列表以明之。

宗人府

三公三孤　三师三少

六部
- 吏部(文选、验封、稽勋、考功四清吏司)
- 户部(十三清吏司)
- 礼部(仪制、祠祭、主客、精膳四清吏司)
- 兵部(武选、职方、车驾、武库四清吏司)
- 刑部(十三清吏司)
- 工部(营膳、虞衡、都水、屯田清吏司)

都察院

通政使司

詹事府

寺
- 大理寺
- 太常寺
- 光禄寺
- 太仆寺
- 鸿胪寺

诸司
- 尚宝司
- 行人司
- 道、僧录司
- 五城兵马指挥司

监
- 国子监
- 钦天监
- 上林苑监

院
- 翰林院
- 太医院

武官

① “至”，原作“之”，今据《明史》改。

兹就以上各官分述其官属、职掌如下。

宗人府　掌天子九族之属，藉以修其玉牒，而书宗室子女嫡庶之名封、嗣袭、生卒、婚嫁、谥葬之事。洪武三年置太宗正院。二十二年改为宗人府，其后事多移于礼部。宗人府职员，有宗人令一人，左、右宗正各一人，左、右宗人各一人。

三公三孤　三公者，太师、太傅、太保是也。三孤者，少师、少傅、少保是也。佐天子理阴阳，经邦弘化。无定员。

三师三少　三师者，太子太师、太子太傅、太子太保是也。三少者，太子少师、太子少傅、太子少保是也。皆以道德教导太子。

内阁　即中极殿大学士、建极殿大学士、文华殿大学士、武英殿大学士、文渊阁大学士、东阁大学士之总称也。初，太祖亦仿前制，设中书省，置左、右丞相，及平章政事，左、右丞，参知政事，以统领众职。洪武十三年废之。十五年，仿宋制，置华盖殿、武英殿、文渊阁、东阁诸大学士。然秩仅正五品，且敕谕群臣："国家罢丞相，设府、部、院、寺以分理庶务，立法至为详善。以后嗣君，其毋得议置丞相。臣下有奏请设立者，论以极刑。"于是以大学士掌献替可否，奉陈规诲，点检题奏，票拟批答，以平允庶政。以其授餐大内，常侍天子殿阙之下，避宰相之名，故名内阁。阁臣之预机务始自成祖。然其时，入内阁者皆编、检、讲读之官，职位甚卑，不置官属，不得专制诸司。及仁宗以东宫旧臣兼大学士，阁职始渐崇。然论官犹以尚书为尊。景泰中，王文始以吏部尚书入内阁，而诰敕房、制敕房，俱设中书舍人，六部承奉意旨，靡所不领，而阁权益重。嘉靖以后，朝位班次，俱列六部之上，俨同于丞相之尊严矣。

疏　按：成祖时，复开内阁于东角门，名文渊阁，命吏部及翰林院文学行谊材识之士，入直赞襄内阁，自此始。

吏部　尚书一人，左、右侍郎各一人。掌官吏选叙、勋封、考课之政令，以甄别人材，赞治天子。盖古[①]冢宰之职，视五部为特重。所属皆称清吏司，各设郎中、员外郎、主事有差。其属有四：文选司，掌官吏班秩迁升、改调之事；验封司，掌封爵、袭荫、褒赠之事；稽勋司，掌勋级、名籍、丧养之事；考功司，掌官吏考课、黜陟之事。

户部　尚书一人，左、右侍郎各一人。掌天下人民户口、田赋、征役、经费之政令。分为十三清吏司，各掌其分省之事，兼领所分两京、直隶贡赋，及诸司、卫所禄俸，边镇粮饷，及各仓场盐课、钞关。所谓十三省者，浙江、江西、湖广、陕西、广东、山东、福建、河南、山西、四川、广西、贵州、云南是也。各置郎中一人，员外郎一人，主事二人。各清吏司分四科：民科，掌所属省府州县地理、人物、图志、古今沿革、山川险易、土地肥瘠宽狭、户口物产多寡登耗之数；度支科，掌会计夏税、秋粮、存留、起运及赏赉、禄秩之经费；金科，掌市舶、鱼盐、茶钞税课及赃罚之收折；仓科，掌漕运、军储出纳料粮。

礼部　尚书一人，左、右侍郎各一人。掌礼乐、祭祀、封建、朝贡、宴飨、贡举之政令。其属有四，各置郎中一人，员外郎一人，主事一人。仪制司，掌诸礼文、宗封、贡举、学校之事；祠祭司，掌诸祀典及天文、国恤、庙讳之事；主客司，掌诸蕃朝贡、接待、给赐之事；精膳司，掌宴飨、牲鱼、酒膳之事。

---

① "古"，原作"左"，今据《明史》改。

兵部　尚书一人，左、右侍郎各一人。掌天下武卫官军选授、简练之政令。其属有四，各设郎中一人，员外郎一人，主事二人。武选司，掌卫、所士官选授、升调、袭替、功赏之事；职方司，掌地图、军制、城隍、镇戍、简练、征讨之事；车驾司，掌卤簿、仪仗、禁卫、驿传、厩牧之事；武库司，掌戎器、符勘、武学、薪隶之事。

刑部　尚书一人，左、右侍郎各一人。掌天下刑罚之政令。以十三清吏司分领，如户部。

工部　尚书一人，左、右侍郎各一人。掌工役、农田、山泽、河渠之政令。其属有四，各设郎中一人，员外郎一人，主事二人。营缮司，掌经营兴作之事；虞衡司，掌山泽采捕、陶冶之事；都水司，掌川泽、波池、桥道、舟车、织造、券契、量衡之事；屯田司，掌屯种、抽分、薪炭、夫役、坟茔之事。

以上六部，除分司治事外，又各设司务厅，置司务二人，以总理不属于各司之事务。

都察院　掌纠劾百司、辨明冤枉、提督各道之事。置左、右都御史，左、右副都御史，左、右签都御史。属官设经历司，经历一人，都事一人。司务厅，司务二人。照磨所，照磨、检校各一人。司狱司，司狱一人。十三道监察御史一百十人，纠察内外百司之官邪，或露章面劾，或封章奏劾。浙江、江西、河南、山东各十人，福建、广东、广西、四川、贵州各七人，陕西、湖广、山西各八人，云南十一人。其在外加都御史或副、签都御史衔者，有总督，有提督，有巡抚，有总督兼巡抚，提督兼巡抚，及经略、总理、赞理、巡视、抚治等员。

通政使司　掌受内外章疏敷奏、封驳之事。置通政使一人，左、右通政二人，左、右参议二人。

大理寺　掌审谳、平反、狱讼之事。置卿一人，左、右少卿各一人，左、右寺丞各一人。属官则司务厅，司务二人，左、右二寺，各寺正一人，寺副二人，评事四人。

太常寺　掌祭祀、礼乐之事。置卿一人，少卿二人，寺丞二人。属官则典簿厅，典簿二人，博士二人，协律郎二人，赞理郎九人，司乐二十人。天、地、朝日、夕月、先农各坛，帝王庙、祈谷殿各祠祭署，奉祀一人，祀丞二人，牲牺所，吏目一人。

光禄寺　掌祭享、宴劳、酒醴、膳羞之事。置卿一人，少卿二人，寺丞二人。属官则典簿厅，典簿二人，禄事一人。大官、珍羞、良酝、掌醢四署，各置正一人，丞四人，监事四人。司牲司，大使一人，副使一人。司牧局，大使一人。

太仆寺　掌牧马之事。置卿一人，少卿二人，寺丞四人。属官则主簿厅，主簿一人。常盈库，大使一人。牧监，监正一人，监副一人，录事一人。各群，群长一人。

鸿胪寺　掌朝会、宾客、吉凶、仪礼之事。置卿一人，左、右少卿各一人，左、右寺丞各一人。属官则主簿厅，主簿一人。司仪署、司宾署，各丞一人，鸣赞八人，序班十四人。

国子监　掌国学诸生训导之事务。置祭酒一人，司业一人。属官则绳愆厅，监丞一人。博士厅，《五经》博士五人。率性、修道、诚心、正义、崇志、广业六堂，助教十五人，学正十人，学录七人。典簿厅，典簿一人。典籍厅，典籍一人，掌馔厅，掌馔二人。

钦天监　掌察天文、定历数、占候、推步之事。置监正一人，监副二人。属官则主簿厅，主簿一人，春、夏、中、秋、冬官各一人，五官灵台郎八人，五官保章正二人，五官挈壶正二人，五官监候三人，五官司历二人，五官司晨八人，漏刻博士六人。

上林苑监　掌苑囿、园池、牧畜、树种之事。置左、右监正各一人，左、右监副各一人，左、右监丞各一人。属官则典簿厅，典簿一人。良牧、蕃育、林衡、嘉蔬四署，典署各一人，署丞一人，录事一人。

尚宝司　掌宝玺、符牌、印章之事。置卿一人，少卿一人，司丞三人。

行人司　掌捧节、奉使之事。置司正一人，左、右司副各一人，行人三十七人。

詹事府　掌统府、坊、局之政事，以辅导太子。置詹事一人，少詹事二人，府丞二人。主簿厅，主簿一人，录事二人，通事舍人二人。左春坊大学士、左庶子、左谕德各一人。

翰林院　掌制诰、史册、文翰之事，以考议制度，详正文书，备天子顾问。凡经筵日讲，纂修实录、玉牒、史志诸书，编纂六曹章奏，皆奉敕而统承之。置学士一人，侍读学士二人，侍讲学士二人，侍读、侍讲各二人，《五经》博士九人，典籍二人，侍书二人，待诏六人，孔目一人。史馆修撰、编修、检讨、庶吉士，无定员。

太医院　掌医疗之法。置院使一人，院判二人。属官则御医四人，吏目一人。生药库、惠民药局，各大使一人，副使一人。

僧、道录司　掌天下之僧道。分僧录、道录两司。僧录司，置左、右善正二人，左、右阐教二人，左、右讲经二人，左、右觉义二人。道录司，置左、右正二人，左、右演法二人，左、右至灵二人，左、右玄义二人。

按：洪武元年，立善世、元教二院。四年，废之。十五年，始置僧录司、道录司，隶礼部。

中、东、西、南、北五城兵马指挥司　掌巡捕盗贼，疏理街道、沟渠及囚犯、火禁之事。各指挥一人，副指挥四人，吏目一人。

以上为中央文官之大略。此外，宦官十二监、女官等，非处理国家政务者，兹不赘及。

中央武官则有中、左、右、前、后之五都督，京卫、京营诸官，分述如下。

中军、左军、右军、前军、后军五都督府　掌军旅之事。每府有左、右都督，都督同知，都督佥事。属官则经历司，经历、都事各一人。

京营　永乐二十二年，置三大营，五军营、神机营、三千营是也。五军、神机，各设中军、左右哨、左右掖；五军、三千各设五司。景泰元年，选三营精锐立十团营。成化三年，为十二团营。每营各分五军、三千总骑兵、神机统火器，以总督统辖之。嘉靖二十年，废团营，并三大营，以三千为神枢，设副、参、游、佐、坐营、号头、中军、千把总等官，而总以提督总兵官一人。后，改提督为总督。隆庆之初，又改称提督。四年，改京营之制，三营各置提督，设左、右都御史一人。

京卫　分上直卫，南、北京卫。置京卫指挥使司，有指挥使一人，指挥同知二人，指挥佥事四人。镇抚司，镇抚二人。其属则经历司，经历、知事、吏目、仓大使、副使各一人。

以上为明代中央官制之大略。永乐初，迁政府于北京，然仍南京之旧，而以北京为行在。十八年，官署始悉移北京，而以在南之官加南京两字，以示区别。然诸官自是政务不属，等于虚设矣。

第二款　地方官制

有明地方行政区划最下级为县，县之上有州有府，州府之上有省，以省为地方行政区划之最上级。省，凡十三。十三省之外，有南、北直隶。各省之长官，分承宣布政使司、提刑按察使司二署。承宣布政使司，处理一省之行政事务，职员如下。

左、右布政使各一人，左、右参政，左、右参议，无定员。经历司，经历一人，都事一人。照磨所,照磨一人,检校一人。理问所,理问一人,副理问一人,提控案牍一人。司狱司,司狱一人,库大使一人,副使一人。仓大使一人,副使一人。杂造局、军器司、宝泉局、织染局,各大使一人,副使一人。

提刑按察使司,处理一省之司法事务,职员如下。

按察使一人,副使、佥事,无定员。经历司,经历一人,知事一人。照磨所,照磨一人,检校一人。司狱司,司狱一人。

府　知府一人,同知、通判无定员,推官一人。属官则经历司,经历一人,知事一人。照磨所,照磨一人,检校一人。司狱司,司狱一人。知府,掌理一府之行政、司法事务,即宣风化,平狱讼,均赋役,以教养百姓为任。明初,诸路有府。洪武六年,分府为三:粮二十万石以上为上府;二十万石以下为中府;十万石以下为下府。宣德三年,天下之府,凡一百五十九云。

州　知州一人,同知、判官无定员,其属有吏目一人。知州,掌一州之事务。州,凡二百三十四。州有二:一属州,二直隶州。属州视县,直隶州视府,而品秩则同。

县　知县一人,县丞二人,主簿一人,属官则典史一人。知县,掌一县之事务。吴元年,县分三等:粮十万石以下为上县;六万石以下为中县;三万石以下为下县。县之数,凡一千一百七十一。

当时,京师有顺天府尹,掌理京师之行政、司法事务。府尹之外,有府丞一人,治中一人,通判六人,推官一人,儒学教授一人,训导一人。属官则经历司,经历一人,知事一人;照磨一人,检校一人。所辖,宛平、大兴二县,各知县一人。

以上地方文官外,又有武官,分镇守、分守、守备、提督、提调、巡视、备御、领班、备倭等官。镇一方者曰镇守,镇一路者曰分守,守一城者曰守备。其镇守总兵、副总兵,皆以公、侯、伯、都督充之,称曰将军。总兵、副总兵以下,有参将、游击、把总等官。

留守司　掌理中都、兴都守备防护之事。正留守一人,副留守一人,指挥同知二人。属官则经历、都事;断事司,断事、副断事。

都指挥使司　掌一方之军政。都指挥使一人,同知二人,佥事四人。属官则经历、都事、断事、副断事、吏目各一人。都司,凡十有三。宣德中,增为十六。

此外,尚有卫指挥使司、千户所等武官,兹不详述。

第三节　兵　　制

有明兵制,自京师达于郡县,皆立卫所,外统之都司,内统于五军都督府,而上十二卫为天子亲军者不与焉。征伐则命将充总兵官,调卫所军领之;既旋,则将上所佩印,官军各回卫所。盖得唐府兵遗意。公、侯、伯皆领都督,以统禁兵。后又以文臣或内臣提督京营。外设卫所都指挥使司,以辖镇守之军。征戍则又设总兵、副将、参将、游击之属。文臣统兵者,或为经略,或为总督、巡抚及兵备道、清军、同知之属参、游等官。明初,勋臣尚充任之,后则仅充两广、湖广、漕运三总兵。又次第皆革总兵。或挂将军印,或不挂印①,皆曰总兵。征伐

① “或不挂印”,疑为阙漏,今据《大明会典》增之。

之事，公、侯、伯充总兵，名曰挂印将军。其在外镇守地方武臣，原无挂印。自洪熙元年，始颁各镇总兵、参将佩印。初制总兵无专官，有事则命将，事已则归；后因边境多事，遂留镇守，致成专官。沿及末季，京营全任中官，外镇必设监视，一代弊政，莫此为甚矣。并就明代兵制之大略，分为(1)侍卫上直军，(2)京营，(3)卫所兵(在京师者称京卫，在地方者称卫兵)三种，述之如下。

疏 明初，立大都督府，皇侄朱文正为大都督，节制中外诸军事，以其权太重，寻设左右都督、都督同知、都督佥事。洪武十三年，又以其统于一衙门，设中、左、右、前、后五都督府，分领在京各卫所，在外都司卫所。其在京锦衣等亲军上直卫，又不隶五府。若有征讨之役，以公、侯、伯及三等直署都督，充总兵官，名曰挂印将军。其在外镇守地方武臣，原无挂印。洪熙元年，始颁各镇总兵、参将佩印。总兵六人，参将四人。后设苏州、淮安总兵，皆在畿内，不得挂印称将军。

侍卫上直军　乃天子之亲军。太祖洪武时，改亲军都尉府，隶中、左、右、前、后卫。十五年，置锦衣卫，所属有南、北镇抚司、十四所，又有将军、力士、校尉等，掌直驾侍卫、巡察缉捕。其后，又择公、侯、伯、都督、指挥之嫡次子，置勋卫、散骑舍人及府军前卫等十二卫。十二卫者，锦衣卫、旗手卫、金吾前卫、金吾后卫、羽林左卫、羽林右卫、府军卫、府军左卫、府军右卫、府军前卫、府军后卫、虎贲左卫是也。永乐中，又加金吾左卫、金吾右卫、羽林前卫、燕山左卫、燕山右卫、燕山前卫、大兴左卫、济阳卫、济州卫、通州卫十卫，共为二十二卫。至宣德，更加腾骧、武骧左右京四卫，为二十六卫矣。诸卫中惟锦衣卫以兵兼刑，且与中官相羽翼，故其权至后而积重。四卫营亦以听御马监提调，故亦称要焉。

京营　分为五军、三千、神机三种。其制备于永乐。初，太祖置大都督府，节制中外诸军。后分为前、后、中、左、右五军都督。洪武四年，凡二十万七千八百余人。成祖增京卫为七十二。又分步骑军为中军，左、右掖，左、右哨五军。岁调中都、山东、河南、大宁兵番上京师隶之。设提督内臣一，武臣二。既而，得边外降卒三千人，立营，分五司，称三千营。后征交趾，得火器之法，立营习之，即神机营是也。自是以来，京营三大营之制始备。景帝时，于诸营选胜兵十万，分十营团练，每营置都督；其余之军归本营，称曰老家。宪宗增为十二营团练，即四武营、四勇营、四威营是也。当时，京营有七万五千人。至武宗，十二营锐卒减为六万五百余人。其后，又立两官厅，选团营、勇士等充之；而十二团营亦为老家矣。武宗崩时，在兵籍者三十八万余，而实存者十四万，选之仅得二万余人。当时，团营常操劳役，故工作之事繁，而军事练习之时少，名虽团营，而实与田夫无异也。至世宗，乃大行改革，废团营、两官厅，复三大营之制。改三千为神枢；又以四武营归五军营，中军四勇营归左、右哨，四威营归左、右掖。各设坐营官一人。募兵于畿辅、山东、山西、河南，得四万人，分隶神枢、神机。在京之各卫军，俱分隶三营。分为三十三营，合为三大营。设副将、参将、游击将军、佐击将军、坐营官、号头官等，而总以提督总兵官一人。后改提督为总督，又有侍郎一人。

卫所兵　太祖时，置武德、龙骧、豹韬、飞熊、威武、广武、兴武、英武、鹰扬、骁骑、神武、雄武、凤翔、天策、振武、宣武、羽林十七卫亲军指挥使司。以五千人为指挥，千人为千户，百人为百户，五十人为总旗，十人为小旗。既而，一郡设所，连郡者设卫。五千六百人为卫，千一百二十人为千户所，百二十人为百户所。所设总旗二，小旗十。其兵，有从征、归附、谪发等名。从征者,诸将所部之兵,既定其地,因以留成者之谓也。归附者,胜国及僭伪之诸降卒之谓也。谪发者,以罪被谪因以为兵之谓也。洪武三年,以杭州以下四卫为都卫,又置河南以下四都卫。八年,改在京留守都卫为留守卫指挥使司,以在外都卫为都指挥使司,凡十有三。又有行都指挥使司二,隶大都督府。当时,都指挥使,与布政使、按察使,并称三司,为封疆之大吏。初,洪武二十六年,定天下都司卫所,都司十七,留守司一,内外卫三百二十九,守御千户所六十五。至成祖,多所改增。其后都司二十一,留守司二,内外卫四百九十三,守御、屯田、群牧、千户所三百五十九云。

疏 王圻曰,按明初破陈友谅舟师二十万,取姑苏二十万,平中原二十五万,下云南三十万,冯国公北征三十万,乃出战一方如此。建文初,李景隆北征兵百万。至永乐中,命淇国公以十万骑出征,步骑五十万,而讨安南兵,又八十万,一时兵力之盛,雄视千古。自嘉靖八年,桂萼上天下兵籍,仅九十七万。至胡松考舆地,又止八十四万五千八百而已。然此又虚数也。今西北骑少渐不支,而东南拒倭征苗,全籍调狼土募民兵而已,不能得一卒之用也。此无他,北兵之所以削者,日耗于攻战,而疲敝于调发;中土及东南之所以削者,上班也,运粮也,屯政之不修也。

第四节 法典编纂制度

明太祖吴元年,始定律令。初,帝以唐宋皆有成律断狱,惟元不仿古制,取一时所行之事为条格,胥吏易为奸弊;命左丞相李善长[①]等二十人详定,谕之曰:"立法贵在简当,使言直理明,人人易晓。若条绪繁多,或一事而两端,可轻可重,使奸贪之吏,得以夤缘为奸,则所以禁残暴者,反以贼良善,非良法也。"又谓台省官曰:"元时条格繁冗,所以其害不胜。且以杀人罪言之。谋杀、故杀、斗殴杀,皆死罪,何用如此分析?但误杀有可议者,要之与戏杀、过失杀亦不大相远。今立法正欲矫其旧弊,归于简严。简则无出入之弊,严则民知畏而不敢轻犯。尔等其体此意。"十二月,书成。帝与廷臣复阅视之,去烦就简,减重从轻,刊布中外。律令凡分六部,即吏律、户律、礼律、兵律、刑律、工律,吏令、户令、礼令、兵令、刑令、工令是也。

时律令初行,帝谓大理[②]卿周桢等,曰:"律令之设,所以使人不犯法。田野之民,岂能悉晓其意?有误犯者赦之,则废法;尽法则无民。尔等前所定律令,除礼乐、制度、钱粮、选法之外,凡民间所行事宜,类聚成编,直解其义,颁之郡县,使民家喻户晓焉。"吴元年十二月,乃作《律令直解》,颁行郡县。

洪武六[③]年,刊《律令宪纲》。是年,又定《大明律》,篇目一准《唐律》,为禁卫、职制、户婚、厩库、擅兴、盗贼、斗讼、诈伪、杂律、捕亡、断狱、名例等十二律,凡六百六条,分为三十卷。由刑部尚书刘惟谦撰辑而成。惟此律令已不传,即明代亦不遵用之。十八年,太祖见众民往往犯罪,乃辑各种过犯条为《大诰》。二十二年,更定《大明律》,凡三十卷,四百六十条,即今所传之《大明律》也。其篇目如下。

① "长",原作"良",今据《明史》改。
② "理",原作"礼",今据《明史》改。
③ "六",原作"元",今据《明史》改。

疏 按:洪武元年,中书御史台,进所修大明律令,颁行天下。先是命李善长等为令一百四十五条上之。太祖曰:“律令者,治天下之法也。令以教之于先,律以齐之于后。古之律令至简,后世渐繁多,至有不能通其义者,何以使人知法意而不犯哉?令既难知,是启吏之奸,而陷民于法,朕甚悯之。今所建律令,芟繁就简,使之归一,直言其事,庶几易知而难犯。书曰:‘刑期于无刑’。天下果能遵令而不犯于律,刑措,斯亦不难矣。”

又按:洪武六年,命刑部尚书刘惟谦、学士宋濂等,更定《大明律》。先是李善长等详定律令,轻重颇乖。上乃命濂等同刑部官,凡四人,讲《唐律》。每一篇成,辄缮写以奏,上亲为裁定,务协厥中。明年成律,其篇目一准之于唐。

又按:太祖之于律令,草创于吴元年,更定于洪武六年,整齐于二十二年,至三十年始颁示天下;日久而虑精,故简核过于《唐律》,而宽厚则不如宋法。

《名例律》一卷。

《吏律》二卷:职制、公式。

《户律》七卷:户役、田宅、婚姻、仓库、课程、钱债、市廛。

《礼律》二卷:祭祀、仪制。

《兵律》五卷:宫卫、军政、关津、厩牧、邮驿。

《刑律》十一卷:盗贼、人命、斗殴、骂詈、诉讼、受赃、诈伪、犯奸、杂犯、捕亡、断狱。

《工律》二卷:营造、河防。

此外,附以五刑图、丧服图,比之《唐律》,稍复杂矣。

洪武三十年五月,作《大明律诰》成。帝谕群臣曰:“朕仿古为治,明礼以导民,定律以绳顽,刊著为令。行之既久,犯者犹众,故作《大诰》以示民,使知趋吉避凶之道。古人谓刑为祥刑,岂非欲民并生于天地间哉!然法在有司,民不周知,故命刑官取《大诰》条目,撮其要略,附载于律,编次成书,刊布中外。”次年复为《续编》、《三编》,皆颁学宫,以课士,里置塾师教之。囚有藏《大诰》者,罪减等。于时,天下有诵读《大诰》师生来朝者十九万余人,并赐钞遣还。自《律诰》出,而《大诰》所载诸峻令,未尝轻用。其后罪人率援《大诰》以减等,亦不复论其有无矣。

孝宗弘治十五年,《大明会典》编纂告成。武宗正德五年,重校刊行之。其书则《六典》,以官职为纲,而以各部所属之法规集载之,凡百八十卷。其体裁与《六典》等无异,内容丰富,为有明惟一之成文法典也。

第五节 刑　　制

有明刑制多因唐旧,兹分述如下。

(一) 刑名

明之刑名与唐同,分述五种。

笞刑五:十、二十、三十、四十、五十。

杖刑五:六十、七十、八十、九十、一百。

徒刑五:一年、一年半、二年、二年半、三年。

徒刑更有附加刑:一年杖六十,一年半杖七十,二年杖八十,二年半杖九十,三年杖一百。

流刑三:二千里、二千五百里、三千里。

流刑之附加刑,均为杖一百。此外尚有仿唐之加役流,发边充军之事。

死刑二:绞、斩。

以上虽为有明之刑名,然此外如刺字、如磔等类刑罚,亦恒用之。刺字即鲸也,多科盗罪,于左、右小臂膊刺"抢夺"或"窃盗"之文字。磔则用于大逆之罪。

(二) 刑之执行

凡笞用笞、杖。笞①,大头径二分七厘,小头径一分七厘;杖,大头径三分二厘,小头径二分二厘。皆长三尺五寸,削节,以小头打臀部。

徒刑,在湖广省所属之江北府州县,则发兴国之铁炉拘役之;江南府州县,则发黄梅之铁炉拘役之;江西省所属之江东府州县,则发新喻之铁炉;江西府州县,则发进贤铁炉;浙江省所属者,则发两淮盐运司所属之盐场;江淮省所属者,则发西浙盐运司所属之盐场;直隶之江北府州县,则发两浙盐运司所属之盐场;江南之府州县,则发两淮盐运司所属之盐场。

流刑,不问江南北之人,皆发两广、福建烟瘴之地安置之;上项烟瘴地附近州府之人民,则送于迤北边塞之地。

囚人在狱舍皆分男女,立男房、女房,各别监禁之。所着枷杻,常加洗涤。狱舍内,冬设暖匣,夏备凉浆。枷长五尺五寸,头阔一尺五寸。死囚枷重二十五斤,流罪囚二十斤,杖罪十五斤,皆以干木作之,长短轻重,刻志其上。杻长一尺六寸,横阔三寸,厚一寸。铁索长一丈,镣连镮重三斤。囚人病重时,验实后,给药疗之。除死罪外,皆解枷杻,许亲戚入内看护之。笞罪以下,得保释出外治之。

又有责付之制。凡妇人除犯恶逆、奸盗、杀人之罪需入监外,其余杂犯,则责付有服之宗亲,即由宗亲收之,以待判决。

(三) 刑之适用

刑之加重、减轻,亦与唐无大差异。而刑之适用,因人而异,亦与唐制相同,但较唐制殊其轻重耳。兹略举如次。

斗殴人者,笞二十。	唐,笞四十。
奴婢与主斗者,斩。	唐,绞。
妻殴夫者,杖一百。	唐,徒一年。
殴夫之祖父母、父母者,斩。	唐,绞。
殴祖父母、父母者,斩。	唐亦同。

十恶之制亦与唐同。其加重亦无所异,惟其刑罚则有轻重之差耳。如三犯加重之例:凡盗贼犯徒三次者,唐流二千里,明则更加重为绞。刑之减轻,如八议之制,亦与唐同。但受减轻者颇有限制,如五品以上之父母、妻子,虽得沐此特典,而六品以下者则否。

赎金之制,明亦有之。凡年七十以上,十五以下,及笃、废、残疾者,犯笞、杖、徒、流罪,皆许赎。此外,妇人犯罪,仅犯徒、流者,杖一百,余罪使出赎金。文武官犯公罪,军官犯私罪,仅在笞四十以下者,许赎。

① "笞",原阙漏,今据《明史》增之。

疏 明太祖洪武六年，工部尚书王肃坐法当笞，太祖曰："六卿之职，不宜以细故加辱。"命以俸赎罪。后百官有过，皆许俸赎，盖始此。

此外自首减轻，及加减例亦与唐同，兹不赘述。

（四）刑之消灭

凡犯人死亡或刑之执行完毕及恩赦之时，俱为刑之消灭。然诸奸邪进谗言及教唆杀人者，不在大赦之列；又强盗，谋、故杀，亦然。窃盗，并免刺字。

疏 按：明太祖洪武元年，诏大赦天下，与民更始，惟十恶不原。仁宗时，立赦条十五，皆杨士奇草制。凡先世弊政不便于民者，一切援遗诏或登极诏革除之。

（五）犯罪

犯罪分公罪、私罪，与唐宋同。其共犯罪、数罪俱发之科刑，亦然。

第六节 学　　制

当时学校，在京有国子学、京卫武学、宗学，地方有府州县学校。兹分述如下。

国子学 太祖初定金陵，以元集庆路儒学为国子学。至洪武十四年，改建于鸡鸣山下。明年改学为国子监，设祭酒、司业及监丞、博士、助教、学正、学录、典籍、掌馔、典簿等官。分六堂，以馆诸生，曰率性、修道、诚心、正义、崇志、广业。学旁以宿诸生，谓之号房。厚给廪饩，岁时赐布帛文绮、袭衣巾靴。正旦元宵诸令节，俱赏节钱。孝慈皇后积粮监中，置红仓二十余舍，养诸生之妻子。历事生未娶者，赐钱婚聘，及女衣二袭，月米二石。诸生在京师岁久，父母存，或父母亡而大父母、伯叔父母存，皆遣归省，人赐衣一袭，钞五锭，为道里费。其教之之法，每旦，祭酒、司业坐堂上，属官自监丞以下，首领则典簿，以次序立。诸生揖毕，质问经史，拱立听令。惟朔望给假，余日升堂会馔①，乃会讲、复讲、背书，轮课以为常。所习自《四子》本经外，兼及刘向说苑及律令、书、数、《御制大诰》。每月试经、书义各一道，诏、诰、表、策论、判、内科二道。每日习书二百余字，以二王、智永、欧阳、虞、颜、柳诸帖为法。每班选一人充斋长，督诸生功课。衣冠、步履、饮食，必严饬中节。夜必宿监，有故而出，必告本班教官，令斋长师之，以告祭酒。监丞置集愆簿，有不遵者书之，再三犯者决责，四犯者至发遣安置。其堂宇宿舍，饮馔澡浴，俱有禁例。省亲、毕姻回籍，限期以道里远近为差。违限者谪远方典史，有罚充吏者。

六堂诸生，有积分之法，司业二员分为左右，各提调三堂。凡通《四书》，未通经者，居正义、崇志、广业。一年半以上，文理条畅者，升修道、诚心。又一年半，经史兼通、文理俱优者，乃升率性。升至率性，乃积分。其法，孟月试本经义一道，仲月试论一道，诏、诰、表、内科一道，季月试本经史策一道，判语二道。每试，文理俱优者，与一分；理优文劣者，与半分；纰缪者无分。岁内积八分者为及格，与出身。不及者，仍坐堂肄业。如有才学超异者，奏请上裁。

初，命品官子弟及民俊秀通文义者充国子学生，其后高丽、日本、琉球、暹罗诸国，皆有官生入监读书，朝廷辄加厚赐，并给其从人。而云南、四川等土官，亦遣子弟民生入监，给赐与日本诸国同，监前别造房百间居之。永、宣间，诸国来学者络绎不绝。迄正德、嘉靖时，琉球生犹有

① "馔"，原作"课"，今据《明史》改。

至者。

疏 《通考》:太学初设大本堂,即命功臣子弟徐允恭等入,从东宫亲王讲读。洪武五年,令年幼公侯伯及武官子弟初承袭者,皆入国子学肄业。十八年,又谕:"武臣从朕[1]定天下,以功世禄。其子弟长于富贵,鲜知问学。宜令读书,知古今,识道理。俟有成立,然后命官,庶几得其实用也。昔霍光功非不高,而子孙横肆,卒致灭亡者,不学故也。郭子仪功盖天下,位极人臣,而心常谦退,福及后嗣者,识道理也。今武臣子弟,但知习武事,特患在不学耳。"

国子监生有志吏务者,得付诸司习吏务,名历事生。洪武时,吏部置四十一名,户部五十三名,礼部十三名,大理寺二十八名,通政司五名,行人司四名,五军都督五十名,称曰正历。又有杂历:户部十名,礼部十八名,兵部二十名,刑部十四名,工部八名,都察院十四名,大理寺、通政司共四名,随御史出巡者有四十名。其他有诸色办事。洪武二十六年,擢监生六十四人,充布政使等官。成祖永乐五年,选监生三十八人隶翰林院,使习四夷译书,其后有自其中擢而为给事中、御史者。仁宗之时,六科给事中,悬缺甚多,诸生颇望补之,而帝不许也。宣宗之时,以教官缺乏,曾选用监生三百八十人。故国子监生数擢显官,当时甚重视之。及后开纳粟之例,遂为世所轻矣。

京卫武学 英宗正统六年所置,以教武官子弟。分居仁、由义、崇礼、宏智、敦信、劝忠六斋,各置教授、训导一人。凡武官子弟在十岁以上者入之。

宗学 武宗正德十四年,定宗学教习之制。至神宗万历[2]十年,宗室之子,年十岁以上者入宗学。若宗子过多时,分置教师,于宗室中举一人为宗正总管之,寻增宗副二人。俾学生诵习《皇明祖训》、《孝顺事实》、《为善阴骘》等书。此外,四书五经、史鉴性理,亦兼习之。

疏 《通考》[3]:明武宗正德十四年,令吏部于各王府长史、纪善、伴读、教授等官,务择学行优长、堪为师范者除授。凡世子、众子、长子、将军、中尉等官子未弱冠者,各随资质,严立课程,教养如法,不得虚应故事。抚按、提学等官,访其贤否勤惰以闻。万历十年,题准凡宗之子,年十岁以上者,俱入宗学。其师即以本府教授、纪善等官,选取学行俱优者充之。若宗生众多,则置教师,或于宗室中举一人为宗正,主领其事。各生俟年至十五,许照例请封。

府、州、县学 太祖洪武二年十月,诏天下府、州、县皆立学。时国子生至者甚众,帝锐意作兴,谕中书省臣曰:"古昔帝王育人材,正风俗,莫先于学校。至元而其弊极矣。上下波颓风靡,学校虽设,名存实亡。兵乱以来,人习斗战,惟事干戈,莫识俎豆。欲兴化何由?今朕统一天下,虽内设国子监,恐不足尽延天下之英俊。宜[4]令天下郡县并建学校,延师儒,招生徒,讲道论德,以复先王之旧。"于是,府学设教授一员,训导四员;州设学正一员,训导三员;县设教谕一员,训导二员。生员,府学四十人,州、县以次减十人。仍免其家徭役二丁。生员专治一经,以礼、乐、射、御、书、数设科分教,务求实材。顽不率教者,黜之。

宣宗宣德元年,定增广生员额。洪武初,生员虽定额,至二十年,即命增广,不拘额数。至是定制:在京府学六十人,在外府学四十人,州三十人,县二十人。于是初设食廪者,谓之廪膳

① "朕",原作"臣",今据《明太祖宝训》改。
② "万历",原阙漏,点校者据上下文增补。
③ "考",原作"老",疑为印刷错误。此处应指《续文献通考》。
④ "宜",原作"其",今据《明史》改。

生员,增广者谓之增广生员。英宗正统十二年,凤阳府知府杨瓒,言民间子弟可造者众,宜增置生员,毋限额。帝纳瓒言,令于额外增取,附于诸生之末,谓之附学生员。凡初入学者,皆谓之附学。廪膳、增广则以岁科两试等第高者补充之。非廪生久次者,不得充岁贡。

宪宗成化三年,诏提学官躬历各学,督率教官化导诸生。先是英宗正统六年,令提学官置簿稽考生员所业。提学官所至,察提调勤怠,以书其称否。生员不率教者,黜之。至是仍令置簿考验,其德行优、文艺赡、治事长者,列上等簿;或有德行而劣于经义,或有经义而短于治事者,列二等簿;经义虽优,治事虽长而德行或缺者,列三等簿。岁课月考,循序而上,非上等不许科贡。

当时,州、县学外,辽东有诸卫学,洪武十七年所立也。以武臣子弟久居边境,鲜闻礼教,恐渐移其性,今使之诵诗书,习[1]礼义,非但可以造就其才,他日亦可资用也。自后各卫皆以次设学。

又有社学,洪武八年所设也。是年诏曰:"昔成周之世,家有塾,党有庠,故民无不知学。是以教化行而风俗美。今京师及郡县皆有学,而乡社之民,未睹教化。有司宜更置社学,延师儒以教民间子弟,导民善俗,称朕意焉。"于是乡社皆置学,令民间子弟兼读《御制大诰》及本朝律令。二十年,令社学子弟读诰、律者赴京,礼部较其所诵多寡,次第给赏。正统元年,俊秀者许补儒学生员。孝宗弘治十七年,民间幼童年十五以下者,令送社读书,讲习冠婚丧祭之礼。

当时,地方又有书院,集生徒讲读,分官立、私立两种。后世私立最多,势力最大。初,太祖即位,立洙泗、尼山二书院,各设山长一人。宪宗成化二十年,江西贵溪县建象山书院。孝宗弘治元年,江南常熟县修学道书院。武宗正德元年,江西德化县设濂溪书院。而当时各省皆有书院,官不之禁。及世宗嘉靖十七年,有告湛若水倡异学,广收无赖之徒,私建书院以惑世者,于是下令毁其书院。而他处亦多有继之者。然其后私创者仍不绝,如京师之首善书院。江南之东林书院,其尤著也。东林书院原为无锡书院,宋儒杨时所建,后废为僧寺。万历中,顾宪成就其地立龟山祠,同志者构精舍居之,而高攀龙等讲学其中,声明藉甚,士争趋焉。

第七节　救恤制度

洪武元年七月,振恤中原贫民。二十七年,定《灾伤散粮则例》,大口六斗,小口三斗,五岁以下不与。至成祖永乐二年,又定《苏松诸府水济给米则例》,大口一斗,六岁至十四岁六升,五岁以下不与;每户有大口十口以上者,只与一石。其不系全灾,内有缺食者,则定为《借米则例》。

宪宗成化六年十二月,遣使十四人,分振畿辅。先是十月巡视北直隶都御史项忠,奏:"近京府县水灾,民居荡析,流移道路,困苦万状,请广施粜卖之法。如宋绍兴五年,米斗千钱,时参政孟庾尚书章谊,不抑米价,大出陈廪,每升止二十五文,既济于民,次年米贱,令诸路以钱收籴,后有赢余,载于史册,足为明验。今天津、涿州、真定、保定等路,各有大仓,并水次官粮,动以万计。乞敕户部会计各仓足支来岁夏初官军俸粮外,所余粮米,自今年十一月为始,各委所在州县官按月粜米三千石,每石五钱,麦减一钱,豆减一钱五分。凡有籴者,止于二石,至来年三月止。粮少者,许于附近粮多之仓多粜,以补其数。凡劝借搬运接济者,不在其数。候麦熟

[1] "习",疑为阙漏,今据《明史》增之。

米贱，即以所粜银布之类，每月准与官军买粮自给。其贫民无所籴者，仍验口减省振济。”部议如其请，而每石之价，则视所定者各加一分。制曰“可”。至是尚书姚夔言：“水、旱灾伤之余，米价腾贵，既发太仓米粟一百万石振粜，又虑振粜不及于无钱之家，敕有司勘贫难者，设法振济，京城之民，可保无虞矣。但在外州县饥荒太甚，村落中有四五日不举烟火，困卧待尽者，有食树皮草根，及因饥疫病死者，有寡妻只夫，卖男女及卖身者。朝廷虽有振济之法，有司奉行未至。且今冬少雪，则来岁无麦，事益难为。乞于顺天、河间、真定、保定四府州县灾伤诸处，遣廉干老成者十数人，敕每人责领二三州县官吏，沿村遍落，询审振济。有粮积者依时照口验放，无粮之处，听于附近仓分设法搬运。候春气和暖，即教民播种麦田，贫者给与牛具种子。凡空间之地，令其栽种椿、榆、槐、柳、桑、枣诸木，五、七年后，便可济用。俟明年麦熟，人得苏醒，果无他虑，奏闻回京有成效者，量加旌劳。此救荒之一策也。”诏从所请，分遣户部郎中桂茂之等十四人往振之。

世宗嘉靖二年，定市易诸法。凡城市、乡村诸色①牙行及船埠头，准选有抵业人户充应，官给印信文簿，附写客商、船户住贯姓名、路引字号、物货数目，每月赴官查照。私充者，杖。诸物行人评估物价，或贵或贱，令价不平者，计所增减之价论罪。买卖诸物，两不和同，而把持行市，专取其利；及贩鬻之徒，通同牙行，共为奸诈者，杖。若见人有所买卖，在旁高下比价，以相惑乱，而取利者，笞。凡私造斛斗秤尺及作弊增减者，提调官失勘者，其在市行使，不经司较勘印烙者，仓库官吏私自增减，监临官知而不举及失觉察者，凡造器用之物不坚固真实，及绢布等纰簿短狭而货卖者，各定罪有差。

疏 按：明代有赈贷群议十条：一议储蓄，二议停蠲，三议赈济，四议抚恤，五议平粜，六议发仓，七议倡义，八议煮粥，九议给粟，十议权宜。(详见《通考》)

第八节 交通制度

明代交通制度，即驿传之制度也。京师有会同馆，地方有马驿、水驿及递运所。此外，每十五里有急递铺。兹分述如下。

会同馆，初在南京。及永乐中迁都北京，会同馆亦迁之。置大使一人，副使二人，内副使一人，兼掌南馆。会同馆者，接待王府公差及四夷朝贡使臣之所也。依使臣之国，分南、北二馆。王府公差、辽东、建州女真、回回、西蕃、云南、贵州等属北馆；朝鲜、日本、安南等属南馆。馆常置马百七十一匹，驴百三十余头。外蕃朝贡之时，以此备用焉。

马驿者，置传马之所也。依驿而马数不定。要冲之处，分马八十匹、六十匹、三十匹三等。虽非要冲而当道路者，置马二十匹、十匹、五匹。上马一匹，备粮一百石；中马一匹，粮八十石；下马一匹，粮六十石。驿马必于马膊上挂小牌而记上、中、下之等级。每马着铜铃，驿站闻驿马铃声，即准备一切迅事传递。

驿马有官给与自备两种。自备者，于驿所属之府，使占田四十顷以上者，出上马一匹；二十顷以上者，出中马一匹；十顷以上者，出下马一匹。官给之马，生子时报官。自备之马生子时，

① “色”，原作“邑”，今据《续文献通考》改。

出卖与否听其自由。马夫则于其驿择适宜之人充之，而免其赋役。水驿亦因驿之不同，而所备船数不一。当通行之冲者，备二十艘、十五艘、十艘；其当支路者，则七艘、五艘。每船有水夫十名。

递运所者，掌管运送官物之船舶、车辆。与水驿同，其所设置之船艘不等。上者水夫十三名，中者十二名，下者十一名，或十名。车辆载米十石者，人夫三名，牛三头，布袋十；小车一辆载米三石者，人夫一名，牛一头。递运所之船只，俱用红油刷饰。每船挂牌，书记本船之字号、料数，其水夫姓名、樯舵、篙橹、铁锚等之事亦记载之，常使与船共存。船只什物有毁损者，则呈请官署修补之。

陆路每十五里有急递铺，每铺有铺司一人，铺兵四人。铺司，掌急递铺之事务。铺兵从事送递，就附近出丁粮一石五斗以上、二石以下者之中，择其少壮堪任事者充之，并免其行差役。

明自迁都北京以来，军国经费，多取给东南，故自东南迄北京间漕运之法，颇称详密。初，漕运之法以海运为主，由海道直达津沽，以至京师。永乐初，江南之粮，一由河道，一由淮河入黄河，至阳武陆运之，至卫辉再入卫河，经白河以至通州。此明代漕运之大略也。

罗　马　法

朱深　述　李良　疏

罗马法目录

弁言　罗马法沿革及研究之概略…… 230
第一　罗马法沿革之概略…… 230
第二　罗马法研究之略史(中古以后)…… 233

第一编　总　论

第一章　法律…… 239
第二章　法律之分类…… 241
第三章　法律之解释…… 245
第四章　权利…… 246

第二编　人之法

第一章　人…… 249
第一节　人之概念…… 249
第二节　人格…… 249
第三节　人格之丧失及变更…… 250
第四节　声名之损失…… 251
第五节　人之生死…… 251
第一款　人之生…… 251
第二款　胎儿…… 252
第三款　人之死…… 252
第六节　行为能力…… 253
第一款　年龄…… 253
第二款　男女之别…… 254
第三款　精神病者…… 254
第四款　浪费者…… 255
第七节　完全人格者及其他…… 255
第一款　自由人…… 255
第二款　奴隶…… 256
第一项　总说…… 256

第二项 奴隶之发生及其种类 …… 257
第三项 奴隶之解放 …… 257
第四项 被解放者之权利义务 …… 259
第五项 附地耕夫(庄头) …… 260
第八节 住所 …… 260
第二章 罗马市民及外国人 …… 260
第三章 家长与①家属 …… 261
第一节 家长权之性质及作用 …… 262
第二节 家长权之发生 …… 263
第三节 家长权之丧失 …… 266
第四节 家属之特有财产 …… 267
第五节 家属与奴隶之差 …… 267
第四章 婚姻 …… 268
第五章 夫妇之财产关系 …… 272
第一节 嫁资 …… 272
第二节 婚礼(聘金) …… 274
第六章 婚姻之解除 …… 274
第一节 离婚之原因 …… 275
第二节 离婚之程序 …… 277
第三节 离婚之结果 …… 277
第七章 独身者及无子者 …… 278
第八章 亲族 …… 278
第一节 宗族与血族 …… 278
第二节 亲等计算法 …… 279
第三节 宗族、血族以外关于亲族之规则 …… 279
第九章 监护制度 …… 280
第一节 监护人 …… 280
第一款 监护人之种类 …… 280
第二款 监护人之②设定方法 …… 280
第三款 监护人之资格 …… 281
第四款 监护人之职掌 …… 281
第五款 监护之终了 …… 282
第二节 财产管理 …… 282
第十章 法人 …… 283

① "与",原作"及",今据正文改。
② "之",原厥漏,今据正文增之。

第十一章 法律行为 284
第一节 概说 284
第二节 意思表示 285
第三节 法律行为之原因 286
第四节 强迫 287
第五节 诈欺 287
第六节 错误 288
第七节 法律及事实之不知 289
第八节 无效及取消 289
第九节 代理 290
第十节 条件 291
第十一节 附款 292
第十二节 日期 293
第十三节 期间 294

第三编 财产法

第一部 物权 297
第一章 物 297
第一节 物之意义 297
第二节 物之类别 297
第二章 物权 302
第三章 所有权 302
第一节 概念 302
第二节 沿革 303
第三节 取得之种类及方法 304
第一款 先占 304
第二款 埋藏物 305
第三款 附属 305
第四款 混同 306
第五款 混合 306
第六款 加工 306
第七款 收益之取得 307
第八款 蛮齐帕齐沃方式 307
第九款 拟诉弃权之方式 307
第十款 交付 307
第十一款 分配之宣示 307

第十二款　时效…… 308
第四章　占有…… 312
第一节　总说…… 312
第二节　占有及握有…… 313
第三节　代理占有及准占有…… 315
第四节　占有及握有之保护…… 316
第五节　占有之格别情形…… 317
第六节　握有之格别情形…… 317
第五章　他物权…… 318
第一节　役权…… 318
第一款　意义及种类…… 318
第二款　使役权之取得…… 322
第三款　役权之消灭…… 323
第四款　役权之保护…… 323
第二节　永借权…… 323
第三节　地上权…… 324
第四节　抵当权…… 325
第二部　债权…… 326
第一章　债权之意义…… 326
第二章　债权之发生…… 327
第一节　契约…… 327
第二节　准契约…… 336
第三节　私犯…… 336
第四节　准私犯…… 338
第三章　过失及注意…… 338
第四章　无诉因之约…… 339
第五章　赠与…… 340
第六章　和解、宣誓[①]及仲裁…… 341
第七章　自然债务…… 342
第八章　连带债务…… 343
第九章　保证债务…… 344
第十章　濡滞…… 345
第十一章　债权之消灭…… 346
第一节　完结(清偿)…… 346
第二节　抵销…… 347

① “誓”,原作“示”,今据正文改。

第三节　免除…………………………………………………………………… 349
第四节　混同…………………………………………………………………… 349
第五节　更改…………………………………………………………………… 350
第六节　消灭时效……………………………………………………………… 350
第十二章　债权之让与………………………………………………………… 351
第三部　继承…………………………………………………………………… 353
第一章　无遗言继承…………………………………………………………… 353
第二章　继承人之种类………………………………………………………… 354
第三章　遗言…………………………………………………………………… 354
第四章　遗赠…………………………………………………………………… 355
第五章　信托…………………………………………………………………… 356
第六章　死因赠与……………………………………………………………… 357

第四编　诉　讼

第一章　传唤程序……………………………………………………………… 361
第二章　传唤以后之程序……………………………………………………… 361
第一节　旧式诉讼时代………………………………………………………… 361
第二节　方式诉讼时代………………………………………………………… 361
第三节　非常程序时代………………………………………………………… 363
第三章　争讼期………………………………………………………………… 363

弁言　罗马法沿革及研究之概略

第一　罗马法沿革之概略

罗马建国于纪元前七百五十三年，厥为春秋隐公时代，其后至纪元后三百九十五年，分为东西两帝国，至纪元后四百七十六年，西罗马帝国灭亡，纪元后一千四百五十三年，东罗马帝国亦灭。（阿脱曼军队所灭，即土耳其人之祖先。）①

疏 Numitor者Albalonga之王也。其弟Amulius篡立，弑太子，以Rea Silvia公主，为Vestal神庙侍尼，盖欲绝其兄之血统也。既而Rea Silvia与军神Mars婚，有孕，生Romulus及Remus二子。事为Amulius所闻，弃二子于Tiber河岸，牝狼哺之，后为牧人Faustulus收育。二子既长，与牧人游，当Lupercalia牧祭之日，有贼擒Remus去，适遇其祖Numitor，知为已孙，乃袭杀Amulius，复王位，Romulus为后，筑城于Tiber河岸。兄弟争名其地，互相争斗，Romulus遂杀Romus②，为独裁君主，而以己名名之曰罗马，时纪元七百五十三年，即我周平王十八年也。

罗马初本王国，至纪元前五百零九年，变为共和政治，厥后纪元前二十七年，遂成帝政，奥古士都（Augustus，阿沃故斯突斯）即位，称Imperator，其后王权虽迭有消长，迄（土耳其都城）君士坦丁（Constantinople）陷落，政体固未之改也。

疏 罗马王国，共历七王。当Romulus王时，政治修明，设救济所，创元老院。Numa Pompilius王继立，讲农事，制历数，明财产权界限，组织宗教制度，御宇三十四年，不见兵革。及Tullius Hostilius王嗣位，穷兵黩武，一反前王之所为。Ancus Marcius王立，乃尽力文治，修法励农，缮建狱舍，改定教仪，又筑商埠于Tiber河口之Ostia，使罗马平民，皆得从事商业焉。其后传于Tarquinius Priscus王，征服拉丁诸都府，注意内政，多所改良，然因贵族专恣，常掣其肘，赍志以殁。迨Servius Tullius王承统，锐意兴革，保护平民，以财产多寡，定人民等级，使各随其财产，备置武具，以百人为一组，号曰百人队，受训练，习劳苦，保持罗马尚武之风。凡军国重事，使百人队会议决定之，因之平民富饶者，得参政治上之末议矣。嗣Tarquinius Superbus王即位，虽略有武功，而暴戾恣睢，虐待人民，蔑视国法，贵族（Patricius）、平民（Plebeius）皆怨之。纪元前五百一十年（周敬王十年），遂放王，并其家族于国外。自后每岁二月二十四日，举行王政颠覆之大纪念，誓不复戴王政矣。

纪元前五百零九年（周敬王九年），罗马变为共和政治。于兵员会（Comitia Centuriata）选举公修尔（Consul）二人，总揽万几，任期一年。其在平时为元老院议长，战时为军队之总督，下

① “阿脱曼”即“奥斯曼”，奥斯曼人乃土耳其人之祖先。

② 据上下文，应为Remus。

设财政监督官(Questors),掌国库之出纳,主军队之会计。设内事裁判官(Praetor urbanus),司罗马人之诉讼,设外事裁判官(Praetor Peregrinus),司罗马人与外国人及外国人与外国人在罗马之诉讼。遇非常事变之际,由元老院选出总指挥官(Dictator),得直接任命骑兵队长,其权力不亚公修尔(Consul),事平则废之,即不平亦不得继续六月以上,其于罗马之安危,甚有益焉。

罗马开国后,三百年间,法律历史记载无征,其详殆不可考,其可得而稽者,为纪元前四百五十年之《十二铜版法》(Lex duodecim Tabularium)(Zülf Tefeln)。此法以文字刻于铜版,数凡十二,悬之法院,故得此名。此法制定时,有谓遣人赴希腊研究法律归而作成者,然无迹可寻,其记载纯为罗马固有思想,则前之说,固未可信也。盖十二铜版之成立,在梭格拉底斯(Socrates)之童年,其时立法极为幼稚,惟以后之法律均以为从此出,故于法律史上珍重视之。

《十二铜版法》于罗马灭亡后散佚,后人不得窥其全。第十七世纪,法人亚克布司(Jacobus)高遭福雷都司(Gothofredus)(Iagues Gasefroi)集原文公之于世,今所传者此也。

疏 《十二铜版法》(Lex duodecim Tabularium)规定之事项如下。

第一铜版　提传。Tabula Ⅰ　De in jus vocando

第二铜版　审问。Tabula Ⅱ　De judicialis

第三铜版　责偿。Tabula Ⅲ　De acer confessio rebusque jure judicialis

第四铜版　家长权。Tabula Ⅳ　De jure Patria

第五铜版　遗产继承及监护。Tabula Ⅴ　De haereditatibus et tutelis

第六铜版　所有权及占有。Tabula Ⅵ　De dominium et Possessio

第七铜版　家屋及土地。Tabula Ⅶ　De jure aedis et agrarius

第八铜版　私犯法。Tabula Ⅷ　De delictum

第九铜版　公法。Tabula Ⅸ　De jure Pulico

第十铜版　宗教法。Tabula Ⅹ　De jure Sacro

第十一铜版　最初之五铜版追补。Tabula Ⅺ　Supplementum Ⅴ Priorum tabularium

第十二铜版　终尾之五铜版追补。Tabula Ⅻ　Supplementum①

自第一铜版至第十铜版之规定,平民权利,非常伸张,第十一铜版内容,禁止贵族与平民结婚。因法典编纂委员十人中,平民占大多数,自十铜版制定,相率辞职,内有Appius者,为罗马豪族,以寡不敌众,举全力周旋平民,以博民望,迨为新委员长,则顿改面目,隐复贵族权利,故有相互结婚之禁,十一及十二铜版,即为其手定也。

法律编纂次序,大都先实体后程序,罗马法何以反此原则?则因罗马十二铜版法之制定,即以贵族专擅过甚,肆意拘捕平民而起,故先定程序法,限制贵族之妄为,因迩时法官,多系贵族充任也。

《十二铜版法》之后,越三百五十年,至西塞罗(Cicero)、恺撒(Caesar)时代,法学大为进步。降至奥古士都(Augustus)皇帝,则有拉卑奥(Labeo),克比脱(Cabito)者,各立门户,学派遂分。拉卑奥(Labeo)之门下为普楼库阿斯(Proculus),克比脱(Cabito)门下为萨比奴斯(Sabinus),由是呼拉卑奥(Labeo)学派为普楼库阿斯(Proculus)派,克比脱(Cabito)学派为萨比奴斯(Sabinus)派,两派对立,聚讼纷纭,约一百六七十年之久,实于罗马法学之发达,大有裨益焉。

① 此处似遗漏“Ⅴ Posteriorum tabularium”。

疏 普楼库阿斯(Proculus)派,采守旧主义;萨比奴斯(Sabinus)派,采进步主义。两派争议,亘百六七十年,及萨比奴斯(Sabinus)派之幼利亚奴斯(Iulianus)出,法律学问,大改面目,普楼库阿斯(Proculus)派,遂戢反对之旗矣。

最盛时代,为第二世纪与第三世纪之交,约百余年。其间学者辈出,其最有名者五:曰格阿由斯(Gaius)、巴卑尼亚奴斯(Papinianus)、乌鲁皮亚奴斯(Ulpianus)、包路斯(Paulus)、模德斯体奴斯(Modestidus)。①

格阿由斯(Gaius)著《法学阶梯》(Institutiones),幼斯提尼亚奴斯(Justinianus)帝法典中之 Institutiones,实取材于此。是书于罗马灭国后散佚,不闻于世。1816 年,德国学者尼普尔(Nibus)于意大利 Virone(图书馆内)发见之,由是罗马诉讼之程序,始有迹可寻。当尼普尔(Nibus)得是书时,不知为何物,质之于沙微尼(Savigny),始知为《法学阶梯》(Institutiones),其始末见 Savigny 杂志。

五大家既没,学者之翘然出世者,寂无所闻。其有志斯学者,亦惟祖述五家之说,而无所发明。然法律之日进,则有骎骎不已之势。当时已颁布者,一条一例几如山积。由是法典编纂之机,遂从此起。东罗马幼斯提尼亚奴斯(Justinianus)皇帝即位之后,任命托黎波尼亚奴斯(Tribonianus)、多内路斯(Donellus)②、德沃弗露斯(Theophilus)为委员,编纂法典,528-534③告成者凡三种。

甲 《法学阶梯》(Institutiones),凡四卷,备学校教科之用,大体与格阿由斯(Gaius)之原著相同,内容分为关于人法(Jus Personae)、物权与诉讼(Jus res et actin)。

乙 《学说汇纂》(Digesta sen Pandecten),凡五十卷,集三十九家之说,分为若干章(Titel)。《决定》(Dicisioqes),凡五十卷。就其内容言之,约可分三:

a. Jus civile 民法。

b. Praetor 最高法官法。

c. Responso 及其他相类解答。

关于第一部,以乌鲁皮亚奴斯(Ulpianus)之注释 Adsabimnum 为基础。关于第二部,以 Ulpianus 之注释 Adebictum 为基础。关于第三部,以巴卑尼亚奴斯(Papinianus)之 Responsa 为基础。全体采 Ulpianus 之说为多,殆及三分之一。其抄集者,名曰 Sabidusmosse, Edictummasse, Papinianmsasse, oppendixmosse。

丙 《法令类典》(Codex),凡十二卷,汇集哈尔黎亚奴斯(罗马皇帝)(Hadrianus)以后之命令而成,其规定有关于特殊事项者,有关于一般事项者。Codex 自幼斯提尼亚奴斯(Justinianus)帝即位后,即已编纂。五百二十八年,复置委员会,以 Codex Gregarianus, Hermogenianus 及 Theo dosianus 三种命令集为基础,并加入以后发布之命令,于五百二十九年颁布。厥后潘德

① 此为古罗马五大法学家,今通译为盖尤斯、帕比尼安、乌尔比安、保罗与莫迪斯蒂努斯。"Modestidus",应为"Modestinus"。

② 此处人名似有误。雨果·唐奈鲁斯(Hugo Donellus, 1527—1591),法国人文主义法学派代表人物。正确的人名应为多罗西乌斯(Dorotheus)。参见[美]沃森:《民法法系的演变及形成》,李静冰、姚新华译,中国政法大学出版社 1997 年版,第 91 页,第 108 页。

③ 指法典编纂时间,即公元 528～534 年。

克吞(Pandecten)制定法之实质,间有变更,附加命令,从而不少,由是亦将旧命令依 Pandecten 次序修正之。

幼斯提尼安(Justinian)法典成立之后,发布敕令为数甚繁,于是复纂集之,名曰新敕令(Novellae constitutiones),存于今者,数凡一百五十二焉。

后世学者,合幼斯提尼安(Justinian)法典及新敕令,名为 Corpus Juris civilis,译言之,《民法全书》之意也。传于今者,系法人伭由尼秀斯(Dionisius)[①]高澧福雷都司(Gothofredus)氏所集刻者。

幼斯提尼安(Justinian)法典之后,有巴斯黎卡(Basilica)法典出现,然后世所取法者,幼斯提尼安(Justinian)之法典,非巴斯黎卡(Basilica)法典也。

第二　罗马法研究之略史(中古以后)

伊大利[②]当中古之时,古文学复兴(Renaissance)。[③]意勒流斯(Irverius)于博龙格挪(Bologna)[④]设法律学校,养成俊才,其有名者,为(1)马尔丁奴斯(Martinus),(2)布而格阿路斯(Bulgarus),(3)亚克布斯(Iacobus),(4)虎沟里奴斯(Hugorinus),世称之曰四博士(Quatuor Doctoria)。

当日法律学者之研究法,注重幼斯提尼安(Justinian)法典正文,其主要条项,类能暗诵之,其注解名曰 Grassae,注释家因有格拉撒土耳(Grassator)之称,阿错(Aoz)及克尔及由斯(Accursius),其卓卓者也,今之残留于世者,为 Accursius 新纂辑。

第十三世纪至第十五世纪,继注释家而起者,为后期注释家 Post Grassator,其最有名者,为巴尔夺路斯(Bartolus)及巴尔杜斯(Baldus)。

疏 同时学者,如都尔安体斯(Durantis)、阿多福雷都斯(Odofredus)、西奴斯(Ginus),亦甚有名。在诸学者中,学说流行后世最多者,尤推巴尔夺路斯(Bartolus)也。

后期注释家之研究,以注释家之 Grassae 为基础,于法典无正文者,直按解释,惟著录诸书,非失于冗长,即失于浅近,不为后世学者所推重,然而合乎实务,于裁判适用,尤为切实,是其特长。故中古时代,欧洲各国采罗马法者,多因袭其说焉。

继后期注释家而起者,为法国学派,其最盛时为 1500—1650,约百五十年。弗联西(Francis)一世,往聘安德利亚(Andrea)卢斜提(Altiati)于宝炉及 Bourges 讲罗马法,由是法国讲罗马法者渐盛。其后一五五五年,库亚秀斯(Cujacius)氏于宝炉及 Bourges 讲罗马法,声名赫耀,凌驾前人,立论研究,以沿革为主,盖沿革法理学派之初祖也。库亚秀斯(Cujacius)氏之研究,与后世沿革法理学派异,其著述宏富,卷帙甚巨,为德国潘德克吞(Pandecten)所引用之处颇多。与库亚秀斯(Cujacius)同时齐名者,有斗内卢斯(Donellus)之研究,专以讨究原理原则为主,其著述有裨于今之谈罗马法者不少,德国之贝卡尔(Bakker)尝称道之。

---

① "Dionisius",应为"Dionysius"。
② 即意大利,下同。
③ 今通译为文艺复兴。
④ 今通译为波伦尼亚或博洛尼亚。

一五七二年虐杀事件起,斗内卢斯(Donellus)逃往荷兰,亚克布斯(Jacobus)高遭福雷都司(Gathofredus)逃往瑞西,于斯学仍不稍辍,而法国罗马法学之研究,逐渐衰矣。

法国罗马法学既衰,从事于罗马法之研究者,为荷兰学者,其时为十七世纪至十八世纪,有名学者,为温尼由斯(Vannius)、徽托(Voet)、偶托(Naaet)、格劳提由斯(Grotius)诸人。

疏 继法国而起研究罗马法之荷兰学者,号性学派,其大旨以为法律现象,虽因时地而殊,然适合于人性之原理,则万古不易,欲视法律之良否,当视其适合人性与否为标准,适于人性者为良法,不适于人性者,即恶法也。例如身体自由、信仰自由、所有权自由,皆自然法之原理也。奴隶制度反自由之原理,时效制度反所有权之原理,故皆不得为良法。

继和兰[1]学者而起者,为德国人。德国自第十五世纪之半至十六世纪之半,罗马法输入,首出者为格列高儿(Gregar)、哈劳安德儿(Haloander),然以德国固有法表见者,为黑鲁木库木(Hermcum)、康陵(Conring)、背内的克土司(Benedictus)克尔走尔(Carzar)。康陵(Couring)谓德国法典,当以德国语编纂之云云,其时则一千六百四十三年也。

第十七世纪之末,自然法派起,其主要者为托马及由斯(Themasius)。先是独乙[2]学者,醉心罗马法,无论是否适乎国俗民情,皆奉之如金科玉律,不肯稍易。洎托马及由斯(Themasius)之说盛,而普之民法(Landrecht),实受其影响焉。至十八世纪末,历史学派兴,集大成者为沙微尼(Savigny),其时学说大行,全欧为之风靡,关于罗马法之著作,则有 System des Heutiger《新罗马大纲》Promi sehen Rechts。[3]

疏 古文学复兴(Renaissance)时代,德国法制,大受罗马法影响。盖当时入伊大利博龙格挪(Bologna)法律学校研究罗马法者,实以德人为最多,归国后,本其所学,参与立法司法事务。一千四百九十五年,创设帝国高等法院(Reichs kammergericht),多以法学博士,充裁判官吏,是罗马法之侵入德国,于斯为盛矣。第十五六世纪之百余年间,历史家称为采用罗马法时代(Rezeptionszeit)。至第十六世纪之中叶,行于德国之罗马法,非纯粹之幼帝法典,乃寺院法、伊大利惯习法、德国习惯法、德国法律四法,与幼帝法典之混合物。所谓德国普通法 Pandekten 是也。十八世纪以还,普鲁士民法(一千七百九十四年)、法兰西民法(一千八百零四年)、巴敦(Baden)民法(一千八百零九年)、奥国民法(一千八百十一年)、撒克逊(Sachen)王国民法(一千八百六十三年)及德国新民法(一千八百八十八年起草,一千九百年一月一日实施),相继制定,罗马法遂失其效力矣。然此等新法律,多含罗马法之实质,且其学理,又以罗马法为基础,故近世德国学者之研究罗马法,尚未有艾也。

法兰西古昔分全国为二,曰习惯法国,曰成文法国。习惯法国属法之北部,与德意志接壤,一采旧来之习惯以为法律。成文法国属法之南部,与伊大利接壤,概行罗马法。自大革命以后,各种成文法律,接踵而出。拿破仑 Bonaparte(Louis Napoleon)握政权,遂于千八百年编纂法典,越四年而告成,相沿迄今,通体多根于罗马法,就中以债权、所有权二部,受影响尤甚。

欧洲各国法律,大抵渊源于罗马法。英国法制,受罗马法之影响与否,学者议论不一。斯他伯士谓英法全然旧来之习惯,李脱瓦司谓英法亦如大陆诸国同受罗马法之影响,意大利法学家哈阿谓英法受罗马法影响之程度,较大陆诸国差鲜耳。斯三说中,以哈氏之说为当,除衡平

---

① 即荷兰。
② 指德意志,日语音译。
③ 《现代罗马法体系》(System des heutigen Römischen Rechts)乃萨维尼代表作。

法(Equity Law),多有采用罗马法之处,在普通法(Common Law)上契约原则、遗嘱制度、信托规则等,亦皆渊源于罗马法者也。

其后沙微尼(Savigny)① 氏之说渐衰,继起者为伊耶陵(Ihering)②、温侪德(Windscheid)③、贝卡尔(Bakker)④、德伦布尔(Dernburg)⑤、列格儿士贝儿格儿(Regelsberger)等,其著述之有名者,为伊耶陵(Ihering)《罗马法精神论》(Geist des Römischen Rechts),温侪德(Windscheid) Lehrbuch d. Pandek tenrechts,贝卡尔(Bekker) Pandekten,德伦布尔(Dernburg) Pandekten,(H. L. R. B. G. B.)列格儿士贝儿格儿(Regelsberghr)⑥ Pandekten。

① 今通译为萨维尼(1779—1861)。
② 即 Jhering,今通译为耶林(1818—1892)。
③ 今通译为温德沙伊德(1817—1892)。
④ 应为 Bekker,今通译为贝克尔(1827—1916)。
⑤ 今通译为德恩贝格(1829—1907)。
⑥ 应为 Regelsberger,今通译为勒格尔斯贝格(1831—1911)。

第一编　总　　论

Allgemeine Lehren

第一章 法　律

一、文字

罗马关于法律用语有二，一为列克斯(Lex)，一为由斯(Jus)。列克斯(Lex)，在古王国时，为王所制定之法律。共和时代，国民会议所议决者，亦称 Lex，以别于他法律。Lex 之字义，其初甚狭，后则变为广义。

Lex 语源为列格列(Legere)，朗读之意。盖古时无纸墨，一切法令均于民会朗读之，以示应行遵守之效力，此 Lex 之字之所从出也。或谓 Lex 出于立格尔(Ligare)，为连结之意，此说殊未可信。

Jus 语源出于由卑列(Jubere)，命令之意，(主义命令说)是为通说。又或谓 Jus 出于古梵语之 Yu，结合之意，一变而有秩序之意，立说颇新，然近穿凿。

Lex 与 Jus 二者之别，一为具体，一为抽象。以独[①]法之语例之，Lex 与独之 Gesetz、法之 Code 相当，Jus 与独之 Recht、法之 Droit 相当，且 Jus 亦有权利之意，尤与独法之 Recht、Droit 相似。

疏 Lex 与 Jus 二者之别，不惟独法之语为然也，英之 Code，我之律字，即与 Lex 相当，英之 Law，我之法字，即与 Jus 相当。盖我国自李悝有《法经》六篇，萧何本此为《九章律》，后之律字，遂专指具体之成文法典而言，而法之一字，则泛指抽象之一切成文法与不文[②]法而言，故二者所示范围，实有广狭之殊。今法律二字并举，乃援用日本译语，本非正当。

二、观念

罗马学者塞尔萨斯(Celsus)关于 Jus 为之定义，最为有名，列之于下：

Jus est ars boni et aequi.

法律者，善而公正之术也。

就其精神言之，则中庸之道而已。其所谓善者，就德(Virtue)而言，其所谓公正者，指正义(Institia[③])而言。氏之此说，实受希腊哲学 Stoismus 之影响，后为五大家中之乌鲁皮亚奴斯(Ulpianus)采用，载于幼斯提尼安(Justinian)之 Digesta 之卷首，故无不知者。

疏 希腊 Stoiker(斯妥异克而)派哲学，始于 Zemon(翟诺)。Zemon 之后，有 Chrvsippus(克黎西布)，博闻达识，著作极富，哲学界之有二人，犹中国儒家之有孔孟也。其始输入哲学于罗马者，厥惟 Panaetius(拔涅秋士)、Scaevola(司崔父阿拉)，其后 cicero(西塞罗)、Seneca(色涅卡)、Mnssnius(幕梭细斯)、Epictetus(耶鄙克特吐斯)、Marcus Aurelius(马而苦斯奥曰留斯)等，皆属此派。而 Celsus(塞尔萨斯)在第一世纪与第二世纪之交，尤留汲哲学之流者也。

---

① 即“德”，日语音译。

② “文”，原作“又”，今据上下文改。

③ 应为“Iustitia”。

乌鲁皮亚奴斯(Ulpianus)之解正义也,曰“正义者,欲使人各得其所之恒久意思也。”(Justitia est constans et perpetua voluntas jus sum cuique tribuens.)此说与独人康德(Kant)法律之定义相近。康德(Kant)谓“法律者,循自由一般之法则,可以使一人之意,与他人之意相和之条件之集合也。”以二者对照之,其类似之处自见。又乌鲁皮亚奴斯(Ulpianus)法律格言曰:“为人须正直,勿得害人,使各人得其所。”(Juris Praecepta Lunt[①] hac: honeste vivere, alterum non laedere, sum cuique tribuere.)与前正义之说,互相发明。又解法律学曰:“法律学者,即知神事、人事及正不正之学也。”(Juris Prudentia est divinarnm[②]atque humanarum rerum notitia, Jnsti atque injustitia.[③])即此定义观之,其与希腊哲学 Stoismus 之关系,可以显然。且更以克黎西布(Chrysppus)之法律定义观之,更无疑矣。氏之言曰:“法者,一切神事及人事之君主也。”(Lex est amnium[④] divinarum et humanarum rerum regina.)由是以观,则罗马法学者与哲学 Stoismus 之关系,至深且密。盖古之哲学家必读法律之书,法学家亦无不研究哲学者。

疏 (康德)Kant 法律之定义:Das Recht ist der Inbegriff der Bedeutungen wonach es geschehen Kann, dass die Freiheit der sinen[⑤] Person mit der Freiheit der andern nach einem allgemeinen Gesetze Zusammenbestehen。(Metaphysische Anfangsgrunde der Rechtslehre S. 27)

幼斯提尼安(Justinian)法典,采乌鲁皮亚奴斯(Ulpianus)学说,所揭法律学之定义曰:“法律学者,即知神事、人事及正不正之学也。”近世法律学者驳之,谓定义之上句,宗教与法律相混同,下句又误道德与法律之分界。然此批评,谬在不知历史的研究法,仅依近时社会之现象,批评古代之学说耳。罗马时以法律为神事、人事之智识,良以古代法教未分,法律之规定,关于祖先之祭祀为尤多,故凡法律家不可不通晓宗教之事。至谓道德与法律相混,不知古代社会,凡关于人民之所为,未有细密之规则,人民有诉讼,恒由裁判官思考其正义,而下诉讼之判决,故欧洲诸国谓裁判为正义之执行,谓裁判所为正义之庭,谓裁判官为正义之官。要而论之,古代法律学,以究正义之本性为目的。近世法律学,以定权利之本质为目的。换言之,即由正义之学问,进而为权利之学问。幼斯提尼安(Justinian)法典之所以采此主义者,亦时势使然也。

法律之发达,恒与社会共变迁。当原始社会,谓法律显于神意之直接,即言神自进而告知人类者,如印度之《马纽法典》[⑥],犹太之《谟塞斯十戒》[⑦],皆基于神意之观念。降至中古,社会稍进,谓法律显于神意之间接,即言立法者制定法律,实由于神之意思。主此说者,如法国之多波拿尔(De Bonold)、德国之司达尔(Stahoe)等,其尤著焉者。盖古代君主以兵力征服国土,欲图国土之统一,因而托诸神道,迷信人民,以为治国之政策,其政策与迷信相合,遂致法教不

---

① “Lunt”应为“Sunt”。
② 应为“divinarum”。
③ “Jnsti atque injustitia”应为“justi atque injusti scientia”。
④ “amnium”应为“omnium”。
⑤ “sinen”应为“einen”。
⑥ 即《摩奴法典》。
⑦ 即《摩西十诫》。

分也。及第十五六世纪之交,宗教改革,法律之观念一变,谓法律关于人民之行为,一由君主之意思而定。迄于近世,社会益进,谓法律显于国民之意思,于是神意与君意之说,又绝其迹矣。罗马十二铜版以前之法律,皆托于神意。十二铜版以来,至第三期之末,法律之本源,全归于人民。而至第四期帝政时代,皇帝权力,益见增加,法律之基础,虽由于人民,而法律之实际,则采君主主义也。然罗马法律思想,发达于第三期。故罗马法采用之主义,当谓基于民意主义。

综观诸说,可知罗马当时法律之观念,多以正义为衡。而正义云者,即塞尔萨斯所谓公正之意。故氏以前所示之定义,表法律之内容及其作用焉。

第二章　法律之分类(Arten des Rechts)

第一　公法及私法(Offenrecht① und Privatrecht)

公法者,关于罗马事物之规则;私法者,关于个人利益之规则也。(Ulpianus: Pullicum② jus est, quod ad statum rei Romanae spectat, Promtum③ quod ad singmarum④ utilitatem.)申言之,即关于公益之规定,公法也;关于私益之规定,私法也。公法,于神事、神官及政务官适用之;私法,则于罗马市民及以外人民并外国人适用之。

疏　乌鲁皮亚奴斯(Ulpianus)分法律为公法、私法。从来约有三说:(一)目的说,(二)实质说,(三)主体说。主体说为现今通行学说。兹所述者,乃目的说也。

近世公法之主眼,在规定国家与人民间权利义务之关系,而罗马时不然。罗马公法,由三要件而成立:第一,神圣之仪式;第二,僧侣之组织及其任务;第三,法官之职权及任命之方法。而元老院、民会、及官厅之组织,皆属于第三要件之中。故罗马公法,合宗教与法律为一炉而冶者也。至若罗马私法之性质,亦与近世私法异。近世私法,在规定人民相互间权利义务之关系,如民法、商法及其他附属法是。而古代罗马无民法、商法之区别,专关于私人之身分及财产上之权利等设规定。惟罗马之私法,意义明晰,秩序顺正,近世私法,多胚胎之而发达耳。

第二　自然法及万民法、市民法(Jus naturale, Jus gentium, und Jus civile)

罗马私法又分为三,即市民法、万民法及自然法是也。乌鲁皮亚奴斯(Ulpianus)之分类如是,而格阿由斯(Gaius)以自然法与万民法为一物。沙微尼(Savigny)谓罗马法学者概取二分说,虚迷他(Schmidt)则谓取三分说。盖罗马古之学者,多采二分说,后之学者,多采三分说也。(Dernburg E20)

疏　主张二分说者,其理由以罗马人若无自然法之观念,万民法决不发达,无实行万民法之机会,自然法亦不能扩充,二者虽起源不同,而发达之时期则一也。盖罗马与希腊交通频繁之时,与置外事裁判官之时,相距不远耳。主张三分说者,其理由以奴隶者,万国共有,奴隶制度,为万民法之一部,然甚反乎自然,不得为自然法之一部,非即二者不同之点哉?斯说亦

① 应为“Öffentliches Recht”。
② “Pullicum”应为“Publicum”。
③ “Promtum”应为“Privatum”。
④ “singmarum”应为“singulorum”。

受 Stoiker 哲学之余响耳。

市民法本罗马固有之法律,在昔惟罗马市民得适用之,故以之命名焉。十二铜版法,即市民法法典也。市民法无论关于何事,必以一定之格式行之。例如奴隶之买卖,必由蛮齐怕齐沃(Mancipatio)格式者是。盖在曚昧时代,因证明事实,此种格式,极为重要。然在渐近文明时代,既有文件以代之,则格式之繁,已于交易不适用矣。

疏 罗马版图狭小时代,支配罗马市民者,厥惟市民法。其后疆宇日辟,万民法适用之区域愈大,而市民法适用之区域,遂日渐缩小矣。

万民法者,罗马人与外国人或外国人与外国人适用之法律也。盖市民法仅市民用之,外人不得受其保护。厥后罗马版图日广,外人之至者日众,法律行为不能尽由市民法所定之方法,于是为外人专设审判官(审判官:Praetor,外国人:Peregrinus),掌管罗马人与外人及外国人间之诉讼事件。其审判也,不仅适用市民法,而以本乎正义及公益可以适行于一般之法则为断。是即万民法之所由生,而名所以与市民法对立也。

疏 虚迷他(Schmidt)曰:"万民法者,基于比较法学之法律也。"Vergleichen des Rechtswissenschaft[①](比较法学)之文字未敢必其当否。要之,万民法之发达,由于比较市民法及其他普通适用法律之结果,不待言已。

试以二者比而论之,市民法取国家主义(nationalism),万民法取世界主义(cosmopolitanism)。一则专用之于罗马人民,一则通用于世界人民。后者范围日渐扩张,前者范围日形缩减。

综而观之,罗马发达之历史,万民法发达之历史也。万民法发达之历史,又 Stoismus 发达之历史也。(盖万民法与 Sotismus 哲学关系极多,因避其繁,故不殚述。)幼斯提尼安(Justinian)法典,实即万民法。

自然法者,生物所循之天则也。乌鲁皮亚奴斯(Ulpianus)之言曰:"自然法者,自然对于动物一般所教之规则,故不惟对人,即对于动物,亦适用之。"(Dernburg E 20 S. 44 2 C.)或有议其非者,以法律与动物之本性相混。不知氏之所以为此言者,实出于希腊哲学。盖哲学 Stoismus 观念实然也。

疏 罗马法律家,以为人类受支配于同一之法则,即有为同一行为之倾向。此等学者,研究自然法,不囿于罗马法律,即诸国法律,亦比较而发见其共同之原理。是即自然法规则之思想所由起也。我国古代哲学观念亦然。如老子《有物混成》章:"人法地,地法天,天法道,道法自然。"庄子《知北游》篇:"屎溺之中亦有道",又诗云:"天生蒸民,有物有则",皆此义也。

自然法与万民法比较言之,自然法之观念,由希腊 Stoiker 哲学而出,抽象的兼主观的也;万民法之观念,由社会之事情发生,具体的兼客观的也。

第三 官制条令(Jus Honorarium)

官制条令,掌国家政务而且有裁判权之官吏所制之法也。其重要职员为审判官(Praetor),在职期限为一年。凡 Praetor 就任之始,发布法令,以在职中所欲执行之事项,豫告人民,著为恒例。然此等法令所规定事项,每年大抵相同,故名曰恒久令(Perpetum edictum)[②]。其

① 应为"Vergleichende Rechtswissenschaft"。

② 应为"Edictum Perpetuum"。

内容与市民法所规定者异，多有因社会之要求而发布者。故往往有关于外国人事项，恰与万民法相似，唯较其范围则狭。然亦有与万民法无关系者。

第四　成文法及不文法(Jus scriptum, Jus non scriptum)

成文法者，国家立法机关由一定之形式所制定发表之意思也。在幼斯提尼安(Justinian)时代，立法者为天子及最高之审判官。然古昔有立法权者，厥不止此。幼斯提尼安(Justinian)法典中，曾列记之，今列之于下。

a. 平民及贵族两级相合而成之国会所制定之法律(Lex)

疏 王政时代所谓国会(Comitia Curiata)者，仅贵族有列席发言之权，故此国会，又可译曰贵族会。国民会(Comitia centuriata)者，乃贵族与平民集合而成，为 Servius Tullius 王所创设，又可译为百人队，或兵员会。共和时代有选举公修尔(Consul)之权，其制定之法律，曰 Lex，又曰 Leges。

b. 平民会议定之法令(Plebiscita)

疏 此项法律，仅能支配平民。纪元前四百四十八年，Valeriae(瓦列里)及 Hortiae(何列梯)法律，认平民公会(Comitia tributa)议决，与国民会之议决，同其效力。罗马私法，多为此会所制定。

c. 元老院之议决(Senatus consulta)

疏 元老院本无立法权，共和末叶，渐代国民会而立法。帝政初期，所有法律，皆为其制定，至第二世纪末，乃以君主之命令代之。

d. 君主之命令(Principium Placita)

(一)布令(Edictum)，(二)训令(Mandatum)，(三)裁决(Decretum)(判决)，(四)回答(Rescriptum)。

疏 布令者对于人民之命令也。训令者对于官吏之命令也。裁决者对于案件之判决也。回答者对于案件之意见也。四者总称敕令(Constitctiones)①。第三世纪以后，法律渊源，以此为主要云。

e. 官制法令(Magistratum edicum)②

疏 第二世纪之顷，Hadrianus 帝汇集历来告示书，称为哈德里亚奴斯之告令(Edicta)，俾司裁判者，咸从其规定，与近日法院之判决录相类云。

f. 法学家之解答(Responsa Prudentum)

疏 罗马古初，凡法律智识及宗教、天文之学问，向为僧侣(Pontifices)之专有物。至纪元前二百五十四年，Tiberius(提别而幼士)Coruncanius(科伦卡纽士)首以平民为僧正，无论何人，有问必答，嗣后法学大兴。而奥古斯吐士帝时，对于指定之法学家，与以解答法律之特权(jus respondendi)，其意见一致时，即生 Lex 之效力，即不一致，审判厅亦可本其意见，以判决案件焉。至 Theodosiusll(推阿多修士)二世，于四百二十六年下谕，对于五大法律家之著书，均有法律之效力，若数家意见不同，以多数取决，数同以 Papinianus 之说为准。则法学家成功之大，未有过于此者矣！

---

① 应为“Constitutiones”。

② 应为“Edictum magistratum”。

以上六者,皆成文法也。第六所举法学家之解答,亦与法律同效力者,盖以法院采用之故也。罗马学者有所谓鉴定特权。

不文法者,换言之,即所谓习惯法也。十二铜版法,制定以前,以习惯为主。其后虽有成文法典,然习惯法亦层见叠出。且罗马有时以习惯废止法律,如是则与依习惯作成法律无异,不过一为消极,一为积极之差已耳。

疏 罗马人所谓习惯法,与近世所谓习惯法之性质无殊。约而言之,其类别亦有三种,即(一)习惯(Mores majorum),(二)舆论(Consuetudo),(三)判例(Usus fori)是也。

习惯法之成立也,有一定要件,今列之于下。

a. 同种行为,屡屡行之。(Gleicichformiges Tun oder Lassen)①但因误解法律而生者,不得依习惯论。

b. 永年存在。

c. 关系法律上之规则。(Rechtsgenohuheit)②

d. 与风纪不相背。(Darfincht gegen die gesunde verinnft und dieguten verstofen)③

e. 惯行发于普通社会或特殊社会。

凡具有以上条件者,即可成为习惯法。

习惯法效力之发生,盖由于人民之同意,人民信以为是者。或经立法者之手而变为典章,或为法院所采而成为法律,又或依惯用于不知不识之间遂为成法。其出于第一者,成文法也。其出于第二、第三者,习惯法也。故可分为二类,一为 Juristeurecht④,一为 Volksrecht。

习惯法有无废止成文法之效力,罗马学者持论不一。Justinian Pandecten 载幼利亚奴斯(Jurianus)之说,谓习惯法可以废止成文法。然Codex载康斯坦丁奴斯(Constantinus)帝之法令,则曰:不得以习惯法撤销成文法。同一法典中,而互相抵触。中古罗马法学者,遂解之曰:习惯法虽有撤销成文法之效力,然不得以特别习惯撤销一般之成文法。康斯坦丁奴斯(Constantinus)帝所谓习惯法者,殆指特别习惯,所谓成文法,指一般之成文法而言欤!是说也颇为有力,然法令类典既未注明为特别习惯,不得不解为一般习惯。和兰学者瓦特(Vaet)有言曰:在共和政体之国,习惯法虽可撤销成文法,而在君主国则不然。潘德克吞(Pandecten)所载幼利亚奴斯(Jurianus)之说,不适于君主国。然夷考幼利亚奴斯(Jurianus)当哈特利亚奴斯(Hadrianus)帝时,其时人民未脱共和思想,皇帝唯行其由人民所委托之权而已,故幼利亚奴斯(Jurianus)氏立说如此。至康斯坦丁奴斯(Constantinus)帝则为极端专制政治,故其所制定法令如彼。详稽罗马政体之变迁,可以知后一说之不误矣。

疏 英国史家(Gibbon)分罗马法为四期。第一期,自罗马建国至《十二铜版法》之制定,厥为不文法时代。第二期,自《十二铜版法》制定至共和政治末叶,厥为成文法时代。第三期,自帝政初期至 Alexander Severur 帝(纪元二二二年至三三五年在位),厥为成文法发达时代。第四期,自 Alexander Severur 帝至 Justinianus 帝,厥为法典编纂时代。

---

① 应为“Gleichförmiges Tun oder Unterlassen”。

② 应为“Rechtsgewohnheit”。

③ 应为“Darf nicht gegen die gesunde Vernunft und die guten Sitten verstoßen”。

④ 应为“Juristenrecht”。

第五　人之法及物之法、财产权法(Jus personarnm, Jus rerum)

人之法者,关于各级人民及婚姻监护等之法律也。物之法者,即关于财产契约等之法。

疏 格阿由斯(Goius)①与幼斯提尼安(Justinian)法典之《法学阶梯》(Institutiones),均分三段,第一人法,第二物法,第三诉讼(Actiones)。其诉讼之一部,即近世之助法。罗马法虽无主法、助法之相当名称,要其实质之存在无疑也。此之先人法、物法而后诉讼,适与十二铜版法相反。盖社会进步,人民渐知诉讼程序之内容,遂置重于依诉讼程序而实行之权利,故先定主法焉。

第三章　法律之解释

法律之解释(Jnter retatio Anslegmy)②者,讲明法文之本意也。约分为二类,一为学问的解释(Doctrinelle Tnterpretation③),一为法律的解释(Anthentische Interpretotion④)。前者为立法机关以外之人所为,专在穷理致用(Ziel und methode für Wissenschaft und Praxis)。其方法又有二,一为文字解释(Grammatische Interpretation),依法文之字面为之;一为论理解释(Logiscne⑤ Interpretation),不拘于文字,依论理求之。

法律的解释出于立法者,可分之为成文解释及习惯解释。例如立法机关发布一种成文法,以解释其他之成文法,是为成文解释。以习惯解释成文法或其他习惯法,是为习惯解释。

又法律解释,有所谓扩张解释(Evtensive⑥ Interpretation),是将法文推而广之之义。又有所谓制限解释(Respriptine⑦ Interpretation),是将法文缩而小之之义。罗马古代关于解释名称,并不若是之详。惟其事实存在,则不可掩。且古代重在文字解释,于精神解释,不甚用意,往往于法律适用,多有不便,且于条理不合。例如格阿由斯(Gaius)之《法学阶梯》(Institutiones)第四卷十一节所载,在《十二铜版法》时代,对于采伐葡萄者提起诉讼时,必须用葡萄(Arbores)之文,不得用葡萄蔓(Vites)之字,何者,因《十二铜版法》文中为葡萄(Arbores),非葡萄蔓(Vites)之故也。至帝政时代,解释者,始渐趋向立法之精神,是可于塞尔萨斯(Celsus)之言证之。幼斯提尼安(Justinian) Digesta 第一卷第三章 Lex 第十七⑧ Celsus, scire leges non hae est verboearum tenere, sed vmac potestatem,⑨又同卷同章 Lex 第二十四 Jucivle, nisi tota lege perspecta una aliquta particula ejus propa ssitaindiare vel repondere。⑩

---

① 应为"Gaius"。

② 应为"Interpretatio Auslegung"。

③ 应为"Interpretation"。

④ 应为"Authentische Interpretation"。

⑤ 应为"Logische"。

⑥ 应为"Extensive"。

⑦ 应为"Restriktive"。

⑧ "第十七",原作"第七",今据《学说汇纂》改。

⑨ 应为"Scire leges non hoc est verba earum tenere, sed vim ac potestatem"。即"懂法,不仅须了解法律之文句,更须了解法律之目的与意图"。

⑩ 应为"Incivile est, nisi tota lege perspecta, una aliqua particula ejus proposita judicare vel respondere"。即"不宜只根据法律之片断,而非考虑法律之整体,作出裁判或解答"。

第四章　权利(Jus)(Rechtim sifj Sinue)[①]

罗马表示权利与法律之字同为Jus,极与法之Droit、独之Recht相似。惟当时人民权利思想,不甚发达。故《十二铜版法》以及幼斯提尼安(Justinian)法典,其立法均非以权利为本位。而今日欧西权利之思想,却谓由罗马法之解释养成之,果何故欤?

中古时代法学者,解释罗马诉讼,谓根于权利思想。其实[②]往昔权利观念,并未发达如此,然亦不能丝毫不存在也。而当时学者,扩而充之,故其影响及于今日。

疏 权利与法律,同一物而异其观察也。自客观言,则为法律;自主观言,则为权利。权利由法律而生,法律以前无权利。故罗马《十二铜版法》及幼斯提尼安(Justinian)法典,不得谓基于权利思想而作。中古以后,法律渐备,人民皆富于权利思想,视权利若水火,一日无权利,即若不足以保其生存者。故学者之解释罗马诉讼法,恒主权利思想之解释,遂为近世欧西权利思想之所本矣。

近世学者分为物权、债权,而以拉丁语Jus in rem, Jus in Personam当之。其实此二语并非出于罗马法典,乃中世之注释家为之。其由来出于Actio in rem und Actio in Personam,前者所谓对物诉讼,后者所谓对人诉讼。例如所有物返还之诉、损害赔偿之诉等是,其详细于诉讼程序编述之。中古学者解释:Action in rem所保护者为Jus in rem, Actio in Personam所保护者为Jus in Personam。后之学者,易以译语,于是Dingliches/Personliches Recht之语出,而义亦稍有变矣。(温侪德Windscheid Bd IS)

疏 对物诉讼,谓从物之所在提起诉讼也。例如甲有物,乙持得之,甲对于乙可起返还之诉,若其物既由乙移转于丙,则对于丙亦得提起诉讼,故自结果而论,甲对于物起诉,不问持物者之为谁也。对人诉讼,谓对于一定之人提起诉讼也。例如贷金请求之诉,仅得对于借主为之;损害赔偿之诉,仅得对于侵权行为人为之。依对物诉讼而保护权利,中古学者所谓对物权,即物权也。依对人诉讼而保护权利,中古学者所谓对人权,即人权也。

物权人权之区别,近世欧洲诸国,标准各异。例如英人所谓Right in rem,德人所谓Dinglichos[③] Recht,法人所谓Droit reel是也。自法理上推究之,性质皆同,而诸国学者说明之方法,迥不相侔。即如法德学者以物权为有物之上之权利,英学者谓对于世界全体之权利。其标准虽殊,而此等名称,一由来于罗马法之诉讼,惟其流派异耳。

---

① “Rechtim sifj Sinue”应为“Recht im subjektiven Sinne”。

② “实”,原作“时”,今据上下文改。

③ 应为“Dingliches”。

第二编 人之法

Jus personae

疏 太古鸿荒，邈不可知。自有血统团体，则人事渐紧，而社会之萌芽启焉。其组织团体，皆由其族长之命令，以为同族共奉之规则，此规则即法律是也。及社会渐进，婚姻之关系生，而家族之制度起，家族之管辖权，皆家长任之。于是一团体之元素，遂在一家。然而国法之大部分，尚属人事法，故学者论古代之法律，恒谓人事法占国法中最重要之地位也。至家族制度衰，一国之元素，基于个人，而法律之范围，逐渐扩张。凡各个人共守之法则，如财产法、契约法等，遂皆由是而发达。要而言之，族制颓坏，斯人事法之所以益减，财产、契约诸法之所以日增，诚有自然而然者矣。

第一章 人(Persona)

第一节 人之概念

近世诸文明国法律,凡曰人者,皆指权利主体而言。罗马时代,权利思想,不甚发达,故表示权利主体,无特别文字焉。其所谓人(Persona)者,具有二义,不能骤与英之 Person、法之 Parsonne、德之 Person,同等而论。其一义,为与克扑特(Caput)相似,即人格之义。其又一义,即通俗之所谓人(Homo)是也。

罗马法之 Persona,既有二义,则其中隐括有奴隶在焉。奴隶亦 Homo,而非权利主体。格阿由斯(Gaius)之《法学阶梯》及偷肥路斯(Sneophilus)之著书,均详言之。由是观之,罗马法之 Persona,与近世之 Person 之观念异。

Persona 之义,既如上所述。其具有主体之义,乃由解释而来。盖后世注释家解释罗马法者,多论及权利,其观念遂逐渐发展。由是 Persona 一字,亦包有权利主体之意。降至中古奴隶制度废止,故称为人者,皆指权利主体而言。社会愈进步,此等观念亦愈形巩固矣。

第二节 人格(Caput)

人格(Caput)之义,与德法权利能力(Rechtsfachikeit)[①],大致相同。而德法观念,亦实渊源于此。以今日之用语示之,即法律上之状态也。此种状态,可分为三。

(一) 自由(Libertas)。自由者,奴隶之反语也。有生而自由者,名曰 Ingenus。一旦虽为奴隶,其后获免,复得自由者,名被解放者(Libertas)或曰 Libertinus。

(二) 市民权(Civitas)。市民权者,罗马市民(Cives)所负之特权也。其种类有四。

a. 选举权及名誉权(Suffragium et honares[②])。选举权者,非如今日选举代议士,乃选举官吏之权。名誉权者,即被选为高等官之权也。

b. 结婚权(Comubinm)[③]。结婚权者,即由罗马之 Iusciviles 结婚之权也。

c. 财产权(Commereium)[④]。即依市民法享有财产及订契约之权利也。

d. 遗嘱能力(Testamenti factio)。此种能力又有三:一为依市民法有遗嘱之能力;一为依市民法有受遗之能力;一为依市民法有为遗嘱证人之能力。

综以上四者为市民权。此等权利,有时分与外国人,即如对于个人有以拉丁权(Jus Latinum)与之者,对于市府有以意大利权与之者。以拉丁权分与个人时,惟予以一部,非以全部。譬如或仅与以财产权及结婚权,或仅予以财产权,或只付以遗嘱能力。以意大利权分与市府时,或许其受市民权之支配,或但免其租税者是也。第三世纪之始,罗马市民与外国人已无

---

① 应为"Rechtsfähigkeit"。

② "honares"应为"honores"。

③ 应为"Comubium"。

④ 应为"Commercium"。

差别,惟捕虏尚不能完全享有私权。至幼斯提尼安(Justinian)帝时废之,虽捕虏亦与通常之外国人无异矣。

(三)家族权(Status Hominis)(Status familias)。家族权者,家长(Pater familias)与家属(Filius familias)之法律上状态也。家长对外代表全家,其权綦重。其他以外之家人,皆不得自由行其权。故前者谓之自主权利者(Sui juris),后者谓之他动权利者(Alieni juris)。S. 34 S. 177

疏 自主权利(Sui juris)者,谓独立而有权利也。他动权利(Alieni juris)者,谓从属于他人之权利也。后者更分为三种:(一)属于家长权者,如为人子之时是;(二)属于夫权者,如为人妻之时是;(三)属于主人权者,如为人奴隶之时是。

家族之文字,腊丁语谓之发米亚(Familia),从古用例不一。今试述用例之沿革,而解释其意义。凡 Familia 之文字,用例有五。(一)总称属于一家之长及其属于家长权之妻子、奴隶等是也。此例用于族制时代,独为最古。于此时代之Familia指法人,而其家长即支配称为Familia之团体(法人)者也。(二)总称依男系而为因缘之亲属也。即 agnatus 亦皆称为 Familia。(三)谓由男女两系之血统相连之亲族也。上揭三例,始而为行政上之团体,继而有行政上之权力。迄于后世,自然法之主义渐行,而女子之血统,亦入于亲族中。(四)总称属于一人所有之奴隶也。(五)总称家长所有之财产之全体也。上揭(四)(五)二例,属于一家之财产,称之曰Familia,与日本所谓家督者有支配一家之权同。又时而指家产,如本于血统之人类团体,亦称为 Familia。及于后世,不仅指人类团体,凡属于其团体之财产之全部,皆称为 Familia。而古代奴隶之全部,亦称为Familia者。盖古昔罗马,一家之财产,以奴隶为主要,故奴隶即为家产之一部也。

第三节　人格之丧失及变更(Capitis deminutio)

前节既就人一一述之矣。然在罗马时代,有由一定之原因丧失变更者,于法律上称为Capitis deminutio。即在法律上前后判为两人,于私权享有,或全失存在,或大受制限也。盖人格之丧失及变更,其类有三,今列举之如下。

甲　全部丧失(Capitis deminutio maxima)

全部丧失者,即失其自由(Status libertatis),成为奴隶之谓也。凡人若丧失自由,则并市民权及家族权亦无从享有,故称之曰全部丧失,实则于法律上为人格消灭。质言之,即不得复为权利主体之义也。

疏 失其自由,成为奴隶,是为自由之丧失。此外尚有所谓自由之停止者。例如为俘虏者,迨复归于本国之时,停止其自由是也。

乙　大部分丧失(Capitis deminutio media)

大部分丧失者,即失其所有之市民权(Status civitas)及家族权(Status hominis)之谓也。然人虽失此二种权利,而保有自由权时,与奴隶迥异,故称之曰大部分丧失。例如,罗马古代拉丁地方居民,不能与罗马市民享同等特权,若罗马市民迁于拉丁永住者,亦失其市民权者是也。

丙　一部分丧失(Capitis deminutio minima)

一部分丧失者,即仅失其所有之家族权之谓也。人虽有时失此权利,而自由权与市民权依然存在,故谓之为一部分丧失。例如为人养子,即失其本家旧有之资格者是也。迨及幼帝时代之法律,虽为他人子,若本家继承开始时,仍得继承。则此制渐变,当于继承部分详论之。

以上就人格丧失之类别，已略言之矣。Gaius 氏谓人格丧失，即人格变更。学者有议其不当者。盖人格丧失，无论属于甲类、乙类或丙类，皆愈变愈劣。无由劣而优或前后同等者。且既曰变更，虽与原状不同，无丧失人格之理。若以乙丙二类言之，谓为变更尚可。至如甲类之全部丧失，在法律上人格已不存在，称为变更，殊为不当矣。

第四节　声名之损失(令名减少)(Existimationis Minutnio)①

罗马时代，凡有完全无缺之人格，称曰 Existimatio，殆即声名之意，盖从社会一般之观念而出者也。换言之，即常人所应有之声名，无瑕疵可指之义也。故关于公私权之行使不受制限者，即系完全人格者，即罗马法上所称之完全 Existimatio。反乎是者，则有声名消灭及声名败裂之分。前者如人格之全部丧失，后者如人格之大部分丧失者是也。

声名损失云者，于法律上关于公权、私权之行使，就一部分受有制限之谓也。例如结婚权受制限，或不许为他人之监护人者是也。

声名损失又分二类，一为破廉耻(Jafamia②)，一为污辱。污辱云者，审判官于其自由权限内，科以社会摈斥之刑罚，而限制其公私权之谓也。破廉耻云者，依国民会或审判官制定之法律中所定条件，损失其声名之谓也。又分为二：一为直接破廉耻(Jafamia③ immediata)，一为间接破廉耻(Jafamia④ mediata)。前者因犯罪之结果当然而生者，如以卑劣手段希图免役或重婚者，不待法院之有罪宣告，当然视为破廉耻者是也。后者因有法院宣告始认为破廉耻，如监护人因不尽其职被诉，或受寄者消费其寄托物被诉受裁判宣告者是也。

第五节　人之生死(Beginn und Ende der Personlichkeit)

人格以初生始，以死亡终。故人之生死，关于权利之得失，影响极大。今分述之如下。

第一款　人之生

人之生也，为权利能力发生之始期，即法律上所谓人者，以其降生时为断。故未生以前，于法律上则不得称为人格者。然必如何于法律上始得谓之降生，疑义实多，非片言所得决也。

疏 罗马国民之资格，除因出生而取得者外，尚有下述二种之方法。(一)解放。奴隶解放之后，即得享有民权。然非依正当解放式，仅得拉丁人之资格，有结契约之权利，而选举、名誉、结婚三权，皆不能享有。又拉丁人无为遗言之权利，当其死亡之时，其遗产归属于其保护人，故当时之谚，拉丁人自由而生、奴隶而死也。然至幼斯提尼亚奴斯(Justinianus)帝之时，废止拉丁、罗马之区别，凡被解放之人，皆得有完全之民权。(二)敕许或法令。凡外国人及拉丁人，若由罗马皇帝之敕许或法令予有罗马人之资格者，即得享有罗马之民权，与现时之归化法，略同其趣云。

罗马法关于降生之条件，约分为三。

甲　完全分娩(Sivinus Perfecte natus est)

完全分娩者，即全部与母体分离之义或谓之为独立生活(Silbtandiges Leden)⑤。申言之，

---

① “Minutnio”应为“Minutio”。

②③④ “Jafamia”应为“Infamia”。

⑤ 应为“Selbständiges Leben”。

即于完全降生后,独立呼吸之义也。若死于将分娩、未分娩之间,则不得谓之为人格者。然多数罗马法学者,以儿啼为初生之要件,至幼帝时弃之。

疏 依罗马法学者多数学说,以儿啼为初生之要件。惟萨比奴斯(Sabinus)派学者反对之。其说为幼斯提尼安(Justinian)法典所采,即不以儿啼为初生之要件也。

乙 能保生命(Vital)(Ledevsfahig)[①](Partus Perfectus)

能保生命者,即降生后有可生之希望也。而能有此希望者,最少怀胎须六阅月之久,否则谓之为不熟胎儿(Adortus)[②]。此不熟胎儿,虽具有第一条件,然终无可生之希望。故法律上亦不视为人格者。虽满六月后,而降生时,与第一条件不符者亦同。例如以死体生者是。不熟胎儿云者,即未至成熟时期,而与母体分离之谓也。此种胎儿,当分娩时,不问其生死,俱无权利能力。然持反对说者,谓不熟胎儿,乃指分娩时气绝者而言。若然,则虽与第二条件不符,苟于降生时非死体者,纵生命仅存于一刹那间,亦得为权利主体。是说与罗马法之精神不合。盖人之初生,凡未满六月者,纵令生时存有一息,终不能望其成育,故谓之为不熟胎儿。然生于六月之后,不责其身体之健壮也。

疏 韦西特尔(Waechter)持肯定说,沙徽尼(Savigny)持反对说。

丙 具有人形(Nicht missuebuateu)

生儿苟具人形,就令肢体或多或寡,于权利能力无碍也。

疏 不具人形者,罗马法称之曰怪胎(Monstrum),不认为权利之主体。然初生之子,苟具有人之身体,纵令四肢欠缺,尚得享有人格也。

与以上所列三条件相合而生者,于法律上享有人格,故一生即可享有财产及继承权利。若出生后即死者,其继承权利移转于应行继承之人。详言之,即其子生后,于一刹那间,若其父死时,其父之人格(Caput),即时移于其子,所应继承其父之财产,若其子死时,应以继承其子之人继承之。换言之,即继承时以其子为标准,而不以在其子之次位之人继其父也。

第二款 胎儿(nasciturns)[③]

人以初生而取得人格,则在分娩以前,仅为母体之一部,而不得谓之为人格者。原则如是,然法律有时为拟制之规定。例如关于继承,胎儿亦认其有继承之权利是也。为十二铜版法时已然。凡父死时,其子虽在胎内,而对于其应继承之部分,为其子留保之。若合乎前款所述之条件,则出生时,即时取得。若欠缺出生之条件,则拟制之规定不能适用,而所留保之财产继承权,亦即移于其父之继承者。

既假定胎儿为人格者,则于其他亲属之死亡时,亦适用之。关于以上所述情形,得设财产管理人(Curator),管理胎儿将来所应有之财产。

第三款 人之死

人之死也,人格消灭。而与之有利害关系者,因而取得权利焉。故凡于人之生死有利害关系者,不可不为事实之证明。例如某之生或死未能明了时,其亲戚中有欲继承其财产者,应证

---

① 应为"Lebensfähig"。

② 应为"Abortus"。

③ 应为"nasciturus"。

明其事实者是也。

人之死也，乃一种自然事实。然此种事实，有时不尽明显，遂致法律关系摇摇不定。而有利害关系之人，应取得权利而无从，应负担义务而得免。立法者有鉴于此，乃于自然事实之外，凡人于永年间不能知其下落者，设推测之法焉。

近世诸国法律，关于死亡之推测(Präsumtio)，设特别规定，若于若干年间失踪者，即推测其死焉。罗马时代无一定之年限，惟就其事件之性质推测之，若海船触礁及战事是也。又关于同一事件，数人同时而死，而不能知其先后者，则依下例推测之。例如，其子于法律上尚未满十四岁者，推定其死先于其父；满十四岁者，推定其死后于其父是也。

第六节 行为能力(Handelungsfähigkeit)

行为能力者，亦法律上之一种状态也(Pechtlsche[①] Zustand)。德语之 Handelnngsfähigheit[②]，宝与之相当。盖人生以后，精神、肉体两界循序发达。故凡达一定之年龄，而于精神、物质两界无障碍者，其一动一静，在自然界为一种现象，而在法律上则附以相当之效果焉。然人之发达不同，实有渐进之势，况又有男女、长幼、强弱之分。若一律绳之，诚恐有过或不及者矣。由是法律关于年龄之长幼，以及精神不健全者，常分别视之。

第一款 年龄

罗马分年龄为数级，其各级人之行为，于法律上效果各异，今列举之如下。

甲 未婚年者(Impubertes)[③]

未婚年者，指不及婚年者而言。罗马称婚年曰 Pubertes[④]，男为十四岁，女为十二岁。凡未满此数者，皆未婚年者(Impubertes)[⑤]也。但又有二种。

疏 关于婚年，约有二说。(一)说谓婚年因个人身体之发达而定，不能由法律上规定万姓共通之年龄。萨比奴斯(Sabinus)派主张之。(二)说谓适当结婚与否，无由检查，在法律上须有规定，即男以十四岁，女以十二岁为婚年，较为适当。普楼库阿斯(Proculus)派主张之，为幼斯提尼安(Justinian)法典所采用。

a. 幼孩(Infantes)

幼孩指七岁以下者而言，其一切行为于法律上均不生效力，惟由他人受交付之物时，仅取得占有而已。

b. 七岁以上之未婚年者(Impubertes Infantia majares)[⑥]

七岁以上，男十四岁未满，女十二岁未满，亦均为未婚年者。但关于此点，仍有主张区别者。一说谓男子等自七岁以上至十岁半，女子自七岁以上至九岁半，为与幼孩相近之未婚年者；男子自十岁半以上十四岁以下，女子自九岁半以上十二岁以下，为与婚年相近之未婚年者。又一说谓与幼孩极接近之年龄，即七八岁之间为与幼孩相近之未婚年者；将及婚年，即男子在

---

① 应为“Rechtliche”。

② 应为“Handelungsfähigkeit”。

③⑤ 应为“Impuberes”。

④ 应为“Puberes”。

⑥ 应为“Impuberes Infantia majores”。

十三四岁之间,女子在十一二岁之间,为与婚年相近之未婚年者。是二说也,均不得谓为正确。盖此种区别,委诸审判官之自由认定可也,较之豫[1]为限定者为得计也。

七岁以上之未婚年者,除减少财产之行为外,得不以监护人之辅助,为其他之一切行为。

疏 凡未婚年者(Impubertes)[2],为无遗言之能力。若为减少自己财产之行为,非得监护人同意,不得为之。仅云未婚年者,包含出生以后男十四岁、女十二岁以下者之全体而言也。

关于私犯,在汉得利亚奴斯(罗马皇帝)(Nandrianus[3])时代,负责任者为与婚年相近之未婚年者,其与幼年相近者,不负责任。

乙 成年者(Majores)

成年者,指满二十五岁者而言。其未满二十五岁者,称曰未成年者(Minores)。古代盖无此种区别。迨第二次波尼克战争(Penischer Vrieg)[4]之后,于未成年者,始得设财产管理人。其后遂以管理人之设置,进而变为强行之制焉。

疏 各国成年规定不一。Japon, China 为二十岁;Belgium, France, Germany, United state[5], Italia, Maxica[6], Partuya, Switsrzerland[7], Sauiasiaua[8](美之南省),Parta Rics[9](西印度群岛),Qucbe[10](加拿大省名)等为二十一岁;Hrgentina[11] 为二十二岁;Spain 为二十三岁;Hustria[12] 为二十四岁。

第二款 男女之别

近世文明法律,无论男性女性,其行为能力,于私法上除有特别规定外,无稍差异焉。罗马时代则不然,女子(Mulier)仅得为自己子孙之监护人,而不能从事于其他之公务。其不得为官吏,不待论矣,即为他人之保证人,遗言之证人,亦不可得。

女子无家长权,故不能为养子之行为,其他受制限者,尚不止此,俟后详之。

男子及龄之后,完全有行为能力,惟生殖器不具(Insignem)者,亦受制限。例如生而不具者,以后日可以治愈为理由,得为遗言、婚姻、养子诸行为。若出生之后,因天灾或人为而生殖器不具者,虽得为遗言,而不能为婚姻、契约及养子行为。

具有男女两性者,其与男相近则以男视之,其与女相近则以女视之。若有疑点,则视为男子,而决定其法律行为之能力焉。

第三款 精神病者(Furiosus)

精神病者,罗马古代分为二种。一为精神丧失者,名曰 Furiosi;一为精神耗弱者,名曰

---

① 同"预"。
② 应为"Impuberes"。
③ 应为"Handrianus"。
④ 应为"Punischer Krieg"。
⑤ 应为"States"。
⑥ 应为"Mexico"。
⑦ 应为"Switzerland"。
⑧ 应为"Louisiana"。
⑨ 应为"Puerto Rico",即"波多黎各"。
⑩ 应为"Quebec",即"魁北克"。
⑪ 应为"Argentina"。
⑫ 应为"Austria"。

Dementes。前者指病态恒久永无痊愈之望者而言；后者指病态在一时而日后有恢复之希望者而言。此等区别，至幼帝时代废之。

对于精神病者设财产管理人，其一切之法律行为，须得管理人之辅助。其行为之不由管理人辅助者，概为无效。但精神病者在精神清爽时所为之行为，虽不得管理人之同意，亦为有效。

第四款 浪费者(prodigus)

浪费者，谓毫无意识而滥用其财产者也。此种人依法院之议决宣告禁治产。但在未宣告以前，所为之行为均有效。故不得以禁治产之故，而于以前之行为亦不负责任焉。既经宣告禁治产之后，付以财产管理人，此与七岁以上之未婚年者相似。罗马对于浪费者宣告禁治产，实出于习惯。盖与精神病者视同一例，而其相异之点，则在增加财产之行为。浪费者虽不得减少财产，而可以增加财产。精神病者，无论何种行为，除在精神清白时，均不得独立为有效之行为也。

第七节 完全人格者及其他

近世文明法律，关于行为能力，虽或有制限之规定，而于权利能力，则皆以平等为大原则焉。罗马时代则不然，分社会人类为数级。有完全享有人格者，如自由人是也。有不能完全享有人格者，如奴隶等是也。今分为下列各款述之。

疏 在罗马当时，自由人与奴隶，区别甚严，尤占法律中最切要之部分。故凡论人格者，必先论自由人与奴隶之区别。幼斯提尼安(Justinian)法典第一卷第三章第一项云：自由人者，谓于法律范围之内，得从其所好，而有处分事物之能力也。而奴隶则不然，依普通法之制度，属于他人之所有，俨然为其财产之一部也。

第一款 自由人(Ingenus)①

自由人云者，指生而自由者而言，约可分为数类。其父母均为自由人或为被解放者，所生之子为自由人。其父母若一为自由人，一为被解放者，所生之子亦为自由人。又父为奴隶，母为自由人或为被解放者，所生之子亦为自由人。又母为自由人或被解放者，虽不知其父谁何，所生之子仍不失为自由人。又怀胎之时，母虽曾为奴隶，而当分娩，恢复自由时，所生之子为自由人。又母在怀胎之时为自由人，虽分娩之时为奴隶，所生之子为其利益起见，仍不失为自由人。惟母当怀胎之时为奴隶，其后得恢复自由，至分娩之时，又复为奴隶，所生之子得为自由人与否，论者不一。而幼帝法典所采用之说，认为自由人，在怀胎之间，其母苟得一时享有自由，虽再为奴隶，影响亦不及于其子。盖彼时罗马思想，欲使自由人之数增多故也。

疏 幼斯提尼安(Justinian)法典，以母当怀胎之际为奴隶，其后一度恢复自由，虽至分娩时再为奴隶，而亦认其所生之子为自由人。此盖采用马尔崔奴斯(Marcelus)之说也。

依罗马法大别自由人为二种。一曰纯粹自由人，自有生而有自由之谓也。又区分为二：(甲)父母俱为自由人；(乙)仅母为自由人。盖罗马法谓法律者，推测自由之原则也。子既从母腹而出，则其子之人格，应从其母之人格。此原则之所由起，以定婚以前血统继承之事，皆由母系而定故也。二曰解放自由人，依正当之解放式(Justa Manumisso)而脱奴隶资格之谓也。又

① 应为“Ingenuus”。

区分为三级:第一级,依完全之解放式,而得罗马国民之资格,罗马人之权利义务皆得享有;第二级,得拉丁人之资格,而无罗马市民之公权;第三级,有降服人之资格,而无权利义务。至幼斯提尼安(Justinian)帝时,废除阶级,所谓自由者,遂采用唯一之原则焉。

第二款　奴隶

第一项　总说

奴隶者,权利之客体也。其法律上之待遇,与物同等。故奴隶不得为人格者。因而主人对于奴隶,可以任意处分之。因其与物同等也,故主人对于奴隶有所有权。

疏 主人对于奴隶有所有权者,即所谓家主权(Dominica Potestas)是也。当共和时代之初,奴隶之数少,待遇颇优。及极盛时代,奴隶之数多,视之若犬马。比于古昔之印度、日本奴隶之待遇,殆大异其趣矣。盖罗马征服四方,捕获敌人率以之为奴隶,故奴隶之中有亚非利加人,有犹太人,有西欧诸国人,皆与罗马异种异言,视为下等人类,大加虐待,无足怪也。今试言其虐待之一般。凡敌之捕虏,女则为娼妓,男则作苦工,衰老不堪使役者,则放之于山野,任其饿死而不顾。且奴隶生杀之权,主人操之,故或鞭挞,或烧印,或刺文,甚或稍有过失,即戕害其生命。如哈古斯帝之时,奴隶因破碎其主人之水晶杯,致触主人之激怒,投于池中,以供鱼鳖之饵,残酷之极端,此其实例也。然至帝政时代,发布保护奴隶之法律,奴隶之待遇一变,如克老鸠斯(Claudins)①帝之时,杀戮奴隶者,以普通谋杀罪论。又哈脱利安帝即位之初,颁布法律(纪元后六十一年)禁以奴隶与猛兽格斗,若以斗兽之目的,买卖奴隶,则罚当事者之双方。又哈德亚奴斯帝时,主人不得私擅监禁奴隶,其后发布类此之法律,多不胜数。后世学者遂谓罗马时代曾认奴隶为权利义务之主体。然如上所述诸种之法律,未尝与奴隶以权利,不过禁止虐待已耳。若谓禁止虐待之法律之结果,奴隶得为权利义务之主体,则日本狩猎规则之结果,如四十雀、五十雀等之小鸟,亦不可不与人类同为权利义务之主体矣。英国禁止虐待牛马,则牛马亦不可不为权利义务之主体矣。有是理哉?故比较今日之法律而论,罗马时之奴隶,决不得谓为权利义务之主体也。

奴隶虽在法律上非人格者,而在自然界则与人同。故其行为,法律亦不得全然漠视之。有时可以为法律行为,可以独立管理主人之财产,可以负不法行为之责任,可以因契约负自然债务。

疏 有时主人对于奴隶之勤勉,给予资金,及商家权利。其予奴隶以红利者,称为特有产(Peculium),而为奴隶之所有。然自法律上言之,此特有产,不外主人财产之一部。主人破产时,可以奴隶及其特有产分配于债主,且主人无论何时,得以己意取用。若奴隶以特有产之一部贷与主人,法律上无完全之效力,主人仅负担自然债务(Naturulis② obligatio)。但奴隶于自己特有产额内,借受他人金钱者,法律上亦认为有效。其奴隶死亡或被解放而为自由人时,一年以内,债主对于主人,得提起诉讼,请求返还,而主人即以其特有产清偿之。若主人对于奴隶有债权者,主人得先于他债主,而有优先权。惟主人许奴隶以特有产从事商业者,则仅有与他之债主,受平等分配之权利。

奴隶虽为以上种种行为,以非主体,故其所为之效力,究与自由人异。且主人对于奴隶之所有权,不仅于其身体行使之,即于精神界亦支配之。换言之,即奴隶之意思,亦为所支配,故

---

① 应为"Claudius"。

② 应为"naturalis"。

奴隶有所动作，皆视为代主人之动作。而由他一面观之，主人之对于奴隶，与对于其子同。故凡奴隶所取得之物，皆主人所取得之物。

疏 法律既不认奴隶为有人格者，纵事实上为主人代理，亦不能称为法律上之真正代理人。而主人于其行为，则须负责任。例如奴隶殴人，主人即不可不在损害赔偿之责，或交付奴隶于被害者。以加害之奴隶，交付于被害者，称为 noxalis deditio。

奴隶虽非权利主体，然有时亦有与自由人受同等待遇者，例如参与宗教上之仪式，及死后之葬式等也。

疏 奴隶死后，其埋葬地为 Locus religious。

奴隶虽得与主人之家属同例参与其家之祭祀，以非自由人，故虽为婚姻，法律上亦不以真正婚姻视之，称之曰非正式婚姻(Contubernium)。若生子时，被解放而得自由，则子与父母之间，生血族关系。

第二项　奴隶之发生及其种类

奴隶之生，其始不一。有生而为奴隶者，有因捕虏而为奴隶者，有因受有罪之制裁而为奴隶者，有因[1]特种行为而为奴隶者。所谓生而为奴隶者，譬如父母均为奴隶，所生之子亦奴隶者是也。所谓因捕虏而为奴隶者，譬如两国战争，虏之于敌者是也。所谓因裁制而为奴隶者，譬如犯某种罪名，判为奴隶，使执采掘之役者是也。所谓因特种行为而为奴隶者，譬如因负债者为债权者所卖之类是也。

疏 奴隶之发生原因，尚有五种：(一)逃亡，(二)追放，(三)自卖，(四)犯奸，(五)解放取消。此解放取消，又有二种情形：(1)负债者无力清偿时，由债权人取消其解放，(2)忘恩负义之奴隶。

奴隶之生，既由以上所述之原因，而其实际上种类亦不一致。有属于公者，有属于私者。属于公者，为官署之奴隶。属于私者，为私人之奴隶。

官署奴隶之地位，较私人奴隶之地位，于法律上为较优。前者有相当之职务，就特有财产二分之一以下，有得为遗言之权利，且较私人之奴隶，被解放之机会为多。

第三项　奴隶之解放

奴隶必经正式解放，始得自由。若第为主人遗弃时，即变为无主物，并非以失其主故，遂得恢复自由。所以人人对于无主之奴隶，均得因先占例取得之。

解放之方式，约有数种，今列举之如下。

第一　扶杖式{manumissio(Affranchissement) vindicta}

此法出于拟诉弃权，为罗马最古之式。所谓拟诉弃权者，非真为诉讼，乃原告对于被告假为起诉，而被告对于原告之请求无所争。申言之，即被告假托诉讼形式，而抛弃其权利之谓也。凡依此式解放奴隶者，原告于审判官之前，执杖令奴隶接触之，主张其为自由人，被告(即奴隶之主人)承认原告之主张，于是审判官即时宣告其为自由人。迨及后世，省略此种程序，仅主人奴隶及第三者向法院为解放之声明，即为有效。

---

① “因”为点校者据上下文所加。

疏 拟诉弃权,拉丁语称曰 In jure cessio。所谓 In jure 即拟诉之义。所谓 cessio 即弃权之义。扶杖解放奴隶之方式,乃拟诉弃权之一种。惟奴隶无诉讼能力,故除奴隶及主人到场外,尚须由第三者之自由人(Assertor libertatis)为原告,于审判官前,执杖令奴隶接触之,主张其为自由人,而奴隶之主人(被告)不抗辩其请求,惟沉默无语,或确言请求之正当,审判官因两造无争,遂即时判决宣告其为自由人。此为原告之第三人,后竟以审判官侍卫(Lictor)充之。依此方式解放奴隶,凡审判官所在之地,皆可随时行之,故较注册式之解放奴隶为便也。

第二 注册式{manumissio(Affranchissement) censn}①

罗马古时,每届五年,调查户口一次,所查得事实,均记入簿册,成为惯例。于调查之际,主人以奴隶已经解放为自由人之事实,记入簿内时,其奴隶即获得自由。凡依此方法解放奴隶者,须另以宗教上之方式,清洁奴隶之身(Lustrum)。且主人尤必须为市民法之所谓所有主,否则不得依此例。然此种调查,至微斯吧基亚奴斯(Vespasianus)帝时(即纪元后第一世纪之终)作废,而解放之法,亦不得行。

第三 遗言式{manumissio(Affranchissement) testamento}

以遗言解放奴隶,约可分为二种。一为直接解放,一为间接解放。前者即遗言者本人依遗言为之,于遗言发生效力之时,即奴隶获得自由之时。称遗言者为庇荫人(Patronus),对于被解放者有特别权利。惟遗言效力,死后始发生,遗言者不能享有庇荫人之实益。由是间接解放之方法出。间接解放者,又名委托解放(manumissio fideicommis),即主人以解放事件委托其继承人,依其委托解放奴隶时,已则立于庇荫人之地位。但继承人依其先人之遗言解放奴隶时,必由第一及第二或他种方式行之。所以奴隶之获得自由,非由遗言之效力直接而得,乃间接而生者也。

疏 直接解放与间接解放相异之点有三。(1)直接解放,则解放者对于被解放者为解放之宣言。间接解放,则解放者对于其继承人为解放之宣言。(2)直接解放,则解放者(主人)对于被解放者无庇荫人之实益。间接解放,则解放者(继承人)对于被解放者有庇荫人之实益。(3)直接解放,不须何等之程序,被解放者即取得其自由。而间接解放,则必践前述之扶杖式、注册式及其他之程序焉。

第四 寺院内之解放{Manumissio(Affranchissement) in ecclesia}

依昆斯丹丁奴斯所制之敕令,凡在寺院以相当之程序解放奴隶者,均于法律上有效。

第五 无式解放(inter amicos)

共和时代以后,渐渐发生无式之解放方法。例如主人于证人面前,为解放之宣言时,其奴隶即获得自由。惟以儒帝法典考之,此种情形,证人须有五人,且关于解放须制为文件。又此外于解放之始,制作文件以之解放,亦为有效。此种解放,据幼帝法典,亦须有五名以上之证人署名。又奴隶依死者遗命,或继承人之同意,当埋葬之时,戴用自由人常用之帽,亦可获得自由等是也。

无方式解放者,以市民法言之,虽非正当方法,而审判官保护之,与依正当之方法解放者,受同等待遇。然纪元后十九年所定法律 lex Junia Norbaua,谓此等无式解放之人,虽受审判官

① “censn”应为“censu”。

保护，获得自由，然不能享有市民权，仅与拉丁殖民地人所有之权利(Latini Juniani)等。至幼帝法典之规定，虽无式解放者，亦得完全享有市民权。又纪元后四年所定之法律 lex Aelia Sentia，凡奴隶前犯重罪者，虽解放亦不能享有市民权，仅得与捕虏受同一之待遇。且未满二十岁以上者，不能解放奴隶，未满二十岁者，得法院顾问(Cousilium)[①]之同意，依扶杖式得行解放，而奴隶若未三十岁时，不能完全享有权利。无论依何种方法，仅与拉丁殖民地之人民(Latini Coloniarii)同。至幼帝时废止此种规定，无论奴隶曾犯重罪，或未三十岁者，一经解放，均得有市民权。凡满十八岁者，得依遗言解放奴隶。新敕令更缩减其年龄，凡满十四岁者，皆得解放奴隶。幼帝于纪元后四年之法律，虽有改废，而对于负债者之欺诈行为，则仍其旧。又纪元后八年之法律 lex Fufia Caninia，谓凡依遗言解放奴隶者，因其人所放奴隶之数，互有异同。此法亦为幼帝所废。究而言之，罗马古法对解放方法，虽有制限，及至后来渐渐宽大矣。

疏 罗马昔时，自由人与奴隶区别甚严。相沿既久，积习难化，纵令屡布解放奴隶之法律，而犹视若财产之一部。遂谓解放奴隶，有害债权者之权利，或失继承人之希望，议论沸腾。此解放奴隶之制限所由起也，其主要者有三。(1)关于债权之制限，按罗马市民法，债务者不履行债务之时，债权者得卖却其债务者，使之为奴隶，其卖却之代金，即以之充偿债务。若许其解放奴隶，而债权者必受重大之损害，此为保护债权者之权利，而设制限也。(2)关于年龄之制限，即依 Aelia Sentia 法，所设二十岁以下之主人，三十岁以下之奴隶，不能解放奴隶之制限也。至幼斯提尼安(Justinian)帝时，及其后颁布新敕令第百十九号，遂行废止。(3)关于人员之制限，即依 Fufia Caninia 法，因遗言解放而设人员之制限也。奴隶之数与解放之数，作成相当之比例。解放之数，不能超越百以外，若超越制限之数，则以遗言上记载之顺序推之，制限数外，作为无效。至幼斯提尼安(Justinian)帝时，亦遂废止。

第四项　被解放者之权利义务

(甲) 权利

被解放者虽系罗马市民，然于公权究不能完全享有。不惟于选举权受种种制限，即名誉权亦无分焉。因其无名誉权也，故不得被任为高官或元老院议员，且不能与元老院议员之子女为婚约。即此种种观之，与自由人迥然异矣。然由皇帝之敕令解放者，一切与自由人无异，故对于庇荫人不负特别义务，庇荫人既因此失其特权，遂以国库当赔偿之责焉。又皇帝有以佩带金玦之权与奴隶者，盖在帝政时代，生而自由者，有佩带金玦之习，故以此与奴隶，以表示其与自由人同，而庇荫人亦因此失其权利。其后幼帝之新敕令，对于一切解放之人，均与以此种权利。又庇荫人对于被解放者，放弃其权利时，被解放者，亦得与自由人享同等权利。

疏 幼斯提尼安(Justinian)帝采自然法主义，于法令类典 Pandecten 第七编第五章及第六章，并新敕令第七十八号，将解放自由人之阶级，全行废除，凡被解放者，皆得为罗马之市民。

(乙) 义务

解放奴隶者为庇荫人，被解放者对之负种种义务。例如有诉讼事件时，被解放者，非得审判官之许可，不得提起诉讼。庇荫人如十分贫困时，被解放者对之负扶养之义务。又被解放者无子时，死后其财产以庇荫人继承之。又被解放者，有设置监护人之必要时，庇荫人有为监护

---

① 应为“Consilium”。

人之权利。又庇荫人当解放奴隶，为自己使奴隶从事于某种之业务，订有特约时，被解放者，对于庇荫人有履行之义务等是也。若庇荫人死亡，此等特权移于其子，然被解放者之子为自由人，对于其父之故主，无论何种义务，均无负担之责焉。

第五项　附地耕夫(庄头)(Colonus)

附地耕夫者，罗马称为克龙奴斯，视为土地之一部，与之相附而不相离，无迁徙自由之农夫也。然身不受拘束，故与奴隶异。又以其为地土之附属，故亦不能与自由人尽同。若地主将其地依买卖或让与移转于他人时，此种人民，即当变为新所有者之管理，故其地位，介在自由人与奴隶之间。此种农民之起源，说者各异。有谓由奴隶之状态转化而来者，即古昔解放奴隶，特以不为土地为条件，故成为特种农民。有谓罗马国境，他国人移住者既多，后遂成为此种农民者。究之罗马古昔已有此等存在，以上二说，均未敢断为精确。至底倭克列基亚奴斯(Divcletianus)时代，其数愈见增殖。

疏　日本罗马法学者户水宽人谓斯二说，皆不确当。盖不仅埃及被征服以前已有土著之农民，凡被征服之其他诸国地方，亦恒有类此之农夫。各地之惯习，必不相同。而罗马帝国发布之法律，属于新时代者颇多。沙徽尼(Savigny)谓雀苦鸠安帝(自纪元后二百八十四年即位至三百零五年止)以前，无附地耕夫(Colonus)，其说颇谬。盖附地耕夫(Colonus)之起源，虽不得其详，而自古即有之，要无容疑也。其后罗马人与独人交通频繁，独人之移住于罗马者，逐渐加多，遂从事于土地之耕作，而为附地耕夫。其最增加之数，实在雀苦鸠安帝以后也。

解放附地耕夫(Colonus)，行之最早者为英，行之最急者为法，行之以渐者为普，最近者为俄。

独：Leibeigene，法：Serl de lagrive，英：Villaine Lyangnr。分民族为三：Spertiatue, Dorin Peraeci, Helote。

第八节　住所

住所有二意，一为主观，一为客观。以客观一面言之，住所者，凡人就享有权利、行使权利、有主要关系之处所也。以主观一面言之，住所云者，非指处所而言，乃指其人所有之主要关系而言也。罗马古代住所之观念，多客观之意，至其后世，乃渐含有主观之意。

住居之常暂，于住所之意不相干系，故人不必常住于住所。苟于一定之时住居之，亦于住居之意无碍。

住所之单复，后世立法例不一焉。有限于单一者，有许其二以上者。罗马当时，虽有二以上之住所亦可，其有无主要关系，则就一般之情况定之。

住所之设定，有依法律规定者，有依乎人之意思者。依乎人之意思变更住所者，必须备具事实及意思两条件。

疏　依法律之规定而定住所者，例如子以亲之住所为住所，妻以夫之住所为住所是也。

第二章　罗马市民及外国人(Cives Romani et peregrini)

现今文明各国，关于私权享有，以平等为原则，古代法律则不然。譬如罗马市民法，惟罗马市民得适用之，以外之人民，均不得受其支配。故罗马市民与外国人，有绝大区别焉。

疏 中世以前，各国无对等、独立之交际，偶与外国相接，非战争之交际，即服从之交际。其所谓外国者，非敌国即属国也，而罗马则尤甚。国势隆盛，征服四方，凡隶属罗马之外国人民，不与罗马人立于对等之地位。故支配罗马人之法律，与支配外国人之法律，有大异而无小同者矣。

罗马市民完全享有公权及私权，不惟为万民法所公认，亦为市民法所特认。故依法有结婚权、遗言权、所有权等。外国人民则不然，对于公权，全然不能享有。对于私权，亦仅得依万民法享有之。所以外国人依市民法无真正所有权，无父权，无夫权，无监护权；不能以蛮齐帕剃沃方式取得权利；不能依市民法为遗言，且不能于遗言中指定罗马市民为继承人，或为监护人，或为遗赠，又不能为此种法律行为之证人。

疏 罗马市民(cives)完全享有市民权(Civitas)，惟当罗马建国之际，有贵族、平民之区别。平民仅有财产权(Jus commereium)①，其他选举权(Jus Suffrogium)②、名誉权(Jus Honaves)③、结婚权(Jus Comubinm)④等，皆不得享有。盖以罗马平民，亦多为被征服之外国人故也。

依以上所述，外国人无此种权利固矣，然非谓其绝对无能力也，依外国人之本国法则得为之。例如雅典市民，依雅典法律，得为遗言、婚姻及取得所有权等是。而罗马市民不能依雅典市民法，为法律行为，亦犹雅典市民之不得依罗马市民法也。

疏 外国人受本国法保护之理由，因在祭政一致时代，奉同一宗教、礼同一祖先者，始受同一法律之保护，如埃及、希腊是矣。罗马当时亦然，其最崇拜之神，曰 Vestal 神。王政时代，建筑社殿，设女神官之职，以时奉其祭祀。其数 Ramnes 族二人，Titees 族二人，Luceres 族二人。此社不置偶像，唯祀神火。若女神官怠于祀事者，则处以重罚。盖以火为罗马人祖先灵魂之所寄也。以故罗马市民法，仅奉同一宗教之罗马人得适用之，而外国人不受其保护。于此时代，法律与宗教之关系密切，概可想见。而罗马以外之诸国，亦各有其固有之宗教，固有之法律，以保护其奉同一宗教之人民，各从其本国法，而为结婚、遗言及其他所有财产、缔结契约之权，盖自然之理也。

罗马古代，二者区别甚严。至卡拉卡拉帝特废止之，除捕虏(Deditis)外，均与市民同等。至幼帝时，则无论何种人民，尽行平等矣。

处乎罗马市民与外国人之中间者，复有拉丁人。拉丁人为罗马同盟部落(称为 Allies)，故自古以来，拉丁人得享有婚姻权及财产权，惟选举权及被选举权，不得依罗马市民之例。至共和政治之末年，拉丁人已获得罗马市民之特权，遂无异矣。

第三章 家长与家属{Paterfamilias et Filiusfamilias(son) Filifamilias(daughter)}

家长者，一家之主，统治全家。凡在其权力之下者，统谓之曰家属。譬如祖、父、子、孙同

① 应为“Commercium”。

② 应为“Suffragium”。

③ 应为“Honorves”。

④ 应为“Comubium”。

居,祖即为家长。自父以下,均隶于家长,是为家属。若祖既死,其父即为家长,自子孙以下,均为家属。惟罗马时代,财产继承取均产主义,与近日欧洲文明诸国取长系主义者不同,故若有子五人时,于继承开始,同时取得家长权,非长子一人为家长,其余诸弟辈仍立于家长权之下也。

罗马法有自主权利者及他动权利者。前者指自己独立行使其权利者而言,后者指居于他人权利之下而言。家长即自主权利者,家属即他动权利者。

家长既为自主权利者,对外代表全家,故家属若有所为,对于家长皆生效力。换言之,即家长对于家属之行为,负完全责任。譬如家属以买卖或赠与取得财产之所有权时,家长亦取得之。家属对于他人有加害行为时,家长亦负赔偿之责任焉。

家长与家属在私法上虽有大别,而在公法则不然。家属之为市民,其身分与家长无异,故于选举权、名誉权等均不受制限。

第一节 家长权(Patria Potestas)之性质及作用

家长权者,对于家属所能行之一切法律状态也。盖家长在一家之中,居最高地位,俨如国之有君。其理家政也,几如国君之治国。故其主祭祀也,如君之祀社稷焉。不特此也,古时君主有裁判权,罗马之家长,于其家事,对于子孙亦有裁判权。若家子有罪恶时,则惩罚之。所谓罗马法之家长,对于子孙有生杀之权者,殆即指此。

疏 家长主祭祀之权。古代罗马,合数家为 Curia,合数 Curia 为 Tribus,合三族为 Urbus,此等族市,皆有神以保护人民。盖罗马之神,有二种类。一为一国之神,最著者曰 Jupiter, Apollo 等神,代表天然之力,为一国人所信仰。古代以国王兼高僧之职,而司祭祀。一为罗马人之祖先,在族市则有族市之长,以司祭祀。在一家则以家长为祭祀之长,率家族以祭祖先,及 Jupiter 神等。此种祭祀仪式,外人不能参与,但奴隶虽非家族,亦得参与焉。

家长司裁判之权。罗马古昔,一家之有家长,犹一国之有国王。国王除司一国政治外,有最高裁判之权。家长除司一家家政外,有一家裁判之权。依十二铜版法,家长对于家属虽有生杀之权(Jus uital necis gne),实则仅指裁判权而言,而杀伤之事,尚不敢为。虽不明事理之家长,有时杀伤其子孙者,然非普通人所忍为也。故家长滥用权力而虐待子孙者,亲属会议,得干涉之。至共和时代,则有家长滥杀其子者,科以重罚之规定。

要之古代罗马,家长对于家属及家产,有最上无限之全权。社会稍进,对于家属之权利,与对于家产之权利,遂生区别。前者曰家长权(Patria potestas),后者曰主人权(Dominica potestas),而家属中夫对妻之权利,特称曰夫权。随法律之进步,家长权渐至分化,及共和政一变而为帝政,遂益减缩其势力。试以幼斯提尼安帝时代之规定,比较十二铜版之法律规则,则幼帝法典之家长权,于古昔民法(Jus civile)之规则,仅存其残迹而已。

罗马时家长得以其家中子弟买卖之。在十二铜版法以前,卖子之风甚盛,后渐减少,至最后则禁止。按十二铜版法,家长卖子至三次者,其子得脱其家长权。由是观之,则可知对于买卖之制限矣。家长对于家属之不法行为,得以家属委之于被害者,听其处分,以免赔偿责任。譬如子弟以故意或过失加害于他人时是。

家长对于家属财产,形式上亦取得所有权。但家属负债,则由家属自行偿还,家长无责焉。

要之,罗马时代之家长权,极其强大,愈古则愈甚,渐进则渐衰。共和时代,家长滥杀其家属者罪之，殆及后世，则浸形颓废矣。

第二节　家长权之发生

凡权利之发生，必基于一定事实，家长权亦复如此，虽原因不一，约可别为三类。

一　生子(Naissance)

父对于子，于始生时有否认之权(独：Kampfsrecht，法：Droit de contestation，英：Right of contest)。凡否认者，必具有相当理由，始得否认之。但既否认之后，已非一家，故家长权无发生之余地。若始生时，不表示否认之意思者，当时即取得家长权。

家长权为市民法上权利，故拉丁人民不得享有之。然以相当理由，取得罗马市民之资格时，同时对于家属，亦取得家长权。家长权既为罗马市民法上权利，故母为外国人，其父虽为罗马人，对于其子亦无取得家长权之理。但其结婚系出于错误者，即以错误为理由，对于所生之子，仍可取得家长权。

二　准嫡(Legitimatio)

准嫡者，非嫡子，即视同嫡子之谓也。此种方法，乃系对于私生子{Supurii(maturalis[①] liberi)}而设，约有数类，今举其重要者于下。

a. 因以后之婚姻，取得嫡出子之资格(Legitimatio per subsaquens matrimonium)者。

男女同居生子，后日成婚，对于结婚前所生之子，以婚姻之故，取得家长权。此种法律，实由昆斯旦丁奴斯(Constantiaus)帝制定。其后至四百七十六年，材鄂(Zeuo)帝废止之。至五百二十九年，幼帝复用昆斯旦丁奴斯帝之旧制。

准嫡之有效与否，亦有一定条件。(一)同居男女，于结婚前，以夫妇之关系同居。(二)同居男女，无论何时，可以任意举行婚礼。二者缺一，则后日结婚，对于未婚前之子，亦无取得家长权之理。

b. 依皇帝之裁可，取得嫡子之资格(Legitimatio per rescriptum principis)者。

父无嫡子，而仅有私生子，若其母已死，或虽存在而不与结婚时，其父得以准嫡请愿于皇帝，得裁可后，即取得家长权。若其父未履行以上程序而死亡者，其遗族亦得依遗言为准嫡之请。

疏　依皇帝之裁可，取得嫡子之资格者，乃幼斯提尼安帝时新敕令第七十四号所规定也。此外尚有因充地方会役员而取得嫡子之资格(Legitimatio per oblationem curiac)[②]者。古代罗马合数家(或云十家或云十姓，其说不一)为Curia，每Curia设一役员(Decurion)，征徭繁重，人多避之。至推阿多修士二世及瓦连体尼安三世(ValentinianⅢ)二帝，欲挽回此规避役员之习，于是规定凡私生子充役员者，(或以私生之女嫁役员者)视为适法之子。但惟对于其父有关系，对于其他亲族则否。故此方法，不得称为完全也。

三　养子(Adoptio)

罗马古代家族制度，略与吾国相似，故以祖宗之不血食为憾，凡无子者，皆养他人子为子，

---

① “Supurii”应为“Spurii”，“maturalis”应为“naturalis”。

② “curiac”应为“curiae”。

以绵其嗣续焉。然此种制度,不惟罗马有之,即印度、希腊,亦皆有此风习。在印度则无子者,得养他人之子以为子,有实子者,不得养子,见于蛮奴律。在希腊则有子者,不得更养他人之子以为子,德莫斯德内斯之演说曾道之。二者相较,适可见其大致相同。盖此制度,原以防其家之不祀也。若无绝家之虞,则无庸更为养子矣。故希腊、印度于有子者禁止之。

罗马养子制度,因时代亦稍有异同。当嘎由斯时,虽有子者,亦得另行养子。而齐塞楼(Cicere)①时,于有子者则禁之。盖在往古关于养子设有制限,及至后来则渐绝。惟有子者,不能养自主权利者为子,若他动权利者,则固无碍也。

东②罗马阿纳斯塔及由斯(Anastasius)(461—518)帝时制定法律,凡以私生子为养子者皆许之。推立法之意,殆不在防止绝家,乃出于爱私生子之至情也。

疏 古来法律认养子制度之目的,约有四端:(1)为继续祖先之祭祀也。盖以古代社会,祖先祭祀,甚属重要,故人而无子,禋祀将绝之时,必养他人之子以继续之也。(2)为继续家长权也。罗马古法之养子,多基于此目的。盖以族制时代,家氏保存,为组织社会之必要,故依法律上之拟制,收养他人之子以为子也。(3)为继续财产也。社会稍进,个人之财产渐增,所有者之死后,不可无人继承之。自古死而无子者,处分遗产之道有三,一曰归之国库,二曰让于他人,三曰置继承人。夫以自己之财产,被收入于国库,固人情所不愿,若以后事委托于他人,又恐不能胜其任,故罗马法之规定,必以养子为财产之继承者。然罗马法养子与遗言并行,养子之财产继承,自生前即定之,遗言则仅豫定继承者,及本人死亡之后,乃确定其继承也。(4)为慰养亲之心,或保护为养子者也。东罗马时代,族制颓败,遗言盛行,养子之目的,乃在慰老而无子者及失子者之心,或为扶持幼而无父者所定之规则也。英国法律,不载养子之规定,至扶助救养之事,概为道德上之观感,法律毫不干预之。

罗马养子分为二种,一为以自主权利者为养子,一为以他动权利者为养子,前者称为阿罗嘎齐沃(Arrogatio),后者称为阿道扑齐沃(Adoptio)。依古律无论何种养子,既入他家,当然与本家脱离关系。盖罗马人古亦奉祖先教,凡与祭者,皆为一姓之人,异姓不得参伍其列,故一人不能兼两家之资格也。所以无论为自主权利者或他动权利者,为他人子则丧失其家族权。而人格变更,即小部分丧失之结果生焉。罗马养子有二种,既如以上所述矣。而二者之间,规则互异,试分论之如下。

甲　以自主权利者为养子

以自主权利者为养子时,其程序甚为严重。第一,须于国民会为讯问之程序;第二,须得僧侣之认诺。其讯问于国民会(Comitia centoriata③)也,又可分为三段:一、须先向为养父者询其意见,是否欲以他人之子为子;二、须再向为养子者询其意见,是否欲为他人之子,而以生杀之权委之于养父;三、须向国民会员询其意见,本件是否可以许可。以上为国民会讯问之程序,此外尚须得僧侣之认诺始得为之。其所以如此不惮烦者,盖以自主权利者为他家养子,其本家将有斩祀之虞。若自主权利者非独子,则许之亦可无害。立法之意,诚不欲以一人继续此家,而灭绝彼家,故出乎此。且此事罗马不视为一姓之私事,而视为一国之公事,故询之于国民会,

① 应为"Cicero",今通译为西塞罗。

② "东",原作"束",今据上下文改。

③ "centoriata"应为"curiata"。

且叩之于僧侣。在共和时代,此制盛行,至帝政以后,渐归消灭,以自主权利者为养子者,专仰皇帝之许可焉。

依以上程序为养子者,皆须得为子者之同意,故女子及未婚年者,皆不能依此例为之。何则?罗马国民会女子无出席之权,故不能于国民会为讯问之程序,所以养女不得依此例。又未满十四岁者,无完全之行为能力,于国民会亦不能为同意。至安敦帝时,虽未满十四岁之人,亦得依阿罗嘎齐沃之程序为之,但有制限,例如于养子一方确有利益者许之之类是。

乙 以他动权利者为养子

此种制度,以买卖之方式为之。其买卖之方式,称曰蛮齐怕齐沃。虽买卖,与奴隶异,以其为家族中之一员,得享有家族权故也。

养子方式,为物(Res mancipi)之一种,称 Mancipatio。此种方式,以及婚年者之市民五人为证人,复以同资格者一人为持秤者,而以青铜块使持秤者持之,于是买主立于其前,持目的物而言曰,余于此物,欲依罗马市民法为自己所有物,并欲以此青铜块及秤买得之,表意既终,于是买主以青铜块击其秤(Als①),以示以物价付与卖主。此方式盖发生于古之习惯,当时无钱币,故以青铜代之,其以秤者,所以权物之轻重也。

养子方式(Mancipatio)之外,并用解放奴隶之方法为之。此种方法,亦极繁重。依《十二铜版法》,父对于子卖至三次者,丧失其家长权。若三回未满者,家长权依然存在。而为养子者,须使本生之父丧失其家长权。故依铜版法,买卖之方式,须反复三次。

《十二铜版法》之规定,仅适用于男子之子,对于女及孙,不能以此例绳之。故女及孙为他人养子时,买卖一次,即已脱家长权,不待三次也。且此种买卖,依拟诉之方法行之。罗马古时养子之繁重程序,至后世废止之。依底沃克列基亚奴斯帝所制定之法律,生父、养父及养子三人,至法院陈述意旨,行为即为终了。及至幼帝时,则第于法院呈用请书,已无须经种种程序矣。

能以遗言养子否,在罗马古法,本系疑问,后以法律禁之,此疑问遂解。又依古法,未婚年者,不能独立发表意思,后来凡有遗言之资格者,不问其年龄如何,皆得发表意思,若关于养子有异议时,不能反其意为之。

又依古法,女子无家长权,故不能为养子。后世虽女子而无子嗣者,得帝之许可,亦得为养子。然法律上之效果,与男子不同。其养子对于养母,仅有取得其继承权之关系,而养母对于养子,亦仅有债权授受之关系,不能因养子而取得家长权也。

幼帝法律,凡养子者,须较所养之子年长十八岁。盖以养子制度,原为拟制,亦求其近于天然事实故也。至幼帝时代,罗马家族制度,大半颓废,即养子一端,亦与往昔大异。古时养子出于宗教思想,后则专本于情爱。所以依幼帝法典,养子不必一定处于养父家长权之下,惟死亡时,有继承之权利而已,若养父系尊亲属者,则异乎是。

疏 养子之条件:(1)养父须有家长权,如罗马古法是。(2)养父须达于婚年,如安敦帝以前之法律是。(3)养父须长于养子,如幼斯提尼安(Justinian)法典是。(4)养父养自主权利者为子之制限,如甲项所述是。罗马古法,养子以自然法为原则,养子养父之间,与血脉亲子之间,无少差别。其后养子之性质一变,养子于收养者之生前,定为财产继承人。故被收养者,

① 应为“libra”。

依然属于生家之家长权,对于收养者,惟取得继承权耳。及幼斯提尼安(Justinian)帝时,关于养子之效果,分为二种。一曰完全收养(Plena adoptio)者,尊亲属收养卑亲属之谓也。此种养子,纯以自然法为原则,养子对于收养者不惟有继承权,且属于收养者之家长权,而生家与法律之关系全然废绝。二曰不完全收养(Adoptio minus plena)者,收养他人以为己子之谓也。此种养子,不离生家与法律之关系,对于收养者,惟得继承权而已。

第三节 家长权之丧失

家长权有时因一定之原因而失之。而丧失之原因,亦不一致,今分论之如下。

(甲) 离宗(Emancipatio)

罗马时代,家长使其家属去其家而之他者,对于已脱离固有家族关系之家属,丧失其家长权。此种程序,与养子程序,大略相似。依十二铜版法,父卖其子至三次者,丧失其家长权,故使其子去其家之时,亦用此方法。譬如家长甲欲使家属乙去其家者,卖之于丙,丙则依奴隶解放之方法解放之,此时乙复隶于甲家长权之下。甲复卖乙于丙,丙复解放之如前,乙复隶于甲家长权之下。于是甲又卖乙于丙,丙于此次不依解放程序,而以乙还卖之于甲,甲以解放之方法解放之。于是乙以经过三次买卖之故,脱离甲家关系,不复隶于甲家长权之下。而最后解放之者为甲,故甲对于乙为庇荫人。若丙为最终之解放人,亦可立庇荫人之地位。惟以父为其子之庇荫人,于实际上便利殊多。盖三次买卖后,解放之者恒为甲,故以前例为常例焉。若对于女子,仅为一次买卖即失其家长权。譬如甲卖女乙于丙,费还之后,即可依解放方法行之。要之,以上所举,系仿照解放奴隶之法为之,故庇荫人之特权,亦与解放奴隶时相同。

以上所述,罗马古代则然,至后世则以简易之法行之。阿纳斯塔及由斯(Anastase)帝时(纪元后五百三年),凡欲子或女去其家者,得皇帝之许可即可。迨至幼帝时,方法更为便利。欲使子或女去其家者,携子女至法院陈述意旨,法院以之登簿,其行为即为终了,较之皇帝许可,更为简便矣。又在古代,凡使子或女去其家者,本人之意思如何,置之不问,至幼帝时,则须得去其家者之同意,若表示反对意思时,家长不得反其意行之。

(乙) 家长之死亡

父死子继,其父之家长权移于其子。故子于父之死亡时,取得自主权利者资格。至子孙则不然,不能以家长既死,遂脱出家长权也。

(丙) 人格丧失及变更

a. 全部丧失

凡人格全部丧失时,即为奴隶,所有权利,均不能享有,故家长权亦因之丧失。但父因俘虏为奴隶时,不在此限。此时父虽被虏,若异日归国后,仍然有家长权。故法律上视为与在本国者无异焉。此种拟制,称为Jus Postliminium。若父被捕之后,死于敌国,则子为自主权利者之资格,不以父之死亡发生,而以被虏之时,发生效力。

b. 大部分丧失即变更之一

家长受流刑(Deportaio)①之宣告时,丧失其家长权。幼帝时,认定受此种刑者,即人格之

① 应为“Deportatio”。

大部分丧失。若家长既受此种刑之执行，他日为皇帝特赦归国时，仍可恢复家长权。

（丁）家长对于家属之所为有重大不法情形

家长有下列行为时，丧失其家长权，例如：

a. 家长以家属与猛兽相搏供公家之观览

b. 家长鬻其女为娼或使之密卖

（戊）家属得特种之官职

家属授有下列之官职时，脱离家长权。

a. 神官（Jupiter）

b. 僧侣

c. 知事

d. 陆军将官

疏 丧失家长权之原因，又可大别之为二种。一曰基于双方之同意者，如甲项所述是也。二曰基于法律之作用者，如乙、丙、丁、戊四项所述是也。

第四节　家属之特有财产

罗马时代，一家之财产，属于家族全体，而家长既主全家，故对于一家财产，有全权处分之，家属不得过问也。且家属取得财产时，在古昔亦视为家长之所有，家属对于财产，仅有消极能力，而无积极能力，财产上之状态，极为不利。迨及后世，始认家属得有特别产，而其特别产之为类亦不一，今述之如下。

甲　有完全处分权者

a. 因武功而得之财产（Peculium castrense）

b. 因奉公务而得之财产（准武功）（Peculium quasi castrense）

以上二者虽家属立于家长权之下，亦得自由处分之。

乙　不能完全处分者

c. 由父以外之人或外祖等所得之财产（Peculium adventium）

古代此种财产，仍属家长，至后世始为家属所有，家长对之，只有管理权及用益权。

丙　仅有所有权而无处分权者

d. 因利用家长财产所得之财产（Peculium Profecticium）

此种财产虽家属掌握之，而处分权仍属于家长。

以上四者为家属之特别财产，其性质与奴隶之特有产，几无差异，而对财产上之权利，则大不同，于后节述之。

第五节　家属与奴隶之差

罗马古代，家属与奴隶为同种之法律所支配，迨及后世，二者始渐生差异，其沿革可分为三期，概论如下。

第一期　罗马法律思想，尚属幼稚，人格观念，亦未发达。无论家属奴隶，均为家族之一员，皆得与于祖先之祭礼。而家长之对于家属，与对于奴隶无异，有生杀与夺之权，且得买卖之。盖在此时代,二者毫无差别矣。

第二期　人格观念,渐渐发达,家属与奴隶,其差遂生。家属得享有家族权,而奴隶则无之。再假罗马人之语以譬之,家属与奴隶虽等为人,而一则为法律上之人格者,而一则法律上无之。故前者为权利主体,后者与物同。但家属为他人养子或离宗时,亦依买卖及解放奴隶之方法行之,且家属加害于他人,家长得以处分委之于被害者,以免其责。此殆第一期之遗法也。

第三期　第一期之遗迹,全然无存,二者地位,迥乎别异。故家属为他人养子或离宗时,不得依买卖或解放之方法行之,且家属即以不法行为加害于他人,家长亦不得故为委弃以免其责。盖此时代,家属与奴隶不相侔矣。

以上所述沿革,虽分为三期,而自何时起,至何时终,为每一期之段落,年代湮远,诚欠明确,然其变迁之可分为三期,则无疑义。

第四章　婚姻{Nuptiae(Matrimouium①)}

疏 婚姻者,一男一女之结合而永续(偕老之意)个人之共同生活(Viri et mulieris coujunctio individuum consa uedinem② vitae continens)也。

定婚制度,罗马时代,既已行之。罗马法对于预约婚之女,名曰婚约女(Sponsa),预约婚之男,名曰婚约男(Sponsus),而称此婚曰 Sponsalia。

按罗马市民法,结婚之方式有三,一为共食式,一为买卖式,一为使用式,今于下分述之。

疏 罗马法之婚姻,有生夫权者与不生夫权者二种。生夫权之婚姻,即依共食、买卖、使用三方式而结婚,为其妻者,脱生家之家长权,而属于其夫之家长权,是盖起于买卖婚及赠与婚等,其初妻之财产,亦皆归夫之所有权也。不生夫权之婚姻,为其妻者,不离生家之家长权,妻之所有物,亦不属夫之所有权,而其所以异于野合者,以所生之子,得有家长权,其子对于父,亦有继承权故也。

罗马法结婚必要之条件有六:

第一,结婚者之年龄。结婚之目的,即结合异性之二人,生产同种之形体,以图人间种族之永续也。故凡结婚者,必具备有形的机能,否则婚姻不能成立。然男女生产以后,经几何年月,方得此机能之发达乎?又依如何方法而知之乎?惟有以年龄制限之一途耳。罗马古法,原无关于年龄之制限。自普楼库阿斯(Proculus)派出,始主张婚姻必有一定之年龄,虽萨比奴斯(Sabinus)派反对之,然卒为幼斯提尼安(Justinian)法典采用,即男子以满十四岁为婚年,女子以满十二岁为婚年是也。

第二,结婚者之人数。古代罗马之婚姻,始于酋族共同婚,或一夫数妻,或数夫一妻,诚无一定之原则。及进于一夫一妻之时代,而婚姻之制限乃定。凡前婚未解除之时,对于其他之男女,禁止再为嫁娶,且于为缘内之妻(Concubinatus)者,亦惟限于无市民法适法结婚之妻者,乃得允许也。

第三,结婚者之关系。罗马法既于亲戚间设结婚之制限,其最要者,宗系亲相互间之结婚是也。即尊属亲卑属亲之血统,无论如何隔绝,皆不许其结婚。而尊卑属间结婚之禁,不独自

---

① 应为"Matrimonium"。

② "coujunctio individuum consa uedinem"应为"conjunctio, individuam consuetudinem"。

然之关系，且有由养子制度而生之关系，虽其后养子离婚，亦不许相互间之结婚。又伯叔父母与其侄甥间之关系，亦准尊卑属之关系而禁止其婚姻。傍系亲间之结婚，于四等亲以内则禁止之。故兄弟姊妹之间，虽其关系自养子及婚姻而生，而亦禁止相互之交婚，即令养子及婚姻之关系业经解除，而仍禁止其继续也。然君士坦丁(Constantin)帝以前，凡娶死亡兄弟之寡妇及亡妻之姊妹，为法律所允许。及君士坦丁帝之时，概行禁止。又罗马法从兄弟姊妹间之结婚，一时虽已禁止，而至优求斯脱(Auguste)帝之时，复又解除其禁令，凡四等亲以外之傍系亲，亦许其互相婚嫁矣。

第四，公益上之制限。罗马法隶属诸国之官吏，禁娶其管辖之妇女。又监护人与被监护人，耶稣教徒与犹太人，亦皆禁其相互之婚嫁。凡此皆为公益上结婚之制限也。

第五，家长之许诺。罗马法凡家族结婚，必得其父及家长之许诺。苟幼而无父者，须得其母或监护人之许诺。盖基于买卖婚、赠与婚之遗风，为其子买受其妻，概属于家长之能力也。且幼者本于一时之爱情，而结百年之婚姻，则生活上必来种种之弊害，故依罗马法系之诸国法律，皆设有幼者结婚，须经其祖父母、父母或监护人之许诺之规则。在英法属诸国，纯然采用共诺婚之主义。凡关于结婚之法式，不须得其尊长、父母等之许诺，自由嫁娶，当为法所不禁矣。

第六，结婚之法式。罗马法始用使用式、买卖式、共食式三者。而共食式之第一段仪节，即在不绝祖先之庙食，而行宗教上之仪式。至幼斯提尼安(Justinian)帝时，以婚姻为继续家长权之方法，于《法学阶梯》(Institutiones)法典论家长权规则之首规定之，殆全以之为民法上之制度。至纪元八百八十六年，又设结婚于僧侣前之制，遂成欧洲诸国之习惯。在于近世，就结婚之法式而生最著之变革者，即一千五百六十三年十一月脱灵脱会议，由高僧决议，凡婚姻为寺院之管辖，且须有二人以上之证人，于僧侣前举行之是也。迨法兰西革命之后，又以结婚为民法上之制度，于户籍吏前行之。英国约翰第四世第四年第七十六号法律：一切婚姻，皆于英国之国教僧官前行之。其后维廉第一世第六年第七年第八十五号之法律：婚姻许于寺院或户籍吏前举行。据现行法典，凡结婚者，皆须于登记官之前而为登记也。

甲 共食式(Confarreatio)

罗马古时，以麦制为饼，新婚时，夫妇共食之，故由是得名。其详细仪节，可分为三。

疏 此种麦制之饼，称曰 Farreum，系 Uestal 神祠官手造。夫妇共食此饼，则夫对于妇即取得其夫权。

第一 送女(引渡 Fraditio)

此段礼节，于女家行之。女之父对于女之婿，设祭于祖先及神明之前，谓以女为某甲之妻，类若告庙。盖古时当女子于归时，必虔告新妇入于祖先之血统，为家族之一人，否则女虽入夫门，亦不能与于夫家之祭。诚以古时罗马，不能以一身而与于两家之祭祀故也。

第二 迎亲

此种仪式，夫自为之，或使他人为之。在途中作歌，其歌为关于宗教者，及将至门，女不径入，其夫拟为掠夺，女家侍从，亦假示防卫之状焉。

第三 共食

此段仪节，于夫家行之。夫既夺女入门，引之于家神之前，行盟洗礼，所以示清洁也。且使女触神火，既毕，诵拜神之词，然后夫妇以麦饼分而食之。

依以上方式结婚者，罗马习惯，必以吉月吉日行之。以六月为最吉，以五月为最凶。其择吉也，卜之以筮。

乙　买卖式(Coemptio)

依此方式结婚者,其买卖以蛮齐怕齐沃(Mancipatio)为之。例如某甲男依蛮齐怕齐沃式,将某乙女买收是也。或谓此式,不唯男对女可以行之,即女对男亦无不可。是说也,恐未适当,德国孩儿德曾论之。

疏　此方式乃买卖婚之遗俗,即夫买其妻之意也。于五证人之前,以一人持秤而立,新夫以货币载之,女若为自主权利(Sui juris)者,则须监护人之许诺,若为他动权利(Aliena[①]juris)者,则须家长之许诺。依德国孩儿德(Hölder)氏之说,唯男子得收买女子,于罗马法为正当之解释也。

丙　使用式(Usus)

上两种仪式之外,男子置女子于其家,于一年之间,待以妻礼,于是女对于男于法律上取得妻之地位。是盖出于时效之规则,对于以妻礼相待之女子,与动产同例,故同居一年,法律上即生夫妇关系。但女子于一年经过之前,连续三夜不止夫家时,不能取得市民法上妻之地位,仅能有万民法之地位已耳。

疏　此方式基于市民法时效(Usucapio)之规则,谓之时效婚姻(Matrimoniam per unsm)[②]。盖时效之原则,凡二年间使用不动产,则其不动产即为自己之物,一年间使用动产,则其动产即为自己之物。此视女子如动产,故以一年为其时效也。其亦古代掠夺婚之遗俗乎!又此方式详见[③]《十二铜版法》,迨教科时代,已全废除。

上述三种结婚之方式,以共食式为最重,买卖式次之,使用式又次之。然自沿革之顺序言之,使用式为掠夺婚之遗风,独为最古;买卖式为买卖婚之遗俗,故其起源次于使用式;而基于祭祀祖先之遗俗之共食式,尤居其最后者也。

此三种方式,积久弊生,即男女贫富不等,结婚之后,辄生离婚之问题。至帝政时代,婚姻成于共诺不成于共卧之原则(Consensus non Concubitus facit Matrimonium)起矣。其后罗马婚姻,遂渐次近于共诺婚之域,其用结婚之证书者,仅限于不正当之婚姻,及结婚者双方之身分非常悬隔之时,盖若不订立证书,人或视之为野合也。幼斯提尼安(Justinian)帝之时,身分相异者之结婚,禁用证书,及后发布新敕令第七十四号、第百十七号,惟限于居高位享厚禄者,乃用结婚之证书。

综计婚姻仪式,为以上三种。甲种唯贵族得用之,其余乙丙二者,无分平民贵族,均可通行。盖在最古之时,贵族与平民不相婚嫁。当《十二铜版法》制定之际,拟除此禁令,因贵族反对之势力甚大,议决之结果,遂不克达。此事于第十一铜版记载之。其后克奴列由斯(Canulerus)其人者,力唱解除贵族平民间禁婚之议,贵族中仍反对之。至纪元前四百四十三年制定法律,虽平民亦得完全有结婚之权,克氏之议,遂得见诸实行矣。然平民之间,仍不得行共食之礼也。

疏　《十二铜版法》禁婚之制,终因受自然法说势力之影响,不惟许平民与贵族结婚,且认解放自由人与纯粹自由人之交婚。虽其后有元老、议员之亲族,不许与解放自由人结婚之禁,然幼斯提尼安帝之新敕令第十七号,卒废除之矣。

以上所举三种方式,皆市民法所认为正当者。依此结婚者,其夫取得市民法上之夫权,妻之地位,与子略似。申言之,即妻在夫之家族间,地位权利与家属相类也。例如祭祀,妻与子均得从夫之后与祭。又夫为族长时,于一家之中,处审判官地位,故妻若犯罪,夫得责罚之,处罚

---

① 应为“Alieni”。

② 应为“Matrimonium per usum”。

③ “见”为点校者所加。

过重，亲族会得出而干涉之。又妻所得财产，亦为夫所支配。又夫死亡时，妻与家属同负承继之权利等等是也。

女子脱离家长权而立于夫权之下时，其为人格一部之丧失，即人格之变更也，与养子同。又妻结婚以前所有财产，自结婚之时始，属于其夫。又妻有时加害于他人，夫得付之于被害者，听其处分，以免其责。至罗露姆斯(Romulus)王时，夫自由卖其妻者禁之。

以上所述，为依市民法结婚者。市民法以外，例如依万民法结婚者，则不得有市民法之所谓夫权。此种婚姻，在制定《十二铜版法》时代，实已存在。依《十二铜版法》，夫妇同居继续满一年者，依法享有夫权。若一年中妻有连续三夜外宿之事实，即脱离夫权。是等规则盖出于时效中断之理由。规定虽如此，然既有一年同居之事实，即可推定其有结婚之意思，无论法文如何，实际上认为婚姻已成，为一种惯行矣。

疏 又有所谓内缘之妻(Concubinatus)者，即未履行适法婚姻程序之妻，乃事实上之关系，无法律上之关系。故其所生之子，为私生子(Supurii)①，又曰自然儿(Libri② naturales)，不能认为父之子也。古代为内缘之妻者，唯被解放者之奴隶，及失名誉之女子而已。故其制限有三：(一)有市民法适法结婚之妻者，不得畜内缘之妻；(二)于近亲间，禁止为内缘之妻；(三)内缘之妻，须仅一人。此制直行于幼斯提尼安(Justinian)之时，其后八百八十七年，以其反乎宗教及公益，遂全废除。

由是观之，《十二铜版法》时代，罗马结婚约有二种，一由于严正方式者，一由于惯行者。前者为市民法所认许，后者为万民法所保护。前者因为市民法上之方式，故唯罗马市民得用之。后者因为万民法所公认，故不必罗马市民，即外国人亦得受其保护焉。

罗马古时，市民法上之结婚盛行。及帝政之后，用此种仪式者，遂渐减少，即继续三夜之条件，亦不如此之严，唯万民法上所认之结婚，大行于世。至幼帝时代，市民法上之结婚，消灭殆尽，故妻无屈伏于夫权之下者。然则此时夫妇果同权乎？未也！男子之权，仍较女子为优。盖依万民法，妻对于夫有倡随之义务。又妻之住所，得以夫之意见自由择之。又关于子女之教育，责任在夫，妻不过受夫之指挥已耳。有以上种种，故男子地位优于女子。

妻既不立于夫权之下，得独立有所有产，即所谓特别财产(Bona paraphernalia)。对于此种财产，可以任意处分之。若以管理之权委托于夫，夫依其委托为之管理。唯不得强制其妻，使为委任。即管理财产之时，不按普通委任之规则，而以负具体过失之责(Culpa leues in Conareto)③当之。变言之，即其夫以对于自己财产同等之注意管理之。若夫之财产与妻之财产二者混合，其为谁有不得辨别者，视为夫之财产。如其妻主张为己有时，须负有立证之责任。重言之，即此时举证之责任，在妻而不在夫也。至关于一家生活之必要费，则夫负担之。

夫妇间之赠与，法律上不认为有效之法律行为。故无论何时，可以为返还之请求。但此种返还请求，唯赠与者本人有之，不移转于承继人。故赠与者生前须为返还之请求。换言之，即不实行权利而死亡者，其赠与溯及行为之时为有效。然则夫妇间赠与，法律上何以认为无效乎？则以罗马自由离婚之数极多，一贫一富之间，必有强行赠与之弊故也。

---

① 应为“Liberi spurii”。

② 应为“Liberi”。

③ 应为“Culpa levis in concreto”。

第五章　夫妇之财产关系

疏　罗马法夫妇间之财产关系，有四主义，试分别论之。(甲)归一主义，谓婚姻之后，凡妻之所有物，概归于夫之所有也。例如罗马之正当婚姻(Justal Naptiae)①，为妻者之财产，以归于夫之所有为原则。(乙)嫁资主义，谓女子于归之时，持入嫁资(Dos)于夫家，以为生活之具也。罗马法关于婚姻之嫁资，夫有使用权(Jus ntendi)②及收益权(Jus Fruendi)，若其嫁资为动产，并有处分权(Jus Abutendi)，若为不动产，即不能转让、赠与于他人，及其夫死亡或离婚之时，则嫁资仍返还于其妻，或其妻之继承人。(丙)共通主义，谓婚姻之际，先定夫妇营共同生活之资料也。而其管理处分之权，一任于其夫。(丁)别产主义，谓婚姻之后，夫对于其妻之财产，不生何种之效果也。罗马法所认为妻之别产者，只装饰品(Paranbernalia)③耳，其他财产，仍在其夫之管辖之内。英国从来采归一主义，及一千八百七十年以来，屡布夫妇别产之条例，迄于近世，遂以别产主义为原则，日本法亦然。

第一节　嫁资(Dos)

嫁资者，男女婚嫁时，女子持入夫家之财产也。男子成婚后，举凡一家之会计及子女之教育所有费用，皆责之于夫。故当结婚之际，妻或其亲族以若干之财产与之，著为通例，自古已然。不唯依万民法结婚者行之，即依市民法结婚者亦如是。

嫁资制度，起源甚古，说者各异，类多想像之词，不足为据。由前之说，则嫁资一项，为女子补助男子生活费之不足而设。德国伊耶陵(Ihering)氏谓罗马时代，家属之间，无男女之别，皆为平等。但关于婚姻，则男女所享之权利不同，即如女子出嫁，其父恒与以若干财产为嫁资，男子结婚之时则不然。盖以父死之后，男子有继承之权，而出嫁之女，则无此权利。故维持二者之权衡，当结婚之际，父每以若干之财产与之。是嫁资之设定，为财产授受之行为，与男子之继承权相对立者也。(Ihering, Geist des Romisches④ 5 Aufl. 94)

嫁资之设定，通例由妻之父为之，有时妻之母或第三人亦有设定者。迨至后世，妻本身亦有行之者矣。但嫁资之设定，乃社交上德义上之所为，夫对于应行设定之人无请求权。而妻对于其父若母，则可以行使之。若关于设定，夫与妻之父有特别契约者，可依其特约之意旨，为权利之主张。

疏　妻之父或祖为嫁资之设定者，称曰 Dos profectitia。妻之母或妻自身为设定者，称曰 Dos adventitia。嫁资附婚姻解除缴还原人之约束者，称曰 Dos receptitia。

嫁资设定，夫为家长时设定者，即对于其夫为之。若夫为家属时，其家长代为之管理，且有用益权，对于处于家属地位之子若妇，负养育之义务焉。

嫁资设定之目的，在补助由婚姻所生费用之不足，是为通说。然学者亦不无反对之者，其立说则以嫁资设定之际，立约者往往有谓婚姻存续中，夫对于妻之父若母，不可为嫁资设定之

① 应为“Iustae nuptiae”。

② 应为“Ius utendi”。

③ 应为“Paraphernalia”。

④ “Romisches”应为“Römischen Rechts”。

请求，定为附约，若使嫁资之目的，果在为婚姻生活费之补助，不当负如是之附约矣。然于实际考之，此等附约，诚有时而有，但不能因此种附约，遂否认其目的之存在。何也？所谓夫不可对于妻之父若母为嫁资设定之请求者，以夫在婚姻继续之中，甥舅争讼法庭，乃不幸之事，预为弭争，故作斯约。纵令婚姻当时有此种行为，妻之父若母，亦无因此附约，遂绝对解除设定之义务，尚有自然之义务存焉。

嫁资应于何时送付，则视其契约何如为准，有定于婚姻当时送付者，有定于结婚后始行送付者，均委之于当事者。在古时此种契约，必须依要式口约为之，迨至后世，则不拘于此形式矣。

嫁资因何种情形，夫始有返还之义务，是亦宜研究之问题。令试依沿革之概略述之。

第一，依古法，虽解除婚姻，夫亦无返还嫁资之义务。其后夫与妻离婚时，以妻之嫁资，返之母家，然法律上夫固不负此种义务也。

第二，罗马建国后约六百年，风俗凋蔽，无理由而离婚者甚夥。由是依要式口约(Stipulato)①，凡离婚时，必以妻之嫁资返还为常。即无此项特约，审判官为保护妻之利益起见，于婚离者或其夫先妻而死者，妻得为嫁资返还之请求。然使妻先夫而死，则夫无返还嫁资之必要。又婚姻中生有子女时，不问其离婚之原因若何，夫得留还嫁资若干。又离婚由于妻之过失者，夫有留置嫁资之权。又因保存嫁资所有费用，由夫预垫者，亦得扣留嫁资几分之几。又婚姻解除时，嫁资全部返还者为多，而返还之时，动产不动产又异，对于动产，例如金钱或其他代替物之款，得分年为之，而对于不动产之返还，非即时不可。总之就建国后六百年之法律而论，关于嫁资返还，立有要式口约者，妻即依此特约有请求权，此种诉权，继承人承受之。

第三，幼帝时代之法律，与前者不同。依该律则无论当时有无要式口约，妻于离婚或婚姻解除时，有请求返还之权利，且其诉权移转于继承人。又按照该律，夫对于嫁资之留置权，亦与前异，例如因妻之过失离婚者，夫对于嫁资之全部有留置权。又返还时，不动产即时，动产亦须于一年以内为之，若夫不应其请，妻得以所有主之名，提起取回之诉是也。

通常嫁资返还请求权之主体为妻，及其继承人。若妻为家属时，其诉权与其父共有之，此亦罗马家族制度之结果也。若付嫁资者为妻之父，于妻死后，亦有返还请求权。

嫁资究为何人所有，亦一问题。学者对于此点，立论不一。有谓所有权为二人共有者，此说在昔颇占势力，后迄无如此主张者。又一说谓有所有权者仅其妻，夫不过享有用益权而已。此说与后日幼帝法典之明文相抵触，以理推之，不得谓之不当。其反对论者，则谓嫁资所有权属于夫，幼帝时法典定有明文，但受种种制限，就其结果言之，与用益权无甚区别耳。所谓受制限者，例如上述婚姻解消后，夫负返还之义务者是。又按纪元前十八年之法律，夫不得反乎妻之意，以嫁资中所有伊大利之土地让与他人。又就令得妻之同意，亦不可以之为抵当。幼帝时修正该律，嫁资中所存之不动产，无论是否为伊大利之土地，亦无论妻是否表示同意，对于他人，均不得为让与或抵当之行为。又夫虽为所有主，而解除婚姻时，因负返还之义务，故对于嫁资与对于自己之财产，须加以同一程度之注意。反言之，则夫对于嫁资负轻过失之责。即此观之，夫非所有主，妻为所有主明甚。反对论者，拘于法典文句，谓夫于法律上虽有所有主名义，因受种种制限，故其结果，与用益权同，妻于法律上虽无所有者之名，事实上实与所有者无异。其见解揆于理论，固未为当也。

① 应为“Stipulatio”。

嫁资与妻之特有产之关系,亦一重要问题。妻之特有产(Bona paraphernalia)者,即不为市民法夫权所支配之财产是也。或谓婚姻时,妻所转入之财产为特有产。然此说与万民法所采之原则异。该法以夫与妻之财产分离为原则,妻所携带财产,得视为特有产,唯以嫁资名义持入者则罚之。此种区别,实际上所生之结果,甚为悬殊。何者?若以妻所持财产之全部为嫁资,实则因妻之过失离婚,必至于全部失之矣。此所以区别嫁资与特有产也。

第二节 婚礼(聘金)(Donatio propter nuptias)

婚礼者,夫对于妻之赠与也。罗马往昔夫妇间之赠与,法律上不生效力,惟结婚前之赠与,则承认之,称曰 Donatio ante nuptias,与聘金之义适合。后日至由斯丁(Justinus)帝时,即结婚后之赠与,亦认为有效。迨及幼帝时,即结婚后之设定行为,亦为法律所许。由是旧日婚姻前赠与之名,与实际不符,故更易之,称曰 Donatio propter nuptias。

罗马时代,婚礼设定之原因,本为防止离婚而设。盖罗马版图,日即广大,风俗日趋颓敝,至灭希腊及卡儿喀国之后,其敝已臻极点,而离婚之数,亦愈渐增加。由是关于嫁资返还,以法律定之,仍恐不足以制其弊,遂又生出婚姻前赠与之事实矣。

婚礼之额,初无一定。按彼时习惯,东罗马帝国时,以嫁资之半,为婚姻前之赠与。西罗马帝国,则以嫁资全额,为婚姻前之赠与,盖与嫁资相对待者也。然嫁资于设定后,以即时交付为常,而婚礼则仅止于约定交付行为,不必即时行之也。

婚礼之设定,由夫为之。若夫立于家长权之下,即夫为家属时,由夫之家长设定之。

婚礼与嫁资,既为两相对待之物,东罗马帝国于婚姻之际,此二者以一证书记载之,结为婚姻财产之约。近世之夫妇财产契约(Gütergemeinschaft, Communauté)(Contract of marriage)即发生于此。依幼帝新敕令九十七号,离婚不由于妻之过失者,妻对于婚礼全部,有受取之权,对于此点,与嫁资无异。夫死之后,婚礼中之财产,究属何人所有,亦一问题。约有二说,(甲)说所有权属于妻,(乙)说反之。就解说方面观之,(乙)说或者得当,而以理论之,仍以甲说为宜。何也?既曰赠与,则受赠者当然有所有权。惟其时有以归妻之所有为特约者,故以解释论,(乙)说亦未可为非也。婚礼既为夫对于妻之赠与,以其实言之,在婚姻继续中,所有权实属于夫。然全财产中有土地存在时,夫不得对于他人,为让与及抵当之行为,其受制限也,与对于嫁资相似。故依理论,仍以(甲)说为长,参之前节,可以了然矣。

第六章 婚姻之解除{Auflösung(解除),Chescheidung[①](离婚)}

婚姻解除之原因有二,一为婚姻当事者之死亡,一为离婚。前者因自然事实而生,显而易解,无说明之必要。后者之原因、方法不一,故分为二节论之。

疏 欲明罗马法之离婚法,先略述一般离婚法之沿革。德国司利脱悲尔慢氏曰:离婚有三主义,第一,私法上之制度,第二,政治上之制度,第三,宗教上之制度。而古来诸国通行之离婚法,厥有三种,与司利脱悲尔慢氏之说,有相互之关系焉。

① 应为"Ehescheidung"。

(1) 自由离婚法。在文化未启之国,视婚姻于无足轻重,全以为私法上之制度。娶妻如掠财物,或买受,或夺取,一任己之所为;舍妻如弃财产,或委弃,或赠与,一由夫之随意。其所谓离婚,直离去或离别而已。然在文明诸国,亦有自由离婚之倾向。其理由在凡人处分自己之生活,宜任各人之自由,营共同之生活,亦当由共同者之协议。则因承诺而结合者,得因承诺而解除。由自由离婚而生之弊害,将因人民之德义进步而减少。故纯粹之共诺婚行,自由离婚之风,亦因而起也。

(2) 禁止离婚法。盖全基于耶稣旧教之教义,即以婚姻为宗教上之制度也。如圣经中有依神而结者不可依人意而解之成文。故旧教诸国,概设离婚之禁令。然奉新教之国亦有行之者,如英国于一千八百五十八年以前之法律是也。

(3) 限制离婚法。以婚姻全为私法上之制度,自公益上、道德上亦得限制之也。盖自由离婚之弊,伤夫妇之情谊,害子孙之幸福,而社会之风仪,亦大蒙其影响。然若绝对禁止,则又反乎人性,以德义上、感情上既绝夫妇之关系,而法律上犹强令其存续,不惟无益,或反害之也。故特设限制离婚法,以补上二者之偏。凡欲为婚姻之解除,必有万不得已之事由。例如配偶者有不正之行为,法律上即豫定条件,若违反条件,则婚姻解除。普鲁士、英吉利,其他新教诸国之离婚法属之。至若罗马法,其离婚有本于当事人双方之意思者,有本于当事人一方之意思者,前者曰 Divortium,后者曰 Repudium,殆即前述之自由离婚法也。至共和政治之末,罗马离婚之风炽,历史上有名人物,终身不去其妻者,甚为罕见,塞沙尔、马尔慢脱里、阿梯优士等皆然。及帝政之初,此风尤甚,遂颁布敕令,限制离婚,凡离婚无正当之理由者,科以刑罚,然非绝对禁止离婚也。其后屡有兴革,沿迄帝政之末,复设离婚之限制,与前述限制离婚法,殆略同其旨趣云。

第一节 离婚之原因(Ursache der Chescheidung①)

离婚之原因,又可分为二,有本乎当事人双方之意思者,有本乎当事人一方之意思者。兹先就双方合意者言之。

双方合意之离婚(Divortium),法律本无制限,无论当事者之任一方面,苟无异议,不拘何时,均可离婚。至幼帝新敕令第一百十七号,关于离婚,稍有制限。然以不合乎当时之人情,帝崩之后,旋即废止,而无限制之合意离婚,又复旧矣。

因一方之意思,亦得离婚(Repudium)。此种规则,罗马古时,亦已有之。即如罗母露斯(Romulus)时代,因妻之奸通及其他二三重要事项,夫得与之离异,史乘载之綦详。盖罗马时代,家各祀神,与祭之人,非一姓者不可,所以有扰乱宗祀之虞者,忌之特甚,视为最重且大之罪恶焉。

疏 罗马对于妻之奸通,用公弹式,凡属国人,均可告发,至君士坦丁(Constantine)帝时,始废止之。

又无子则去之规则,日本户令及印度、希腊均有之。罗马格利由斯(Gellius)②书中,亦载有如是之规则。此殆由尊重家族制度所生之结果也。盖罗马时,结婚仪式中有告神之誓词,其词则以生子为结婚之原因,故结婚之后,妻不生子者,得去之。但此种规则,行之不久,即见消灭。盖当时以无子为理由而去其妻者,为世论所不容,且以所有财产之半献于 Cerse③ 之神,

① 应为"Ehescheidung"。

② 今通译为"格利乌斯",其著有《阿提卡之夜》(Attic Nights)一书。

③ 应为"Ceres",是掌管农业的谷物女神。

以其又一半与其妇以惩罚之。降至纪元后九年,关于离婚制度,法律略设制限,后屡加修正。至幼帝时,以新敕令第一百十七号,废止旧律,更制定之。依律非根据法定之理由,而以一方之意思滥行离婚者,罚之。又虽据法定之理由,而离婚时一方有过失者,罚之。古昔因一方之过失而离婚者,仅以过失者若干之财产,分与其又一人而已。至后世耶教既盛,其影响波及于法律者甚大,离婚有过失者,不特剥夺其财产,并处以体刑。又依幼帝所定之法律,凡未曾预为设定嫁资或婚礼者,以其有过失之家者之财产四分之一与又一方。若夫妇之间有子女时,以其应分与之财产与子女,而无过失之父若母,对于此等财产有用益权。所应注意者,离婚时,法律制限,虽有种种,然与离婚之效力不相涉。无论财产上受损,身体上受制裁,或二者同时并用,其离婚之效,依然存在也。又依共食式之离婚,必依一定之程序,节目甚繁,于次节详述之。

古时妻既脱家长权,立于市民法上夫权之下,或虽不立于夫权之下,既与本家脱离关系,家长即不得反其意,而强使离婚。然女若尚在家长权支配之下时,家长得由自己之意思使之离婚。然安顿·皮由斯(Antoninus Pius)帝时,对家长反乎本人之意思而使之离婚者,禁之。至马尔库司·沃列司(Marcus Horaelius[①])帝时,复为例外之规定,以有极重要之理由时为限,家长得反乎女之本意,而使之离婚。

疏 罗马制限离婚之法律,计凡八种。(一)古代法律,妻既脱离家长权而立于市民法夫权之下者,与万民法结婚,不立于夫权之下而去家者,妻之家长不得反其意思而使之离婚,但未嫁之女,尚在家长权下,家长得以自己之意思而使之解约。(二)纪元后九年法律,大旨以妻犯奸通罪,夫得离婚,且有嫁资六分之一,其他轻罪,夫有嫁资八分之一之权,夫犯奸通罪,妻立时请返嫁资,犯其他犯罪,则有六个月之犹豫,双方过失不用之。(三)安顿·皮由斯(Antonius Pius)帝法律,规定未嫁之女,家长不得反其意而使之解约。(四)马尔库司·沃列司(Marcus Horaelius[②])帝法律,对安顿皮由斯帝法律,设一例外,即未嫁之女,限有极重大之事由,家长得反其意而使之解约也。

(五)君士坦丁(Constantine)帝法律,为防止离婚之滥用,双方限有正当理由,始得许之。兹举其大要如次。其一,夫有正当理由而可离妻者:(1)通奸(Adulterium),(2)谋毒杀(Veneficus),(3)堕胎(Abactio partus)。夫于此三原因以外而离婚者,全失其对于嫁资之权利,其再与他妇结婚时,许前妻有提取后妻嫁资之权。其二,妻有正当理由而可离夫者:(1)谋杀(Homicidium deliberatum),(2)谋毒杀,(3)毁损安魂物。此外酗酒冶游,亦可离婚。于上述情形离婚者,处夫以徒刑外,许妻有没收嫁资之权。

(六)贺呐而幼斯(Honorius)帝及推阿多修士帝法律,在纪元后四百二十一年,与君士坦丁帝之法律,稍有不同,略述如次。其一,夫离妻之情形:(1)妻犯重大之罪而离婚者,夫得全有嫁资[③],且可再婚;(2)妻无犯罪行为,唯破坏道德而离婚时,夫即失对于妻因婚姻携来之一切财产(嫁资及特有产等),但不妨再婚;(3)夫若仅嫌妻而离婚时,夫即失夫妇共通之财产,且不得再婚。其二,妻离夫之情形:(1)因重大之理由,或因夫之犯罪而离婚时,妻得取回嫁资,并保有婚礼(聘金),且至五年以后,得再与他人结婚;(2)因夫之破坏道德,或轻微之过失而离婚时,妻即失嫁资及夫妇共通财产之利益,且不得再婚姻;(3)若毫无理由而离婚者,妻除失嫁资及婚

---

①② “Horaelius”应为“Aurelius”,今通译为马可·奥勒留,著有《沉思录》。

③ “资”,原作“责”,今据上下文改。

礼(聘金)外,尚负徒刑之制裁,并禁止再婚,且不得受赦免。

(七) 推阿多修士二世及瓦连体尼安三世(Valentinian Ⅲ)二帝法律,制于纪元后四百四十九年,大要如次。其一,妻离夫之情形:(1)叛逆,(2)奸非,(3)杀人,(4)毒害,(5)诈欺,(6)侵犯神殿,(7)寺院行窃,(8)强盗,(9)窃取牧畜,(10)谋以毒药或刀剑杀妻,(11)招致不正之女于家,(12)殴妻。若未犯上列之罪而离婚者,夫得没收妻嫁资之全部,且于五年间禁其再婚。其二,夫离妻之情形:(1)犯上述妻离夫之罪(除第 11 款),(2)背夫或逆夫意,与非亲属之男子共席饮食,(3)无正当之理由,逆夫意而夤夜外出,(4)赴剧场及蹈舞场,经夫禁止,尚不悛改,(5)堕胎,(6)偕男子入浴场。(5、6 两款系幼帝追加者)

(八) 幼斯提尼安(Justinian)帝法律,以新敕令第一百十七号,废从前之法律,新定离婚之原因如次。其一,妻离夫之原因:(1)夫犯叛国罪(阴谋或参与),(2)夫谋害妻,或知他人谋害其妻而不以告,(3)纵容或抑勒通奸,(4)告诉妻之通奸,而不能证明其事实(于此情形并特科夫罚金),(5)招致不正妇女于家,与妻同居,经妻或妻之父母,及其他尊长,一次以上之劝戒,仍不悛改,犹与该妇出入于同市中之他家时。因上述原因而离婚者,妻得取还嫁资,没收婚礼(聘金),并得受取婚姻之共通财产而终身享有之。无上述之原因而离婚者,适用推阿多修士及瓦连体尼安法。其二,夫离妻之原因:(1)妻犯叛国罪(阴谋或知而不告夫),(2)奸通(处以严刑),(3)妻谋害夫,或知他人谋害而不以告,(4)违夫之命,与男子宴会或同出入浴场,(5)逆夫之意而外宿(但归宁母家或被夫逐出不在此限),(6)不告于夫,或逆夫之禁令,赴剧场、蹈舞场。因上述原因而离婚者,夫无子时,嫁资全归夫有,若有子时,夫可终身保有,死后归属其子。无上述之原因而离婚者,夫受推阿多修士及瓦连体尼安法之制裁。

第二节 离婚之程[1]序

罗马古时,行为之成立及取消,皆以同一方式为之。故以共食式结婚者,其离婚方法,亦必依共食式。惟 Confarreatio 之礼节,史乘散佚,其详殆不可考,以理想测之,当必出于同一方式无疑。至以买卖式或使用式结婚者,其离婚时,亦必行奴隶买卖解放之程序(此程序称为 Remancipatio)。惟神官之妻,无论依何种方式结婚,均禁其离异焉。

凡从前依万民法结婚者,其离婚无定式,由甲一方通知乙一方足矣。迨至阿沃故司突司(Augustus)帝时,略为制限。凡离婚者,以满十四岁之市民七名为证人,且于其前作成离婚证书行之。又夫去其妻时,公簿中有结婚之事实者,亦应取消。

疏 依万民法结婚,不须何等之方式,由夫向妻,或妻向夫,告以解除婚姻之意,即可生效。盖双方可为当事者,不似市民法仅夫一方为当事者也。又此通知,不须于妻前行之,如有名之西塞罗,即以一纸之书去妻是也。至纪元前十七年阿沃故司突司(Augustus)帝时,始规定以达于婚年之市民七名为证人,且于其前作成离婚证书(libellus repudii),并破弃结婚证书(nuptiales tabulae),又夫去其妻时,不可不记入公簿,而取消结婚之登录。此法名曰 Lex Julia de Adulteriis。

第三节 离婚之结果[2]

婚姻解除后,关于嫁资、婚礼两项,亦已详述之矣。惟解除以后,双方有应担之义务,特于

① “程”,原作“节”,今据目录改。

② 原作“离婚后之结果”,今据目录删“后”。

以下论之。夫妇间生有子女时,离婚后应归何人负担,在古时男则归父,女则归母。然以为事实则有之,法律上亦并无明文规定,终必归之于事实审理官(Judex)之认定而已。至底沃克列基亚奴斯及马克西米亚奴斯(Maximianus)两帝时,特就无此项规定一节明言之。及幼帝关于此点,制定法律。凡因父之过失而离婚,而妻不再嫁者,不问所生之子为男为女,归之于母,而养育费则令其父负担之。凡因母之过失而离婚者,其子女则归父,若父贫母富,则母取其子女负养育之义务焉。幼帝时之法律,有对已离婚之妻,禁其再嫁者。帝死后即废之。惟妻于夫死后丧期中(tempus lugendi)(一年)再婚者禁之。其理由盖防血统之混断,故妻于丧期中再婚者,以破廉耻论。又配偶丧其一,有子而再婚者,以共通财产中之前妻或前夫之赠与、遗赠、嫁资、婚礼等项,归之前妻或前夫之子,再婚者对于此种财产上,仅得享有用益权而已。

第七章 独身者及无子者

罗马时法律,对于已达婚年而不取妻者,种种不利益之规定,盖防其家祀之绝也。及至后也,此等宗教思想,虽逐渐减少,因欲民族繁殖之故,对于独身者,法律上仍有不利益之规定。例如独身者不能承受继承财产,又不能依遗言取得财产之类是。

对于无子之人,法律上亦有不利益之规定,其立法之意,殆与前同。例如无子之人,无论有无遗言,只能承受继承财产之半额,无承受全数之权利者是也。

疏 罗马当共和政治之末,国势稍盛,军人好独居,一时风行,成为习惯。惟罗马之立国,竞尚勇武,人而独居,生齿日减,国家之存亡,于焉系之。因特立奖励结婚之法律,以图人口之繁殖。至帝政之初,益认奖励结婚之必要,遂发有名之 Lex Julia et Papia Poppaea 法令。此法令之目的,在与独居者及结婚而无子者以不利益。其内容大致如次。(1)Concubina 限于身分低下及被解放者。(2)元老院议员及其子女,不得与被解放者结婚。(3)男满二十五岁至六十岁之间,女满二十岁至五十岁之间,必须婚嫁。寡妇于夫死后二年,离婚之妇于夫死后一年半,亦须再婚。有违反此规定之男女,则附以私法上之制裁,如剥夺其受遗权,即其最著者也。(4)已结婚而无子者,仅得受他人遗言所与权利之半额。又无子者之夫妇,关于配偶者遗言而取得之权利,亦受一定之制限。(5)独身及无子者,不得有受遗权,其应得之分,归属于同一遗言内被指定为继承人或受遗人之有妻有子者,若亦无之,则归国库。(6)对于有子者,予以一定[①]之利益,其利益在罗马有三子,意大利有四子,县有五子之人,免除其监护之义务。

但上述两项法律至君士坦丁帝时,均已废止。

第八章 亲族(Agnatio)

第一节 宗族与血族

(甲) 宗族(Agnatio)

宗族者,男系之亲族隶属有同一家长权之下者也。例如同父弟兄,同祖同曾祖弟兄皆是。凡妻立于市民法上夫权之下者,视与家属同等,故所生之子,与其母亦为宗族。然妻若离

① “一定”,原作“定一”,今据上下文改。

脱夫权，与其子之宗族关系，即不能继续存在。

凡为他人养子，即取得养父家之家族权，与生于其家者等，故对于其家之尊亲属，亦生宗族关系。然依蛮齐帕齐沃方式离宗者，与其家之宗族关系，当然断绝。又因人格之丧失，虽为一部分丧失，既脱离家族，与同胞弟兄及生父，均无宗族关系。

本身与兄弟之子，生宗族关系，与姊妹之子则不然。盖以不在同一家族中，不立于同一家长权之下故也。且姊妹依市民法方式结婚时，与兄弟所服从家长权既有不同，故二者之间，亦无宗族关系。又出嫁之女，所生之子，与母党之尊亲属，亦不生宗族关系。

（乙）血族（Cognatio）

血族与宗族异，宗族之标准，在是否同一家长权，而血族则以血统为准。故宗族关系，可以任意变更，血族关系，则不问其意思如何，依然存在也。例如本身与姊妹之子，皆有血族关系。即父党或母党之血族，亦生血族关系，固不问其果在同一家长权下否也。宗族关系为市民法所承认，血族关系为万民法所承认。故市民法盛行时代，重在宗族关系，万民法盛行时代，重在血族关系。即古代重视宗族关系，后世重视血族关系。罗马亲族法制之沿革，概略如此。

第二节　亲等计算法

亲族之间，有远近亲疏之别，其识别方法，依下列图式说明之。

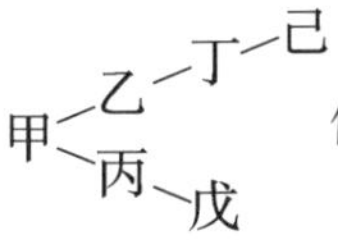

例如甲之子为乙，为丙，乙之子为丁，丙之子为戊，丁之子为己。甲对于乙、丙为一等亲，对于丁、戊为二等亲，对于己为三等亲，而丙与丁亦为三等亲，丙与己为四等亲。以各人间间隔之线数计之，远近等差，可以了然矣。

亲等之计算，德国之寺院法，与英国之旧法相同，均以去共同先祖之远近为比较，以远者定其关系。换言之，即弃其近者，第就其远者计算之而已。但此等算法，究不如罗马古法之善，故现今文明各国，皆取法之。

第三节　宗族、血族以外关于亲族之规则

（一）同姓（Gentles）[1]与宗族（Agnatio）之关系

同姓云者，概言之，即父党同先祖者之谓也。就此点观之，似与宗族无甚区别。惟是宗族之统系，可得而知，同姓人之统系，则不甚明了。其在贵族属籍，统系显然，故同姓人多，而在平民则反是。古代同姓者，有继承权，后世废之。

疏　古代同姓者，有继承权，至西塞罗时代尚行之，迨嘎尤士时代，此规则始全行消灭云。

（二）姻戚（Affine or Affines）

姻戚者，因两姓之结合而成者也。例如甲与乙结婚，乙有弟丙，甲丙间即成姻戚者是。

（三）亲族会议（Concilium domesticum）

疏　罗马古代，有亲族会议之制度，家长滥用家长权者，亲族会议得干涉之。

① 应为“Gentiles”。

第九章 监护制度

罗马监护制度,有监护与财产管理之别,于以下分节论之。

疏 近世法律,监护制度,不纯粹属于亲属法,德国 Pchta① 谓宜编入债权法,Windscheid 谓宜半列债权法中,半列亲属法中。然罗马古代,监护制度,为主属于亲属部分,故列入人之法中也。

《法学阶梯》(Institutiones)法典有云:人之不能自保护其身体财产,使他人保护其身体财产者,则谓之监护。在他动权利者因身体或精神上之状态,自不能监督其身体财产者,固属于家长权之下,无俟他人监督之必要,而自主权利者之身体或精神上有缺点者,非受他人之监督,即不能保全其家长之资格,故监护乃管理自主权利者之身体及财产并代表法律行为之职务也。

第一节 监护人(Tutela)

第一款 监护人之种类

甲 未婚年者之监护人(即未满十四岁之监护人)(Tutela② impuberum)

未婚年者之监护人,或认为家长权之继续,殊不能认为正当。何以言之?以家长对于家属之权力,甚为强大,而监护人对于被监护人,其权力甚为弱小故也。

乙 妇女之监护人(Tutela③ mulierum)

妇女无论年龄如何,终必立于监护人之下,但于此情形,监护人关于管理财产,并无权利,不过为能力之补充已耳。故妇女得自行管理财产,但为市民法上之法律行为,例如蛮齐帕齐沃,或因由类才西沃及遗言时,须得监护人之同意而后可。古时监护人之同意不同意,本系自由,迨及后世,监护人之同意,仅形式上之行为,故妇女得强求其同意焉。然宗族等根据法律上之权利而为监护人,得拒绝妇女之请求,与古代无异。至纪元后四十五年,此种规则,亦废而不用矣。

疏 男子达于十四岁,则监护消灭。妇女不然,无论已否成年,概须立于监护人之下,即终身对于法律行为(妇女对于市民法所规定之法律行为须得监护人之同意者,如要式契约、遗言、买卖、婚姻、诉讼及为相当之承诺等是)无完全之自由。而④其理由果何如乎?罗马之学者曰:妇女身体之孱弱,精神之轻佻,且暗愚于世上之事务故也。然考其真正之旨趣,罗马法关于家族之组织,惟男子执家政,握家长权,妇女惟立于从属之地位,而无自主之状态。若不置于父权或夫权之下,则必立于监护人之下,否则父之死后,继承者之女子,往往逐轻忽之意,出嫁于他人,举一家之财产,尽投于夫权之下,断绝祖先之祭祀,尤妨害社会之发达。故不论其年龄如何,必以监护人监督之,而箝束其行为也。

第二款 监护人之设定方法

甲 根据法律规定者(Tutela legitima)

依市民法,应为被监护人之继承人者,当然有为监护人之权利。故宗族关系最近之人,于

---

① 应为 Puchta,今通译为普赫塔(1798—1846),概念法学代表人物。

②③ "Tutela"应为"Tutor"。

④ "而",原作"面",今据上下文改。

法律上当然立于监护人之地位。若宗族无人时,以同姓人为之。是即所谓法定监护人也。然幼帝时代,血族关系之最近者,亦有为监护人之权利。而被解放者为未满十四岁之人时,庇荫人有为监护人之权利。离宗之人若系未婚年者,亦适用同一之规则。家长行解放奴隶之程序者,亦同。监护权与继承权有密切之关系,故法律上认宗族与庇荫人有为监护人之权。盖宗族及庇荫人,既因被监护者之死亡,有继承其财产之权,且于未婚年者之财产利害关系甚大故也。

乙 根据遗言者(Tutela testamentaria)

罗马时代,家长得为家属以遗言设定监护人。凡因遗言设定者,优于法定监护人,盖亦尊重行为者之意思故也。若未婚年者之母为之设定监护人时,应经审判衙门之确认。即家长以略式之遗言设定,或为离宗者设定时,亦同。

疏 罗马时代,家长得为家属以遗言设定监护人者,盖依据十二铜版法,家长得以遗言处分财产之同一规定也。

丙 根据审判衙门之职权者(Tutela dativa)

凡应设定监护人,家长既未尝以遗言设定,又无法定监护人时,由审判衙门设定之。

第三款 监护人之资格

罗马时代,本国之满二十五岁成年男子,有为监护人资格。所以外国人、未成年者(即立于财产管理之下者)及女子,均不得为监护人。惟女子若为被监护者之母或祖母时,仍可立于监护人之地位,但嫁于他家者,不在此限。盖监护制度,有半公之性质,故虽为家属,即立于家长权之下者,仍不失监护之资格焉。

第四款 监护人之职掌

监护人职掌,可分为二,一为管财行为(Gestio tutoris),一为补充能力之行为(Auctoritatis interpositio)。所谓补充能力云者,以未满十四岁之人,能力之发达,尚未完全,故以监护人补其缺陷。详言之,即被监护者为七岁未满时,则监护人可代行管理一切财产,且不可不为法律上一切之必要行为。若被监护者为七岁以上十四岁未满时,则可不待监护人之辅助,可以独立为法律上之必要行为,但不得减少其财产。故凡于财产之移转,及应负责任时,须经监护人之同意,即为他人之继承人,或承受继承财产时,亦必由监护人赞助而后可。

监护既有以上二种职掌,故凡可为被监护人利益者,皆得为之。例如关于财产之移转,于被监护人有利益时,监护人宜辅助之。然对于不动产之管理,设有制限(纪元后百九十五年之法律),即监护人不得以自由意思,卖却被监护人之土地。但土地系继承之物,若被监护者以遗言将土地卖却之权与监护人时,不在此限。故反乎此种规则之行为,所有监护之买卖让与,于法律上为无效。然于此等情形,被监护者满十四岁后,于法定期间内,对于监护人所为之卖却让与,表示同意时,其行为有效,并溯及既往。近世法律,虽有监护人得审判衙门之许可,得移转被监护人土地之规定,罗马法时代则无之。又监护人应以相当之方法,对于被监护人之财产,为保存行为,及增加之计划。例如有巨额之金钱时,应储蓄积利者是。

监护人对于被监护人之财产,负具体轻过失之责,换言之,即与对于自己财产注意之程度相同。欲为确保其债务起见,除有特别情形外,对于被监护人,宜为适当之保证(Satisdatio)(证人或证物)。按罗马中世以后之法律,虽不立保证,而被监护人对于监护人之全部财产,有抵当权。所以因监护人之过失,致令被监护人受有损害时,监护人应以自己所有之财产,为损害赔偿。若有保证人时,亦应负责。若监护人在执行职务中,有出费等情形,亦得向被监护人为偿还之请求。

设定监护人在二人以上者,以一人为管财行为,以一人为补充能力。前者不特于管财行为有权为之,即补充能力亦得行使之。后者仅得为补充能力之行为,于管财行为不能参与。故被监护人欲为法律行为,无论何种监护人,皆得辅助被监护人,以全保护之方法,而尽一己之职务也。

疏 二人以上监护人(Contutores),其任管财行为兼有补充能力者,称曰执务监护人(Tutela[①] gerens),其仅得为补充能力之行为者,称曰名誉监护人(Tutela hononaii)[②]。

在罗马法执行监护之职务,有非法律上之真正监护人时,谓之曰代理监护人(Protutores)。例如因遗言设定者,在遗言效力之有无未定时,执行监护人职务者,即所谓代理监护人。又监护人资格之有无未定时,实在执行监护人职务者亦然。若此种监护人,经裁判指定,固无问题,即被否定时,代理监护人之资格,亦不因之而失。

第五款 监护之终了

未满十四岁者之监护人,于被监护人满十四岁以后,当然消灭。精神病者及禁治产者之监护人,于其痊愈及禁治产之宣告取消后亦然。监护人不能继续执行职务,得审判衙门之许可而辞职者,亦为消灭之原因。又监护人有不正之行为,经审判衙门罢免者亦同。惟监护人之职务,含有公之性质,其辞职也,不能任意为之。经审判衙门选定者,非有相当之理由,不得辞职。在古时因遗言设定之监护人,虽得自由辞职,然依幼帝法典,即因遗言设定者,辞职时,亦必须提出相当之理由,盖比较古昔为严重矣。

疏 罗马古昔,以监护为监护人之权利,及帝政时代,以监护为国民之义务(munus quasi publicum),故幼帝法典,有此比较严重之规定。

此外,凡(一)被监护人死亡时,(二)被监护人人格丧失时,(三)监护人死亡时,(四)监护人人格丧失时,(五)无资格之理由发生时等,皆为监护之终了。

第二节 财产管理(Cura)(Curatio)

财产管理,专为保护被监护人之财产而设,其主要目的,不在被监护者之身体,而在其财产。故财产管理制度,系出于审判官之创设,其起源约在 Tutela 之后。管理行为,并非权利,实含有义务性质。或谓此种制度,亦以管财人之私益为目的,与 Tutela 无异。但其详无传记可征,为足惜耳。

财产管理,又分四类。

(a) 对于未成年者(Curator monorum[③])

按纪元前百八十六年之法律,二十五岁未满之人,其父死亡时,得以特别事情,向审判衙门声请设立管财人。厥后沿以为例。然通常事情,未必尽由管财人。惟提起诉讼,必须得管财人之辅助。

疏 至马尔苦(Marc)郎尔尔(Aurèle)[④]帝之时,无论何等特别之事由,有本人之声请,则达于婚年之未成年者,皆得设立管财人。

未成年者于自己有利益之行为,得独立为之,但财产之移转,及其他负责之行为,必须得管财人之同意。

---

① 应为"Tutor"。

② 应为"Tutor honorarius"。

③ 应为"minorum"。

④ 即马可·奥勒留(121—180),公元161年至180年在位,著有《沉思录》。

(b) 对于精神病者及浪费者(Curator furiosi, Curator prodigi)

精神病者,及受有禁治产宣告之浪费者,皆立于财产管理之下。而浪费者,关于自己有利之行为,得独自为之,惟于财产移转及负担责任之行为,须经管财人之同意。但审判衙门取消宣告时,浪费者之财产管理,亦因之消灭。

疏 精神病者,如疯癫、白痴是也。精神错乱,心思暗昧,对于自己之财产,毫无自主之能力。依《十二铜版法》,精神病者常立于法定继承人之监护之下。然其后之法律,无法定继承人之时,则请求于审判衙门,为精神病者之财产,选任管财人。此所以精神病者之财产管理,亦有法定财产管理,及认定财产管理之二种也。惟因遗言指定之管财人,则以经审判衙门之认许为必要。迄于后世,益扩张其规则,凡身体上有欠点不能管理自己之财产者,亦由管财人管理之。例如五官不具之盲者、聋者、哑者及其他之废疾是已。

浪费者,无所思虑,滥费其财产之谓也。依《十二铜版法》,浪费者与精神病者,同立于管财人之下。至纪元百七八十年之顷,益扩张其法律,凡浪费者,必由审判衙门之决议,为禁治产之宣告,受禁治产宣告者,始受管财人之监督。其与精神病者相异之点,即浪费者虽无处分自己财产之行为能力,而仍有增殖财产之行为能力,若精神病者,除一时治愈外,所有行为,皆全然无效也。

(c) 对于老者、病者

(d) 监护人之辅助

管财人为审判衙门所设定,不得以遗言行之。所以为前举各项人等设定管财人时,应得审判衙门之认许,即以最近之宗族为之者亦同。

经审判衙门所任命之管财人,不得拒绝,但法律有特别规定者,不在此例。

管财人之保证,与监护人同。

管财人亦有半公之性质,故有不正之行为时,审判衙门得罢免之。

第十章 法人(Juristische person)(Personne Juridique)

法人者,以近世法律观念言之,虽非自然人,而亦法律上之权利主体也。换言之,即在法律上具有人格,除专属于自然人者外,其享有权利负担义务,与自然人无异。然近世虽有法人之名,罗马古代,并无相当称谓。虽有与此类似者,但亦仅指法人之一部而言,而总括全体之名称,固无有也。至此种事实,当时亦已存在,似不容疑。故不论其名称之有无,以下仅就其存在之事实列举之。

第一 国库

共和政府时代,称国库曰 Aerarium,对于他人享有权利负担义务。其后变为帝政,将古州分为二种,一为帝有州,则直接属于皇帝,一为民有州,隶属元老院管辖之下。此外尚有皇帝之私有财产。由民有州所得岁入,仍称为国库(Aerarium)。由帝有州所得,即皇帝岁入,称曰 Fiscus。然自哈笃利亚奴斯时,皇帝之权利骤增,于是元老院之势力顿减,从而共和政治所遗之国库(Aerarium),亦渐次减少,遂为 Fiscus 所并,称为皇帝之国库,或曰 Aerarium,或曰 Fiscus,亦一法人,于法律上为权利主体,又复有种种特权。例如对于国库之出诉期限,较对于普通人者为短,但此种期限,后于帝后之私有产亦适用之。

第二　地方自治体

地方自治体(Municipia),亦法人之一种。其权利义务,与属于组织体各人之权利义务异。此种团体,具有法人之观念。盖自共和政体将毕之时,实非发达者。其主要者为市、省。规制则以罗马府为准。殖民地亦居其一。

第三　寺院

寺院(Ecclesia)亦法人之一。以寺院资格,可以为财产之所有主,其始以耶教以外之寺院为限,迨及后世,耶教传播既盛,亦得有法人之资格矣。

第四　组合

组合(Corpus)中有具法人之资格者,内分二类,一即十人组合,一即公司。前者与政府略有关系,经营特种职业之结合体也。例如公证人组合之类。后者有具法人之资格者,及不具法人之资格者。其无法人之资格者,俟于债权契约论述。今即有法人资格者而论,即如以铁工业相合、船舶所有者相合组成法人者皆是。

疏　财团(Pia causa)亦法人之一,设立于帝政时代初期,其目的在于救恤贫儿,费用由国家负担,故视为国家财产之一部,而有法人之资格,盖罗马第一之财团法人也。然在当时,一私人为一定目的,设定财团,不与以法人资格,故一私人对于备法人之资格者,指定用途,捐助一定财产,法律上虽认为有效,而其所有权,移于受赠者之后,受赠者对于捐助者,仅有从指定目的使用财产之义务,其财产自身无有法人资格。至第五世纪,法律上对于为一定目的捐助财产者,取认为有独立法人资格之主义,但捐助行为,须为慈善事业之目的,例如以一定财产,设定育儿院、救贫院、慈惠院等是。

以上四者之外,尚有死者之遗留财产,是否成为法人,为罗马法学者所争论。其学说约可分为三派:(甲)遗留财产,为独立法人,其所有权利义务,与死者之权利义务异;(乙)遗留财产,非独立法人,乃死者代表;(丙)遗留财产,非独立法人,亦非死者代表,乃属于死者继承人之财产也。综以上三派,以第三说为正当。何则?幼帝法典《学说汇纂》中,有继承人视为先代死亡之时继承之一语,是权利主体,为继承人之效力,又溯及开始,则遗留财产之不能成为法人明矣。

疏　户绝财产(Hereditas jacens),亦为法人之一,即所谓特别法人,但罗马法不承认之。

第十一章　法律行为(Rechtsgeschäft)(ait zurudigne[①], juridic act)

第一节　概说

法律行为,古无其名。至千八百零五年,德国胡沟(Hugo)[②]所著 Pandekten 始有 Rechtsgeschäft(或作权利行为)用语,盖其嚆矢也。以近世法律观念言之,法律行为者,以意思表示为构成要部之法律事实也。所谓意思表示者,欲使私法上效力发生者也。惟罗马当日,无所谓法律行为,而其实存在,则无疑义。虽无总括名称,其格别情形,可以列举,如要式口约、使用贷借等皆是。试强为比例,则所谓 Negotium,稍与之近。然有时义之广狭,与法律行为,究

① 应为"acte juridique"。

② 今通译为胡果(1764—1844),德国历史法学派奠基人。

觉不同。又幼帝法典中,有 Actus legitium 一语,实与法律行为相当。然有谓此语,仅指市民法上之法律行为而言,非通称也。迨至后之注释罗马法者,复有 Actus juridice 一语,殆与今日德国所称 Rechtsgeschäft 相应者也。

罗马时代,关于法律行为之理论,并未十分发达,故罗马学者,罕见有崇论宏议。现亦仅就其与近世法律行为有关系者,略述之耳。

疏 法律行为之类别:(甲)一方行为(单独行为)(Einseitiges Rechtsgeschäft)与双方行为(Zweiseitiges Rechtsgeschäft)。前者谓仅依当事者一方之意思而生法律上之效果也。例如遗言是。后者谓依当事者双方意思表示之合致而生法律上之效果也。我民律草案及日本民法,直称为契约(Contractus)云。双方行为与多方行为(Mehrseitiges Rechtsgeschäft),异名同质,而与共同行为(Gesamtakt od① Vereinbarungen),则大有区别。盖共同行为,非数人共同一致,则不生法律上效力,如法人之设立,总会之决议是。(乙)有偿行为(Entgeltliches Rechtsgeschäft)与无偿行为(Unentgeltliches Rechtsgeschäft)。拉丁语称前者曰 Negotia ex causa non crativa,如买卖是;称后者曰 Negotia ex causa crativa,如赠与是。(丙)要式行为(Formelles Rechtsgeschäft)与无式行为(Formloss② Rechtsgeschäft)。前者依法律上一定方式所为之意思表示而生法律上之效果者也,后者反是。二种区别,出于近今民法学者之观念。若论罗马市民法时代,则概属于要式行为。(丁)死因行为(Rechtsgeschäft von Todswegen③)与生前行为(Rechtsgeschäft unter Lebenden)。前者于表意者因死亡之后,始生效力,拉丁语称曰 Negotia mortis causa,如遗言、遗赠是。后者于表意者生存中即生效力也,拉丁语称曰 Negotia inter vivos。

第二节 意思表示

意思表示,即德国学者所谓 Willenserklärung。罗马时代,亦无与此相当文字,其大致情形,与前节论法律行为时略同,而其实存在,亦无异也。

依前节所论,则意思表示,为法律行为构成之要部。或有谓法律行为,系意思表示之结果者,或有谓法律行为,即意思表示者,皆非也。盖以法律行为之全体,原不仅意思表示已也。

表示意思,有必须依定式者,有不必依定式者,前者如遗言行为,即其例也。然在市民法时代,方式甚重,所有行为,均须依式行之。后世渐注重当事者意思,故万民法时代,则方式略去矣。

疏 罗马时代,方式之遵守甚严,交通之机关未备,故关于申入④、承诺之规则,不见发达。近世法律,于契约成立之申入(Antrag)、承诺(Annahme),规定完密,尤以大陆法为最,因英美法不认申入有拘束力也。而关于隔地者间之意思表示,约有四种主义:(一)表白主义(Äußerungstheorie),(二)发信主义(Übermittlungstheorie),(三)到达主义(或称受信主义)(Emplangstheorie⑤),(四)了知主义(Vernehmungstheorie)。此四种主义,(一)失之太早,(四)失之太迟,皆不免过犹不及之弊,各国民法,多以(三)为原则(德民法一三〇条、日民法九七条、我民律草案一九四条),以(二)为例外(德民法一五一条、日民法五二六条、我民律草案二

① "od"应为"oder"。
② 应为"Formloses"。
③ "Todswegen"应为"Todes wegen"。
④ "申入",即"要约"之意。
⑤ 应为"Empfangstheorie"。

〇八条),学者名之曰折衷主义(Gemischte Theorie)。

故意为非真意之意思表示,谓之心中保留(Reservatio mentalis)。罗马法以来,以及各国之法律与学说,为保护信赖其表意之交易者,均认此种意思表示为有效。若对手人明知其非真意,或因自己过失,而失觉察者,在罗马法原则,其意思表示无效。其他表示与真意不相一致,其意思表示无效,所谓共同的诈欺(Simulation)是也。然共同的诈欺之无效,系相对的,对于善意第三者,不得主张无效。

表示意思之不须方式者,不必限以语言,依他种行为亦可,然必便对手人了解意之所在。若系双方行为,例如双务契约,则以意思合致,法律行为始能成立。就此以观,则知所谓法律行为即意思表示者,其误概可见也。

第三节　法律行为之原因

罗马所谓 Causa,译言原因之意,可分为二种,一为远因,一为近因,以下试分别述之。

疏 法律行为之生效,不可不有远因(Motiv)与近因(Causa)之存在。例如甲为旅行之用,而购买物品,负支付代金之义务,则支付代金为近因,旅行为远因也。

甲　远因(Motiv)

凡影响不及于法律行为之有效无效者,皆远因也,亦可称为缘由,申言之,即与法律行为之有效无效,毫无关系者也。但以远因事项,于行为时作为条件者,不可以一例论。

疏 凡单纯之远因,不影响于法律行为之有效无效也。例如因旅行而定制物品,迨后忽不旅行,在法律上不能以之为理由而取消契约。但以旅行为条件者,苟发生不旅行情形,即为条件之不成就,在停止条件时,其买卖契约不成立,在解除条件时,其买卖契约可解除。此盖当事者于行为时以远因为条件,故影响于法律行为之有效无效也。

远因于法律行为之有效无效无关系(Falsa causa non nocet),为一般原则,然亦有例外,如关于诈欺、强迫、错误等规则是也。

乙　近因(Causa)

以主观方面言之,行为之目的也。以客观方面言之,即其目的之实现也。通常所谓近因者,类以客观的意义,然无论何种行为,除法律上不要因者外,未有无因而成立者。盖以人类社会凡有所为,必有一定之目的,此种目的,即原因也。原因视其行为之不同,而可分为数类,曰免责原因,曰与信原因,曰更改原因,曰馈与原因。无论属于某类,皆与法律行为之有效无效,有直接关系。故毫无因者,法律行为亦不能生效也。由是观之,罗马法上近因为法律行为之要素明矣。然亦有不以此为要件者,例如特定之要式口约,于诉讼时,不必证明近因之存在是也。又使用贷借或消费贷借,以近因为要素,而以蛮齐帕齐沃及拟诉弃权方式移转财产者,则不以近因为要素者也。又要式口约,是否以近因为要素,学者亦有议论。究而言之,古代不必证明近因,止完全履行方式为已足,及至后世,则近因必须证明,若被告为无因之主张时,原告不能不进而证明其存在也。

疏 近代法律亦然。以近因为法律行为之要件者,曰实体的法律行为(Causale[①] Geschäfte),如买、卖、赁、贷、借等义务是。不以近因为法律行为之要件者,曰抽象的法律行为(Abstrakte Geschäfte),如票据上义务是。

① 应为“Kausale”。

第四节　强迫(Metus)(一作暴行胁迫之意 Vis metus)

前节所述之原因,于法律行为之有效无效无关,已论及之矣。惟对于此原则,亦有二三制限,即关于强迫、诈欺及错误等规则是也。本节先就强迫言之。

强迫者,以暴行使人生恐惧心,而从事法律行为之谓也。分析言之,即第一,须有暴行,第二,受此暴行者,须生恐惧心,第三,且须从事于法律行为也。换言之,即法律行为与暴行,有相当之因果关系也。

强迫本有二种,一对于精神者(Vis compulsive①),一对于身体者(Vis absoluet②)。后者如执人之手,使之画押,或令之作某种行为,在法律上均不生何等效力,以本人意思不存在故也。前者即本节所欲说明者也。按罗马市民法,凡因强迫之行为,在法律上仍完全有效。迨至后世,裁判官关于旧法,加以修正,对于被强迫者,为救济之图。此种救济方法,计有三种。

第一　原状回复(In integrum restitutio)

即使被害者恢复其固有之地位也。此救济方法,行之最古,后世法律基于此者,颇不乏焉。

第二　基于强迫之诉(Actio quod metus causa)

即被告者对于暴行之人,得请求物之返还或损害赔偿是也。依罗马诉讼程序,对于暴行者,先使之返还物件,如其不从,则应出其物件价额四倍之资。然自暴行之时起,经过一年,被害者仅得请求单纯之价额,而不能为四倍之请矣。此诉讼名曰 In rem scripta,译言之,即对于世界一般得对抗之意也。换言之,即被害者不仅对于加害者得提起诉讼,即对于因强迫而得利益之第三者,亦可提起。然与强迫毫无关系之第三者,纵令受诉,对于被害者亦不负赔偿之责,唯将获得之物件返还斯可矣。

第三　抗辩(Exceptio quod metus causa)

以强迫为理由之抗辩也。若为他人所强迫缔结契约,而就此契约受诉时,受诉者可以强迫为理由,提出抗辩,以拒绝原告之请求,此种抗辩,亦具有 In rem seripta③ 之性质者也。

依以上所述,救济方法有三,惟强迫必至何种程度,始予救济,则为应研究之问题。非有重大危险之虞,裁判官决不为之救济也。按幼帝法典所载,则救济以对于生命、身体、自由,生有危险者为限。或有损名誉或将兴诉讼等等强迫,则尚不足成为救济之理由也。但关于条文解释,议论殊多。譬如对于财产有危险之虞者,果足为救济之理由与否之争论是也。有主消极说者,如沙微尼。惟近世罗马学者反之,多有采积极说者。又所谓危险,以即在目前者为限,否则不足以为救济理由。然危险果否对于被害者本身,则不必要也,即对于被害者以外利害切己之人亦可。

以上所述,皆指一般之事项而言,若特别事项,则又有不尽然者。例如受强迫而结婚,其婚姻为无效,与不成立之行为等。于不欲结婚之人,强使之结婚者亦同。然子遵父命,与自己所不欲之人结婚者有效,则又例外中一特例也。

第五节　诈欺(Dolus v. Fraus)

诈欺者,使人误从其意,而从事于法律行为之谓也。换言之,即法律行为由于诈欺。再申言

---

① 应为“compulsiva”。

② 应为“absoluta”。

③ 应为“scripta”。

之,即诈欺与法律行为有相当之因果关系也。罗马之裁判官,对于受诈欺者,救济方法有三种,即

甲　原状回复(In integrum restitutio)　此与强迫之情形同。

乙　诈欺之诉(Actio doli)　被害者可以请求取消法律行为或赔偿损害。惟此种诉讼之被告,限于诈欺者及其继承人。若与诈欺无关系之第三者,纵令因诈欺受有利益,亦不能指为诉讼之被告人。此即诈欺与强迫相异之点。

疏　市民法于诈欺之法律行为,缺救济之规定。共和末叶,蒲勒妥耳始许为诈欺之诉(Actio doli)也。

丙　诈欺之抗辩(Exceptio doli)　即以诈欺为理由之抗辩也。

被害者得取消因诈欺而成之法律行为,固无论矣。然欲请求赔偿,则当取物件之市价,及因诈欺所费之金额,两相比较,以其差为请求之目的。

诈欺方法,不限于语言,即由以外之方法,亦能成立。甚者,即不作为亦有时可认为诈欺,例如普通一般人应为而不为者即是。

疏　诈欺之情形有二:一为不实(Suggestio falsi),即欺罔他人,全无为法律行为之意思而为者也;一为不尽(Suppressio veri),即诈欺仅存于为法律行为之原因者也。

凡影响于法律行为之诈欺,为民事上诈欺,否则为刑事上诈欺。又刑事诈欺,无论既遂未遂,均为犯罪;民事诈欺,则无未遂。

第六节　错误(Error)

错误者,事物与认识相左之谓,换言之,即两相龃龉之谓也。今试将罗马法关于此点之原则,略述如下。

第一,罗马时代,错误者必毫无过失时,始受法律保护,所谓非无过失之错误,不得受保护者是也。

第二,罗马法中约区分错误,类为四则:

(甲) 关于人之错误(Error in persona)　例如甲欲与乙为法律行为,不意误与丙为之之类是也。有此类错误时,其行为无效。但与今日法律观念稍殊,设如以现金买卖时,殆不生人之错误之问题也。

(乙) 关于法律行为之错误(Error in negotia)　例如甲意在买乙之所有土地,乙意在以土地为借贷是也。此时两种行为,俱不能成立,以欠缺意思之合致故也。

(丙) 关于目的物之错误(Error in corpore)　例如甲意欲买坐落北京之土地,乙意在卖坐落天津之土地是也。此时买卖,亦以双方间意思不合,不能成立。

(丁) 关于物质之错误(Error in substantia or materia)　例如以镀金物品为真金物品,或误信男之奴隶为女之奴隶是也。惟此种错误,以今日法律上观念言之,则系关于法律行为之原因者,不能以此理由主张无效。而在罗马时代,当事者一方有时亦可以此种错误为理由,请求取消,如罗马法上以善意为要件之行为是也。买卖行为,即系此类,譬如此有买卖契约,其关于物质有错误时,当事者可以请求取消。盖以行为当事者一方既陷于错误,若不许其取消,损害实甚,而他一方,因欠缺注意,不得委为善意故也。但此种行为,其成立伊始,非无效者。罗马市民法虽为无效,而裁判官于以善意为要件之行为,始予救济。此与对于诈欺、强迫,与以相当之救济

者,同一用意。至其裁判,则以重要错误为准,换言之,即错误与行为有相当之因果关系也。

疏 罗马法单注重于物质,如误酢为酒,则分别为因酒酸酵所生之酢,其契约有效;若因他原素所生之酢,其契约无效。又如误认纯金之物,其中若含金数成,契约有效;若系他之金属,其契约无效。又如误认旧衣为新衣,契约亦为有效。

第七节 法律及事实之不知(Ignorantia)

如上所述,必无过失之错误(Error Probabilis)者,始得受保护。然必如何始为无过失,又必如何始为有过失,不能不求其解。罗马法律学者,对此问题,大抵以不知法律者为过失,以不知事实者非过失。故以不知法律而陷于错误(Error v. ignorantia juris)者,裁判官不为之救济,不知事实而陷于错误(Error facti)者,则与之。推其理由,则曰:凡人皆得知法律者。然此不过表面上之理由,其实罗马法律浩瀚无涯,绝非常人所得而知者也。然则究因何故而然?盖以不知法律者,使均予免责,则法官事务,不胜其扰,且同虚设矣。故至今各国通例皆如之。若严格墨守此义,亦不无流弊,于是对于因法律之不知而错误者,有时亦为之救济。对于因事实之不知而错误者,有时亦禁而不与救济。即当事者因有重大懈怠不知事实时,纵有错误,仍令负责。若当事者虽以通常之注意,犹不知法律时,即有错误,亦可原谅。是盖调和得中之道也。

疏 不知法律而陷于错误(Error v. ignorantia juris)者,罗马法及现今各国通例,以否认为原则。然在罗马法,苟为通常之注意,犹不知法律时,及无学者可就正时,即有错误,亦可容许。例如学者间有争点之法律是也。其他兵士、妇女,及无智无学(Rusticus)者,关于诉讼事件,因不知法律而陷于错误者,亦可容许。尔后关于不知法律而陷于错误者,苟错误者无过失时,法律上亦容许之而免其责任。

第八节 无效及取消

(甲) 无效(Negotium nullum)

无效云者,法律行为之效力不能发生之谓也。有自成立之始,即无效者,有至成立之后,始无效者。前者法律行为成立之时,要素不备,后者已成立之后,而要素复行缺欠者也。德国罗马法学者,分无效为绝对无效(Absolute Nichtigkeit)及相对无效(Relative Nichtigkeit)。前者为客观的,即无论何人,不能为有效之主张;后者为主观的,必待利害关系人之主张,而无效始实现者也。然此种学说,在法理学上观察,甚有研究之价值,惟罗马当时,固无此等区别也。

疏 自成立之始即无效之法律行为,例如无结约能力者而结契约,及不践要式之契约是也。至成立之后始无效之法律行为,例如为遗言者,遗言固属有效,其后遗言者失遗言能力,其遗言无效是也。

分无效为相对无效(Relative Nichtigkeit)及绝对无效(Absolute Nichtigkeit)二种,盖依德伦布尔(Dernburg)①、温侪德(Windscheid)②之说也。

近世德国耶稣教之寺院法规则,受强迫结婚者,其结婚无效。此无效系相对无效,主张之当事者,须以提起无效之诉(Nichtigkeitsklage)为必要。

---

① 即海恩里希·德恩贝格(Heinrich Dernburg,1829—1907),德国法学家,《普鲁士私法教科书》被认为是其代表作。

② 即伯恩哈德·温德沙伊德(Bernhard Windscheid,1817—1892),德国著名法学家,著有《学说汇纂法教科书》等。

罗马法规则,有所谓 Statuliber。据幼帝法典所载,凡附条件或期限而解放奴隶时,解放者曰 Statuliber。又负债者无偿债资力,乘债主不及觉察,径解放自己奴隶时,其奴隶亦曰 Statuliber。学者读此法文,以为相对无效(Relative Nichtigkeit)之通例。实则不然,与其谓为无效,毋宁谓为取消。盖罗马法对于无效,无相对绝对之区别也。

(乙) 取消(Actio paulious①)

取消云者,撤去法律行为效力之谓也。在未取消以前,法律行为依然有效。盖可以取消之法律行为,与无效异,不过以有瑕疵之故,而至被取消耳。例如因诈欺而成之行为是。又当事者以外之人,亦有一取消权者,例如 Statuliber 是。此原则为扒吾鲁斯(Paulus)所创,故名 Actio Paulious。罗马法上所谓取消,与近世法律所谓取消稍异。盖取消为裁判官所予救济方法,不能左右市民法上之权利,而自该法方面观之,其效力仍继续存在也。

无效之法律行为,虽经追认,仍不得为有效。或谓罗马法上关于无效之行为,许其追认者,其说殊无所据。若当事者知其缺点,从而为之弥缝者,即成为新法律行为(Erneuerung, Renouvellement)。可以取消之法律行为,经追认即有完全效力(Genebmigung②, Ratification),且既追认,其效力溯及既往,视为与自始完全有效者无异。又可以取消之行为,至应行取消之时期而不取消者,其行为亦遂为有效。

按罗马法上取消方法,计有三种,即(甲)抗辩③,(乙)诉讼,(丙)原状回复等是也。

第九节　代理(actio institoria, actio exercitoria)

罗马时代,关于代理规则,殆付缺如,迨至末造,渐次发动。揆厥由来,盖有二三原因在,试略述之如下。

(一) 罗马古时,无论契约,或其他之法律行为,皆以严正方式行之。若未依式履行者,其行为即属无效。因重视方式之结果,故一切行为,皆必须本人躬亲。此代理不发达之一因也。

(二) 罗马往日,以奴隶充代理人之用,故以自由人为代理之机会绝少。此亦一因也。

疏 罗马奴隶无人格,在法律上之观念,与物无异,不能称代理人。

(三) 罗马时代,凡家属取得之物或因使用家长之财产而取得之物,均归家长所有。此系罗马法特别规则,与近世代理本异。然自其结果观之,则与代理类似之处甚多,以故彼时愈不感代理之必要。此又其一因也。

疏 幼帝时代,家属使用家长财产所得之收益,皆为家长之所有,故不得为真正之代理。纵令家长不知其事实,或知而不过问,而此等物件,依法皆为家长之所有也。

有以上之因,故罗马时代代理规则,并未发达。且有一原则,格阿由斯(Gaius)《法学阶梯》常言之,即所谓不得以自由人获得财产之规则是也。由是观之,足见当日无以自由人为代理人者。迨至后世,对此原则,设有例外,即经自由人之手,可以获得占有者是。于此之外,更有船

① 应为“Pauliana”。

② 应为“Genehmigung”。

③ “辩”,原作“辨”,今据上下文改。

舶所有主(Executor① navis),以运送事项委任船长(Magister navis),商业家以商业委任支配人(Institor)者。关于委任事项,涉及诉讼时,由本人受诉。即此点观之,极与近世之代理近似矣。其所异者,即当事人对于船长或支配人,仍可起诉,而船长或支配人,固不能卸责也。

疏 所谓自由人者,指自己之奴隶及在其权下之家属以外之人而言也。

征之幼帝法令类典(Codex),对此原则,设有例外,即占有得经自由人手而取得是也。至此原则,讫罗马灭亡,始终不变云。

所谓船长(Magister navis),所谓支配人(Institor),均以本人受诉,自表面观之,酷似近世代理法之原则,自里面观之,船长及支配人自身,亦不能免直接之责任。何则?与船长交易之货主,与支配人交易之商人,有向船长及支配人起诉之自由。是盖与近世代理之规则,大相悬殊矣。

要之,罗马代理规则,甚不发达。自原则言之,不能以自由人为代理人。惟至帝政以后,或设例外,或设类似代理之规则,以补其缺点。向使其国长存,则代理规则之发达,正未有艾也。

第十节 条件(Condicio)

近世法律分条件为二类:曰停止条件,曰解除条件。前者停止法律行为效力之发生,后者则令法律行为已发生之效力消灭者也。罗马法于此二者,无相当用语,而其实质,当时已存在无疑也。按古代法,移转物件者,不得付解除之条件,其后 Lex commissoria 及 Addictio in diem 则许之。前者即买卖契约时,买主若不付代价,卖主可以解除契约之附约也。后者试以例明,如甲以不动产卖与乙,而与乙约曰,设于月间有较汝出多数之金额者,所立之约,即当解除之类是也。以上二者,其实与停止条件无异,然自幼帝认为解除条件,后之学者多从之。

疏 双务契约,包含解除条件,即结约者间,虽无特约,苟一方不履行义务,他一方得解除契约。此在近世发达之规则为然,古代罗马法所不认也。故结约者欲得解除契约之权利,非另结 Lex commissoria 之约不可。

条件必以关系未来之事为之。德伦布尔(Dernburg)、克朴赫他、列格儿士贝儿格(Regelsberges)等之说。然据幼帝法典所载,不尽限于未来之事实,即以现在或过去之事实为之,亦无不可。即在当事者间主观的不知已足,不必非客观的不可也。然即以过去或现在之事实为条件,其效果固不得追及既往也。

疏 例如以假定汽船沉海为条件,而结契约时,其结约当时,船已沉海,或现将沉海,皆不可知,然当此之时,条件尚有效,故汽船沉没,纵令客观的确实,在契约当事间,(即主观的)尚不知有其事,亦得以之为条件。又如以某人结婚,或某人生存为条件,而结契约,如无此事实,则其契约为无效,有此事实,其契约为有效,但其效力,不得溯及既往而已。

罗马法又有 Dies Cedit 及 Dies Venit 之别,不惟条件,即限期亦适用之。前者指权利义务之关系业已成立而言,后者指应履行义务之时期已至者而言。若权利义务之关系已成立,而未至履行时期者,为 Dies non Venit。若债权债务之关系并未成立者,为 Dies non Cedit(附停止条件行为)。盖 Dies Cedit 与 Dies Venit 二者,一表示权利之存在,一表示权利之效果者也。

疏 在罗马法,Dies Cedit 与 Dies Venit 之区别,甚为重要。试以赠与例之,如甲与乙曰,余与汝金千元,乙对于甲,即可请求千元之支付,是 Dies Cedit 兼 Dies Venit 也。如甲与

① 应为“Exercitor”。

乙曰,余自今二年以后,与汝金千元,非经过二年,乙对于甲,不得请求千元之支付,是 Dies non Venit 也。如甲约乙,若汽船到来,与汝金千元,则在汽船未到来以前,乙对于甲,无请求支付千元之权,是 Dies non Cedit 也。再以遗赠例之,凡遗赠无条件亦无日期者,则立遗言人死亡之日,为 Dies Cedit,而继承人继承之日,为 Dies Venit。若遗赠无条件而有日期者,则立遗言人死亡之日,为 Dies Cedit,而日期到来之日,为 Dies Venit。若受遗人死亡,在 Dies Cedit 之先,则遗赠无效。若其死亡在 Dies Cedit 之后,则遗赠仍有效,由受遗人之继承人取得之。

条件成就之效力,是否溯及既往,立论不一,试列于下。

第一,温侪德(Windscheid)之说。停止条件与解除条件成就时不同,停止条件之成就,其效力不溯既往,解除条件成就时,溯及既往。

疏 前者例如以汽船沉海为条件,即自汽船沉没之时,而定双方权义关系,不得溯及结约之初也。但此说适用于当事者意思混含时之规则,若结约者间明示反对意思,则应从其意思以为断。后者例如甲卖物与乙,谓至某年月日,不付代价,则取消此买卖契约,乙若届期不付代价,其效力可溯及于结约之时,以甲乙间之买卖既经解除,与自始即不成立同也。

第二,列格儿士贝儿格(Regelsberges)之说。不论停止条件与解除条件成就时,其效力均不溯既往。

第三,普海化(Puchta)及德伦布尔(Dernburg)等之说。条件成就之效力,溯及结约之当时。此说为通说,且亦最古。

疏 此等学说,均主张条件成就之效力,得以溯及结约之当时。古来学者,多倡导之。拉丁语之格言亦云:条件成就溯及法律行为当初(Condicio existens retrotrahitur ad initium negotii)也。

关于成就效力之是否追溯,学说既如是其纷如,要不外乎以上三说。惟解释上以温氏之说最为适合,但就纯理方面论之,亦不能绝对谓为正当,以解除条件由里面观之,亦一停止条件故也。

条件中又有所谓不法条件(Turpis condicio)与不能条件(Impossibilis condicio),其效力之影响契约者同。不法条件者,法律上所不许之条件是也。例如反背风纪者是。以此种条件,为停止条件,其契约无效。为解除条件时,与无条件同。惟遗赠时,则止于条件无效,遗言不因之失其存在也。

疏 若以不法条件为遗赠时,不问停止条件与解除条件,仅条件无效,而遗言有效。其理由因契约行为,当事者双方具有过失,故契约无效。在遗赠行为,仅遗赠者有过失,而受赠者无过失,故遗赠仍为有效,仅条件无效而已。

不能条件者,终久不能成立之谓也。例如汝能升天,则以金赠汝之类是。以此种条件,为停止条件时,其契约无效。为解除条件时,与无条件同。

关于不能条件之效力,普楼库阿斯(Proculus)与萨比奴斯(Sabinus)派,争论甚烈。幼帝采萨比奴斯(Sabinus)派之说,不法条件适用同一之规则。

第十一节 附款(日人译为前定)(Modus)

附款者,罗马名曰牟都司(Modus),即德语 Veraussetgung[①],又曰 Aufage[②],与条件相类,即行为之一种附加条款也。申言之,即以物与人时,受者负以物之一部或全部为一定行为之业

① 应为“Voraussetzung”。

② 应为“Auflage”。

务。譬如甲以万元与乙,令乙对之每年支付五百元者是。又如甲于死亡前,对于某学校寄附十万元,于学校存在间,每年以若干元为论文奖赏者是。

附款既与条件相似,近世往往于赠与有附款者,亦称为条件,其实二者不无区别。条件附加于赠与,若系停止条件时,在条件成就前,受赠者不得享有赠与之目的,附款则不然,受赠者不过仅有应为之义务而已。若为解除条件,于成就时,受赠者对于物当然失其权利,附款则不然,受赠者未必即时丧失权利,不过因情形而效果不同耳。

法律行为附款之方式,法律上虽无一定,赠与者明白表示意思,为必不可少。若表意不明确时,关于财产之使用方法,解释上适足以启疑问耳。

附款有附加于遗赠者,有附加于生间赠与者,以下试分别言之。

(甲) 遗赠　遗赠有附款时,受遗者负附款所定应为之义务。若违反时,应以其所受财产之一部或全部,与遗赠者之继承人。若受遗者因某种事由,不能如遗言者之命时,有时亦得保有其财产。附款若系不法时,视为无附款,此点与条件同。但依遗言指定之方法,不能达目的者,亦得以相类之方法行之。

疏 例如遗言者遗赠某市府之土地,曰以此土地收益,演某种游戏,以作遗言者纪念。然其游戏,法律上禁止在市府开演,终不能达其旨趣。摩德斯体鲁士曰:此时若以土地与继承人,非遗言者之本意,不如以他之方法,为遗言者纪念,而使用土地收益之为愈。英国衡平法,慈善信托(Chritable① trust)规则,甚与罗马附款规则相似。其中有 Doctrine of cydres② 之规定,凡不能执行慈善人所指定之事时,由当执行之任者,别求近于捐助者真意之方法而为之,其殆渊源罗马附款之规则欤!

对于受遗者之履行义务,有请求权者,依罗马古法,为遗言者之继承人。据后所发布之规则,关于履行附款之义务,无论何人,凡有利害关系者,均有请求权。据近世法律,则遗赠有附款者,往往以监督权,委任于遗言执行人。

(乙) 生间赠与　赠与有附款者,赠与本人及其继承人,对于受赠者之履行义务有请求权。故受赠者不履行义务时,或者取回目的物,或者请求履行。试与解除条件成就时,相为比较,在解除条件,当然无效,赠与本人或其继承人,尚须履行物件取回之程序,此二者之异点也。

罗马法上为第三者利益之合意,第三者于法律上无诉权,此原则也。但为第三者利益所加附款,第三者有诉权。

第十二节　日期(Dies)

日期云者,法律上于一定之期为法律行为是也。性质上与条件不同,后者之事实发生与否,本为不定;前者之事实发生(例如到期),则可预知者也。

日期有确定(Certus)与不确定(Incertus)之别。不确定之日期,又可分为二类,一为事实之发生,虽可得而知,而何时发生,则不可定;一为事实之发生与否得确知者。但后者实含有条件性质,故学者之间,往往有日期与条件之争也。

---

① 应为 charitable。

② "cydres"应为 Cy Pres。此原则常被译作"近似原则"、"类似原则"、"最接近原则"。

疏 日期之确定(Certus)者,与日期之不确定(Incertus)者,其情形约有四种:(一)到来之时及到来之事确定(Dies certus an et quando)者,例如以某年某日为日期是。(二)时确定而事不确定(Dies certus an incertus quando)者,例如以某氏达于成年之日为日期是。(三)事确定而时不确定(Dies incertus an certus quando)者,例如以某氏死亡之日为日期是。(四)时与事均不确定(Dies incertus an et quando)者,例如泛言某氏婚姻之日是,此实含条件之性质也。

日期(Dies)与条件(Condicio)二者之区别甚微。条件者,发生之事,并发生之时,均不确定(与不确定日期略同)。日期者,到来之事,及到来之时,均皆确定,或确定其一也。例如某氏病愈,或某国邮船到港,其事实固不确定,其时亦不确定,是为条件。反之,某氏死亡,必系到来之确定事实,唯其时不确定,是为日期。然如云某氏婚姻之日,其婚姻事实与时,均不确定,论表面似系日期,实则条件也。反之,确定某月某日结婚,则为日期。

日期又有始期与终期之别。始期云者,即自某月某日起是也。终期云者,即至某月某日止是也。

第十三节　期间(Tempus)

期间云者,自一定之时起,至一定之时止,中间所有之时间也。

日期譬如几何学上之点,期间则如几何学上之线,二者之不同如此。

期间之计算,本有自然计算法与历算法之别。后者因历法之不同,结果亦异。罗马最古为罗木路斯(Romulus)历,其后为奴马(Numa)历,又后为恺撒历。此历与现在阳历大致相同,惟闰月异。

疏 Romulus 历,以十个月为一年,仅三百有四日。Numa 历,定一年为三百五十五日,其中一三五八等月为三十一日,十二月为二十八日,其他之月,概定二十九日。恺撒之时,修改历法,作幼留士(Julius)历,纪元前四十五年也。平年为三百六十五日,每四年设一闰日,附加于二月二十四日之后,前二十四时间,称前半日(Dies prior),后二十四时间,称后半日(Dies prsterior)①。此历系按太阳之运行日数而编制,在实际上运行日数,为三百六十五日五时间四十八分四十八秒,虽设闰日,究不免稍生差异。至千五百八十一年,罗马王格日哥而幼士十三世(Gregorius XIII)改正历法,世称格日哥而幼士历,与太阳运行纯粹一致,即至今各国所采用者。

罗马最盛时代所行之历,为恺撒历,一年为三百六十五日,年龄之计算,与时效之年限,均以此为准。故曰一年者,三百六十五日,一月者,三十日,一日者,二十四小时。然计年月以时起算者,其初日不必满二十四小时。惟至最终一日之计算,则有二法,一为不算入,一为算入者。前者关于遗言能力之年龄,后者关于 Praes Criptio② 之时效期间适用之。

期间又有继续期间(Tempus continum③)与实用期间(Tempus utile)之别。前者谓自此时至彼时中间所有期间而言,其计算一日不省。后者指有用之日而言,其无用者不计也。

疏 罗马法原则,均用继续期间之计算方法。若法律特定许用实用期间之计算方法者,不在此例。如不动产占有收回之诉之期间是也。此计算方法,最长期间为一年,然名虽一年,实则约一年半云。

① “prsterior”应为“posterior”。
② 应为“Praescriptio”。
③ “continum”应为“continuum”。

第三编　财　产　法

疏　古代社会，凡关于财产之权利，概附属于身分，而无独立之财产权。其所谓财产者，即家产也。家产之权利，家长掌之。故家长权即对于其家族之权利，亦即对于其家产之权利也。及族制颓败，农工商业之进步，个人之财产，逐渐增殖。凡关于财产之法律，遂离家长权而独立。其最先认为个人所有权之目的者，为动产，而不动产次之。

第一部　物　　权

第一章　物(Res)

第一节　物之意义

罗马时代，物之观念，与近世异。近世法律上所谓物者，指有体之物而言。在罗马法则不然，凡有用便益于人者，皆谓之物，不仅以有体者为限。是较近世法律之所谓物云者，其义广矣。

物既不以有体者为限，则其类甚繁，而大半皆可以金钱衡定之。然不能谓凡可以金钱衡定者，均名为物。何也？以罗马法中世所不能以金钱衡定者，亦称为物故也。其执前说以解释罗马者，诚不得谓为当也。

疏　罗马法中世所不能以金钱衡定者，亦成为物，例如共用物(Res Communia)中之空气、海洋、流水等，为万人所共需用，虽不可以金钱衡定，而皆认为物之一种。

近世法学家，以物为权利之客体，或曰目的，然罗马法时代之观念则不然。以当时权利思想，既未发达，权利主体之概念，于法律上殊欠明了，则客体意义，更难强为附会矣。

疏　罗马法物之性质，不得以权利之目的解释之，例如空气、流水等，不得为权利之目的，而罗马法亦皆认为物之一种。

考罗马法，无当权利主体意义之文字，求诸类似之语，大概与 Persona 之文字相当。然严格解释之，Persona 仅有人之意义，不得指为权利主体。故奴隶亦赅括于 Persona 之中也。

第二节　物之类别

物之观念，既如前节所述，较近世法律为宽泛矣，其种类亦甚繁，特撮其大要，列举之如下。

(一) 有体物(Res corporales)及无体物(Res incorporales)

有体物云者，有客观的存在，而可以触觉得之之谓也。例如奴隶、金钱等项是也。无体物云者，有主观的存在，不能以触觉得之之谓也。例如债权、用益权等是也。此等区别，古代所无有之，自共和政治之末代始。

疏　如土地、房屋、牛马，均为有体物。收益权、继承权，均为无体物。所谓继承权者，包括死者所遗权利义务之总称也。

若自二者之利益言之，有体物为占有之目的，无体物则否。

(二) 要式移转物(Res mancipi)及不要式(自由)移转物(Res nec mancipi)

要式移转物云者，依一定方式移转所有权之谓也。不要式移转物云者，即所有权之移转，不必依一定方式，而可以自由移转之谓也。前者指以蛮齐帕齐沃(Mancipatio)或拟诉弃权(In jure cessio)之方式为之者而言，后者则无一定之制限也。

疏 蛮齐帕齐沃(Mancipatio)之方式,参照五十五页内说明①,拟诉弃权(In jure cessio)之方式,参照四十一页内说明②,兹不复赘。按拟诉弃权之方式,不仅罗马法有之,英国中古,亦用类是之方式,即英国不动产法中之 Fines and Recoveres③ 是也。

必如何之物,其所有权能移转,始依一定之方式为之则可,例示之如下:在意大利之田地、房屋、奴隶及牛马等类皆是。概而言之,古代罗马人所知之物件,均以蛮齐帕齐沃行之,其后征服意大利以外之土地,始知之之物件,均不名之以蛮齐帕齐沃也。

罗马从来所称要式移转物,不动产亦隐括其中,其初则未尝如此也。古代仅指动产物言,何则?即文字可以证之。其名为 Res Mancipi,为以手攫取即得之义。Rss④ 者,物也。Man 者,由 Monua⑤ 之字而出,即出手之义也。Cipi 者,由 Capere 之字而出,攫取之义也。由是观之,以手攫取而得之物,不动产自不在其中矣。

要式及不要式之区别,幼帝以前,久已不用,几归无有,至幼帝更以明文废止之。

(三) 能有物(Res in nostro patrimonio)及不能有物(Res extra nostrum patrmonium⑥)

能有物云者,在法律上能成立所有权之谓也。不能有物云者,在法律上私人不得所有之物也。后者亦名为不融通物(Res extro commercium)。

此种分类,格阿由斯及幼帝之《法学阶梯》均载之,其类又可分为二,一为属于神事者,一为属于人事者。前者不许私人有所有权,后者反之,其中有为私人能有者,有为私人不能有者。

属于神事之物(Res divini juris),又可分为三,一为神用物,一为安魂物,一为神护物,今分述之如下。

(甲) 神用物(Res sacrae)

神用物云者,僧侣以相当之程序供献于神之物也。如寺院、庙堂及其他供神之器物皆是。此种物件,不得买卖、抵当、质典。然因罗马市民为敌所虏,为赎回之计时,可以买卖、抵当或质典之。

又此种物件之制作,一私人不得擅自为之,必以罗马人民之同意,或经元老院之议决始可。

疏 凡为神用物者,不许私人擅自制作,必经国民会及元老院之许可,至帝政时代,更须受皇帝之许可。此种物件,不为私权之目的,有触犯之者,则处以死刑,或有不敬之行为,亦严加惩罚,而普通国民,皆有提起公诉之权。

(乙) 安魂物(Res religiosae)

安魂物云者,即死体葬埋之所也,例如坟墓是。罗马时代,以坟墓为人之魂魄安息之所,若失之,则魂魄无所归,故于此种物件之买卖让与,均禁止之。

神用物私人不得擅行制作,而安魂物则可以任意设置之,例如于自己所有土地内埋葬尸体者是。然土地系共有时,非经共有者之同意不可。

疏 所谓安魂物,不必如神用物之程序,仅所有者葬埋死体于其地,而其地即失私权目的之性质。但虽选定而未葬埋,或已取去死体之后者,均不视为安魂物,而得为私权之目的。

① 指原书页码。见第三章第二节三(乙)。
② 指原书页码。见第一章第七节第三项。
③ "Recoveres"应为"Recoveries"。
④ "Rss"应为"Res"。
⑤ "Monua"应为"Manus"。
⑥ "patrmonium"应为"patrimonium"。

对于破坏安魂物者，科以重刑。

(丙) 神护物(Res sanctae)

神护物者，虽受神之保护，而直接与神无关系者也。例如市府之墙壁及门(Stadtmauern und Thare①)等类皆是。此种物件，有破坏之者，惟处以严重之罚已耳。

属于人事之物(Res humani juris)，与神毫无关系之物也。其中又可分为四类，略述之如下。

(甲) 共用物(Res Communia)

共用物者，即世界之人所共用，而不得为一私人之所有者也。例如空气、海洋、流水等类皆是。至海岸为共用物，抑非共用物，罗马法律原文互相抵触。德国法沿罗马法之旧，取公有物之说。而海洋之为共用物，则莫之易也。

疏 空气、流水若入于一定之器，则为个人之所有物。海岸设有建筑物时，其敷地即归于建筑物者之所有。Mare liberum(《海洋自由论》)，为 Huga Gratin② 所著，其根据即源于罗马法之共用物立论。

(乙) 公有物(Res Publicae)

公有物者，直接充公共之用者也。凡国家财产可分为二：一为独有财产，与个人之私有产无异，例如官署所用之器具是。一为③公有物，例如河道(Flüsse)、港湾(Häfen)、官道(Öffentliche Wege)、城砦(Festungen)、牢狱(Gefängnisse)等是。惟关于公有物之规则，与私有物不同。公有物虽名为公共所用，然因品类互异，人人未必尽得使用之。例如城砦、牢狱，私人不得用之。而港湾、官道，人皆得而使用之者是也。

就公有物之性质而言，法理学上议论殊多。或谓公有物者，无主物也，虽国家亦只有最高权(Hoheitrecht④, Eminent domain)，非所有主，故仅得排斥个人以之供国家之用已耳。若国家不用时，个人皆得而用之。而个人使用此种公有物，依无主物之规定，先占之者，得以为自己之所有物。例如有古城砦一所，国家弃而不用，个人得占领以为家室者是。

德国法学家克列尔(Keller)实主此说。反乎此者，则谓公有物即国家之所有物，故可以之贷与私人，而收其赁租，又可以之自行使用。近世主张此说者甚夥。而在罗马时代，对于此点，则固无何等之议论也。以罗马古时，土地属村邑共有，无视为无主物者，故第一说未尽当也。

疏 日本罗马法学者户水宽人，亦取第二说，而以第一说不适合罗马法之精神。盖古昔无论何国，其土地非属于部落，即属于村邑，未尝有无主之物。虽罗马建国之当时，村邑共产之制，已归消灭，而其遗风犹存，故无主物之规定，不适用于土地也。

公有物中足以滋疑义者为河流，以此种物不皆为公有。幼斯提尼安帝法与内载乌鲁皮亚奴斯(Ulpianus)之说，谓永久不竭之河流为公有物，反乎是者，非公有物。此规定中虽用河流之字，然无巨细之别，于是关于细流，解释家议论横生。即在细流，应否亦从此规定？但此点乌鲁皮亚奴斯亦有说以解之，谓或较其大小，或询之附近住民以决之云。由是观之，乌氏之意，以河流与细流歧视，可无疑窦。是法典中规定，于大川、巨河，可以适用之，于细流，则不能一律而

① “Thare”应为“Tore”。

② 拼写有误，应指胡果·格老秀斯(Hugo Grotius, 1583—1645)。

③ “为”，原作“得”，今据上下文改。

④ 拼写有阙漏，应为 Hoheitsrecht。

论。即以常识言,细流可归私有,而不必尽以为公有物也。

疏 Dernburg《普通法》,释河流之意义曰:河者,谓有一定之河身,而水量自由流通也。川亦属于广义之河。(Flüsse sind festen Gerinnen frei dahin fliessende Gewässer. Auch die Bäche gehören im weiteren Sinne zu den Flüssen.)罗马人以永久长流者为公河,有时干涸者为私河。(Als öffentliche Flüsse galten dem Römern allebeständig[①] fliessenden, als private die zeitweise austrocknenden. Dernburg P. I. S. 167)

又河流之所有权,果属于国家,抑属于私人,亦一问题。德国温侪德(Windscheid)氏谓河流应从国法之规定使用之,惟此等使用,非因国家对于河流所有权,乃以其享有最高权(Hoheitsrecht)也。然以理论,既为公有物,其所有权仍以之属于国家为是。

公有物中之河流,既为国家所有,故国家得以使用河流之特权,付与私人而收其赁费。政府不禁用者,公众即得随意使用之。如自由航行,或系舟筏于沿岸是也。

罗马时代,于河流或海洋,得自由经营渔业(Fischfang),幼帝法典中特载之。此事与近世迥异。近世各国法律,对于渔业,无不加以制限者。如德国以在公有河流业渔之利,专属政府,但得有特许或依旧来之习惯而营渔业者,不在此例是也。

河流之不属公有者,即与私产无异。概而言之,此种河流,属沿岸之所有主有之。若左右两岸之所有主互异时,分之为二,即属之左者,为左岸所有主之所有,属于右者,为右岸所有主之所有。盖罗马时代,河流之所有权,与其他物上之所有权,无甚差别,所有主无论依何种方法,得任意使用之。然近世诸国法律,与此不同。如在德国,虽为私有之河流,仍供公众之用,且在其上流用水,不得减少水量,为下流使用者之妨害,必须使之通入下流,审其便利焉。

湖水(Landseen)、运河属于公有者多,间亦有属于私有者。池沼(Teiche)反是,属于私有者多,而属于公有者少也。

道路亦有官道、市有之别。故官道即属国有,凡市有者,非官道也。

(丙) 府有物(Res universitatis)

府有物云者,市府人民共同所使用者也。在罗马时代,以市府为法人,而此种法人所有财产,又分为二种:一为市府之私有,与普通人民之所有无异;一即狭义之府有物,例如戏园及竞马场之类是。

(丁) 私有物(Res singulorum)

私有物云者,个人之私有财产也。类如栖息于山林之禽兽,可依一定方法取得之。然前述属于神事之物,虽私人无所有权,不能以之为私有物也。此其与无主物异也。

无主物云者,无论何人均不属其所有之物也。例如山野之禽兽,河海之鱼介是。格阿由斯之《法学阶梯》,谓属于神事之物亦无主物之一种。但从严格解释,恐此说未为正当。所谓无主物者,不过仅限于动产,不动产中之大地为村邑共有,非无主物也。又格阿由斯谓死者之遗留财产,亦无主物。然即又一说观之,死者之继承人既定时,其继承之效力,溯及继承开始之时,则法律上之效果,仍不得以无主物论也。

(四) 动产(Res mobiles)及不动产(Res inmobiles)

罗马古代无动产及不动产之区别,仅以列斯蛮齐比(Res mancipi)及列斯哀克蛮齐比(Res

---

① “allebeständig”应为“alle beständig”。

nec mancipi)为之。后以此为不便,遂为动产及不动产之分类。不动产云者,指土地及与其固定之物而言,此外之物,皆动产也。

疏 动产有他动产、自动产(Res se moventes)之别。前者指一般动产,人力得以移动者,例如桌椅、器皿等是。后者指不藉人力之作用,而可自移动者,例如奴隶、家畜是。又不动产之范围,可及于其土地之上下。

(五) 代替物(Res fungibiles)及不代替物(Res non fungibiles)

代替物云者,可以同质、同量、同数之物抵换之谓也。例如米、谷、酒、油等是。不代替物云者,指特定原有之物而言,不能以他物抵换者也。例如奴隶、牛马是也。代替物之借受时,其所有权可以移转。不代替物则反之,借主仅有使用权而已。

(六) 消费物(Res consumtibiles)及不消费物(Res inconsumtibiles)

凡物有非消费不能使用者,谓之消费物;有不消费而亦可使用者,谓之不消费物。概而言之,代替物中消费物多,如米如酒。然不能谓代替物尽消费物,如普通书籍为代替物,然非消费物也。

(七) 主物(Hauptsache)及从物(Zubehör)

主物者,性质上供主要之使用者也。从物者,对于主物含有附属之性质者也。例如时辰表为主物,其表链即为从物。

疏 从物随主物之处分,以为效用,虽一时与主物相离,亦不失为从物,例[1]如窗蔽、葡萄园之杙桄(Vorfenster,Weinbergspfäahle[2])等是。

(八) 可分物(teibare Sache)及不可分物(unteilbare Sache)

此种区别中,可分、不可分云者,以法律上之意义,而非由事实上之意义而言也。例如有一物,如分割之不至毁损其本质,或大减其格价者,为可分物,反之,则不可分物是也。

(九) 单一物、复合物及物之集合

单一物者,形式上极为单纯者也,如木、石等类是。复合物者,两单一物以上集合而成者也,如船舶、房屋之类是。物之集合者,聚集种种之物而括以名者也,如羊群、图书馆、书画室之类是。

物之集合,为一物抑为数物,学者间争论殊多。而以罗马诉讼程序观之,对于羊群取还之诉,视为一物。于助法上既视为一物,则于主法上亦当依同一理论,视为一物。然就每羊一头言之,其各别之所有权,固同时存在也。

对于物之集合,有所谓权义之集合者。以例言之,如继承财产(Hereditas)是,以死者财产中积极财产与消极财产总括之为继承物也。子孙、奴隶之私有财产(Peculium),及嫁资(Dos)亦为权义之集合。

疏 物之集合,一称事实上之集合物(universitas facti);权义之集合,一称法律上之集合物(universitas juris)。所谓物之集合,与集合物件(universitas rerum)不同。前者谓集种种之物件,立于一名称之下,如羊群、图书馆、图书室之类是;后者谓合种种之物件为一,如房产、船舶之类是也。

依罗马法,以财产悉属于家长为原则,以财产属于子孙、奴隶之私有为例外。其称子孙、奴隶之私有财产,曰 Peculium。所谓 Pecu 者,家畜之义,一面为财产,一面为买卖之媒介。所谓

---

① “例”,原作“列”,今据上下文改。

② 应为“Weinbergspfähle”。

lium 者,微小之义。合译之,即微小家蓄之意也。

物之集合与权义之集合,二者之区别,学者间亦大有议论存焉。或谓物之集合,以人之意思聚种种物件视为一体之谓也;权义之集合,依法律之力聚种种物件视为一体者也。又或谓权义之集合者,聚异种之物件为之者也;物之集合者,以同种之物件为之也。以罗马法之解释言之,当以前说为是。

疏 前说即德国学者 Bechmann 所主张。

(十) 果实(Fructus)

果实者,定期收益之谓也,如谷、菓等类是。反乎是者,虽系收益,亦不得称为果实。

疏 Frucht—Einkommen—ist der regelmäßige Ertrag einer Sache oder eines anderen Vermögensbestundteiles①—des Kapitals(D. P. I. S. 179)

果实分为二类:一为天然果实,一为法定果实。如谷米者,天然果实也。房租利息者,法定果实也。

疏 天然果实(Fructus naturales),当其未由母物分离时,构成母物之一部,及其分离之后,得为独立之物,而独立为权利之目的。例如对于耕地,则其谷、麦、菓树,对于畜类,则其产子,对于牛羊,则其皮毛,皆果实也。其他如牛之乳,鸡之卵,矿场之金石,森林之材木亦然。法定果实(Fructus civiles)则否,仅使用其物之对价也。

第二章 物　　权

一　意义

物权者,于物上得直接支配之绝对权也。故权利者,对物得任意处分之。因其性质上为绝对权,故不独对于特定义务者可以主张,即对于一般之人,亦可以为消极之禁止。此物权所以又有对世权之称谓也。

二　物权与人权之区别

依以上论据,物权为绝对权,反乎是者,为相对权(债权),即对于特定义务者所主张之权利也。其实罗马古代,本无物权、人权之别,即前所示定义,亦第就二者实质上之观念言之。虽有 Jus in Rem 与 Jus in Personam 之称,本非罗马法原用文字,乃中古罗马法学者,解释罗马法所用。然二者区别,在罗马法时代,亦已存为不可掩之事实。彼时所谓 Actio in Rem 及 Actio in Personam 者,即此。盖物权为对物诉讼所保护,人权为对人诉讼所保护也。

第三章 所有权(Dominium)

第一节　概念

所有权者,于物上之一切支配意思力也。故于自然界、于法律界所可能者,所有者对于所

① 应为“Vermögensbestandteiles”。

有物，即可行使之。

疏 所有权本质之解释，在罗马法之思想，即不问所有权之物体如何，概解释为有同一内容之绝对意义。其意盖谓所有权为业主于最广之范围内，在有体物上所享之支配权也。故凡为事实上所能者，业主得为自己利益，从法律所定，依物性质，能充分行之而无碍，不受他人丝毫之牵制。然罗马法又非因此解释所有权为无限制之权利也。彼有时为保持社会安宁起见，亦许以法令阻遏所有权之行使。如不准行使有害秩序及风化之所有权，及禁止出让家产是矣。此种解释，与古代日耳曼法之思想，视所有权为支配权之汇合体，而从物体之性质，以定其内容者不同。盖非从具体观念上立论，而于所有权欠缺一种或数种作用时，仍可以概括的支配权限解释之。此裸体所有权名称之所由起也。

所有权于物权上占最要部位，德人所谓 Recht an Sachen[①]，于此之外，复有 Inra in Re[②]，于后述之。

所有权在概念本无二义，而其态样则有数种：一为完全所有权；一为受制限者，如占有、用益、使用、让与、设役及收回各权是也。以上六者，非格别物权，乃由所有权所从出者也。

疏 拉丁语称所有权曰 Dominium，一曰 Proprietas，包占有(Possissio)[③](谓一方为物件之所者，一方又为物件之占有者)、使用(Jus utendi)(谓从物之方法而使用之权利，例如房屋则居住之，马匹则骑乘之之类是)、收益(Jus fruendi)(谓收取生产物滋息之权利，凡天然滋息及法定滋息皆包括之)、处分(Jus disponendi)(谓不拘如何方法有自由处分之权利)四要素。其中以处分为最重要，变更物之形体或毁损其物者，称为物质的处分(De facto)；让与或抛弃其物者，称为法律的处分(De jure)。

所有权除具上述占有、使用、收益、处分四要素外，而其特别之性质，则有除外、绝对、永久三者。罗马法夙认识此理而论究之。其采用之学理，虽近世法律，尚多袭用也。

所谓除外之性质者，即物之所有者，于由所有权之目的物而生之利害，不能分与于他人也。是凡一物，必依所有权而属于一个人之所有。然一物之所有权，非必其全体要素同时属于一人，有时亦可分裂其要素，属于数人。惟其后所分得之一二要素者，恒依前之所有者之意思，而为创立之状态也。

所谓绝对之性质者，即物之所有者，得随意破毁其物，或抛弃之，毫无所顾虑也。然此绝对之权力，亦非漫无制限。例如分割所有权之时，或属于数人共用之时，其间不得以一人之意思，自由破灭其物。又土地所有者，对于邻地之所有权者，如有工作之行为，必从一定之规则。或下位之土地，不得阻塞上地之水流。或因公之利益，而被土地之征收。凡若此者，皆制限所有权也。

所谓永久之性质者，即所有权非依所有者之意思，或因何事由破毁其物，不得消灭也。故所有权之运命，乃永久继续，非若他之物权，只暂时之存在。

所有权虽为物上支配一切之意思力，但亦不无制限，例如受永借权之制限之类是也。其他如禁止让与之类，亦所有权受制限之一。

第二节 沿革

罗马古代，无所有权之名，仅认为主人之权利。若地上权及牧畜权，至诉讼方式发达时代，

① 即“物上的权利”或“关于物的权利”之意。

② 此处“Inra”应为“Iura”，“Iura in Re”即他物权之意。

③ 应为 Possessio。

始认为有物权效力。若抵当权，至 Praetor 时，始得受物权保护。在市民法最盛时代，他物权中受保护者，唯地役权。盖古时所谓所有权，初只及于动产，其后于不动产亦适用之。因最古时代，土地为村邑共产制，无属个人之私有者，即前章列斯蛮齐比(Res mancipi)之说明观之，可以了然矣。

罗马固有思想，财产所有均属于家族全体，不属于个人，是亦关系于村邑共产制。盖由村邑共产制时，变为个人所有时代，其间必经过家族制度时代。罗马财产制，亦从此顺序发达，譬如宗族或同姓人有继承权，是其例也。

个人私有制度，在罗马时代，虽未完全发达，然如家属之特有产，不得谓非属于个人者，是承认个人有所有权之证也。

再就古昔罗马所有权移转之方法观之，其结果更为奇异。

即现出二种之所有权是也。如前章所述，有列斯蛮齐比(Res mancipi)及列斯哀克蛮齐比(Res nec mancipi)二者。甲种非依市民法之方法移转，不能取得所有权。乙种则但以交付行之。若对于甲种物仅行交付者，不能取得真正之所有权，仍须经过时效。申言之，即于一定期间占有者，始取得之所有权是也。其详俟后述之。综而言之，所有权之起原，由于大村邑共产，继而家族，继而个人，此其发达之顺序也。

第三节　取得之种类及[①]方法

疏　所有权之取得，与一般权利之取得，大略相同，区分之，则有原始取得及传来取得二种。原始取得(acquisition original)者，不问前所有者之有无，全与前所有者无关系，而生新所有者之权利也。传来取得(acquisition derivative)者，谓自从来之所有者，移转所有权于新所有者也。新所有者，承继前所有者之权利。然让与人如非真所有者，则取得者亦不得为真所有者。要而言之，取得者之有权利与否，惟视让与人权利之有无耳。罗马法属于原始取得者，如先占、埋藏物、附属、混同、混合、加工、收益之取得及时效是也。属于传来取得者，如蛮齐帕齐沃之方式、拟诉弃权之方式、交付、分配之宣示及遗赠也。以上所举各种取得方法者，除遗赠一项外，俟后逐款俱有说明。至遗赠可为传来取得之方法者，系指对物遗赠而言。依罗马法，遗言有效之时，即继承开始之时，遗赠品之所有权，不待继承人之交付，而直接移转于受遗者也。故遗赠为所有权取得之一权原，而受遗者即承继所继人之权利。又有为继承之权利者，如无相当之理由，而被除去继承权，则得提起排斥遗言之诉讼，以攻击其遗言之非义，若于此胜诉，则原告得受死者财产之几分，称之为 Portio legitima。至其后定其额，得总财产之四分之一，及幼斯提尼安(Justinian)之时，少改正此规则。法国民法第九十三条以下之规定，实导源于此也。

所有权取得之方法，尚可分为市民法上之取得方法与自然法上之取得方法二种。市民法上之取得方法，如蛮齐帕齐沃之方式、拟诉弃权之方式、取得时效及遗赠是，其他皆自然法之取得方法也。而幼斯提尼安(Justinian)法典，市民法上之取得方法，仅存取得时效及遗赠二种耳。

第一款　先占(Occupatio)

先占者，对于无主物(Res nullius)所用之取得方法也。凡人以己有意思获得无主物者，即

---

① “及”，原阙漏，为点校者所加，以与目录一致。

为其物之所有主。但为人之所驯致之动物,一日逸出者,不能依此例论。故先占限于无主物。无主物云者,并未经过所有之谓也,性质上与藏物异。即如宝玉之类,于人无所属者,在海岸等地获见时,即为发见者之所有。又按罗马法,属于敌人物件,统视为无主物,故罗马人捕获之者,即为捕获者之所有。又海中所生新岛,先占者有之,国际法亦同此规则。又人所弃物件(Res derelicta),亦为无主物,故先占者,亦可获得所有权。然当暴风雨之际,海上船舶为船轻起见,所抛之物,非无主者可比,仍属旧主所有。今日诸国之海上法,仍采此种规则。

疏 在罗马法上,以无主物归先占者所取得(Res nullius cedit primo occupanti)为原则。而当暴风雨之际,海上船舶为船轻起见,所抛之物,或遗失之物品(日本以①家畜逃亡、②误占有之物、③将物暂遗忘于他处三者谓之准遗失物),不认为无主物之理由:盖投物于海,非所有者抛弃所有权,特以免船舶之沉没而为此耳;至若遗失物,所有者亦无抛弃所有权之意思,不过偶尔遗亡,出于不觉,未可与委弃物(Res derelicta)同视也。

按古代罗马法,先占之效用,尤为取得所有权最大之权源。盖当战争之际,敌国之所有物(Res nullius),无论为公有,为私有,皆必略取而先占之。如军队之掠取物品或土物,归于人民之所有。惟格斗而得之物品,或隐匿之物品,则归于兵卒。

第二款 埋藏物(Thesaurus)

埋藏物云者,藏于地中而所有主不明之物也。其与无主物异者,以其有所有主,但属于何人不明了耳。罗马古昔埋藏物之所有权,属于旧主,然后至哈笃利亚奴斯帝时,一变其制。凡人于自己所有地内获见埋藏物时,即为其所有主。其在神社境内或墓地发见者,亦同。若于他人之所有地内获见时,以一半为获见者所有,以又一半为地主所有。又在帝领土地境内或属于市府土地境内获见者,亦系同理,半属于皇帝或市府,其又一半为获见者所有。

第三款 附属(Accessio)

附属者,此物与彼物合为一体之谓也。譬如河岸之地,由土壤所积,渐渐增加,其增加之部分(谓之淤浅地 Alluvio),即附属之例也。但因急流洪水冲刷甲地附于乙地者(谓之冲断地 Avulsio),不适用之。又海中生有沙洲(Insnla① nata)时,其洲即属于两岸之所有主,然偏在一方之河岸者,为河岸所有主之所有。又河流分而为二,至下流再合为一时,其中间土地,依然属于旧主。又河中脱出河底,流入其他之土地时,旧河底属于两岸之所有主,新河底依河川之规定,然河水复归时,新河底属于两岸之所有主。

疏 罗马法以淤浅地(Alluvio)之增大部分,属于河岸所有者之所有。以冲断地(Avulsio)所发生之植物,尚固着于土地,则下流地之所有者,不得取得其所有权。此事为我现行律及大理院判例反对,谓须先报坍,然后始可报涨。

又以他人之材料于自己土地建设房屋时(Inaedificatio),其房屋属于土地之所有主。然材料旧所有主之所有权,不因此而失。故房屋破坏时,仍得收回。但房屋存在中,不得破坏之,以请求返还。惟只能请求材料二倍以上之价额。若为此请求时,旧主即失材料之所有权矣。

疏 依《十二铜版法》,材料旧所有主,得要求代价二倍之金额,若不为此请求,则房屋破坏时,仍得收回材料之所有权。学者称为材料之眠觉(dominium dormiens)云。

又以自己之材料于他人土地建设房屋时,以知其为他人土地与否为断,以决所有权之存

① "Insnla"应为"Insula"。

否。故知而为之者,其房屋属于土地之所有主,材料之旧主即失其所有权。然以其土地信为己有,以善意而为之者,土地之所有主,非给与材料代价及建筑费后,不能请求交付土地也。盖土地与房屋之关系,在罗马时代,有应注意者,即土地为主物,房屋为从物是也。所以房屋必属于土地之所有者,房屋之所有权,与土地之所有权,常相合为一,而不能分离者也。

又草木为土地之附属物。若以甲地之草木移于乙地(Plantatio),其根蒂既生,即变为乙地之附属物,即为乙地所有者之所有物。又以甲地播种(Satio)移于乙地时亦同。然甲以善意占有乙地播种时,乙地之所有主,非与以代价,不能取得谷物也。

疏 以上就罗马法不动产之附属言之。至我民律草案所谓不动产附合,仅指不动产与动产之附合而言,至于不动产附合,则谓之淤浅、洲渚、冲断地,适用特别规定。

又以动产言之,亦适用附属之规则。例如以甲所有之金线缝入乙衣服时,其金线即为衣服之一部,即受附属规则之支配(Principale trahit acessionem①)。然甲对于乙可以提起窃盗之诉或赔偿之诉(盖罗马时代以窃盗认为私犯之一种,受市民法上支配故也)。又于纸上记入文字,其文字即为纸之附属物。惟画是不然,画为主物,纸为从物,是则因特别规定而然者也。(Windscheid-Kipp, Pandekten Bd I § 189 Anm 6)

第四款　混同(Confusio)

罗马法上,凡就一人之材料,以他人之材料,以双方合意而混同之者,其混同之物,为二人共有,例如酒或金属之类是也。又取二人之材料,以二人合意而制成一相异之物,亦适用此原则,例如取金银而混合之,为一种异物之类是也。又不经二人之同意,因偶然事件,二人之物混而为一者,亦适用此同一之原则。

第五款　混合(Ommixtio)②

混合与混同异,混同既如前述,关于酒类、金属,而混合则关系谷物。在罗马时代,实有此种区别。例如今有谷物,本属两人,因同意混而为一时,为二人共有。若不经同意,或出于一人之意思,或因偶然之事件混合时,其混合物不能为二人共有,而分配方法,则一任审判官之认定。此亦二者区别之一也。

第六款　加工(Specificatio)

加工云者,于他人财产上加以工作而制出新财产之谓也。其制出之新财产,应属于材料之所有主乎,抑归加工者之所有乎,法律上不无疑问。但解此问题,亦视前提为何如耳。夫天下之富,原因于人功,抑原因于材料,经济学上本无绝对之断定。故归重人功者,其作出之新财产,即主张为加工者之所有;偏重原料者,其作出之新财产,即主张为材料原主之所有。此等主张,几为常例。至罗马法之解释,亦因派别而异。譬如乙以甲所有之铜或铁制为钵,或以甲所有之葡萄制为酒,于此等情事,依普楼库阿斯(Proculus)派之说,则所有权宜归加工者,然萨比奴斯(Sabinus)派之说则反是。至幼帝时,折衷二家之说,凡物件能回复原状者,归材料之所有主,其不能回复原状者,归加工者之所有,又加工者以自己之材料与他人之材料制作新物时,其所有权,属于加工者,由是二派之争遂绝。

---

① 应为"accessionem"。

② 应为"Commixtio"。

疏 凡物件能回复原状者，归材料之所有主，例如乙用甲铜制钵，钵得溶解而复为铜，所有权归属于甲是。凡物件不能回复原状者，归加工者之所有，例如乙用甲葡萄制酒，不能以酒再变葡萄，所有权归属于乙是。加工者以自己之材料与他人之材料制作新物时，则无论能回复原状与否，加工者均取得其所有权。然加工者必出于善意，且取得所有权者，对于失所有权者，不可不赔偿其损害。

第七款 收益之取得(Fructnum① perceptio)

凡有用益权者，皆可享收益之权利。然权利者之外，虽非所有主，亦有获得收益之利者。例如以善意占有他人之物者，在占有继续中所获收益，纵令消费，亦不负赔偿之责，唯以现存之收益返还之足矣。然所有主既行提起诉讼为返还之请求，达于争讼期时，此后占有者所获之利益，应返还所有者。若消费净尽，则应负赔偿之责，且占有者以相当注意，可以获得收益之代价，亦应一并返还。

第八款 蛮齐帕齐沃方式(Mancipatio)

第九款 拟诉弃权之方式(In jure cessio)

以上两款，前已说明，今略之。

第十款 交付(Traditio)

交付者，以移转所有权之意思而与以占有之谓也。凡为交付者，不必定以手相授受，即对于远方物件，亦可为之。要而言之，使抱所有主之意思者，适得占有而已。

疏 此为长手交付，一曰合意交付(Longam② manu traditio)。

又凡物件之赁主及借主买受时，卖主不必另行交付之程序，即明示其意思已足，称之曰略式交付。

疏 此为短手交付，一曰简易交付(Brevi manu traditio)。

又凡卖仓库之物者，仅交付锁钥，即以之为物件全体之交付焉。

疏 让与人于让与之后，让与人仍须继续占有其动产者，让与人与让受人得另订契约，使生让受人应取得间接占有之法律关系(例如另订赁贷借契约)，以代交付，谓之占有改定(Constitutum possessorium)。

第十一款 分配之宣示(Adjudicatio)

分配之宣示云者，即共有物诉讼分配之宣示也。若其物为易于分配者，审判官即分配于各诉讼人。若其物为难于分配者，则不为平等分配，而以偿金与分得少数量者之人。例如有共有地于此，欲分配之，而内有河流为界，又不当适中之地，设以右与甲，以左与乙，受多量之分配者，应以相当之代价，与受少量之分配者，以维持公平焉。又于绝对不能分配之物，则断与诉讼人之一方，而以相当偿金，与其又一方。例如共有之金刚石分配之类是。以上分配之宣示，与普通裁判异，何也？普通裁判，无论原告胜诉，被告胜诉，皆有既存之权利，非创定权利也。此种宣示，乃废共有权，而创定格别物独立之权利也。

---

① 应为“Fructuum”。

② 应为“Longa”。

第十二款　时效(Usucapio et Praescriptio longi temporis)

疏 时效之制度,学者见解,各有不同。有谓反于公平及道理,而全不承诺者,英之Pentham[①]、法之Acollas主张之,称曰消极说。有谓有存在之必要者,近今大多数学者主张之,称曰积极说。积极说之根据,又有五说:(1)自然法说。(2)公益说。即谓财产状态,永不确定,置人民于不安,妨物品之改良,故设时效以保全之。(3)审判上之公正维持说。即谓经年累月之事,而尚起争论,不能保持审判之正确,故设时效以齐一之。(4)权利者之懈怠说。即谓权利者久不行使权利,为自己之懈怠,即丧失权利,亦属咎由自取,故特设时效以制裁之。(5)保护所有权说。原始时代,所有权之根据,由于占有,占有必亘永之期间(即时效),故保护所有权,不能不认时效也。五说之中,以保护所有权说,合于罗马法精神。盖罗马法时效之作用有二:(1)补所有权取得方法之缺点;(2)简易证明所有权之取得。据罗马法,依法律规定,处理所有权之移转,未免欠缺,又让与人苟非真所有者,则不能完全移转所有权,故必于一定期间,具备时效所必要之条件,而继续占有,遂能取得完全之所有权,是第一之效用也。又据罗马法所规定,凡欲提起回收所有权之诉者,必证明权原者权利正当与否,且必证明自己之权利,证明之法,不可不溯及原始取得所有权之人,若其所有权屡次移转,则证明匪易,是时所有者,为于一定之期间,具备时效所必要之条件,而证明继续占有,则得以代所有权之证明,是第二之效用也。故曰罗马法时效之根据,在于保护所有权。

罗马时效,分为二种,一为Usucapio,一为Praescriptio。前者由使用及攫取二字而出,即Usu与Capio所组而成者。盖Usu为使用之意,Capio为攫取之意也。后者由前与书二字而出,即Prae与Scriptio所组而成者。盖Prae为前之意,Scriptio为书之意也。此种制度之发达,于诉讼编详述之,今试言其概略。在罗马古代,诉讼方式,有所谓Formula者,所有种种事项,以短文记载其中,视以为常。其内容分为事实之概略,曰原告请求之要旨,曰被告答辩之要旨,曰事实审理人应调查事项及应判决事项。所谓事实审理人者,非官吏,乃就事实之点而裁判者也。若依法律下裁判者为裁判官,于罗马为高等官吏。其记载之次序,以常例言之,答辩之要旨,记于请求要旨之次。惟时效之抗辩,必须于原告请求之前记载之。于是遂称时效为前书,久之渐成习惯。此Praescriptio之字所从来也。故前书云者,原告请求要旨之前,记载事项之意,而非时效之本义也。

疏 近今英、法语之Prescription,皆由罗马之Praescriptio而来也。

关于时效规则,罗马亦稍有变迁。罗马古代,Usucapio有二种目的:一为不确定之所有权,使之确定,此与近世时效目的无异。一为官制法上之所有权,变为市民法上之所有权。如前此说明,不依蛮齐帕齐沃方式移转者,不能取得市民法上之所有权,必占有者经过法定年限,始获得市民法上之所有权。而Usucapio之年限为期甚短,关于动产一年,不动产二年。盖当立法之始,Usucapio不过仅有第一目的。何则?罗马当时,仅小市府,故时效年限虽短,亦无不当。及后来罗马土地既广,此等短年限,渐觉不便,由是第二之目的遂发生矣。而欲达第二之目的,亦实有年限太久之不便。此Usucapio之年限,始终未尝改变欤。

依Usucapio取得所有权者,是否以善意之占有为必要,学者之间,议论纷纭,莫衷一是。

---

① 应为"Bentham"。

有主积极说者，有主消极说者。盖最古时代，未必以善意为条件，以善意、恶意用语比较为新故也。及至后世，遂为法律上所必要矣。

古罗马法，仅适用 Usucapio 规则，后世 Praescriptio 制度发生之后，二者并行。惟 Praescriptio 年限甚长，就不动产言之，诉讼人两造，住在同州者十年，异州者二十年。

以 Usucapio 与 Praescriptio 相比较，前者为市民法上时效，故仅罗马市民适用之。而在市民法上不能为所有权之目的物者，亦不适用此种规则。故在伊大利以内之土地，可以适用，其以外之土地则反之。后者即 Praescriptio 之规则，所及甚广，即伊大利以外之土地亦适用之。至幼帝时代，废二者区别，以折衷主义，设特别规则：关于不动产，原被两造同州居住者为十年，异州居住者为二十年；关于动产，其年限为三年。此种规则，在罗马帝国有一般效力。故占有者为善意（Bona fides），且基于正当之理由者，经过以上年限，取得完全之所有权。

后世学者，关于幼帝废二者区别之解释，亦不一致。有谓偏重 Usucapio 者，有谓偏重 Praescriptio 者。其实二说，均未为得也。盖幼帝时所制定规则，实出于折①衷主义，而非偏重一方者也。

如前所述，占有者为善意，且本乎正当之理由者，经过法定年限，对于占有物件，取得所有权。然对于自由人或神社之地或墓地，虽以法定条件占有之，亦不能取得所有权。又因窃取所得之物，虽占有经过法定年限，亦不能取得所有权。此种规定，非幼帝时代所创设，即十二铜版法亦有之。然盗品占有于一定程度，亦受禁令之保护。但不得以之为因时效取得所有权之原因。又以暴力所得物件之占有，亦不得适用时效之规定。

时效分通常②时效及非常时效两种，以上所说明者，皆关于通常③时效（Ordentllche usueapio④ 者也。以下就非常时效略言之。非常⑤时效，亦可名为最长期时效，幼帝法典中载之。凡盗及因暴力所得之物品，经过非常时效，可以取得所有权。然关于此点，罗马法学者，未尝无异论也。

非常时效（Longissimi temporis Praescriptio）（五七八年制定）之年限，概而言之，为三十年，再长者四十年，最长者五十年。最后期限因赌博所得财物，在罗马法上，虽负返还之义务，然经过五十年时效，亦可取得所有权。因通常时效，不能取得所有之物，概受非常时效规则之支配。非常时效，其占有亦以善意为条件。然本乎正当之原由与否，则未有定论也。约分数说：或谓正当之原因与善意二者，常相附而行，此主积极论者也；或谓非常时效，仅以善意为条件，其是否出于正当原由，则不问也。即后说之中，于善意之程度，亦有二说：一说谓占有者，虽系非常错误，苟为善意，则占有为有效，即得为时效之原因；一说谓占有者果有非常错误，即不得谓之为善意矣。

疏 除通常时效、非常时效二者外，尚有诉权（即请求权）消灭之时效（Praescriptio actinum），即出诉期限之经过，为债务关系消灭之一原因。后世注释法学家，称此为消灭时效（Praescriptio extinctive⑥），而称通常时效与非常时效为取得时效（Praescriptio acquistive⑦）。近今民

① “折”，原作“析”，今据上下文改。
②③⑤ “常”，原作“当”，今据上下文改。
④ 应为“Ordentliche usucapio”。
⑥ 应为“extinctiva”。
⑦ 应为“acquistiva”。

法,沿用此种名词者,乃为便利起见,实非罗马法上之古语也。

德伦布尔(Dernburg)谓德古代法,无论取得时效、消灭时效,规定于一处(统一主义)。德普通法,奥日民法,及我民草采之。沙微尼(Savigny)谓罗马法系格别规定时效,即取得时效,属于物权规定(物权时效);消灭时效,属于债权规定(债权时效)。德民法(一九〇〇年颁布)采之。

关于地役权,昔时适用 Usucapio 规则,至纪元前三十四年废止之。然裁判官仍维持关于地役权长期之准占有,其年限以原被两造同住一州与否,分为十年、二十年。幼帝法典亦采同一之规则。关于不动产之十年、二十年,动产之三年时效,于用益权亦适用之。

以上所述为取得时效,至消灭时效,即免责时效,于他编述之。

疏 所有权之取得,已如上述,而保护所有权之道,于罗马法中求之,可得下列六种。

(甲)所有权回收之诉(Rei vindicatio)

当占有与所有权冲突之时,为设一调停之制度,于是认所有权回收之诉,亦可称曰所有权之诉。故所有权回收之诉者,乃有所有权而未占有者,对于占有而非所有权者提起之。不问占有者之善意恶意,所有者对于占有者,总立于优胜之地位。然占有者对于所有者,亦决非有神圣不可侵犯之义务,即所有者主张所有权,须得确实之证明,若不能证明时,被告仍得保持其占有物。罗马帝政初期,有所有者不得以所有权之诉,反于占有者之意思而取去其物之规定。

方式诉讼时代,所有权之诉,与其他一般财产上之诉,结果同下金钱给付之命令,故当时所有权之诉,不外一调处之诉(Arbitraria)也。详言之,即审判厅认诉为有理由,以中间判决(中古注释学派谓为终局判决非中间判决)命被告为系争物之返还。而此种命令,讫难实行,不得已依系争物之评价额(Litis aestimatio),以代金代系争物之返还。若被告愿出高价,即可保持物之占有。幼帝时,以此种办法,偏于保护占有,特定回复命令,有完全之执行力。

罗马法上,占有自己之所有物者,不问以如何方式,不得提起所有权之诉,德国现行法于此情形,许为确认之诉(Feststellungsklage)。

占有者对于其占有物,出有费用,于未受所有者赔偿以前,得本于诈欺之抗辩(Exceptio doli),而有留置权。但所出费用,亦有下之区别:(1)必要费(Impensae necessariae),谓物之保存所不可缺之费也。不问占有者之善意、恶意,所有者须赔偿之。(2)有益费(Impensae utiles),谓为增加物之收益或价格而出之费也。有称为改良费(Amelioration)者,亦无不可。此唯善意占有者,有请求赔偿之权,通常依物之提出当时所增加价额之程度,但不得超过实际上支出之额。(3)奢侈费(Impensae volutuariae①),谓徒糜而无实益之费也。此等费用,纵系善意占有者,亦不得对所有者请求损害赔偿。

占有者不损坏物之原状,得取去未受赔偿之部分,此权称曰 Jus tollendi,但毫无金钱上之利益时,不得取去。

盗罪者无论以如何名义,不得请求赔偿,例如窃取他人之物者,不得请求刈取费。

(乙)所有权侵害禁止之诉(Actio negatoria)

所有者于他人侵害其所有物之占有时,得为侵害禁止之诉。例如乙无权利而通行甲之土地,甲得提起此诉,请求禁止通行。成文法发达时代,原告关于此诉,对于被告尚可请求损害赔偿,及将来不为侵害之担保。

---

① 应为"voluptuariae"。

（丙）占有回收之诉（Actio publiciana）

此诉权系纪元前六十九年审判官 Publicius 所赋与，故名。盖善意且有正权原之取得者，丧失占有时所提起之诉也。此诉权之效力，虽不如所有权诉权之强大，然于具必要条件时，亦有相对之效力也。

所有者为所有物回收之诉，必溯及原始取得之权原，若屡次移转，则证明匪易，故为便利起见，许所有者提起此诉，亦得收 Rei vindicatio 之实益焉。

此诉权之必要条件有三：(1)原告之取得权原。取得权原以由于买卖者为本则，其他之原因亦准之。唯假装权原（指与疯癫者所为之买卖），得为取得权原否？乌鲁皮亚奴斯（Ulpianus）谓可为取得权原，包路斯（Paulus）否认之，谓不得提起占有回收之诉。解释罗马法，以后说为正，(2)占有取得及占有丧失。(3)买卖及占有取得之当时要系善意。据寺院法，取得时效，以亘时效期间全期间之善意为必要。学者以占有回收之诉，善意占有，亦须继续而无间断。德国德伦布尔（Dernburg）反对之。

（丁）疆界确定之诉（Actio finium regundorum）

罗马古法，疆界线之诉讼，狭地（de fine）与广地（de loco）有别。凡面积在五夫斯（Fuss）（一夫斯略当我国一尺）以下者为狭地，所有者对于邻地，得提起疆界确定之诉。若在五夫斯以上者，则为广地，可提起所有权之诉，而请求判定之。但帝政初期，即广地亦许为疆界确定之诉。又此诉仅许对于某地方之土地{Praedia（大地） rustica（小地）}提起之，若土地上有建筑物，则不许为此诉。质言之，即非疆界之争议，不许为此诉也。

公之道路，有侵入邻地者，不得为疆界确定之诉（因无相邻性质）。但邻地所有者，得为道路排除之诉（Actio viae rejectae）而请求判决。

疆界确定之诉者，双方之诉（Actio duplex）也。故审判官以原告之请求无理由时，得却下之，而认被告所主张为正当时，得确认之。

（戊）雨水排泄之诉（Actio aquae pluviae arcendae）

邻农地之雨水（Aquae pluviae），若防害其自然流通，为有损害将及邻地之工事（例如开渠筑堰），农地所有者对于邻地所有者，得提起此诉，请求其工事之撤销。但被告如有正当理由（例如有地役权），亦得提出抗辩。

雨水排泄之诉，为侵害禁止之诉之补充，前者于损害将生时实行之，后者于损害已生时实行之。我民律草案第一千条，即根据此理由规定。

罗马法于国有地之工作物，不许为排水之诉，德国现行法反对之。

（己）建筑禁止之告知（Operis novi nunciatio）（邻地紧接时须留一尺或一尺半之隙地，我民律草案第九百九十五条即据此设规定）

第一，形式上有效之要件：(1)建筑着手而尚未竣工者（已竣工者只可提起损害赔偿之诉）。(2)于建筑之现场为之。建筑之现场（In re praesenti）者，即现为建筑而告知其停工之地也。若于他地为之，不生效力。但建筑主外出，或系精神病及幼儿，而不知其监护人者，其告知亦可有效（盖因对泥木匠及雇人可为告知也）。(3)限于有为告知之权者。以何人为有告知之权利，则观其主要之目的而决定之。夫告知之主要目的，在保护各人之权利（Juris nostri conservandi causa），故被害地之所有者、地上权者、质权者，皆有告知之权。又此告知，如已受损害，更得为损害除却之告知（Operis novi nunciatio damni depeliendi① causa）。

① 应为“depellendi”。

受形式上有效之禁止告知,而尚进行工事,告知者得请发折毁命令(Inderdictum① demolitorium)而折毁之,但有免禁及弛禁之原因者除外。

第二,虽有形式上有效之告知,而亦不生禁止效力者:(1)审判官(Praetor)之否认。此因告知者违审判官之命,而拒绝宣誓,及明出于诡计而为禁止之告知者。(2)免除。被告知者提出担保{通常为人的担保(Satisdatio)},或申明适当之理由时,审判官得免除之。若告知者申请不服而胜诉者,得使被告知者从告知者之选择,负回复原状或赔偿损害之义务。(3)让与或抛弃。被告知者以应受告知利益之土地,让与于告知者,则告知效力消灭,告知者抛弃时亦同。

告知禁止之期间,罗马帝政初期为一年,一年满了,不得更为禁止(关于此点学者不无议论)。幼帝时废除一年之期限,凡建筑诉讼,自为建筑禁止告知之日起,限三个月内了结之。(我民草九九六条系定为一年,未免太长)

德国法律,当建筑着手而有危害之虞时,得请求审判上之假处分,惯例上称曰公之建筑禁止之告知(Operis novi nunciatio publica)。

此外所应附带说明者,即共有之问题是也。罗马法上之共有(Condominium),略与我民律草案之分别共有相类。依罗马法之原则,数人于同一之物,不能于全范围内有专属之所有权,然得按个人之应有部分(Proportibus indivisisis)②而共有之。而个人之应有部分(拉丁语省称曰 Quota),有称为实在的部分者。例如甲乙共有一品,即推定某部分为甲所有,某部分为乙所有,甲乙各就其应有部分,为实在的所有者。此说学说汇纂唱道之(Digesta 30—32)。有称为内容的分属者,谓所有权之作用有种种,共有者可以分别享有之。{最近解共有之应有部分为权利行使范围,不曰内容的分属,此说为德伦布尔(Dernburg)所倡,我民草从之}。例如甲乙共有一物,甲享有使用之作用,乙享有收益之作用是。此说为塞尔萨斯(Celsus)、乌鲁皮亚奴斯(Ulpianus)、包路斯(Paulus)等主张之。

共有物之分析,协议不谐时,得提起分割之诉(Actio communi dividundo),审判官对于此诉,有分配宣示(Adjudicatio)及败诉宣告(Condemnatio)之权。

罗马法分析之诉,行之最早者,为家产分析之诉(Actio familiae erciscundae,此诉亦为双方之诉),其后遂以行于共有物之分析为通则矣。永久共有之契约无效,见学说汇纂(Digesta),我民律草案亦设永久共有之禁。

第四章　占有(Possessio)

第一节　总说

占有者,于物上事实之支配也。一方面与所有异,一方面与握有亦异。其与所有异者,以占有乃一种事实关系,不能指为权利(后世各国立法,虽有明定为权利者,然当时罗马法,确有此异)。其与握有异者,以占有恒受法律之保护,握有则所受保护,极为鲜少故也。

疏　欲详说占有之事实,当举一二实例以证之。罗马法律,以质取主为占有者,又或关于同一物件,甲乙相争,其相争之结果,使丙保管其物,称之为系争物之保管(Sepuestratio)③,其

① 应为“Interdictum”。

② 应为 Pro partibus indivisis。

③ 应为 Sequestratio。

丙即保管者，而即占有者(Possessor)。然据罗马法律，当使用贷借之时，贷主为通常物件之所有者，且为占有者，借主不过为物件之握有者(Detentor)耳。又如寄托之时，物件之受寄者，非为占有，乃握有耳。其他类此颇多，不胜枚举。总之，占有(Possessio)与所有(Dominium)异，且与握有(Detentio)异，诚未可相混也。至占有之为事实，抑为权利，学者于此，议论纷歧。而就罗马法论之，占有之为事实，可断言也。且更进一解曰：事实之占有，单称之曰占有，认为权利者，则称占有权。二者之区别，可以释然矣。(参照德民八五四条、法民二二二八条、瑞民九一九条、日民一八〇条、我民草一二六一条。)

占有为事实，非权利，在罗马法上已无疑义。惟对于占有性质上，欧西法学家，崇论宏议，不一而足，其是非得失，殊难骤断。其最有名者，为沙微尼之占有论，其次则有布伦斯之论文，至近世又有朗达、买杀德儿、贝卡尔及伊耶陵之著作。此中最有名，为伊耶陵之作，详细于后节述之。

疏 沙微尼(Savigny)之占有论，自第一版(千八百零三年)至第七版(千八百六十五年)，凡六十余年间，为绝无仅有之论文，稍得与之雁行者，惟布伦斯(Bruns)之论文(千八百四十六年出版)耳。至于近世，关于占有之论文，流行一时，甲论乙驳，更仆难数，就中最有名者，朗达(Randa)之占有论，以及买杀德儿(Meischeider)、贝卡尔(Bekker)、伊耶陵(Ihering)等之论文是也。而沙微尼、布伦斯、伊耶陵，又称占有论之三杰云。

占有之体样有三。

(一) 法定占有(Civiliter possidere)与自然占有(Naturaliter possidere)

法定占有之名称，不存于罗马法文中，学者特为分类之便宜而立之，故解释之学说不一：沙微尼(Savigny)谓有所有之意思而为占有者；德伦布尔(Dernburg)谓事实上之支配与所有合致者。因无关于罗马法，可置不论也。自然占有，例如奴隶为主人或家属为家长保管物件，夫妇之一方自他一方所受之赠与(罗马法夫妇间之赠与无效)等是也。

(二) 适法占有(Justa possessio)与违法占有(Injusta possessio)

此名称为罗马人之所用，前者乃本于法律上之正当原因而为占有，后者谓有瑕疵之占有，如因强暴(Vi)、隐秘(Clam)、容假(Precario)而占有是。

(三) 善意占有(Bona fidei possessio)与恶意占有(Malae fidei possessio)

前者自知有正当权利而占有者也。后者自知无正当权利而占有者也。二者区别之实用，于返还果实、赔偿损害、取得时效等情形见之。

继承财产占有者，依幼问恰鲁姆(Juventianum)元老院法，因善意、恶意之不同，而有重要之差别。即善意占有者，于判决谕知之时，不须赔偿现依遗产而得之利益，但自诉讼开始以后，因过失而怠于收取滋息者，应负赔偿之责。恶意占有者，不仅提出占有，并须认自知无占有权利而占有时起，对于遗产上一切懈怠之责，且自诉讼开始以后，因偶然所生之事由，亦须负责。若无不得已之事由，将遗产有体物让与时，继承人得使该占有者，从自己之所欲，使赔偿物之价格或请求卖得金。{此法以纪元一百二十九年四月十四日哈笃利亚奴斯之敕令发布之，其年审判官幼问秋士(Juventius)塞尔萨斯(Celsus)执行之故名}。

数人共占有一物(Compossessio)不过共为一占有之事实，其占有之目的物，不过为一占有之目的物，理由与所有权之共有同。

第二节 占有(Possessio)及握有(Detentio)

欲言二者性质之区别，必先根究二者所要求之条件。条件者何？即体素(Corpus)与心素

(Animus)是也。体素者,形而下之原素,指保有物件而且排斥他人之事实而言,取得占有者,必具此事实。但于占有之保全,仅意思亦足。心素者,形而上之原素,指意思而言。占有所要求者,究为何种意思,学者间虽无定论,然此问题既决,不惟占有之性质,可以了然,即二者之区别,亦可以见矣。

关于[①]占有意思论,约可分为二派,一为主观说(Subjectivitätstheorie),或称意思说(Willenstheorie),一为客观说(Objectivitätstheorie)。主观说之最著者,为沙微尼,客观说之最著者,为伊耶陵,试于后列举之。

第一,沙微尼(Savigny)之说。占有所必要之意思,即所有者意思,拉丁文为 Animus domini。然详考罗马法正文,无此用语,有时称为 Animus,有时称为 Animus Possidentio,又有时称为 Animus Possidenti 或 Possidendi affectus。依沙氏之说,则以上诸用语,均指 Animus domini 而言,即所有者意思之义。盖沙氏之所谓 Animus domini,本系译语,其源实出于希腊语云。

此派学者,尚有用语为 Animus rem sibi habendi,直译之,则为自己持有物件之意思之谓也。而沙氏则以所有者之意思,与为自己持有物件之意思,同一视之,即此用语亦非罗马法正文所有,乃注释家所用者。依沙氏之说,在占有以所有者之意为必要,在握有则反之。例如借贷,借者无所有者意思,故非物件之占有者。然以他例观之,则此说固未为当也。譬如业质典者,何以认为占有之类是也?此派学者,大抵认此为原则之例外,即占有原则,以所有者意思为要件,而质典契约及系争物保管,则不必要也。何也?例外故也。

疏 此说风靡一世,德国有名学者,咸称赞之,英法学者,亦多从之,试一翻阅英国法律之书,莫不曰:罗马法之占有,以有所有之意思(Animus domini)为必要。然至今日,沙微尼派之说,已近陈腐,不为世所推重,而其所以致此之由,则以次述二三学说渐得势力故也。

第二,温侪德(Windscheid)之说。占有意思,即据为己有意思,再申言之,所有之意思,即行使所有权之意思也。其原文为 Aueigmmgsuille,与拉丁之 Animus dominandi 相当,亦系译语,但较沙氏译语为优,而其根本思想,则固未尝异也。

疏 是说由沙微尼派之说而改良者,故其说之形式虽异,而区别占有与握有,同以意思为标准,即占有者必有所有之意思,或行使所有权之意思,握有者不然。此主观说之所由称也。

第三,德伦布尔(Dernburg)之说。罗马法所谓意思,非 Animus domini,乃为自己任意支配物件之意思(Der Wille die sache für uns zu beherrschen)也。此定义实由 Animus rom[②] sibi habendi 转化而出者。依氏之说,则占有所要之意思,既非所有者意思,亦非行使所有权之意,乃为自己任意支配物件之意思也。占有时以此为必要条件,握有时则反之,故仅为他人支配物件之意思时为握有,非占有也。是亦主观说之一种,而占有与握有区别之标准,于意思求之者也。然其适用之结果,与前说异,即沙氏温氏以为例外者,依此说则皆原则也。

疏 试就质取主之例明之。质取主本无所有者之意思,亦无行使所有权之意思,法律上不认为握有,而认为占有者,乃属例外。德伦布尔则以质取主之保管质物,与其谓为他人,毋

① "于",原作"有",今据上下文改。

② "rom"应为"rem"。

宁谓为自己，法律上认为占有者，乃原则而非例外也。此说比前二说，稍近客观。

第四，伊耶陵(Ihering)之说。占有果具有支配物件之意亦足，其为自己或为他人则不论也。此为与德伦布尔说相异之点，因称之为客观说。此说区别占有、握有及物与空间关系(Raumverhältniss zur Sache)三者。所谓空间关系云者，即以身体与物件相触接之谓，转言之，即无所谓为自己或为他人之意思之谓也。盖唯有体素，无心素，是亦与占有及握有不同之要点。盖占有与握有，无论何时，均有体素与心素故也。

伊耶陵氏对于握有又分为二：一为绝对握有，一为相对握有。绝对握有者，于保有一物时，不认他人占有之谓也。例如占领不融通物者是。盖不融通物者，不许为买卖让与之行为，就令有占领之者，亦不受法律上之保护，故由法律上观之，仅止于物件之握有。相对握有者，对于一物既有真正之占有者，而复握有之之谓也。例如借用他人之物者是。贷物者为物之真正占有，借物者乃握有也。依氏之说，握有亦因体素、心素组成，且主观即形而上之原素，占有与握有无异，惟以外部有无故障为二者区别之标准。实则氏于客观方面求之，即以事实为标准也。盖沙氏等之说，注重在主观的意思，而伊耶陵则注重在客观的事实也。

疏 依伊耶陵之说，握有亦由体素与心素所组成，是握有之意思与占有之意思，固二而一者也。然一方为占有，一方为握有者，则因握有为外部之故障所制(事实上之结果)，遂不能占有耳。世人或以伊耶陵之说，仅属法理上之议论，无关于罗马法，是误会也。

试以代数之符号，示主观说与客观说之区别如下。

(1) 依主观说，则

天＝甲＋子＋乙

地＝甲＋乙

天＝占有　地＝握有

甲＝心素　子＝深意思　乙＝体素

即占有与握有之差异，关于深意思之有无也。

(2) 依客观说，则

天＝甲＋乙

地＝甲＋乙－丑

丑＝外部之故障

即占有与握有区别之标准，关于受外部之故障与否也。申言之，占有、握有二者，同具心素及体素，所不同者，占有无外部之故障，而握有不能免也。

以上四说，各具一理。然求其适合罗马法之精神，且与正文不相背戾者，果从客观说乎？抑从主观说乎？自法律之沿革观之，古代之法律，未臻完善，占有之意义甚狭，故主观说盛。中古以降，法律之精神，渐趋于活泼，占有之意义甚广，故客观说盛。观于德国新民法第八百五十四条，全基于伊耶陵之说，日本新民法第百八十条，亦胎生于德法，学者称之为进步主义。其他诸国法律，殆无不采用伊耶陵之说矣。

第三节　代理占有及准占有

罗马帝政时代，得由独立之代理人，取得占有。此种制度，在古昔并未发达，故规则亦不详。至帝政时始许之，然仅有握有，其占有仍在本人。又如奴隶、家属获得占有者，其占有者为主人,亦代理占有(Alienomire[1] possidere)之一例也。

疏 占有之取得,占有者不仅以自己之意思,亦得依代理而取得之。惟代理人必有取得之体素,且代理人必有为本人占有之意思,或本人有因代理而取得占有之意思也。然据罗马法所规定,亦有本人无取得占有之意思而取得者:(1)本人无意思能力,仅监护人有取得占有之意思而已足也。(2)家长及主人无意思能力,仅家属及奴隶有为家长及主人取得占有之意思而已足也。

准占有(Quasi possessio),一名权利之占有(Juris possessio),与用益权殊有关系。约而言之,在共和政治时代,有用益权之人,即为物件之占有者,及至帝政时代,用益权者于物件为握有,于权利为占有云。

第四节 占有及握有之保护

关于二者之保护,有共通者,有特别者。共同者何?对身私犯之诉权(Injuria)是也。特别者何?禁止命令之保护(Interdictum)是也。后者本含有公之性质,不仅限于占有,即公共土地之握有,亦受此保护。然所谓特别者,以占有所受者为特别之禁止命令故也。

疏 特别保护占有之点有三:(一)占有保持之诉(Interdicta retinendae possessionis),以保持现存占有为目的之诉也。古代罗马法,不动产上现存之占有,受 Interdictum uti possidetis 之保护;动产上现存之占有,受 Interdictum utrnbi[2] 之保护。幼帝法典,以此二者为同一种类之诉,即占有保持之诉也。中古以来,德普通法,称 Interdictum uti possidetis 为通常占有诉权(possessorium ordinarium),以与简易占有诉权(Possessorium summarissimum),并行不悖云。(简易占有诉讼者,以最新平稳之占有为此诉之基础,审判官就占有之论点为一时之假处分。此诉为双方之诉,若原告、被告均不能证明其为平稳占有时,则将系争物保管之。此种诉讼因德国民诉法之颁布而失其效力。)(二)占有回收之诉(Interdicta recuperandae possessionis),以回收其所丧失之占有为目的之诉也。罗马提起此诉之主要,在对强暴占有之诉(Interdictum de vi)而提起之。其初仅为保护不动产而设,至后动产亦适用之。寺院法以降,以物件掠夺之诉(Spolinklae[3])代之。沙徽尼(Savigny)以关于容假之诉(Interdictum de precario),属于占有回收之诉之种类,实不合于罗马法之精神。盖容假之诉,专于容假占有时用之,在罗马法,其性质实仿佛所有权回收之诉而已。(三)占有创设之诉(Interdictum adipiscendae possessionis),以创设占有为目的之诉也。此诉之种类甚多,如继承人欲取得遗产,有此诉权。贷地人请求占有借地人在其土地上所设备之动产,亦属此诉是也。占有之诉,与本权之诉(Actio petitorium petitorfum),各不相妨。惟占有诉讼未完结时,而本权,诉讼之原告,已胜诉时,则占有诉讼,因而终结。法语曰:"本权之诉吸收占有之诉"(Petitorium absorbet possessorium)。此之谓也。

保护占有之目的有二:一为维持社会之秩序,一为使其不受对身私犯。然古未尝无异说,如中古时代之注释家普拉琴丁奴斯(Placentinus)者,谓以占有者视为所有者,故与以法律之保护。近世如甘斯(Gans)及伊耶陵亦主此说。但此说于一切占有不能尽合,证以系争物保管之情形,可以明矣。又沙微尼氏之说,谓因制止以强暴夺取物件者,故保护占有。然此说亦难谓其正当。何则?侵害占有,不必专恃强暴,即诈欺亦可,则谓其目的在制止强暴者,固不能适用

---

① 应为"Alieno nomine"。

② "utrnbi"应为"utrubi"。

③ 应为"Spolienklage"。

于一般之占有也。

疏 (1)维持社会秩序之目的。德伦布尔(Dernburg)、卢多耳甫(Rudorff)等主张之。盖Interdictum之目的,在维持社会秩序,以之保护占有,亦不外此目的也。(2)不使受对身私犯之目的。盖侵害占有,依法可起对身私犯之诉,故欲不使此等私犯之发生,不可不保护占有。德国哲学者康德(Kant)论保护占有目的曰:“保护占有者,所以保护自由意思也。凡人类之自由意思,以及于物件者为多,法律以保护人类自由意思之结果,遂并其占有之物件而亦保护之。”盖纯然法理上之议论也。罗马法以不使受对身私犯之目的,而保护占有者,亦不外是。

第五节 占有之格别情形

(一) 容假占有(Precarium)(虚拟占有) 容假占有者,以请求随即交付之约,而占有物件之谓也。例如罗马贵族以其所有土地无偿贷与贱民(Clientes)耕作之类是。

疏 容假占有,无所有之意思,且无行使所有权之意思。此等占有,近世学者,不认为原则而认为例外。

(二) 典当契约(Pignus) 依罗马法正文,业典当者,认为占有。但此种占有者,既无所有者意思,复无行使所有权之意思也。

疏 依罗马法律,虽认质取主为占有者,然以无所有之意思,故不受占有之保护。中世以降,法律发达,占有者不论有所有之意思与否,只有为自己之意思而占有,即生效力,故质权者,亦受占有之保护。

(三) 系争物保管(Sequesta) 譬如甲乙间争一物,使第三者丙保管之,此时保管系争物之人,认为取得占有者是。

疏 此第三者,谓之系争物保管者,然无所有之意思,且无行使其所有权之意思。近世学者,亦不认为原则而认为例外。

(四) 永借权者 有此种物权之人,是否得为占有者,学者间议论殊多。通说主积极,温侪德氏反之。

(五) 地上权者 有此种物权之人,是否获得占有,学说约分为三:一为积极说,如德伦布尔是;一为消极说,如温侪德是;至伊耶陵氏,则谓有时为物件之占有者,有时为权利之占有者。

(六) 以所有者之意思据人之物为已有(Animus domini)者 例如盗品等是。

疏 以所有意思占有者,即排斥他人之权利,而欲自为其所有者,所有主、买主无论已。即窃盗亦不失为占有,盖不以确信为真所有主(Opinio domini)为要素也。然盗贼对于他人之物,明知其物非己所有,虽强以所有之意思占有,法律上不得认为真所有者,惟犹得谓为占有已耳。

第六节 握有之格别情形

(一) 使用贷借(Commodatum) 贷者为物件之所有主,且为占有者,借者则仅为握有者耳。

(二) 寄托(Depositum) 寄托者为所有主,且为物件之占有者,受托者则仅为握有者耳。

(三) 赁贷借(Locatio conductro[1] rei) 此时赁贷主为占有,赁借主为握有。

---

① “conductro”应为“conductio”。

疏 上三者之中，于使用贷借及寄托之情形，物件之握有者，虽无排斥贷主及寄托者以外之人意思，而罗马法律，或视同占有者。至赁贷借之情形，赁借主虽有排斥所有者之意思，而法律或不认为占有者。但此等规则，比于容假占有及事物保管，其能得权衡与否，属于别项问题，兹不赘述。

(四) 自然占有　例如家属、奴隶保管物件之类是。名为自然占有，其实则握有也。

(五) 占领不融通物者　依罗马法律，神社之基地及墓地，皆为神法物，即不融通物，不得为私权之目的。既如前所述，故纵令占领其地，法律亦不认为占有者，特为握有已耳。

疏 (1) 占有之取得，必具备心素与体素之二要素也。所谓体素者，即排斥他人而自己支配其物之事实。此事实之发生，以物之握手(apprehaension)为必要。惟所谓物之握手者，意义甚广，非谓必以手握持其物，只须能直接支配其物，且有排他关系是也。故依简易交付，或更改占有，即可生效。简易交付者，所有者之物，当未让与于人之先，其物已在他人之手，斯时物之所有者，如对于持物者，有让与之意思表示，则持得者，即取得其占有物，而有占有权，并不须别有交付之事实，乃生效力也。占有更改者，即所有者于自己之物，对于他人，表示以后为之占有之意思，则其物虽未交付他人，而他人已取得其占有权，原所有者即失其占有权，而变为他人之代理占有人，德国民法称他人为间接占有(mittelberer Besitz)，原所有者为直接占有(unmittelberer Besitz)。①

(2) 占有之丧失，即于心素与体素二者缺其一也。例如占有之物，自愿返还于原所有者，或愿赠与于他人，有此意思表示，即为抛弃占有之意思，是缺其心素也。又如占有之物，已返还于原所有者，或已赠与于他人，或已遗失，则占有物即失其把持，此为失其占有之事实，即缺其体素也。但若一时无占有之意思，而占有仍不丧失，必有不占有之意思表示，占有始因而丧失矣。

由代理人丧失者有三：一为本人抛弃占有之意思；二为代理人表示以后，为自己或为第三者占有之意思；三为代理人失其占有物之握持是也。

第五章　他物权(Jus in re aliena)

第一节　役权(Servitutes)

第一款　意义及种类

役权者，制限所有权之行使，一种之特别他物权也。故与所有权并存，而非所有权之支分权，换言之，即非由所有权而出者也。所有权因此种物权，受最强限制。罗马古时，于所有权之外，惟此役权承认之。此外之他物权，如抵当权及地上权，因 Preator 之立法，如永借权，因皇帝立法，始创设之。

役权者，于他人物上使用收益之一种物权也。其与本权异者，役权者于物之格别使用，得享有一定之利益，而非于本权之支配一切也。又此种权利，禁止其继承，如权利者死亡，权利亦因之消灭。

疏 A real right, vested in or annexes to a definite person or piece of land, over some object belonging to another, and limiting the enjoyment of that object by that other in

① "mittelbere"、"unmittelberer"应分别改为"mittelbarer"、"unmittelbarer"。

a definite manner. It was a partion[①] of the numerous rights which go to make up full ownershid[②](dominium) vested in a person other than the owner. The rights of ownerschip[③] may be summed up as the right of using(jus utendi), the right of enjoping the fruits of(jus fruendi) and the right of destroying(jus abutendi) the property of the owner. If anyone, or a part, of these rights be vested in a person other than the owner, such person is said to have a servitude, and the property is said to be subject to the servitude(res servit) (Willis-Oliver's Roncan[④] Law p. 82)

使役权可分为二类:一为对人使役权,一为对物使役权。前者因权利者死亡而消灭,后者除有特别原因外,与土地之存在为消长,一则因其存续期间限制之,一则因其内容限制之。

对人使役权(Servitutes personarum)可列举之如下。

(甲) 用益权(Ususfructus)

此种权利,于原物性质上无损限内,用益权者毕生享受之,但不能于物上有重大变更,若违反时,其权利即因之消灭。约而言之,即用益权者于此种状态,对他人之物,有因用益之权而非于一切状态皆然也。

利益之享受,及果实之收取,或因自然,或以一定之方法均可,惟使用终了后,仍须将原物返还。故于消费物上,用益权不能成立。所谓对于消费物之准用益权(Quasi ususfructus)者,其实与消费物之所有权意同,不过以同种类、同品质之消费物,与权利者已耳。故于经济上与Verus ususfructus有同一之结果,而在法律上,则成为所有权受有债权负担之形式。用益权者为Verus ususfructus时,关于物之返还及损害赔偿,负有保证义务。准用益权者亦如之,于负有同数量、同品质消费物之返还债务等,应立保证(Cautionsufructuaria)。关于二者保证之点,极为相似。

疏 用益权之权利甚广,除不损坏其物外,几与所有者同,故英国法律,直认为所有者。然罗马法则仅认为役权者,视为享有他物权之人而已,仍以原物主为所有者,其所有权,名曰裸体所有权(又称虚有所有权)(Nuda proprietas)。盖虽有所有权之名,而实则不能行使也。例如甲当临死之际,遗言与其所有地之用益权于乙,而其所有权又与于丙,是乙之用益权,与丙之所有权,得以分离并存,而丙之所有权,即成为裸体所有权矣。

用益权不仅得因遗言而设定,亦得因契约而设定,且不仅得设定于土地与建物之上,于奴隶及兽类之上,亦得设定之也。

按古代法律,金钱之上,不许设定用益权,后则得以元老院之决议而设定之,但若此者,不称用益权,而称准用益权(Quasi ususfructus)。关于金钱而设定准用益权,不必交付现金,只以让与债权,而得设定准用益权也。例如甲以乙为保证,让与己之债权,如已经过约束之期限,则直使返还债权,而乙于其期限内,对于债权者,虽得请求利息,然乙未保证于甲,而负担返还债权之义务者也。故乙之债权,非永续的,即乙非纯粹之所有者,惟为有准用益权者耳。

用益者之权利:(一)使用及收益权。在不动产,如山地得开矿,惟不得斩伐树木;田地得栽种,惟不得变更地形。在动产,如兽类得以其子加入于收益之中,奴隶则否,不得以其子为收

① "partion"应为"portion"。

②③ 应为"ownership"。

④ 应为"Roman"。

益,仍归于奴隶之所有主。(二)让与权。用益者本不得让与其权于他人,后渐许其让与其实利,但名义上则用益权仍属于原人也。

用益者之义务:(一)精密注意(Exacta diligenti①){即良家父所用之注意(Bonus paterfamilias)};(二)为寻常之修理;(三)缴纳课税。

用益权之消灭:(1)返还(Remissio)。(2)混同(Confussio)②。(3)不行使权利(non utendo)。(4)物之灭失或变更(Destruction or change of property)。(5)用益权人死亡。用益权为专属一身之权利,故用益者死亡,则其权利消灭,若另定有期间,则以期间之终了为止。(6)用益权人人格丧失。限于全部丧失及大部分丧失消灭之,一部分丧失则否。

法国民法、德国民法均继承罗马法,不规定永佃权,而规定为用益权。日本民法规定永佃权,系仿自奥地利民法也。

(乙)使用权(Usus)

此种权利,权利者于毕生间对于他人之物,从其本来性质与使用之必要限度内,而得使用之一种物权也。故贷借行为,及赠与买卖等行为,均禁止之。使用者于使用终了时之返还,及使用之注意,应立保证,与用益权者同。

疏 使用权与用益权异,用益权不仅得使用物件,且有收益之权,使用权仅得使用物件,而无收益之权,且用益权得让与实利于他人,而使用权不能。此自罗马法上之理论言之,固应如此,若自法律规定言之,则尚有变通之余地。即关于土地使用,使用权者于由其土地所生之果实,本以供自己之需要,纵使供家族、奴隶及宾客之需要,亦得收获使用之,惟不得买卖、赠与其收获之果实。至关于家屋之使用权,除自己使用外,虽得与其家族、奴隶及宾客共同使用,唯不得贷与他人。由此言之,可知使用权,仅以充使用权者之需要为限度。

(丙)住居权(Habitatio)

家屋之住居权,乃用益权、使用权外之一种物权也。有此权利者,不惟有住居之权,且有以之贷与他人之权,惟不得为无偿贷与。

疏 住居权者,谓住居于他人之家屋之权利也。住居权之范围,狭于用益权,而广于使用权。

(丁)佣奴权(Operae servorum)

此为对于自己所有以外之奴隶使用之权利也。此种权利,与住居权,在帝政以后,不因人格丧失及不行使而消灭也。

疏 此种权利,不仅得佣人奴隶而已,并对于自己所有以外之家畜,而有使用之权利也。惟不能取其乳毛小畜,故与用益权不同。

对物使役权(Servitutes praediorum)又可分为二类:一客体为田野(Servitutes praediorum rusticorum)者,一客体为市府之建筑物(Servitutes praediorum urbanorum)者。今试分类述之如下。

疏 关于地役权之性质,学者间之议论纷歧无定,具揭各种之学说,让诸法理学。兹试举其最适当之定义曰:地役权者,以属于他人所有之物权,依特定之方法,而有使用之权利

① “diligenti”应为“diligentia”。

② 应为“Confusio”。

也。从此定义,则地役权非所有权之支分权,乃制限他人行使所有权之一种物权{即他物权(Jus in re aliena)之一种}。即他人在自己土地上有地役权,则所有权因之而受制限,不能完全行使。德学者所以称为限制物权(beschränktes Sachenrecht)或定限物权(begrenztes Sachenrecht)之一种云。而其与所有权不同之点,则所有权之使用方法,广而无定,地役权之使用方法,狭而有定,且所有权之目的物,其全体属于自己,而地役权之目的物,其大体属于他人者也。然所有权与地役权虽异其性质,而有使用之权则一。在罗马法律,称地役为Servitutis者,含有奴隶之意义,而其受役地之所有者,关于他人或他人之土地,俨若奴隶与主人之关系也。故据幼帝法典所规定,不以地役为权利,而以地役为义务。然在罗马古代,权利思想,未臻发达,重义务而轻权利,曾无足怪。迄于近世,人人皆富于权利思想,故诸国法律之论地役,罔不基于权利之规定。

地役权由于各土地所有人之权利互相抵触而生者也。例如甲者之所有地,与乙者之所有地,境界错接,则双方之土地,各为土地之利益,自不得不供其使用权或收益权之一部,于是地役权生焉。当原始社会,区域不明,非如近世土地之交错,家屋之接触,故无地役权之必要。例如狩猎时代,广漠大地,物若无主,境界错接之关系,视之无足重轻。进而至于牧畜时代,邑族亘于芳草之地,或清流之泉,饲养家畜,以营生活,比于狩猎时代,则人与土地之关系,渐次重大,而地役之习惯,亦渐次发达。故据多数学者所说,举罗马法典之各种地役权,当以牧畜权(Jus pascendi)、饮畜权(Pecoris ad aquam appulsus),为最古云。再进而至于农业时代,耕作地之境界,犬牙相错,则地役之权利,益见重大,于是罗马法典之所谓田野地役(Servitutes Praediorum rusticorum)者,亦因之而发达。及商工业时代,人口增殖,家屋增加,都府街市,逐渐繁盛,于是罗马法典之所谓市府地役(Servitutes Praediorum urbanorum)者,又因以起焉。

(甲) 道路通行权

(乙) 引水权

(丙) 泄水权

(丁) 禁止逾限建筑权

(戊) 穿插权

Wegegerechtigkeit(Servitus itineris, actus, viae)

Wasserleitimgs yerechtig Reit①(Servitus aquaeductus)

Wasserschlfgerechigkeit②(Servitus aquae hauriendae)

(己) 建造墙壁权

(庚) 滴溜权

前三者属于第一类(田野),后四者属于第二类(市府之建筑物)。

疏 田野地役(Servitutes Praediorum rusticorum),又可分为下列十一种:(1)牧畜权(Jus pascendi)。(2)饮畜权(Pecoris ad aquam appulsus)。以上二种,关于牧畜之权。(3)步行权(Ller)③。(4)兽车通行权(Actus)。(5)重载货车通行权(Via)。(6)航渡权(Jus navigandi)。以上四种,关于通行之权。(7)导水权(Aquae ductus)。其导水之方法通常以樋(Fistulae)为之。(8)汲水权(Aquae haustus)。(9)放水权(Aquae educendae)。以上三种,为水权。

---

① 应为"Wasserleitungs-gerechtigkeit"。

② 应为"Wasserschöpf-gerechtigkeit"。

③ 应为"Iter"。

(10)石灰烧制权(Jus calcis coquendae)。(11)砂土采掘权(Jus arenae fodiendae)。

市府地役(Servitutes Praediorum urbanorum)(法民法认为法定地役,我民草规定于相邻关系),又可分为九种:(1)支柱之地役(Oneris ferendi);(2)梁木穿架之地役(Tigni immitendi①);(3)突出空间之地役(Jus projiciendi);(4)承溜之地役(Stillicidii recipiendi);(5)承水之地役(Fluminis recipiendi);(6)禁止建筑加高之地役(Altius non tollendi)(免此限制者称为Jus altius tollendi);(7)光线及视望之地役(Lumina prospectus);(8)水管之地役(Cloacae mittendae);(9)放烟之地役(Fumi immittendi)。

以上所举七种,皆以此地供彼地之用。故受有使役之土地,名曰受役地(Praedium serviens);行使役之土地,名曰使役地(Praedium dominans)。双方相待为用,受役地于其性质存续间,应备使役地之利用。惟此利用,对于各所有者皆然,不仅限于一所有者已也。

疏 古代罗马法,使役地与受役地不可不以邻接(Praedia vicina)为要件。降至后世,除田野地役采邻接主义外,市府地役则仅受役地实际上直接与利益于使役地为已足。

第二款 使役权之取得

罗马法上以契约设定真正之使役权者,应依拟诉弃权方式。若权利客体为田野之土地,在意大利时,亦可依列斯蛮齐比方式为之。然至 Praetor 法行时代,则已勿庸经此形式行为,以受役地者之认诺及此种种权利之实行,亦可以设定之。

市民法上关于役权设定之方式,于各州不适用之,因市民法之所有权及他物权之观念,不行于各州故也。各州所行者,为一种之物权契约。此种形式由各州渐次发达,至幼帝立法时代,已成为设定役权之唯一形式。拟诉弃权及蛮齐帕齐沃遂归于消灭矣。

疏 罗马古时,取得对物使役权之时效,适用 Usucapio 之法则,以极短之期间取得之,致土地所有者,偶以好意供他人之便宜,而成惯例,为害匪尠②,遂以 Lex Seribonia③ 废止之。然全然废止,对从前确立之权利失保护,未免驰于极端,于是认长期占有(Longa temporis possessio)之时效,取得者与所有者,住居于同州(Inter praesents)者十年,不同州(Inter absents)者二十年,且以取得者对所有者全期间内,匪强暴(Nec vi),匪隐密(Nec clam),匪容假(Nec precario),为必要。此规则幼帝法典采用之。

契约之外,更有可为取得之一种理由者,即遗赠行为(Testameto)④、分配之宣示(但其目的在互相为用者)、时效等是。

疏 役权设定之限制有三:(一)于自物权之上,不得有役权(Nulli rea⑤ sua servit)。自物权与他物权不能并存于一人之身,既有所有权,当然包括役权也。(二)不能令受役地服劳务,仅能加以消极之义务(Servitus non ea natura es tut aliquid faciad⑥ quis, sed ut aliquid patiatur, ant⑦ non faciat)此义务有二:(1)容忍(Patiendo),指受役地之义务,在容忍使役地之行为,田野地役多系此类,故名积极的地役(Servitus affirmative)。(2)不为(Non faciendo),指

① “immitendi”应为“immittendi”。

② 同“鲜”。

③ “Seribonia”应为“Scribonia”。

④ 应为“Testamento”。

⑤ “rea”应为“res”。

⑥ “es tut aliquid faciac”应为“est, ut aliquid faciat”。

⑦ “ant”应为“aut”。

受役地之义务，在不为其可为之事，市府地役多属此类，故名消极的地役(Servitus negative)。但有例外，如支柱(Oneris ferendi)之地役，受役地有修缮之义务，若受役地所有者愿委弃之，则得免其义务焉。(三)不得有役权之役权(Servitus servitutis esse non potest)。如甲对于乙地有通行权，甲欲以通行权之用益权与丙则不可。

第三款　役权之消灭

役权消灭之原因，约有数种，即权利者之死亡或其人格之丧失、目的物之灭失等，此外则混同、抛弃、契约、遗赠及搁置不用皆是。若役权之客体，为市府建筑物时，于权利之消极行为外，仍须有积极行为之恢复焉。所为积极行为，即意在废止役权者也。

疏 幼帝以前，使役地如二年间不行使权利(Non utendo)，则地役权消灭。幼帝以后，规定一定期间，非经过期间则地役权不消灭，此期间双方同州者十年，不同州者二十年。所谓不行使权利，田野地役与市府地役有别。前者系积极的，例如通行权，必有通行之行为，而后谓之行使。故此地役，必待人之行为，非当然继续无间，称为不继续地役(Discontinuous servitude)，其消灭期间之起算点，以使役地人末次行使其权利之日起算。后者系消极的，例如光线权，其享受此权者，不克有何种作为，以令此权存在，乃由受役地之不作一种行为，有以成之(如受役地所有者不栽植树木、不加高屋宇以遮蔽其光线是)。故此地役，不假人为，自然继续无间，称为继续地役(Continuous servitude)，其消灭期间之起算点，以受役地人作反对行为之日起算。

第四款　役权之保护

保护役权者，为役权之诉(Actio Confessoria in rem)。此种诉讼，应由原告为役权存在之主张，及立证之责任。若胜诉时，侵害者应赔偿损害，承认役权，并禁其再侵害。所以 Confessoria，Negatoria，Eigentümers 之对面作用。以 Negatoria 而言，所有者对于役权为消极之行为；以 Confessoria 而言，役权者对于所有者为权利存在之主张，及其实行之承认。故 Confessoria 之诉，即 Juris Vindicatio，所有者因物之取还得所有物，役权者因权利之取还得行役权。

此种诉讼之外，尚有所谓 Publiciana Confessoria in rem 者，与代本权之诉之 Publiciana 同，亦有二种。一为由受役地之所有者，而取得役权者。但不依完全方式，仅以略式行之。此种情形，与以略式取得所有权者同。一为不由受役地之所有者，以善意而取得役权者。此种情形，与占有时效同，且 Publiciana Confessoria in rem 仅有相对之效力，即可与恶意权利者对抗，而不能与受役地真正之所有者对抗也。

关于此种权利之占有，更有禁止命令以保护之，不必证明权利之存在，惟以权利者之意思，实行其权利为原因已足。受此种保护者，为用益权者、使用权者、通行权者、引水权者、滴溜权者。

第二节　永借权(Emphyteusis)

疏 永借权之性质，或以为赁贷借，或以为买卖。由前之说，耕作者因不可抗力于其收益有损失时，有请求减免地租之权利。由后之说，耕作者即为买主，则关于其物所生之一切危险，应归自己负担，无请求减免地租之权利。此二争点，至 Zeno 帝(四七四至四九一在位)时始解决之，认为特种之永佃契约(Contractus emphyteuticar ins)焉。(Sohm，Institutes[1] § 70)

[1] 应为“Institutiones”。

Emphyteusen sind dingliche Erbhachtrechte[①], welche auf dem Grund des römischen gesetzlichen Normalstatutes über die Rechte und Pflichten des Emphyteuta (D. P. I. S. 636)

永借权者,无期或以长久之期限,借用土地、家屋之权利也。此种权利范围甚广,与所有权近似,但无破毁家屋及卖却土地之权,除此以外,则无行使之制限也。

如上所述,永借权如此之广且大。然一方面行使权利,其又一方面,对于所有主应给与相当之租价,且以其权利让与他人时,须通知所有主。惟所有主接受通知后,有先买权,故所有主不为此种行为,永借权者,始得以之让与。即此时所有主尚有取得代价百分之二之权,通常由买主给与之,称为 Landeminm[②]。

又永借权者,历二年以上不付租价时,所有主得没收其权利。

疏 罗马法律之所谓永借权,虽主要关于土地,有时亦关于家屋也。此与我民律草案规定之永佃权专关于土地者有别。

依以上所述,所有主有三种权利,即先买权,请求代价百分之二之权,及没收之权利是也。

此种他物权发达之始,盖由罗马征服诸方以后,自敌人掠夺而得之土地,贷与永借人,而收取相当之租价焉。此租价称为 Vectigal,由是其永借地遂名为 Ager Vectigalis。其后市府及寺院亦仿此等方法,以所有地贷与他人,而每年收取借主之租价,惟此贷借期间,非常永久。所以罗马之审判官保护借主之权利,殆与所有权无异。此种制度,即希腊亦有之,及其为罗马征服后,二种之区别,遂归于泯灭合而为一矣。

疏 希腊古代,凡为作森林或葡萄园,常借受永年之土地,而称其播植之草木曰 ξνφυτεν,即拉丁语之所谓 Emphyteusis 是也。故土地永年之贷借,非发达于罗马,直发达于希腊。

第三节　地上权(Superficies)

地上权者,以关于房屋者为主。在罗马时代,凡人自己无所有地,以相当价金,租他人之地,建置房屋者有之。惟房屋在罗马法上为土地之一部,故所有权应归土地之所有主。而建置者则有住居之权,且与所有主殆受同等之利益,因称此种权利为地上权。

疏 Superfiziarrecht-Platrrecht,[③] Erbbaurecht-ist das vererblche[④] und veräusoerliche[⑤] dingliche Pecht, ein Geläude[⑥] oder eine andere Anlage dauernd auf fremden Boden zu haben. (D. P. I. S. 633)

罗马古昔,国家以官有地与于个人,建筑房屋,收取地租,盖公法上关系也。共和时代,认为私法上关系,名之曰 Superficies。今日欧洲诸国地上权之制度,实权舆于是也。此种权利乃本借贷契约,于他人土地之上,支付地租(Solarium),建筑房屋,而使用其土地者也。据罗马法之规定,于他人土地之上建筑房屋,其房屋之所有权,属于土地之所有者;地上权者于自己建筑房屋,虽无所有权,然依契约所定年限,与所有权者,同有行使权利之物权。如以房屋有偿、无

---

① 应为“Erbpachtrechte”。
② 应为“Laudemium”。
③ “Platrrecht”应为“Platzrecht”。
④ “vererblche”应为“vererbliche”。
⑤ “veräusoerliche”应为“veräußerliche”。
⑥ “Geläude”应为“Gebäude”。

偿贷与他人，或改筑，或质入，或设定役权，或让与权利于他人，或移转权利于其继承人，均无不可。土地所有者，当地上权存续期间，全缺实用，不过仅有处分其所有权之权利，与请求地上权者支付约定地租之权利而已。地租支付，自现有地上权者对现在土地所有者行之，至地上权之存续期限，法律上毫无制限也。

土地之权，皆有上至天际、下至地中之原则。此原则恒随社会之进步，而生种种之变迁。例如采掘矿产之时，土地之所有者，每与地下之采掘者异，或兴工作于地面之时，土地之所有者，每与建造物之所有主异，又或建造高楼之时，上层之所有者，每于下层之所有者异。故在罗马法，关于建造物之所有权，已认为特别权利，不得不谓为罗马社会进步之一端。然而，此种权利，皆与地役权、矿石采掘权等有同一之性质，大半依他人之权利与自己之权利互相接触而生者也。

罗马法之地上权，与我民律草案之地上权相较，不同之点有四：(1)依罗马法仅限于建筑房屋使用他人土地，我民律草案于其目的，无此单一。(2)依罗马法地上物以属于土地(Superficies solo cedit)为原则，故房屋所有权不属建筑者，而属于土地所有者。观格阿由斯(Gaius)之《法学阶梯》(Institutiones)中有Semper usperficiem① solo cedit② 之句，可以知之。迨后Praetor法制，与地上权者以准所有者之诉权，始得继承、让与及其他之处分矣。我民律草案之立法例，于房屋不视为土地之附着物，而以土地及房屋均称为不动产(一一七)。故房屋之所有权，论理应属于建筑者，德、瑞、日民法亦同此旨。(3)罗马法以有偿为原则，我民律草案则以有偿、无偿任当事者之意思。(4)罗马法地上权之存续期间，不设限制，我民草案规定，分有期、无期，其无期者，由审判衙门认定之。(奥民法一一〇五条、日民法二六八条之二、我民律草案一〇七六条)

第四节　抵当权

抵当权者，物权之一，为担保债权而设者也。以经济上之意义言之，在债权物权无所不同，而在法律上则形式固有别也。

抵当权，在罗马古代无可考，惟有在经济上有抵当权设定效果之法律行为，但与形式上之设定行为异。彼时所谓与信行为者，约可分为三类：一为以蛮齐帕齐沃，或拟诉弃权，移转所有权，而以清偿债务，取回所有权留保者，所谓Fiducia是也。一为仅移转占有者，所谓Pignus是也。一为仅有物权上之合意者，所谓Hypetheca③ 是也。总之，以上三者，均为法律行为，而罗马古代，则不于物权中之抵当权论列之，俟于次编再为详究。

疏 有法律上之抵当权：(一)国库，由于课税或契约之债权。(二)寺院，于管理人之财产。(三)未婚年者，对监护人之财产；或心神错乱者，对保佐人之财产。(四)家属，因担保母之特有产，于家长之财产；或再婚之子，对父或母因前婚解除而应归其所有之婚姻财产(Sucra④ nuptialia)。(五)妻，于夫之财产。

---

① “usperficiem”应为“superficiem”。

② “cedit”应为“cedere”。

③ 应为Hypotheca。

④ 应为Lucra。

第二部 债　　权

第一章 债权之意义

债权者，对于特定人之请求权也。罗马古时，初无与债权相当文字，惟 Obligatio 一语，与之为近。然此字有时指债权而言，有时指债务而言，又有时指债务关系而言，非债权专用之字。若就其语源言之，则有联结之意，故后世有译为法锁者。

按幼帝法典所载定义，Obligatio 者，为依法而欲遂所为之法锁也云云。然欲遂其所为云者，究何所指？则包路斯(Paulus)曾有以解之：一为 Dare，一为 Facere，一为 Praestare。第一，即与之之谓，换言之，即移转所有权之谓。第二，即为之之谓，换言之，即指于移转所有权以外有所为之谓。第三，指关系损害赔偿而言。然或有谓 Facere 为关于有体物移转所有权以外之事，Praestare 为债务者自身应为之事。惟当时债权观念，既非若后世之发达，故立论者亦不若后世之精审。但后世各国民法，受此种影响，有显然可证者，例如法国民法，关于契约之解释是也。法国解释契约，谓其目的为 à donner，à faire 及 à ne pas faire。其第一恰与罗马法之 Dare 相当，其第二及第三即为与不为之意。盖以 Praestare 字意暧昧，用 à faire 及 à ne pas faire 代之耳。德国新民法，虽无此种用语，然所谓给付(Paistnneg)①者，其字源实由 Praestare 而出，亦不能谓其无关系也。

疏 幼帝法典所载定义：Obligatio est juris vinculum, quo necessitate abstringimur alicujus solvendei② rei, secundum notrae civitatis jura.

学说汇纂所载定义：Obligationum substantia non in es③ consistit, ut aliquod corpus nostrum aut servitutem nostram faciat, sed ut alium nobis obstringat ad dandum aliquid vel faciendum vel praestndum④.

债权之种类：(1)特定债权(Obligatio certa)，以特定物之给付为目的之债权也。从物之本性言之，凡不可以种类、数量、容积指定之者，是为不替代物，即为特定物。从当事人之意思言之，无论物之本性如何，当事人指定其物不许替代者，亦为特定物。此之所谓特定物者，即兼指二者而言也。(2)种类债权(Obligatio generis)，以交付不特定物为目的之债权也。(3)选择债权(Obligatioalt ernativa)，⑤于数宗给付中择其一以为履行之给付也。(4)可分债权(Obligatio dividua)及不可分债权(Obligatio individua)，前者分割而不害债权目的物之本质也，例如金千元，米百石是；后者分割而有害债权目的物之本质也，例如牛一头，屋一栋是。罗马法通例，以

---

① 应为“leistung”。
② 应为“solvendae”。
③ 应为“eo”。
④ 应为“praestandum”。
⑤ 应为“Obligatio alternativa”。

作为、不作为之义务不可分,特定物给付之义务为可分;除继承时于可分债务准其分析外,其他即可分者,亦不许为分割之履行也。

第二章 债权之发生

罗马法上债权发生之原因,约分为四,即契约、准契约、私犯、准私犯是也。试于以下分节述之。

第一节 契约(Obligationes ex contractu)

契约者,双方当事者以发生债务关系为目的之合意行为也。在罗马法上又可分为四类,即物约、口约、书约及合意约是也。再分论之如下。

疏 契约二字,由 contractus 之文字而来。分析言之,con 由 cum 转化而来,有共字意义,tractus 有交易意义,合译之,即共相交易也。

幼帝法典规定之十种契约(1. 消费贷借,2. 使用贷借,3. 寄托,4. 质,5. 口约,6. 书约,7. 买卖,8. 赁贷借,9. 合伙,10. 委任),并无名契约,俟当逐一说明。兹特就(一)契约之性质,(二)历史之变迁,及(三)发达之先后,三者述之。

(一) 契约之性质。第一,严正契约(Contractus stricti juris)与诚实契约(Contractus bonae fidei)。前者乃债务人依契约之约款而为给付者也;后者则尚须适于诚实之观念而为给付者也。由前所生之诉讼(或诉权),称曰 Actio stricti juris;由后者所生之诉讼(或诉权),称曰 Actio bonae fidei。在严正诉讼,事实审理人就契约之约款,决定判决之内容;在诚意诉讼,则不能仅凭契约之约款,尚须据诚实(bona fides)之观念,以决定判决之内容。后述之使用贷借、寄托、质、买卖、赁贷借、合伙、委任等,皆诚实契约也。(德国民法一百五十七条曰:契约依交易上之习惯而诚实解释之。又二百四十二条云:债务者负诚实且依交易上习惯而为给付之义务。盖渊源罗马法诚实契约之观念也。日本民法未设明文,不无缺点。我民律草案第二条首揭斯义曰:行使权利,履行义务,应依诚实及信用方法。)第二,片务契约(Contractus unilaterales)与双务契约(contractus bilaterales)。前者仅当事之一方为一定之给付者也(即一方负义务之谓),例如消费贷借,及使用贷借、寄托、委任等是(Puchta 及 Windscheid 主张之。注释法民法之比利时人 Laurent,则谓此等契约,当事者之双方均有诉权。称为不十分双务者有之,法民法起草者 Pothier 主张此说。余则以前说为当,盖契约之为双务、片务,不可不以结约之当时为准。今举寄托之例以证之。在结约之时,受寄者负担保管物件之义务,而寄托者并无何等义务之负担,至关于保管费用及损害于受寄者所生义务,皆结约以后之事实也)。后者则当事者之双方均负义务者也,例如买卖、赁贷借等是。双务契约之各当事者诉权,主诉权(Actio Directa)也(例如卖主诉权为 Actio veuditi①,买主之诉权为 Actio empti 是)。片务契约之当事者一方,因一定之事由发生,对于对手人取得之诉权,从诉权(Actio contraria)也。

(二) 历史之变迁。当市民法盛行时代,不以契约为独立之法律行为,与所有权之移转受法律上同一之保护。盖所有权之移转,依 Mancipatio 方式,以青铜块片及青铜衡器行之(此方式拉丁语称曰 pcr aes et libram,译为铜及衡式庶几近之)。此方式之外,有 Nexum 方式,于金钱贷借用之。从此方式,亦必陈青铜块片及衡器,贷主于借主之前,述一定语言,使借主负担返

① "veuditi"应为"venditi"。

还义务,至期借主尚不返还,贷主得以之为奴隶。此式与 Mancipatio 相类,不过用途较狭耳。据英国妹因[①](Maine)之说,Nexum 者,系古代用青铜块片及青铜衡器之总名,其后分而为二:一存原来 Nexum 之名称,于缔结契约时用之;一为 Mancipatio,于所有权移转时用之。此说果当与否,殊难断定。要之,Nexum 方式,用于金钱贷借毫无疑义。幼帝时代,金钱贷借称为 Mutuum(译为消费贷借)。据多数学者之说,Mutuum 亦由古代 Nexum 蜕化而来,废其方式,采其用意,故变为 Mutuum 云。其他质、寄托、使用贷借,均须移转所有权,故皆用 Mancipatio 之方式焉。由此言之,古代凡百事项,尊重方式,以所有权移转方式,用于契约,故二者全无区别。自市民法式微,万民法盛行之后,法律行为不注重方式,而置重于当事者之合意,Mancipatio 渐次废止。于是质、寄托、使用贷借等之诸种契约,皆为独立之法律行为,而受法律之保护,盖自然之趋势也。

(三)发达之先后。罗马古代契约,以要式口约(Stipulatio)发达最早。此要式口约之由来,学说有二:第一说,谓要式口约由古昔 Nexum 蜕化而来(英国妹因主张之)。第二说,谓要式口约由 Sponcio[②] 方式而来,此方式系对神宣誓为之,有时用 Spondesne(即约束与否之意)之语,有时用 Spondio[③](即约束之意)之语。据罗马法之解释,以第二说为当。盖第一说不能发见真谛[④],且罗马法之要式口约,系由负担法律上债务观念及对神宣誓观念二者相合而发生耳。次要式口约而发达者,厥为书约。据多数学者之说,亦由古昔 Nexum 蜕化而来。有名契约之中,以合意约发达为较后,即买卖、赁货借、合伙、委任等类是。其最后发达者,则无名契约中之交换是。盖在幼稚社会,通工易事,懋迁有无,交换行为,实比买卖为多,罗马古代亦然。而以交换列入无名契约,使受一般法律保护之理由,因罗马法律发达,社会已经进步,其时买卖盛行成为正式,而交换反成变例,此其所以列入无名契约之中云。

一、物约(Contractus re)

物约云者,以物之授受为契约成立之要件者也。又可分为四类:

甲　消费贷借(Mutuum)

消费贷借者,借主以消费意思[⑤],向贷主借受代替物,而不必以原物返还之契约也,例如甲向乙借用酒、米或油之类,返还时不必定以原物,但以同品质、同分量者为之亦可。盖物之所有权,由贷主移转之借主,故借主得消费之,非然者,则借主不得任意处分矣。消费贷借为无偿贷借,即金钱,性质上亦无偿贷借之一种,但贷主得依要式口约之方法,附加利息,因罗马时代,关于利息之约,必以要式口约行之故也。

疏 罗马昔时,因 Macedo(有谓 Macedo 乃贷金者之名,日本罗马法学者户水宽人否认之,谓为家属之名,因负债过巨无术清偿,欲以父之财产清偿债务,遂谋杀父,事觉。参照户水宽人《罗马法》第三百五十页)事件发生,于是元老院议决 Senatus Consultum Macedonianum,在家长权下之家属,禁止贷金,若贷金于家属者,对于家长及家属,不得起诉。然家属虽

---

① 今通译为梅因。

② 应为“Sponsio”。

③ 应为“Spondeo”。

④ “谛”,原作“缔”,今据上下文改。

⑤ “思”,原作“恩”,今据上下文改。

不负法律上完全债务，而负担自然债务（Naturalis oblsgatio[①]；Natürliche Verbindichkeiten[②]），故其返还，亦可有效。

罗马当时，尚有海业消费贷借，拉丁语称曰 Foenus nauticum，又曰 Pecunia trajectitia。此制滥觞于希腊，其契约之内容，借主于借金及利息返还，以安全到达目的地为条件，债权者负担此等危险，故利息较普通贷借为高。然其负担之范围，仅旅行者（即借主）航路之方向及时期而已，至借主自己过失，及货物内部之毁损，不在负担之内也。

德国现在海业消费贷借制度，厥有二种：一曰本义海业消费贷借（Eigentliche Bodmerei），专为已离船籍港（Heimathafen）之船舶，而航行于海上者用之，即德商法第六百八十条所规定是。二曰非本义海业消费贷借（Uneigentliche Bodmerei），专为船舶之贷主而设之法规，让各联邦定之。

乙　使用贷借（Commodatum）

使用贷借者，借主对于贷主，因使用物品，而借受之之契约也。此种贷借，亦系无偿契约，与赁贷借异。贷主对于借主，关于物之返还，得提起诉讼。借主对于贷主，因物之保存，致有非常之费用，或因贷主之过失，受有损害时，其所用之费及所受之损害，均得向贷主请求补偿。

疏 贷主诉权为 Actio commodati directi[③]，借主诉权为 Actio commodati contraria。贷主受报酬时，称赁贷借 Locatio conductio rei，不加于物约之中，而为合意约之一种。

丙　寄托（Depositum）

寄托亦无偿契约之一。寄托者，关于物之返还时，对于受寄者得提起诉讼。受寄者，关于物之保管费请求偿还时，得向寄托者提起诉讼；又因寄托者之过失，生有损害时，亦得向寄托者提起诉讼。

疏 寄托者之诉，为 Actio depositi derecta[④]；受寄者之诉，为 Actio depositi contraria。罗马法上之特种寄托：（一）危难寄托（Depositum miserabile），因水、火、震灾等之事变，出于危难之情形而寄托者也。此种寄托，寄托者于受寄者为如何之人，急不暇择，故罗马法对于此种寄托，以特别之保护。受寄者坐视人危，无理否认，或受寄之后，以恶意拒绝返还时，即下受寄者支付目的物倍价之判决。盖救灾恤邻之道，无古今中外一也。（二）不规则寄托（Depositum irregulare），即消费寄托也（德民法第七百条、日民法第六百六十六条规定之）。此种寄托，由当事者一方交付金钱或其他替代物于对手人，约以同种、同质、同数之物返还而成立。其与消费贷借不同者，约有三点：(1)消费贷借为严正法律诉权（Actio stricti juris），消费寄托为诚意诉权（Actio bonae fidei）。(2)消费贷借如欲发生利息，须用要式口约；消费寄托之委托金，如欲发生利息，则只以无式契约为已足。(3)消费寄托之受寄者如或败诉，受破廉耻之制裁；消费贷借之借主无之。（但消费寄托亦适用 Senatus Consultum Macedonianum。）

丁　质

质者，因担保债权所缔结之契约也。故债务者于债务清偿时，受质者即应以质物返还质物者。盖质者与负债者，普通虽同系一人，法律上则无同一人之必要也。

---

① 应为“obligatio”。

② 应为“Verbindlichkeiten”。

③ “directi”应为“directa”。

④ “derecta”应为“directa”。

疏 例如甲向乙贷金,得丙之承诺,质其所有物时,则乙为受质者,甲为负债者,丙为质者,若乙既受贷金清偿,不返还质物时,丙提起诉讼,请求返还是也。

质之为债权、物权,学者间议论不一。在倡物权说者,以质先于他债权而有优先受偿之权,备有物权之性质。倡债权说者,又分为二:一曰对物之债权,一曰对于质物现在所有者之债权。吾人则以为兼有债权、物权关系。盖设定之时,质者须结以物移转于受质者之契约,故为物约之一种。就契约关系言之,则为债权。就移转占有言之,则为他物权。德国学者称前者为债权契约(Obligatorischer Vertrag),后者为物权契约(Dinglicher Vertrag)云。

质契约既经成①立,受质者于质物之上取得占有,此为与使用贷借、寄托相异之要点。在使用贷借,借主对于所借之物,仅为握有,非占有也。寄托亦然,独受质者有之,故所生之结果亦稍异。

疏 质者以其目的物之占有,移转于受质者后,对于其物之处分权,依然犹存,惟行使其处分权之时,有不得侵害受质者之权利及夺其占有之二个限制也。

质契约既为担保债权,故负债者不履行债务时,受质者得卖质物以偿债权。若所得价格逾于债权原额,应以剩余(hyperocha)还诸质者。若受质者于债务终了后,不为返还,或处分质物抵偿后,有剩余不返还者,得提起请求返还之诉。又受质者于质物上加以损害时,质者亦得以诉讼请求赔偿。以上为质者所有诉权。若受质者之诉权,则为 Actio pignereticia contraria。例如受质者于质物之保存,支出特别费时,费用之偿还请求,及因质者之过失,质物损害,波及于受质者时,损害赔偿之请求是也。以上所述之质契约,为通常之质约,受质者对于质物,取得占有者也。此外尚有特种之质契约,试分述之如下。

疏 主债权已至清偿期,债务者受履行之催告,而犹迟延,受质者得行使出售权(Jus distrahendi),但须以出售质物,预先通知。若有不准出售之特约时,虽不发生效力,须定当之期间,而为三次之通知(幼帝规定无特约时,受质者通知后尚有二年之犹预期间)。

受质者为债权之担保,得占有质物,以不得使用、收益为原则,但代利息之支付而结有特约者,不在此限。称此特约曰 Antichrese。结此特约后,其结果有三:(1)受质者对于质物得使用、收益。(2)受质者得向质者请求利息,因以收入代利息之支付也。(3)质物收入之额,较法定利息之额,有超过者,不必返还,若有不足,亦不得请求差额。然对于主债权之利息,并未约定,且许其于为质物之不动产上收益时,作为当事者默认代利息之支付(Antichresis tacita)云。

对同一质物,设定数个债权担保时,其行使顺位,依设定时间之先后定之。但出售质物,以充债权之清偿,唯上位者有之,下位者则否。然法律对于下位者,亦非全无救济之途,即下位者代债务者偿还上位者之债权额,得行使出售权。此种权利,为法律所付与,上位者不得拒绝,称为清偿提供权(Jus offerendi)。

受质者于其受债权全部返还之前,对于质物之全部,得行使其权利,易言之,即有不可分之权利也。例如乙向甲借金千元,以一亩土地为质,既已返还九百元,其残余之百元,仍须以一亩土地为质。但得债权者(即受质者)之同意,应其清偿之额,请求担保物之减少时,不在此限。又质物所有权分割时,其各部皆受主债权之拘束。例如甲以一亩土地为质于丙,随即以一亩土地,与其二子,丙之债权,仍存于一亩土地之上,甲之二子,不能主张分担是也。

质之消灭原因:(1)抛弃。(2)质物灭失。(3)混同。(以上三者,为一般权利消灭之原因。)

---

① "成",原作"或",今据上下文改。

(4)主债权消灭。(5)受质者行使出售权。(6)下位受质者行使清偿提供权。

(a) 信任质(Fiducia) 此信任质之性质,即以物为抵当,先以所有权移转于受质者,然后附加以返还之条件者也。

疏 信任质由拉丁语 Eiducia① 强译而出。罗马古代,凡物件寄托者、贷借者、质者,均不可不移转所有权,否则寄托、贷借、质等一切无效,而移转所有权,须践 Mancipatio 方式,然后为信任契约,受质者负担返还物件之义务。惟依此方式,于质者之窒碍不少,因质者纵清偿债务,果得回收所有权否,不可逆料。自法律上及社会上之制裁观之,受质者虽不可不返还,然受质者有时为破廉耻之人,则质者不得完全自受质者而为所有权之移转,于是通常之质契约生焉。自沿革言之,古代以移转所有权为质之性质,其后则不过移转占有而已。

(b) 书入质(Hypotheca) 此种质契约,质者仍有占有,受质者无有也。但负债者不履行债务时,受质者得卖其质物,以补偿债务。

疏 罗马习惯,凡人民佃耕土地,通例交纳农具,为支付佃租之抵押。然农具交付于地主后,无此为耕作土地之用,故仅为抵押之约,仍然使用农具。而地主行使抵押权,得提起诉讼,又经相当程序,得取农具之占有权。于是农具书入,扩张范围,终以农具以外之物件,作为抵押,不交付占有于抵押主,抵押主亦得受法律之保护,此书入质之起源也。在昔罗马,书入质为最新方法,与质契约、信任质二者并行不悖。自信任质绝迹后,而质契约、书入质遂风行一时矣。

罗马成文法发达时代,凡可以买卖之权利,亦得以之为质,故用益权之目的物,不能买卖,即不得为质,但行使用益权之权能,不在此限。是之谓权利质也。其间又分为二:(1)债权质(Pignus nominis),以质者自己之债务额为限,受质者对于质者之债务人,得为届期清偿之请求(Jus exigendi)。(2)质权质(Pignus pignoris),即我民律草案之所谓转质也(参照一二〇二条、一二三二条)。此为受质者对于自己之债权人,担保其债务而设定之。以外尚有所谓不规则质(Pignus irregulare)者,即谓以不特定之目的物为质,而与特定物同视者。此于罗马法不多见,近今民法,亦无采之。

罗马法律上之质权:(1)家屋、仓库、厩舍、堆栈、工场等之赁贷人,本于赁贷关系所生之权,于赁贷人在赁贷借物所备置之动产,有法律上质权。此备置之动产须有常设之性质,若供一时之用而设置者,则不与以此权。家屋之赁贷借,赁贷人于赁借人备置动产之上有质权者,本罗马市赁屋之一种惯例,幼帝时认为一种权利,通行全国。(2)耕作地之贷地人,本于耕作地赁贷借契约所生之债权,于借地人或转借人,在借地所采取之产物,有法律上质权。德国破产法四十九条之二,许赁赁人及借地人(德国称借地为用益赁贷借),自破产开始后一年前之借赁,及破产开始后之继续利息,有别除权(Absonderumgsrecht)②。(3)为修缮建筑物而生之赁贷借关系,赁贷③人于贷借人之建筑物上,有法律上质权。承揽人亦同。(4)受遗人未受遗赠物以前,对于给与遗赠人,因继承而受领之财产,有法律上质权。信托受益者亦同。

罗马审判上质权,可大别为下之二种。(甲)指示质权(Pignus praetorium),又分为四:(1)财产保存之指示(Missio rem④ servandae causa)。此指示于债务者逋亡而不应诉,或负债过多而犹让与财产于他人,及死亡而无继承人时用之。有此指示,即为开始破产之先导,但为执行判决,亦得用之。(2)遗产保存之指示(Missio legatrrum⑤ servandorum causa)。遗赠附

① 应为"Fiducia"。
② 应为"Absonderungsrecht"。
③ "贷",原作"赁",今据上下文改。
④ 应为"rei"。
⑤ 应为"legatorum"。

有期限,或因其他事由,不能即时支付者,受遗人有使给与遗赠人立保证之权利。给与遗赠人不立保证时,受遗人因有此种指示,得为该遗产之保管。(3)障害担保之指示(Missio cautio damni infecti)。土地所有者因邻人之不法行为(非过失,亦非偶然事由),而将加危害于其所有土地时,得据此指示而占有将加危害之邻地,以代障害担保之提供。(4)胎儿指名之指示(Missio ventris nomine)。怀胎妇女于其未出产之子,而推测将来应为遗产继承人者,得据此指示,而占有应保全之继承财产,并可取得扶养料。此指示,近今德国尚实行之。(乙)扣押质权(Pignus in causa judicatio praetorium),此即我强制执行律草案所谓扣押是也。在罗马法,审判厅扣押特定动产时,于其动产之上,认为设定质权。帝政时代,往往以审判上之扣押,为判决之执行,但仅于非常诉讼程序行之。此种质权,起源于罗马法,德国普通法因之。德国民事诉讼法,尤有特别之规定(参照德民诉八〇四条)。

二、口约(Stipulatio)

口约仅有要式口约一种,即缔结契约时,当事者间之问答,以一定之方式为之。例如缔约者一方(Stipulnt①,即债权者),向又一方(Promittent,即债务者)发问曰:汝愿以百金与我乎(Centum dare spondes)?其又一方答曰:如约(Spondes)②。于是契约即为完结,要约者取得权利,诺约者负担义务。

此种方式,唯罗马有之,后世鲜有用之者,独法国民法,尚稍留遗迹焉。罗马古时为要式口约,必以一定之文字行之,其后罗马版图日广,不解拉丁语之外国人,陆续至罗马,而罗马人亦渐有至远方者,于是法律上所定用语,虽欲强使从同,事实上几有不能行之势。由是结要式口约者,虽必遵一定方式,而用语则不限于拉丁文,当事者一方用拉丁文,一方用他国文,果问答相应,亦无所不可也。

要式口约,为罗马人所最重,故其用亦甚广,例如金钱贷借、约定利息、债务更改、保证契约,往往皆依此方式为之。

要式口约者,片务契约也。因诺约者一方负义务故也。就沿革言之,要式口约为最古。就一般言之,则片务契约较古,双务契约较新。

三、书约(Contractus literis)

古昔罗马人,各家置有金钱出纳簿(Condex accepti et expensi),债权者如得债务者之同意,以债权记入帐簿等,书约即于此成立。债权者因此书约取得债权,负债者即因此取得债务。此种书约,于共和时代盛行,及帝政时代即废止。

四、合意约(Contractus consensu)

合意约者,由当事者合意而成之契约也。合意以外,举凡物之授受及方式之履行,均非契约成立所必要也,故与前三种有别。此种又分四类:一为买卖,二为广义之赁贷借,三为合伙,四为委任。以下分别述之。

甲　买卖(Emptio-venditio)

买卖为合意约之一,因合意而完成者也。详言之,则买卖之目的物及代价已确定时,其契约即完全成立,物之交付及方式之履行,皆非必要之本体也。

---

① 应为“Stipulant”。

② 应为“Spondeo”。

买卖与交换异。在交换,当事者一方交付物件时,其他一方,始得因要求交付对待物件提起诉讼,但两方面均未为交付之行为时,其交换于法律上不得为有效,是固罗马法上特别规则也。交换为无名契约之一,于后当详述之。总之,交换性质上与买卖异。买卖者,即纯由双方合意而成,即当事者双方未为交付之行为,其契约亦为有效。但依幼帝时代法律,凡关于买卖约定作证书者,非证书完成,其买卖不得谓之完全成立。故于证书完成以前,缔约者无论何时,均得取消契约。但制作证书必缔约者自为之,否则亦须亲署。其使公证人制作证书者,在制成以前,结约者得取消契约。又凡已付定金(arrha od arra)者,取消契约时,不得为返还之请求,若取消者系受定金之人,应以定金之倍额,还之当事者。

买卖成立时,买主即负交价(Paetium)[①]之义务,若至期不履行者,卖主得请求利息。又卖主负移转占有(Merx)之义务,盖罗马人关于买卖,视占有极重故也。若以近世法律言之,则卖主负移转目的物所有权之义务,然罗马之法律家,未尝详论及此,惟注重于占有之移转。若有第三者以优于卖主之权利为名,由买主之手夺取物件时,卖主对于买主,应负损害赔偿之责。又所卖之物,因有缺点,不能使买主满足时,卖主对此亦负其责。若其缺点重大时,买主得请求解除,又有时亦得要求代价之减少。

疏 第三者由买主之手夺取物件时,卖主对于买主应负损害赔偿之责,是谓追夺担保(Gewährleistung wegen Rechtsmängel)。所卖之物,因有缺点,不能使买主满足时,卖主对此亦负其责,是谓 Gewährleistung wegen Sachmängel[②]。

物件交付以前,买卖契约既经成立,物件之危险,即移转于买主(Pericum[③] est emptoris),而物件不因卖主之过失消灭者,损失即归买主。然因目的物所生利益,亦归买主之所有。试以幼帝法典之例言之,如买滨水之地,其水退时所增加之面积,即归买主之所有是也。

又依罗马底沃克列基亚奴斯帝所制定之法律,卖主所卖物品,在通常市价半额以下时,对于买主得请求解除契约。此种规则,名曰 Lacssio enarumai[④]。近世欧洲各国,亦有类此之规定。例如法国关于不动产之规则是也。但法国规定,不以半额以下为标准,而以十二分之七以下为标准,此其异也。

疏 罗马底沃克列基亚奴斯帝设此规则之理由,学者不无议论。然据法典正文之所载,此规则不外本乎人情。盖不许取消,则卖主实陷于可怜之境。若谓其有法律上之价值,抑末矣。

乙　赁贷借　(广义)(Locatio conductio)

此中又分二种:一为物之赁贷借。此即近世民法普通之赁贷借,贷主取得贷金,赁者负交付贷金之义务。二为雇佣契约,即劳力贷借也。尚可分为二:一为劳力全部之赁贷借,即普通之雇佣契约,被雇者有请求工价之权利,雇主有付工价之义务;二为一人劳力之部分赁贷借,即日本民法所谓请负契约者是也。

疏 物之赁贷借(Locatio conductio rei):借主对贷主,仅有请求使用该物之权利,故贷主于契约期间内,得随意解除之,而任赔偿违约损害之责。借主因收成不良,得请求赁金之

① "Paetium"应为"pretium"。
② 即"瑕疵担保"之意。
③ 应为"periculum"。
④ 应为"Laesio enormis",即"非常损失规则"。

减额,但日后丰收,仍有补足之义务。贷借人有转贷(Sublocatio)之权利,契约期间经过后,依然存续者,作为更新契约之默认(relocatio tacita),但耕作地以一年为限。赁贷主之诉权,称曰 Actio conducti;赁借主之诉权,称曰 Actio locati。

劳力全部之赁贷借(Locatio conductio oprarum①),即近日民法之雇佣契约(Dienstvertag②, Contrat du louage, Hirirg contract)也。雇主之诉权,为 Actio conducti;被雇者③之诉权,为 Actio locati。但教师、医师之请求礼金(Honorarium),依非常诉讼程序为之。

一人劳力之部分赁贷借(Locatio conductio operis),即近日民法之承揽契约(Werkvertrag, Des devis et des marchés, Contract work)也。其诉权与劳力全部之赁贷借同。

近世法律于以上三者,各别而无关系。然罗马法则综三者,立于 Locatio conductio 总名之下。其精细姑不具论,第述雇佣契约与承揽契约二者之区别:(1)在承揽契约,承揽者从事独立职业,不须受定作人之命令;在雇佣契约,被雇佣者则须受雇主之命令。(2)在承揽契约,承揽人须躬亲其事否,视事务之性质而有不同;在雇佣契约,被雇者则须亲身为雇主服劳务。

丙 合伙(Societas)

合伙有二种:一为全部财产之合伙(Societas totorum benorum④),一为特殊事业之合伙(Societas unius alicujus negotiationis)。前者系全部之财产为之,后者系就特定之事项为之,例如以奴隶买卖合伙经营者是也。然第二种合伙,首以商业为主,即第一种之合伙,亦多关系乎商业者,故有以合伙之关于商业为最古。其实不然,盖合伙以关于农业者为最古,可以家族之状态证明之。古者聚族而居,概务农业,且共有财产,所谓全部财产之合伙,实由此等状态变化而成者也。合伙各负配受利益、分担损失,故有以不受利益之分配相约者,其契约于法律上为无效。然以多受利益、少任损失,或多任损失、少受利益相约者,法律许之。又合伙之初,关于利益损失无特别契约者,平均分配之。又仅就利益或损失一端立特别契约者,其未经立约之一端,以已相约者为准定之。

疏 合伙为合意约之一,各当事人意思合致,契约即告成。若甲乙二人订约,有利益则三分二属甲,三分一属乙,有损失则三分一属甲,三分二属乙,其约仍为有效,由 Societas⑤之说也。但若乙须分担损失,而利益不得分沾,此约非以分利为目的,故不得为合伙,名曰狮子合伙(Sulpicius leouina)⑥。若契约无特别声明,则利益与损失,不论各人出资多少,皆应平等均摊。对于合伙事业,应用对于自己财产所用之注意{即通常注意(Ordiuaria⑦ diligentia)}。

合伙人不得移转其股分于他人,盖合伙专恃信用,为一种诚实契约(Contractus bonae fidei)故也。

合伙之解散情形有四:(1)合伙人之脱离,但其脱离系恶意(如希图独享利益),则应赔偿他合伙人所受之损失。(2)合伙人之死亡。(3)合伙人之财产全部灭失,例如被官没收或被债主变卖是。(4)特业合伙之目的已达。

---

① "oprarum"应为"operarum"。

② 应为 Dienstvertrag。

③ "被雇者",原作"雇被者",今据上下文改。

④ "benorum"应为"bonorum"。

⑤ 应为 Sulpicius。

⑥ 应为 Societas leonina。

⑦ 应为 Ordinaria。

于此所应附带论及者，为共同海损。当共和时代，逻都斯(Rhodus)岛握地中海东部诸国商业之霸权。所谓逻地亚海法(Lex Rhodia)者，为世界最古之商法，附近诸国，咸采用之。Augustus帝时，关于海事，与罗马法不抵触者，适用逻地亚海法，此逻地亚海法中有所谓 Lex Rhodia de jactu 者，即关于共同海损之规定也。其规定之大旨，即船主与货方之间，自积货以至卸货，法律上设一共同合伙，该合伙以现实之积货而自然成立，不须有别种之组织，而其分配损害之法，有一定之条件：(1)须直接对于船舶及积货所生之共同危险；(2)须因救助船舶及积货之危险而供牺牲(最初唯限于甲板上之积货而投弃海中者，终以法不公允认一切之救助方法包含在内，且关于船樯之切断及船舶之毁损，亦然)；(3)须其方法由船长命之；(4)须为维持船舶及积货之一部分。{损害分配，依德国海商法，由官设审判官(Dispacheure)作制"海损分担表"(Dispache)，俾赔偿请求权者直接对其义务者而行使请求权。然义务者，亦仅于被救济之货物而负责任。}

丁 委任(Mandatum)

委任亦无偿契约之一。受任者对于所委任之事项，有不照办时，委任者得依所有之诉权行之。受任者关于委任事项支出费用时，亦同。

委任于法律上，其性质虽为无偿契约，然就罗马一般习惯观之，委任者对于受任者均有报酬。惟受任者关于报酬之请求，不能依通常程序，非以非常程序行之不可。

疏 考 Mandatum 之文字，由"手"(manus)字及"与"(dare)字而成。共和时代，罗马人委托事务，以己手握受托者之手，以表依赖之意，委任文字，即由此仪式而来，则委任之以无偿为要件也明矣。但法国民法一千九百八十六条，日本民法六百四十八条，有反对之特约者，亦不妨受报酬，是与罗马法不同之点也。(德民法不设例外，与罗马法同。)

委任有五种：(1)为委任人之利益者，如甲委乙代其买地是。(2)为委任人及受任人之利益者，如甲委乙贷资于丙，丙得资，用于甲之财产，甲既受益，乙亦得利是。(3)为第三人之利益者，如甲委乙代丙买地是。(4)为委任人及第三人之利益者，如甲委乙代甲及丙买地是。(5)为受任人及第三人之利益者，如甲委乙贷资于丙，乙得利息，丙得金使用是。

委任与劝告(Censilium)[①]有别，以劝告者无何等之责任也。然以担保危险之意思而劝告者，若被劝告者因其担保，遂从其言，致受损时，劝告者任信用贷委托(Mandatum qualificatum)之责。

受任者有负委任，委任者得对之而有诉权。受任者于其依赖事项所出之费用，亦得有诉求清偿之权。委任者之诉权，称曰 Actio mandati directa。受任者之诉权，称曰 Atio[②] mandati contraria。

五、无名契约(Contractus re innominati)

以上所述四种，均有特别名称。此外尚有无名称，而亦为法律所保护者，后世注释家，因呼之为无名契约。据炮洛司所说，分为四种：一为物品与物品之交换(De[③] ut des)，一为物品与劳力之交换(De[④] ut facias)，一为劳力与物品之交换(Facio ut des)，一为劳力与劳力之交换(Facio ut facias)。以上四者，必立约者一方履行义务后，始得受法律之保护，若仅契约之成立，不能依法为请求，此为与今日法律相异之点。罗马法上所谓无名契约，与近世法律所谓无名契约，区域不同。例如交换在近世为有名契约，而在罗马则不然。盖彼时之所谓有名、无名，

---

① 应为 Consilium。

② 应为 Actio。

③④ 均应为 Do。

不以契约为准,而以诉讼程序有无特定名称为准故也。

第二节 准契约(Obligationes quasi ex contractu)

所谓准契约云者,当事者间虽未缔结契约,自其结果观之,恰与契约相同,而自法理上推论,则与契约实异者也。罗马时代,准契约最显著者,为事务管理。事务管理者,未受他人嘱托而为他人所应为之事务也。如某甲旅行中,其家屋损坏时代为修理之类,即其适例。所有者与行为者间之关系,恰与委任者与受任者间之关系相同,即行为者对于家屋之所有者,关于修理费用,得提起补偿之诉,而行为者设有不当行为时,所有者亦得提起诉讼。

疏 事务管理(Negotiorum gestio)行为者(Negotiorum Gestor)之诉权,曰 Actio negotiorum gestorum contraria,所有者(Dominus negotii)之诉权,曰 Actio negotiorum gestorum directa,均诚实诉权也。

退交款项,亦准契约之一例。如甲误以乙为债权者,履行债务,后发见错误,向乙请求退交是也。又以正当之原因为赠与行为,而其所以赠与之目的不能达时,亦生准契约关系。例如甲以女乙嫁于丙,先以千金为嫁资,嗣后婚姻不成立时,甲得向丙为返还之请求是也。又以不正之原因,以财产与人时,得以此为理由,提起请求返还之诉,此亦准契约之一。例如以重利借贷,对于已交付之重利,可以取还之类是也。又以反乎风纪之原因赠物者,若受赠者有过失时,对于所赠之物,可以请求返还,然赠物者有不当情形,则不得起诉,此亦准契约之一。又无因交付,与者对于受者亦可以请求返还,此亦准契约之一也。

疏 罗马法之 Condictio(强译为取回诉讼),为近世欧洲民法不当利得(ungerechtfertigte Bereicherung, Enrichement injuste, Unjust eneichment①)所渊源,约有六种。(一)退交款项(Condictio indebiti),其要件有三:(1)债务不存在,(2)债务者之误信,(3)举证之责任在原告。(二)目的不能达(Condictio ob causam)。(三)不正之原因(Condictio ob turpem vel iniustam causam),其中又分为二:(1)反于善良风俗行为之给付(Condictio ob turpem causam),(2)违法原因之给付(Condictio ob iniustam causam)。(四)无因交付(Condictio sine causa)。(五)原因消灭(Condictio ex causa fiuita②)。(六)赃物取回(Condictio furtiva)(此用语为幼帝所创)。

此外尚有四种,所生义务,非由契约,而任法律上为准契约之义务:(1)监护,罗马法以之为一种公务,监护人与被监护人之间,非契约上关系,认为一种类似委任契约之法律关系。被监护人诉权,为 Actio tutelae direota③,监护人之诉权,为 Actio tutelae contraria,均诚实诉权也。(2)共有,如混同(Confusio)物之共有,境界之共有是。(3)继承,指继承人对于受继人之遗赠及信托者,负交付遗赠及信托物之义务而言。(4)旅客携带品,即船舶所有者、旅舍、屋主等,对于旅客携带品,除因不可抗力(vis major)及旅客过失,灭失毁损外,所应负之责任是也。

第三节 私犯(Obligationes ex maleficio)

按幼帝法典所定私犯共有四种,即窃盗、强盗、对身私犯及对产私犯是也。以下试分论之。

① "eneichment"应为"enrichment"。
② "fiuita"应为"finita"。
③ "direota"应为"directa"。

甲　窃盗(Furtum)

罗马法所称窃盗之意甚广，所谓 Furtum，其中可分为类数：(一)为物之窃盗(Furtum rei)，(二)为使用窃盗(Furtum usus)，(三)为占有之窃盗(Furtum possessionis)是也。从其行为之方面观察之，又可分为现行窃盗(Furtum manifestum)及非现行窃盗(Furtum nec manifestum)。依《十二铜版法》，奴隶为现行窃盗时杀之，自由人为现行窃盗犯时，作为奴隶，委之于被害人。其后裁判官于此规则，加以改正，无论现行窃盗为自由人，为奴隶，被害者均得对之为代价四倍之请求。至非现行犯，依十二铜版法，无论犯者为奴隶，为自由人，被害人对之得为物价二倍之请求。此种规则，至幼帝时代，仍相沿为用。究因何故，分为现行犯与非现行犯？则以私人发见现行窃盗，往往有杀害之虞，欲使此等事实减少，故规定现行犯，较非现行犯为重云。

疏　深夜为窃盗者，及白昼为窃盗而以武器反抗者，依《十二铜版法》，杀死勿论。

关于窃盗之诉，得由被害人提起者有三种：

(一) 为窃盗之诉(Actio furti)，即以请求罚金为目的者。不限于所有主，凡对于其物有利害关系之人，皆得为之。

疏　此诉之被告败诉时，受破廉耻之制裁。

(二) 为对物诉讼(Rei vindicatio)，是即因取还物件而提起者。惟物之所有主得为之，于罚金之外，仍可请求返还。又此种诉讼，不惟对于盗犯，即对于物之占有者，均得为之。

(三) 为关于窃盗之对人诉讼(Condictio furtiva)，是即物之所有主，因请求物价而提起者。对于盗犯及其继承人，均得为之，而不问被告对于物件之上是否有占有，故往往有以之代请求返还之诉而提起者。

疏　提起此诉时，不得同时为对物诉讼，只可择其一而行之，与请求罚金诉讼，更得为对物诉讼者不同也。

乙　强盗(Ropinna)①

罗马最古时代，强盗、窃盗不分，至纪元前七十七年，审判官始有为之区别者。据其制定之法言之，则强盗准用关于窃盗之诉，惟处分之结果，稍有异同。如被害者于一年之内起诉时，可以请求物价之四倍，然此四倍中之三倍为罚金，余即为损害赔偿之数。若起诉在一年以后，仅得请求物价，即无所谓赔偿。此为强盗与窃盗相异之点。

疏　对于强盗之诉，曰 Actio vi bonorum raptorum，败诉者受破廉耻之制裁。

丙　对产私犯(Damnum injuria)(Damnum injuria datum)

关于对产私犯，有特别诉讼。此种程序，始于纪元前二百八十六年。其时关于此项私犯，发布特别法律，其中惟第一章及第三章，至幼帝时实行。依第一章之规定，凡杀害奴隶或家畜者，以奴隶或家畜最后一年内之最高价额为罚金额。又依第三章之规定，凡伤及奴隶或家畜者，处以罚金，而以物之最后三十日内之最高价额为赔偿之额。又依同章规定，杀伤家畜以外

① 应为 Rapina。

之动物,均以家畜论。

疏 纪元前二百八十六年所发布之特别法律,即 Lex Aquilia,系护民官 Aqulius 所提案,而经平民会议决,故以其名名之,其诉讼亦曰 Actio legis Aquiliae。

Lex Aquilia 初限于不法行为,以身体直接所加有形之损害(damnum corpore corpori datum)为限,其后虽非直接之损害,亦得有此诉权,例如叱咤畜群、自高投下(Praecipitare)之类。

丁 对身私犯(Injuria)

对身私犯者,即对于身体、名誉之私犯也。例如殴打、诽毁即是。又无故强占人财产者,亦在其内,盖以此种强占行为,与日本法上所谓身代限[1]之处分相似故也。

疏《十二铜版法》,于对身私犯,采反坐(Talio)法,即凡折人一肢者,亦折其一肢以报复之。其后审判官于此规则,加以改正,即关于对身私犯,采用罚金之制,应被害者之情形而增减之。其认为重大侮辱(Atrox injuria)之情形有四:(1)行为(ex facto),如以棍棒伤人是。(2)处所(ex loeo[2]),如于剧场、公会场或审判官之前而侮辱是。(3)身分(ex bersona[3]),例如子殴父,被解放者殴庇护人,微贱者殴元老院议员是。(4)部位(ex vulneris),指负伤部位最中要害者而言,如殴伤人目是。此种损害,其赔偿由审判官算定之。

于此所应附带论及者,即恶意之诉(Actio doli)也。盖因他人恶意而受财产上之损害者,于无他方法可为救济时,得以恶意之诉请求赔偿。此诉为审判官所认许之规则,具有补充的性质也。提起此诉,须自被害时起,一年内为之(幼帝法典规定二年内亦得提起之)。

第四节 准私犯(Obligationes quasi ex maleficio)

准私犯,就其性质上言之,与私犯无异,惟其发达在后,故另列一类,而不入于私犯之中。例如事实审理人,虚构事实,妄为判决时,对于被害者,应负损害赔偿之责者是也。

疏 此外如(一)自屋内投物品于通衢,加损害于他人时,(二)于通衢置物或悬物,加损害于他人时,(三)奴隶加损害于他人时,(四)畜类反其性质,加损害于他人时,(五)家属加损害于他人时(幼帝以前法律),均准私犯也。

第三章 过失(Culpa)及注意(Diligentia)

过失者,缺欠注意之谓,分为重过失及轻过失二种。何种情形宜负重过失,何种情形宜负轻过失,试于以下分论之。

疏 罗马古代法律,债权者对债务者,除以不正、不实为理由,有刑事上诉权外,债权者欲免不履行债务所生之损害,须于结约之际,特定违约金,否则别无救济之途。厥后时世变迁,法律上遂认债务者赔偿因过失所生损害为原则矣。

(甲)第一原则 凡专为债权者利益起见,订定契约者,债务者宜负重过失之责。例如寄

---

① 江户时代,日本对债务人实行“身代限”制度。对于“欠债不还者”,官府可用手链将之拷起来,并强制拍卖其财产,以作清偿。对于无财产者,可将之监禁,或命其用未来收入作偿还,其子孙亦有偿还义务。参见陈根发:《债务人处罚的历史性考察》,载《中外法学》1997 年第 2 期。

② 应为“loco”。

③ 应为“persona”。

托契约，为债权者利益计时，债务者应负重过失之责是也。然亦有例外。例如寄托出于受托者自己之请求者，负轻过失之责是也。

疏 重过失(Culpa late[①])谓怠于普通注意(Ordinaria diligentia)。中古时代，伊大利博龙格掷法律学校注释家之重过失与诈欺(Dolur)[②]置于同等地位，后世学者，采用其说。近世 Windscheid 及 Mommsen 亦主张之。伊耶陵(Ihering)则谓罗马法重过失等于诈欺条项，不可多见，有时视为同一，有时显有区别云。

(乙) 第二原则　凡利益归债务者所得时，负轻过失之责，例如使用贷借、买卖贷借皆是。但此等过失，系依抽象之标准，即债务者不以对于自己之物，所应加注意而为准，而以一般注意之人所应为之注意为准也。即所谓精密之注意(Exacta diligentia)是也。又有称为善良家父之注意(Bonus paterfamilias)者。

(丙) 第三原则　凡以他人之事务，及自己之事务，同时处理之者，应负具体轻过失之责，即与债务者自己对于其财产所应注意之程度同等之注意(Diligentia quam suis rebus adhibere solet)也。例如对共有财产、公司事业、妻之财产、被监护者之财产，应尽之注意是也。此时立证之责，在债务者，非证明注意与于自己财产应尽之注意相同，不能解除责任。

疏 关于过失责任之法律规定，自罗马法以来，讫于今日之法制学说，除恶意外，均非强行法律，不妨以当事者之合意，而增减其责任。但因故意所生之责任，决不许以当事者之合意而免除之。然亦非绝对不许免除者，盖不许免除，限于预定，若责任发生后，不妨免除履行。其理由因权利者以得自抛弃权利为原则，既以使债务者失其责任，为一种权利，断无不许抛弃而免除债务者责任之理也。

要而言之，罗马法上之过失有二：一为重过失(Culpa late[③])，一为轻过失(Culpa levis)。而轻过失中，又分为二：一为具体的轻过失(Culpa levis in concreto)，一为抽象的轻过失(Culpa levis in abstracts)。在前世纪于轻过失之外，尚有最轻过失(Culpa levissima)之说。然德国学者 Hasse 于《过失论》中，曾反驳之。后世反对最轻过失之说甚多，无异议矣。

疏 幼帝学说汇纂第九卷第二章第四十四节首项，载有最轻过失(Culpa levinssima[④])一语，寻释其旨，具有轻微之义，无他深意，故最轻过失一语，在罗马法中不常见云。

第四章　无诉因之约(Pacta，Pactum)(Pactio)

无诉因之约，本罗马法上特别之物，与近世法律思想不同，盖由于罗马法沿革而生者也。虽有多种，概不得为诉讼之原因，重言之，即当事者虽有此种契约，不能据此以提起诉讼也。然对于人若以之起诉时，其又一方，即可提出抗辩，以拒绝其请求。

无诉因之约，就一般言之，不能为诉讼之原因。然有时亦有例外，若 Pacta Vestita(服饰)是也。译名装束之约，为裸体约束(Muda[⑤] Pacta)之对面，附加之约束(Pacta adjecta)，即其一例。按

①③　应为“lata”。
②　应为 Dolus。
④　应为“levissima”。
⑤　应为 Nuda。

罗马之法,对于既存之债务,于特定时期为清偿之约时,其约为有效,故结约者,得因之提起诉讼。

又依古之市民法,经要式口约之程序,订此种之约时,结约者亦得以之起诉。至后世裁判官制定之法,此种约束,虽不经要式口约程序,亦成为诉因。又 Disclesianus① 及 Valentianus 两帝所定法律,当结婚时,由第三者提出嫁资(Pactum de constituenda dole②)得依 Pacta 为之,亦成为诉因。又依幼帝法典,以物品为赠与之约束(Pactum donationis)时,得结此种契约,但有种种制限,于次章论之。

疏 总上所述,可分为三:(1)为古法所许者,曰 Pacta adjecta。凡缔结诚实契约(Contractus bonae fidei)之时,当事人当时当场附加约束,则其约束,虽非要式口约,亦有效力。(2)为审判官所许者,曰 Pacta praetoria。例如以无诉因约束,设定书入质(Pactum hypothecae),或约于一定期日,履行现存债务,其约为自己履行者,曰 Consitutum debiti proprii,其约为他人履行者,曰 Consistutum debiti alieni。(3)为皇帝所许者,曰 Pacta legitima。例如设定嫁资(Pactum de constituenda dole③)及为赠与(Pactum donaticuis④)是。

第五章 赠　与

本章所言赠与,指生间之赠与(Donatio inter vivos)而言。罗马古代,赠与应经要式口约之程序。至后世亦有以 Pactum 为之者。惟 Pactum 之原则,依前章所论,不能为诉讼之原因。但于赠与则有例外。按幼帝所制定法则,五百佐利地(Solidi)以下之赠与,虽以 Pactum 行之,亦成为诉因。但赠与价格,在五百 Solidi 以上,须在法院声请注册,或制作书类,提出于法院亦可。此等程序,名为Insinuati。⑤此幼帝时关于赠与规则之大略也。

赠与之中,亦有无效者。然必因如何情形,始为无效,试于以下说明之。

(甲)以现在或未来之财产全部为赠与者。依温侪德氏之说,此种赠与,亦为有效。而沙微尼氏则谓此种赠与,在罗马法中为无效。

疏 据罗马法之解释,以沙微尼氏之说为当。

(乙)夫妇间赠与。此种赠与,所以为无效,盖为防止离婚之故。但妻先夫而死者,其以前对于夫之赠与为有效。

赠与之中,在第三者有可以请求取消者,如:

(a)因无偿赠与,债权者受损害时;

(b)因无偿赠与,损害及于继承人时。

以上取消权,系属于第三者。赠与者本人能否有此权利,亦一问题。以原则言之,本人不能为取消之请求。然有例外,即受赠者对于赠与者有忘恩之举动时,赠与者可以请求取消。然此请求权,为属于一身者,第三人不能代为行使。其次,则赠与之原因,系出于无子者,及生子

① 应为 Theodosius。

②③ "dole"应为"dote"。

④ 应为"donationis"。

⑤ 应为 Insinuatio。

时，可以请求取消。

疏 所谓忘恩之举动者，如谋杀事觉之类。

最后，就赠与者之责任言之，罗马法上赠与者，除以重大过失或诈欺为赠与，致令第三者因而受有损害时，对受赠者负赔偿之[①]责，此外就一般而言，则不负交付濡滞之责。

第六章　和解、宣誓及仲裁

第一　和解（Transactio）

和解云者，双方互相让步息争之谓也。换言之，即让步与让步之交换也。设如双方当事者间偶有争议，孰得胜利，不能预知其结果时，由双方交相退让弭争者是也。若甲对于乙有完全权利，已无争执之余地者，不适用和解之规则。例如经确定裁判之件，虽败诉者如何争论，终归无效是也。故关于此等事件，虽偶有和解事实，究非正当之适用也。盖和解主要之条件，无论在当事者之某一方，其胜利不能确定时，始适用之，反是则无适用和解之余地。然可以和解之事项，则不分种类也。若当事者之一方，关于其权利之主张，自行中止者，非和解行为，乃抛弃行为耳。

和解之方法亦有种种，或赠以动产或与以金钱，又或有别制契约书者。若和解之结果，以物与人，即其物为第三者所追夺或发见缺点时，让与者应负责任，与买卖契约同。又和解仅以无诉因之约为之者，不能起诉，然当事者一方，实行此契约时，得依无名契约之规则，提起诉讼。若和解之结果，不仅依无诉因之约，而出于要式口约者，得依此起诉。其出于买卖或消费贷借之契约者，亦同。凡和解者，不特依此可以提起诉讼，并可依此提出抗辩。若和解之后，当事者对于系争事件，不顾和解之有无，仍行起诉者，被告可以拒绝应诉。但关于养育料之和解，须待法院之确认，其未经确认之和解，不生效力。

和解之有效、无效，除有特别情形外，应依一般之规则定之。故和解行为，由于诈欺、强暴者，可以撤消。若无以上各原因，出于当事者自由意思，虽和解以后，发见证据，或以其他理由，判明其事之曲直，和解亦不因此失其效力。

第二　宣誓（Jusjurandum）

宣誓者，当事者间有争议时，以宣誓弭争之谓也。即一方主张其权利之正当，其又一方承诺之谓也。与和解大致相似，若当事者一方不顾宣誓之有无，仍对于所争事起诉者，被告即可提出抗辩（Exceptio jurisjurandi）以拒绝原告之请求。又以宣誓确定权利者，当事者亦可依此提起诉讼。

疏 宣誓之法，基于宗教观念，欧洲古代，往往行之。法国民法一千三百五十七条，乃至一千三百五十九条，犹存宣誓（Du serment）之规定云。

第三　仲裁（Compromissum）

仲裁亦与和解相似，非当事者互相让步，乃别以第三者为仲裁人，而使之判定系争事项。

① “之”，原作“以”，今据上下文改。

此种判定,称曰仲裁。判定事项之第三人,非公之审判官,乃以私人资格为之。又仲裁人之数,不限定一人,二人以上亦可。仲裁之效力,与和解略同,当事者应遵守之。

仲裁人所为之判定,若反背风纪时,当事人无服从之必要。其有不正之行为时,亦同。

疏 仲裁(即公断)规则,近今益见发达,尤以英国为最。大陆诸国均有商事审判厅之设,而英国无之者,以依仲裁之方法甚多也。

第七章 自然债务

自然债务云者,债权者于法律上无请求权,若债务者履行,则不必拒而不受之谓也。例如被监护人之行为,未经监护人承诺者,及依元老院之议决,贷金于家属者是也。罗马法上所以认自然债务存在者,盖由于社会组织使然。古代罗马家长握一家之全权,凡家属所为之是非曲直,家长得判定之,曲者处罚,直者奖励,且关于家属之所为,对外负完全责任。因家长处于如此之地位,无论家属贷金于家长,或家长贷金于家属,于法律上均无诉权,仅成为内部之关系,至于债务之履行,视为德义上之义务,而非法律之义务也。主人之于奴隶亦同。然以为德义上之义务,即漠然视之,于社会道德,殊不足以维持。此罗马法认自然债务存在之由来欤!

自然债务,债权者虽不得依法起诉,若以诉讼以外方法,受人偿还者,不必以之反还债务人也。例如家属贷金于家长,虽依法定程序,离宗以后,对于其父母,亦不得提起请求返还之诉,然既已偿清,其父对于其子,亦不得复行请求返还者是也。奴隶贷金于家主,其后被解放者,亦用同一之规则。故由沿革上观之,罗马自然债务之发达,起因于家族也明矣。

自然债务之根据,以沿革论,系维持社会道德,保护秩序。然至晚近关于自然债务之根据,学说纷然,列举之如下。

a. 沙微尼、仆赫他两氏主张自然债务根于万民法,此说颇为有力。

b. 继耶巴氏谓自然债务之根据出于自然法。

c. 勃儿氏则谓置自然债务于不顾,殊非允当,故法律上保护之。法国之波梯礼等则谓自然债务之根据,出于正义良心。二者趣旨,大致相似。

d. 德伦布尔等则谓就诸种债务中,国家不便强制执行,而或以商人间之信用评断,或为社会之道德所迫,社会之自存之一种债务,受政府之容忍,可于一定程度为法所保护者,自然债务也。

以上四说中,最后一说,实为精当。德伦布尔氏之说,虽非根据罗马法之沿革,然就罗马法之沿革观之,则其立说之无可疵议明矣。

罗马法中既认自然债务之存在,所生之效果,不可不知,试论列之如下。

(一)自然债务之履行,基于错误者,不得为返还之请求。

(二)自然债务与法律上债务,可以相杀。

(三)主人与奴隶之间,有自然债务存在时,解放后应于特有财产中扣除或添附之。

(四)于自然债务设有保证人时,其保证人负完全债务。

(五)对于现存之自然债务,为日后履行之约束者,其特约于法律上有完全效力。

(六)因履行自然债务,以物为担保其质契约为有效。

(七)自然债务,因更改得变为法律上完全债务。

以上七者，即自然债务所生之结果也。

第八章 连带债务

债权、债务之当事人，有一方面在二人以上时，则发生多数之债权、债务问题。此种状态，拉丁语呼为二人以上权义关系（Solidum）。债务者若为二人以上，则又发生两种状态，一为全部债务，一为连带债务。后者即德法所谓 Korreae obigation①，前者即德法所谓 Bloss solidarische obligation。在德国虽有此二种区别，而拉丁文实无相当用语，然当时确有此种事实，则无可疑也。连带债务，或称二人之当事者 Plures rei，或称二人以上之当事者 Dwo rei，或称二人以上之债权者 Plures credemi，又或称二人以上之债务者 Plures debendi。全部债务，则有时称为 Solidum，有时称为 In Solidum。惟全部债务，有广狭二义，从其广义言之，因并连带债务，而亦包括者也。

连带债务与全部债务，性质上颇有问题，即关于债务之个数，换言之，即单数关系、复数关系之问题是也。有谓连带债务为单数关系者，其根据系出于 Litis Contestatio。何则？设于债务者数人之中，有一名受诉，已至 Litis Contestatio（成词或成法之意）时期，其他之债务者均可获免。所以，受诉之债务者，虽因资力不济之故，不能偿还，然既经成词，债权者即对于其他之债务者，不得复有所请求。是为幼帝以前关于债务之规则。至于全部债务，则全体偿清时，债务即已消灭，不问其经过 Litis Contestatio 时间否也。其连带债务之因经过成词而消灭者，以其为单数关系故也。其全部债务之与此异者，以其为复数关系故也。

疏 此 Keller 及 Ribbentarp② 之说也。

一说谓连带债务者中，一名受诉至已成词时，而其他债务者得以免除者，是由罗马古代诉讼程序所生必然之结果，而不能据此以知债务之本质也。依罗马古代之诉讼程序，一判决之效力，只及于诉讼之当事人，而于以外之人无与。若是则适用于连带债务，颇为不当。例如数债务者中，一人受诉，如严正适用前之原则时，其他债务者，均无影响。债权者得更向其他之债务者请求，必至数人所受之判决，生歧异之结果。即令一人完全履行，而他人犹不得除免，由是各债务者均负担全部债务。而债权者得屡次请求，推其弊害，亦不为少。罗马古代，欲袪此害，故以成词之期为限，受诉以外之人，即予免除，此即连带债务与成词之关系也。焉得谓连带债务以此之故，而遂为单数关系耶。

疏 此 Durnburg 之说也。

由后之说，则连带债务为复数关系也明矣，更可于条件等等不同征之。罗马法上负连带债务者，一人附以条件、期限，其余之人虽无条件、期限亦可。若果为单数关系，则负债者中有附条件、期限者，有不附条件、期限者，其不可解也明甚。

连带债务与全部债务所以异者，一由于当事人之意思，一由于余数。契约即前者之适例，

① 应为 Korreal obligation。

② 应为 Ribbentrop。

私犯即后者之适例。若数人为共同私犯时,即生全部债务关系。就原则言之,凡纯然损害之金额应赔偿者,加害者共同负担。若带有罚金之性质者,应由各加害者负担全部,所以此时虽有一人完全履行,而他人亦不得除免也。此原则如是,至于例外,则有二说:一为拉卑奥(Labeo)之说,一为萨比奴斯(Sobinus①)之说。依前者之说,则受诉以外之债务者,至成词时可以除免,后说反之。盖亦由于债务单数、复数之所见不同,故主张亦异。然前之一说,固未尽当也。

疏 此二说中,以萨比奴斯(Sobinus②)之说为当,幼帝法典采用之。德国布伦斯(Bruns)谓全部债务为单数关系;Keller及Durnbury③则谓全部债务为复数关系。解释罗马法全部债务之性质,当以后者为正鹄也。

第九章　保证债务

罗马古代,有所谓Vadimonium者,其性质为保证之一种,然与近世保证则异。古之Vadimonium,保证人,于本人不履行义务应负罚金之责,故本人所负债务,与保证人所负之债务,不以同一事为目的,与近世保证契约,认从债务者不同。

与近世保证有同一之性质者,为一要式口约所结之斯盆酒(Sponsio),即罗马之保证契约也。此种形式,仅罗马市民得用之,而外国人不能也。外国可用者,为非得捕罗迷酒(Fidpromissio)。此种,罗马市民亦得用之。最后所发生者,为非得鱼酒(Fidejussio),其缔结方法,亦以要式口约行之。

就以上所述,保证契约,因时代先后,可以分为三种,即斯盆酒(Sponsio)、非得捕罗迷酒(Fidpromissio)④及非得鱼酒(Fidejussio)是也。前二者以主契约依要式口约所结者为限,可以为附加之保证契约;后者则无论主契约为何种契约,均可附加之保证契约也。即负债本人所结之主契约,不依要式口约而来,保证人亦可以非得鱼酒(Fidejussio)之方法,为保证契约。又因私犯所生之债务,亦可为非得鱼酒(Fidejussio)之附加契约。

斯盆酒(Sponsio)及非得捕罗迷酒(Fidepromissio)之保证契约,保证人之责任,不移转于继承人,且出诉有一定期限,即依契约欲向保证人起诉者,应于二年以内为之,逾限不得再诉。非得鱼酒(Fidejussio)则异乎是。由保证契约所生之责任,不仅保证人负之,其继承人亦同,且诉权不受时间制限,无论何时,均可依此起诉,此其异点也。

斯盆酒(Sponsio)及非得捕罗迷酒(Fidepromissio),至幼帝时已不在,唯存非得鱼酒(Fidejussio)一种。又或谓后者为幼帝时代之唯一保证契约者。

由保证契约所生之债务关系,是否为连带债务,不无可研究之价值。有以为连带债务者,其所持理由,则以保证人与债务者本人,以同一事项为目的,故其关系为连带关系。反对说者则异是。然就最发达之罗马法律观之,后说为优。彼时保证人之债务,与负债者本人之债务,原则上非连带债务。盖本人所结契约为主契约,保证人所结契约为从契约,则所生之关系,亦主债务与从债务之关系也。

①② 应为Sabinus。

③ 应为Dernburg。

④ 应为Fidepromissio。

按幼帝时代法律,保证人(Fidejussor)有下列利益。

一、检索财产之利益(Beneficium excussionis){要求先诉之利益(Beneficium ordinis)}

二、继承诉权之利益(Beneficium cedendarum actionum)

三、要求分担之利益(Beneficium divlonis①)

第一,要求先诉之利益云者,即保证人于自己受诉之先,使债权者先向债务者本人起诉之谓也。若债权者对于债务者,本未曾起诉,而即向保证人起诉时,保证人得提出抗辩,使之先向债务者本人诉追。

疏 罗马古代法律,债权人先诉主债务人,必其财产不足充清偿时,始诉保证人。有时主债务人住居审判厅管辖外之土地,债权人甚感不便,巴卑尼亚奴斯(Papinianus)乃倡改此规则之议。故以后法律,有债权人可直诉保证人之规定。至幼帝时,又以此法不便,爰以新敕令第四号第一章,再行改正,其要旨以主债务人及保证人住居同一法院管辖时,债权人须先诉主债务人,否则直诉保证人。若保证人向法院申请,寻主债务人定期到案时,于其定期,并得检索主债务人之财产。主债务人如期到案,保证人得免诉讼,否则须代为清偿。幼帝以后,复设一例外,即银行为债权人时,得不诉主债务人,而直诉保证人是。

第二,继承诉权之利益云者,即保证人对于债权者偿清债务时,债权者从前对于债务者个人所有权利,应行让与保证人之谓也。但出于保证契约之主契约范围以外者,不在此限。若保证在两人以上,其中一人对于债权者设定质权,其又一人履行债务时,亦得向债权者为质权让与之请求。

第三,请求分担之利益云者,即要求将债务之全额分别负担之谓也。保证人在两人以上,其中一人受诉时,可以为此项之声请。据古代法律,保证人不能享有此种利益,故债权者得向保证人中之任一人,随意请求全部金额。然至哈笃利亚奴司帝时,保证人遂得主张此种分担利益。

疏 保证人中之一人被诉,若不主张分担之利益,而悉数支付,于此情形,支付总金额之保证人,除向主债务人要求损害赔偿外,别无救济之途。

据罗马纪元后四十六年元老院议决 S. C. Vellelanum②,女子不得为他人保证,并不得为债务引受,不行为 Intercessio,反乎此之契约,于法无效,即自然债务,亦不发生。

罗马时与保证契约相似者,向有二种,一为 Manditum③,一为 Pactum de Constiati④。前即委任,例如甲对于乙使之贷金与丙,则甲对于丙实成保证关系,乙为债权者,丙为债务者,甲即保证人也。后者乃以一定时期代偿他人负债之契约也。例如甲对于乙负有债务,丙对于乙约定于某时代为之偿还是也。

第十章 濡滞(Mora)(Verzuy⑤, Demeure, Delra⑥,即迟延)

濡滞内分二类,一为债权者之濡滞(Mora creditoris),一为债务者之濡滞(Mora debito-

① 应为"divisionis"。

② 应为"Velleianum"。

③ 应为 Mandatum。

④ 应为"Constitutum"。

⑤ 应为 Verzug。

⑥ 应为 Delay。

ris)。然债权者之濡滞,可说明者甚少,以下就债务者之濡滞说明之。

疏 使债权者任濡滞之责,对债务者负担损害赔偿,须具下列要件:(一)须当事者双方为有能力,(二)须为全部履行,(三)须为现时履行,(四)须提存。具以上四种要件,若债务者承诺债权者之濡滞,或债权者受领履行,或伸张债权之履行期限,则债权者之濡滞责任,归于消灭。

债务者之濡滞云者,于应履行债务之时,不为履行之谓也。是与利息问题,殊有关系,即债务者于负债之始,并未附有利息,然既有利息濡滞情形,则于濡滞以后之利息,应负支付之义务。债务者之陷于濡滞状态,是否由于债权者之催告,抑期限支付之债务,债务者于期限到来时,当然负濡滞之责,本系问题。惟罗马法当时,则以债权者催告后,债务者不履行,始陷于濡滞之状,不以期限之到来,即当然为濡滞也。至未有期限之债务,则因债权者之催告(Interqellatio①),债务者即陷于濡滞,其效果则在支付应履行不履行,即濡滞以后之利息是也。

疏 债务履行定有期限者,当期限到来,债务者当然任濡滞之责欤?抑或须债权者为催告之程序,而始负责欤?关于此点,议论不一。据中世伊大利博龙格挪法律学校之注释家及后期注释家之说,谓预定之时期到来,即负濡滞之责。当世并生"期限为人催促"(Nies② interpellat pro homine)之法谚,英国亦有"负债者不可不伺债主举动"(The debtor must seek the ereditor③)之格言,与法谚之意,若合符节。(德国普通法及新民法二百八十四条袭用之。)然罗马法正文中,并无相当法谚意义之语,其为后世注释家之臆造无疑。故自罗马法之精神言之,不仅预定之时期到来,尚须债权者别为催告之程序,债务者始任濡滞之责也。(法国民法一千一百三十九条采此规则。)

德语之 Interqellation④,法语之 Interquellation⑤,皆由拉丁语之 Interqellatio⑥脱化而来。惟法国通常所用者,则 La mise en demeure 之文字,为足以表示催告履行之意也。

第十一章 债务之消灭⑦

第一节 完结(清偿)(Solutio)(Erfülung od Zanlung⑧, Payment⑨, Performance)

债务之完结云者,债务者将其所负债务,悉数履行之谓也。若以契约负担债务者,应基于其契约之条款完结之。所以,债务者不能以当初负担以外之事项,免除债务。然苟得债权者之同意,以他物完结债务,亦无不可。此种情形名为代物履行,即拉丁语所谓 Datio in Salutum⑩。

债权者于代物履行同意时,债务于此消灭。然设有较债权者权利更优之第三者,将其代物持去时,当时之债权者,应以如何方法,保证其权利,即不无问题。罗马法关于此点,正文前后冲突,由是学者意见,亦不一致。据《法令类典》第八卷第四十四章第四节所载,于此情形,债权

①⑥ 应为 Interpellatio。
② 应为 Dies。
③ 应为"creditor"。
④⑤ 应为 Interpellation。
⑦ 目录中的标题为"债权之消灭",故此处"务"可改为"权"。
⑧ 应为 Erfüllung oder Zahlung。
⑨ 应为 Payement,即法语"清偿"一词。
⑩ 应为"Solutum"。

者对于债务者得要求损害赔偿。又如《学说汇纂》第四十六卷第三章第四十六节第一项所载，则债权者得本于最后之契约，请求前债务之履行；若关于前债务有保证人时，债权者得对之起诉；又若有质契约时，债权者得行质权。

依以上所述，法典正文既出两歧，德国学者，立论遂分三派。

（甲）债权者对于债务者，得请求损害赔偿，或归本于前债务者契约，得请求履行。Windscheid、Bruns、Vangerow、Römer 等主张之。

疏 此盖举前抵触之正文而为调和之解释也。

（乙）债权者请求损害赔偿，或请求履行，因情形不同。Bekker 主张之。

（丙）债权者仅得请求损害赔偿。Dernburg 主张之。

疏 其立论之理由，谓凡代物履行，率以无条件行之，决无附第三者取去其物则如之何之条件，故债权者纵被第三者追夺，无根据前债务关系而请求履行之理由。

以上三说各有不同，然就解释论，以甲说为当。

必如何之人，可以履行债务，亦一问题。然完结债务，不必限定债务人，即第三人亦得为债务者履行债务。且依法典前载为债务者履行债务时，不必定要得债务者承诺。极而言之，即反乎债务者意思，为之履行，亦为有效。又依法典正文，第三人为债务者履行债务时，债权者无拒绝之权利。即此益可知完结债务，不限定于债务者本人矣。

疏 第三人为债务者履行债务时，债权者无拒绝之权利，例如甲贷金于乙，已至履行期限，如丙代乙履行，则甲不得拒绝是也。

债务者于债权者之所在不明或不为相当之受领时，得提存（Depositio）目的物，而免其责任。提存处所，多于寺院行之。此制度滥觞于西塞罗时代，至亚列其颍德耳·色威卢斯[1]帝时，为提存之便利，而设公之仓库焉。但不便提存之物，得抛弃之而免责任。近今民法，提存制度，规定较罗马特详，遂为民法上债权消灭之一大原因矣。

履行债务，应对于债权者为之。若债权者无领受之能力时，则向其监护人为之。但无领受能力之债权者[2]，因债务之履行，其财产多少增加，再就同一之物请求时，债务者得提出抗辩拒绝之。

第二节　抵销（Compensetio[3]）（日本曰相杀）

抵销云者，两对立之债务相销相抵之谓也。荷兰学者 Noodt（生一六四七，殁一七二五）谓抵销为依法律之解释，以略式为相互之履行，据此则抵销成为履行之一种。是说也，在解释罗马法学者，颇占势力。惟罗马法正文，并无以抵销为履行一种之明证，即依幼帝法典所载抵销之定义，亦无以之为履行一种之说。再就法理上论之，亦不能谓抵销即履行之一种，不过其结果已耳。抵销有因契约，有不因契约者。前者以两相同意，别无异论。至关于后者，则学说不一。盖罗马正文有 Ipso jure Compensatur 一语，学者遂因之生疑义矣。大率可分三说，试分

① 即 Alexander Severus（208—235），今一般译为亚历山大·塞维鲁。

② “者”，原阙漏，今据上下文加。

③ 应为 Compensatio。

述之。

疏 抵销,拉丁语曰Compensetio[①]。考其字源,由cum与Penso之文字而来。Cum,互也,Penso,权衡之意,谓两人互有债权、债务,法律权其分量,许其各以债权为债务之履行,故亦为债权消灭之方法也。德语所谓Aufrechnung,法语所谓Compensation,英语所谓Set off,其意义一也。

(甲)据玛尔剃奴斯(Martinus)之说,原告、被告双方均有债权时,不必要何等之所为,当然抵销。夫原告、被告两方之债权、债务同归于一人之手,即成为混同,以同理则债务者成为自己债主之债主,不得不谓为自行抵销。多内路斯(Danellus)之说与前相同,即抵销者不因人为而生,于被告方面,虽无何等之所为,两个之债权并立时,抵销权自应发生。德之布伦斯(Bruns)氏亦主张此说。法国民法第一千二百九十条规定,实仿自此。然落伦特(Laurent)之注释,则谓此法之出于罗马法之误解云。(法国主义)

(乙)据阿错(Azo)之说,被告不必要求抵销,若不欲抵销时,可以沉默出之,然要求抵销,则须提出抗辩。债务者提出抗辩时,其抵销效果,溯及既往,视为自债务对立之时,依法律抵销者。近世法律家往往谓法律上抵销,或裁判上抵销。就其沿革上言之,前者出于甲说,后者即出于乙说者也。(德国主义)

(丙)据德伦布尔(Dernburg)之说,则所谓Ipso jure Compensatur云者,审判官因法律有规则,必须令其抵销之谓也。换言之,即不以审判长之任意为之,而以法律之力抵销之意也。

疏 罗马诉讼,有严正诉讼及诚意诉讼二种。前者审判官不究当事人意思之真伪,唯严守古法,而判断之。后者审判官于依据古法外,尚须考究当事人意思之真伪,而为判断,故诉讼方式(Formula),必记载诚意之文字焉。而许为抵销之权限,亦由此两种诉讼而判然。马耳苦士·奥曰留士[②]帝时规定,凡严正诉讼,被告提出诈欺之抗辩(Exceptio doli)时,审判官必采用,而许其抵销,不得以职权为出入。于是Dernburg根据此种事实立论,故名诉讼法主义。

综以上三说,以罗马法解释论之,以第一说为正当。即因法律自身抵销云者,当事人虽不为何等行为,债权与债权相对立时,于法律上当然抵销之谓也。

抵销与扣除(Deductio)应为区别。即抵销时,以同物与同物相抵,例如金钱与金钱、麦酒与麦酒得相销之类是也;然扣除时,则与此相反,虽非同物,亦可以互相扣除,例如麦与酒、米与金钱之类是也。再扣除时,虽系后日应支付之金钱,与现在应支付之金钱,亦得为之,而抵销则非俱系现在应支付之金钱,不能互相抵销也。

疏 幼帝以前,抵销以同一原因(ex cadem caus[③])新发生之债权为限,至幼帝乃扩充之,除须同类之物外,虽不同原因(ex dispari caus[④])者,亦可抵销。

依罗马法特别之规则,在破产程序,须先行交互扣除(Cum deductione)之程序,在银行营业者(Argentarius),须先行两相抵销(cum cenpensatione[⑤])之程序,而后起诉。然依罗马法普通之规则,无先为扣除及抵销之必要,必待被告之抗辩,而始抵销之。

① 应为Compensatio。

② 即Marcus Aurelius(121—180),今通译为马可·奥勒留,著有《沉思录》。

③ 应为“eadem causa”。

④ 应为“causa”。

⑤ 应为“compensatione”。

第三节　免除(Freilasseu[①])

债务免除，分为二种，一为正式免除，一为略式免除，试分述之如下。

疏 免除(Erlass, Exemption)者，乃依契约而抛弃债权之法律行为也。债务之免除，依单独行为而为之欤？抑依契约而为之欤？德国民法(三九七条)采契约说。日本民法(五一九条)及我民律草案(四八〇条)采单独行为说。然以罗马法之沿革考之，仍以契约说为正，因罗马法正式之免除，须用要式口约也。

(甲) 正式免除　依古昔之罗马法，免除债务时，应与创设时用同一方式。例如以要式口约创设债务，免除之时，亦应以问答之方式为之是也。依此方式免除之方法，称为 Acceptilotio[②]。幼帝法典载之：如以书约创设债务者，免除亦应以其旨入簿内，因合意约所生债务，亦依合意约免除之，约言之，则始终以同一方法行之是也。至纪元前六十五年，阿克皮留斯(Aquillius)·割路斯(Gallus)发明一新法，即无论如何债务，均可以问答之方式免除，申言之，即依要式口约以外之方法，创设债权者，依要式口约亦得免除之。(名此方法曰 Acceptilotio Abuiliana[③]。)

依以上方法，免除债务时，债务人义务全然消灭，故有保证人者，保证义务，亦因之消灭。又债务者为二人以上，若其中一人已受免除时，其效果及于债务全员。

(乙) 略式免除　即依审判官之法律免除者也。即债权者对于债务者约定为不请求其履行(Pactum be[④] non petendo)，而审判官认此约为有效者是也。若债权者违约，对于债务者再行请求时，债务者得提出抗辩，以拒绝原告之请求。是亦免除之一种，不过与上所述之免除不同耳。其所异者，则有三焉：(1)正式免除，债务全然消灭，而此则不然。依市民法，债务依然存在，唯依审判官法律，得提出抗辩而已。(2)正式免除，不附条件，此则附以条件或期限均可。(3)正式免除，对于多数债务者之一人为之者，对于全员生效力，此则专对数人中之一人免除，为有效也。

第四节　混同(Confusio)(confusion, Vereinigung)

混同者，指债权、债务全入于一人之手者而言。例如债务者为债权者之继承人，或债权者为债务者之继承人，或债权者、债务者皆已死亡，而他人为两人之继承人时，混同之问题即发生。要而言之，混同者，自己不得诉追自己之谓也。

据幼帝法典所载，债务因混同消灭者，有时再生。例如甲乙兄弟二人，乙以金百元贷于甲，假定乙死之后，甲为其继承人，即为混同，然甲若以乙之财产包括卖与他人时，此时甲之债权，仍然存在是也。其在物权混同，有时亦与此无异。

疏 混同为债权消灭之原因，德普通法(Windscheid 352)及普国国法(第一部第十六章四七六条)、奥民法(一四四五条)、法民法(一三〇〇条)、瑞债务法(一一八条)，均承认之。唯德国民法，无认混同为消灭权利原因之规定，债权无论矣，即物权亦不因混同而消灭也(德民八八九条)。

---

① 应为 Freilassung。

② 应为 Acceptilatio。

③ 应为 Acceptilatio Aquiliana。

④ 应为“de”。

第五节 更改(Novatio)(Novation, Nenerung[①], Substitution)

更改者,以使旧债务消灭为目的而创设新债务之谓也。例如甲乙间有动产之买卖契约,而后以土地之买卖代之,是即所谓更改契约也。但即时以他物或代替原买卖之目的物,而使债务消灭者,为代物履行,而非更改契约。更改者,不但使旧债务消灭,而兼使新债务发生,故就旧债务消灭一点,二者固同,而于新债务发生一点,二者显有差异也。

更改契约,性质上究为旧债务之变造,抑为新债务关系之创设,学者间不无问题。一说谓更改者,新债务与旧债务用同一材料所制作者也,故新债务不过旧债务之变造已耳。其又一说谓新旧两债务,毫无关系,即从新另行创设者。此种问题,近年始发生,前世纪则多采后一说。然古之乌鲁皮亚奴斯(Ulpianus)定义,其文意与前一说相近,即更改者,以原债务移转于他之债务关系之谓也。而其所谓他之债务关系者,不问其为完全债务关系,抑为自然债务也。然就更改之性质而论,仍以后说为当。

疏 前说称曰变造说(Umwandlungstheorie),乌尔鄙亚奴斯即采此说,下更改之定义曰:Novatio est prioris debiti in aliam obligationen vel naturalem transtusiotque[②] translatio。(见《学说汇纂》第四十六卷第二章第一节首项)后说称曰创设说(Neuschöpfungstheorie),亚恩此(Arndts)、菩火他、温侪德(Windscheid)、沁特尼士(Sintenis)、湾格罗等主张之。

更改可分为三类:第一,为债务关系之变更,债权者与债务者依然仍旧。第二,为债权者之变更,此由旧债权者之嘱托(Delegatio)而生者,即旧债权者对于新债权者负有债务时是也。第三,为债务者之变更,即旧债务者免除其责,而以新债务者交替之谓也。是即新债务者对于旧债务者负有债务而代其负责也。

疏 拉丁语称免除旧债务人之债务,曰 Expromissio,称旧债务人嘱托新债务人负债,曰 Delegatio debiti。

以上所述,为更改种类。然必如何始能为更改契约,换言之,即更改契约,宜具有某种要素,试再论之如下。

第一 旧债务之存在。旧债务虽系自然债务,亦无不可,但法律上须为有效之债务。

第二 新债务之创设。新债务不必为法律上之完全债务,即自然债务亦可。

第三 更改意思之存在。若无此种意思时,新旧债务并立。

疏 关于此点,学者间尚有争论。布伦斯、温侪德等主张有更改之意思(Animus novandi),则旧债务方能消灭。Salpius 反对之,谓无更改之意思,不妨更改之成立。

以上所述,即更改之要素也。

第六节 消灭时效

消灭时效,拉丁语称为 Praescriptio extinctva[③],与取得时效(Praescriptio acquisitiva)之名称对立。惟罗马时代,实无此种用语,乃后世注释家作成者。虽非古语,以惯用之故,遂相袭至于近世。

---

① 应为 Neuerung。

② “obligationen vel naturalem transtusiotque”应为“obligationem, vel civilem, vel naturalem, transfusio atque”。

③ “extinctva”应为“extinctiva”。

罗马古代，并无所谓消灭时效，至裁判官之法律发达时代，始渐发生。盖在罗马时，诉讼，分为有诉限者，与无诉限者。前者即于法定期限内应起诉者，为 Actio Temporalis，后者即随时可以起诉者，为 Actio Perpetua。于此之外，更分为市民法上之诉讼，与大官法上之诉讼。就一般言之，大官法之诉讼为有诉限者，而其期限甚短，为一年以内。殆以罗马时审判官以一年为其交替之期，故其起诉期限，亦以一年为度也。逾一年而不起诉，债权即消灭。然亦不无例外，例如窃盗现行犯之诉讼是也。至于市民法上之诉讼，概为无诉限者，无论何时均可起诉。然亦有例外，例如不正当遗言撤销之请求，其撤销之诉，必于五年以内为之者是也。

至纪元后四百二十四年弟由多西由斯(Diodosius)①帝时，定消灭时效之规则，于从来随时可得起诉者，亦加以制限，即此诉讼应于三十年以内为之，其有特别情形者，于四十年以内为之。原无诉限者(Actio Perpetua)之意，以文字言，为永久可以诉讼之意。然于 Diodosius② 帝以后，一切诉讼，均有制限，所谓永久者之意，澌灭殆尽，而其名则仍旧如故也。依此法律，与从来规则大异。即依从来规则，于一年以内不提起诉讼者，权利者不唯无救济，并权利亦丧失，换言之，即债务者全免债务是也。故是时之起诉期限，与消灭时效无异，为债务消灭之原因。若依新规则，则债权者于法定期限内不起诉者，虽失救济方法，然权利并不因之而失。自此法出后，关于起诉期限之规则，其精神渐变，即附有短期诉限之诉讼，其期限之效力，亦仅使救济之方法消灭，而不使权利消灭。近世诸国之法律，多采用之。惟依近世法律，消灭时效不得称为债务消灭之原因，盖债权者虽不得起诉，而债务则依然存在，不过非完全债务已耳。

疏 英国法律格言曰："出诉期限，虽妨害救济，而权利依然存在"(Statute of limition③ bars remedy but not the right)。与 Diodosius 帝之新规则，用意正同。惟英国称时效消灭之债务，不曰自然债务，而曰不十分债务(Imperfect obligarion④)，名异实同也。

要而言之，消灭时效之制度，可分四期：第一期，为古代，无消灭时效制度；第二期，为裁判官法时代，消灭时效为债务消灭之原因；第三期，为弟由多西由斯(Diodosius)⑤法时代，制定三十年之消灭时效，变完全债务为自然债务；第四期，为近世法时代是也。

第十二章 债权之让与(Übertragnug)⑥

在罗马古代，债权不得让与，故债权者欲以债权与金钱引换者，债务者若不即支付时，得其同意，为债务之更改。然债务更改，原债务与新债务，非同一之债务，故依当时法律，不能以同一债务让与于他人。迨至后世，债权始得依间接之方法让与他人，其所谓间接方法有二：一为债权者以对于债务者之诉权，委任于让受人之方法。此时让受人得向债务人诉追，故实际上得行使债权之结果。盖在罗马古来之诉讼程序，为他人之代理人起诉者，虽以本人之名义行之，而受裁判时，则以代理人自己之名义受之故也。所以由其结果言之，让受人(代理人)与自始以自己之名义起诉者无异。一为让与者(债权人)有直接诉权(Actio directa)之起诉权，而将

①②⑤ 应为 Theodosius。

③ 应为"limitation"。

④ 应为"obligation"。

⑥ 应为 Übertragung。

Actio utilis 之诉权,与于让受人之方法。此时让受人有以自己名义,行 Actio utilis 之诉权。所谓 Actio utilis 者,仿效他之诉讼而作之诉讼,其基本诉讼,为 Actio directa。即在债权让与时,原债权者于让与以前,以自己名义得实行债权,然裁判官渐渐保护让受人,遂效法原债权者,得实行诉讼之方式,而作为诉讼方式,而让受人实因此而得自己起诉之权。于是称让与者提起之诉讼为 Actio directa,让受人提起之诉讼为 Acio[①] utilis。此皆与诉讼之方式相关系,一为轨范,一系模仿者也。

以债权让与通知债务者之后,让与者不得提起 Actio directa 之诉,若行此诉讼时,债务者得依抗辩方法排斥之。有谓罗马法发达时代,得选行让与者,德国 Kuntze 之说,则反之。其实让受人既得为 Actio uttilis[②] 之诉,则结果与许其让与无殊也。

疏 债权让与之通知,自让与人为之欤?抑自让受人为之欤?将不论何方,均可为之欤?学者不无议论。(一)Windscheid 之说,谓罗马法置重之让受人之握有债权,故须让受人通知,不能由让与人通知。(二)Kuntze 之说,谓债权让与,为让与人废弃占有之动因,故须让与人之通知。(三)Dernburg 之说,谓让与人、让受人双方,不论何方所为之通知,效力均同。据罗马法之精神,自以 Derndurg 之说为当。

债权让与者对债务者,得为应履行于其让受人之约束(Delegation),此方法在否认债权让与时代,及明认债权让与时代,均许用之。

罗马法欲移转债务,须用更改(Novatio)之法,名曰 Expromissio,故须得债权人之同意。盖恐债务人随时随意将债务诿于不名一钱之人,则债权受损不小也。

① 应为 Actio。

② 应为“utilis”。

第三部　继承(Successio)

罗马法上分物为有体物及无体物，而继承物与债权同为无体物之一。故幼帝法典，无论关于债权之法则，或关于继承之法则，同列于物之法中，与近世立法例，区别物权债权者异。今于本编之末，分章论之。

第一章　无遗言继承

此种继承，罗马法上可分为三期，即

第一期　为《十二铜版法》时代。按此时代法律之规定，

（一）为嫡派之继承人(Sui heredes)。所谓嫡派继承人云者，在同一家长权之下，有自主权之后继者之谓也。即家长死亡时，即时独立居于自主权者地位之人(户主)是也。先代养子得为嫡派继承人，有继承权，不必论矣，即离宗者及因婚姻入于他家立于夫权下之女子，亦得为本生之继承人。

死者财产，有继承权之家属平分之。然有谓罗马人在行此制度之先，曾采长子继承制。但事实上无从证明，其载在《十二铜版法》者，厥为平分制。

疏　死亡者之财产，归有继承权之家属平分(Collation)之，同亲等者以头数(Per capita)，不同亲等者以株数(Per stirpes)。

（二）无嫡派继承人者，以宗族最近者(Pratimi agnati)为继承人。罗马古昔为家族制度，一家财产，为一家共有之物，故无嫡派之继承人，以宗族之最近者为继承人，殆由财产共有思想而出。

（三）无宗族时，以同姓者(Gentiles)为继承。

疏　但至 Ulpianus 时，同姓者之继承，业已废止。

第二期　十二铜版以后讫于幼帝，注意血族关系。十二铜版之法律，时为审判官所变更，而审判官改正之法律，亦多少时时加以修正，惟其大方针则不变，约而言之，则注重血族是也。

疏　此期共分四级：（一）子孙(Unde liberi)、（二）家属及旁①系宗族(Unde legilimi②)、（三）血族(Unde cognati)、（四）配偶者(Unde vir et uxor)。

第三期　为幼帝所定法律。幼帝法律中最新者，为新敕令，其一百十八号及一百二十七号所载，第一继承人为死者之卑属亲，第二家属平分继承物。孙以下之卑属亲，以其父应得之分，

---

① “旁”，原作“傍”，今据上下文改。

② 应为“legitimi”。

为继承部分。死者无应行继承之卑属亲时,尊属亲与死者之兄弟姊妹平分。无兄弟姊妹时,尊属亲自己继承之。又若无尊属亲时,以血统最近者继承之。

第二章 继承人之种类

继承人可分为三种:

第一,必然之继承人(Necessarii heredes)。此种继承人,奴隶是也。其所以然者,以主人死时,无资力不能清理债务,于名誉有碍之故,于是解放[①]奴隶,以之为继承人,遂发见此种继承,不准辞脱之制度。

疏 若所继人(Ancestor)负债太多,必然继承人有请求将所继人财产,与死亡后所得之财产划分之,称曰:财产别除之特权(Beneficium separatonis[②])。

Beneficium inventarii 制度未行以前,不问何种继承人,若其自己负债太多,继承债权人恐其以遗产履行自己债务,则得请求将遗产与继承人之财产分离之,称曰:分离财产(Separatio bonorum)。

第二,嫡派必然之继承人(Sui et necessarii heredes)。此种即普所谓嫡派之继承人是也。

疏 此等继承人,在古代法,不许拒绝继承,至审判官法律,始附与继承拒绝之特权(Beneficium abstinendi),但若其有干涉遗产之行为,则不得拒绝矣。

第三,其他。

疏 第一、第二称曰:家内继承人(Domestici heredes)。第三称曰:家外继承人(Extranei heredes)。此种人继承与否,有自由取舍之权,故又名任意继承人(Voluntarii heredes)。

第三章 遗言(Festamentum[③])

按罗马古法,遗言之方式有三:第一,为贵族在国民会之遗言(Testamentum in comitiis ealatis[④]);第二,为武装的遗言(Testamentum in procinctu);第三,为依蛮齐帕齐沃方式之遗言(Testamentum per aes et libram)。以上三者系市民法所认,渐次失效。其后为审判官判案所出之方式(Jus praetorium)累次变更,至幼帝时,更以正文变正之。虽经屡次更改,而其源同出于蛮齐帕齐沃方式则一也。

疏 幼帝法典之遗言方式有二。(一)普通方式。又分二种:(1)私式遗言,包括书面遗言(Testamentum tripertitum)、口头遗言(Testamentum nuncupativum);(2)公式遗言。罗马于纪元后,公式遗言有二:其一,由君主以敕裁行之(Testamentum principi oblatum),其二,于审判厅行之(Apud acta)。(二)特别方式。(1)盲者;(2)传染病者;(3)田舍人;(4)直系尊属;(5)为教会利益或慈善目的者;(6)军人。

---

① “放”,原作“散”,今据上下文改。

② 应为“separationis”。

③ 应为 Testamentum。

④ 应为“calatis”。

罗马时之遗言,概以书状作成,然于七名证人前以口头行之者,于法律上亦有效。

就以上所述观之,罗马遗言,系属公之性质,得于公众面前为之。再就近世诸国法律观之,遗言为一家之私事,贵以秘密,比之罗马时代,其相去也远矣。

遗言中有定继承人者,有废继承人者。欲明家族制度与遗言制度之关系,须就二点说明。盖以一家之财产,为一家共有物之思想,为罗马人所共有,故为遗言时,以嫡派之继承人,定为继承人,或不使之继承,不可不特别表示。若不明白为设定或除去之程序时,其遗言往往无效,后虽稍有变更,然至幼帝时代,其精神依然存在。

有继承权利之人,于相当理由被除时,为攻击其遗言计,得提起诉讼。若胜诉时,原告得受死者财产之分。后宣其额为其财产总额四分之一。至幼帝时少加修正。法国民法第九十三条以下规定,即胎息于此。

为遗言者,须要有遗言能力。所谓遗言能力(Testamenti factio)者,(一)为遗言之能力(Testamenti factio activa),(二)为遗言受领物件之能力(Testamenti factio passiva),(三)为遗言证人之能力(Pestamenti[①] factio relativa)是也。

疏 为遗言之能力(Testamenti factio activa),为遗言人须于为遗言时及死亡时有之,至其中间之时若何,则不问也。凡罗马市民皆有能力,惟下列六种则否:(1)在家长权下者(但对于其特有产可为遗言);(2)未婚年者;(3)心神错乱者;(4)浪费者;(5)聋者哑者盲者(幼帝法典规定,聋者、哑者限于能自书全文者,得为遗言。盲者非依幼帝先代幼斯体鲁士之规定,不得为遗言。幼斯体鲁士规定之大旨:于普通七名证人之外,加公证人一名,无公证人者,另加第八名证人一名,使之听盲者之口授而笔记之,并须宣读讲解);(6)捕虏{为敌国捕去之人,在敌国所为之遗言,无效。然在本国作成之遗言,其人归国时,依归国权(Postliminium)之效力,依然有效。若未归国而死亡于敌国者,则依 Lex Cornelia 之规定而有效}。

为遗言受领物件之能力(Testamenti factio passiva),继承人须于为遗言时,所继人死亡时,及继承时有之。以下八种人,则无此能力:(1)外国人;(2)准拉丁殖民地人;(3)降敌(Dediticius);(4)被流者(Deportatus);(5)不确定者(Incertae personae)(例如,遗言无论何人,先来参与于所继人之葬式者,即以之为继承人是);(6)独身及无子者(古法有限制,后与以完全能力);(7)不信基督教者;(8)叛徒之子女。(受遗人之能力,其规定与继承人同。)

为遗言证人之能力(Testamenti factio relativa),证人须于作证时有之。下列七种之人无此能力:(1)奴隶;(2)妇人;(3)未婚年者;(4)聋者、哑者;(5)心神错乱者;(6)继承人及继承人之父子兄弟(但受遗人除外);(7)家长对于家属之遗言。(6、7 两款纯为远嫌起见,与 1 至 5 诸款不同。)

第四章 遗赠(Legatum)

遗赠与遗言异。遗言之目的,在设定继承人,而遗赠则仅以财产与人,而不在继承死者之人格。虽有时对于继承人,亦有为遗赠者,然属例外。古昔罗马遗赠之目的,在使亲族间得财产上之权衡。盖以就多数人中,选定其一定为承继人,于经济上、社交上均为便利。故遗言往

---

① 应为 Testamenti。

往定一人为继承人,对于其他之嫡派之继承人,则除去其继承权。然如此则继承人与其他之子女间,于财产上殊有悬隔。故别为遗赠制度,以财产分配于其他子女之间。自是以降,遗赠目的渐次变化。至基督教传入罗马以后,以财产遗赠寺院者,其数日增,且其时生存中受人恩惠,死亡之际,为报恩亦有以财产为遗赠者。

罗马以尊重家族主义之故,以财产遗赠时,必须设定继承人。若仅为遗赠,不设定继承人者,其遗赠无效。其在设定继承人以前之遗赠亦同。至幼帝时加以修改,即不按照上述次序亦可。故依幼帝法典,财产遗赠,不问其在设定继承人之前后,然必须设一定继承人,则与古法同。

财产遗赠制度发生以后,于世盛行,甚有以财产全部,与继承人以外之人者,如此则继承人毫无所得,故有拒绝继承之事,由是受遗者事实上亦不能收得实益。至纪元前四十年以法律定之,即继承人当然得以被继承者财产四分之一为己所有,继承人既不至因继承毫无所益,而受遗者于实际亦不至归于无效矣。

疏 遗赠之方法有四种:(一)对物遗赠(Legatum per vindicationem);(二)宣告遗赠(Legatum per damnationem);(三)许容遗赠(Legatum sinendi modo);(四)先取遗赠(Legatum per praeceptionem)。以上四种遗赠,各有特定之用语。幼帝时置重于为遗言人之意思,制以诸种遗赠,同一性质,不论用如何之文句,受遗人得依对人诉权(Actio in personam)、对物诉权(Actio in rem)或抵押诉权(Actio hypothecaria),而追求其目的物。又以此制为未备,许遗赠与信托之规定,得互用之。

第五章 信　　托

信托之性质,与前章所述之遗赠同,惟不要一定形式,是其异点。信托者,以信托事项记于小册为恒例。换言之,即财产之所有者,关于财产之处分,于小册记之,死后继承人依其所记事项而行之委托是已。故其结果与遗赠无殊。在太古时,对于继承人,即有此委托,亦不生效力。至 Augustuls[①] 帝时,付以法律上之效力,与遗赠并行,而于记载事项,并无何等方式。及基督教兴后,其作成应于五名证人前为之。又于五名证人前,亦得以口头为信托。

疏 信托(Fideicommissa)一语,实包括遗产信托(Fideicommissaria heredites)、特定物信托(Fideicommissum singulare)及小册信托(Fideicommissria codicilli)三者言之。据罗马法,遗言书之变更,须重新制作,不许就原书添改。故小册信托制度,最为便利也。

信托以财产全部与继承人以外之人时,继承人得拒绝承继,因此信托亦归于无效。故至内里帕司亚奴斯(Vispasianus)帝时,继承人对于遗留财产四分之一,即所谓 Quarta Pegasiana(四分之一之部分之名),定为当然取得,与遗赠同。

信托与遗赠本系两事,至幼帝时,关于两者规则,定为互相利用。

疏 关于遗产信托之各种法律:(1)Senatus Consultum Trebellianum 者,Mero[②] 帝(纪元五四至六八在位)时代元老院之议决也。大旨以因信托而为遗产之交付时,凡市民法为继

① 应为 Augustus。
② 应为 Nero。

承人(即起诉权),或对继承人(即应诉权),而与之诉权(即继承财产之诉),为信托受益者,或对信托受益者,悉许与之。(2)Senatus Consultnm① Pegasianum 者,Vispasianus② 帝时代元老院之议决也。即为信托者与于继承人之分,须有四分之一,学者称曰 Quarta Pegasiana。至遗产之负债,则由继承人与信托受益者,按其所得利益之比例而负担之。(3)Senatus Consultum Trebellianum 者。幼帝时,对于遗产信托,不问何种情形,须依此元老院议决而为交付。即指定继承人,若未受遗留或虽有而不及四分之一者,得保留四分之一或不足之额于自己,而以四分之三,移转于信托受益者,若已交付者,亦得请求相当额之返还。学者称曰 Quarta Trecellianum③,以与 Quarta Pegasiana 区别云。

第六章 死因赠与

死因赠与,亦颇与遗赠相似,惟乃附条件之行为。即赠与者,因危难有死亡之虞,往往以财产与人,约以余若死,则为汝所有,否则仍以财产返还者是也。为此种行为时,是否要五名证人,学者间不无议论。惟以乏参考之资,终无定论。大概古昔不以之为要件,迨后世则趋重之。又或有以之与遗赠同视者,有以之与生存间之死因赠与同视者,幼帝法典采用前说。

疏 死因赠与(donatio mortis causa),情形亦有二种:一为预想将来之原因,而自期必死者(例如出征者);一为迫于目前之危险,而祸在旦夕者(例如犯重罪者)。然无论何种情形,若其危险既去,而尚生存,则赠与无效。德国学者 Hasse 称前者为死因赠与(Schenkung von Todeswegen od Schenkungen Todes halber),后者为因死赠与(Schenkung auf den Todesfll④),皆本罗马法死因赠与之文字,细别而出也。

① 应为"Consultum"。
② 应为 Vespasianus。
③ 应为 Trebelliana。
④ 应为"Todesfall"。

第四编　诉　　讼

研究罗马法者，非合诉讼法一并为之，不能尽体用之妙。惟诉讼法在罗马古代，亦不发达，较实体法殆有过之，其后以渐而生。故罗马法之发达，多有与诉讼相因者。以下试分述之。

第一章 传唤程序

东亚各国,公法先发达,私法次之,故审判官之权力特强。西欧各国,则与是适成反对,其始审判官之权力甚弱。罗马古时,诉讼不过视为私人之争议,审判官仅公断于其间已耳。在十二铜版时代,诉讼不过私事,即不应诉,亦无相当之判裁,而原告强制被告使之赴审判衙门,亦无不可。此种规定,载在第一铜版,其后审判官(Praetor)加以修正。凡被诉者,应行赴审判衙门,若不应诉或逃去,或经过期限者,审判官罪之。传唤程序系原告人自为之,故原被告之间,定期出头于审判衙门也可,或由原告通知被告人,促之出庭亦可。虽至帝政之始,与共和制度无多差异。及昆斯坦丁奴斯(Constantinus)帝时,将传唤程序,又加修改。由原告对于审判衙门提出诉状,经审判衙门通知被告,若不应诉时,应即受罚。至颓由多西由斯(Theodvoius①)帝时,复更正程序。起诉时必以书状,且于诉状中叙明请求要旨。现今各国所行程序,实仿自此。

第二章 传唤以后之程序

传唤以后之程序,第一曰旧式诉讼时代(Legis actones②),第二曰方式诉讼时代(Formulas),第三曰非常程序时代(Extraordiuaria③)。以下试分节述之。

第一节 旧式诉讼时代

有此时代,诉讼程序拟于争斗。其在所有权之争,一方以枪触系争物品,主张所有权,且又一方诘其理由,以斥其非。于此审判官介入于其间,止其争焉。先为法律上之调查,然后附送于事实审理人,事实审理人为最终之裁判。审判衙门为公之官吏,事实审理人则私人而已。

疏 旧式诉讼程序方法,可分五种:(一)神圣金式(Sacramentum);(二)审判官请求式(Judicis portulatio④);(三)返还要求式(Condictio);(四)拿捕式(Manus injectio);(五)扣押式(Pignoris capionem)。

第二节 方式诉讼时代

此时代为诉讼程序最重要时代,亦罗马法律最有进步之时代也。称此方式曰 Eortmula⑤,

---

① 应为 Theodosius。
② 应为"actiones"。
③ 应为 Extraordinaria。
④ 应为"postulatio"。
⑤ 应为 Formula。

计有种种,今试举一例以说明之。譬如命甲为事实审理人(事实审理人之设定),乙以奴隶卖于丙(事实要领,Demonstratio),丙若应以一万 Sestertium(货币名称)与乙时(原告之请求,Intentis[①]),事实审理人即判令(Adjudicatio)丙以万 Sestertium 与乙,否则为无义务之判决(断定,Condemntio[②])。要之,诉讼时,其方式应记载事项,为事实审理人之设定、事实之要领、原告之请求及判决之要旨四者。审判官制定此式之指名书状,令事实审理人从其旨趣,为事实之调查,且为判决。此种审判官之调查,称法律上之调查(In jus conceptae);事实审理人之调查,称为事实上之调查(In factum conceptae)。

以上所述,不过方式之一。然因诉讼种类,方式亦不同。若被告提出抗辩时,以之记于原告请求之后,试以诈欺抗辩之例说明之。譬如令甲为事实审理人(事实审理人之设定),原告以奴隶卖与被告(事实之要领),被告应支一万 Sestertium 之代价(原告之请求),而原告就该事件若未为诈欺时(被告之抗辩),事实审理人应判令被告以一万 Sestertium 与原告,否则为无义务之判决(判决)。被告之抗辩,记于原告请求之末者是也。以上所述,被告抗辩,记于原告请求之末,是为恒例。然亦有记于原告请求之前者,譬如时效之抗辩是也。(例如被告因时效之经过,可永远占领土地,不应以之返还于原告之抗辩。)此种时效,称为 Praes Criplis[③],即书于前之义,其得名殆由于被告提出抗辩,若原告为反驳时,亦应将其要旨记入方式之内。

又物权及债权等诸种权利之移转,为法律上通例,诉权亦如之。但亦有例外,试略述之。关于契约之诉权,移转于债权者之继承人为原则,然不无例外,格阿由斯(Gaius)时代之法律,副要约者得自行提起诉讼者是也。所谓副要约者何?即债权者于缔结无要式口约后死去时,使债务者履行契约,颇无困难,故使第三者同时从事于要式口约,其第三者生存中,得代债权者对债务者请求履行是也。此种受人委托,从事于要式口约之人,称为副要约者。依格阿由斯(Gaius)时法律,副要约者本人,对于债务者虽得提起诉讼,而其继承人则无此权,是则副要约者所有之诉权,不移转于其继承人也。又关于私犯之诉权,大都移转于继承人,惟关于对身私犯之诉权,则为例外,如被害者对于加害者虽有诉权,而被害者之继承人,则无诉权是也。乌鲁皮亚奴斯(Ulpianus)之说,则谓被害者若达于诉讼期间死去时,其继承人得续行诉讼。

诉权对于某种债务者之继承人,可以行使,亦一问题。凡因契约负担债务者死亡后,其责任移转于继承人,是为一般之通则,即债务者之继承人,对于债权者负有受诉义务。然亦有例外,即依古昔法律,因要式口约为保证人者,其继承人无受诉之义务是也。然至后世,因用语变更,其结果遂致此等继承人,亦不得不受诉。又关于私犯诉讼而含有刑罚之性质者,只及于非行者本身,其继承人不负此义务,譬如关于强盗之诉,及关于身犯之诉是。

以下再就禁令(Interdictum)之概要,附论之。

Interdictum 为审判官所发之一种禁令,性质上概为关于公之秩序。试就保护占有之一点观之,足以证明。盖此禁令,与占有多有关系。例如不动产占有之保护,当事者一造不因暴力,不以隐秘,或不因请求,即于交付之约束而占有房屋,对于彼造之用暴力妨害占有再禁之。

---

① 应为 Intentio。

② 应为 Condemnatio。

③ "Praes Criplis"应为"Praescriptio"。

Interdictum大多数有消极[①]的性质，故称为禁令，似亦名实相符。然有含积极性质者，例如关于动产占有之保护是。（本件奴隶本年中最多之日月间，无论在于何处，于又一方之用暴力使用占有，不能从自己所好持去者禁止之。）

第三节 非常程序时代

在第一期、第二期时代，审判官审查法律之点，事实审理人审查事实之点。然至本期，审判官合事实并为法律上审查，且于审判衙门设等级，对于下级裁判不服时，得为控诉，而皇帝为最高之裁判者。现今控告、上告之程序，实渊源于此。

第三章 争讼期(成词)(Litis contesttio[②])

争讼期（成词）云者，被告拒绝原告请求已确定之时期也。在第一期，即旧式诉讼时代，以法律的审理既终，移于事实的审理之时，为争讼期。在第二期，即方式诉讼时代，以作成方式之时，为争讼期。在第三期，即非常程序时代，以对于原告之请求，被告答辩之时，为争讼期。

此争讼期，与诉讼上种种事项，均有关系。

第一，在争讼期以前，无所谓时效中断。

第二，争讼期既经过之后，就同一事件，失其提起诉讼之权利。若强为起诉者，被告得以其事件，既涉事实审理人之手为抗辩。其已经事实审理人之裁判者，亦得以之为抗辩之理由，颇与近世一事不再理之原则相似。

第三，事实审理人之裁判，有溯及效力。

第四，关于对身私犯之诉权，以不移转于被害者之继承人为原则。若被害者于生存中提起诉讼，经过争讼期后死亡者，其继承人得续行诉讼。

以上所述，为争讼期所生效果之概要，其他尚多，因涉烦琐，故不备及。

疏 附述罗马刑法之概要。

（甲）罗马法上之罪名，及其适用法律，计分下列十二种。

（一）阴谋加危害于国家或君主者，为谋叛罪，适用Lex julia majestatis，处死刑，籍其家，并剥夺其格。

（二）奸有夫之妇及鸡奸者，为奸淫罪，适用Lex julia de adulteiis[③]，处死刑，被鸡奸者籍其财产之半。

（三）暗杀或毒杀者，为杀人罪，适用纪元前八十一年所制定Lex corelia[④] de sicariis ot[⑤] veneficis，初处追放及籍家之刑，后改为死刑。

（四）杀尊属亲及卑属亲者，为杀亲罪，适用Lex pompeis de parriicidiis，[⑥]以鸡、犬、蛇、猿

---

① “极”，原作“积”，今据上下文改。

② “contesttio”应为“contestatio”。

③ 应为“adulteriis”。

④ 应为“cornelia”。

⑤ 应为“et”。

⑥ 应为Lex pompeia de parricidiis。

四物与犯人同置一牛革之中,而紧缝之,投于河海,示生不见天,死不入地之意也。

(五) 遗言书、货币、度、量、衡、公文书等之伪造、变造者,及明知而行使之者,为背信罪,适用 Lex cornelia de falsis,在奴隶处死刑,在自由人处流刑。

(六) 暴行罪,适用 Lex julia de vi,使用凶器者处流刑,不用凶器者,没收其财产三分之一,且于暴行所得之物,不能因时效取得。

(七) 盗国有之金钱、物品,及神用物、安魂物者,为盗公物罪,适用 Lex julias peculatn,①处流刑。

(八) 缚系、监禁、买卖自由人,及他人之奴隶者,为人身虐待罪,适用 Lex fadia②,有时处以极刑,有时处以极刑以下。

(九) 以卑鄙之方法钻营而得官者,为选举罪,适用 Lex ambitus,处追放或名誉刑。

(十) 官吏无故而聚敛民财,及征税不当者,为收贿罪,适用 Lex julia repetundarum。共和时代,处罚金。帝政时代,免官,有时追放。

(十一) 投机者流,联合抬高谷物价格,扰乱市面以渔利者,为谷价腾贵罪,适用 Lex julia de annona。

(十二) 官物消费罪,适用 Lex julia de residuis,制定年代不详。

(乙) 罗马法上之刑名有二。

(一) 人格刑(Poena capitis),又分四种。

1. 生命刑　其方法有斩首、裹尸、兽食、活埋、绞杀、投岩、火刑,诸名目。

2. 水火之禁(Interdictio aquae et innis③)　即追放也。于人格大部分丧失用之,受此禁者,沦为外国人之状态,后以轻流刑(Relegato④)令之。

3. 刑罚奴隶(Poena eervus⑤)　归于国有。

4. 流刑(Depositatio⑥)　于一定之荒岛监禁之,且剥夺市民权。

(二) 非人格刑(Poena non capitis),亦分四种。

1. 身体刑　报复刑、笞刑属之。

2. 自由刑　有期禁锢及蛰居属之。

3. 财产刑　没收、罚金属之。

4. 名誉刑　即剥夺其为官吏、律师、证人之资格,如犯破廉耻之罪是。

① 应为 Lex julia peculatus。

② 应为"fabia"。

③ 应为"ignis"。

④ 应为 Relegatio。

⑤ 应为"servus"。

⑥ 应为 Deportatio。

附录：朝阳大学法科讲义选用版本说明

第一卷　法学通论·中国法制史·罗马法

法学通论　夏勤、郁嶷合述，王选疏

《法学通论·法院编制法·中国法制史·监狱学·国际私法》，夏勤等述，王选等疏，李祖荫等校勘，北京朝阳大学民国十六年出版，北京和记印字馆印刷，精装合订本。

中国法制史　郁嶷述，张佐辰、李佐璜合疏

《法学通论·法院编制法·中国法制史·监狱学·国际私法》，夏勤等述，王选等疏，李祖荫等校勘，北京朝阳大学民国十六年出版，北京和记印字馆印刷，精装合订本。

罗马法　朱深述，李良疏

《朝阳大学法律科讲义：监狱学·罗马法》，王元增、朱深述，李良疏，北京朝阳大学民国十四年出版，北京和记印字馆印刷。

第二卷　宪法·比较宪法

宪法　钟庚言述

《朝阳大学法律科讲义：宪法讲义大纲》（六编合订），钟庚言述，李祖荫等校勘，北京朝阳大学民国十六年出版，北京和记印字馆印刷。

比较宪法　程树德述，胡长清疏

《朝阳大学法律科讲义：比较宪法》，程树德述，胡长清疏，李祖荫等校勘，北京朝阳大学民国十六年出版，北京和记印字馆印刷。

第三卷　行政法·法院编制法

行政法　钟庚言述（总论）、苏驭群述（各论）

《朝阳大学法律科讲义：行政法（第一编）总论》，钟庚言述，李祖荫等校勘，北京朝阳大学民国十六年出版，北京和记印字馆印刷。

《朝阳大学法律科讲义：行政法（第二编）各论》，苏驭群编，李祖荫等校勘，北京朝阳大学民国十六年出版，北京和记印字馆印刷。

法院编制法　何超述，李祖荫疏

《法学通论·法院编制法·中国法制史·监狱学·国际私法》，夏勤等述，王选等疏，李祖荫等校勘，北京朝阳大学民国十六年出版，北京和记印字馆印刷，精装合订本。

第四卷　民法总则·债权总则·债权各论·民法物权·民法亲属编·民法继承编

民法总则　余棨昌讲述

《朝阳大学法律科讲义:民法总则》,余棨昌讲述,朝阳大学校民国九年出版,和济印刷局印刷。

债权总则　何基鸿编述

《朝阳大学法律科讲义:民法债权总则》(封面题为《债权通则》),何基鸿编述,北京朝阳大学民国十二年出版,京师游民习艺所印刷。

债权各论　吴炳枞讲

《朝阳大学法律科讲义:债权各论》,吴炳枞讲,北京朝阳大学民国十二年出版,京师游民习艺所印刷。

民法物权　朱学曾讲述

《朝阳大学法律科讲义:民律物权编》,朱学曾讲述,朝阳大学校民国九年出版,和济印刷局印刷。

民法亲属编　陈滋镐述,王选疏

《朝阳大学法律科讲义:民法亲属编(两种)·民法继承编》,余棨昌、陈滋镐、翁敬堂述,李士杰、王选疏,李祖荫等校勘,北京朝阳大学民国十六年出版,北京和记印字馆印刷。

民法继承编　翁敬堂述,王选疏

《朝阳大学法律科讲义:民法亲属编(两种)·民法继承编》,余棨昌、陈滋镐、翁敬堂述,李士杰、王选疏,李祖荫等校勘,北京朝阳大学民国十六年出版,北京和记印字馆印刷。

第五卷　商人通例·商行为·公司条例·票据法·海船法·破产律

商人通例　李浦述

《朝阳大学法律科讲义:商人通例·公司条例》,李浦述,李祖荫等校勘,北京朝阳大学民国十六年出版,北京和记印字馆印刷。

商行为　著者不详

《朝阳大学法律科讲义:商行为·公司条例》,戴修瓒编述,朝阳大学校民国十一年出版,京师游民习艺所印刷。

公司条例　李浦述

《朝阳大学法律科讲义:商人通例·公司条例》,李浦述,李祖荫等校勘,北京朝阳大学民国十六年出版,北京和记印字馆印刷。

票据法　戴修瓒述,李祖荫疏

《朝阳大学法律科讲义:票据法·海船法》,戴修瓒、李浦述,李祖荫疏,北京朝阳大学民国十四年出版,北京和记印字馆印刷。

海船法　李浦述

《朝阳大学法律科讲义:票据法·海船法》,戴修瓒、李浦述,李祖荫疏,北京朝阳大学民国十四年出版,北京和记印字馆印刷。

破产律　陈滋镐述 崔学礼疏

《朝阳大学法律科讲义:破产律·强制执行法》(封面题作"破产法·强制执行法"),陈滋镐、曹祖蕃述，崔学礼疏，朝阳大学校民国十二年出版，京师游民习艺所印刷。

第六卷　刑法总则·刑法分则

刑法总则　曹寿麟述，王选疏

《朝阳大学法律科讲义：刑法总则·刑法分则》，曹寿麟、夏勤述，王选、胡长清疏，陶德骏等校阅，北京朝阳大学民国十四年出版，北京和记印字馆印刷。

刑法分则　夏勤述，胡长清疏

《朝阳大学法律科讲义：刑法总则·刑法分则》，曹寿麟、夏勤述，王选、胡长清疏，陶德骏等校阅，北京朝阳大学民国十四年出版，北京和记印字馆印刷。

第七卷　民事诉讼法·刑事诉讼法·强制执行法·监狱学

民事诉讼法　李怀亮、邵勋述，章一之、袁家城、李良疏

《朝阳大学法律科讲义：民事诉讼法（上）》，李怀亮述，章一之疏，北京朝阳大学民国十四年出版，北京和记印字馆印刷。

《朝阳大学法律科讲义：民事诉讼法（中）》，邵勋述，袁家城、李良疏，北京朝阳大学民国十四年出版，北京和记印字馆印刷。

《朝阳大学法律科讲义：民事诉讼法（下）》，邵勋述，王懋麟、李良疏，北京朝阳大学民国十四年出版，北京和记印字馆印刷。

刑事诉讼法　夏勤述，王材固疏

《朝阳大学法律科讲义：刑事诉讼法》，夏勤述，王材固疏，李祖荫等校勘，北京朝阳大学民国十六年出版，北京和记印字馆印刷。

强制执行法　曹祖蕃讲述

《朝阳大学法律科讲义：破产律·强制执行法》（封面题作“破产法·强制执行法”），陈滋镐、曹祖蕃述，崔学礼疏，朝阳大学校民国十二年出版，京师游民习艺所印刷。

监狱学　王元增述

《法学通论·法院编制法·中国法制史·监狱学·国际私法》，夏勤等述，王选等疏，李祖荫等校勘，北京朝阳大学民国十六年出版，北京和记印字馆印精装合订本。

第八卷　平时国际公法·战时国际公法·国际私法

平时国际公法　金保康述，沈康疏

《朝阳大学法律科讲义：平时国际公法·战时国际公法》（封面题作“国际公法·战时国际公法”），金保康述，沈康疏，北京朝阳大学校民国十二年出版，京师游民习艺所印刷。

战时国际公法　宁协万述，夏咸彪疏

《朝阳大学法律科讲义：战时国际公法·国际私法》（合订本），宁协万、程树德述，夏咸彪、郑锡庆疏，北京朝阳大学民国十四年出版，北京和记印字馆印刷。

国际私法　程树德述，郑锡庆疏

《法学通论·法院编制法·中国法制史·监狱学·国际私法》，夏勤等述，王选等疏，李祖荫等校勘，北京朝阳大学民国十六年出版，北京和记印字馆印刷，精装合订本。

启　　事

为了让近代重要的法学成果惠泽当代的学术研究，由华东政法大学外国法与比较法研究院整理出版的“清末民国法律史料丛刊”丛书，由于条件所限，无法一一联络相关著作的版权者，请作者或其家属看到该启事后与我们联系，以协商相关事宜。

华东政法大学外国法与比较法研究院地址：
上海市长宁区万航渡路 1575 号华东政法大学 40 号楼 305 室
邮编：200042
电话：021-62071547

华东政法大学外国法与比较法研究院

图书在版编目（CIP）数据

朝阳法科讲义.第1卷/张卓明点校.—上海：上海人民出版社,2013
（清末民国法律史料丛刊／李秀清,陈颐主编）
ISBN 978－7－208－11632－0

Ⅰ.①朝… Ⅱ.①张… Ⅲ.①法律-高等学校-教材
Ⅳ.①D9

中国版本图书馆CIP数据核字(2013)第215312号

责任编辑　解　锟
封面装帧　王晓阳

·清末民国法律史料丛刊·朝阳法科讲义·

朝阳法科讲义(第一卷)

张卓明　点校

世纪出版集团
上海人民出版社出版
(200001　上海福建中路193号　www.ewen.cc)
世纪出版集团发行中心发行
浙江新华数码印务有限公司印刷
开本787×1092　1/16　印张26　插页6　字数591,000
2013年12月第1版　2013年12月第1次印刷
ISBN 978－7－208－11632－0/D·2337
定价　88.00元